2022
江西统计年鉴
JIANGXI STATISTICAL YEARBOOK

江西省统计局　国家统计局江西调查总队　编
JIANGXI PROVINCIAL BUREAU OF STATISTICS
SURVEY OFFICE OF THE NATIONAL BUREAU OF STATISTICS IN JIANGXI

总第40期

中国统计出版社
China Statistics Press

图书在版编目（CIP）数据

江西统计年鉴. 2022 = Jiangxi Statistical Yearbook 2022 : 汉英对照 / 江西省统计局，国家统计局江西调查总队编. -- 北京 : 中国统计出版社，2022.10
ISBN 978-7-5037-9974-7

Ⅰ. ①江… Ⅱ. ①江… ②国… Ⅲ. ①统计资料－江西－2022－年鉴－汉、英 Ⅳ. ①C832.56-54

中国版本图书馆 CIP 数据核字(2022)第 195904 号

江西统计年鉴2022

作　　者 / 江西省统计局 国家统计局江西调查总队
责任编辑 / 高媛媛
执行编辑 / 舒　慧　陈润国　李少鹏
出版发行 / 中国统计出版社有限公司
地　　址 / 北京市丰台区西三环南路甲 6 号
邮政编码 / 100073
电　　话 / 邮购（010)63376909 书店（010)68783171
网　　址 / http://www.zgtjcbs.com
印　　刷 / 江西昌和特种票证有限公司
经　　销 / 新华书店
开　　本 / 890mmx1240mm 1/16
字　　数 / 1200 千字
印　　张 / 35.25　0.75 彩页
版　　别 / 2022 年 10 月第 1 版
版　　次 / 2022 年 10 月第 1 次印刷
定　　价 / 400.00 元　Price:400.00 yuan (RMB)

本书附同版本 CD-ROM 一张，光盘内容以书面文字为准。
如有印装差错，由本社发行部调换。

《江西统计年鉴2022》编辑部

Jiangxi Statistical Yearbook 2022 Editorial

经济总量
Economic Aggregate

地区生产总值（亿元）
Gross Domcstic Producl (100 millon yuan)

一般公共预算收入（亿元）
General Public Budget Revenue (100 million yuan)

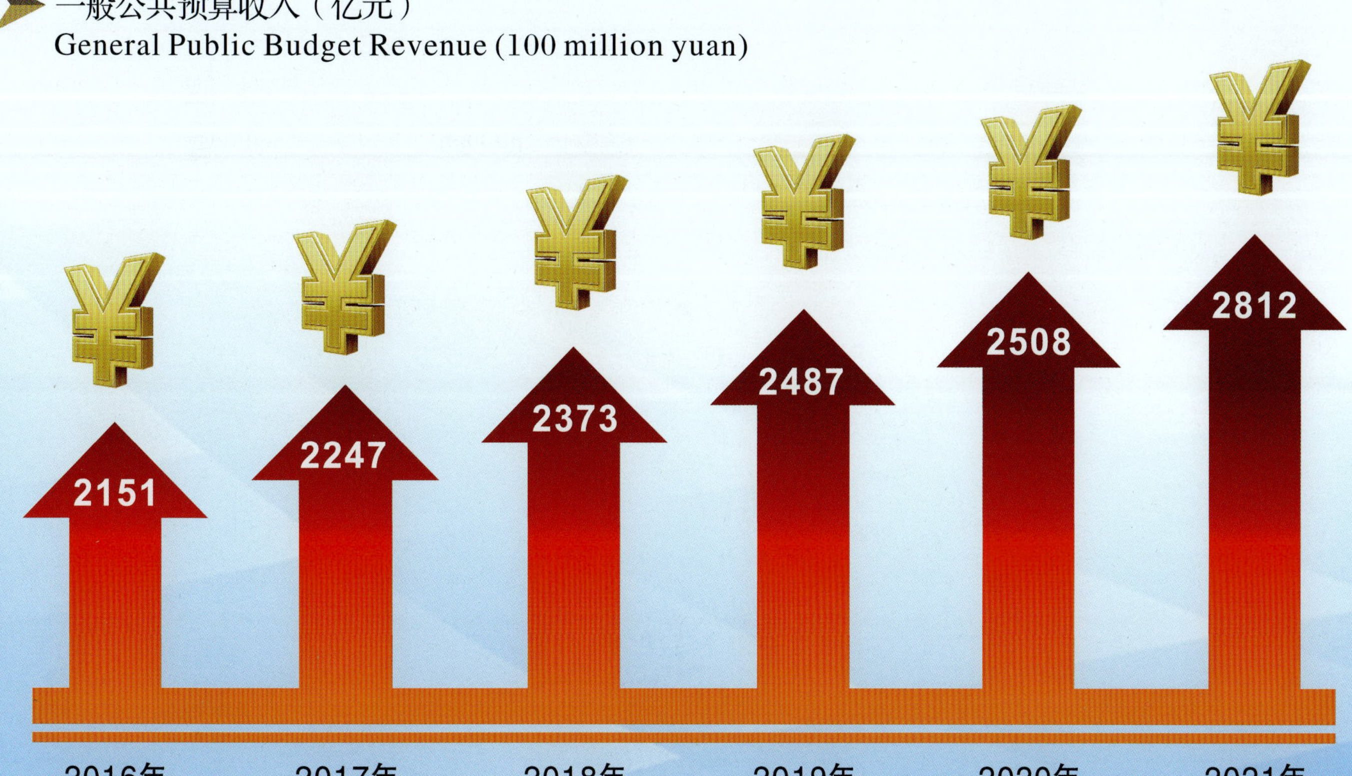

产业结构
Industrial Structure

三次产业结构（%）
Structurcs of Primary, Secondary and Tertiary Industries

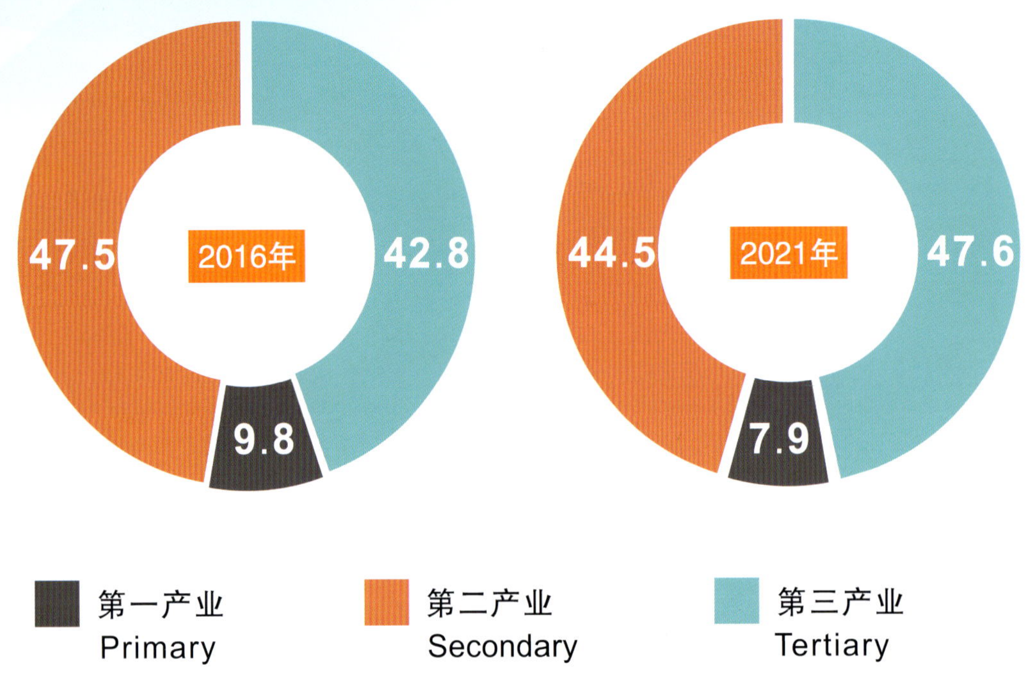

三次产业增加值（亿元）
Value-add of Primary, Secondary and Tertiary Indusries (100 million yuan)

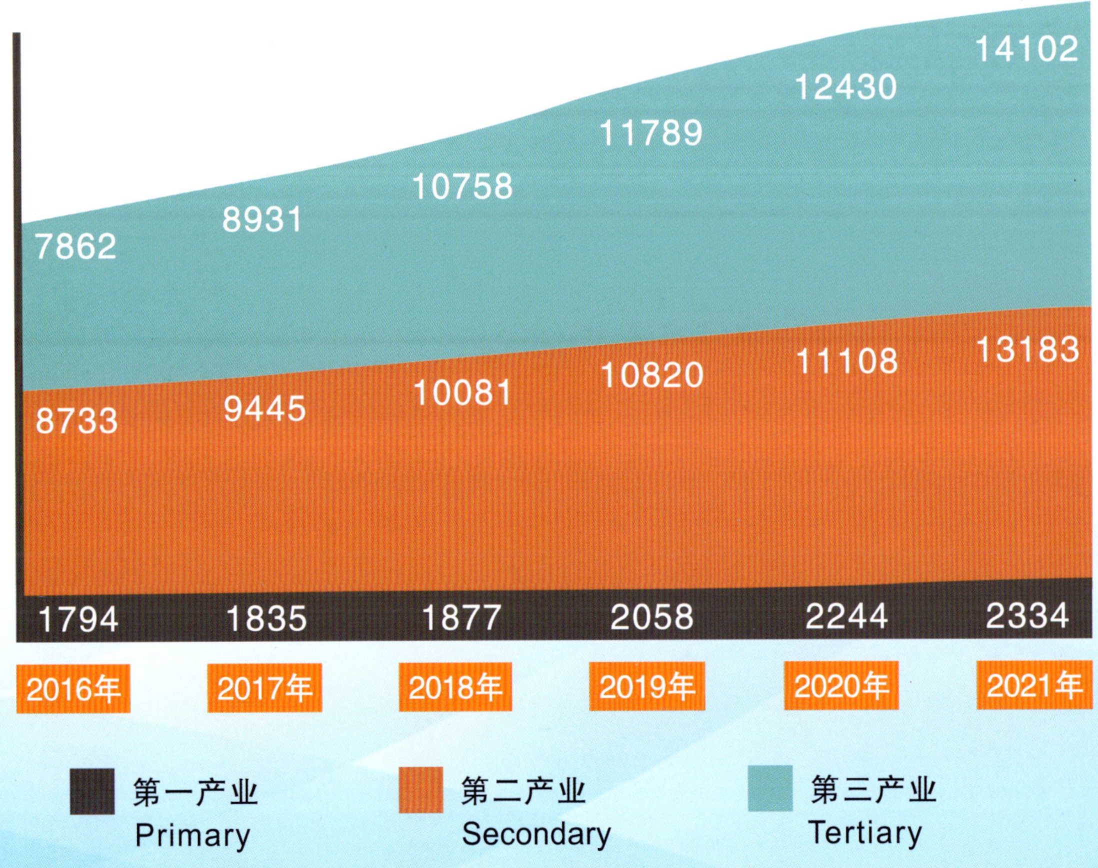

基础设施
Infrastructure Construction

高速公路通车里程和铁路营业里程（公里）
Expressway traffic mileage and railway operating mileage (km)

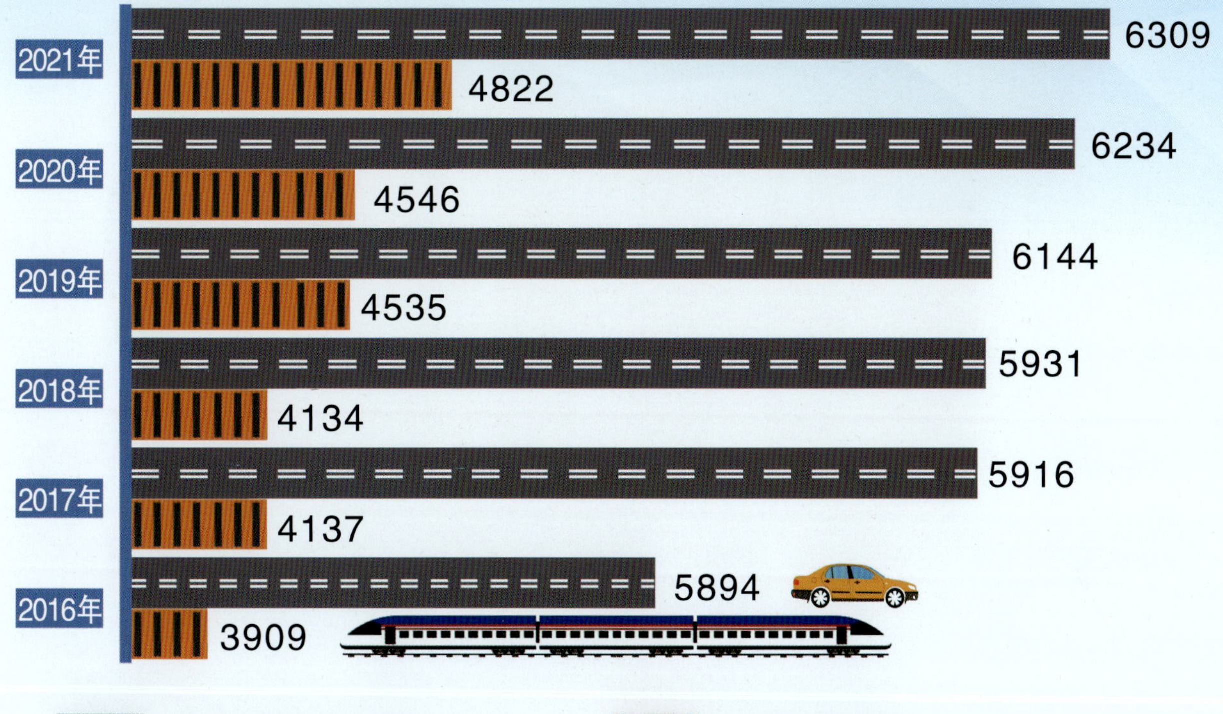

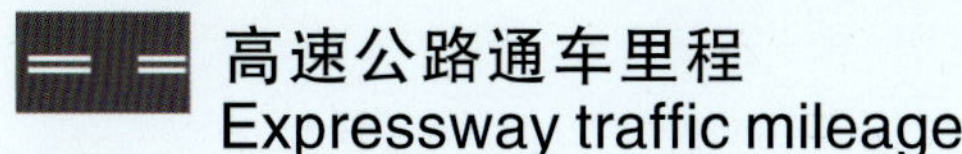
高速公路通车里程
Expressway traffic mileage

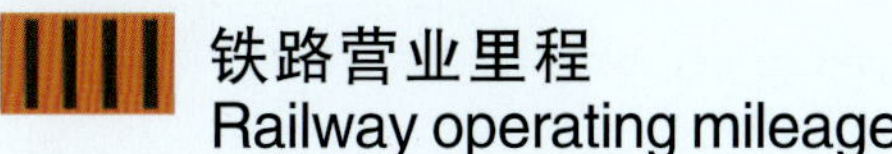
铁路营业里程
Railway operating mileage

城镇化率(%)和城镇人口(万人)
Urbanization Rate and Urban Population

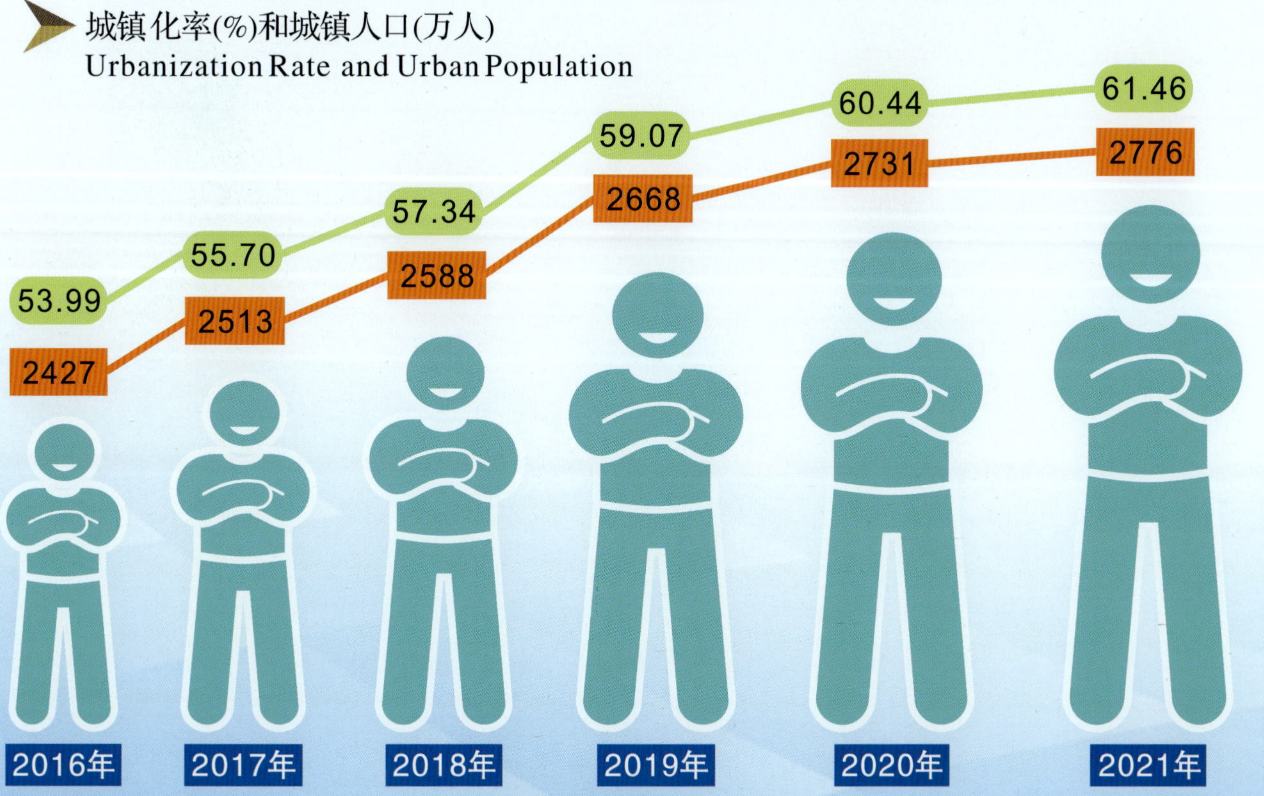

城镇化率
Urbanization Rate

城镇人口
Urban Population

对外开放
Opening to the Outside World

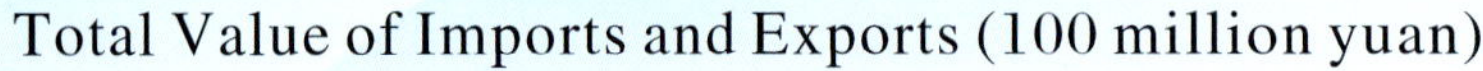

进出口总值（亿元）
Total Value of Imports and Exports (100 million yuan)

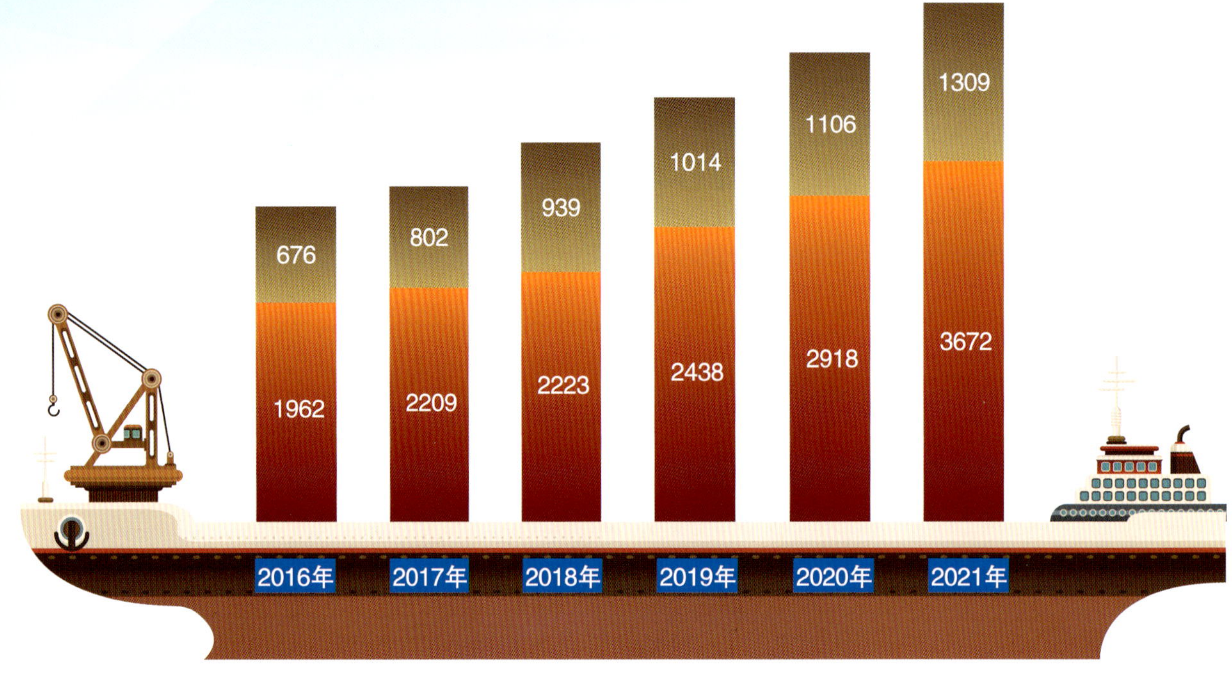

出口值 Export value
进口值 Import value

实际利用外商直接投资（亿美元）
Direct Foreign Investments (USD 100 million)

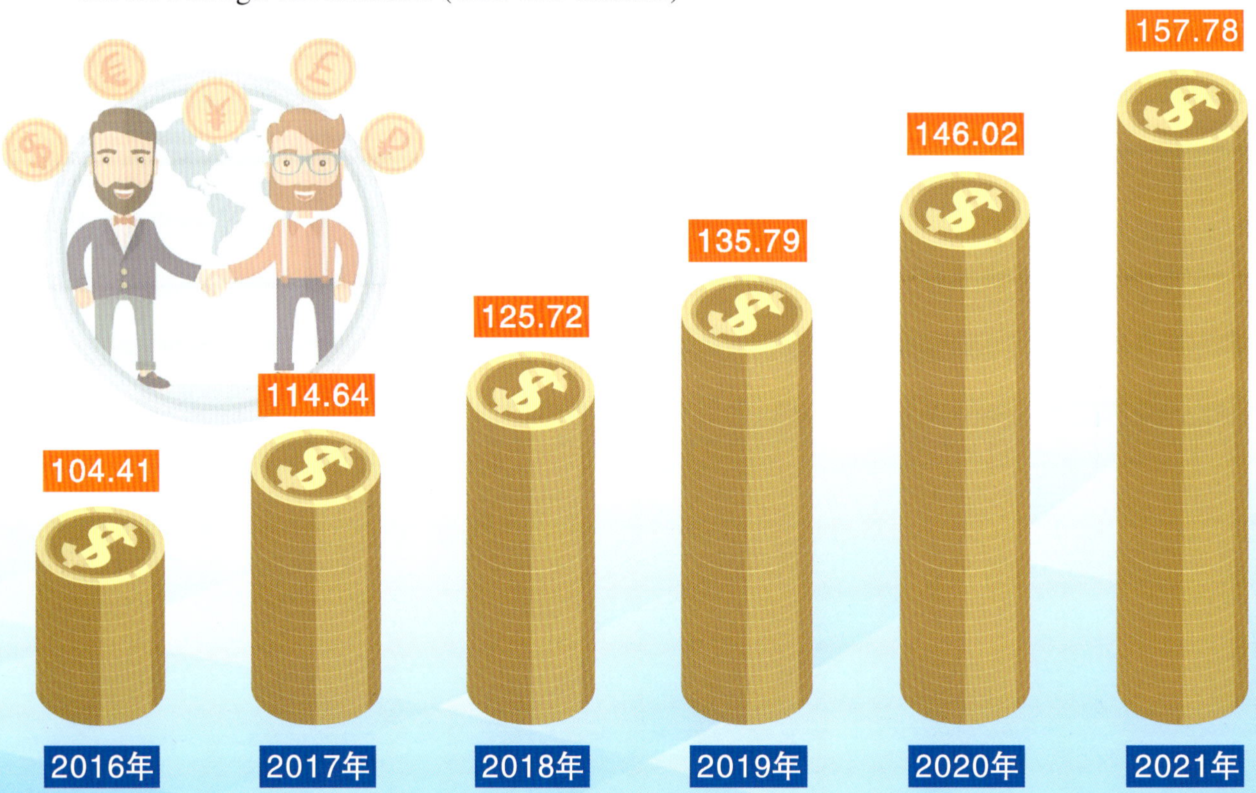

贸易、旅游
Trade and Tourism

社会消费品零售总额（亿元）
Total Retail Sales of Consumer Goods (100 million yuan)

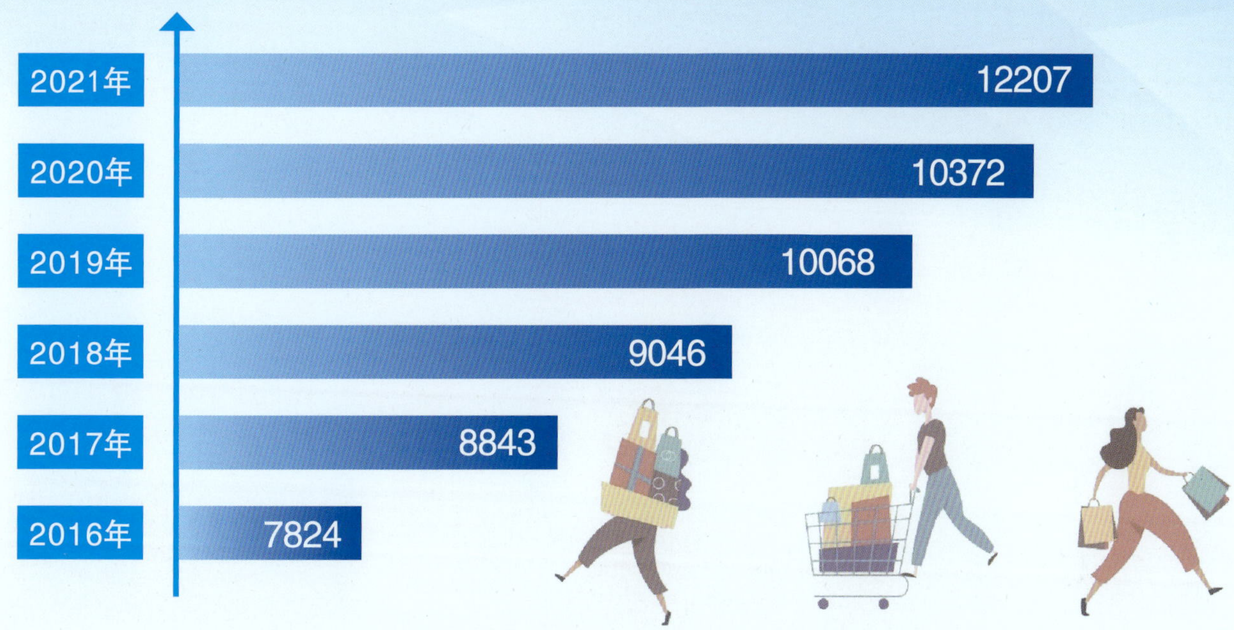

旅游总人数(亿人次)和旅游总收入（亿元）
Total Number of Visitors (100 million person-times) and Total Tourism Earnings (100 million yuan)

人民生活
People's Livelihood

城乡居民人均可支配收入（元）
Per-capita Disposable Income of Urban and Rural Households (yuan)

城镇居民人均可支配收入
Per-capita Disposable Income of Urban

农村居民人均可支配收入
Rural Households

人民币住户存款（亿元）
RMB Savings Deposit (100 million yuan)

社会事业
Social Undertakings

高等学校在校学生数（万人）
Total Enrollment of Regular Institutions of Higher Education (1000 persons)

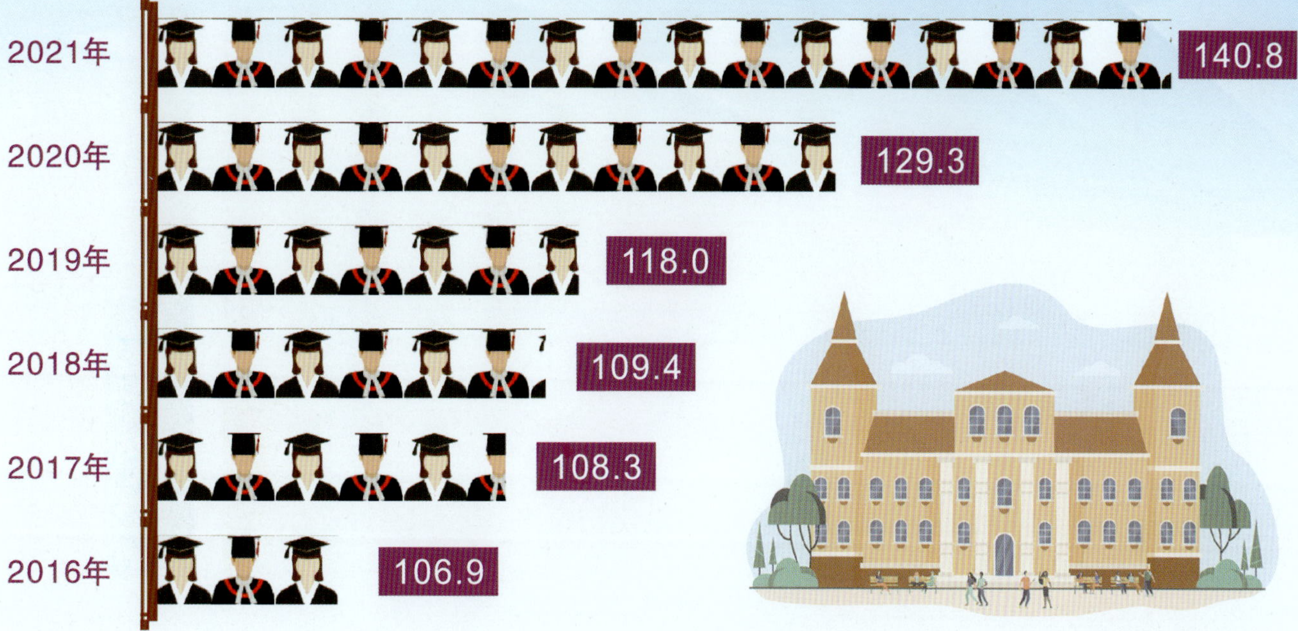

卫生技术人员（万人）
Medical Technical Personnel (10000 persons)

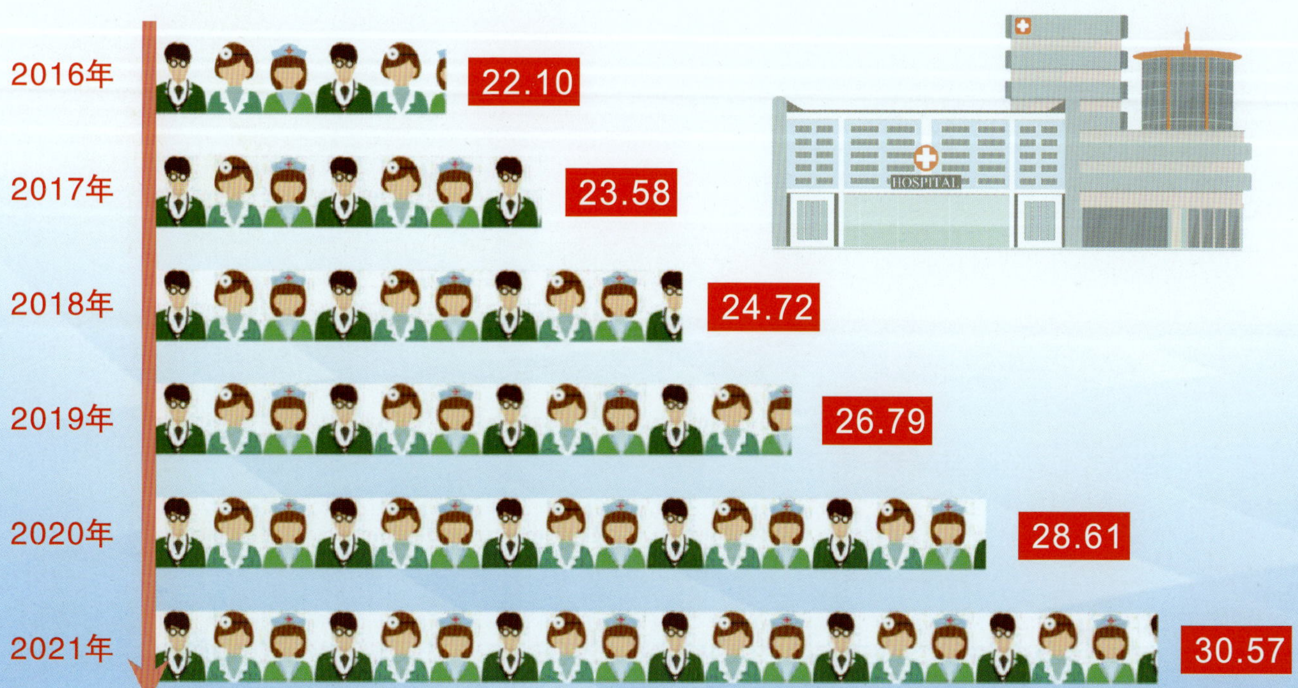

生态建设
Ecological Construction

森林覆盖率
Forest Coverage Rate

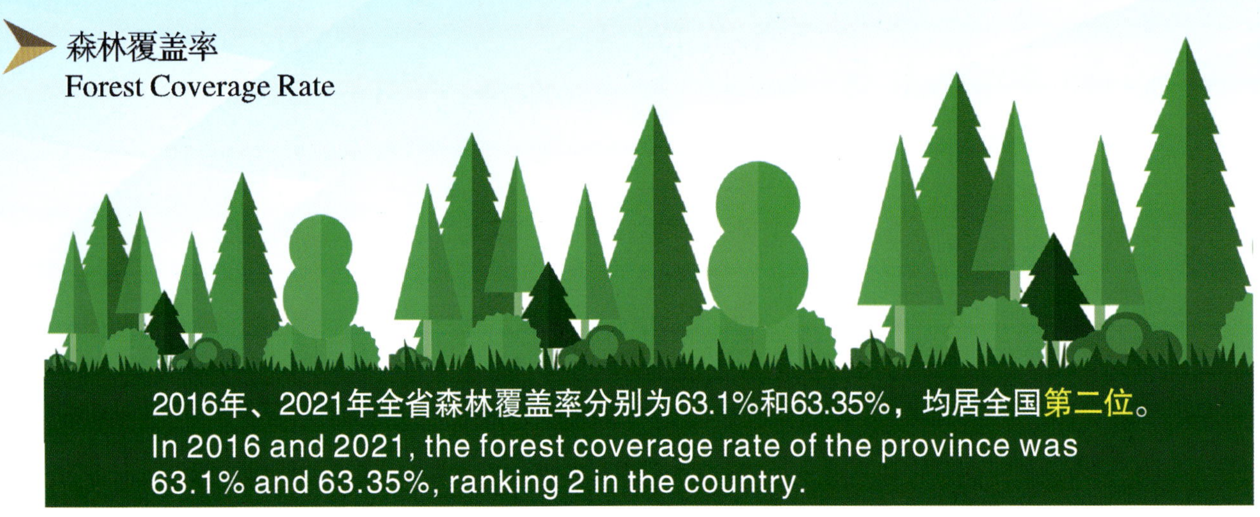

2016年、2021年全省森林覆盖率分别为63.1%和63.35%，均居全国第二位。
In 2016 and 2021, the forest coverage rate of the province was 63.1% and 63.35%, ranking 2 in the country.

单位GDP能耗下降率
Descent Rate of Unit GDP Consumption

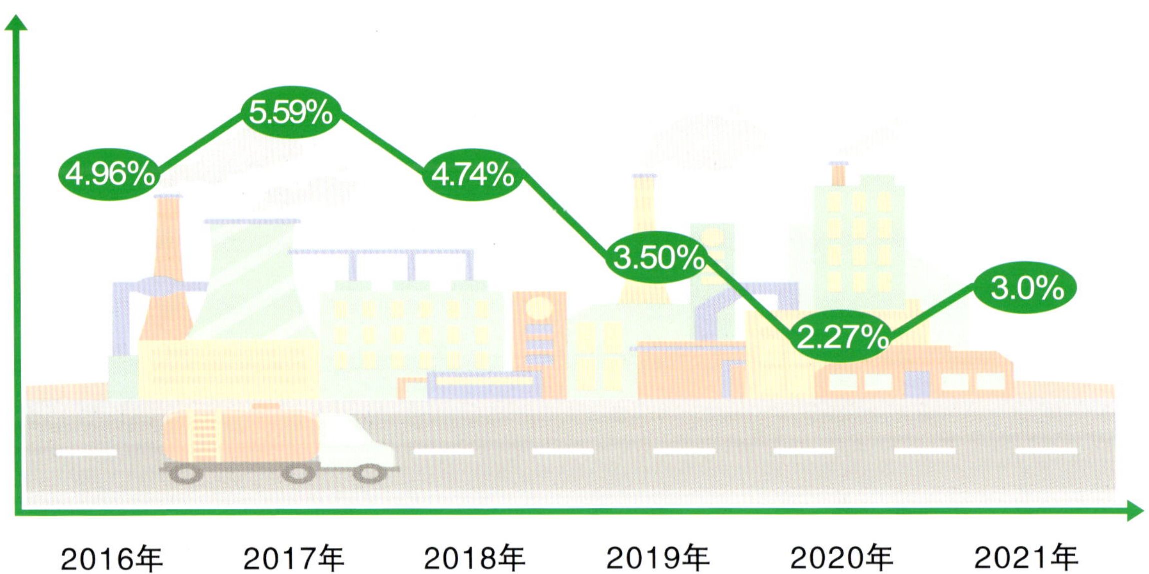

城市污水处理率及生活垃圾无害化处理率(%)
Treatment Rate of Urban Sewage and Treatment Rate of Domestic Garbage (%)

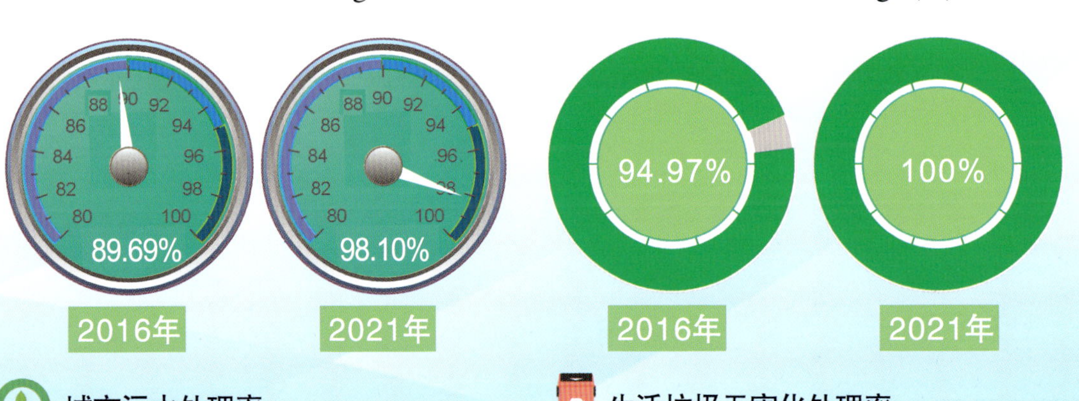

编者说明

一、《江西统计年鉴 2022》系统收录了全省和 11 个设区市 2021 年经济、社会各方面的统计数据，改革开放以来和其他重要历史年份的全省主要统计数据，以及全国各省、市、区部分主要指标数据，是一部全面反映江西省经济和社会发展情况的资料性年刊。

二、本年鉴正文内容分为 21 个篇章，即：综合，人口，就业人员和职工工资，固定资产投资，对外经济贸易，能源，财政，价格指数，人民生活，城市建设，生态环境，农业，工业，建筑业，交通运输、邮电通讯业，国内贸易和旅游，金融业，房地产开发，科技、教育、文化，卫生、体育、社会福利及其他，各省、市、自治区主要经济指标及 2021 年江西统计调查工作大事记。为方便读者使用，各篇章前设有《简要说明》，对本篇章的主要内容、资料来源、统计范围、统计方法等予以简要概述，篇末附有《主要统计指标解释》。

三、本年鉴对以前发表的统计资料重新予以审核，凡与本年鉴资料有出入的，均以本年鉴为准。

四、本年鉴所使用的度量衡单位，均采用国际统一标准计量单位。

五、本年鉴中部分数据合计数或相对数由于单位取舍不同而产生的计算误差，均未作机械调整。

六、符号使用说明:年鉴各表中的“空格”表示该项统计指标数据不足本表最小单位数、数据不详或无该项数据；“#”表示其中的主要项。

Editor's Notes

I. *Jiangxi Statistical Yearbook 2022*is an annual statistics publication, which reflects comprehensively the economic and social development of Jiangxi province. It covers data for 2021 and some selected data series in historically important years and the most recent forty years at level of province and other provinces and municipalities.

II. The yearbook contains the following twenty-one chapters, General Survey; Population; Employment and Wages; Investment in Fixed Assets; Energy; Price Indices; People's Livelihood; General Survey of Cities; Ecological Environment; Agriculture; Industry; Construction; Transport, Post and Telecommunication Services; Domestic Trade; Foreign Trade and Economic Cooperation; Tourism; Financial Intermediation; Insura iilnce; Real Estate; Education, Science and Technology; Culture, Sports and Public Health; Social Welfare and Other Social Activities; Main Statistical Indictors on provinces, autonomous regions and municipalities and Notes of Jiangxi Statistical Events in 2021. For readers' convenience, in Brief Introduction at the beginning of each chapter, main coverage of this chapter, data sources, statistical coverage, statistical methods and historical changes are concerned. In addition, Explanatory Notes on Main Statistical Indicators are provided at the end of each chapter.

III. This yearbook re-audited statistic data published previously, any data different from this yearbook, take this yearbook's as standard data.

IV. The units of measurement used in this yearbook are internationally standard measurement units.

V. Statistical discrepancies due to rounding are not adjusted in the yearbook.

VI. Notations used in the yearbook: blank space indicates that the figure is not large enough to be measured with the smallst unit in the table, or data are unknown or are not available; "#" indicates a major breakdown of the total.

目 录 Contents

一、综 合
CHAPTER 1 GENERAL SURVEY

二、人 口
CHAPTER 2 POPULATION

三、就业人员和职工工资
CHAPTER 3 EMPLOYMENT AND WAGE

四、固定资产投资
CHAPTER 4 INVESTMENT IN FIXED ASSETS

十一、生态环境
CHAPTER 11 ECOLOGICAL ENVIRONMENT

十二、农 业
CHAPTER 12 AGRICULTURE

十三、工 业 CHAPTER 13 INDUSTRY

十四、建筑业 CHAPTER 14 CONSTRUCTION

十五、交通运输、邮电通讯和规上服务业
CHAPTER 15 TRANSPORTATION, POSTAL TELECOMMUNICATIONS AND ABOVE DESIGNATED SIZE IN SERVICES

十六、国内贸易和旅游
CHAPTER 16 DOMESTIC TRADE AND TOURISM

十七、金融业
CHAPTER 17 FINANCIAL INDUSTRY

十八、房地产开发 CHAPTER 18 REAL ESTATE DEVELOPMENT

十九、科技、教育、文化 CHAPTER 19 SCIENCE,EDUCATION AND CULTURE

二十、卫生、体育、社会福利和其他
CHAPTER 20 PUBLIC HEALTH,SPORTS,SOCIAL WELFARE AND OTHERS

二十一、 各省、自治区、直辖市主要经济指标

CHAPTER 21 MAIN ECONOMIC INDICATORS OF PROVINCES, AUTONCOMOUS REGIONS AND MUNICIPALITIES DIRECTLY UNDER THE CENTRAL GOVERNMENT

综　合
GENERAL SURVEY

◆ 1/36

资料整理：陈润国　曹淳隽　王　倩
徐荣开　田仁德　陈佳乐

简要说明

本篇章由综合资料及国民经济核算资料两个部分组成。

综合资料主要包括国民经济和社会发展综合资料，通过对各篇章主要统计指标及其速度、结构、比例和效益等的加工计算，来反映国民经济和社会发展的总体情况。

国民经济核算资料主要包括地区生产总值及其有关资料。地区生产总值是根据不同产业部门、不同支出构成的特点和资料来源情况而分别采取不同方法计算的。

分设区市的国民经济核算数据由各设区市统计局提供，由于采取分级核算，各设区市数据相加不等于全省总计。

根据第一次第三产业普查结果，对1992年以前全省地区生产总值的历史数据做了调整；2005年根据全国第一次经济普查结果，对1993-2004年的全省地区生产总值历史数据做了调整，本年鉴的数据为调整后数据。

Brief Introduction

This chapter consists of two parts: The summary data and the data on national accounts.

The summary data on the national economy reflect the overall situation of the economic and social development by presenting further processed statistics including growth, structure, ratio and efficiency data derived from other chapters.

The data on national accounts mainly include Gross Domestic Product (GDP) and related data. Data on GDP are calculated with various approaches in accordance with the features of various sectors, various expenditure structures and the data resources.

The data on national accounts by region are provided by the statistical bureaus of various region. The sum of the city data is not equal to the provincial total due to the decentralized accounting approach.

According to the results of the First Tertiary Industry Census, the historical data of the province`s regional GDP before 1992 were adjusted. In 2005, based on the results of the First National Economic Census, the historical data of the province`s GDP in 1993-2004 were adjusted. The data in this yearbook are adjusted data.

自然地理资源

位置

江西省，简称赣。位于长江中下游交接处的南岸。地处北纬 24° 29′ ~30° 04′、东经 113° 34′ ~118° 28′ 之间，东邻浙江、福建，南连广东，西接湖南，北毗湖北、安徽。北控长江，上接武汉三镇，下通南京、上海，东南与沿海开放城市相邻近。京九铁路和浙赣铁路纵横贯通全境，交通便利，地理位置优越。

地势、面积

全省东南西三面群山环绕，内侧丘陵广亘，中北部平原坦荡，整个地势，由外及里，自南而北，渐次向鄱阳湖倾斜，构成一个向北开口的巨大盆地。全省面积 16.69 万平方公里。全境以山地、丘陵为主，山地占全省总面积的 36%，丘陵占 42%，岗地、平原、水面占 22%。

山脉、河流、湖泊

主要山脉分布于省境边陲，山峰一般海拔 1000 米左右，少数海拔 2000余米。省境东和东北有蜿蜒于赣闽、赣浙之间的武夷山和怀玉山；南有逶迤于赣粤之间的大庾岭和九连山；西有耸峙于赣湘之间的罗霄山脉，雄伟的井冈山就在罗霄山脉的中段；西北有盘亘于赣鄂之间的幕阜山，庐山即是它向东延伸的余脉。

全省有大小河流 2400 多条，总长约 18400 公里，大部分河流汇向鄱阳湖，再注入长江。主要河流有 5 条，即赣江、抚河、信江、修河、饶河。赣江全长 751 公里，为本省第一大川，水量为长江第二大支流，它自南而北流贯全省，从赣州至湖口而入长江，通航里程 5000 余公里。

鄱阳湖是全国最大的淡水湖，它是江西最大的聚水盆，长江水量的巨大调节器，也是沟通省内外各地航道的中转站。

气候

江西气候四季变化分明。春季温暖多雨，夏季炎热温润，秋季凉爽少雨，冬季寒冷干燥。2021 年全省平均气温为 19.6℃，降水量为 1580.6 毫米，日照为 1641.2 小时。全年气候温暖，光照充足,雨量充沛，无霜期长，具有亚热带湿润气候特色。

资源

2021 年，全省养殖面积 40.48 万公顷，鱼类品质丰富，产量较高的有四大家鱼、虾蟹、蚯鳝和龟鳖等。省内还有众多的水禽和珍禽，其中不少是受到世界性保护的珍禽。

江西地下矿藏丰富，是我国矿产资源配套程度较高的省份之一。储量居全国前三位的有铜、钨、银、钽、钪、铀、铷、铯、金、伴生硫、滑石、粉石英、硅灰石等。铜、钨、铀、钽、稀土、金、银被誉为江西的“七朵金花”。

Nature, Geography and Resourcesrief

Position

Jiangxi Province, called Gan for short, lies in the southern bank of the middle and lower reaches of the Yangtze River. It is located at latitude 24° 29′ ～30° 04′ north, longitude 113° 34′ ～118° 28′ east. It borders Zhejiang and Fujian provinces to the east, Guangdong to the south, Hunan to the west, and Hubei and Anhui to the north. Jiangxi dominates the Yangtze River in the north, and connects to three towns of Wuhan in the upper stream, Nanjing and Shanghai in the downstream. And it closes to the coastal opening cities in the southeast. Both Beijing-Kowloon and Zhejiang Jiangxi railways run through the whole province, which provided with the convenient transportation and superior location.

Topography and area

Mountains surround Jiangxi province on three sides. The southern half of the province is hilly with ranges and valleys interspersed; while the middle and northern half is flatter and lower in altitude. Stretching from south to north, the whole land is generally sloping towards Poyang Lake, which has formed a huge basin opening to the north. The total area of the province is 166,900 square kilometers. There are various land forms within it, with mountains and hills dominating. Mountains account for 36% of the province's total area, hills account for 42%, and mounds, plains, and water surface area for 22%.

Mountain ranges, rivers and lakes

The main mountain ranges are distributed by the border of the province, which generally have the altitude of about 1000m, and minority over 2000m. On the east and northeast of Jiangxi there are Wuyi and Huaiyu Mountains winding between Jiangxi and Fujian, Jiangxi and Zhejiang Provinces. On the south there are Dayu and Jiulian Mountains wriggling between Jiangxi and Guangdong provinces. In the west there are Luoxiao Ranges standing between Jiangxi and Hunan provinces, where the magnificent Mt. Jinggang is situated at the middle. In the northwest there are Mufu Mountains circling between Jiangxi and Hubei provinces. And its extending part on the east is namely the famous mountain—Mt. Lushan.

There are more than 2,400 rivers of various sizes in Jiangxi province, which have a combined total length of about 18,400 kilometers. Most of them enter Poyang Lake, which in turn empties into the Yangtze River. The five major rivers are Gan River, Fu River, Xin River, Xiu River, and Rao River. The Gan River winds along 751 kilometers, which is the biggest river of the province, and the second tributary of the Yangtze River in water volume. Flowing through the entire length of the province from south to north, it enters Ganzhou to Hukou, and then pours into the Yangtze River, with navigation mileage of over 5000 kilometers.

Poyang Lake is the largest fresh lake in China, and the biggest water assembling basin of Jiangxi province. It is the huge volume moderator of the Yangtze River, and also the intersection of linking up with all shipping lines in-and-out of the province.

Climate

The climate of Jiangxi province is four seasons alternating distinctively: warm with abundant rainfall in spring, hot and humid in summer, cool with little rainfall in autumn, chilly and dry in winter. In 2021, The average temperature of the whole province is about 19.6 ℃, with the annual precipitation of 1580.6 mm and sunshine hours of 1641.2 h. The whole year of Jiangxi has mild climate, with sufficient sunshine, plentiful rainfall and long frost-free period, which belongs to humid subtropical climate.

Resources

In 2021, the provincial aquaculture area covers 404,800 hectares. There are many kinds of fish, with high yields of four large fish, shrimp and crab, eel and turtles. There are also numerous birds and cherished ones in province, most of which are world-protected species.

Jiangxi province has a rich reserve of underground minerals, which is one of the provinces with higher matching degree of mineral resources in China. The reserves of Copper, Tungsten, Silver, Tantalum, Scandium, Uranium, Rubidium, Caesium, Gold, and Associated Pyrite etc, ranking the top three of the nation. Among all these minerals, Copper, Tungsten, Uranium, Tantalum, Rare Earths, Gold and Silver are considered “the seven gold flowers of Jiangxi.”

1-1 行 政 区 划(2021年末)
Divisions of Administrative Areas (end of 2021)

地　区	Region	设区市 Cities at Prefecture Level	县级市 Cities at County Level	县 Countries	市辖区 Districts Under the Jurisdiction of Cities	市、县、区名称	Name of Cities at County Level, Countries and Districts Under the Jurisdication of Cities
全　省	**Total**	**11**	**12**	**61**	**27**		
南昌市	Nanchang	1		3	6	东湖区、西湖区、青云谱区、青山湖区、新建区、红谷滩区、南昌县、安义县、进贤县	Donghu,Xihu,Qingyunpu, Qingshanhu,Xinjian,Honggutan, Nanchang,Anyi,Jinxian
景德镇市	Jingdezhen	1	1	1	2	昌江区、珠山区、浮梁县、乐平市	Changjiang,Zhushan,Fuliang, Leping
萍乡市	Pingxiang	1		3	2	安源区、湘东区、莲花县、上栗县、芦溪县	Anyuan,Xiangdong,Lianhua, Shangli,Luxi
九江市	Jiujiang	1	3	7	3	濂溪区、浔阳区、柴桑区、武宁县、修水县、永修县、德安县、都昌县、湖口县、彭泽县、瑞昌市、共青城市、庐山市	Lianxi,Xunyang,Chaisang, Wuning,Xiushui,Yongxiu, De'an,Duchang,Hukou, Pengze,Ruichang, Gongqingcheng,Lushan
新余市	Xinyu	1		1	1	渝水区、分宜县	Yushui,Fenyi
鹰潭市	Yingtan	1	1		2	月湖区、余江区、贵溪市	Yuehu,Yujian,Guixi
赣州市	Ganzhou	1	2	13	3	章贡区、南康区、赣县区、信丰县、大余县、上犹县、崇义县、安远县、定南县、全南县、宁都县、于都县、兴国县、会昌县、寻乌县、石城县、瑞金市、龙南市	Zhanggong,Nankang,Ganxian, Xinfeng,Dayu,Shangyou, Chongyi,Anyuan,Dingnan, Quannan,Ningdu,Yudu, Xingguo,Huichang,Xunwu, Shicheng,Ruijin,Longnan
吉安市	Ji'an	1	1	10	2	吉州区、青原区、吉安县、吉水县、峡江县、新干县、永丰县、泰和县、遂川县、万安县、安福县、永新县、井冈山市	Jizhou,Qingyuan,Ji'an, Jishui,Xiajiang,Xingan, Yongfeng,Taihe,Suichuan, Wan'an,Anfu,Yongxin, Jinggangshan
宜春市	Yichun	1	3	6	1	袁州区、奉新县、万载县、上高县、宜丰县、靖安县、铜鼓县、丰城市、樟树市、高安市	Yuanzhou,Fengxin,Wanzai, Shanggao,Yifeng,Jing'an, Tonggu,Fengcheng,Zhangshu, Gao'an
抚州市	Fuzhou	1		9	2	临川区、东乡区、南城县、黎川县、南丰县、崇仁县、乐安县、宜黄县、金溪县、资溪县、广昌县	Linchuan,Dongxiang,Nancheng, Lichuan,Nanfeng,Chongren, Le'an,Yihuang,Jinxi, Zixi,Guangchang
上饶市	Shangrao	1	1	8	3	信州区、广丰区、广信区、玉山县、铅山县、横峰县、弋阳县、余干县、鄱阳县、万年县、婺源县、德兴市	Xinzhou,Guangfeng,guangxin Yushan,Yanshan,Hengfeng, Yiyang,Yugan,Poyang, Wannian,Wuyuan,Dexing

1-2 按行业门类和地区分组的法人单位数(2021年)
Number of Legal Entities by Region and Sector (2021)

单位：个 (unit)

项　目	Item	法人单位数 Number of Legal Entities		
		合　计 Total	单产业法人 Single Industry	多产业法人 Multi-Industry
总 计	**Total**	**879821**	**862775**	**17046**
按行业分	**By sector**			
农、林、牧、渔业	Farming, Forestry, Animal Husbandy and Fishery	89753	89555	198
采矿业	Mining	4064	4002	62
制造业	Manufacturing	101578	100357	1221
电力、热力、燃气及水生产和供应业	Production and Supply of Electricity, Heat, Gas and Water	8564	8417	147
建筑业	Construction	70898	66966	3932
批发和零售业	Wholesale and Retail Trades	242240	239869	2371
交通运输、仓储和邮政业	Transport, Storage and Post	27726	27067	659
住宿和餐饮业	Hotels and Catering Services	12329	11973	356
信息传输、软件和信息技术服务业	Information Transmission,Software and Information Technology	39574	39299	275
金融业	Financial Intermediation	2143	1658	485
房地产业	Real Estate	23961	22817	1144
租赁和商务服务业	Leasing and Business Services	103171	101892	1279
科学研究和技术服务业	Scientific Reseach and Technical Services	33348	32682	666
水利、环境和公共设施管理业	Management of Water Conservancy, Public Facilities and Environment	6374	6297	77
居民服务、修理和其他服务业	Services to Households, Repair and Other Services	14219	13986	233
教育	Education	22316	21124	1192
卫生和社会工作	Health and Social Service	8508	8327	181
文化、体育和娱乐业	Culture,Sports and Entertainment	17659	17452	207
公共管理、社会保障和社会组织	Public Management, Social Security and Social Organization	51396	49035	2361
按地区分	**By Region**			
南昌市	Nanchang	121675	118509	3166
景德镇市	Jingdezhen	32444	32091	353
萍乡市	Pingxiang	44114	43309	805
九江市	Jiujiang	114913	113277	1636
新余市	Xinyu	43827	43493	334
鹰潭市	Yingtan	29015	28483	532
赣州市	Ganzhou	162083	158718	3365
吉安市	Ji'an	84877	83010	1867
宜春市	Yichun	69483	67897	1586
抚州市	Fuzhou	69333	67911	1422
上饶市	Shangrao	108057	106077	1980

1-3 各设区市按专业分组一套表法人单位数(2021年)
Number of Qualified Legal Entities by Region and Profession (2021)

单位：个 (unit)

地 区	Region	合 计 Total	工 业 Industry	建筑业 Construction	批发和零售业 Wholesale and Retail Trade	住宿和餐饮业 Hotel and Catering Services	房地产开发经营业 Real Estate	服务业 Service	其他投资 Other Investment
全 省	**Provincial Total**	**48185**	**15801**	**4815**	**7614**	**2072**	**3068**	**5657**	**9158**
南昌市	Nanchang	7699	1860	1048	1904	306	586	1269	726
景德镇市	Jingdezhen	1708	510	68		116	96	225	402
萍乡市	Pingxiang	2140	663	173	220	86	112	109	777
九江市	Jiujiang	6245	2058	461	730	307	401	613	1675
新余市	Xinyu	1636	575	148	193	42	82	109	487
鹰潭市	Yingtan	1340	441	66	246	54	79	252	202
赣州市	Ganzhou	7028	2558	868	899	276	530	651	1246
吉安市	Ji'an	5049	1787	330	867	278	227	695	865
宜春市	Yichun	5623	2096	581	834	231	307	619	955
抚州市	Fuzhou	3279	1121	319	411	103	270	367	688
上饶市	Shangrao	6438	2132	753	1019	273	378	748	1135

注：其他投资是指未纳入规模以上工业、有资质的建筑业、限额以上批发和零售业、限额以上住宿和餐饮业、房地产开发经营业、规模以上服务业，且在报告期内有计划总投资5000万元及以上在建投资项目的法人单位。

a) Other investment refers to legal entities including 50 million yuan and above construction projects in the reporting period, while the entities are not included in above scale industry, qualified construction industry, above-norm wholesale and retail trade, above-norm hotel and catering services, real estate development business, above scale service industry.

1-4 国民经济和社会发展主要指标与发展速度

指 标	Item	1978
人口(万人)	**Population (10 000 persons)**	
年末总人口	Population at Year-end	3182.82
#男性人口	Male	1642.78
女性人口	Female	1540.04
#城镇人口	Urban	533.12
乡村人口	Rural	2649.70
就业(万人)	**Employment (10 000 persons)**	
年末社会就业人数	Employment at Year-end	1254.3
#职工人数	Staff and Workers	267.4
年末城镇登记失业人数	Number of Registration Unemployment Persons in Urban Areas at Year-end	21.38
地区生产总值(亿元)	**Gross Domestic Product (100 million yuan)**	**87.00**
第一产业	Primary Industry	36.18
第二产业	Secondary Industry	33.08
第三产业	Tertiary Industry	17.74
人均生产总值(元)	Per Capita GDP (yuan)	276
固定资产投资(亿元)	**Investment in Fixed Assets (100 million yuan)**	
全社会固定资产投资总额	Total Investment in Fixed Assets	
#固定资产投资	Investment in Fixed Assets	
#房地产开发投资	Investment in Real Estate Development	
财政(亿元)	**Government Finance (100 million yuan)**	
财政总收入	Government Revenue	12.22
一般公共预算收入	General Public Budget Revenue	
一般公共预算支出	General Public Budget Expenditure	16.27
能源生产与消费(万吨标准煤)	**Production and Consumption of Energy (10 000 tons of SCE)**	
能源生产总量	Total Energy Production	
能源消费总量	Total Energy Consumption	
价格指数(上年=100)	**Price Indices (preceding year=100)**	
居民消费价格指数	Consumer Price Index	
商品零售价格指数	Retail Price Index	100.1
工业生产者出厂价格指数	Producer Price Index for Industrial Products	
工业生产者购进价格指数	Producer Price Indices for Purchasing Goods	
人民生活	**People's Livelihood**	
城镇非私营单位职工平均工资(元)	Average Wage of Staff and Workers in Urban Non-Private Non-Private Units(yuan)	552
城镇住户人均年可支配收入(元)	Per Capita Annual Disposable Income of Urban Households(yuan)	305
农村住户人均年可支配收入(元)	Per Capita Net Income of Rural Residents (yuan)	141
人民币住户存款年末余额(亿元)	Outstanding Amount of Saving Deposits in Urban and Rural Areas (100 million yuan)	4.16
城镇住户人均住宅建筑面积(平方米)	Per Capita Gross Living Space in Cities (sq.m)	
农村居民人均住房面积(平方米)	Per Capita Net Floor Space of Rural Residents (sq.m)	
城市建设、环境保护	**City Construction ,Environmental Protection**	
天然气供气量(万立方米)	Natural Gas Supply (10 000 cu.m)	
液化石油气供气量(吨)	Total Liquefied Petroleum Gas Supply (ton)	
道路长度(公里)	Length of Roads (km)	
排水管道长度(公里)	Length of Drainpipes (km)	
公共车辆(汽、电车)运营数(辆)	Operating Public Buses (Buses and Trolley Buses) (unit)	
绿化覆盖面积(公顷)	Coverage Area of Afforestation (hectare)	

注：1.自1998年起,职工人数为在岗职工人数。自2012年起，职工人数含劳务派遣人员。
2.从2011年起，固定资产投资项目统计起点由过去的计划投资50万元及以上提高到计划投资500万元及以上。
3.2013年起城乡居民调查指标为新口径调查数据，统一为可支配收入指标。

Major Indicators and Growth Rates on National Economic and Social Development

总量指标	Aggregate Data			速度指标 (%)				Indices and Growth Rates (%)		
				指数 Index (2021为以下各年) (2020 as Percentage of the Following Years)				平均增长速度 Average Annual Growth Rate		
2000	2010	2020	2021	1978	2000	2010	2020	1979–2021	2001–2021	2011–2021
4148.54	4462.25	4519.45	4517.40	141.9	108.9	101.2	100.0	0.8	0.4	0.1
2157.02	2303.16	2332.15	2335.21	142.1	108.3	101.4	100.1	0.8	0.4	0.1
1991.52	2159.08	2187.29	2182.19	141.7	109.6	101.1	99.8	0.8	0.5	0.1
1148.73	1966.07	2731.41	2776.40	520.8	241.7	141.2	101.6	4.0	4.5	3.5
2999.81	2496.18	1788.03	1741.01	65.7	58.0	69.7	97.4	-1.0	-2.7	-3.5
2060.9	2388.0	2264.0	2242.0	178.7	108.8	93.9	99.0	1.4	0.4	-0.6
291.6	279.6	412.3	411.2	153.8	141.0	147.1	99.7	1.0	1.7	3.9
16.68	26.26	29.93	29.92	139.9	179.4	113.9	100.0	0.8	3.0	1.3
2003.07	**9383.16**	**25781.95**	**29619.67**	**34045.6**	**1478.7**	**315.7**	**114.9**	**14.9**	**14.4**	**12.2**
485.14	1147.59	2243.79	2334.29	6451.9	481.2	203.4	104.0	10.4	8.2	7.4
700.76	5083.08	11107.92	13183.21	39852.5	1881.3	259.4	118.7	15.3	15.8	10.0
817.17	3152.49	12430.24	14102.17	79493.6	1725.7	447.3	113.5	17.2	15.3	16.2
4851	21099	57069	65553	23751.1	1351.3	310.7	114.9	13.9	13.9	12.0
							110.6	21.2	21.4	14.6
							110.8	21.2	22.3	14.9
							106.3		21.5	12.3
171.69	1226.24	4048.36								
111.55	778.09	2507.54	2812.23		2521.0	361.4	112.2		17.5	13.7
223.47	1923.26	6674.08	6778.87	41664.9	3033.5	352.5	101.6	15.4	18.6	13.4
1293.23	2312.80	1255.41	1404.36		108.6	60.7	111.9		0.4	-4.9
2505.00	6280.55	9808.58	10345.50		413.0	164.7	105.5		7.3	5.1
100.3	103.0	102.6	100.9		100.6	97.9	98.3		0.0	-0.2
98.5	102.7	101.6	101.2	101.1	102.8	98.6	99.6	0.0	0.1	-0.1
101.0	115.3	98.3	110.5		109.4	95.8	112.4		0.5	-0.4
101.2	111.8	97.0	112.3		110.9	100.4	115.7		0.5	0.0
7014	29092	80503	86116	15600.7	1227.8	296.0	107.0	12.8	13.4	11.5
5104	15481	38556	41684	13650.9	816.8	269.3	108.1	12.4	11.1	10.4
2135	5789	16981	18684	13279.5	875.0	322.8	110.0	12.3	11.5	12.4
1243.15	6113.24	22741.11	25454.74	611892.8	2047.6	416.4	111.9	23.1	16.3	15.3
32.4	38.88	50.47	51.59		159.2	132.7	102.2		2.4	2.9
27.79	40.26	64.64	69.37		249.6	172.3	107.3		4.7	5.6
		194417	234841				120.8			
164698	188847	212089	202237		122.8	107.1	95.4		1.0	0.7
3033	5742	12656	14103		465.0	245.6	111.4		8.0	9.4
2074	7340	20023	21577		1040.4	294.0	107.8		12.4	11.4
4031	7048	15401	15604		387.1	221.4	101.3		7.0	8.3
20044	48924	84260	86527		431.7	176.9	102.7		7.6	5.9

a) Since 1998,number of staff and workers refers to number of employed staff and workers.Since 2012,number of staff and workers includes dispatched laborers.

b) The statistical starting point of the fixed assets investment projects from the previous plan to invest 500 000 yuan and above to plans to invest 5 million and above since 2011.

c) Indicators of urban and rural residents survey are adjusted to disposable income since 2013.

1-4 续表1

指 标	Item	1978
一般工业固体废物综合利用量(万吨)	General Industrial Solid Wastes Utilized (10 000 tons)	
一般工业固体废物综合利用率(%)	Ratio of General Industrial Solid Wastes Utilized (%)	
农业	**Agriculture**	
农业总产值(亿元)	Gross Output Value of Agriculture (100 million yuan)	49.29
主要农产品产量	Output of Major Farm Products	
粮食(万吨)	Grain (10 000 tons)	1125.74
棉花(万吨)	Cotton (10 000 tons)	3.48
油料折油(万吨)	Oil-bearing Crops Converted Into Oil (10 000 tons)	6.63
油料(万吨)	Oil-bearing Crops (10 000 tons)	13.49
黄红麻(吨)	Jute and Ambary Hemp (10 000 tons)	4800
烟叶(万吨)	Tobacco (10 000 tons)	0.61
茶叶(吨)	Tea (ton)	8878
蚕茧(吨)	Silkworm Cocoons (ton)	143
甘蔗(万吨)	Sugar Cane (10 000 tons)	68.29
水果(万吨)	Fruits (10 000 tons)	2.92
肉类总产量(万吨)	Total Output of Meat (10 000 tons)	26.27
水产品(万吨)	Aquatic Products (10 000 tons)	5.93
生猪年末存栏(万头)	Number of Hogs on Hand at Year-end (10 000 heads)	944.27
生猪当年出栏(万头)	Number of Slaughtered Fattened Hogs of the Year (10 000 heads)	574.00
工业	**Industry**	
主要工业产品产量	Output of Major Industrial Products	
化学纤维(万吨)	Chemical Fiber (10 000 tons)	0.42
布(混合数)(万米)	Cloth (10 000 m)	20173
机制纸及纸板(万吨)	Machine-made Paper and Paperboard (10 000 tons)	9.26
卷烟(亿支)	Cigarettes (100 million pieces)	19.14
原煤产量(万吨)	Coal (10 000 tons)	1435.50
原油加工量(万吨)	Processed Crude Oil (10 000 tons)	
发电量(亿千瓦时)	Electricity (100 million kWh)	45.31
粗钢 (万吨)	Crude Steel (10 000 tons)	25.64
钢材 (万吨)	Rolled Steel (10 000 tons)	24.50
水泥(万吨)	Cement (10 000 tons)	155.56
汽车(万辆)	Vehicles (10 000 unit)	0.10
照相机(万架)	Cameras (10 000 sets)	1.00
化学肥料(折合100%)(万吨)	Chemical Fertilezers (pure) (10 000 tons)	15.97
化学农药(原药)(吨)	Chemical Pesticide (ton)	13539
规模以上工业企业主要指标(亿元)	Main Indicators of Industrial Enterprises above Designated Size (100 million yuan)	
资产总计	Total Assets	
营业收入	Revenue from Principal Business	
建筑业(资级企业)	**Construction With Grade**	
建筑业企业人数(万人)	Number of Employed Persons (10 000 persons)	
建筑业总产值(亿元)	Gross Output Value (100 million yuan)	
施工房屋面积(万平方米)	Floor Space of Buildings Under Construction (10 000 sq.m)	
竣工房屋面积(万平方米)	Floor Space of Buildings Completed (10 000 sq.m)	
交通运输业	**Transportation**	
铁路营业里程(公里)	Length of Railways in Operation (km)	1184
公路通车里程(公里)	Length of Highways (km)	30245

注：1.2000年及以后工业产品产量为规模以上产量。
2.公路通车里程从2006年开始包括村道。

continued

总量指标	Aggregate Data			速度指标 (%)	Indices and Growth Rates (%)					
				指数 Index (2021为以下各年) (2020 as Percentage of the Following Years)				平均增长速度 Average Annual Growth Rate		
2000	2010	2020	2021	1978	2000	2010	2020	1979-2021	2001-2021	2011-2021
702.24	4379.14	5497.56	5586.09		795.5	127.6	101.6		10.9	2.5
14.64	46.54	44.98	47.96		327.6	103.0	106.6		6.1	0.3
741.35	1900.58	3820.74	3998.09	8111.4	539.3	210.4	104.6	11.0	8.8	7.7
1614.60	1954.70	2163.9	2192.3	194.7	135.8	112.2	101.3	1.6	1.5	1.2
6.80	13.08	5.29	1.72	49.4	25.3	13.1	32.5	-1.7	-6.6	-18.4
32.52	36.47	48.32	56.15	846.9	172.7	154.0	116.2	5.2	2.8	4.4
96.73	107.57	122.70	130.91	970.4	135.3	121.7	106.7	5.6	1.5	2.0
4400	1123	38	22	0.5	0.5	2.0	57.9	-12.0	-23.3	-32.5
1.82	3.76	2.68	2.59	424.6	142.3	68.9	96.8	3.5	1.8	-3.7
15703	29808	71603	73839	831.7	470.2	247.7	103.1	5.2	8.0	9.5
3266	7550	6511	1180	825.2	36.1	15.6	18.1	5.2	-5.0	-16.9
136.81	59.10	61.18	60.68	88.8	44.3	102.7	99.2	-0.3	-4.0	0.3
42.34	297.13	493.21	518.36	17752.0	1224.3	174.5	105.1	13.1	13.3	5.7
192.31	287.56	285.17	344.96	1313.1	179.4	120.0	121.0	6.3	3.0	1.8
127.12	215.34	262.69	269.51	4544.9	212.0	125.2	102.6	9.5	3.8	2.3
1473.50	1756.33	1569.85	1683.23	178.3	114.2	95.8	107.2	1.4	0.7	-0.4
1992.27	2897.54	2218.28	2910.38	507.0	146.1	100.4	131.2	3.9	1.9	0.0
7.08	17.92	86.90	107.66	25632.8	1520.6	600.8	123.9	14.1	14.6	19.6
21710	80517	77103	95519	473.5	440.0	118.6	123.9	3.8	7.7	1.7
24.02	186.59	291.06	280.24	3026.4	1166.7	150.2	96.3	8.5	13.1	4.2
50.99	111.80	630.71	642.05	3354.5	1259.2	574.3	101.8	8.7	13.5	19.1
1813.76	2912.22	281.23	213.42	14.9	11.8	7.3	75.9	-4.4	-10.1	-23.0
327.62	468.43	701.88	666.66		203.5	142.3	95.0		3.6	3.6
226.77	637.59	1320.58	1425.20	3145.4	628.5	223.5	107.9	8.6	9.6	8.4
319.86	1834.03	2682.07	2710.96	10573.2	847.5	147.8	101.1	11.7	11.3	4.0
282.90	1951.55	3093.92	3480.92	14207.8	1230.4	178.4	112.5	12.5	13.4	6.0
1382.00	6220.54	9769.74	10130.68	6512.4	733.0	162.9	103.7	10.5	10.5	5.0
13.36	37.28	45.13	43.60	43993.3	326.4	116.9	96.6	15.6	6.1	1.6
17.84	0.58	30.66	31.95	3195.4	179.1	5509.3	104.2	8.6	3.0	49.3
43.43	113.42	19.63	97.45	610.2	224.4	85.9	496.5	4.4	4.1	-1.5
13796	21213	13553	85862	634.2	622.4	404.8	633.5	4.5	9.6	15.0
1835.86	8424.86	28392.14	30357.93		1653.6	360.3	106.9		15.1	13.7
897.00	14196.68	37909.17	43976.73		4902.6	309.8	116.0		21.5	12.0
29.80	86.10	164.97	164.48		551.9	191.0	99.7		8.9	6.7
116.41	1691.47	8649.16	9762.95		8386.7	577.2	112.9		24.8	19.2
2572.30	13669.67	34235.47	35525.62		1381.1	259.9	103.8		14.0	10.0
1359.80	6488.09	13911.91	14475.20		1064.5	223.1	104.0		12.6	8.4
2197	2734	4546	4822	407.3	219.5	176.4	106.1	3.4	4.0	5.8
60292	140597	210642	211101	698.0	350.1	150.1	100.2	4.7	6.5	4.1

a) Output of industrial products are above designated size since 2000.

b) The total length of highways have included the village road since 2006.

1-4 续表2

指 标	Item	1978
货物周转量(亿吨公里)	Freight Ton-kilometers (100 million ton-km)	128.63
铁 路(亿吨公里)	Railways (100 million ton-km)	108.48
公 路(亿吨公里)	Highways (100 million ton-km)	5.14
水 运(亿吨公里)	Waterways (100 million ton-km)	15.01
旅客周转量(亿人公里)	Passenger-kilometers (100 million person-km)	44.67
铁 路(亿人公里)	Railways (100 million person-km)	26.73
公 路(亿人公里)	Highways (100 million person-km)	16.83
水 运(亿人公里)	Waterways (100 million person-km)	1.13
邮电通信业	**Postal and Telecommunication Services**	
邮电业务总量(亿元)	Business Volume of Postal and Telecommunication Services (100 million yuan)	0.92
函 件(万件)	Number of Letters (10 000 pcs)	7372
移动电话用户(万户)	Number of Mobile Telephone Subscribers (10 000 subscribers)	
固定电话用户(万户)	Fixed Telephone Subscribers (10 000 Subscribers)	5.59
计算机互联网用户(万户)	Number of Internet Services Subscribers (10 000 subscribers)	
内外贸易和旅游	**Domestic Trade , Foreign Trade and Tourism**	
社会消费品零售总额(亿元)	Total Retail Sales of Consumer Goods (100 million yuan)	33.93
海关进出口总额(万美元)	Total Value of Imports and Exports (USD 10 000)	
出口额	Exports	
进口额	Imports	
外商直接投资合同金额(万美元)	Contracted Foreign Direct Investments (USD 10 000)	
外商直接投资实际使用金额(万美元)	Actually Utilized Foreign Direct Investments (USD 10 000)	
旅游总收入(亿元)	Total Tourism Earnings (100 million yuan)	
入境旅游人数(人次)	Number of International Tourists (person-times)	
旅游收汇收入(万美元)	Foreign Exchange Earnings from International Tourism (USD 10 000)	
金融业(亿元)	**Financial Intermediation (100 million yuan)**	
金融机构人民币存款余额	Deposits of National Banking System	
金融机构人民币贷款余额	Loans of National Banking System	
教育、文化、卫生	**Education,Culture and Health Care**	
高等学校在校学生数(人)	Students Enrollment of Higher Education (person)	21847
中等职业学校在校学生数(人)	Students Enrollment of Specialized Secondary Schools (persons)	
普通中学在校学生数(万人)	Students Enrollment of Secondary Schools (10 000 persons)	169.20
小学在校学生数(万人)	Students Enrollment of Primary Schools (10 000 persons)	513.77
报纸出版数量(万份)	Number of Newspapers Published (10 000 copies)	14453
期刊出版数量(万册)	Number of Magazines Published (10 000 copies)	378
图书出版数量(万册)	Number of Books Published (10 000 copies)	8495
卫生机构数(个)	Number of Hospitals (unit)	5178
卫生技术人员(人)	Number of Medical Technical Personnels (person)	70247
#医 生	Number of Doctors	30430
病 床 数(张)	Number of Hospital Beds (bed)	72289

注：1.邮电业务总量2000年以前按1990年不变价格计算，2001年以后按2000年不变价格计算,2011年以后按2010年不变价格计算。
2.卫生机构数1996年开始包括个体机构。
3.2007年卫生年报统计口径变动。
4.交通运输数据2008年开始按新口径计算。
5.2009年互联网用户口径变化为宽带用户数。

continued

总量指标		Aggregate Data		速度指标 (%)				Indices and Growth Rates (%)		
				指数 Index (2021为以下各年) (2020 as Percentage of the Following Years)				平均增长速度 Average Annual Growth Rate		
2000	2010	2020	2021	1978	2000	2010	2020	1979-2021	2001-2021	2011-2021
746.93	2738.70	4010.79	4881.90	3795.3	653.6	178.3	121.7	9.0	9.8	6.0
563.82	705.90	497.30	567.55	523.2	100.7	80.4	114.1	4.0	0.0	-2.2
147.19	1850.20	3247.09	3960.11	77045.0	2690.4	214.0	122.0	17.1	17.9	7.9
35.81	182.41	266.40	354.24	2360.0	989.2	194.2	133.0	7.8	12.1	6.9
453.07	912.76	631.35	603.91	1351.9	133.3	66.2	95.7	6.4	1.4	-4.0
271.91	564.80	450.29	505.96	1892.9	186.1	89.6	112.4	7.3	3.2	-1.1
171.33	330.48	180.89	97.71	580.6	57.0	29.6	54.0	4.3	-2.8	-11.5
1.20	0.32	0.18	0.24	21.3	20.0	76.3	136.2	-3.6	-7.7	-2.7
81.31	698.05	3851.14	626.74	67998.3	770.8	89.8	16.3	16.8	10.8	-1.1
14010	17971	1184	745	10.1	5.3	4.1	62.9	-5.3	-13.6	-27.3
140.3	1811.3	4249.4	4496.8		3205.3	248.3	105.8		18.9	9.5
354.1	709.6	482.4	474.0	8480.0	133.9	66.8	98.3	11.2	1.5	-4.0
26.95	253.40	1510.5	1700.2		6308.6	670.9	112.6		23.0	21.0
704.87	2956.21	10371.77	12206.69	35976.1	1731.8	412.9	117.7	15.0	15.3	15.2
162399	2160007	5802584	7701686		4742.4	356.6	132.7		21.3	13.6
119736	1341606	4205576	5677497		4741.7	423.2	135.0		21.3	15.5
42663	818400	1597008	2024190		4744.6	247.3	126.7		21.3	9.5
26478	749447	1232489	960592		3627.9	128.2	77.9		19.7	2.5
22724	510084	1460221	1577777		6943.2	309.3	108.1		23.6	12.0
134.6	818.32	5422.70	6769.02		5029.0	827.2	124.8		21.6	23.5
163057	1140792	129658								
6234	34630	3739								
1966.78	11846.18	43608.17	47455.74		2412.9	400.6	108.8		17.3	14.9
1739.87	7757.12	41409.15	46920.69		2696.8	604.9	113.3		17.9	19.7
146411	837797	1293235	1407671	6443.3	961.5	168.0	108.8	10.4	12.0	5.3
		445493	519162				116.5			
259.22	273.96	330.87	332.28	196.4	128.2	121.3	100.4	1.6	1.2	1.9
422.68	426.02	406.31	395.79	77.0	93.6	92.9	97.4	-0.6	-0.3	-0.7
39929	70449	75566	72876	504.2	182.5	103.4	96.4	3.9	3.1	0.3
9060	7060	7959	7875	2083.3	86.9	111.5	98.9	7.5	-0.7	1.1
20300	16039	27050	26539	312.4	130.7	165.5	98.1	2.7	1.3	5.2
8048	7172	36716	36764	710.0	456.8	512.6	100.1	4.8	7.9	17.8
123192	154733	286089	305670	435.1	248.1	197.5	106.8	3.6	4.6	7.0
54437	59264	104897	111394	366.1	204.6	188.0	106.2	3.1	3.6	6.5
90930	127915	285797	307292	425.1	337.9	240.2	107.5	3.5	6.3	9.2

a) Business volume of post and telecommunication services before 2000 are calculated at constant prices of 1990 and at 2000 constant prices since 2000 and at 2011 constant prices since 2010.
b) Number of hospitals include individual since 1996.
c) Statistical standards in health report have changed since 2007.
d)The data of transportation are calculated according to new statistical scope since 2008.
e)Internet subscriber is adjusted to DSL subscriber in 2009.

1-5 国民经济主要比例关系
Composition Indicators on National Economic

单位：% (%)

指　　标	Item	1978	2000	2010	2015	2020	2021
地区生产总值	**Gross Domestic Product**						
第一产业	Primary Industry	41.6	24.2	12.7	10.2	8.7	7.9
第二产业	Secondary Industry	38.0	35.0	54.2	49.9	43.1	44.5
工　业	Industry	26.6	27.2	46.1	41.9	34.9	36.4
建筑业	Construction	11.4	7.8	8.1	8.0	8.2	8.2
第三产业	Tertiary Industry	20.4	40.8	33.2	39.9	48.2	47.6
#交通运输邮电业	Transport,Postal and Telecommunication Services	2.9	9.7	4.8	4.5	4.0	4.1
批零贸易和住宿餐饮业	Wholesale and Retail Trades,Hotel and Catering Services	5.6	9.1	9.0	9.3	10.1	10.3
金融业	Financial Intermediation	1.4	4.6	2.6	5.1	6.9	6.7
全省总人口	**Province Total Population**						
城镇人口	Urban	16.8	27.7	44.1	52.3	60.4	61.5
乡村人口	Rural	83.3	72.3	55.9	47.7	39.6	38.5
社会就业人员	**Total Employed Persons**						
第一产业	Primary Industry	77.2	46.6	35.6	27.6	20.1	18.9
第二产业	Secondary Industry	13.0	24.4	29.6	32.4	33.9	34.5
第三产业	Tertiary Industry	9.8	29.0	34.8	40.0	46.0	46.6
农业总产值	**Gross Agricultural Output Value**						
农　　业	Farming	74.0	46.5	43.1	48.5	44.2	44.9
林　　业	Forestry	11.9	7.8	9.6	9.6	9.6	10.0
牧　　业	Animal Husbandry	12.8	29.9	29.8	23.3	29.5	26.3
渔　　业	Fishery	1.3	13.5	13.5	14.8	12.4	13.7
服 务 业	Service in Support of Agriculture		2.3	4.0	3.8	4.3	5.1
全社会固定资产投资	**Total Investment in Fixed Assets**						
第一产业	Primary Industry			2.9	2.7	2.4	1.9
第二产业	Secondary Industry			57.5	52.0	48.6	50.8
第三产业	Tertiary Industry			39.6	45.3	49.0	47.3
财政支出	**Government Expenditures**						
一般公共服务	General Public Services					8.4	8.0
教　育	Education	10.6	17.1	15.5	18.0	18.3	18.4
科学技术	Science	0.2	0.5	0.9	1.7	2.9	3.1
社会保障和就业	Social Seaurity and Employment					13.0	13.2
卫生健康	Health and hygiene					9.6	9.5

1-6 主要指标每人年平均水平
Per Capita Average Annual Level of Major Indicators

指　　标	Item	1978	1980	1990	2000	2010	2020	2021
地区生产总值(元)	**Gross Domestic Product (yuan)**	**276**	**342**	**1134**	**4851**	**21099**	**57069**	**65553**
第一产业	Primary Industry	115	149	466	1175	2672	4967	5166
第二产业	Secondary Industry	105	126	353	1697	11430	24588	29177
第三产业	Tertiary Industry	56	67	315	1979	6997	27515	31210
财政总收入(元)	**Government Revenue (yuan)**	**39**	**38**	**107**	**416**	**2757**	**8961**	
年末居民储蓄存款余额(元)	**Balance of Savings Deposit of Households at Year-end (yuan)**	**13**	**24**	**375**	**2997**	**13746**	**50318**	**56348**
主要农产品产量(公斤)	**Output of Major Farm Products (kg)**							
粮　食	Grain	357.33	381.60	438.86	391.04	439.53	478.98	485.20
棉　花	Cotton	1.10	1.32	1.51	1.65	2.94	1.17	0.38
油料折油	Oil-bearing Crops Converted into oil	2.10	2.09	5.19	7.88	8.20	10.69	12.43
甘　蔗	Sugar Cane	21.68	26.38	51.42	33.13	13.29	13.54	13.43
水　果	Fruits	0.93	1.73	6.17	10.25	66.81	109.17	114.72
肉类总产量	Total output of Meat	8.34	11.71	29.57	46.58	69.30	63.12	76.34
水产品	Aquatic Products	1.88	2.32	8.12	30.79	48.42	58.15	59.65
主要工业产品产量	**Output of Major Industrial Products**							
化学纤维(公斤)	Chemical Fiber (kg)	0.13	0.41	0.53	1.71	4.03	24.66	238.26
布(混合数)(米)	Cloth (m)	6.40	9.24	8.09	5.26	18.10	17.07	21.14
机制纸及纸板(公斤)	Machine-made Paper and Paperboard (kg)	2.94	3.91	6.77	5.82	41.96	64.43	62.02
原　煤(公斤)	Coal (kg)	455.65	458.62	536.50	439.28	636.40	62.25	47.23
原油加工量(公斤)	Processed Crude Oil (kg)					1053.31	155.36	147.54
发电量(千瓦小时)	Electricity (kWh)	143.82	176.05	321.32	486.95	1387.46	2923.13	3154.20
粗钢(公斤)	Crude Steel (kg)	8.14	11.93	29.67	77.47	412.40	593.68	599.98
钢材(公斤)	Rolled Steel (kg)	7.78	14.36	24.43	68.52	438.83	684.85	770.38
水　泥(公斤)	Cement (kg)	49.38	61.85	124.16	334.71	1398.75	2162.55	2242.08
化学肥料(公斤)	Chemical Fertilezers (kg)	5.07	7.92	8.22	10.52	25.50	4.34	21.57
化学农药(公斤)	Chemical Pesticide (kg)	0.43	0.54	0.14	0.33	0.48	3.00	19.00
主要消费品消费量	**Consumption of Major Consumer Good**							
农村居民食品消费量(公斤)	Living Consumption of Rural Households (kg)							
粮　食	Grain		314.55	340.85	303.61	213.52	178.21	193.12
植物油	Vegetable Oils		2.03	4.76	8.73	6.57	15.15	15.09
猪牛羊肉	Pork, Beef and Mutton		6.60	11.99	12.64	12.71	24.04	31.69
蛋类及蛋制品	Eggs		1.04	1.95	3.26	3.28	9.29	12.14
水产品	Aquatic Products		1.54	2.02	3.73	5.23	13.33	16.75
城镇居民消费量(公斤)	Purchase of Urban Households (kg)							
粮　食	Grain						130.85	156.9
油脂类	Oil						15.60	15.3
肉类	Meat						33.85	41.2
禽类	Pouorty						13.27	13.7
蛋类及蛋制品	Eggs and Related Products						9.71	10.4
水产品	Aquatic Products						17.90	19.9

注：2013年起城乡居民消费品为新口径调查数据。

a) New statistical caliber is applied in living consumption of urban and rural households since 2013.

1-7 江西的一天
One Day of Jiangxi

指　标	Item	1978	2000	2010	2020	2021
全省每天创造的财富	**Province Daily Production**					
地区生产总值(万元)	Gross Domestic Product (10 000 yuan)	2384	54879	257073	704425	811498
第一产业	Primary Industry	991	13292	32555	61306	63953
第二产业	Secondary Industry	907	19199	139262	303495	361184
工业	Industry	635	14901	118556	245671	295163
建筑业	Construction	272	4298	20706	58004	66259
第三产业	Tertiary Industry	486	22388	85255	339624	386361
#交通运输邮电业	Transport,Postal and Telecommunication Services	70	5342	12251	28311	33393
批零贸易和住宿餐饮业	Wholesaleand Retail Trades,Hotel and Catering Services	135	4985	23222	71086	83371
金融业	Financial Intermediation	32	2547	6616	48357	54110
财政总收入(万元)	Government Revenue (10 000 yuan)	335	4704	33596	110611	
财政支出(万元)	Government Expenditures (10 000 yuan)	446	6123	52692	182352	
布产量(万米)	Cloth (10 000 meters)	55	59	221	211	262
机制纸及纸板(吨)	Machine-made Paper and Paperboard (ton)	254	658	5112	7953	7678
原煤产量(吨)	Coal (ton)	39329	49692	77540	7684	5847
原油加工量(吨)	Processed Crude Oil (ton)			12834	19177	18265
发电量(万千瓦小时)	Electricity (10 000 kWh)	1241	5508	16905	36081	39047
粗钢(吨)	Crude Steel (ton)	702	8763	50247	73281	74273
钢材(吨)	Rolled Steel (ton)	671	7751	53467	84533	95368
水泥(吨)	Cement (ton)	4262	37863	170426	266933	277553
汽车(辆)	Vehicles (unit)	3	366	1021	1233	1194
照相机(架)	Cameras (set)	27	489	16	838	875
全省每天消费	**Province Daily Consumption**					
能源消费(万吨标准煤)	Energy Consumption(10 000 tons of SCE)		6.86	17.41	26.80	28.34
社会消费品零售总额(万元)	Total Retail Sales of Consumer Goods (10 000 yuan)	930	19312	80992	283382	334430
全省每天其他活动	**Province Other Daily Economic Activities**					
货物运输量(万吨)	Freight Traffic (10 000 tons)	12.89	64.66	274.90	429.42	544.39
旅客运输量(万人)	Passenger Traffic (10 000 persons)	17.69	98.14	209.95	117.99	70.35
出版报纸(万份)	Newspapers Published (10 000 copies)	39.60	109.39	193.01	206.46	199.66
出版期刊(万册)	Number of Magazines Published (10 000 copies)	1.03	28.70	19.34	21.75	21.58
出版图书(万册)	Books Published (10 000 copies)	23.27	55.62	43.94	73.91	72.71
邮电业务总量(万元)	Business Volume of Postal and Telecommunication Services (10 000 yuan)	21	2228	19125	105222	17171
邮寄函件(万件)	Letters Delivered (10 000 pieces)	20.20	38.38	49.24	3.23	2.04
邮寄包裹(件)	Packages Delivered (piece)		6767	3321	1011	919
结婚人数(对)	Number of Marriages (couple)	437	810	989	746	670
离婚人数(对)	Number of Divorces (couple)	28	66	134	300	176

1-8 地区生产总值
Gross Domestic Product

本表按当年价格计算。

Data in this table are calculated at current prices.

单位：亿元 (100 million yuan)

年份 Year	地区生产总值 Gross Domestic Product	第一产业 Primary Industry	第二产业 Secondary Industry	第三产业 Tertiary Industry	农林牧渔业 Agriculture, Forestry, Animal Husbandry and Fishery	工业 Industry	建筑业 Construction
1978	87.00	36.18	33.08	17.74	36.18	23.16	9.92
1980	111.15	48.31	41.00	21.84	48.31	30.84	10.16
1985	207.89	84.06	76.05	47.78	84.06	63.13	12.92
1990	428.62	175.96	133.56	119.10	175.96	116.50	17.06
1991	479.37	183.27	154.77	141.33	183.27	135.82	18.95
1992	572.55	200.81	199.40	172.34	200.81	168.14	31.26
1993	723.04	225.58	282.46	215.00	225.58	233.76	48.70
1994	948.16	314.35	338.23	295.58	316.86	269.16	69.07
1995	1169.73	374.64	403.74	391.35	377.82	314.49	89.25
1996	1409.74	440.00	481.30	488.44	444.22	375.83	105.47
1997	1605.77	475.18	548.84	581.75	480.82	438.98	109.86
1998	1719.87	450.44	608.22	661.21	457.14	477.15	131.07
1999	1853.65	464.40	648.82	740.43	471.56	503.79	145.03
2000	2003.07	485.14	700.76	817.17	492.37	543.88	156.88
2001	2175.68	506.00	786.12	883.56	514.51	603.23	182.89
2002	2450.48	535.98	941.77	972.73	543.72	702.42	239.35
2003	2812.70	551.51	1204.33	1056.87	560	863.31	341.02
2004	3398.06	664.52	1505.19	1228.35	673.77	1149.79	355.40
2005	3941.23	717.69	1834.65	1388.89	727.37	1468.68	365.97
2006	4696.80	775.11	2337.59	1584.10	786.14	1923.00	414.59
2007	5777.62	868.60	2950.31	1958.71	902.41	2435.45	514.86
2008	6934.20	1014.54	3518.79	2400.87	1051.83	2936.92	581.87
2009	7629.98	1062.13	3882.65	2685.20	1101.03	3232.49	650.16
2010	9383.16	1147.59	5083.08	3152.49	1188.26	4327.30	755.78
2011	11584.52	1320.49	6338.00	3926.03	1363.29	5462.31	875.69
2012	12807.69	1439.14	6893.33	4475.22	1484.41	5889.24	1004.09
2013	14300.17	1540.65	7661.85	5097.67	1591.73	6523.26	1138.59
2014	15667.78	1626.87	8238.65	5802.26	1682.26	6930.73	1307.92
2015	16780.89	1714.47	8367.65	6698.77	1773.85	7026.22	1343.21
2016	18388.59	1794.12	8732.52	7861.95	1851.94	7349.25	1387.49
2017	20210.78	1835.26	9444.60	8930.92	1898.49	7969.59	1480.00
2018	22716.51	1877.33	10081.16	10758.02	1947.87	8264.23	1823.43
2019	24667.29	2057.70	10820.30	11789.29	2135.83	8774.17	2053.02
2020	25781.95	2243.79	11107.92	12430.24	2328.07	8991.57	2122.96
2021	29619.67	2334.29	13183.21	14102.17	2437.90	10773.43	2418.44

1-8 续表 continued

本表按当年价格计算。
Data in this table are calculated at current prices.

单位：亿元 (100 million yuan)

年 份 Year	批发和零售业 Whlesale and Retail Trades	交通运输仓储和邮政业 Transport, Storage and Post	住宿和餐饮业 Hotels and Catering Services	金融业 Financial Intermediation	房地产业 Real Estate	其他服务业 Others Service Industry	人均地区生产总值（元） Per Capita GDP (yuan)
1978	4.91	2.54		1.18	1.41	7.70	276
1980	5.78	3.92		1.39	1.67	9.08	342
1985	11.57	12.27		5.60	2.84	15.50	597
1990	19.74	25.18		27.33	7.26	39.59	1134
1991	27.86	26.73		31.17	8.61	46.96	1249
1992	29.69	31.61	6.11	38.83	10.23	55.87	1472
1993	37.05	39.43	7.63	48.44	12.77	69.68	1835
1994	47.90	55.93	9.86	61.71	22.89	94.78	2376
1995	71.11	78.32	11.28	71.84	29.78	125.84	2896
1996	91.89	101.64	16.42	86.32	37.23	150.72	3452
1997	104.60	115.41	20.06	97.40	53.11	185.53	3890
1998	121.18	145.40	22.36	100.50	60.56	204.51	4124
1999	136.92	167.74	24.71	101.15	76.31	226.44	4402
2000	152.58	194.98	29.38	92.97	95.63	244.40	4851
2001	159.39	217.94	32.67	82.02	114.84	268.19	5221
2002	180.99	248.61	33.20	76.51	125.27	300.41	5829
2003	205.39	266.11	37.67	64.31	138.02	336.87	6636
2004	242.21	259.03	54.16	65.10	167.20	431.40	7960
2005	252.43	300.97	67.11	69.55	171.88	517.27	9172
2006	280.42	339.58	79.97	79.75	184.67	608.68	10859
2007	381.25	372.23	92.45	101.34	225.96	751.67	13270
2008	465.26	389.17	131.71	130.57	281.96	964.91	15816
2009	553.89	395.74	167.59	165.10	305.90	1058.08	17277
2010	646.89	447.16	200.71	241.49	340.56	1235.01	21099
2011	781.04	508.57	270.29	357.44	402.51	1563.38	25928
2012	865.94	631.76	310.84	413.07	421.83	1786.51	28624
2013	1005.04	679.48	319.71	542.83	500.57	1998.96	31952
2014	1113.95	710.88	353.48	739.70	522.81	2306.05	34988
2015	1213.51	754.12	354.08	861.65	707.56	2746.69	37436
2016	1397.66	821.42	373.34	1012.30	1008.29	3186.90	40950
2017	1695.02	895.82	386.13	1100.12	1289.35	3496.26	44878
2018	1942.27	1022.51	408.40	1422.64	1740.30	4144.86	50347
2019	2112.18	1106.67	453.38	1583.01	1816.31	4632.72	54640
2020	2185.76	1036.19	416.00	1769.87	2005.00	4926.52	57065
2021	2536.68	1218.85	506.35	1975.03	2176.55	5576.44	65560

1-9 地区生产总值构成

Composition of Gross Domestic Product

本表按当年价格计算。

Data in this table are calculated at current prices.

单位：% (%)

年 份 Year	地区生产总值 Gross Domestic Product	第一产业 Primary Industry	第二产业 Secondary Industry	第三产业 Tertiary Industry	农林牧渔业 Agriculture, Forestry, Animal Husbandry and Fishery	工 业 Industry	建筑业 Construction
1978	100	41.6	38.0	20.4	41.6	26.6	11.4
1980	100	43.5	36.9	19.6	43.5	27.7	9.1
1985	100	40.4	36.6	23.0	40.4	30.4	6.2
1990	100	41.1	31.2	27.8	41.1	27.2	4.0
1991	100	38.2	32.3	29.5	38.2	28.3	4.0
1992	100	35.1	34.8	30.1	35.1	29.4	5.5
1993	100	31.2	39.1	29.7	31.2	32.3	6.7
1994	100	33.2	35.7	31.2	33.4	28.4	7.3
1995	100	32.0	34.5	33.5	32.3	26.9	7.6
1996	100	31.2	34.1	34.6	31.5	26.7	7.5
1997	100	29.6	34.2	36.2	29.9	27.3	6.8
1998	100	26.2	35.4	38.4	26.6	27.7	7.6
1999	100	25.1	35.0	39.9	25.4	27.2	7.8
2000	100	24.2	35.0	40.8	24.6	27.2	7.8
2001	100	23.3	36.1	40.6	23.6	27.7	8.4
2002	100	21.9	38.4	39.7	22.2	28.7	9.8
2003	100	19.6	42.8	37.6	19.9	30.7	12.1
2004	100	19.6	44.3	36.1	19.8	33.8	10.5
2005	100	18.2	46.6	35.2	18.5	37.3	9.3
2006	100	16.5	49.8	33.7	16.7	40.9	8.8
2007	100	15.0	51.1	33.9	15.6	42.2	8.9
2008	100	14.6	50.7	34.6	15.2	42.4	8.4
2009	100	13.9	50.9	35.2	14.4	42.4	8.5
2010	100	12.2	54.2	33.6	12.7	46.1	8.1
2011	100	11.4	54.7	33.9	11.8	47.2	7.6
2012	100	11.2	53.8	34.9	11.6	46.0	7.8
2013	100	10.8	53.6	35.6	11.1	45.6	8.0
2014	100	10.4	52.6	37.0	10.7	44.2	8.3
2015	100	10.2	49.9	39.9	10.6	41.9	8.0
2016	100	9.8	47.5	42.8	10.1	40.0	7.5
2017	100	9.1	46.7	44.2	9.4	39.4	7.3
2018	100	8.3	44.4	47.4	8.6	36.4	8.0
2019	100	8.3	43.9	47.8	8.7	35.6	8.3
2020	100	8.7	43.1	48.2	9.0	34.9	8.2
2021	100	7.9	44.5	47.6	8.2	36.4	8.2

1-9 续表 continued

本表按当年价格计算。
Data in this table are calculated at current prices.

单位：% (%)

年 份 Year	批发和零售业 Whlesale and Retail Trades	交通运输仓储和邮政业 Transport, Storage and Post	住宿和餐饮业 Hotels and Catering Services	金融业 Financial Intermediation	房地产业 Real Estate	其他服务业 Others Service Industry
1978	5.6	2.9		1.4	1.6	8.9
1980	5.2	3.5		1.3	1.5	8.2
1985	5.6	5.9		2.7	1.4	7.5
1990	4.6	5.9		6.4	1.7	9.2
1991	5.8	5.6		6.5	1.8	9.8
1992	5.2	5.5	1.1	6.8	1.8	9.8
1993	5.1	5.5	1.1	6.7	1.8	9.6
1994	5.1	5.9	1.0	6.5	2.4	10.0
1995	6.1	6.7	1.0	6.1	2.5	10.8
1996	6.5	7.2	1.2	6.1	2.6	10.7
1997	6.5	7.2	1.2	6.1	3.3	11.6
1998	7.0	8.5	1.3	5.8	3.5	11.9
1999	7.4	9.0	1.3	5.5	4.1	12.2
2000	7.6	9.7	1.5	4.6	4.8	12.2
2001	7.3	10.0	1.5	3.8	5.3	12.3
2002	7.4	10.1	1.4	3.1	5.1	12.3
2003	7.3	9.5	1.3	2.3	4.9	12.0
2004	7.1	7.6	1.6	1.9	4.9	12.7
2005	6.4	7.6	1.7	1.8	4.4	13.1
2006	6.0	7.2	1.7	1.7	3.9	13.0
2007	6.6	6.4	1.6	1.8	3.9	13.0
2008	6.7	5.6	1.9	1.9	4.1	13.9
2009	7.3	5.2	2.2	2.2	4.0	13.9
2010	6.9	4.8	2.1	2.6	3.6	13.2
2011	6.7	4.4	2.3	3.1	3.5	13.5
2012	6.8	4.9	2.4	3.2	3.3	13.9
2013	7.0	4.8	2.2	3.8	3.5	14.0
2014	7.1	4.5	2.3	4.7	3.3	14.7
2015	7.2	4.5	2.1	5.1	4.2	16.4
2016	7.6	4.5	2.0	5.5	5.5	17.3
2017	8.4	4.4	1.9	5.4	6.4	17.3
2018	8.6	4.5	1.8	6.3	7.7	18.2
2019	8.6	4.5	1.8	6.4	7.4	18.8
2020	8.5	4.0	1.6	6.9	7.8	19.1
2021	8.6	4.1	1.7	6.7	7.3	18.8

1-10 地区生产总值指数
Indices of Gross Domestic Product

本表按可比价格计算。

Data in this table are calculated at constant pieces.

(1978年=100) (year of 1978=100)

年份 Year	地区生产总值 Gross Domestic Product	第一产业 Primary Industry	第二产业 Secondary Industry	第三产业 Tertiary Industry	农林牧渔业 Agriculture, Forestry, Animal Husbandry and Fishery	工业 Industry	建筑业 Construction
1978	100.0	100.0	100.0	100.0	100.0	100.0	100.0
1979	115.8	115.4	115.9	116.6	115.4	120.9	104.2
1980	120.7	116.4	129.7	116.1	116.4	138.9	108.1
1981	127.5	128.3	127.7	126.8	128.3	142.2	93.6
1982	139.3	144.1	131.4	143.4	144.1	146.4	96.3
1983	148.7	144.2	150.5	157.0	144.2	165.5	115.2
1984	171.7	157.9	182.4	185.6	157.9	210.9	115.2
1985	197.2	169.1	218.2	225.8	169.1	258.5	123.2
1986	210.5	170.9	234.2	260.0	170.9	284.4	115.9
1987	227.8	186.4	250.2	283.7	186.4	307.9	114.4
1988	253.9	191.4	291.3	331.5	191.4	358.3	133.2
1989	269.4	198.8	304.8	368.2	198.8	370.8	149.4
1990	281.6	211.5	312.5	387.3	211.5	388.8	132.6
1991	304.8	219.0	346.8	434.1	218.9	438.3	131.4
1992	350.1	231.6	423.5	517.5	231.6	513.4	211.2
1993	397.9	235.3	546.1	573.8	235.3	652.6	294.4
1994	432.9	248.7	584.4	657.0	248.7	680.6	356.6
1995	462.5	261.1	601.2	746.7	261.1	686.8	398.0
1996	516.5	283.3	679.4	845.1	283.3	781.5	437.1
1997	579.8	302.6	782.6	963.0	302.6	920.6	455.9
1998	621.2	291.1	865.4	1083.8	291.1	1017.3	505.8
1999	670.0	308.6	921.3	1200.1	308.6	1072.3	563.7
2000	723.9	329.5	982.7	1324.9	329.5	1147.3	592.8
2001	787.2	343.4	1108.9	1430.1	343.4	1271.8	710.1
2002	870.1	358.5	1314.4	1528.4	358.5	1502.0	851.4
2003	982.9	362.8	1633.4	1655.1	368.2	1795.3	1185.5
2004	1112.8	392.2	1937.1	1816.8	397.6	2123.8	1415.5
2005	1256.4	417.9	2270.0	2014.6	423.5	2559.2	1532.7
2006	1410.4	444.8	2640.6	2213.9	451.0	3044.2	1621.3
2007	1595.9	462.9	3101.1	2473.2	469.5	3688.7	1630.9
2008	1807.4	484.7	3632.1	2758.5	492.0	4418.4	1674.4
2009	2045.2	506.6	4254.9	3055.8	514.2	5225.1	1843.6
2010	2330.5	526.8	5026.2	3399.5	534.7	6249.7	1991.9
2011	2620.5	547.6	5791.0	3775.7	556.1	7321.7	2073.9
2012	2907.9	572.5	6554.5	4132.4	581.7	8302.9	2318.6
2013	3201.0	620.0	7347.7	4428.3	607.9	9324.1	2569.0
2014	3511.1	649.2	8152.5	4828.7	636.5	10343.3	2854.2
2015	3829.1	674.5	8915.0	5318.5	675.0	11271.3	3193.0
2016	4175.6	701.9	9668.8	5907.0	702.5	12245.6	3431.8
2017	4545.0	732.7	10452.7	6545.7	733.8	13289.2	3635.2
2018	4938.1	758.0	11462.1	7110.4	760.1	14511.3	4077.5
2019	5325.8	780.6	12366.0	7740.1	783.6	15714.2	4317.7
2020	5525.5	798.1	12868.3	8025.3	802.4	16360.8	4480.5
2021	6009.7	856.7	13926.8	8787.8	860.8	17825.6	4712.9

1-10 续表 continued

本表按可比价格计算。

Data in this table are calculated at constant pieces.

(1978年=100) (year of 1978=100)

年份 Year	批发和零售业 Whlesale and Retail Trades	交通运输仓储和邮政业 Transport, Storage and Post	住宿和餐饮业 Hotels and Catering Services	金融业 Financial Intermediation	房地产业 Real Estate	其他 Others	人均地区生产总值(元) Per Capita GDP (yuan)
1978	100.0	100.0	100.0	100.0	100.0	100.0	100.0
1979	108.2	141.6	108.2	83.3	116.3	116.3	113.8
1980	106.1	147.1	106.1	98.1	112.5	112.5	117.0
1981	120.5	152.0	120.5	107.3	122.6	122.6	122.1
1982	131.2	202.3	131.2	141.7	130.0	130.0	131.9
1983	149.2	221.7	149.2	155.1	139.2	139.2	139.0
1984	156.6	235.9	156.6	314.2	163.7	163.7	157.9
1985	182.8	303.1	182.8	383.0	198.8	198.8	178.3
1986	210.6	312.5	210.6	514.7	228.4	228.4	187.0
1987	199.8	321.0	199.8	761.8	242.1	242.1	199.2
1988	233.6	375.2	233.6	1077.9	254.9	254.9	218.7
1989	207.7	391.0	207.7	1353.8	296.7	296.7	228.3
1990	136.4	439.0	136.4	1368.7	359.2	359.2	234.5
1991	190.6	407.4	190.6	1467.3	408.3	408.3	249.8
1992	295.3	449.0	295.3	1665.3	518.5	425.8	283.0
1993	297.7	489.4	297.7	1981.8	595.7	487.4	317.5
1994	308.9	580.4	322.5	2271.7	704.6	583.7	341.0
1995	345.4	705.2	350.5	2415.4	810.4	676.5	359.7
1996	404.5	777.9	405.2	2577.7	951.4	780.7	397.5
1997	489.8	912.4	494.3	2786.5	1090.5	864.1	441.6
1998	555.9	1121.4	561.1	2847.8	1319.1	952.7	468.1
1999	647.6	1321.0	643.9	2907.6	1424.0	1023.7	499.5
2000	730.5	1550.8	726.1	2905.7	1604.8	1110.7	550.5
2001	851.1	1721.6	839.5	2907.3	1689.0	1148.3	593.4
2002	913.2	1904.1	900.8	2729.4	1956.2	1201.3	649.8
2003	1020.4	2062.1	971.4	2426.5	2097.8	1356.2	728.4
2004	1147.9	2296.0	1092.9	2155.3	2291.5	1516.3	821.6
2005	1292.7	2578.4	1232.2	2276.0	2469.4	1678.1	921.0
2006	1446.5	2900.7	1384.9	2437.6	2597.8	1829.6	1062.3
2007	1608.5	3266.2	1570.5	2666.7	2816.0	2059.4	1195.1
2008	1843.6	3429.5	1781.0	2954.7	3021.6	2368.7	1344.5
2009	2183.9	3467.2	2014.3	3549.0	3322.9	2630.6	1509.8
2010	2459.0	3900.6	2314.4	4074.2	3366.1	2940.3	1709.1
2011	2746.8	4146.4	2596.8	4518.3	3396.4	3380.7	1912.9
2012	3059.9	4498.8	2737.0	5001.8	3518.7	3737.6	2119.6
2013	3277.1	4795.7	2654.9	6312.2	3962.0	3893.9	2332.7
2014	3496.7	4949.2	2808.9	7618.9	4136.4	4326.2	2557.3
2015	3709.7	5063.0	3056.1	9302.6	4389.1	4805.3	2786.1
2016	4034.5	5110.0	3180.4	11189.9	4996.2	5396.3	3032.8
2017	4500.0	5548.1	3281.7	12336.3	5710.7	6008.3	3291.6
2018	4581.7	5829.0	3459.1	13304.6	6128.0	6812.9	3569.6
2019	4851.1	6173.4	3547.0	14673.3	6582.2	7576.4	3847.6
2020	4969.4	6145.3	3247.1	16063.3	6824.8	7902.9	3989.2
2021	5537.3	7063.2	3881.8	16926.7	7177.2	8689.3	4338.8

1-11 地区生产总值指数
Indices of Gross Domestic Product

本表按可比价格计算。

Data in this table are calculated at constant prices.

(上年=100) (preceding year =100)

年份 Year	地区生产总值 Gross Domestic Product	第一产业 Primary Industry	第二产业 Secondary Industry	第三产业 Tertiary Industry	农林牧渔业 Agriculture, Forestry, Animal Husbandry and Fishery	工业 Industry	建筑业 Construction
1978	113.3	100.3	126.1	128.6	117.6	127.7	122.3
1980	104.2	100.9	111.9	99.6	100.9	114.9	103.7
1985	114.9	107.1	119.6	121.7	107.1	122.5	107.0
1990	104.5	106.4	102.5	105.2	106.4	104.9	88.8
1991	108.2	103.5	111.0	112.1	103.5	112.7	99.1
1992	114.8	105.8	122.1	119.2	105.8	117.1	160.8
1993	113.7	101.6	128.9	110.9	101.6	127.1	139.4
1994	108.8	105.7	107.0	114.5	105.7	104.3	121.1
1995	106.8	105.0	102.9	113.7	105.0	100.9	111.6
1996	111.7	108.5	113.0	113.2	108.5	113.8	109.8
1997	112.3	106.8	115.2	114.0	106.8	117.8	104.3
1998	107.1	96.2	110.6	112.5	96.2	110.5	111.0
1999	107.8	106.0	106.5	110.7	106.0	105.4	111.4
2000	108.0	106.8	106.7	110.4	106.8	107.0	105.2
2001	108.8	104.2	112.9	107.9	104.2	110.8	119.8
2002	110.5	104.4	118.5	106.9	104.4	118.1	119.9
2003	113.0	101.2	124.3	108.3	102.7	119.5	139.2
2004	113.2	108.1	118.6	109.8	108.0	118.3	119.4
2005	112.9	106.6	117.2	110.9	106.5	120.5	108.3
2006	112.3	106.4	116.3	109.9	106.5	119.0	105.8
2007	113.2	104.1	117.4	111.7	104.1	121.2	100.6
2008	113.3	104.7	117.1	111.5	104.8	119.8	102.7
2009	113.2	104.5	117.1	110.8	104.5	118.3	110.1
2010	114.0	104.0	118.1	111.2	104.0	119.6	108.0
2011	112.4	104.0	115.2	111.1	104.0	117.2	104.1
2012	111.0	104.6	113.2	109.4	104.6	113.4	111.8
2013	110.1	108.3	112.1	107.2	104.5	112.3	110.8
2014	109.7	104.7	111.0	109.0	104.7	110.9	111.1
2015	109.1	103.9	109.4	110.1	106.1	109.0	111.9
2016	109.0	104.1	108.5	111.1	104.1	108.6	107.5
2017	108.8	104.4	108.1	110.8	104.4	108.5	105.9
2018	108.7	103.4	109.7	108.6	103.6	109.2	112.2
2019	107.9	103.0	107.9	108.9	103.1	108.3	105.9
2020	103.8	102.2	104.1	103.7	102.4	104.1	103.8
2021	108.8	107.3	108.2	109.5	107.3	109.0	105.2

1-11 续表 continued

本表按可比价格计算。

Data in this table are calculated at constant prices.

(上年=100) (preceding year =100)

年份 Year	批发和零售业 Whlesale and Retail Trades	交通运输仓储和邮政业 Transport, Storage and Post	住宿和餐饮业 Hotels and Catering Services	金融业 Financial Intermediation	房地产业 Real Estate	其他服务业 Others Service Industry	人均地区生产总值(元) Per Capita GDP (yuan)
1978	128.7	128.3	128.7	122.1	128.4	129.8	110.6
1980	98.1	103.9	98.1	117.8	96.8	96.8	102.8
1985	116.7	128.5	116.7	121.9	121.5	121.5	112.9
1990	65.7	112.3	65.7	101.1	121.0	121.0	102.7
1991	139.7	92.8	139.7	107.2	113.7	113.7	106.5
1992	154.9	110.2	154.9	113.5	127.0	104.3	113.3
1993	100.8	109.0	100.8	119.0	114.9	114.5	112.2
1994	103.8	118.6	108.3	114.6	118.3	119.8	107.4
1995	111.8	121.5	108.7	106.3	115.0	115.9	105.5
1996	117.1	110.3	115.6	106.7	117.4	115.4	110.5
1997	121.1	117.3	122.0	108.1	114.6	110.7	111.1
1998	113.5	122.9	113.5	102.2	121.0	110.2	106.0
1999	116.5	117.8	114.8	102.1	108.0	107.5	106.7
2000	112.8	117.4	112.8	99.9	112.7	108.5	110.2
2001	116.5	111.0	115.6	100.1	105.2	103.4	107.8
2002	107.3	110.6	107.3	93.9	115.8	104.6	109.5
2003	111.7	108.3	107.8	88.9	107.2	112.9	112.1
2004	112.5	111.3	112.5	88.8	109.2	111.8	112.8
2005	112.6	112.3	112.7	105.6	107.8	110.7	112.1
2006	111.9	112.5	112.4	107.1	105.2	109.0	115.3
2007	111.2	112.6	113.4	109.4	108.4	112.6	112.5
2008	114.6	105.0	113.4	110.8	107.3	115.0	112.5
2009	118.5	101.1	113.1	120.1	110.0	111.1	112.3
2010	112.6	112.5	114.9	114.8	101.3	111.8	113.2
2011	111.7	106.3	112.2	110.9	100.9	115.0	111.9
2012	111.4	108.5	105.4	110.7	103.6	110.6	110.8
2013	107.1	106.6	97.0	126.2	112.6	104.2	110.1
2014	106.7	103.2	105.8	120.7	104.4	111.1	109.6
2015	106.1	102.3	108.8	122.1	106.1	111.1	108.9
2016	108.8	100.9	104.1	120.3	113.8	112.3	108.9
2017	111.5	108.6	103.2	110.2	114.3	111.3	108.5
2018	101.8	105.1	105.4	107.8	107.3	113.4	108.4
2019	105.9	105.9	102.5	110.3	107.4	111.2	107.8
2020	102.4	99.5	91.5	109.5	103.7	104.3	103.7
2021	111.4	114.9	119.5	105.4	105.2	110.0	108.8

1-12 收入法地区生产总值
Gross Domestic Product by Income Approach

本表按当年价格计算。

Data in this table are calculated at current prices.

单位：亿元 (100 million yuan)

年 份 Year	地区生产总值 Gross Domestic Product	劳动者报酬 Compensation of Employees	固定资产折旧 Depreciation of Fixed Assets	生产税净额 Net Taxes on Production	营业盈余 Operating Surplus
1978	87.00	57.36	8.19	7.62	13.83
1980	111.15	73.40	9.06	9.05	19.64
1985	207.89	134.11	17.82	19.79	36.17
1990	428.62	265.24	33.85	42.61	86.92
1991	479.37	277.58	44.06	45.52	112.21
1992	572.55	374.80	47.83	60.15	89.77
1993	723.04	462.89	61.49	80.65	118.01
1994	948.16	613.87	97.04	106.10	131.15
1995	1169.73	718.54	123.45	100.37	227.37
1996	1409.74	898.92	140.02	120.04	250.76
1997	1605.77	1044.68	192.38	160.07	208.64
1998	1719.87	1081.83	229.54	166.88	241.62
1999	1853.65	1151.31	282.15	180.32	239.87
2000	2003.07	1218.70	351.87	210.86	221.64
2001	2175.68	1274.14	419.36	280.09	202.09
2002	2450.48	1399.72	497.42	316.47	236.87
2003	2812.70	1555.45	567.25	379.52	310.48
2004	3398.06	1900.19	672.64	467.45	357.78
2005	3941.23	1793.11	474.96	487.96	1185.21
2006	4696.80	2093.99	564.63	615.18	1423.00
2007	5777.62	2529.06	680.75	779.18	1788.63
2008	6934.20	2990.43	1153.58	1293.44	1496.75
2009	7629.98	3107.82	1359.86	1483.90	1678.41
2010	9383.16	4228.02	1174.92	1605.18	2375.03
2011	11584.52	5091.98	1591.00	1945.58	2955.95
2012	12807.69	5468.72	1965.06	2091.73	3282.18
2013	14300.17	6211.10	1927.85	2240.86	3920.36
2014	15667.78	6337.37	2239.00	2572.53	4518.88
2015	16780.89	7024.99	2304.17	2744.90	4706.83
2016	18388.59	7764.49	2481.54	2828.22	5314.34
2017	20210.78	8499.61	2734.24	3219.24	5757.69
2018	22716.51	9377.86	3307.93	3584.24	6446.48
2019	24667.29	10814.92	3664.00	3670.00	6518.37
2020	25781.95	12385.24	4017.77	3200.28	6178.66

1-13 支出法地区生产总值
Gross Domestic Product by Expenditure Approach

本表按当年价格计算

Data in this table are calculated at current prices

单位：亿元 (100 million yuan)

年份 Year	支出法地区生产总值 Gross Domestic Product by Expenditure Approach	最终消费支出 Final Consumption Expenditures	居民消费支出 Nousahold Consumption Expenditures	农村居民 Rural Household	城镇居民 Urban Household	政府消费支出 Government Consumption Expenditures	资本形成总额 Gross Capital Formation	固定资本形成总额 Gross Fixed Capital Formation	存货变动 Change in Inventories	货物和服务净出口 Net Exports of Goods and Services
1978	87.00	56.88					34.52	29.71	4.81	-4.40
1980	111.15	81.02	68.45	49.22	19.23	12.57	36.34	31.28	5.06	-6.21
1985	207.89	151.31	126.30	90.76	35.54	25.01	68.83	52.05	16.78	-12.25
1990	428.62	310.12	250.02	172.83	77.19	60.10	126.99	78.87	48.12	-8.88
1991	479.37	341.79	270.89	185.27	85.62	70.90	147.60	86.56	61.04	-10.02
1992	572.55	381.98	299.37	196.36	103.01	82.61	219.50	136.93	82.57	-28.93
1993	723.04	460.22	349.29	222.92	126.37	110.93	298.34	222.47	75.87	-35.52
1994	944.75	597.07	471.91	291.17	180.74	125.16	368.62	282.84	85.78	-20.94
1995	1177.26	769.98	629.78	401.86	227.92	140.20	425.44	325.55	99.89	-18.16
1996	1413.70	919.59	758.36	495.80	262.56	161.23	507.63	395.85	111.78	-13.52
1997	1596.56	989.60	796.77	504.29	292.48	192.83	617.03	477.30	139.73	-10.07
1998	1719.01	1053.66	823.03	516.98	306.05	230.63	672.85	520.82	152.03	-7.50
1999	1831.25	1122.56	865.87	532.56	333.31	256.69	715.49	552.67	162.82	-6.80
2000	1982.17	1269.58	989.20	574.63	414.57	280.38	718.29	605.54	112.75	-5.70
2001	2161.75	1357.47	1041.96	578.29	463.67	315.51	800.83	696.70	104.13	3.45
2002	2460.49	1459.65	1114.58	602.72	511.86	345.07	999.28	931.80	67.48	1.56
2003	2815.35	1525.90	1171.27	628.50	542.77	354.63	1321.68	1269.92	51.76	-32.23
2004	3398.06	1780.41	1398.96	727.58	671.38	381.45	1670.97	1608.93	62.04	-53.32
2005	3941.23	2045.59	1587.00	789.38	797.62	458.59	1931.90	1874.03	57.87	-36.26
2006	4696.80	2303.41	1752.49	867.16	885.33	550.92	2444.90	2374.39	70.51	-51.51
2007	5777.62	2770.53	2031.05	968.98	1062.07	739.48	3066.78	2988.76	78.01	-59.69
2008	6934.20	3243.69	2495.33	797.99	1697.34	748.36	3759.11	3675.23	83.89	-68.60
2009	7629.98	3511.91	2725.59	869.72	1855.87	786.33	4171.60	4091.60	80.00	-53.54
2010	9383.16	4432.08	3501.02	1083.87	2417.15	931.06	4845.53	4742.27	103.27	105.54
2011	11584.52	5492.92	4182.23	1401.26	2780.97	1310.69	5969.38	5774.59	194.79	122.22
2012	12807.69	6205.68	4666.10	1498.80	3167.30	1539.58	6485.56	6288.79	196.77	116.45
2013	14300.17	6977.15	5340.70	1700.87	3639.84	1636.44	7249.68	6893.54	356.14	73.34
2014	15667.78	7731.14	5954.94	1915.29	4039.64	1776.20	7950.24	7319.54	630.70	-13.60
2015	16780.89	8390.44	6578.11	2088.12	4489.99	1812.33	8412.41	7820.64	591.77	-21.96
2016	18388.59	9311.32	7284.86	2409.35	4875.51	2026.46	9253.63	8999.49	254.14	-176.36
2017	20210.78	10327.70	8047.13	2579.33	5467.80	2280.57	10127.60	9837.94	289.66	-244.52
2018	22716.51	11689.83	9242.37	2985.61	6256.76	2447.46	11421.12	11092.93	328.19	-394.44
2019	24667.28	12777.68	10436.01	3297.68	7138.33	2341.67	12259.64	11877.96	381.68	-370.04
2020	25781.95	13380.84	10925.17	3480.44	7444.73	2455.67	12865.20	12372.58	492.62	-464.09

注：支出法生产总值不等于前表生产总值是由于计算误差的影响。

a) The Gorss Domestic Production by expenditure approach is not equal to Gross Domestic Product due to statistical discrepancies.

1-14 支出法地区生产总值结构
Components of Gross Domestic Product by Expenditure Approach

本表按当年价格计算

Data in this table are calculated at current prices

单位：% (%)

年份 Year	最终消费率（消费率）Final Consumption Rate	资本形成率（投资率）Capital Formation Rate	最终消费支出＝100 Final Consumption Expenditures=100		资本形成总额＝100 Gross Capital Formation=100		居民消费支出＝100 Household Consumption Expenditures=100	
			居民消费支出 Household Consumption Expenditures	政府消费支出 Government Consumption Expenditures	固定资本形成总额 Gross Fixed Capital Formation	存货变动 Change in Inventories	农村居民 Rural Household	城镇居民 Urban Household
1978	65.38	39.68			86.1	13.9		
1980	72.89	32.69	84.5	15.5	86.1	13.9	71.9	28.1
1985	72.78	33.11	83.5	16.5	75.6	24.4	71.9	28.1
1990	72.35	29.63	80.6	19.4	62.1	37.9	69.1	30.9
1991	71.30	30.79	79.3	20.7	58.6	41.4	68.4	31.6
1992	66.72	38.34	78.4	21.6	62.4	37.6	65.6	34.4
1993	63.65	41.26	75.9	24.1	74.6	25.4	63.8	36.2
1994	63.20	39.02	79.0	21.0	76.7	23.3	61.7	38.3
1995	65.40	36.14	81.8	18.2	76.5	23.5	63.8	36.2
1996	65.05	35.91	82.5	17.5	78.0	22.0	65.4	34.6
1997	61.98	38.65	80.5	19.5	77.4	22.6	63.3	36.7
1998	61.29	39.14	78.1	21.9	77.4	22.6	62.8	37.2
1999	61.30	39.07	77.1	22.9	77.2	22.8	61.5	38.5
2000	64.05	36.24	77.9	22.1	84.3	15.7	58.1	41.9
2001	62.79	37.05	76.8	23.2	87.0	13.0	55.5	44.5
2002	59.32	40.61	76.4	23.6	93.2	6.8	54.1	45.9
2003	54.20	46.95	76.8	23.2	96.1	3.9	53.7	46.3
2004	52.39	49.17	78.6	21.4	96.3	3.7	52.0	48.0
2005	51.90	49.02	77.6	22.4	97.0	3.0	49.7	50.3
2006	49.04	52.05	76.1	23.9	97.1	2.9	49.5	50.5
2007	47.95	53.08	73.3	26.7	97.5	2.5	47.7	52.3
2008	46.78	54.21	76.9	23.1	97.8	2.2	32.0	68.0
2009	46.03	54.67	77.6	22.4	98.1	1.9	31.9	68.1
2010	47.23	51.64	79.0	21.0	97.9	2.1	31.0	69.0
2011	47.42	51.53	76.1	23.9	96.7	3.3	33.5	66.5
2012	48.45	50.64	75.2	24.8	97.0	3.0	32.1	67.9
2013	48.79	50.70	76.5	23.5	95.1	4.9	31.8	68.2
2014	49.34	50.74	77.0	23.0	92.1	7.9	32.2	67.8
2015	50.00	50.13	78.4	21.6	93.0	7.0	31.7	68.3
2016	50.64	50.32	78.2	21.8	97.3	2.7	33.1	66.9
2017	51.10	50.11	77.9	22.1	97.1	2.9	32.1	67.9
2018	51.46	50.28	79.1	20.9	97.1	2.9	32.3	67.7
2019	51.80	49.70	81.7	18.3	96.9	3.1	31.6	68.4
2020	51.90	49.90	81.6	18.4	96.2	3.8	31.9	68.1

1-15 支出法地区生产总值指数

Indices of Gross Domestic Product by Expenditure Approach

本表按可比价格计算.
Data in this table are calculated at constant prices.

(1980=100) (year of 1980=100)

年份 Year	支出法地区生产总值 Gross Domestic Product by Expenditure Approach	最终消费支出 Final Consumption Expenditures	居民消费支出 Housahold Consumption Expenditures	农村居民 Rural Household	城镇居民 Urban Household	政府消费支出 Government Consumption Expenditures	资本形成总额 Gross Capital Formation	固定资本形成总额 Gross Fixed Capital Formation	存货变动 Change in Inventories
1980	100.0	100.0	100.0	100.0	100.0	100.0	100.0	100.0	100.0
1981	105.6	106.4	107.1	102.6	118.6	104.3	87.8	80.0	105.2
1982	115.4	122.8	121.9	121.8	122.2	129.2	113.0	105.2	145.7
1983	123.2	130.0	129.5	131.3	124.9	133.9	125.1	128.0	77.7
1984	142.2	146.6	141.5	143.5	136.6	180.0	149.0	140.9	163.0
1985	163.2	159.1	154.1	154.0	154.4	192.8	198.5	161.9	315.2
1986	174.1	168.3	158.6	156.0	165.5	233.9	216.4	212.4	204.6
1987	188.6	176.4	166.7	161.1	182.2	240.7	221.2	182.0	324.1
1988	210.1	187.5	177.5	166.4	208.4	252.7	291.8	145.6	815.8
1989	222.9	205.7	181.6	172.4	195.9	362.4	397.7	211.3	904.7
1990	232.9	219.5	193.9	184.8	207.5	385.6	371.8	205.8	811.5
1991	253.6	234.9	205.3	194.8	222.0	430.7	414.6	212.2	1018.4
1992	291.1	257.5	221.9	207.3	248.6	498.3	589.1	313.8	1367.7
1993	331.0	282.0	238.1	220.1	273.0	588.0	705.7	453.8	1131.1
1994	358.8	298.1	255.2	233.3	300.0	588.6	767.1	516.4	1079.1
1995	386.8	318.4	275.6	252.0	324.3	601.0	825.4	568.0	1081.3
1996	430.1	360.7	312.8	293.3	348.6	676.7	884.0	607.2	1164.6
1997	480.4	389.2	330.0	304.4	381.0	793.8	1035.2	700.7	1431.3
1998	516.9	412.6	338.9	310.5	397.0	935.1	1129.4	756.8	1610.2
1999	554.7	441.1	357.2	324.5	426.0	1042.6	1217.5	814.3	1742.2
2000	599.6	498.4	408.3	360.5	514.2	1137.5	1226.0	903.1	1210.8
2001	654.8	534.8	432.0	365.5	575.4	1280.8	1368.2	1040.4	1120.0
2002	726.8	566.9	455.3	375.4	626.0	1385.8	1637.7	1333.8	698.9
2003	821.3	592.4	478.5	389.3	641.7	1420.4	2088.1	1751.3	520.7
2004	929.7	645.7	530.7	424.7	724.5	1458.8	2516.2	2122.6	547.3
2005	1051.5	703.8	585.3	458.3	819.4	1518.6	2928.8	2487.7	507.3
2006	1181.9	777.7	635.7	492.7	898.9	1775.2	3359.3	2855.8	561.6
2007	1337.9	871.1	693.5	523.7	1005.8	2151.5	3839.7	3272.8	595.8
2008	1515.8	971.2	801.7	450.9	1437.3	2142.9	4400.3	3753.9	667.9
2009	1714.4	1080.0	906.7	500.0	1642.9	2247.9	5042.8	4305.7	748.8
2010	1954.4	1212.9	1021.9	565.0	1848.2	2495.2	5753.8	4917.1	826.6
2011	2196.8	1365.7	1149.6	619.3	2103.3	2819.6	6467.3	5531.8	899.4
2012	2438.4	1517.3	1276.0	692.4	2326.2	3146.7	7178.7	6134.7	1022.6
2013	2684.7	1672.0	1408.7	764.4	2568.2	3451.9	7903.7	6760.5	1092.1
2014	2945.1	1839.2	1558.1	843.1	2845.5	3717.7	8670.4	7382.4	1458.0
2015	3213.1	2012.1	1707.6	924.0	3118.7	4044.8	9450.7	8076.4	1369.1
2016	3502.3	2195.2	1869.9	1014.6	3411.9	4348.2	10329.7	9239.4	580.5
2017	3810.5	2390.6	2036.3	1105.9	3715.5	4730.8	11228.3	10052.4	606.6
2018	4142.0	2603.3	2217.5	1203.2	4046.2	5142.4	12205.2	10927.0	657.6
2019	4470.3	2814.6	2400.8	607.0	9395.8	5531.0	13168.0	11785.4	717.3
2020	4637.9	2922.9	2494.6	630.1	9766.7	5731.4	13659.5	12196.6	808.4

1-16 支出法地区生产总值指数
Indices of Gross Domestic Product by Expenditure Approach

本表按可比价格计算.

Data in this table are calculated at constant prices.

(上年=100) (preceding year=100)

年份 Year	支出法地区生产总值 Gross Domestic Product by Expenditure Approach	最终消费支出 Final Consumption Expenditures	居民消费支出 Nousehold Consumption Expenditures	农村居民 Rural Household	城镇居民 Urban Household	政府消费支出 Government Consumption Expenditures	资本形成总额 Gross Capital Formation	固定资本形成总额 Gross Fixed Capital Formation	存货变动 Change in Inventories
1980	104.2	100.2	99.8	97.9	105.3	100.3	93.7	99.3	57.5
1985	114.8	108.5	108.9	107.3	113.0	107.1	133.2	114.9	193.4
1990	104.5	106.7	106.8	107.2	105.9	106.4	93.5	97.4	89.7
1991	108.9	107.0	105.9	105.4	107.0	111.7	111.5	103.1	125.5
1992	114.8	109.6	108.1	106.4	112.0	115.7	142.1	147.9	134.3
1993	113.7	109.5	107.3	106.2	109.8	118.0	119.8	144.6	82.7
1994	108.4	105.7	107.2	106.0	109.9	100.1	108.7	113.8	95.4
1995	107.8	106.8	108.0	108.0	108.1	102.1	107.6	110.0	100.2
1996	111.2	113.3	113.5	116.4	107.5	112.6	107.1	106.9	107.7
1997	111.7	107.9	105.5	103.8	109.3	117.3	117.1	115.4	122.9
1998	107.6	106.0	102.7	102.0	104.2	117.8	109.1	108.0	112.5
1999	107.3	106.9	105.4	104.5	107.3	111.5	107.8	107.6	108.2
2000	108.1	113.0	114.3	111.1	120.7	109.1	100.7	110.9	69.5
2001	109.2	107.3	105.8	101.4	111.9	112.6	111.6	115.2	92.5
2002	111.0	106.0	105.4	102.7	108.8	108.2	119.7	128.2	62.4
2003	113.0	104.5	105.1	103.7	106.9	102.5	127.5	131.3	74.5
2004	113.2	109.0	110.9	109.1	112.9	102.7	120.5	121.2	105.1
2005	113.1	109.0	110.3	107.9	113.1	104.1	116.4	117.2	92.7
2006	112.4	110.5	108.6	107.5	109.7	116.9	114.7	114.8	110.7
2007	113.2	112.0	109.1	106.3	111.9	121.2	114.3	114.6	106.1
2008	113.3	111.5	115.6	86.1	142.9	99.6	114.6	114.7	112.1
2009	113.1	111.2	113.1	110.9	114.3	104.9	114.6	114.7	112.1
2010	114.0	112.3	112.7	113.0	112.5	111.0	114.1	114.2	110.4
2011	112.4	112.6	112.5	109.6	113.8	113.0	112.4	112.5	108.8
2012	111.0	111.1	111.0	111.8	110.6	111.6	111.0	110.9	113.7
2013	110.1	110.2	110.4	110.4	110.4	109.7	110.1	110.2	106.8
2014	109.7	110.0	110.6	110.3	110.8	107.7	109.7	109.2	133.5
2015	109.1	109.4	109.6	109.6	109.6	108.8	109.0	109.4	93.9
2016	109.0	109.1	109.5	109.8	109.4	107.5	109.3	114.4	42.4
2017	108.8	108.9	108.9	109.0	108.9	108.8	108.7	108.8	104.5
2018	108.7	108.9	108.9	108.8	108.9	108.7	108.7	108.7	108.4
2019	107.9	108.1	108.3	50.4	232.2	107.6	107.9	107.9	109.1
2020	103.8	103.8	103.9	103.8	103.9	103.6	103.7	103.5	112.7

1-17 各设区市地区生产总值(2021年)

本表按当年价格计算。

Data in this table are calculated at current prices.

单位：亿元

地 区	Region	地区生产总值 Gross Domestic Product	第一产业 Primary Industry	第二产业 Secondary Industry	第三产业 Tertiary Industry	农林牧渔业 Agriculture, Forestry, Animal Husbandry and Fishery	工 业 Industry
南昌市	Nanchang	6650.53	238.31	3218.10	3194.11	246.156	2307.8359
景德镇市	Jingdezhen	1102.31	70.97	487.45	543.89	73.9449	436.5755
萍乡市	Pingxiang	1108.30	77.15	497.64	533.52	78.813	428.782
九江市	Jiujiang	3735.68	246.19	1785.21	1704.28	261.4589	1597.7412
新余市	Xinyu	1154.60	70.62	537.21	546.77	76.9075	447.3361
鹰潭市	Yingtan	1143.92	74.81	599.10	470.01	77.2423	524.2302
赣州市	Ganzhou	4169.37	427.52	1652.34	2089.51	440.8741	1373.8011
吉安市	Ji'an	2525.65	247.82	1157.63	1120.21	267.9642	996.387
宜春市	Yichun	3191.28	334.65	1353.42	1503.21	346.132	1190.7418
抚州市	Fuzhou	1794.55	229.38	694.21	870.96	239.3549	502.8433
上饶市	Shangrao	3043.49	316.88	1200.91	1525.69	329.0567	967.1592

1-18 设区市地区生产总值指数(2021年)

本表按可比价格计算。

Data in this table are calculated at constant prices.

(上年=100)

地 区	Region	地区生产总值 Gross Domestic Product	第一产业 Primary Industry	第二产业 Secondary Industry	第三产业 Tertiary Industry	农林牧渔业 Agriculture, Forestry, Animal Husbandry and Fishery	工 业 Industry
南昌市	Nanchang	108.7	107.8	108.3	109.1	107.8	108.8
景德镇市	Jingdezhen	108.7	106.5	108.0	109.6	106.4	108.5
萍乡市	Pingxiang	108.3	106.9	107.7	109.0	106.9	
九江市	Jiujiang	108.8	106.8	107.9	109.9	106.7	108.9
新余市	Xinyu	108.6	108.0	108.0	109.3	107.8	108.6
鹰潭市	Yingtan	109.3	107.8	109.3	109.6	107.8	109.4
赣州市	Ganzhou	109.1	107.2	108.7	109.8	107.2	109.4
吉安市	Ji'an	109.0	108.3	108.3	109.8	108.0	109.0
宜春市	Yichun	108.9	107.4	108.6	109.4	107.4	109.2
抚州市	Fuzhou	108.0	106.7	106.4	109.6	106.6	108.1
上饶市	Shangrao	109.0	107.1	108.4	110.0	107.0	109.5

Gross Domestic Product by Region (2021)

(100 million yuan)

建筑业 Construction	批发和零售业 Whole sale and Retail Trades	交通运输仓储和邮政业 Transport, Storage and Post	住宿和餐饮业 Hotels and Catering Services	金融业 Financial Intermediation	房地产业 Real Estate	其他服务业 Others Service Industry	人均地区生产总值(元) Per Capita GDP (yuan)
911.73	516.10	224.72	56.65	676.18	571.13	1140.02	104788
51.44	120.13	39.35	25.83	59.98	77.65	217.42	68049
68.91	104.95	27.89	18.75	53.93	61.51	264.78	61386
189.89	422.60	134.34	64.23	167.79	220.47	677.15	81551
90.21	156.98	42.88	16.52	57.12	43.09	223.56	96024
75.04	90.00	40.72	17.02	46.07	68.98	204.62	99069
279.40	327.58	169.79	112.49	295.64	344.45	825.34	46452
161.52	161.68	103.94	43.35	150.00	172.57	468.24	56789
163.48	237.97	222.44	48.81	178.65	210.24	592.81	63957
191.64	136.17	91.52	28.56	117.15	146.09	341.21	49885
235.17	262.53	121.24	74.15	172.51	260.37	621.29	47081

Indices of Gross Domestic Product by Region (2021)

(preceding year =100)

建筑业 Construction	批发和零售业 Wholesale and Retail Trades	交通运输仓储和邮政业 Transport, Storage and Post	住宿和餐饮业 Hotels and Catering Services	金融业 Financial Intermediation	房地产业 Real Estate	其他服务业 Others Service Industry	人均地区生产总值(元) Per Capita GDP (yuan)
107.3	111.6	111.7	120.0	104.6	107.5	110.4	106.1
104.0	111.7	111.9	119.8	108.6	107.3	108.1	108.6
103.4	111.6	111.8	120.5	105.8	103.4	109.0	108.4
100.0	111.8	112.2	119.8	106.7	106.6	109.5	109.4
105.0	111.3	120.6	120.0	107.3	106.1	106.6	108.3
108.6	111.7	111.2	119.6	109.7	106.0	108.9	109.1
105.7	112.0	112.0	120.0	104.4	107.1	110.3	108.7
104.7	111.7	111.0	119.9	106.2	108.2	110.1	110.0
105.0	111.5	111.0	119.9	105.1	105.5	110.0	109.8
102.1	110.8	112.7	119.8	105.1	103.2	112.2	109.0
103.9	111.8	115.3	119.7	105.2	106.2	110.2	109.6

1-19 各县(市、区)地区生产总值(2021年)
Gross Domestic Product by County (County-level City) (2021)

地 区	Region	绝对值(万元) Value (10000 yuan)				比上年增长(%) Rate of Increase over Preceding Year (%)			
		地区生产总值 Gross Domestic Product	第一产业 Primary Industry	第二产业 Secondary Industry	第三产业 Tertiary Industry	地区生产总值 Gross Domestic Product	第一产业 Primary Industry	第二产业 Secondary Industry	第三产业 Tertiary Industry
东湖区	Donghu	4521298	7233	376297	4137768	8.2	5.5	8.3	8.1
西湖区	Xihu	6706818		1397511	5309307	10.0	-	10.8	9.8
青云谱区	Qingyunpu	4017666		2714606	1303060	10.2	-	9.9	10.6
青山湖区	Qingshanhu	6117584	3315	4062015	2052254	8.8	6.3	7.8	10.6
新建区	Xinjian	3933797	552277	1688640	1692880	8.8	7.6	9.2	8.8
红谷滩区	Honggutan	7302555	14088	751781	6536686	8.0	1.3	7.2	8.1
南昌县	Nanchang	11955745	716245	6586582	4652918	8.7	6.9	7.6	10.4
安义县	Anyi	1237091	143454	511151	582486	8.3	5.3	9.1	8.6
进贤县	Jinxian	3543987	729861	1702080	1112046	8.4	10.5	8.0	7.4
昌江区	Changjiang	2755004	60160	1573006	1121838	8.7	6.3	7.9	9.8
珠山区	Zhujiang	2563131	9372	532273	2021486	8.7	5.9	6.5	9.3
浮梁县	Fuliang	1641668	215744	838267	587657	9.2	6.6	9.1	10.3
乐平市	Leping	4063342	424464	1930953	1707925	8.5	6.5	8.1	9.6
安源区	Anyuan	2609417	56098	731809	1821510	8.0	5.8	6.9	8.5
湘东区	Xiangdong	1463724	178839	557207	727678	8.6	7.4	7.8	9.6
莲花县	Lianhua	730171	112239	231147	386785	8.9	7.2	8.7	9.5
上栗县	Shangli	1950282	190678	1007075	752529	8.8	7.5	9.0	8.9
芦溪县	Luxi	1322011	231057	550371	540583	8.6	7.9	7.6	10.0
濂溪区	Lianxi	3442144	60259	1493789	1888096	9.0	6.5	6.7	10.8
浔阳区	Xunyang	3987399	1105	585326	3400968	8.3	8.6	5.5	8.8
柴桑区	Chaishang	2043756	220368	920078	903310	8.7	6.5	7.7	10.1
武宁县	Wuning	2018792	236292	866266	916234	8.8	6.9	8.5	9.6
修水县	Xiushui	2935622	318094	1177811	1439717	9.2	7.2	8.0	10.5
永修县	Yongxiu	2911829	286661	1553928	1071240	9.4	6.7	8.5	11.3
德安县	De'an	1733971	109135	1066666	558170	9.3	6.5	8.4	11.5
都昌县	Duchang	2468501	342056	970458	1155987	8.6	6.5	7.8	9.8
湖口县	Hukou	2830994	173159	1928183	729652	8.9	6.8	8.8	9.6
彭泽县	Pengze	2006211	283079	966067	757065	8.8	7.0	8.1	10.5
瑞昌市	Ruichang	3085134	227663	1786131	1071340	9.2	6.6	8.3	11.2
共青城市	Gongqingcheng	2027180	88168	1028777	910235	9.1	6.7	7.7	10.8
庐山市	Lushan	1662065	109518	608072	944475	9.0	6.6	7.6	10.1
渝水区	Yushui	9386692	478596	4580722	4327374	8.5	8.0	7.6	9.2
分宜县	Fenyi	2159287	227600	791329	1140358	9.9	8.3	10.5	9.8
月湖区	Yuehu	3599734	110238	1465830	2023666	9.0	7.7	9.8	9.0
余江区	Yujiang	1916212	236706	931443	748063	9.5	9.3	9.4	9.7
贵溪市	Guixi	5923221	401120	3593759	1928342	9.5	7.5	9.6	10.2
章贡区	Zhanggong	6068576	40171	2211828	3816577	9.9	5.6	8.6	10.7
南康区	Nankang	4097717	266908	1767998	2062811	9.4	7.4	8.7	10.3
赣县区	Ganxian	2321888	248934	751094	1321860	9.2	7.5	8.8	9.7
信丰县	Xinfeng	2801981	431267	1065419	1305295	9.2	8.0	8.8	9.9
大余县	Dayu	1263304	146709	539570	577025	9.0	7.3	8.0	10.4
上犹县	Shangyou	1047927	156793	404407	486727	8.4	5.7	8.9	9.0
崇义县	Chongyi	1017954	114766	418917	484271	8.8	7.0	9.4	8.9
安远县	Anyuan	1021434	223465	268698	529271	8.4	6.0	11.4	8.0
定南县	Dingnan	977622	130419	345376	501827	8.5	6.8	11.2	7.3
全南县	Quannan	975331	162936	398977	413418	8.6	6.5	8.3	9.7
宁都县	Ningdu	2456057	468418	696024	1291615	8.7	7.8	7.7	9.5
于都县	Yudu	3180558	331828	1258222	1590508	9.1	7.6	7.9	10.4
兴国县	Xingguo	2258487	359304	731177	1168006	8.3	7.7	8.8	8.1
会昌县	Huichang	1512347	265856	558913	687578	8.1	6.3	8.3	8.7
寻乌县	Xunwu	1148254	251841	361966	534447	9.0	8.2	7.3	10.6
石城县	Shicheng	947842	186819	280659	480364	8.9	7.1	7.9	10.2
瑞金市	Ruijin	1952348	282534	742560	927254	8.2	7.3	10.8	6.6
龙南市	Longnan	2001185	160441	1002169	838575	9.3	6.4	8.7	10.6

1-19 续表 continued

地 区	Region	绝对值(万元) Value (10000 yuan)				比上年增长(%) Rate of Increase over Preceding Year (%)			
		地 区 生产总值 Gross Domestic Product	第一产业 Primary Industry	第二产业 Secondary Industry	第三产业 Tertiary Industry	地 区 生产总值 Gross Domestic Product	第一产业 Primary Industry	第二产业 Secondary Industry	第三产业 Tertiary Industry
吉州区	Jizhou	2787618	101067	991694	1694857	10.1	8.1	9.4	10.6
青原区	Qingyuan	1477235	92590	731869	652776	9.1	8.2	8.7	9.7
吉安县	Ji'an	2433803	301813	1375964	756026	9.3	8.0	9.6	9.3
吉水县	Jishui	2103818	280292	816839	1006687	9.2	7.9	9.3	9.5
峡江县	Xiajiang	926846	130344	373487	423015	9.4	8.2	9.3	9.9
新干县	Xingan	2040517	217074	987835	835608	9.7	8.6	9.4	10.3
永丰县	Yongfeng	2112753	246789	907729	958235	4.0	8.7	-2.0	8.7
泰和县	Taihe	2352828	290786	1137370	924672	9.2	7.9	9.8	8.9
遂川县	Suichuan	2007617	168543	881949	957125	9.8	8.4	9.4	10.4
万安县	Wan'an	1093895	146470	396458	550967	10.3	8.6	10.3	10.7
安福县	Anfu	1923085	226413	873798	822874	10.0	8.8	9.6	10.7
永新县	Yongxin	1340030	186276	362763	790991	9.6	8.4	10.0	9.7
井冈山市	Jinggangshan	884614	89716	164624	630274	10.0	8.5	8.3	10.6
袁州区	Yuanzhou	5203619	431250	1839890	2932479	9.2	7.4	9.1	9.6
奉新县	Fengxin	2201311	242176	1026231	932904	8.9	6.9	9.1	9.2
万载县	Wanzai	2404636	218740	1141896	1044000	9.1	7.3	9.4	9.2
上高县	Shanggao	2597415	279285	1214901	1103229	8.7	7.6	8.7	9.0
宜丰县	Yifeng	1761949	248582	818081	695286	8.6	7.4	8.1	9.6
靖安县	Jing'an	768029	89723	292475	385831	9.3	6.9	9.3	9.9
铜鼓县	Tonggu	645123	84741	225311	335071	8.4	6.7	6.3	10.2
丰城市	Fengcheng	6129286	817894	2803403	2507989	8.7	7.6	8.5	9.4
樟树市	Zhangshu	4901809	461379	2222294	2218136	9.0	7.4	8.7	9.7
高安市	Gaoan	5299579	472719	1949693	2877167	8.6	7.6	8.1	9.1
临川区	Linchuan	5526021	512952	2540672	2472397	7.8	6.8	5.4	10.4
东乡区	Dongxiang	2138618	264035	946019	928564	8.4	6.9	7.0	10.2
南城县	Nancheng	1751316	194950	653865	902501	7.8	6.4	6.5	9.1
黎川县	Nanfeng	973855	125427	342888	505540	8.5	7.3	7.8	9.3
南丰县	Nanfeng	1619927	356514	412611	850802	8.1	6.4	7.0	9.3
崇仁县	Chongren	1522846	297736	520161	704949	8.0	7.2	6.4	9.5
乐安县	Le'an	863123	118403	267274	477446	7.7	5.7	7.5	8.4
宜黄县	Yihuang	997768	107046	422997	467725	8.6	6.7	8.3	9.3
金溪县	Jinxi	1081376	144860	368673	567843	7.6	6.0	6.3	8.8
资溪县	Zixi	518693	45314	144839	328540	8.3	6.3	6.8	9.2
广昌县	Guangchang	951927	126542	322052	503333	8.2	7.1	6.4	9.7
信州区	Xinzhou	3873666	93770	922287	2857610	8.7	7.1	8.7	8.7
广丰区	Guangfeng	5517356	287557	2842528	2387271	9.5	6.9	8.4	10.9
广信区	Guangxin	3367087	235801	1786732	1344554	9.3	7.2	10.5	8.1
玉山县	Yushan	2655500	252228	1129876	1273396	9.4	7.3	8.1	10.8
铅山县	Yanshan	1826428	205140	723446	897841	8.6	7.1	8.1	9.4
横峰县	Hengfeng	1008274	54193	540171	413910	8.8	6.9	8.0	10.2
弋阳县	Yiyang	1414807	229440	429893	755473	9.0	7.1	6.9	10.8
余干县	Yugan	2385205	531029	708419	1145756	8.7	7.2	8.0	9.7
鄱阳县	Poyang	2931400	735255	881723	1314422	9.0	7.0	6.9	11.5
万年县	Wannian	1993855	199838	1002354	791664	9.1	7.2	8.6	10.3
婺源县	Wuyuan	1548099	119050	377369	1051680	8.8	6.9	9.2	8.9
德兴市	Dexing	1913191	225525	664299	1023368	9.2	7.0	5.3	12.2

主要统计指标解释

生产总值 指按市场价格计算的一个国家（或地区）所有常住单位在一定时期内生产活动的最终成果。地区生产总值有三种表现形态，价值形态、收入形态和产品形态。从价值形态看，它是所有常住单位在一定时期内所生产的全部货物和服务价值超过同期投入的全部非固定资产货物和服务价值的差额，即所有常住单位的增加值之和；从产品形态看，它是最终使用的货物和服务减去进口货物和服务。在实际核算中，国内（或地区）生产总值的有三种计算方法，即生产法，收入法和支出法。三种方法分别从不同的方面反映国内（或地区）生产总值及其构成。

三次产业 三产业的划分是世界上较为常用的产业结构分类，但各国的划分不尽一致。我国的三次产业划分是：

第一产业是指农业、林业、畜牧业、渔业和农林牧渔服务业。

第二产业是指采矿业、制造业、电力、煤气及水的生产和供应业，建筑业。

第三产业是指除第一、二产业以外的其他行业。

支出法地区生产总值 是从最终使用的角度反映一个国家（或地区）一定时期内生产活动最终成果的一种方法，包括最终消费支出、资本形成总额及货物和服务净出口三部分。计算公式为：

支出法地区生产总值=最终消费支出+资本形成总额+货物和服务净出口

最终消费支出 指常住单位为满足物质、文化和精神生活的需要，从本国经济领土和国外购买的货物和服务的支出。它不包括非常住单位在本国经济领土内的消费支出。最终消费支出分为居民消费支出和政府消费支出。

居民消费支出 指常住住户在一定时期内对于货物和服务的全部最终消费支出。居民消费支出除了直接以货币形式购买的货物和服务的消费支出外，还包括以其他方式获得的货物和服务的消费支出，即所谓的虚拟消费支出。居民虚拟消费支出包括如下几种类型：单位以实物报酬及实物转移的形式提供给劳动者的货物和服务；住户生产并由本住户消费了的货物和服务，其中的服务仅指住户的自有住房服务；金融机构提供的金融媒介服务；保险公司提供的保险服务。

政府消费支出 指政府部门为全社会提供的公共服务的消费支出和免费或以较低的价格向居民住户提供的货物和服务的净支出，前者等于政府服务的产出价值减去政府单位所获得的经营收入的价值；后者等于政府部门免费或以较低价格向居民住户提供的货物和服务的市场价值减去向居民住户收取的价值。

资本形成总额 指常住单位在一定时期内获得减去处置的固定资本和存货的净额，包括固定资本形成总额和存货增加两部分。

固定资本形成总额 指常住单位在一定时期内获得的固定资产减处置的固定资产的价值总额。固定资产是通过生产活动生产出来的，且其使用年限在一年以上，单位价值在规定标准以上的资产，不包括自然资产。可分为有形固定资本形成总额和无形固定资本形成总额。有形固定资本形成总额包括一定时期内完成的建筑工程、安装工程和设备器具购置（减处置）价值，以及土地改良、新增役、种、奶、毛、娱乐用牲畜和新增经济林木价值。无形固定资本形成总额包括矿藏的勘探、计算机软件等获得减处置。

存货变动 指常住单位在一定时期内存货实物量变动的市场价值，即期末价值减期初价值的差额，再扣除当期由于价格变动而产生的持有收益。存货增加可以是正值，也可以是负值，正值表示存货上升，负值表示存货下降。包括生产单位购进的原材料、燃料和储备物资等存货，以及生产单位生产的产成品、在制品和半产品等存货。

货物和服务净出口 指货物和服务出口减货物和服务进口的差额。出口包括常住单位向非常住单位出售或无偿转让的各种货物和服务的价值；进口包括常住单位从非常住单位购买或无偿得到的各种货物和服务的价值。由于服务活动的提供与使用同时发生，一般把常住单位从非常住单位得到的服务作为进口，非常住单位从常住单位得到的服务作为出口。货物的出口和进口都按离岸价格计算。

固定资产折旧 指由于自然退化、正常淘汰或损耗而导致的固定资产价值下降，用以代表固定资产通过生产过程被转移到其产出中的价值。原则上，固定资产折旧应按照固定资产的重置价值计算。

劳动者报酬 指劳动者因从事生产活动而获得的全部报酬。包括劳动者获得的各种形式的工资、奖金和津贴，既包括货币形式的，也包括实物形式的，还包括劳动者所享受的公费医疗和医药卫生费、上下班交通补贴、单位支付的社会保险费、住房公积金等。对于个体经济来说，其所有者所获得的劳动报酬和经营利润不易区分，这两部分统一作为劳动者报酬处理。

生产税净额 指生产税减生产补贴后的余额，生产税是指政府对生产单位从事生产、销售和经营活动以及因从事生产活动使用某些生产要素（如固定资产、土地、劳动力）所征收的各种税、附加费和规费。生产补贴与生产税相反，指政府对生产单位的单方面转移支出，因此视为负生产税，包括政策亏损补贴、价格补贴等。

营业盈余 指常住单位创造的增加值扣除固定资产折旧、劳动者报酬和生产税净额后的余额，它相当于企业的营业利润加上生产补贴，但要扣除利润中开支的工资、福利等。

Explanatory Notes on Main Statistical Indicators

Gross Domestic Product (GDP) refers to the final products at market prices produced by all resident units in a country (or a region) during a certain period of time. Gross Domestic Product is expressed in three different perspectives, namely value, income, and products respectively. GDP in its value perspective refers to the total value of all goods and services produced by all resident units during a certain period of time, minus the total value of input of goods and services of the nature of non-fixed assets; in other words, it is the sum of the value-added of all resident units. GDP from the perspective of income includes the primary income created by all resident units and distributed to resident and non-resident units. GDP from the perspective of products refers to the value of all goods and services for final consumption by all resident units minus the net exports of goods and services during a given period of time. In the practice of national accounting, gross domestic product is calculated from three approaches, namely production approach, income approach and expenditure approach, which reflect gross domestic product and its composition from different angles.

Three Strata of Industry Classification of economic activities into three strata of industry is a common practice in the world, although the grouping varies to some extent form country to country. In China economic activities are categorized into the following three strata of industry:

Primary industry refers to agriculture, forestry, animal husbandry and fishery and services in support of these industries.

Secondary industry refers to mining and quarrying, manufacturing, production and supply of electricity, water and gas, and construction.

Tertiary industry refers to all other economic activities not included in the primary or secondary industries.

GDP by Expenditure Approach refers to the method of measuring the final results of production activities of a country (region) during a given period from the perspective of final uses. It includes final consumption expenditure, gross capital formation and net export of goods and services. The formula for computation is:

GDP by expenditure approach = final consumption expenditure + gross capital formation + net export of goods and services

Final Consumption Expenditure refers to the total expenditure of resident units for purchases of goods and services from both the domestic economic territory and abroad to meet the needs of material, cultural and spiritual life. It does not include the expenditure of non-resident units on consumption in the economic territory of the country. The final consumption expenditure is broken down into household consumption expenditure and government consumption expenditure.

Household Consumption Expenditure refers to the total expenditure of resident households on the final consumption of goods and services. In addition to the consumption of goods and services bought by the households directly with money, the household consumption expenditure also includes expenditure on goods and services obtained by the households in other ways, i.e. the so-called imputed consumption expenditure, which includes the following: (a) the goods and services provided to households by employers in the form of payment in kind and transfer in kind; (b) goods and services produced and consumed by the households themselves, in which the services refer only to the owner-occupied housing; (c) financial intermediate services provided by financial institutions; (d) insurance services provided by insurance companies.

Government Consumption Expenditure refers to the consumption expenditure spent for the provision of public services provided by the government to the whole country and the net expenditure on the goods and services provided by the government to households free of charge or at reduced prices. The former equals to the output value of the government services minus the value of operating income obtained by the government departments. The latter equals to the market value of the goods and services provided by the government free of charge or at reduced prices to the households minus the value received by the government from the households.

Gross Capital Formation refers to the fixed assets acquired less disposals and the net value of inventory, thus including gross fixed capital formation and changes in inventories.

Gross Fixed Capital Formation refers to the value of acquisitions less those disposals of fixed assets during a given period. Fixed assets are the assets produced through production activities with unit value above a specified amount and which could be used for over one year. Natural assets are not included. Gross fixed capital formation can be categorized into total tangible fixed capital formation and total intangible fixed capital formation. Total tangible fixed capital formation includes the value of the construction projects and installation projects completed and the equipment, apparatus and instruments purchased (less those disposed) as well as the value of land improved, the value of draught animals, breeding stock and animals for milk, for wool and for recreational purposes and the newly increased forest with economic value. Total intangible fixed capital formation includes the prospecting of minerals and the acquisition of computer software minus the disposal of them.

Change in Inventories refers to the market value of the change in the physical volume of inventory of resident units during a given period, i.e. the difference between the values at the beginning and at the end of the period minus the gains due to the change in prices. The changes in inventories can have a positive or a negative value. A positive value indicates an increase in inventory while a negative value indicates a decrease in inventory. The inventory includes raw materials, fuels and reserve materials purchased by the production units as well as the inventory of finished products, semi-finished products and work-in-progress.

Net Export of Goods and Services refers to the exports of goods and services subtracting the imports of goods and services. Exports include the value of various goods and services sold or gratuitously transferred by resident units to non-resident units. Imports include the value of various goods and services purchased or gratuitously acquired resident units from non-resident units. Because the provision of services and the use of them happen simultaneously, the acquisition of services by resident units from abroad is usually treated as import while the acquisition of services by non-resident units in this country is usually treated as export. The exports and imports of goods are calculated at FOB.

Depreciation of Fixed Assets refers to the decline of the value of fixed assets due to natural deterioration, normal elimination or loss, and it reflects the value of the fixed assets transferred into the output through production. In principle, the depreciation of fixed assets should be calculated on the basis of the re-purchased value of the fixed assets.

Labourers Remuneration refers to the total payment of various forms to labourers for the productive activities they are engaged in. It includes wages, bonuses and allowances, which the labourers earn in cash and in kind. It also includes the free medical services provided to the labourers and the medicine expenses, transport subsidies and social insurance, and housing fund paid by the employers. As regards the individual economy, since labourers remuneration is not easily distinguishable from the operating profit, both parts are treated as labourer remuneration.

Net Taxes on Production refers to taxes on production less subsidies on production. The taxes on production refers to the various taxes, extra charges and fees levied on the production units on their production, sale and business activities as well as on the use of some factors of production, such as fixed assets, land and labour in the production activities they are engaged in. In contrast to taxes on production, subsidies on production refer to the unilateral government transfer to the production units and are therefore regarded as negative taxes on production. They include subsidies on the loss due to implementation of government policies, price subsidies, etc.

Operating Surplus refers to the balance of the value added created by the resident units after deducting the labourers remuneration, net taxes on production and the depreciation of fixed assets. It is equivalent to the business profit of the enterprises plus subsidies to production, but the wages and welfare expenses paid from the profits should be deducted.

人 口

POPULATION

◆ 37/48

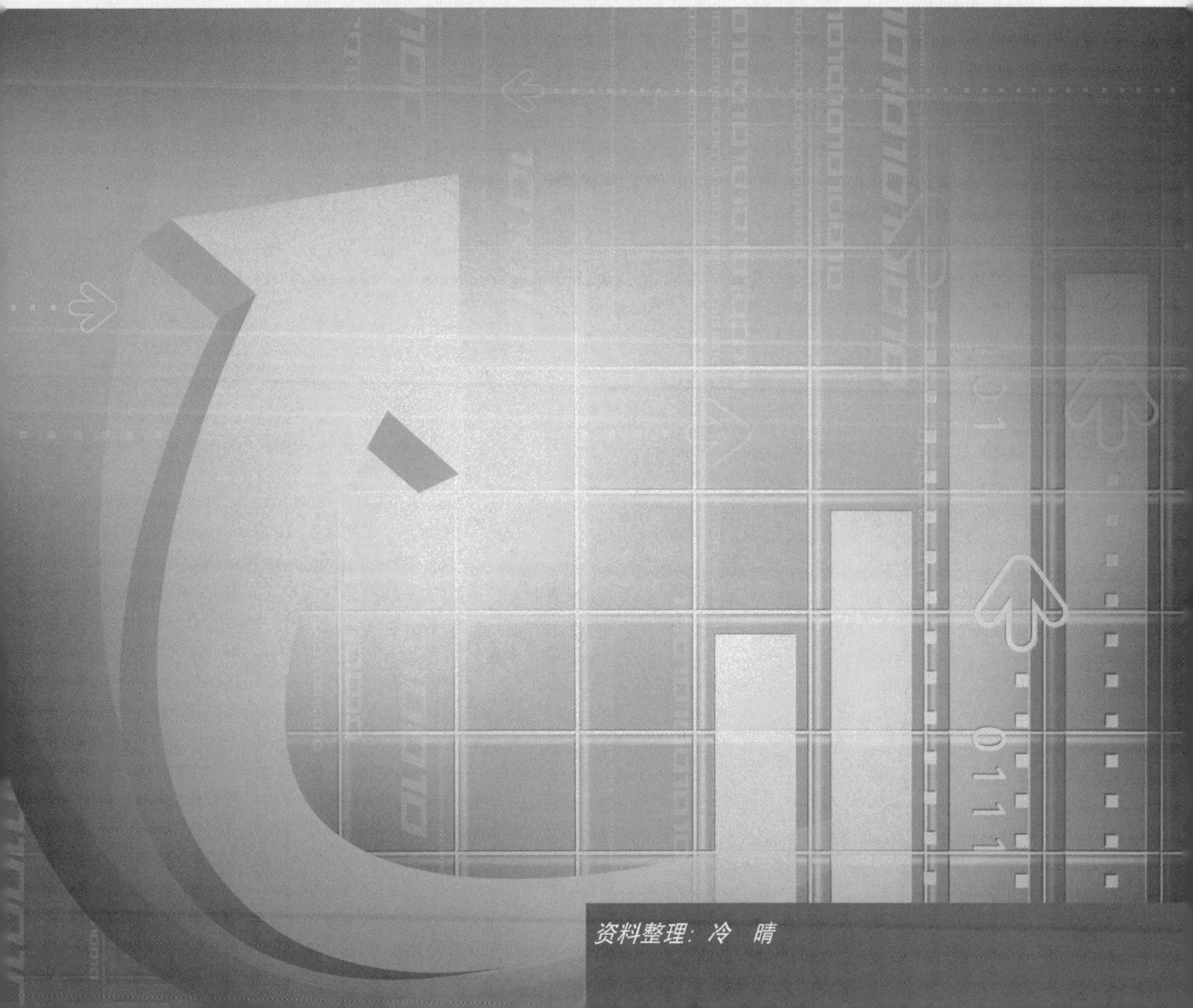

资料整理：冷　晴

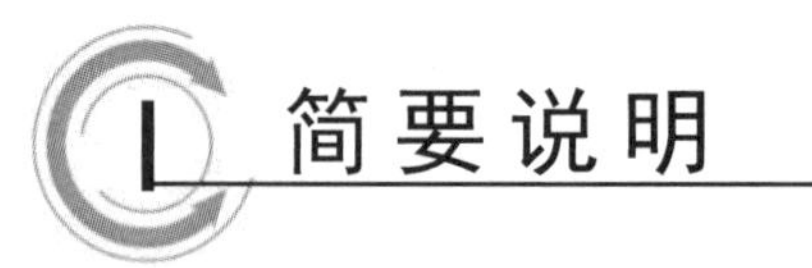

Ⅰ 简要说明

一、本篇资料的主要内容

本篇资料反映全省2021年及历年人口方面的基本情况，包括全省及11个设区市的主要人口统计数据，如：全省历年人口数、城镇人口、乡村人口、男性人口、女性人口、分年龄人口、人口密度；2021年各设区市人口数、出生率、死亡率、自然增长率等。

二、本篇的资料来源

本篇资料由省统计局人口和就业统计处整理。资料来源为人口普查和年度人口变动情况抽样调查数据。

三、本篇的统计调查方法

2021年全省人口变动情况抽样调查是以全省为总体，各设区市为次总体，采用分层、多阶段、整群概率比例抽样方法，在全省11个设区市抽取了100个县（市、区）2331个村（居）委会的约33万人，调查样本占全省总人口的0.70%。

Ⅰ Brief Introduction

Ⅰ.Main Contents

Data in this chapter show the basic condition of population in 2021 as well as previous years for the whole province and 11 municipalities. They include the sizes of the provincial population, urban population and rural population , male population and female population ,Population density over the years, as well as age population；birth rates, death rates, natural growth rate by region in 2021.

Ⅱ. Sources of Data

Data in this chapter are prepared by the Division of Population and Employment, Jiangxi Provincial Bureau of Statistics. The data sources are from statistics of Population Census and Annual Sample Survey on Population Changes.

Ⅲ.Methodology of Survey

The 2021 Provincial Sample Survey on Population Change adopted a Stratified multi-stage systematic PPS cluster sampling scheme. A total of 330 000 people were selected from 2331Village (neighborhood) committee in 100 counties (cities and districts） of 11 municipalities. The size of the sample was thus 0.70% of the provincial population.

2-1 人口自然变动情况
Population Natural Change

年 份 Year	年平均人口(人) Average Population (person)	人口出生率(‰) Birth Rate (‰)	人口死亡率(‰) Death Rate (‰)	人口自然增长率(‰) Natural Growth Rate(‰)	人口密度(人/平方公里) Population Density (person/sq.km)
1978	31504121	27.01	7.39	19.62	191
1979	32058990	20.97	7.23	13.80	193
1980	32495869	18.57	6.38	12.19	196
1981	32870597	20.42	6.54	13.88	198
1982	33261360	19.18	6.07	13.11	201
1983	33714259	21.92	8.23	13.69	203
1984	34261956	25.30	6.80	18.50	207
1985	34838425	20.29	5.39	14.90	210
1986	35427804	24.15	5.53	18.70	214
1987	36040374	22.92	7.23	15.69	218
1988	36580961	19.90	5.80	14.10	221
1989	37150503	23.04	6.26	16.70	224
1990	37784307	24.59	7.54	17.05	228
1991	38376396	21.20	7.13	14.07	231
1992	38888651	19.53	7.07	12.46	234
1993	39395666	20.33	6.89	13.44	238
1994	39907432	19.38	7.00	12.38	241
1995	40389933	18.94	7.28	11.66	243
1996	40840020	17.53	7.02	10.51	246
1997	41278987	17.43	6.56	10.87	249
1998	41707706	16.85	7.05	9.80	251
1999	42111908	16.51	7.02	9.49	253
2000	41289734	15.55	6.07	9.48	249
2001	41671562	15.44	6.06	9.38	251
2002	42040975	14.74	6.02	8.72	253
2003	42383264	14.07	5.98	8.09	255
2004	42688961	13.61	5.99	7.62	257
2005	42974053	13.79	5.96	7.83	258
2006	43251863	13.80	6.01	7.79	260
2007	43537706	13.86	5.99	7.87	262
2008	43842582	13.92	6.01	7.91	264
2009	44161310	13.87	5.98	7.89	266
2010	44472035	13.72	6.06	7.66	267
2011	44680896	13.48	5.98	7.50	268
2012	44747119	13.46	6.14	7.32	268
2013	44755275	13.19	6.28	6.91	268
2014	44776441	13.24	6.26	6.98	268
2015	44821288	13.20	6.24	6.96	269
2016	44900903	13.45	6.16	7.29	269
2017	45035657	13.79	6.08	7.71	270
2018	45124893	13.43	6.06	7.37	270
2019	45147224	12.59	6.03	6.56	271
2020	45176973	9.48	6.61	2.87	271
2021	45184250	8.34	6.71	1.63	271

注：2011-2019年的年平均人口数据为修订后的数据。

a) The average population from 2011 to 2019 are revised data.

2-2 人口数(年末数)
Population (year-end)

年 份 Year	总人口 (人) Total Population (person)	按性别分 By Sex		以年末总人口为100 Total Population at year-end=100	
		男 Male	女 Female	男 Male	女 Female
1978	31828203	16427779	15400424	51.61	48.39
1979	32289778	16659570	15630208	51.59	48.41
1980	32701960	16866769	15835191	51.58	48.42
1981	33039235	17031186	16008049	51.55	48.45
1982	33483485	17265308	16218177	51.56	48.44
1983	33945033	17524200	16420778	51.63	48.37
1984	34578879	17872492	16707000	51.69	48.32
1985	35097971	18155525	16942000	51.73	48.27
1986	35757637	18500090	17257547	51.74	48.26
1987	36323111	18801109	17522002	51.76	48.24
1988	36838811	19053400	17786000	51.72	48.28
1989	37462196	19381113	18081083	51.74	48.26
1990	38106418	19727708	18378000	51.77	48.23
1991	38646374	19978326	18668148	51.69	48.31
1992	39130927	20259917	18871010	51.77	48.23
1993	39660405	20500789	19159616	51.69	48.31
1994	40154459	20586009	19568450	51.27	48.73
1995	40625406	20837093	19788313	51.29	48.71
1996	41054635	21184192	19870443	51.60	48.40
1997	41503338	21345274	20158064	51.43	48.57
1998	41912074	21364925	20547149	50.98	49.02
1999	42311742	21810874	20500868	51.55	48.45
2000	41485447	21570202	19915245	51.99	48.01
2001	41857676	21840587	20017089	52.18	47.82
2002	42224273	21813059	20411214	51.66	48.34
2003	42542255	21807160	20735095	51.26	48.74
2004	42835667	22064652	20771015	51.51	48.49
2005	43112439	21935609	21176830	50.88	49.12
2006	43391287	22194643	21196644	51.15	48.85
2007	43684125	22388114	21296011	51.25	48.75
2008	44001038	22584130	21416908	51.33	48.67
2009	44321581	22717106	21604475	51.26	48.74
2010	44622489	23031644	21590845	51.61	48.39
2011	44739303	23156187	21583116	51.76	48.24
2012	44754934	23152139	21602795	51.73	48.27
2013	44755616	23144900	21610716	51.71	48.29
2014	44797265	23156130	21641135	51.69	48.31
2015	44845311	23168077	21677234	51.66	48.34
2016	44956495	23218130	21738365	51.65	48.35
2017	45114818	23294617	21820201	51.63	48.37
2018	45134968	23301551	21833417	51.63	48.37
2019	45159480	23309951	21849529	51.62	48.38
2020	45188635	23318533	21870102	51.60	48.40
2021	45174033	23352085	21821948	51.69	48.31

注：2011-2019年的总人口、男性人口、女性人口为修订后的数据；2020年数据为第七次全国人口普查普查时点数。

a) The total population and its gender group from 2011 to 2019 are revised data. The reference time of data on 2020 is zero hour on November 1st , 2020.

2-3 按城乡分的人口数(年末数)
Population by Residence (year-end)

年 份 Year	总人口 (人) Total Population (person)	按城乡分 By Residence		以年末总人口为100 Total Population at year-end=100	
		城镇人口 Urban Population	乡村人口 Rural Population	城镇人口 Urban Population	乡村人口 Rural Population
1978	31828203	5331228	26496975	16.75	83.25
1979	32289778	5630294	26660000	17.44	82.56
1980	32701960	6145928	26556032	18.79	81.21
1981	33039235	6298459	26740776	19.06	80.94
1982	33483485	6512538	26970000	19.45	80.55
1983	33945033	6639648	27305385	19.56	80.44
1984	34578879	6801665	27777214	19.67	80.33
1985	35097971	6942379	28155592	19.78	80.22
1986	35757637	7112194	28646000	19.89	80.11
1987	36323111	7264622	29058489	20.00	80.00
1988	36838811	7408285	29430526	20.11	79.89
1989	37462196	7574856	29887340	20.22	79.78
1990	38106418	7754656	30351000	20.35	79.65
1991	38646374	8148201	30498173	21.08	78.92
1992	39130927	8537586	30593341	21.82	78.18
1993	39660405	8944215	30716190	22.55	77.45
1994	40154459	9350367	30804092	23.29	76.71
1995	40625406	9689159	30936247	23.85	76.15
1996	41054635	10092871	30961764	24.58	75.42
1997	41503338	10507815	30995523	25.32	74.68
1998	41912074	10918934	30993140	26.05	73.95
1999	42311742	11333623	30978119	26.79	73.21
2000	41485447	11487320	29998127	27.69	72.31
2001	41857676	12728919	29128757	30.41	69.59
2002	42224273	13596216	28628057	32.20	67.80
2003	42542255	14472875	28069380	34.02	65.98
2004	42835667	15240930	27594737	35.58	64.42
2005	43112439	15994715	27117724	37.10	62.90
2006	43391287	16783750	26607537	38.68	61.32
2007	43684125	17386282	26297843	39.80	60.20
2008	44001038	18198829	25802209	41.36	58.64
2009	44321581	19138059	25183522	43.18	56.82
2010	44622489	19660669	24961820	44.06	55.94
2011	44739303	20468231	24271072	45.75	54.25
2012	44754934	21209363	23545571	47.39	52.61
2013	44755616	21948154	22807462	49.04	50.96
2014	44797265	22645017	22152248	50.55	49.45
2015	44845311	23454098	21391213	52.30	47.70
2016	44956495	24272012	20684483	53.99	46.01
2017	45114818	25128954	19985864	55.70	44.30
2018	45134968	25880391	19254577	57.34	42.66
2019	45159480	26675705	18483775	59.07	40.93
2020	45188635	27310611	17878024	60.44	39.56
2021	45174033	27763961	17410072	61.46	38.54

注：2011-2019年数据为修订后的数据；2020年数据为第七次全国人口普查普查时点数。

a) The data from 2011 to 2019 are revised data. The reference time of data on 2020 is zero hour on November 1st , 2020.

2-4 各地区人口数(2021年末)
Population by Region (end of 2021)

地　区	Region	总人口(人) Total Population (person)	按性别分 By Sex		以年末总人口为100 Total Population at year-end=100	
			男 Male	女 Female	男 Male	女 Female
全　省	**Provincial Total**	**45174033**	**23352085**	**21821948**	**51.69**	**48.31**
南昌市	Nanchang	6437506	3371767	3065739	52.38	47.62
景德镇市	Jingdezhen	1620565	840571	779994	51.87	48.13
萍乡市	Pingxiang	1805907	919781	886126	50.93	49.07
九江市	Jiujiang	4560674	2341992	2218682	51.35	48.65
新余市	Xinyu	1202145	628192	573953	52.26	47.74
鹰潭市	Yingtan	1154954	598964	555990	51.86	48.14
赣州市	Ganzhou	8980002	4621247	4358755	51.46	48.54
吉安市	Ji'an	4425128	2284598	2140530	51.63	48.37
宜春市	Yichun	4971103	2570099	2401004	51.70	48.30
抚州市	Fuzhou	3579374	1852005	1727369	51.74	48.26
上饶市	Shangrao	6436675	3322869	3113806	51.62	48.38

2-5 各地区按城乡分的人口数(2021年末)
Population by Residence and Region (end of 2021)

地　区	Region	总人口(人) Total Population (person)	按城乡分 By Residence		以年末总人口为100 Total Population at year-end=100	
			城镇人口 Urban Population	乡村人口 Rural Population	城镇人口 Urban Population	乡村人口 Rural Population
全　省	**Provincial Total**	**45174033**	**27763961**	**17410072**	**61.46**	**38.54**
南昌市	Nanchang	6437506	5062262	1375244	78.64	21.36
景德镇市	Jingdezhen	1620565	1068531	552034	65.94	34.06
萍乡市	Pingxiang	1805907	1241862	564045	68.77	31.23
九江市	Jiujiang	4560674	2834459	1726215	62.15	37.85
新余市	Xinyu	1202145	891230	310915	74.14	25.86
鹰潭市	Yingtan	1154954	755646	399308	65.43	34.57
赣州市	Ganzhou	8980002	5059931	3920071	56.35	43.65
吉安市	Ji'an	4425128	2363291	2061837	53.41	46.59
宜春市	Yichun	4971103	2852219	2118884	57.38	42.62
抚州市	Fuzhou	3579374	2074505	1504869	57.96	42.04
上饶市	Shangrao	6436675	3560025	2876650	55.31	44.69

2-6 2021年末各地区按年龄分的人口数(一)
Population by Age and Region at the end of 2021(one)

地 区	Region	总人口(万人) Total Population (10 000 persons)	0-15岁人口 0-15 year old population		16-59岁人口 16-59 year old population		60岁及以上人口 Population aged 60 and over	
			人口数 Population	比重(%) proportion	人口数 Population	比重(%) proportion	人口数 Population	比重(%) proportion
全 省	**Provincial Total**	**4517.40**	**1021.09**	**22.60**	**2727.24**	**60.37**	**769.07**	**17.02**
南昌市	Nanchang	643.75	112.46	17.47	436.58	67.82	94.71	14.71
景德镇市	Jingdezhen	162.06	35.45	21.87	99.11	61.15	27.50	16.97
萍乡市	Pingxiang	180.59	37.37	20.69	108.03	59.82	35.19	19.49
九江市	Jiujiang	456.07	99.33	21.78	274.70	60.23	82.03	17.99
新余市	Xinyu	120.21	25.54	21.25	73.25	60.93	21.42	17.82
鹰潭市	Yingtan	115.50	25.98	22.49	69.18	59.90	20.34	17.61
赣州市	Ganzhou	898.00	213.27	23.75	543.47	60.52	141.27	15.73
吉安市	Ji'an	442.51	114.72	25.92	247.71	55.98	80.09	18.10
宜春市	Yichun	497.11	118.26	23.79	287.99	57.93	90.86	18.28
抚州市	Fuzhou	357.94	83.95	23.45	214.19	59.84	59.80	16.71
上饶市	Shangrao	643.67	154.77	24.04	373.05	57.96	115.85	18.00

2-7 2021年末各地区按年龄分的人口数(二)
Population by Age and Region at the end of 2021(two)

地 区	Region	总人口(万人) Total Population (10 000 persons)	0-14岁人口 0-14 year old population		15-64岁人口 15-64 year old population		65岁及以上人口 Population aged 65 and over	
			人口数 Population	比重(%) proportion	人口数 Population	比重(%) proportion	人口数 Population	比重(%) proportion
全 省	**Provincial Total**	**4517.40**	**944.08**	**20.90**	**3013.27**	**66.70**	**560.05**	**12.40**
南昌市	Nanchang	643.75	105.14	16.33	469.72	72.97	68.89	10.70
景德镇市	Jingdezhen	162.06	32.72	20.19	110.11	67.94	19.23	11.87
萍乡市	Pingxiang	180.59	34.70	19.22	120.29	66.61	25.59	14.17
九江市	Jiujiang	456.07	91.76	20.12	303.52	66.55	60.78	13.33
新余市	Xinyu	120.21	23.68	19.70	81.15	67.51	15.38	12.79
鹰潭市	Yingtan	115.50	23.86	20.66	77.03	66.70	14.60	12.64
赣州市	Ganzhou	898.00	196.70	21.90	597.77	66.57	103.52	11.53
吉安市	Ji'an	442.51	106.60	24.09	277.79	62.78	58.12	13.13
宜春市	Yichun	497.11	109.59	22.05	322.36	64.85	65.16	13.11
抚州市	Fuzhou	357.94	77.39	21.62	236.16	65.98	44.39	12.40
上饶市	Shangrao	643.67	141.92	22.05	417.36	64.84	84.39	13.11

2-8 各地区人口抚养比(2021年末)
Dependency Ratio of Population by Region (end of 2021)

单位：% (%)

地 区	Region	少儿抚养比 Children Dependency Ratio	老年抚养比 Old Dependency Ratio	总抚养比 Gross Dependency Ratio
全 省	**Provincial Total**	**31.33**	**18.59**	**49.92**
南 昌 市	Nanchang	22.38	14.67	37.05
景德镇市	Jingdezhen	29.72	17.46	47.18
萍 乡 市	Pingxiang	28.85	21.28	50.13
九 江 市	Jiujiang	30.23	20.03	50.26
新 余 市	Xinyu	29.18	18.95	48.13
鹰 潭 市	Yingtan	30.98	18.95	49.94
赣 州 市	Ganzhou	32.91	17.32	50.22
吉 安 市	Ji'an	38.38	20.92	59.30
宜 春 市	Yichun	34.00	20.21	54.21
抚 州 市	Fuzhou	32.77	18.80	51.56
上 饶 市	Shangrao	34.00	20.22	54.22

2-9 各地区人口出生率、死亡率和自然增长率(2021年)
Birth Rates，Death Rates and Natural Growth Rates of Population by region(2021)

单位：‰ ‰

地 区	Region	人口出生率 Birth Rate	人口死亡率 Death Rate	人口自然增长率 Natural Growth
全 省	**Provincial Total**	**8.34**	**6.71**	**1.63**
南 昌 市	Nanchang	7.21	5.02	2.19
景德镇市	Jingdezhen	7.62	6.35	1.27
萍 乡 市	Pingxiang	8.36	7.66	0.70
九 江 市	Jiujiang	8.05	6.34	1.71
新 余 市	Xinyu	6.79	6.10	0.69
鹰 潭 市	Yingtan	8.18	6.83	1.35
赣 州 市	Ganzhou	8.86	6.89	1.96
吉 安 市	Ji'an	9.55	7.52	2.03
宜 春 市	Yichun	8.67	7.54	1.13
抚 州 市	Fuzhou	9.04	6.86	2.18
上 饶 市	Shangrao	7.98	6.98	1.00

2-10 各地区出生人口、死亡人口和自然增加人口(2021年)
Births, Deaths and Natural Increases in Population by Region(2021)

单位：万人 万人

地 区	Region	出生人口 Birth Population	死亡人口 Death Population	自然增加人口 Natural Increase in Population
全 省	**Provincial Total**	**37.70**	**30.30**	**7.40**
南昌市	Nanchang	4.58	3.19	1.39
景德镇市	Jingdezhen	1.23	1.03	0.21
萍乡市	Pingxiang	1.51	1.38	0.13
九江市	Jiujiang	3.69	2.90	0.78
新余市	Xinyu	0.82	0.73	0.08
鹰潭市	Yingtan	0.95	0.79	0.16
赣州市	Ganzhou	7.95	6.19	1.76
吉安市	Ji'an	4.25	3.34	0.90
宜春市	Yichun	4.33	3.76	0.57
抚州市	Fuzhou	3.25	2.47	0.78
上饶市	Shangrao	5.16	4.51	0.65

2-11 平均预期寿命
Life Expectancy at Birth

单位：岁 (years)

年 份 Year	合计 Total	男 Male	女 Female
1953	32.25	30.00	34.00
1964	54.07	53.80	54.35
1982	65.97	64.75	67.28
1987	66.38	65.47	67.02
1990	66.11	64.87	67.49
1995	68.74	67.25	70.01
2000	68.95	68.37	69.32
2005	72.25	71.09	73.79
2010	74.33	71.94	77.06
2015	75.90	73.43	78.75
2020	77.64	75.08	80.52

注：1990年和2000年数据根据《中国人口和就业统计年鉴》进行了修订。

a) The data of 1990 and 2000 were revised according to 《China population and employment statistics yearbook》。

2-12 各地区人口平均预期寿命(2020年)
Population Life Expectancy by Region(2020)

单位：岁 (years)

年份 Year	Region	合计 Total	男 Male	女 Female
全　省	**Provincial Total**	**77.64**	**75.08**	**80.52**
南昌市	Nanchang	80.16	77.73	82.90
景德镇市	Jingdezhen	77.47	74.67	80.73
萍乡市	Pingxiang	77.78	75.41	80.44
九江市	Jiujiang	78.47	76.19	81.04
新余市	Xinyu	79.36	77.03	81.90
鹰潭市	Yingtan	77.28	74.74	80.25
赣州市	Ganzhou	77.37	74.35	80.71
吉安市	Ji'an	77.79	75.21	80.31
宜春市	Yichun	77.81	75.14	80.85
抚州市	Fuzhou	77.19	74.67	80.00
上饶市	Shangrao	77.49	75.28	79.98

主要统计指标解释

人口数 指一定时点，一定地区范围内有生命的个人总和。

城镇人口和乡村人口 城镇人口是指居住在城镇范围内的全部常住人口；乡村人口是除上述人口以外的全部人口。

出生率（又称粗出生率） 指在一定时期内（通常为一年）一定地区的出生人数与同期内平均人数（或期中人数）之比，用千分率表示。本资料中的出生率指年出生率，其计算公式为：

$$出生率=\frac{年出生人数}{年平均人数}\times 1000‰$$

式中：出生人数指活产婴儿，即胎儿脱离母体时（不管怀孕月数），有过呼吸或其他生命现象。年平均人数指年初、年底人口数的平均数，也可用年中人口数代替。

死亡率（又称粗死亡率） 指在一定时期内（通常为一年）一定地区的死亡人数与同期平均人数（或期中人数）之比，用千分率表示。本资料中的死亡率指年死亡率，其计算公式为：

$$死亡率=\frac{年死亡人数}{年平均人数}\times 1000‰$$

人口自然增长率 指在一定时期内（通常为一年）人口自然增加数（出生人数减死亡人数）与该时期内平均人数（或期中人数）之比，用千分率表示。计算公式为：

$$人口自然增长率=\frac{本年出生人数-本年死亡人数}{年平均人数}\times 1000‰$$

$$=人口出生率-人口死亡率$$

Explanatory Notes on Main Statistical Indicators

Total Population refers to the total number of people alive at a certain point of time within a given area.

Urban Population and Rural Population Urban population refers to all people residing in cities and towns, while rural population refers to population other than urban population.

Birth Rate (or Crude Birth Rate) refers to the ratio of the number of births to the average population (or mid-period population) during a certain period of time (usually a year), expressed in ‰. Birth rate in the chapter refers to annual birth rate. The following formula is used:

$$\text{Birth Rate}=\frac{\text{Number of Births}}{\text{Annual Average Population}}\times 1000‰$$

Number of births in the formula refers to live births, i.e. when a baby has breathed or showed any vital phenomena regardless of the length of pregnancy. Annual average population is the average of the number of population at the beginning of the year and that at the end of the year. Sometimes it is substituted by the mid-year population.

Death Rate (or Crude Death Rate) refers to the ratio of the number of deaths to the average population (or mid-period population) during a certain period of time (usually a year), expressed in ‰. Death rate in the chapter refers to annual death rate. The following formula is used:

$$\text{Death Rate}=\frac{\text{Number of Deaths}}{\text{Annual Average Population}}\times 1000‰$$

Natural Growth Rate of Population refers to the ratio of natural increase in population (number of births minus number of deaths) in a certain period of time (usually a year) to the average population (or mid-period population) of the same period, expressed in ‰. The following formula is applied:

$$\text{Natural Growth Rate of Population}=\frac{\text{Number of Births-Number of Deaths}}{\text{Annual Average Population}}\times 1000‰$$

=Natural Growth Rate of Population = Birth Rate-Death Rate.

就业和工资

EMPLOYMENT AND WAGES

◆ 49/68

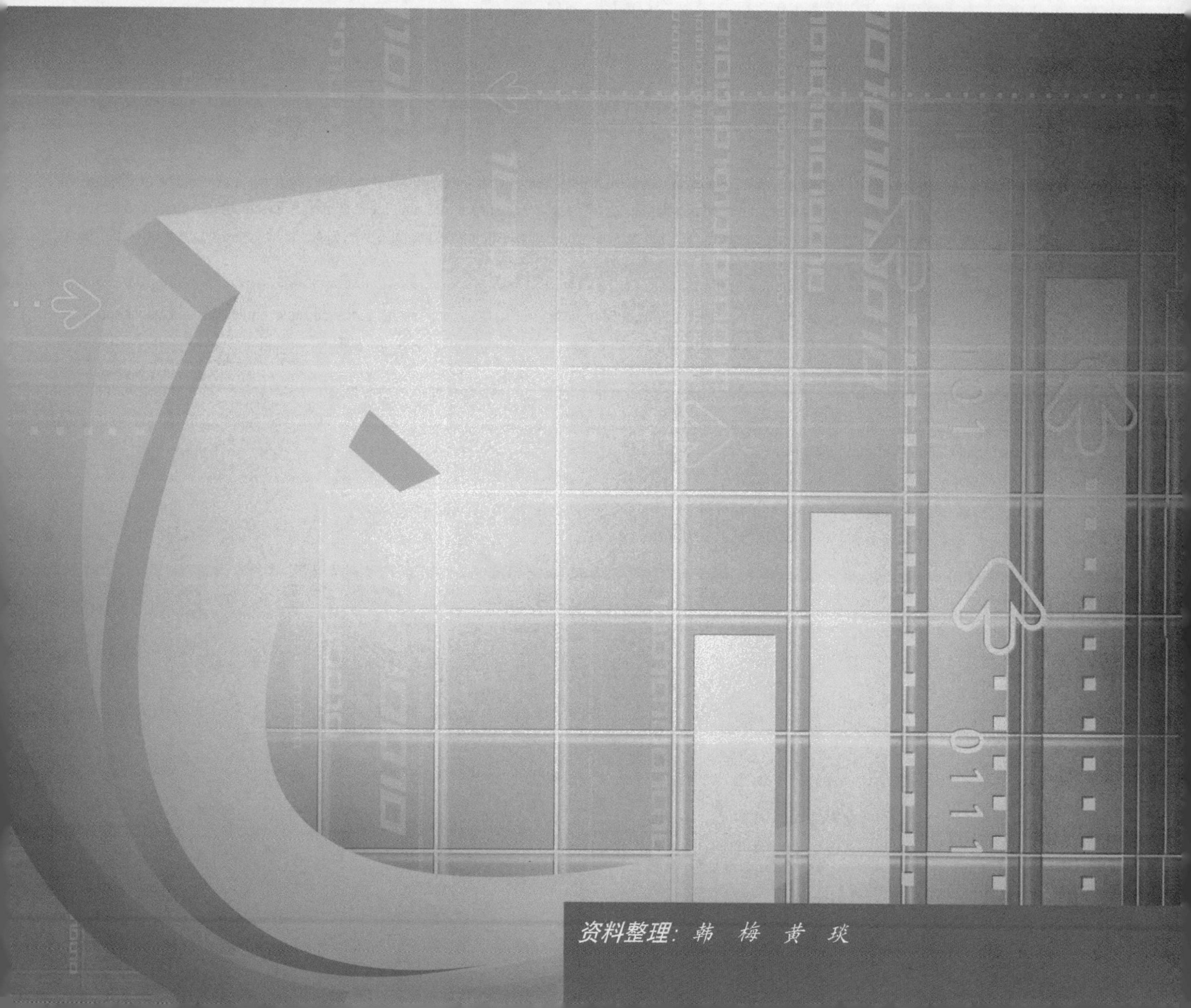

资料整理：韩　梅　黄　琰

简要说明

一、本篇资料的主要内容

本篇资料反映全省劳动经济方面的基本情况，包括11个设区市的主要劳动统计数据。如：就业人员数，城镇登记失业人数，就业人员工资总额，平均工资及指数变化情况等。就业人员数为年末时点数。

二、本篇资料的统计范围

《劳动工资统计报表制度》的调查范围为全部地域的一套表法人单位和非一套表法人单位；全社会就业人员统计范围为城镇和乡村16岁以上人口。1998年及以后城镇单位就业人员、工资总额、平均工资等指标中不再包括离开本单位仍保留劳动关系的职工及其生活费。

三、本篇资料来源

就业基本情况及其分组、工资总额等资料，是省统计局根据劳动工资统计、人口普查、年度人口变动情况抽样调查、劳动力调查等资料加工整理；城镇登记失业人数根据省人力资源和社会保障厅报表整理。

四、本篇的统计调查方法

劳动工资统计中，一套表法人单位采用全面调查方法，非一套表法人单位采用抽样调查方法。

Brief Introduction

I. Main Contents

Data in this chapter show the basic conditions of labor economy in the whole province, including main labor statistics on the whole province and 11 municipalities, such as the number of employed persons, number of registered unemployed persons in urban areas, total wage biils and average wages of employed persons and the changes in index. The number of employed persons is taken at the point of year-end.

II. Scope of Statistics

The scope of statistics of The Reporting Form System on Labour and Wage Statistics is legal entities of the whole province above and below designated size. Data on employed persons are figures for employed population aged 16 and over in urban and rural areas. Since 1998, statistics on employed person in urban units, total wage biils and average wage do not include the persons who had left their working units while keep their labour contract or employment relation unchanged.

III. Sources of Data

Data on basic conditions of employment and their breakdowns, total wage biils of staff and workers are collected and complied through labour and wage statistic survey, national census, and national sample survey on population changes. Data on the number of registered unemployed persons are collected and complied through statistics from the Department of Human Resources and Social Security of Jiangxi Province.

IV. Methodology of Survey

A complete reporting form system is used in the labour and wage statistics of legal entities above designated size, and sampling method is used in the statistics of legal entities below designated size.

3-1 劳动力资源
Labor Force Resources

单位：万人 (10 000 persons)

年份 Year	劳动力资源总数 Total Number of Labor Force Resources	社会就业人数 Number of Employed Persons in Society	#职工人数 Number of Staff and Workers	国有经济单位 State-owned Units	城镇集体经济单位 Urban Collective-owned Units	其他各种经济单位 Units of Other Types of Ownership	劳动力资源总数占人口数的比重(%) Percentage of Total Number of Labor Force Resources to Population(%)	劳动力资源利用率(%) Utilization Ratio of Labor Force Resources (%)
1978	1448.1	1254.3	267.4	221.0	46.4		45.5	86.6
1979	1503.5	1307.0	269.6	219.6	50.0		46.6	86.9
1980	1559.6	1356.3	286.7	233.0	53.7		47.7	87.0
1981	1610.2	1409.8	301.9	242.2	59.7		48.7	87.6
1982	1638.9	1434.0	311.9	249.3	62.6		49.0	87.5
1983	1731.4	1498.2	311.1	245.6	65.5		51.2	86.5
1984	1824.8	1537.3	324.9	247.0	77.9		53.4	84.3
1985	1887.1	1584.8	341.6	261.4	80.1	0.1	54.5	84.0
1986	1934.6	1622.6	351.9	269.4	82.3	0.2	55.1	83.9
1987	1981.4	1668.4	365.3	281.4	83.7	0.2	55.7	84.2
1988	2055.3	1723.0	379.2	293.8	85.0	0.4	56.6	83.8
1989	2107.2	1760.4	380.1	298.3	81.3	0.5	57.0	83.5
1990	2175.3	1816.5	386.2	304.0	81.6	0.6	57.1	83.5
1991	2248.8	1874.5	398.9	313.9	83.9	1.1	58.2	83.4
1992	2354.0	1870.4	408.4	322.0	84.4	2.0	60.2	79.5
1993	2418.7	1903.7	412.0	326.9	80.4	4.7	61.0	78.7
1994	2636.1	2007.7	413.5	328.6	79.2	5.7	65.6	76.2
1995	2653.3	2100.5	411.3	332.7	71.4	7.2	63.3	79.2
1996	2735.4	2107.2	412.0	336.0	68.8	7.2	66.6	77.0
1997	2768.8	2120.6	409.4	334.0	67.6	7.8	66.7	76.6
1998	2809.1	2094.3	322.5	254.9	41.0	26.6	67.0	74.6
1999	2830.2	2089.0	305.9	242.8	36.3	26.8	66.9	73.8
2000	2898.2	2060.9	291.6	231.8	33.0	26.8	69.8	71.1
2001	2898.5	2054.8	279.3	222.2	27.9	29.2	69.2	70.9
2002	2911.6	2130.6	261.9	206.8	22.8	32.3	69.0	73.2
2003	3016.6	2168.2	256.7	196.1	20.0	40.6	70.9	71.9
2004	3073.5	2214.0	258.4	192.4	17.5	48.5	71.8	72.0
2005	3130.0	2276.7	264.8	191.3	17.6	55.9	72.6	72.7
2006	3210.4	2321.1	271.9	191.9	16.0	64.0	74.0	72.3
2007	3290.6	2369.6	275.0	190.5	16.3	68.2	75.3	72.0
2008	3353.0	2404.5	275.2	186.6	13.9	74.7	76.2	71.7
2009	3413.8	2445.2	273.8	187.4	12.6	73.8	77.0	71.6
2010	3417.6	2388.0	279.6	187.8	12.5	79.3	76.6	69.9
2011	3436.6	2378.0	311.3	185.3	15.7	110.2	76.8	69.2
2012	3434.4	2364.0	360.9	195.2	15.6	150.1	76.7	68.8
2013	3432.6	2362.0	410.0	173.0	12.6	224.4	76.7	68.8
2014	3437.8	2348.0	426.0	175.7	12.4	238.0	76.7	68.3
2015	3439.3	2338.0	440.1	180.8	11.8	247.5	76.7	68.0
2016	3443.3	2332.0	431.8	172.3	9.9	249.6	76.6	67.7
2017	3454.2	2317.0	427.5	171.2	9.0	247.3	76.6	67.1
2018	3455.8	2295.0	400.3	158.3	8.8	233.2	76.6	66.4
2019	3454.1	2278.0	407.1	152.3	7.4	247.3	76.5	66.0
2020	3457.5	2264.0	412.3	159.4	7.1	245.8	76.5	65.5
2021	3496.3	2242.0	411.2	163.2	7.0	241.1	77.4	64.1

注：自1998年起,职工人数为在岗职工人数。自2012年起，职工人数含劳务派遣人员。按照国家统计局统一要求，对第六次和第七次全国人口普查之间的2010年至2019年主要就业数据进行了修订。

a) After 1998, the number of staff and workers refers to the number of employed staff and workers. After 2012, dispatched laborers are included in staff and workers. In accordance with the unified requirements of National Bureau of Statistics, the main indicators on employment between the 6th and 7th National Census and from 2010 to 2019 are adjusted for data comparability.

3-2 按三次产业分就业人员数(年末数)

Number of Employed Persons at Year-end by Three Strata of Industry

年 份 Year	就业人员(万人) Employed Persons (10 000 persons)	第一产业 Primary Industry	第二产业 Secondary Industry	第三产业 Tertiary Industry	构 成 (以合计数为100) Composition in Percentage 第一产业 Primary Industry	第二产业 Secondary Industry	第三产业 Tertiary Industry
1978	1254.3	968.7	163.4	122.2	77.2	13.0	9.8
1979	1307.0	1015.3	163.9	127.8	77.7	12.5	9.8
1980	1356.3	1053.8	166.9	135.6	77.7	12.3	10.0
1981	1409.8	1093.4	172.7	143.7	77.6	12.2	10.2
1982	1434.0	1100.9	180.4	152.7	76.8	12.6	10.6
1983	1498.2	1133.6	195.3	169.3	75.7	13.0	11.3
1984	1537.3	1117.8	216.3	203.2	72.7	14.1	13.2
1985	1584.8	1057.2	320.5	207.1	66.7	20.2	13.1
1986	1622.6	1068.1	330.6	223.9	65.8	20.4	13.8
1987	1668.4	1098.3	339.3	230.8	65.8	20.4	13.8
1988	1723.0	1111.6	368.1	243.3	64.5	21.4	14.1
1989	1760.4	1146.4	367.0	247.0	65.1	20.9	14.0
1990	1816.5	1193.1	368.6	254.8	65.7	20.3	14.0
1991	1874.5	1224.2	388.7	261.6	65.3	20.7	14.0
1992	1870.4	1186.2	412.9	271.3	63.4	22.0	14.6
1993	1903.7	1085.9	462.5	355.3	57.3	24.3	18.4
1994	2007.7	1127.2	493.3	387.2	56.1	24.6	19.3
1995	2100.5	1071.7	525.1	503.7	51.0	25.0	24.0
1996	2107.2	1049.7	539.7	517.8	49.8	25.6	24.6
1997	2120.6	1000.9	549.8	569.9	47.2	25.9	26.9
1998	2094.3	975.5	548.8	570.0	46.6	26.2	27.2
1999	2089.0	969.3	530.7	589.0	46.4	25.4	28.2
2000	2060.9	960.9	502.8	597.2	46.6	24.4	29.0
2001	2054.8	949.6	482.6	622.6	46.2	23.5	30.3
2002	2130.6	964.5	483.8	682.3	45.3	22.7	32.0
2003	2168.2	910.7	568.0	689.5	42.0	26.2	31.8
2004	2214.0	907.7	598.4	707.9	41.0	27.0	32.0
2005	2276.7	907.5	619.5	749.7	39.9	27.2	32.9
2006	2321.1	907.4	639.5	774.2	39.1	27.5	33.4
2007	2369.6	900.8	663.3	805.5	38.0	28.0	34.0
2008	2404.5	900.1	675.0	829.4	37.4	28.1	34.5
2009	2445.2	892.6	710.1	842.5	36.5	29.0	34.5
2010	2388.0	850.1	706.8	831.1	35.6	29.6	34.8
2011	2378.0	806.1	715.8	856.1	33.9	30.1	36.0
2012	2364.0	758.8	728.2	877.0	32.1	30.8	37.1
2013	2362.0	722.8	741.6	897.6	30.6	31.4	38.0
2014	2348.0	680.9	749.0	918.1	29.0	31.9	39.1
2015	2338.0	645.3	757.5	935.2	27.6	32.4	40.0
2016	2332.0	608.7	760.2	963.1	26.1	32.6	41.3
2017	2317.0	572.3	762.3	982.4	24.7	32.9	42.4
2018	2295.0	527.9	764.2	1002.9	23.0	33.3	43.7
2019	2278.0	489.8	765.4	1022.8	21.5	33.6	44.9
2020	2264.0	455.0	767.0	1042.0	20.1	33.9	46.0
2021	2242.0	424.0	773.0	1045.0	18.9	34.5	46.6

注：按照国家统计局统一要求，对第六次和第七次全国人口普查之间的2010年至2019年主要就业数据进行了修订，后同。

a) In accordance with the unified requirements of National Bureau of Statistics, the main indicators on employment between the 6th and 7th National Census and from 2010 to 2019 are adjusted for data comparability. The same applies to the following tables.

3-3 社会就业人员数（年末数）
Number of Employed Persons at Year-end

单位：万人 (10 000 persons)

类　　别	Type	2020	2021
总　计	**Total**	**2264.00**	**2242.00**
按经济类型分	**Classifed by Types of Ownership**		
城镇	Urban	1296.00	1317.00
#国有	State-owned	169.01	172.85
集体	Collective-owned	8.45	8.29
股份合作	Cooperative	1.66	1.67
联营	Joint Ownership	0.40	0.44
有限责任公司	Limited Liability Corporations	190.61	188.22
股份有限公司	Share-holding Corporations Ltd.	37.11	33.84
港澳台投资	Funds from Hong Kong,Macao&Taiwan	20.80	21.07
外商投资	Foreign Funded	14.35	13.82
乡村	Rural	968.00	925.00

3-4 各地区就业人员数(2021年末数)
Number of Employed Persons by Region(End of 2021)

单位：万人 (10 000 persons)

地　区	Region	就业人员 Employed Persons	按城乡分 By Urban and Rural Areas		按三次产业分 By Three Industries		
			城镇 Urban	乡村 Rural	第一产业 Primaty Industry	第二产业 Secondary Industry	第三产业 Tertiary Industry
全　省	**Provincial Total**	**2242.0**	**1317.0**	**925.0**	**424.0**	**773.0**	**1045.0**
南昌市	Nanchang	333.8	254.7	79.1	52.1	114.8	166.9
景德镇市	Jingdezhen	78.5	49.3	29.2	14.0	28.1	36.3
萍乡市	Pingxiang	87.5	57.7	29.8	15.3	38.2	34.1
九江市	Jiujiang	220.2	130.6	89.6	43.2	83.7	93.4
新余市	Xinyu	61.4	43.6	17.8	12.6	24.7	24.1
鹰潭市	Yingtan	57.7	36.0	21.7	10.5	18.8	28.4
赣州市	Ganzhou	453.4	243.5	209.9	83.2	155.1	215.2
吉安市	Ji'an	210.3	105.5	104.8	46.7	65.8	97.8
宜春市	Yichun	248.9	134.6	114.2	48.3	82.4	118.2
抚州市	Fuzhou	172.7	94.7	78.0	39.9	49.7	83.1
上饶市	Shangrao	317.7	166.9	150.9	58.3	111.8	147.6

3-5 城镇登记失业人数及登记失业率
Unemployed Persons and Unemployment Rate in Urban Areas

年 份 Year	城镇登记失业人数(万人) Unemployed Persons in Urban Areas (10 000 persons)	#失业青年 Unemployed-Youth	占城镇登记失业人数(%) Percentage to Unemployed Persons in Urban Areas(%)	登记失业率(%) Unemployment Rate (%)
1978	21.38			7.39
1979	15.17	13.35	88.0	5.31
1980	17.03	14.43	84.7	5.59
1981	14.58	11.61	79.6	4.57
1982	14.81	11.63	78.5	4.47
1983	13.26	10.60	79.9	3.98
1984	7.57	6.10	80.6	2.21
1985	5.21	4.74	91.0	1.45
1986	5.42	4.98	91.9	1.46
1987	5.56	4.83	86.9	1.45
1988	6.17	5.57	90.3	1.53
1989	6.95	6.60	95.0	1.69
1990	10.26	9.60	93.6	2.44
1991	10.56	10.14	96.0	2.40
1992	8.65	7.92	91.6	1.92
1993	8.65	8.29	95.8	1.82
1994	8.85	7.13	80.6	1.79
1995	8.66	7.48	86.3	1.57
1996	10.10	6.36	63.1	2.20
1997	14.22	8.52	60.0	2.32
1998	14.45	8.26	57.2	2.47
1999	15.50	5.95	38.4	2.60
2000	16.68	5.45	32.7	2.90
2001	17.28	3.39	19.6	3.30
2002	17.76	3.86	21.7	3.40
2003	21.62	4.21	19.5	3.80
2004	22.42	4.39	19.5	3.56
2005	22.84	3.87	16.90	3.48
2006	25.27	3.83	15.20	3.64
2007	24.34	2.41	9.90	3.37
2008	25.99	2.12	8.15	3.42
2009	27.30	1.36	4.98	3.44
2010	26.26	0.94	3.58	3.31
2011	24.64	1.44	5.84	3.20
2012	25.72	1.03	4.00	3.00
2013	27.42	1.19	4.34	3.17
2014	29.41	1.25	4.25	3.27
2015	29.95	1.35	4.51	3.35
2016	31.33	1.38	4.40	3.35
2017	32.33	0.81	2.51	3.34
2018	35.10	0.83	2.36	3.44
2019	27.49	0.78	2.84	2.93
2020	29.93	0.69	2.31	3.15
2021	29.92	1.60	5.35	2.84

注：自1999年起失业青年为长期失业者。

a) Unemployed youth are the long-term unemployed since 1999.

3-6 城镇非私营单位就业人员年末人数和平均工资(2021年)
Number and Wage of Employed Persons in Urban Non-Private Units at Year-end (2021)

类别	Type	就业人员人数(人) Number of Employed Persons (person)	就业人员平均工资(元) Average Wage of Employed Persons (yuan)
总计	**Total**	**4479982**	**83766**
按经济类型分	**Classified by Types of Ownership**		
国有单位	State-owned	1728549	100170
城镇集体单位	Collective-owned	82874	56827
其他单位	Others	2668560	73913
#股份合作	Cooperative	16735	70198
联营	Joint Ownership	4421	82813
有限责任公司	Limited Liability Corporations	1882222	71801
股份有限公司	Share-holding Corporations Ltd.	338417	94747
其他内资	Other Domestic Enterprises	77847	67103
港澳台商投资	Funds from Hong Kong,Macao&Taiwan	210673	62671
外商投资	Foreign Funded	138245	71125
按国民经济行业分	**Classified by Sector**		
农、林、牧、渔业	Agriculture, Forestry, Animal Husbandry and Fishery	27915	54194
采矿业	Mining	25437	73052
制造业	Manufacturing	1011827	71719
电力、热力、燃气及水生产和供应业	Production and Supply of Electricity, Heat, Gas and Water	94639	95553
建筑业	Construction	794253	65957
批发和零售业	Wholesale and Retail Trades	175408	69612
交通运输、仓储和邮政业	Transport, Storage and Post	179084	95206
住宿和餐饮业	Hotels and Catering Services	41502	43963
信息传输、软件和信息技术服务业	Information Transmission, Software and Information Technology	57081	104940
金融业	Financial Intermediation	167574	106042
房地产业	Real Estate	94542	75983
租赁和商务服务业	Leasing and Business Services	82974	63030
科学研究和技术服务业	Scientific Research and Technical Services	70978	109012
水利、环境和公共设施管理业	Management of Water Conservancy, Environment and Public Facilities	59276	43255
居民服务、修理和其他服务业	Services to Households, Repair and Other Services	11557	51236
教育	Education	627712	92233
卫生和社会工作	Health and Social Services	294923	113976
文化、体育和娱乐业	Culture, Sports and Entertainment	32002	85383
公共管理、社会保障和社会组织	Public Management, Social Security and Social Organization	631298	102643
按地区分	**By Region**		
南昌市	Nanchang	1195024	97791
景德镇市	Jingdezhen	142092	75135
萍乡市	Pingxiang	156214	87439
九江市	Jiujiang	436279	79757
新余市	Xinyu	121419	88202
鹰潭市	Yingtan	128089	83349
赣州市	Ganzhou	581223	81284
吉安市	Ji'an	386244	75457
宜春市	Yichun	439233	71356
抚州市	Fuzhou	366927	73331
上饶市	Shangrao	424246	74884

3-7 城镇非私营单位在岗职工年末人数和平均工资(2021年)
Number and Wage of Employed Staff and Workers in Urban Non-Private Units at Year-end (2021)

类　　别	Type	在岗职工人数（人）Number of Employed Staff and Workers (person)	在岗职工平均工资（元）Average Wage of Employed Staff and Workers(yuan)
总　计	**Total**	**4112008**	**86116**
按经济类型分	**Classified by Types of Ownership**		
国有单位	State-owned	1631856	103736
城镇集体单位	Collective-owned	69637	58317
其他单位	Others	2410515	74878
#股份合作	Cooperative	15691	71530
联营	Joint Ownership	4158	83118
有限责任公司	Limited Liability Corporations	1683481	71526
股份有限公司	Share-holding Corporations Ltd.	297275	103299
其他内资	Other Domestic Enterprises	74610	68206
港澳台商投资	Funds from Hong Kong,Macao&Taiwan	209850	62620
外商投资	Foreign Funded	125450	76079
按国民经济行业分	**Classified by Sector**		
农、林、牧、渔业	Agriculture, Forestry, Animal Husbandry and Fishery	24223	56254
采矿业	Mining	25073	73248
制造业	Manufacturing	1000846	71934
电力、热力、燃气及水生产和供应业	Production and Supply of Electricity, Heat, Gas and Water	81749	100417
建筑业	Construction	615649	63055
批发和零售业	Wholesale and Retail Trades	169768	70696
交通运输、仓储和邮政业	Transport, Storage and Post	175271	96232
住宿和餐饮业	Hotels and Catering Services	38914	45639
信息传输、软件和信息技术服务业	Information Transmission, Software and Information Technology	52994	107007
金融业	Financial Intermediation	117101	139659
房地产业	Real Estate	92450	76714
租赁和商务服务业	Leasing and Business Services	76047	63777
科学研究和技术服务业	Scientific Research and Technical Services	68216	111179
水利、环境和公共设施管理业	Management of Water Conservancy, Environment and Public Facilities	52743	45360
居民服务、修理和其他服务业	Services to Households, Repair and Other Services	11189	51597
教育	Education	598243	94983
卫生和社会工作	Health and Social Services	286902	115790
文化、体育和娱乐业	Culture, Sports and Entertainment	30420	88006
公共管理、社会保障和社会组织	Public Management, Social Security and Social Organization	594210	106526
按地区分	**By Region**		
南 昌 市	Nanchang	1009338	102084
景德镇市	Jingdezhen	135931	76537
萍 乡 市	Pingxiang	144815	91999
九 江 市	Jiujiang	411657	82626
新 余 市	Xinyu	114958	90801
鹰 潭 市	Yingtan	121383	85575
赣 州 市	Ganzhou	561832	82760
吉 安 市	Ji'an	365217	77664
宜 春 市	Yichun	416704	73200
抚 州 市	Fuzhou	337945	76369
上 饶 市	Shangrao	401003	76364

注：在岗职工含劳务派遣人员。

a)Number of employed staff and workers includes dispatched laborers.

3-8 城镇非私营单位各种分组的就业人员人数(2021年末)

Number of Employed Persons in Urban Non-Private Units by Types of Groups (End of 2021)

单位：人 (person)

类别	Type	合计 Total	国有单位 State-owned Units	城镇集体单位 Urban Collective-owned Units	其他单位 Units of Other Types of Ownership
总计	**Total**	**4479982**	**1728549**	**82874**	**2668560**
按国民经济行业分	**Grouped by Sector**				
农、林、牧、渔业	Agriculture, Forestry, Animal Husbandry and Fishery	27915	23033	667	4215
采矿业	Mining	25437	3214	203	22020
制造业	Manufacturing	1011827	22903	3160	985764
电力、热力、燃气及水生产和供应业	Production and Supply of Electricity, Heat, Gas and Water	94639	11765	235	82639
建筑业	Construction	794253	46652	56346	691255
批发和零售业	Wholesale and Retail Trades	175408	16981	1067	157360
交通运输、仓储和邮政业	Transport, Storage and Post	179084	31603	1473	146008
住宿和餐饮业	Hotels and Catering Services	41502	6210	195	35097
信息传输、软件和信息技术服务业	Information Transmission, Software and Information Technology	57081	3951	337	52794
金融业	Financial Intermediation	167574	22804		144770
房地产业	Real Estate	94542	3776	350	90415
租赁和商务服务业	Leasing and Business Services	82974	19787	2162	61025
科学研究和技术服务业	Scientific Research and Technical Services	70978	39637	728	30612
水利、环境和公共设施管理业	Management of Water Conservancy, Environment and Public Facilities	59276	13536	431	45309
居民服务、修理和其他服务业	Services to Households, Repair and Other Services	11557	2387	129	9040
教育	Education	627712	553709	9074	64929
卫生和社会工作	Health and Social Services	294923	259321	4873	30729
文化、体育和娱乐业	Culture, Sports and Entertainment	32002	19804	234	11964
公共管理、社会保障和社会组织	Public Management, Social Security and Social Organization	631298	627475	1209	2614

3-9 城镇非私营单位各种分组的在岗职工人数(2021年末)

Number of Employed Staff and Workers in Urban Non-Private Units by Types of Groups (End of 2021)

单位：人 (person)

类别	Type	合计 Total	国有单位 State-owned Units	城镇集体单位 Urban Collective-owned Units	其他单位 Units of Other Types of Ownership
总计	**Total**	**4112008**	**1631856**	**69637**	**2410515**
按国民经济行业分	**Grouped by Sector**				
农、林、牧、渔业	Agriculture, Forestry, Animal Husbandry and Fishery	24223	19567	628	4027
采矿业	Mining	25073	3139	200	21734
制造业	Manufacturing	1000846	22571	3053	975222
电力、热力、燃气及水生产和供应业	Production and Supply of Electricity, Heat, Gas and Water	81749	11343	224	70181
建筑业	Construction	615649	32958	44760	537931
批发和零售业	Wholesale and Retail Trades	169768	16510	1028	152230
交通运输、仓储和邮政业	Transport, Storage and Post	175271	30427	1422	143422
住宿和餐饮业	Hotels and Catering Services	38914	5852	174	32888
信息传输、软件和信息技术服务业	Information Transmission, Software and Information Technology	52994	3855	337	48802
金融业	Financial Intermediation	117101	21933		95169
房地产业	Real Estate	92450	3612	346	88492
租赁和商务服务业	Leasing and Business Services	76047	19045	2023	54979
科学研究和技术服务业	Scientific Research and Technical Services	68216	38259	699	29258
水利、环境和公共设施管理业	Management of Water Conservancy, Environment and Public Facilities	52743	11281	411	41052
居民服务、修理和其他服务业	Services to Households, Repair and Other Services	11189	2273	127	8790
教育	Education	598243	527131	8509	62603
卫生和社会工作	Health and Social Services	286902	252263	4512	30128
文化、体育和娱乐业	Culture, Sports and Entertainment	30420	18939	220	11261
公共管理、社会保障和社会组织	Public Management, Social Security and Social Organization	594210	590899	964	2347

3-10 城镇非私营单位职工工资总额和平均工资
Total Wages Bill and Average Wage of Staff and Workers in Urban Non-Private Units

年 份 Year	工资总额 (万元) Total Wages Bill (10 000 yuan)	国有经济单位 State-owned Units	城镇集体经济单位 Urban Collective-owned Units	其他各种经济单位 Units of Other Types of Ownership	平均工资 (元) Average Wage (yuan)	国有经济单位 State-owned Units	城镇集体经济单位 Urban Collective-owned Units	其他各种经济单位 Units of Other Types of Ownership
1978	145123	122929	22194		552	562	500	
1979	161102	135538	25564		603	624	512	
1980	199674	167220	32454		713	733	625	
1981	210974	175632	35342		719	745	613	
1982	223632	185973	37659		732	758	625	
1983	230035	190050	39985		747	774	640	
1984	284282	230178	54067	37	894	949	716	949
1985	329858	266560	63213	86	997	1052	817	1132
1986	394647	321560	72890	197	1147	1215	919	1190
1987	431756	352660	78895	202	1215	1286	974	1312
1988	533074	440107	92403	564	1446	1539	1121	1675
1989	583499	486785	95917	798	1562	1658	1205	1809
1990	656975	551602	104213	1160	1729	1843	1300	2079
1991	719291	598920	118234	2137	1842	1946	1446	2329
1992	860275	724646	131368	4261	2154	2295	1606	2414
1993	1042007	883776	144510	13720	2580	2753	1842	3114
1994	1407031	1207665	176282	23084	3450	3720	2268	4214
1995	1621603	1393677	189980	37946	4211	4427	2990	5623
1996	1858269	1588203	218857	51209	4852	5050	3562	7275
1997	1944011	1666516	219199	58297	5089	5303	3636	7843
1998	1739295	1400368	152032	186895	5384	5473	3720	7104
1999	2057811	1675969	170518	211325	6749	6930	4692	7913
2000	2047372	1681669	151720	213983	7014	7249	4676	7798
2001	2255433	1864519	144576	246339	8026	8346	5149	8349
2002	2437527	2001095	133577	302855	9262	9607	5859	9444
2003	2710865	2161536	137779	411551	10521	10918	6905	10359
2004	3054546	2367213	136642	550691	11860	12291	7873	11569
2005	3583091	2726459	157004	699628	13688	14276	8952	13140
2006	4170749	3136396	160449	873904	15590	16491	10102	14220
2007	4994197	3703412	203353	1087433	18400	19624	12574	16344
2008	5732519	4204570	192028	1335921	21000	22608	13934	18247
2009	6713864	4900030	205362	1608472	24696	26247	16624	22088
2010	8071398	5796975	223793	2050630	29092	30985	18194	26272
2011	9970075	6256416	378133	3335526	34055	36939	24265	30939
2012	12823272	7891818	455102	4476352	39651	40712	30608	39030
2013	17789724	8248934	435385	9105405	43582	47238	36185	41101
2014	19882093	8981797	491409	10408887	47299	51406	41022	44550
2015	22796952	10470884	529037	11797031	52137	58565	46734	47734
2016	24553020	11513470	481493	12558057	57470	67536	50045	50815
2017	26478273	12879242	459114	13139917	63069	76018	52596	54369
2018	27995956	12865039	494381	14636535	70772	81872	58143	63654
2019	30647348	13568230	421702	16657417	76131	89791	57636	68231
2020	32862058	15357305	396964	17107789	80503	97378	57387	70233
2021	34851656	16757705	400602	17693349	86116	103736	58317	74878

注:自1998年起,职工工资为在岗职工工资。自2012年起，平均工资含劳务派遣人员工资。

a) Since 1998,wage of staff and workers refers to wage of employed staff and workers.Since 2012,average wage includes dispatched laborers' wage.

3-11 城镇非私营单位职工平均工资指数
Average Wage Indices of Staff and Workers in Urban Non-Private Units

(上年=100) (preceding year=100)

年 份 Year	货币工资指数 Currency Wages Indices	国有经济单位 State-owned Units	城镇集体经济单位 Urban Collective-owned Units	其他各种经济单位 Units of Other Types of Ownership	实际工资指数 Actual Wages Indices	国有经济单位 State-owned Units	城镇集体经济单位 Urban Collectiv-owned Units	其他各种经济单位 Units of Other Types of Ownership
1978	106.8	105.4	102.0		106.6	105.2	101.8	
1979	109.2	111.0	102.4		107.0	108.7	100.3	
1980	118.2	117.5	122.1		112.0	111.4	115.7	
1981	100.8	101.6	98.1		97.1	97.9	94.5	
1982	101.8	101.7	102.0		98.7	98.6	98.9	
1983	102.0	102.1	102.4		100.1	100.2	100.5	
1984	119.7	122.6	111.9		116.7	119.5	109.1	
1985	111.5	110.9	114.1	119.3	102.5	101.9	104.9	109.7
1986	115.0	115.5	112.5	105.1	108.5	108.7	106.1	99.2
1987	105.9	105.8	106.0	108.0	98.1	98.1	98.2	100.1
1988	119.0	119.7	115.1	127.7	96.2	96.8	93.0	103.2
1989	108.0	107.7	107.5	108.0	92.2	91.9	91.7	92.2
1990	110.7	111.2	107.9	114.9	109.1	109.6	106.3	113.2
1991	106.5	105.6	111.2	112.0	102.0	101.1	106.5	107.3
1992	116.9	117.9	111.1	103.6	108.7	109.7	103.3	96.4
1993	115.9	115.9	111.5	127.8	100.1	100.1	96.3	110.4
1994	138.2	139.8	126.1	136.6	108.9	110.2	99.4	107.6
1995	122.1	119.0	131.8	133.4	104.4	101.8	112.7	114.1
1996	115.2	114.1	105.8	129.4	106.6	105.5	97.9	119.7
1997	104.9	105.0	102.1	107.8	101.8	101.9	99.1	104.7
1998	105.8	103.2	102.3	90.6	104.8	102.2	101.3	89.7
1999	125.4	126.6	126.1	111.4	127.2	128.4	127.9	112.9
2000	103.9	104.6	99.7	98.5	103.5	104.2	99.4	98.2
2001	114.4	115.1	110.1	107.0	114.9	115.7	110.7	107.5
2002	115.4	115.1	113.8	113.1	115.3	114.9	113.7	112.9
2003	113.6	113.6	117.9	109.7	112.7	112.7	117.0	108.8
2004	112.7	112.6	114.0	111.7	108.9	108.8	110.1	107.9
2005	115.4	116.2	113.7	113.6	113.5	114.3	111.8	111.7
2006	113.9	115.5	112.8	108.2	112.5	114.1	111.5	106.9
2007	118.0	119.0	124.5	114.9	112.6	113.5	118.8	109.6
2008	114.1	115.2	110.8	111.6	107.5	108.7	104.5	105.3
2009	117.6	116.1	119.3	121.1	118.4	116.9	120.1	122.0
2010	117.8	118.1	109.4	118.9	114.4	114.7	106.2	115.4
2011	117.1	119.2	133.4	117.8	111.3	113.3	126.8	112.0
2012	116.3	110.7	125.7	124.1	113.2	107.8	122.4	120.8
2013	109.9	116.0	118.2	105.3	107.2	113.2	115.3	102.7
2014	108.5	108.8	113.4	108.4	106.1	106.4	110.9	106.0
2015	110.2	113.9	113.9	107.1	108.6	112.2	112.2	105.5
2016	110.2	115.3	107.1	106.5	108.0	113.0	105.0	104.4
2017	109.7	112.6	105.1	107.0	107.5	110.4	103.0	104.9
2018	112.2	107.7	110.5	117.1	109.9	105.5	108.2	114.7
2019	107.6	109.7	99.3	107.2	104.6	106.6	96.5	104.2
2020	105.7	108.4	99.6	102.9	103.0	105.7	97.1	100.3
2021	107.0	106.5	101.6	106.6	106.0	105.6	100.7	105.7

3-12 城镇非私营单位各种分组的就业人员工资总额(2021年)
Total Wages Bill of Employed Persons by Types of Groups in Urban Non-Private Units (2021)

单位：万元 (10 000 yuan)

类别	Type	工资总额 Total Wages Bill	国有单位 State-owned Units	城镇集体单位 Urban Collective-owned Units	其他单位 Units of Other Types of Ownership
总计	**Total**	**36986969**	**17129443**	**463716**	**19393810**
按国民经济行业分	**Grouped by Sector**				
农、林、牧、渔业	Agriculture, Forestry, Animal Husbandry and Fishery	150935	119616	2798	28521
采矿业	Mining	190860	29075	990	160795
制造业	Manufacturing	7136392	250487	16660	6869245
电力、热力、燃气及水生产和供应业	Production and Supply of Electricity, Heat, Gas and Water	905049	121626	931	782492
建筑业	Construction	5021945	258478	293620	4469847
批发和零售业	Wholesale and Retail Trades	1210066	180014	4853	1025200
交通运输、仓储和邮政业	Transport, Storage and Post	1712745	256136	6490	1450119
住宿和餐饮业	Hotels and Catering Services	181148	28559	755	151834
信息传输、软件和信息技术服务业	Information Transmission, Software and Information Technology	594310	47954	3156	543200
金融业	Financial Intermediation	1855242	299031		1556210
房地产业	Real Estate	722529	32296	1943	688289
租赁和商务服务业	Leasing and Business Services	515930	126822	10924	378184
科学研究和技术服务业	Scientific Research and Technical Services	770520	442633	6740	321147
水利、环境和公共设施管理业	Management of Water Conservancy, Environment and Public Facilities	253820	97494	2301	154026
居民服务、修理和其他服务业	Services to Households, Repair and Other Services	57965	13606	583	43775
教育	Education	5692212	5195213	67305	429694
卫生和社会工作	Health and Social Services	3314486	3048608	32616	233261
文化、体育和娱乐业	Culture, Sports and Entertainment	275411	186276	1923	87213
公共管理、社会保障和社会组织	Public Management, Social Security and Social Organization	6425405	6395519	9127	20758

3-13 城镇非私营单位各种分组的在岗职工工资总额(2021年)
Total Wages Bill of Employed Staff and Workers by Types of Groups in Urban Non-Private Units (2021)

单位：万元 (10 000 yuan)

类别	Type	工资总额 Total Wages Bill	国有单位 State-owned Units	城镇集体单位 Urban Collective-owned Units	其他单位 Units of Other Types of Ownership
总计	**Total**	**34851656**	**16757705**	**400602**	**17693349**
按国民经济行业分	**Grouped by Sector**				
农、林、牧、渔业	Agriculture, Forestry, Animal Husbandry and Fishery	136110	105463	2683	27964
采矿业	Mining	188649	28777	976	158896
制造业	Manufacturing	7076303	249340	16464	6810499
电力、热力、燃气及水生产和供应业	Production and Supply of Electricity, Heat, Gas and Water	819668	119205	899	699563
建筑业	Construction	3710051	203425	235717	3270910
批发和零售业	Wholesale and Retail Trades	1188146	178385	4739	1005022
交通运输、仓储和邮政业	Transport, Storage and Post	1692057	249462	6424	1436171
住宿和餐饮业	Hotels and Catering Services	174126	26886	650	146591
信息传输、软件和信息技术服务业	Information Transmission, Software and Information Technology	561095	47485	3156	510455
金融业	Financial Intermediation	1642395	295512		1346883
房地产业	Real Estate	712204	31487	1936	678781
租赁和商务服务业	Leasing and Business Services	481054	123644	10067	347343
科学研究和技术服务业	Scientific Research and Technical Services	754548	435208	6611	312729
水利、环境和公共设施管理业	Management of Water Conservancy, Environment and Public Facilities	234377	90531	2257	141589
居民服务、修理和其他服务业	Services to Households, Repair and Other Services	56223	13124	576	42523
教育	Education	5599274	5110003	66154	423116
卫生和社会工作	Health and Social Services	3274412	3012605	31205	230602
文化、体育和娱乐业	Culture, Sports and Entertainment	270309	183417	1872	85020
公共管理、社会保障和社会组织	Public Management, Social Security and Social Organization	6280653	6253748	8214	18690

3-14 城镇非私营单位各种分组的就业人员平均工资(2021年)
Average Wage of Employed Persons by Types of Groups in Urban Non-Private Units (2021)

单位：元 (yuan)

类别	Type	平均工资 Average Wage	国有单位 State-owned Units	城镇集体单位 Urban Collective-owned Units	其他单位 Units of Other Types of Ownership
总计	**Total**	**83766**	**100170**	**56827**	**73913**
按国民经济行业分	**Grouped by Sector**				
农、林、牧、渔业	Agriculture, Forestry, Animal Husbandry and Fishery	54194	52369	42244	65603
采矿业	Mining	73052	89379	42681	71018
制造业	Manufacturing	71719	108118	53528	70907
电力、热力、燃气及水生产和供应业	Production and Supply of Electricity, Heat, Gas and Water	95553	103446	39095	94593
建筑业	Construction	65957	56612	53109	67679
批发和零售业	Wholesale and Retail Trades	69612	105919	45795	65812
交通运输、仓储和邮政业	Transport, Storage and Post	95206	81669	43426	98620
住宿和餐饮业	Hotels and Catering Services	43963	45814	38713	43661
信息传输、软件和信息技术服务业	Information Transmission, Software and Information Technology	104940	119927	91470	103883
金融业	Financial Intermediation	106042	130626		102341
房地产业	Real Estate	75983	87470	55531	75596
租赁和商务服务业	Leasing and Business Services	63030	63713	50337	63263
科学研究和技术服务业	Scientific Research and Technical Services	109012	112443	92318	104994
水利、环境和公共设施管理业	Management of Water Conservancy, Environment and Public Facilities	43255	73611	51583	34236
居民服务、修理和其他服务业	Services to Households, Repair and Other Services	51236	60573	45574	48970
教育	Education	92233	95265	75730	68289
卫生和社会工作	Health and Social Services	113976	119185	67534	77270
文化、体育和娱乐业	Culture, Sports and Entertainment	85383	92290	83348	73650
公共管理、社会保障和社会组织	Public Management, Social Security and Social Organization	102643	102804	75818	77236

3-15 城镇非私营单位各种分组的在岗职工平均工资(2021年)
Average Wage of Employed Staff and Workers by Types of Groups in Urban Non-Private Units (2021)

单位：元 (yuan)

类别	Type	平均工资 Average Wage	国有单位 State-owned Units	城镇集体单位 Urban Collective-owned Units	其他单位 Units of Other Types of Ownership
总计	**Total**	**86116**	**103736**	**58317**	**74878**
按国民经济行业分	**Grouped by Sector**				
农、林、牧、渔业	Agriculture, Forestry, Animal Husbandry and Fishery	56254	54391	42956	66877
采矿业	Mining	73248	90294	42629	71130
制造业	Manufacturing	71934	109226	54644	71100
电力、热力、燃气及水生产和供应业	Production and Supply of Electricity, Heat, Gas and Water	100417	105115	40699	99845
建筑业	Construction	63055	62925	53637	63871
批发和零售业	Wholesale and Retail Trades	70696	108085	46380	66762
交通运输、仓储和邮政业	Transport, Storage and Post	96232	82688	44507	99583
住宿和餐饮业	Hotels and Catering Services	45639	46063	37333	45607
信息传输、软件和信息技术服务业	Information Transmission, Software and Information Technology	107007	121928	91470	105913
金融业	Financial Intermediation	139659	134725		140790
房地产业	Real Estate	76714	89630	56026	76285
租赁和商务服务业	Leasing and Business Services	63777	64704	49500	63985
科学研究和技术服务业	Scientific Research and Technical Services	111179	114625	94345	107101
水利、环境和公共设施管理业	Management of Water Conservancy, Environment and Public Facilities	45360	81973	52991	35221
居民服务、修理和其他服务业	Services to Households, Repair and Other Services	51597	61495	45742	49237
教育	Education	94983	98277	78953	69180
卫生和社会工作	Health and Social Services	115790	121102	69769	78039
文化、体育和娱乐业	Culture, Sports and Entertainment	88006	95060	86417	75889
公共管理、社会保障和社会组织	Public Management, Social Security and Social Organization	106526	106681	84269	77670

3-16 城镇私营单位就业人员年末人数和平均工资(2021年)
Number and Wage of Employed Persons in Urban Private Units at Year-end (2021)

类别	Type	就业人员人数(人) Number of Employed Persons (person)	就业人员平均工资(元) Average Wage of Employed Persons (yuan)
总计	**Total**	**3340620**	**52667**
按国民经济行业分	**Classified by Sector**		
农、林、牧、渔业	Agriculture, Forestry, Animal Husbandry and Fishery	47043	39839
采矿业	Mining	19770	54728
制造业	Manufacturing	1328387	54909
电力、热力、燃气及水生产和供应业	Production and Supply of Electricity, Heat, Gas and Water	11843	59311
建筑业	Construction	590340	53360
批发和零售业	Wholesale and Retail Trades	365703	49200
交通运输、仓储和邮政业	Transport, Storage and Post	155017	55893
住宿和餐饮业	Hotels and Catering Services	73908	42472
信息传输、软件和信息技术服务业	Information Transmission, Software and Information Technology	56628	57568
金融业	Financial Intermediation	14168	49172
房地产业	Real Estate	134007	57721
租赁和商务服务业	Leasing and Business Services	216261	49732
科学研究和技术服务业	Scientific Research and Technical Services	68440	54422
水利、环境和公共设施管理业	Management of Water Conservancy, Environment and Public Facilities	40515	31701
居民服务、修理和其他服务业	Services to Households, Repair and Other Services	45449	43745
教育	Education	104248	47176
卫生和社会工作	Health and Social Services	32629	62312
文化、体育和娱乐业	Culture, Sports and Entertainment	36263	45092
按地区分	**By Region**		
南昌市	Nanchang	554272	59309
景德镇市	Jingdezhen	92015	48224
萍乡市	Pingxiang	117916	52716
九江市	Jiujiang	349447	51071
新余市	Xinyu	122258	47784
鹰潭市	Yingtan	82301	52332
赣州市	Ganzhou	611020	52810
吉安市	Ji'an	355821	50147
宜春市	Yichun	355856	51578
抚州市	Fuzhou	233284	49961
上饶市	Shangrao	466431	52014

主要统计指标解释

劳动力 指16周岁及以上人口。

就业人员 指在一定年龄以上，有劳动能力，为取得劳动报酬或经营收入而从事一定社会劳动的人员。具体指年满16周岁，为取得报酬或经营利润，在调查周内从事了1小时（含1小时）以上劳动的人员；或由于学习、休假等原因在调查周内暂时处于未工作状态，但有工作单位或场所的人员；或由于临时停工放假、单位不景气放假等原因在调查周内暂时处于未工作状态，但不满三个月的人员。

单位就业人员 指报告期末最后一日在本单位工作，并取得工资或其他形式劳动报酬的人员数。该指标为时点指标，不包括最后一日当天及以前已经与单位解除劳动合同关系的人员，是在岗职工、劳务派遣人员及其他就业人员之和。就业人员不包括:

(1)离开本单位仍保留劳动关系，并定期领取生活费的人员;

(2)在本单位实习的各类在校学生;

(3)本单位以劳务外包形式使用的人员，如：建筑业整建制使用的人员。

城镇私营就业人员 指在工商管理部门注册登记，其经营地址设在县城关镇(含县城关镇)以上的私营企业就业人员，包括私营企业投资者和雇工。

在岗职工 指在本单位工作且与本单位签订劳动合同，并由单位支付各项工资和社会保险、住房公积金的人员，以及上述人员中由于学习、病伤、产假等原因暂未工作仍由单位支付工资的人员。在岗职工还包括:

(1)应订立劳动合同而未订立劳动合同人员;

(2)处于试用期人员;

(3)编制外招用的人员，如临时人员;

(4)派往外单位工作，但工资仍由本单位发放的人员(如挂职锻炼、外派工作等情况)。

工资总额 指根据《关于工资总额组成的规定》(1990年1月1日国家统计局发布的一号令)进行修订，本单位在报告期内(季度或年度)直接支付给本单位全部就业人员的劳动报酬总额。包括计时工资、计件工资、奖金、津贴和补贴、加班加点工资、特殊情况下支付的工资，是在岗职工工资总额、劳务派遣人员工资总额和其他就业人员工资总额之和。

工资总额是税前工资，包括单位从个人工资中直接为其代扣或代缴的个人所得税、社会保险基金和住房公积金等个人缴纳部分，以及房费、水电费等，不包括从单位工会经费或工会账户中发放的现金或实物。

工资总额不论是计入成本的还是不计入成本的，不论是以货币形式支付的还是以实物形式支付的，均应列入工资总额的计算范围。

平均工资 指单位就业人员在一定时期内平均每人所得的工资额。它表明一定时期工资收入的高低程度，是反映就业人员工资水平的主要指标。计算公式为:

$$\text{平均工资}=\frac{\text{报告期就业人员工资总额}}{\text{报告期就业人员平均人数}}$$

平均货币工资指数 指报告期就业人员平均工资与基期就业人员平均工资的比率，是反映不同时期就业人员货币工资水平变动情况的相对数。计算公式为:

$$\text{平均货币工资指数}=\frac{\text{报告期就业人员平均工资}}{\text{基期就业人员平均工资}}\times 100\%$$

平均实际工资指数 就业人员平均实际工资指扣除物价变动因素后的就业人员平均工资。就业人员平均实际工资指数是反映实际工资变动情况的相对数，表明就业人员实际工资水平提高或降低的程度。计算公式为:

$$\text{平均实际工资指数}=\frac{\text{报告期平均货币工资指数}}{\text{报告期城镇居民价格消费指数}}\times 100\%$$

城镇登记失业人员 指有非农业户口，在一定的劳动年龄内(16周岁至退休年龄)，有劳动能力，无业而要求就业，并在当地劳动保障部门进行失业登记的人员。

城镇登记失业率 城镇登记失业人员与城镇单位就业人员(扣除使用的农村劳动力、聘用的离退休人员、港澳台及外方人员)、城镇单位中的不在岗职工、城镇私营业主、个体户主、城镇私营企业和个体就业人员、城镇登记失业人员之和的比。

Explanatory Notes on Main Statistical Indicators

Labor Force Resources refers to population aged 16 and over.

Employed Persons refers to persons above a specified age who had labor capacity and performed some social work for compensation or business gains. Specifically, it refers to persons, aged 16 and over, who performed some work for compensation or business gains for one hour or more during the reference period; or persons who do not work for the reasons of study or on holiday, but had work units or sites during the reference period; or persons temporary absence from a job for disorganization or suspension of work, recession, etc., but not exceeding three months during the reference period.

Persons Employed in Various Units refer to the total number of employees who work at his unit and obtain wages or other forms of payment at the end of the reporting period. This indicator is a kind of time point index and it equals to the sum of the number of employed staff and workers, labor dispatch personnel and other employed persons. Employed persons do not include:

1) persons who have left their working units while keeping their labor contract (employment relation) unchanged and receiving regular alimony;

2) all kinds of enrolled students who do internship in various units;

3) persons employed due to labor outsourcing, for example, persons employed in the organizational system of construction industry.

Persons Employed in Private Enterprises in Urban Areas refers to the persons employed in the private enterprises which have been registered at the departments of industrial and commercial administration for which the business operation are situated at a county town (i.e. a town where the county government is located), or at urban areas with administrative hierarchy higher than a county town.

Employed Staff and Workers refer to persons who signed labor contracts with working units and working units would pay wages, social insurance and housing funds for them. Persons who have their work posts but are temporarily absent from work for reasons of study or on sick, injury or maternal leave and still receive wages from their working units are also included. Employed staff and workers also include:

1) Persons who should have signed the labor contracts but not;

2) Employees on probation;

3) Employees beyond the staffing quota, for example, temporary employees;

4) Employees who are sent to other working units but still obtain wages from their original units (situations like on-the-job placement, expatriated assignment, etc.)

Total Wage Bill It is revised according to the "Provision of Composition of Total Wages" (Order No.1 by National Bureau of Statistics on January, 1st,, 1990), total wage bill refers to the total remuneration payment to all employed persons in various units during the reporting period (by quarter or by year), including hourly-paid wages, piece-rate wages, bonuses, allowance and subsidies, overtime wages and wages paid under special circumstances. It equals to the sum of total wages of employed staff and workers, dispatch labors and other employed persons.

Total wage bill is pre-tax wages, including personal income tax, social insurance fund and housing accumulation fund paid or withheld by employee's units, room charges, and utility bills. It does not include cash or in kind paid from labor union funds or accounts.

Total wage bill, whether or not included in cost, whether or not paid in money or in kind, shall be included in the calculation of total wage.

Average Wage refers to the average per capita wage during a certain period of time for employed persons. It shows the general level of wage income during a certain period of time, one major indicator to reflect the wage level. It is calculated as follows:

$$\text{Average wage}=\frac{\text{Total Wage Bill of Employed Persons at Reference Time}}{\text{Average Number of Persons Employed at Reference Time}}\times 100\%$$

Average Money Wage Indices refers to the ratio of average wage of employed persons the reporting period to that at the base period, which reflects the change of money wage of employed persons at the different period. It is calculated as follows:

$$\text{Average Money Wage Indices}=\frac{\text{Average Wage of Employed Persons at Reference Time}}{\text{Average Wage of Persons Employed at Base Period}}\times 100\%$$

Average Real Wage Indices average real wage of employed persons refers to the average wage of employed persons after removing the effects of the price changes and average real wage indices of employed persons refers to the change of real wage, which reflects the relative increasing or decreasing level of real wage of employed persons ,which is calculated as follows:

$$\text{Average Rea Wage Indices} = \frac{\text{Average monetary wage index in the reporting period}}{\text{Urban Consumer Price Indices at Reference Time}} \times 100\%$$

Registered Unemployed Persons in Urban Areas refer to the persons with non-agricultural household registration at certain working ages (16 years old to retirement age), who are capable of working, unemployed and willing to work, and have been registered at the local employment service agencies to apply for a job.

Registered Unemployment Rate in Urban Areas refers to the ratio of the number of the registered unemployed persons to the sum of the number of persons employed in various units (minus the employed rural labor force, re-employed retirees, and Hong Kong, Macao, Taiwan or foreign employees), laid-off staff and workers in urban units, owners of private enterprises in urban areas, owners of self-employed individuals in urban areas, employees of private enterprises in urban areas, employee of self-employed individuals in urban areas, and the registered unemployed persons in urban areas.

固定资产投资

INVESTMENT IN FIXED ASSETS

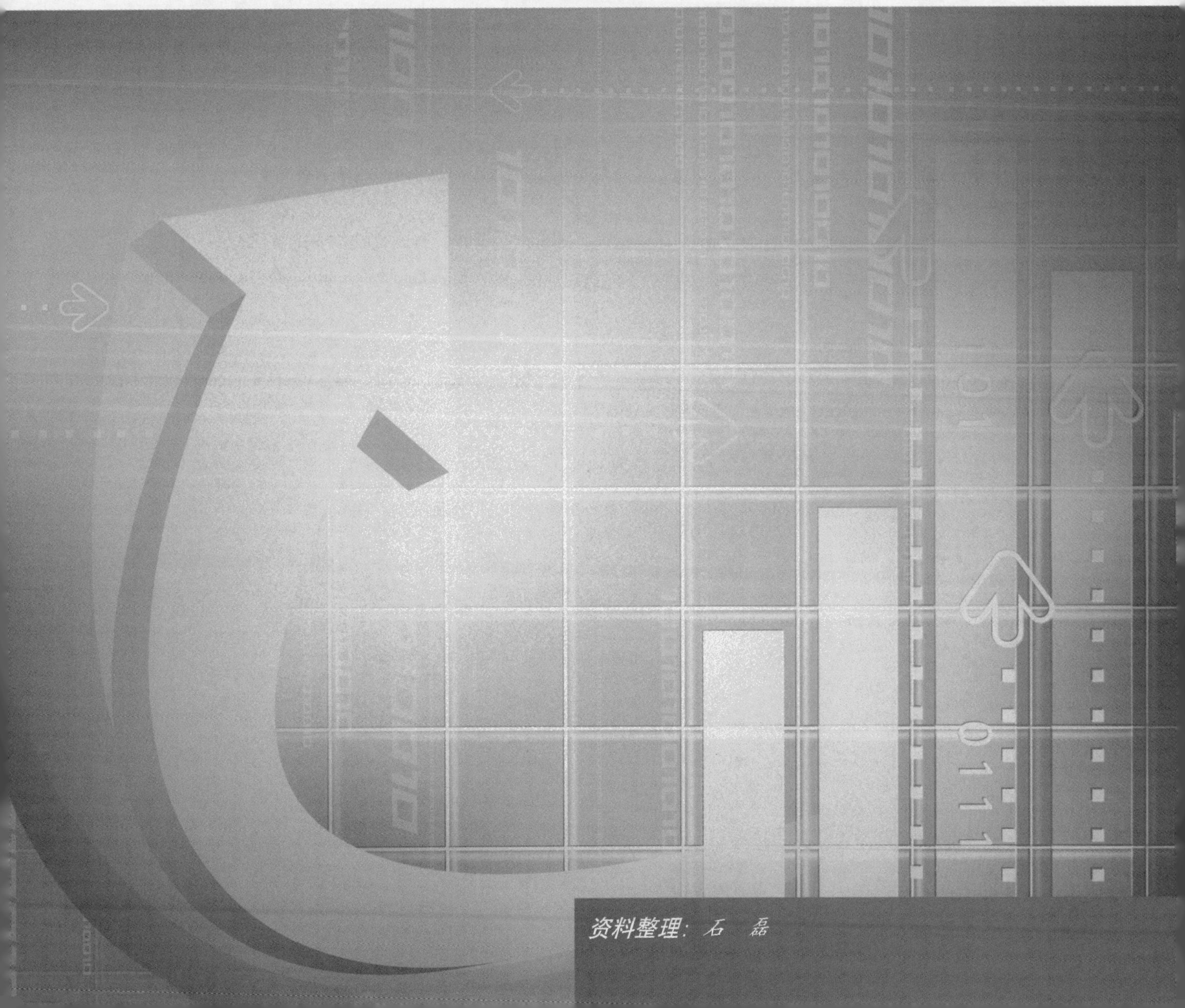

资料整理：石　磊

简要说明

一、本篇资料的主要内容

本篇资料通过对一定时期全社会建造和购置固定资产活动的数量描述，反映报告期内固定资产投资的速度、固定资产投资的结构和比例关系、固定资产投资的资金来源及固定资产投资的效果等。

二、本篇资料的统计范围

全社会固定资产投资统计的范围包括：建设项目固定资产投资、房地产开发投资、农村农户固定资产投资。

三、本篇的资料来源

农户固定资产投资资料来自国家统计局江西调查总队；除此以外的固定资产投资统计资料均来自省统计局固定资产投资统计处统计调查。

四、本篇的统计调查方法

除农户固定资产投资统计采用抽样调查方法外，其他均为全面统计报表。

Brief Introduction

I. Main Contents

Statistics in this chapter describe activities on the construction and purchase of fixed assets of the whole country during a given period of time, and reflect the growth, structure, ratio financing and results of the investment in fixed assets during the reference period.

II. Scope of Statistics

Statistics on the total investment in fixed assets in the whole country cover construction project investments in fixed assets, investments in real estate development and investments in fixed assets by rural households.

III. Sources of Data

Data on investments in fixed assets by individuals in rural areas are provided by Survey Office of the National Bureau of Sta tistics of Jiangxi. Other data on investments in fixed assets come from surveys conducted by the Department of Investment &Construction Statistics of Jiangxi Provincial Bureau of Statistics.

IV. Methodology of Data Collection

All data on investments in fixed assets are collected by the system of reporting form with complete enumeration, except data on individual investments in fixed assets in rural areas, which are collected through sample surveys.

4-1 全社会固定资产投资发展速度

Development speed of Total Investment in Fixed Assets in the Whole Country

年 份 Year	发展速度(上年=100) Development Speed(preceding year=100)			
	合 计 (%) Absolute Figures (%)	固定资产投 资 Investment in Fixed Assets	#房地产开发投资 Investment in Real Estate Development	农村农户投 资 Farm Households Investment in Fixed Assets
1978	157.7	157.7		
1979	103.3	103.3		
1980	224.1	194.3		
1981	90.8	82.6		144.0
1982	143.4	148.1		125.8
1983	114.7	102.7		167.7
1984	125.3	127.5		119.3
1985	125.1	121.7		134.8
1986	121.2	116.0		134.8
1987	110.2	110.3	96.9	109.8
1988	133.0	127.9	215.1	144.5
1989	93.7	96.4	115.0	88.5
1990	96.4	111.8	125.1	63.0
1991	128.9	126.8	166.6	137.2
1992	137.6	139.9	159.5	129.4
1993	148.0	151.9	179.2	132.9
1994	128.0	133.5	136.8	103.7
1995	119.7	110.2	138.0	173.4
1996	125.2	120.2	102.1	143.4
1997	108.0	110.6	95.2	100.0
1998	118.3	120.3	107.9	111.8
1999	108.1	107.0	123.8	112.0
2000	111.5	120.4	126.1	81.2
2001	120.5	123.3	149.9	106.3
2002	140.0	146.3	163.2	102.7
2003	149.3	154.9	171.2	102.0
2004	131.9	133.6	149.9	109.4
2005	119.2	119.7	113.2	111.4
2006	123.7	124.2	114.9	115.5
2007	123.0	123.7	125.9	110.3
2008	131.6	132.0	125.8	123.6
2009	131.0	131.0	115.9	130.6
2010	125.8	126.0	111.4	121.6
2011	122.0	122.5	122.7	109.3
2012	123.3	123.5	111.8	118.6
2013	119.3	119.8	121.1	104.9
2014	117.3	117.8	112.6	104.2
2015	115.3	116.0	114.9	91.1
2016	113.3	114.0	116.5	80.0
2017	112.1	112.3	113.7	99.8
2018	110.8	111.1	108.0	98.0
2019	109.3	109.2	103.0	112.1
2020	108.0	108.2	106.2	99.0
2021	110.6	110.8	106.3	100.6

注：1.本篇章各表均不含跨省中央项目投资。
2.全社会固定资产投资=固定资产投资+农村农户投资。
3.固定资产投资=计划投资500万元及以上项目固定资产投资+房地产开发投资。

a) Central project transprovincially project don't add up to the total.

b)Total investment in fixed assets in the whole country= investment in fixed assets+farm households investment in fixed assets.

c) Investment in fixed assets = construction project investments in fixed assets plans to invest 5 million yuan and above + investments in real estat developme

4-2 全社会固定资产投资增速
Growth Rates of Total Investment in Fixed Assets in the Whole Country

单位：% (%)

指　标	Item	2020	2021
全社会固定资产投资	**Total Investment in Fixed Assets in the Whole Country**	**8.0**	**10.6**
#工　业	Industry	8.0	15.4
固定资产投资	Total Investment	8.2	10.8
农户投资	Farm Households	-0.1	0.6
按登记注册类型分	Grouped by Status of Registration		
内　资	Domestic Funds	7.6	10.6
国　有	State-owned	-12.9	2.7
集　体	Collective-owned	-3.2	-23.0
股份合作	Share Holding Cooperative	-50.0	74.7
联　营	Joint-owned	-42.9	719.4
有限责任公司	Limited Liability Corporations	13.3	-1.3
股份有限公司	Share Holding Enterprises	-9.0	-34.4
私　营	Private	15.7	25.4
其他内资	Others	-38.0	39.5
港、澳、台投资	Funds from Hong Kong，Macao and Taiwan	33.0	15.6
外商投资	Foreign Funded	31.0	18.2
个体经营	Individuals	18.2	-12.4
按构成分	Grouped by Use of Funds		
建筑安装工程	Construction and Installation	12.0	17.1
设备、工器具购置	Purchase of Equipment and Instruments	-5.0	-15.5
其他费用	Others	-6.1	-14.0
按建设性质分	Grouped by Type of Construction		
#新　建	New Construction	1.5	6.0
扩　建	Expansion	39.5	9.6
改建和技术改造	Reconstruction and Technical Transformation	33.2	33.4
按产业分	Grouped by Industry		
第一产业	Primary Industry	12.1	3.6
第二产业	Secondary Industry	8.0	15.6
第三产业	Tertiary Industry	7.8	6.0

4-2 续表 continued

单位：% (%)

指　　标	Item	2020	2021
按行业分	Grouped by Sector		
农、林、牧、渔业	Agriculture, Forestry, Animal Husbandy and Fishery	12.1	-2.2
采矿业	Mining	17.5	8.3
制造业	Manufacturing	7.0	17.1
电力、热力、燃气及水生产和供应业	Production and Supply of Electricity, Heat, Gas and Water	20.8	-5.1
建筑业	Construction	-14.6	89.9
批发和零售业	Wholesale and Retail Trade	-40.1	46.3
交通运输、仓储和邮政业	Transport, Storage and Post Services	14.2	3.2
住宿和餐饮业	Hotel and Catering Services	3.9	23.6
信息传输、软件和信息技术服务业	Information Transmission,Software and Information Technology Services	63.5	63.0
金融业	Financial Intermediation	-19.2	-11.7
房地产业	Real Estate	11.0	5.1
租赁和商务服务业	Leasing and Business Services	8.0	1.5
科学研究和技术服务业	Scientific Reseach and Technical Services	4.7	29.9
水利、环境和公共设施管理业	Management of Water Conservancy, Public Facilities and Environment	2.3	-0.2
居民服务、修理和其他服务业	Services to Households, Repair and Other Services	-8.3	41.8
教　育	Education	16.4	18.4
卫生和社会工作	Health and Social Services	27.3	24.1
文化、体育和娱乐业	Culture, Sports and Entertainment	25.3	11.3
公共管理、社会保障和社会组织	Public Management,Social Security and Social Organizations	10.8	-14.6
资金来源	**Source of Funds**		
上年末结余资金	Balance at last Year-end	-16.7	20.2
本年资金来源小计	Subtotal Sources of Funds This Year	14.9	18.4
国家预算内资金	State Budget	2.8	27.1
国内贷款	Domestic Loans	-19.4	-4.9
债券	Bonds	0.4	-66.5
利用外资	Foreign Investment	-30.0	-17.7
自筹资金	Self-raising Funds	20.8	25.3
其他资金	Others	15.4	4.6
新增固定资产	**Newly Increased Fixed Assets**	**31.0**	**12.4**
施工房屋建筑面积	**Floor Space of Buildings under Construction**	**-20.8**	**7.0**
#住宅	Residential Buildings	-5.0	7.8
竣工房屋建筑面积	**Floor Space of Buildings Completed**	**-30.0**	**12.5**
#住宅	Residential Buildings	-15.5	10.4

4-3 全社会固定资产投资构成
Composition of Total Investments in Fixed Assets

单位：%　　(%)

指　　标	Item	2020	2021
全社会固定资产投资	**Total Investment in Fixed Assets in the Whole Country**	**100**	**100**
#工　业	Industry	48.5	50.6
固定资产投资	Total Investment	97.9	98.1
农户投资	Farm Households	2.1	1.9
按登记注册类型分	Grouped by Status of Registration		
内　资	Domestic Funds	95.0	95.0
国　有	State-owned	13.6	12.6
集　体	Collective-owned	0.1	0.1
股份合作	Share Holding Cooperative	0.1	0.1
联　营	Joint-owned	0.0	0.2
有限责任公司	Limited Liability Corporations	37.3	33.3
股份有限公司	Share Holding Enterprises	2.1	1.3
私　营	Private	40.3	45.7
其他内资	Others	1.3	1.7
港、澳、台投资	Funds from Hong Kong，Macao and Taiwan	1.8	1.9
外商投资	Foreign Funded	1.0	1.1
个体经营	Individuals	0.1	0.0
按构成分	Grouped by Use of Funds		
建筑安装工程	Construction and Installation	79.7	84.4
设备、工器具购置	Purchase of Equipment and Instruments	12.8	9.8
其他费用	Others	7.5	5.8
按建设性质分	Grouped by Type of Construction		
#新　建	New Construction	71.7	68.7
扩　建	Expansion	7.5	7.4
改建和技术改造	Reconstruction and Technical Transformation	17.6	21.2
按产业分	Grouped by Industry		
第一产业	Primary Industry	2.4	1.9
第二产业	Secondary Industry	48.6	50.8
第三产业	Tertiary Industry	49.0	47.3
按行业分	Grouped by Sector		
农、林、牧、渔业	Agriculture, Forestry, Animal Husbandy and Fishery	2.4	2.1
采矿业	Mining	0.9	0.8
制造业	Manufacturing	44.3	46.9
电力、热力、燃气及水生产和供应业	Production and Supply of Electricity,Heat Power, Gas and Water	3.4	2.9
建筑业	Construction	0.1	0.1
批发和零售业	Wholesale and Retail Trade	1.1	1.4
交通运输、仓储和邮政业	Transport, Storage and Post Services	4.2	3.9
住宿和餐饮业	Hotel and Catering Services	0.5	0.5
信息传输、软件和信息技术服务业	Information Transmission, Software and Information Technology Services	0.8	1.2
金融业	Financial Intermediation	0.1	0.1
房地产业	Real Estate	20.7	19.6
租赁和商务服务业	Leasing and Business Services	2.3	2.1
科学研究和技术服务	Scientific Reseach and Technical Services	0.6	0.6
水利、环境和公共设施管理业	Management of Water Conservancy, Environment and Public Facilities	12.3	11.1
居民服务、修理和其他服务业	Services to Households,Repair and Other Services	0.3	0.3
教　育	Education	1.8	1.9
卫生和社会工作	Health and Social Services	1.2	1.4
文化、体育和娱乐业	Culture, Sports and Entertainment	1.3	1.3
公共管理、社会保障和社会组织	Public Management, Social Security and Social Organizations	1.9	1.5

4-4 固定资产投资增速
Growth Rates of Investment in Fixed Assets

单位：% (%)

指　　标	Item	2020	2021
固定资产投资	**Total Investment**	**8.2**	**10.8**
#工　业	Industry	8.0	15.4
按登记注册类型分	Grouped by Status of Registration		
内　资	Domestic Funds	7.6	10.6
国　有	State-owned	-12.9	2.7
集　体	Collective-owned	-3.2	-23.0
股份合作	Share Holding Cooperative	-50.0	74.7
联　营	Joint-owned	-42.9	719.4
有限责任公司	Limited Liability Corporations	13.3	-1.3
股份有限公司	Share Holding Enterprises	-9.0	-34.4
私　营	Private	15.7	25.4
其他内资	Others	-38.0	39.5
港、澳、台投资	Funds from Hong Kong，Macao and Taiwan	33.0	15.6
外商投资	Foreign Funded	31.0	18.2
个体经营	Individuals	18.2	-12.4
按构成分	Grouped by Use of Funds		
建筑安装工程	Construction and Installation	12.2	17.7
设备、工器具购置	Purchase of Equipment and Instruments	-4.7	-17.2
其他费用	Others	-5.7	-14.0
按建设性质分	Grouped by Type of Construction		
#新　建	New Construction	1.5	6.0
扩　建	Expansion	39.5	9.6
改建和技术改造	Reconstruction and Technical Transformation	33.2	33.4
按产业分	Grouped by Industry		
第一产业	Primary Industry	24.4	1.7
第二产业	Secondary Industry	8.0	15.5
第三产业	Tertiary Industry	7.8	6.4
资金来源	**Source of Funds**		
上年末结余资金	Balance at last Year-end	-16.7	20.2
本年资金来源小计	Subtotal Sources of Funds This Year	15.4	18.9
国家预算内资金	State Budget	2.8	27.1
国内贷款	Domestic Loans	-19.4	-7.3
债券	Bonds	0.4	-66.5
利用外资	Foreign Investment	-30.0	-17.7
自筹资金	Self-raising Funds	21.7	26.3
其他资金	Others	15.4	4.6
新增固定资产	**Newly Increased Fixed Assets**	**33.7**	**12.5**
施工房屋建筑面积	**Floor Space of Buildings under Construction**	**-20.2**	**7.0**
#住宅	Residential Buildings	-1.9	7.8
竣工房屋建筑面积	**Floor Space of Buildings Completed**	**-32.5**	**12.5**
#住宅	Residential Buildings	-2.5	10.4

4-5 固定资产投资构成
Composition of Investment in Fixed Assets

单位：% (%)

指 标	Item	2020	2021
固定资产投资	**Total Investment**	**100**	**100.0**
#工 业	Industry	49.6	51.6
按登记注册类型分	Grouped by Status of Registration		
内 资	Domestic Funds	97.0	96.9
国 有	State-owned	13.9	12.9
集 体	Collective-owned	0.1	0.1
股份合作	Share Holding Cooperative	0.1	0.1
联 营	Joint-owned	0.0	0.2
有限责任公司	Limited Liability Corporations	38.1	34.0
股份有限公司	Share Holding Enterprises	2.2	1.3
私 营	Private	41.2	46.6
其他内资	Others	1.4	1.7
港、澳、台投资	Funds from Hong Kong，Macao and Taiwan	1.9	2.0
外商投资	Foreign Funded	1.1	1.1
个体经营	Individuals	0.1	0.0
按构成分	Grouped by Use of Funds		
建筑安装工程	Construction and Installation	79.6	84.5
设备、工器具购置	Purchase of Equipment and Instruments	12.8	9.6
其他费用	Others	7.6	5.9
按建设性质分	Grouped by Type of Construction		
#新 建	New Construction	73.2	70.1
扩 建	Expansion	7.6	7.5
改建和技术改造	Reconstruction and Technical Transformation	18.0	21.6
按产业分	Grouped by Industry		
第一产业	Primary Industry	2.2	1.7
第二产业	Secondary Industry	49.6	51.7
第三产业	Tertiary Industry	48.2	46.6

4-6 分行业固定资产投资增速和构成
Growth Rates and Composition of Investment in Fixed Assets by Sector

行业	Sector	增速(%) accelerate (%)		构成(%) Percentage (%)	
		2020	2021	2020	2021
总计	**Total**	**8.2**	**10.8**	**100**	**100**
农、林、牧、渔业	**Agriculture, Forestry, Animal Husbandry and Fishery**	**24.4**	**-4.4**	**2.2**	**1.9**
采矿业	**Mining**	**17.5**	**8.3**	**0.9**	**0.9**
#煤炭开采和洗选业	Mining and Washing of Coal	157.4	-46.7	0.0	0.0
黑色金属矿采选业	Mining and Processing of Ferrous Metal Ores	48.9	-15.4	0.1	0.1
有色金属矿采选业	Mining and Processing of Non-Ferrous Metal Ores	-24.9	-36.4	0.2	0.1
非金属矿采选业	Mining and Processing of Nonmetal Ores	39.9	29.0	0.6	0.7
制造业	**Manufacturing**	**7.0**	**17.1**	**45.2**	**47.8**
#石油加工、炼焦加工业	Processing of Petroleum, Coking	-18.2	-10.9	0.1	0.1
非金属矿物制品业	Manufacture of Non-metallic Mineral Products	10.0	14.9	4.9	5.0
黑色金属冶炼及压延加工业	Smelting and Pressing of Ferrous Metals	94.6	-27.7	0.4	0.3
有色金属冶炼及压延加工业	Smelting and Pressing of Non-ferrous Metals	26.6	17.6	1.8	1.9
计算机、通信和其他电子设备制造业	Manufacture of Communication Equipment, Computers and Other Electronic Equipment	23.0	22.9	7.0	7.8
电力、热力、燃气及水生产和供应业	**Production and Supply of Electricity, Heat, Gas and Water**	**20.8**	**-5.1**	**3.4**	**2.9**
#电力、热力的生产和供应业	Production and Supply of Electric Power and Heat Power	20.9	-4.0	2.3	2.0
水的生产和供应业	Production and Supply of Water	43.6	-3.8	1.0	0.9
建筑业	**Construction**	**-3.2**	**39.8**	**0.1**	**0.1**
批发和零售业	**Wholesale and Retail Trades**	**-40.1**	**44.7**	**1.1**	**1.4**
交通运输、仓储和邮政业	**Transport, Storage and Post**	**14.4**	**1.4**	**4.2**	**3.9**
#铁路运输业	Railway Transport	-84.5	66.7	0.1	0.1
道路运输业	Road Transport	32.5	0.6	3.4	3.1
邮政业	Post	40.1	159.9	0.0	0.1
住宿和餐饮业	**Hotels and Catering Services**	**4.0**	**20.1**	**0.5**	**0.5**
信息传输、软件和信息技术服务业	**Information Transmission, Software and Information Technology Services**	**63.5**	**63.0**	**0.8**	**1.2**
#电信、广播电视和卫星传输服务	Telecommunications, Broadcasting Television and Satellite Transmission Services	432.5	137.6	0.1	0.3
金融业	**Financial Intermediation**	**-19.2**	**-11.7**	**0.1**	**0.1**
房地产业	**Real Estate**	**11.1**	**6.5**	**19.3**	**18.5**
租赁和商务服务业	**Leasing and Business Services**	**8.0**	**1.5**	**2.4**	**2.2**
科学研究和技术服务业	**Scientific Reseach and Technical Services**	**4.7**	**29.9**	**0.6**	**0.7**
水利、环境和公共设施管理业	**Management of Water Conservancy, Public Facilities and Environment**	**2.3**	**-0.2**	**12.5**	**11.3**
水利管理业	Management of Water Conservancy	23.4	-9.1	0.9	0.7
生态保护和环境治理业	Ecological Protection and Environmental Management	0.8	-6.9	0.4	0.3
公共设施管理业	Management of Public Facilities	0.7	1.1	11.2	10.2
居民服务、修理和其他服务业	**Services to Households Repair and Other Services**	**-8.4**	**42.2**	**0.3**	**0.3**
教育	**Education**	**16.4**	**18.4**	**1.8**	**2.0**
卫生和社会工作	**Health and Social Services**	**27.3**	**24.1**	**1.2**	**1.4**
#卫生	Health	36.0	24.7	1.0	1.2
文化、体育和娱乐业	**Culture, Sports and Entertainment**	**25.3**	**11.3**	**1.4**	**1.4**
公共管理、社会保障和社会组织	**Public Management Social Security and Social Organizatior**	**10.8**	**-14.6**	**1.9**	**1.5**

4-7 按行业和登记注册类型分固定资产投资增速（2021年）

单位：%

行 业	Sector	合 计 Total	内 资 Domestic Funds	国 有 State-owned
总 计	**Total**	**10.8**	**10.6**	**2.7**
农、林、牧、渔业	Agriculture, Forestry, Animal Husbandry and Fishery	-4.4	-5.5	-31.8
采矿业	Mining	8.3	11.6	89.4
制造业	Manufacturing	17.1	17.8	47.6
电力、热力、燃气及水生产和供应	Production and Supply of Electricity Heat Gas and Water	-5.1	-5.8	6.0
建筑业	Construction	39.8	48.5	-50.2
批发和零售业	Wholesale and Retail Trades	44.7	44.5	67.4
交通运输、仓储和邮政业	Transport, Storage and Post	1.4	-3.8	-18.1
住宿和餐饮业	Hotels and Catering Services	20.1	31.7	-1.7
信息传输、软件和信息技术服务业	Information Transmission,Software and Information Technology Services	63.0	59.8	52.4
金融业	Financial Intermediation	-11.7	-16.5	-87.1
房地产业	Real Estate	6.5	6.5	-9.6
租赁和商务服务业	Leasing and Business Services	1.5	-3.8	23.8
科学研究和技术服务业	Scientific Research and Technical Services	29.9	29.0	-43.9
水利、环境和公共设施管理业	Management of Water Conservancy, Environment and Public Facilities	-0.2	-0.6	3.8
居民服务、修理和其他服务业	Services to Households Repair and Other Services	42.2	40.5	-4.7
教 育	Education	18.4	18.2	10.8
卫生和社会工作	Health and Social Services	24.1	24.2	40.8
文化、体育和娱乐业	Culture, Sports and Entertainment	11.3	15.2	5.3
公共管理、社会保障和社会组织	Public Management,Social Security and Social Organizations	-14.6	-14.8	-12.6

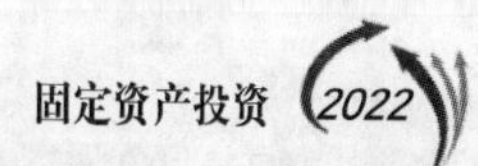

Rates Investment Fixed by Sector and Status of Registration (2021)

(%)

集体 Collective-owned	股份合作 Share Holding Cooperative	联营 Joint-owned	有限责任公司 Limited Liability Corporations	股份有限公司 Share Holding Enterprises	私营 Private	其他 Others	港澳台商投资 Funds from Hong Macao and Taiwan	外商投资 Foreign Funded	个体经营 Individuals
-23.0	**74.7**	**719.4**	**-1.3**	**-34.4**	**25.4**	**39.5**	**15.6**	**18.2**	**-12.4**
-61.0	-77.9	2155.9	8.4	-67.5	-2.2	58.9	574.5	37.1	27.7
199900.0			-36.0	-36.7	35.5	-60.5	-84.0	-41.9	-53.0
194.8	28.4		-1.8	-36.9	29.1	63.3	3.6	3.4	-38.7
			-14.8	-40.2	-19.6	21.4	8.2	2.2	
		-100.0	168.3	-100.0	75.3		-49.5		
-41.3			49.7	-61.1	55.6	15.8		55.5	
-88.5			-1.1	-84.6	30.7	117.7	2498.1		
			19.3	2062.9	41.1	0.3	-83.7		158.8
			35.5	125.3	77.3	171.9	311.5	13221.4	
	7762.7	-83.9	-11.7	-70.4	10.7	-34.7			
-33.9		188.7	-3.8	-41.6	25.0	145.2	7.8	4.2	
			-11.5	315.7	-9.0	10.2		660.3	
-100.0			10.1	-1.6	94.2	146.5			
-24.1		453.0	0.1	-62.3	-24.4	98.8	143.6	-9.0	
			99.9		43.5	37.9			
-100.0	-31.1		32.1	-56.8	85.4	-17.4			
-76.6		-9.3	16.2	-91.1	6.4	-19.8			-100.0
265.1			13.9	123.4	19.2	4.3	-92.0	1202.7	-65.9
-93.8			-25.1	-100.0	-46.0	-7.9			

4-8 固定资产投资资金来源（2021年）

单位：万元

行业	Sector	上年末结余资金 Balance of Funds from the Previous Year	本年资金来源小计 Subtotal Sources of Funds This Year
总计	**Total**	**15725887**	**164813032**
按行业分	**By sector**		
农、林、牧、渔业	Agriculture, Forestry, Animal Husbandry and Fishery	63353	2989699
采矿业	Mining	36228	1385511
制造业	Manufacturing	712237	75139620
电力、热力、燃气及水生产和供应业	Production and Supply of Electricity Heat Gas and Water	160017	4556432
建筑业	Construction	1145	90597
批发和零售业	Wholesale and Retail Trade	34097	1724149
交通运输、仓储和邮政业	Transport, Storage and Post Services	576705	4054497
住宿和餐饮业	Hotel and Catering Services	17382	638702
信息传输、软件和信息技术服务业	Information Transmission,Software and Information Technology Services	113287	1504786
金融业	Financial Intermediation	5246	81122
房地产业	Real Estate	13185023	44722759
租赁和商务服务业	Leasing and Business Services	91145	2761873
科学研究和技术服务业	Scientific Reseach and Technical Services	64597	886578
水利、环境和公共设施管理业	Management of Water Conservancy, Public Facilities and Environment	328619	15135522
居民服务、修理和其他服务业	Services to Households Repair and Other Services	15456	271057
教育	Education	1651	125947
卫生和社会工作	Health and Social Services	223064	4133010
文化、体育和娱乐业	Culture,Sports and Entertainment	43250	1327456
公共管理、社会保障和社会组织	Public Management Social Security and Social Organizations	53385	3283715
按地区分	**By Region**		
南昌市	Nanchang	5198856	37994872
景德镇市	Jingdezhen	213538	7272252
萍乡市	Pingxiang	506397	7281621
九江市	Jiujiang	1241080	23283581
新余市	Xinyu	203905	9143211
鹰潭市	Yingtan	329664	4171165
赣州市	Ganzhou	3227807	20135735
吉安市	Ji'an	883335	12219377
宜春市	Yichun	1319297	16014671
抚州市	Fuzhou	1012966	12258382
上饶市	Shangrao	1589042	15038165
不分地区	Not Classified by Region		

Investment in Fixed Assets by Sources of Funds (2021)

(10 000 yuan)

国家预算内资金 State Budget	国内贷款 Domestic Loans	债 券 Bonds	利用外资 Foreign Investment	自筹资金 Self-raising Funds	其他资金 Others
7681496	**7223085**	**63020**	**753849**	**114767479**	**34324103**
284564	48901	437	36119	2509730	109948
1288	28020			1299090	57113
471756	1774643	25140	153090	69639913	3075078
529549	846000		5445	2799823	375615
475				90122	
11705	18970		16078	1547407	129989
780163	118404	18143	9290	2431967	696530
1718	6155			588906	41923
11910	53711		4770	1195278	239117
			13274	59359	8489
835667	3526049		51445	13578780	26730818
130897	111527		8958	2372369	138122
65310	22334		2134	715680	81120
2867208	417520	13895	330627	9742930	1763342
29632	2000		620	202793	36012
	8066			113093	4788
884144	218942	5405	82260	2585598	356661
252565	2644		3409	971030	97808
522945	19199		36330	2323611	381630
973817	2102881	3600	504554	25449564	8960456
127303	117613		5844	5993895	1027597
462010	298688		16145	5666520	838258
756543	1096435		32090	18834539	2563974
294160	33050		16202	8114509	685290
348106	191740	1987		2808635	820697
1636267	1272647		16186	11154983	6055652
836167	324223	6000	57024	8651199	2344764
720353	767612	37720	11543	10176976	4300467
950140	586848		19548	8235163	2466683
576630	431348	13713	74713	9681496	4260265

4-9 固定资产投资建设项目情况（2021年）
Investment in fixed assets and construction projects (2021)

行业	Sector	施工项目（个）Number of Projects under Construction (unit)	#新开工（个）Started this Year (unit)	全部建成投产（个）Number of Projects Completed and Put into Use (unit)
总计	**Total**	**23121**	**12451**	**11502**
农、林、牧、渔业	**Agriculture, Forestry, Animal Husbandry and Fishery**	**873**	**458**	**425**
农业	Agriculture	432	222	214
林业	Forestry	31	11	22
畜牧业	Animal Husbandry	272	147	122
渔业	Fishery	54	34	27
农、林、牧、渔服务业	Services in Support of Agriculture	84	44	40
采矿业	**Mining**	**295**	**184**	**166**
#煤炭开采和洗选业	Mining and Washing of Coal	6	5	2
黑色金属矿采选业	Mining and Processing of Ferrous Metal Ores	22	18	14
有色金属矿采选业	Mining and Processing of Non-Ferrous Metal Ores	27	15	11
非金属矿采选业	Mining and Processing of Nonmetal Ores	234	143	134
制造业	**Manufacturing**	**10271**	**5869**	**5054**
农副食品加工业	Processing of Food from Agricultural Products	419	266	240
食品制造业	Manufacture of Foods	187	115	103
酒、饮料和精制茶制造业	Manufacture of Wine,Beverages and Refined Tea	173	117	94
烟草制品业	Manufacture of Tobacco	5	1	
纺织业	Manufacture of Textile	273	153	136
纺织服装、服饰业	Manufacture of Textile Wearing Apparel	396	268	212
皮革、毛皮、羽毛及其制品和制鞋业	Manufacture of Leather, Fur, Feather and Related Products Footwear	158	103	83
木材加工及木、竹、藤、棕、草制品业	Processing of Timber, Manufacture of Wood, Bamboo, Rattan, Palm and Straw Products	227	165	143
家具制造业	Manufacture of Furniture	267	167	160
造纸及纸制品业	Manufacture of Paper and Paper Products	152	94	85
印刷和记录媒介复制业	Printing, Reproduction of Recording Media	124	87	62
文教、美工、体育和娱乐用品制造业	Manufacture of Articles For Culture, Art,Education Sport Activities and Entertainment Products	175	100	92
石油加工、炼焦加工业	Processing of Petroleum, Coking	43	24	27
化学原料及化学制品制造业	Manufacture of Raw Chemical Materials and Chemical Products	697	391	383
医药制造业	Manufacture of Medicines	358	162	178
化学纤维制造业	Manufacture of Chemical Fibers	22	10	8
橡胶和塑料制品业	Manufacture of Rubber and Plastics	405	244	226
非金属矿物制品业	Manufacture of Non-metallic Mineral Products	1241	707	641
黑色金属冶炼及压延加工业	Smelting and Pressing of Ferrous Metals	89	32	59
有色金属冶炼及压延加工业	Smelting and Pressing of Non-ferrous Metals	395	235	190
金属制品业	Manufacture of Metal Products	593	335	297
通用设备制造业	Manufacture of General Purpose Machinery	446	245	194

4-9 续表1 continued

行业	Sector	施工项目（个）Number of Projects under Construction (unit)	#新开工（个）Started this Year (unit)	全部建成投产（个）Number of Projects Completed and Put into Use (unit)
专用设备制造业	Manufacture of Special Purpose Machinery	721	371	321
汽车制造业	Manufacture of Transport Carmaking.	292	146	138
铁路、船舶、航空航天和其他运输设备制造业	Manufacture of Railroads,Ships,Aerospace and Other Transportation Equipment	116	68	46
电气机械和器材制造业	Manufacture of Electrical Machinery and Equipment	802	450	342
计算机、通信和其他电子设备制造业	Manufacture of Computers, Communication Equipment and Other Electronic Equipment	1071	568	412
仪器仪表及制造业	Manufacture of Measuring Instruments	125	71	50
其他制造业	Manufacture of Others	129	79	55
废弃资源综合利用业	Comperhensive Utilization of Waste	167	94	74
金属制品、机械和设备修理业	Repair of Metal Products, Machinery and Equipment	3	1	3
电力、热力、燃气及水生产和供应业	**Production and Supply of Electricity Heat Gas and Water**	**677**	**306**	**321**
电力、热力的生产和供应业	Production and Supply of Electric Power and Heat Power	315	141	138
燃气生产和供应业	Production and Supply of Gas	44	24	14
水的生产和供应业	Production and Supply of Water	318	141	169
建筑业	**Construction**	**43**	**32**	**36**
房屋建筑业	Construction of Buildings	6	4	4
土木工程建筑业	Construction of Civil Engineering	10	7	8
建筑安装业	Building Installation	3	2	2
建筑装饰业和其他建筑业	Building Decoration and Other	24	19	22
批发和零售业	**Wholesale and Retail Trades**	**727**	**572**	**497**
批发业	Wholesale Trade	431	347	303
零售业	Retail Trade	296	225	194
交通运输、仓储和邮政业	**Transport, Storage and Post**	**881**	**405**	**414**
铁路运输业	Railway Transport	11	4	3
道路运输业	Road Transport	674	297	332
水上运输业	Water Transport	22	10	5
航空运输业	Air Transport	18	7	9
管道运输业	Transport Via Pipelines	2	2	1
装卸搬运和其他运输服务业	Loading, Unloading and Other Transport Services	15	7	6
仓储业	Storage	126	71	52
邮政业	Post	13	7	6
住宿和餐饮业	**Hotels and Catering Services**	**284**	**193**	**160**
住宿业	Hotels	202	130	95
餐饮业	Catering Services	82	63	65
信息传输、软件和信息技术服务业	**Information Transmission,Software and Computer Services**	**403**	**314**	**273**
电信、广播电视和卫星传输服务	Telecommunications, Broadcasting Television and Satellite Transmission	23	11	11
互联网和相关服务	Internet and Related Services	122	102	81
软件和信息技术服务业	Software and Information Technology Services	258	201	181

4-9 续表2 continued

行业	Sector	施工项目(个) Number of Projects under Construction (unit)	#新开工(个) Started this Year (unit)	全部建成投产(个) Number of Projects Completed and Put into Use (unit)
金融业	**Financial Intermediation**	**42**	**24**	**32**
货币金融服务	Monetary and Financial Services	17	6	15
资本市场服务	Capital Market Services	12	6	6
保险业	Insurance	5	4	3
其他金融活动	Other Financial Activities	8	8	8
房地产业	**Real Estate**	**727**	**294**	**265**
租赁和商务服务业	**Leasing and Business Services**	**702**	**437**	**383**
租赁业	Leasing	38	33	32
商务服务业	Business Services	664	404	351
科学研究和技术服务业	**Scientific Reseach and Technical Services**	**238**	**154**	**147**
研究与试验发展	Research and Experimental Development	36	21	19
专业技术服务业	Professional Technical Services	86	46	49
科技推广和应用服务业	Services of Science and Technology Promotion and Application	116	87	79
水利、环境和公共设施管理业	**Management of Water Conservancy, Environment and Public Facilities**	**4409**	**1953**	**2110**
水利管理业	Management of Water Conservancy	292	106	140
生态保护和环境治理业	Ecological Protection and Environmental Management	143	72	65
公共设施管理业	Management of Public Facilities	3959	1767	1898
居民服务、修理和其他服务业	**Services to Households Repair and Other Services**	**194**	**151**	**99**
居民服务业	Services to Households	95	65	37
机动车、电子产品和日用产品修理业	Repair to Motor,Electronic Products and Household Products	58	50	37
其他服务业	Other Services	41	36	25
教　育	**Education**	**789**	**360**	**376**
卫生和社会工作	**Health and Social Services**	**491**	**236**	**215**
卫　生	Health	354	165	154
社会工作	Social Services	137	71	61
文化、体育和娱乐业	**Culture, Sports and Entertainment**	**433**	**223**	**198**
新闻和出版业	Journalism and Publishing Activities	10	9	8
广播、电视、电影和影视录音制作业	Broadcasting, Movies, Television and Video Recording	19	12	13
文化艺术业	Cultural and Art Activities	141	68	42
体　育	Sports Activities	53	31	35
娱乐业	Entertainment	210	103	100
公共管理、社会保障和社会组织	**Public Management,Social Security and Social Organizations**	**642**	**286**	**331**
#中国共产党机关	Organs of Communist Party of China	4	1	4
国家机构	Government Agencies	583	258	288
社会保障	Social Security	2		1
群众团体、社会团体和其他成员组织	Non-Governmental Organizations, Social Organizations and Other Organizations	19	10	8
基层群众自治组织	Grass Roots Self-governing Organizations	34	17	30

4-10 各地区固定资产投资增速（2021年）
Growth Rates of Investment in Fixed Assets by Region (2021)

单位：% (%)

地　区	Region	合　计 Total	#工　业 Industry	第一产业 Primary Industry	第二产业 Secondary Industry	第三产业 Tertiary Industry
全　省	**Provincial Total**	**10.8**	**15.4**	**1.7**	**15.5**	**6.4**
南 昌 市	Nanchang	11.1	18.7	41.3	19.2	7.0
景德镇市	Jingdezhen	9.4	19.7	6.5	19.7	0.1
萍 乡 市	Pingxiang	10.9	15.9	-46.2	15.9	6.5
九 江 市	Jiujiang	10.3	8.0	101.0	8.0	12.8
新 余 市	Xinyu	9.3	12.1	0.7	12.1	5.1
鹰 潭 市	Yingtan	11.8	17.1	-24.4	17.0	8.3
赣 州 市	Ganzhou	11.6	13.7	32.0	13.7	9.0
吉 安 市	Ji'an	10.6	12.1	-17.6	12.1	11.2
宜 春 市	Yichun	11.5	18.7	-16.9	18.7	4.1
抚 州 市	Fuzhou	9.6	17.4	-14.9	17.3	2.9
上 饶 市	Shangrao	11.3	25.3	-26.3	24.7	-0.8

4-11 各地区固定资产投资构成（2021年）
Composition of Investments in Fixed Assets by Region (2021)

单位：% (%)

地　区	Region	合　计 Total	#工　业 Industry	第一产业 Primary Industry	第二产业 Secondary Industry	第三产业 Tertiary Industry
全　省	**Provincial Total**	**100**	**100**	**100**	**100**	**100**
南昌市	Nanchang	24.6	15.8	14.3	16.0	34.5
景德镇市	Jingdezhen	3.9	3.9	6.0	3.9	3.9
萍乡市	Pingxiang	4.1	5.0	2.8	5.0	3.2
九江市	Jiujiang	13.1	17.4	13.3	17.4	8.2
新余市	Xinyu	5.2	6.4	9.8	6.4	3.7
鹰潭市	Yingtan	2.9	3.0	3.0	3.0	2.9
赣州市	Ganzhou	12.3	11.9	11.2	11.9	12.9
吉安市	Ji'an	7.9	8.7	13.2	8.7	6.9
宜春市	Yichun	9.5	10.4	8.2	10.4	8.5
抚州市	Fuzhou	7.1	7.5	11.5	7.5	6.6
上饶市	Shangrao	9.3	10.0	6.7	10.0	8.7

4-12 各地区按登记注册类型分的固定资产投资增速（2021年）
Growth Rates of Investment in Fixed Assets by Region and Status of Registration (2021)

单位：%　　　　　　　　　　　　　　　　　　　　　　　　　　　　　　　　　　(%)

地　区	Region	合　计 Total	内　资 Domestic Funds	国　有 State-owned	集　体 Collective-owned	股份合作 Share Holding Cooperative	联　营 Joint-owned
全　省	**Provincial Total**	**10.8**	**10.6**	**2.7**	**-23.0**	**74.7**	**719.4**
南昌市	Nanchang	11.2	9.9	-9.1	13.3	397.2	182.7
景德镇市	Jingdezhen	9.5	10.0	-30.9	-100.0	***	***
萍乡市	Pingxiang	10.9	11.4	19.1	16770.0	-45.2	171.9
九江市	Jiujiang	10.2	10.0	7.0	184.6	***	853.3
新余市	Xinyu	9.3	11.2	15.1	90.7	28.2	***
鹰潭市	Yingtan	12.5	11.9	2.8	-100.0	***	***
赣州市	Ganzhou	11.5	12.3	15.1	-100.0	3828.8	3053.3
吉安市	Ji'an	10.3	9.5	4.3	-15.7	***	***
宜春市	Yichun	11.5	11.6	8.1	-68.2	-51.9	-100.0
抚州市	Fuzhou	9.6	9.4	-6.2	16.8	-70.6	***
上饶市	Shangrao	11.3	11.3	3.4	-100.0	-100.0	2.2

4-12 续表 continued

地　区	Region	有限责任公司 Limited Liability Corporations	股份有限公司 Share Holding Enterprises	私　营 Private	其　他 Others	港澳台商投资 Funds from Hong Kong, Macao and Taiwan	外商投资 Foreign Funded	个体经营 Individuals
全　省	**Provincial Total**	**-1.3**	**-34.4**	**25.4**	**39.5**	**15.6**	**18.2**	**-12.4**
南昌市	Nanchang	9.4	-22.4	24.6	-36.8	59.2	72.1	20.4
景德镇市	Jingdezhen	21.9	113.2	10.2	-99.6	738.6	-28.8	
萍乡市	Pingxiang	5.4	-34.0	12.9	-82.0	36.0	240.6	3922.2
九江市	Jiujiang	-1.3	53.7	27.0	-3.9	-23.3	87.2	3.5
新余市	Xinyu	23.3	121.4	4.9	-41.4	-21.3	-17.2	194.4
鹰潭市	Yingtan	30.2	73.5	13.8	-59.1	67.1	552.8	
赣州市	Ganzhou	25.2	44.9	10.0	-14.8	56.9	-29.2	
吉安市	Ji'an	40.9	15.8	9.4	-61.6	130.1	65.2	
宜春市	Yichun	-0.4	11.6	16.0	22.3	29.3	-31.5	-51.8
抚州市	Fuzhou	47.0	-13.2	8.8	-19.0	14.9	105.9	-68.1
上饶市	Shangrao	23.7	10.4	18.9	-63.2	13.4	25.3	

4-13 各地区按行业分固定资产投资增速（2021年）

单位：%

行业	Sector	全省 Total	南昌市 Nanchang	景德镇市 Jingdezhen
总计	**Total**	**10.8**	**11.1**	**9.4**
农、林、牧、渔业	Agriculture, Forestry, Animal Husbandry and Fishery	-4.4	5.3	9.2
采矿业	Mining	8.3		173.8
制造业	Manufacturing	17.1	21.5	14.7
电力、热力、燃气及水生产和供应	Production and Supply of Electricity Heat Gas and Water	-5.1	-22.6	35.2
建筑业	Construction	39.8	127.4	
批发和零售业	Wholesale and Retail Trades	44.7	71.2	70.6
交通运输、仓储和邮政业	Transport, Storage and Post	1.4	-4.2	20.3
住宿和餐饮业	Hotels and Catering Services	20.1	27.0	286.7
信息传输、软件和信息技术服务业	Information Transmission,Software and Information Technology Services	63.0	50.9	-52.9
金融业	Financial Intermediation	-11.7	-13.1	
房地产业	Real Estate	6.5	1.0	1.4
租赁和商务服务业	Leasing and Business Services	1.5	37.9	-7.4
科学研究和技术服务业	Scientific Reseach and Technical Services	29.9	71.2	-13.9
水利、环境和公共设施管理业	Management of Water Conservancy, Environment and Public Facilities	-0.2	-10.8	-7.8
居民服务、修理和其他服务业	Services to Households Repair and Other Services	42.2	149.4	
教育	Education	18.4	11.0	45.1
卫生和社会工作	Health and Social Services	24.1	-8.3	-34.6
文化、体育和娱乐业	Culture, Sports and Entertainment	11.3	24.6	-9.4
公共管理、社会保障和社会组织	Public Management,Social Security and Social Organizations	-14.6	-34.7	-30.7

注：本表全省数据含跨地区项目数。

Growth Rates of Investment in Fixed Assets by Region and Sector (2021)

(%)

萍乡市 Pingxiang	九江市 Jiujiang	新余市 Xinyu	鹰潭市 Yingtan	赣州市 Ganzhou	吉安市 Ji'an	宜春市 Yichun	抚州市 Fuzhou	上饶市 Shangrao
10.9	**10.3**	**9.3**	**11.8**	**11.6**	**10.6**	**11.5**	**9.6**	**11.3**
-48.7	58.4	1.1	-26.3	32.1	-15.7	-5.8	-26.2	-30.9
51.2	-17.8	20.8	-28.7	16.0	124.8	-24.0	-28.0	-26.4
16.7	10.8	16.3	14.3	14.2	13.6	18.4	19.7	29.4
-22.3	-34.2	-44.8	546.1	9.2	-20.2	35.5	0.1	-1.8
	7198.1		-74.0				-15.2	
-55.9	19.2	7.9	-51.5	-39.8	104.9	-24.8	2.4	-31.3
-17.0	23.5	-62.1	135.2	-6.2	34.3	-26.0	-25.7	38.2
76.4	15.8	-84.5	8912.8	-37.1	-52.8	126.6	45.6	-22.9
	1270.0	-33.8	93.3	403.5	-9.0	-52.1	81.1	-47.9
-82.5				502.4	-60.6			-43.9
8.0	15.8	-16.2	1.1	13.1	17.7	15.5	15.0	0.2
8.2	12.4	-23.3	-1.5	-25.0	-51.3	-42.1	-42.1	-36.6
88.0	33.0	-31.7	40.9	-47.2	70.5	-16.1	-52.0	-28.3
4.3	0.2	28.8	2.7	1.9	-6.2	14.2	4.4	0.4
-62.4	23.7	12.8	603.3	71.9	-47.2	6.3	12.2	-40.4
88.1	165.5	76.1	-5.0	3.2	34.3	-9.3	2.9	-11.5
39.0	90.8	92.5	134.3	52.7	80.7	54.1	5.3	15.2
17.5	4.3	-4.5	659.0	117.0	51.3	-30.2	0.3	-31.1
63.3	-11.5	-87.9	-23.3	-48.0	-19.9	16.8	-44.0	-4.5

a) The data of this table containing trans-regional project data.

4-14 各地区按构成分固定资产投资增速（2021年）
Growth Rates of Investment in Fixed Assets by Region and Use of Funds (2021)

单位：% (%)

地 区	Region	合 计 Total	建筑、安装工程 Construction and Installation	设备、工器具购置 Purchase of Equipment and Instruments	其他费用 Others
全 省	**Provincial Total**	**10.8**	**17.7**	**-17.2**	**-14.0**
南昌市	Nanchang	11.1	23.7	-27.2	-20.8
景德镇市	Jingdezhen	9.4	15.3	-42.8	-19.0
萍乡市	Pingxiang	10.9	13.5	13.0	-50.5
九江市	Jiujiang	10.3	14.0	-27.3	60.0
新余市	Xinyu	9.3	20.6	-16.3	-14.7
鹰潭市	Yingtan	11.8	27.2	-23.6	-45.6
赣州市	Ganzhou	11.6	18.0	-10.0	-35.1
吉安市	Ji'an	10.6	16.9	-17.0	-9.8
宜春市	Yichun	11.5	16.0	2.0	-13.2
抚州市	Fuzhou	9.6	10.5	14.2	-16.7
上饶市	Shangrao	11.3	15.6	-25.9	21.2

4-15 各地区按建设性质分固定资产投资增速（2021年）
Growth Rates of Investment in Fixed Assets by Region and Type of Construction (2021)

单位：% (%)

地 区	Region	合 计 Total	#新 建 New Construction	#扩 建 Expansion	#改建和技术改造 Reconstruction Technical Transformation
全 省	**Provincial Total**	**10.8**	**6.0**	**9.6**	**33.4**
南昌市	Nanchang	11.1	5.4	12.4	41.7
景德镇市	Jingdezhen	9.4	5.0	88.9	18.6
萍乡市	Pingxiang	10.9	22.4	-30.7	8.1
九江市	Jiujiang	10.3	0.5	4.2	43.2
新余市	Xinyu	9.3	5.5	3.9	36.3
鹰潭市	Yingtan	11.8	16.2	-25.7	8.3
赣州市	Ganzhou	11.6	4.3	28.0	30.4
吉安市	Ji'an	10.6	4.7	22.8	23.0
宜春市	Yichun	11.5	6.5	-5.1	43.8
抚州市	Fuzhou	9.6	6.2	23.3	27.6
上饶市	Shangrao	11.3	9.0	13.3	18.9

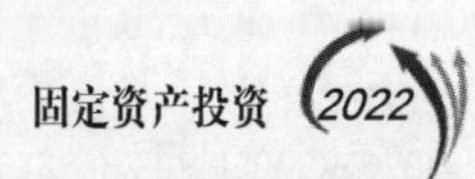

4-16 各地区工业投资增速（2021年）
Growth Rates of Investment in Industry by Region (2021)

单位：%　　　　(%)

地区	Region	合计 Total	采矿业 Mining	制造业 Manufacturing	电力、燃气及水的生产和供应业 Production and Supply of Electricity, Gas and Water
全省	**Provincial Total**	**15.4**	**8.3**	**17.1**	**-5.1**
南昌市	Nanchang	18.7		21.5	-22.6
景德镇市	Jingdezhen	19.7	173.8	14.7	35.2
萍乡市	Pingxiang	15.9	51.2	16.7	-22.3
九江市	Jiujiang	8.0	-17.8	10.8	-34.2
新余市	Xinyu	12.1	20.8	16.3	-44.8
鹰潭市	Yingtan	17.1	-28.7	14.3	546.1
赣州市	Ganzhou	13.7	16	14.2	9.2
吉安市	Ji'an	12.1	124.8	13.6	-20.2
宜春市	Yichun	18.7	-24	18.4	35.5
抚州市	Fuzhou	17.4	-28	19.7	0.1
上饶市	Shangrao	25.3	-26.4	29.4	-1.8

4-17 各地区固定资产投资施工和投产项目个数（2021年）
Number of Projects under Construction and Put into use by Region (2021)

地区	Region	施工项目（个） Number of Projects under Construction (unit)	#新开工 Started this Year	全部建成投产（个） Number of Projects Completed and Put into Use (unit)
全省	**Provincial Total**	**23121**	**12451**	**11502**
南昌市	Nanchang	4992	3343	3128
景德镇市	Jingdezhen	764	420	146
萍乡市	Pingxiang	1426	757	477
九江市	Jiujiang	3252	1733	1485
新余市	Xinyu	1189	581	664
鹰潭市	Yingtan	607	282	227
赣州市	Ganzhou	2485	944	896
吉安市	Ji'an	1920	974	918
宜春市	Yichun	2532	1401	1438
抚州市	Fuzhou	1562	716	997
上饶市	Shangrao	2392	1300	1126

主要统计指标解释

全社会固定资产投资 是以货币形式表现的在一定时期内全社会建造和购置固定资产的工作量以及与此有关的费用的总称。该指标是反映固定资产投资规模、结构和发展速度的综合性指标,又是观察工程进度和考核投资效果的重要依据。全社会固定资产投资按登记注册类型可分为国有、集体、个体、联营、股份制、外商、港澳台商、其他等。按统计方式可分为建设项目固定资产投资和房地产开发投资(全面统计)、农村农户固定资产投资(抽样调查)。建设项目投资不同的时期有不同的统计起点。1995-1996 年,项目投资统计的起点为计划总投资 5 万元及以上;自 1997 年起,项目投资统计的起点由 5 万元提高到 50 万元及以上;自 2011 年起,项目投资的统计起点由 50 万元提高至 500 万元及以上。为便于比较,2010 年调整为 500 万元以上起点数。

固定资产投资 指各种登记注册类型的企业、事业、行政单位及个体户进行的建设项目投资、房地产开发投资。

房地产开发投资 指各种登记注册类型的房地产开发公司、商品房建设公司及其他房地产开发法人单位和附属于其他法人单位实际从事房地产开发或经营活动的单位统一开发的包括统代建、拆迁还建的住宅、厂房、仓库、饭店、宾馆、度假村、写字楼、办公楼等房屋建筑物和配套的服务设施,土地开发工程(如道路、给水、排水、供电、供热、通讯、平整场地等基础设施工程)的投资;不包括单纯的土地交易活动。

固定资产投资的资金来源 根据固定资产投资的资金来源不同,分为国家预算内资金、国内贷款、利用外资、自筹资金和其他资金。

(1)国家预算内资金:分为财政拨款和财政安排的贷款两部分。包括中央财政的基本建设基金(分经营性基金和非经营性基金两部分)、专项支出(如煤代油专项等)、收回再贷、贴息资金,财政安排的挖潜改造和新产品试制支出、城建支出、商业部门简易建筑支出、不发达地区发展基金等资金中用于固定资产投资的资金;地方财政中由国家统筹安排的资金等。

(2)国内贷款:指报告期固定资产投资单位向银行及非银行金融机构借入的用于固定资产投资的各种国内借款,包括银行利用自有资金及吸收的存款发放的贷款、上级主管部门拨入的国内贷款、国家专项贷款、地方财政专项资金安排的贷款、国内储备贷款、周转贷款等。

(3)利用外资:指报告期收到的用于固定资产建造和购置的国外资金(包括设备、材料、技术在内)。包括对外借款(外国政府、国际金融组织贷款、出口信贷、外国银行商业贷款、对外发行债券和股票)、外商直接投资及外商其他投资。不包括我国自有外汇资金(国家外汇、地方外汇、留成外汇、调剂外汇和中国银行自有资金发行的外汇贷款等)。计算利用外资时,需要折算成人民币,折算中所使用的外汇汇率按现汇计算,即按使用外汇时的汇率计算。

(4)自筹资金:指固定资产投资单位报告期收到的,由各地区、各部门及企、事业单位筹集用于固定资产投资的预算外资金,包括中央各部门、各级地方和企、事业单位的自筹资金。

(5)其他资金:指在报告期收到的除以上各种资金之外其他用于固定资产投资的资金,包括企业或金融机构通过发行各种债券筹集到的资金、群众集资、个人资金、无偿捐赠的资金及其他单位拨入的资金等。

固定资产投资按国民经济行业分 根据建设项目建成投产后的主要产品或主要用途及社会经济活动性质来确定国民经济行业。一般情况下,一个建设项目或一个企业、事业单位只能属于一种国民经济行业。

固定资产投资按建设性质分 根据整个建设项目情况来确定。建设项目的性质一般分为新建、扩建、改建和技术改造、迁建、恢复。

(1)新建:一般指从无到有开始建设的企业、事业和行政单位或建设项目。现有企业、事业、行政单位一般不属于新建。但如有的单位原有基础很小,经过建设后新增的固定资产价值超过该企、事业、行政单位原有固定资产价值(原值)三倍以上的也应作为新建。

(2)扩建:指在厂内或其他地点,为扩大原有产品的生产能力(或效益)或增加新的产品生产能力,而增建主要的生产车间(或主要工程)、分厂、独立的生产线。行政、事业单位在原单位增建业务用房(如学校增建教学用房、医院增建门诊部、病房等)也作为扩建。

现有企、事业单位为扩大原有主要产品生产能力或增加新的产品生产能力,增建一个或几个主要生产车间(或主要工程)、分厂,同时进行一些更新改造工程的,也应作为扩建。

(3)改建和技术改造:指现有企业、事业单位,对原有设施进行技术改造或更新(包括相应配套的辅助性生产、生活福利设施)的建设项目。现有企业、事业单位为适应市场变化的需要,而改变企业的主要产品种类(如军工企业转产民用品等)的建设项目,应作为改建。原有产品生产作业线由于各工序(车间)之间能力不平衡,为填平补齐充分发挥原有生产能力而增建不增加本企业主要产品设计能力的车间,也应作为改建。技术改造是指企业、事业单位在现有基础上,用先进的技术代替落后的技术,用先进的工艺和装备代替落后的工艺和装备,以改变企业落后的技术经济面貌,实现以内涵为主的扩大再生产,达到提高产品质量、促进产品更新换代、节约能源、降低消耗、扩大生产规模、全面提高社会经济效益的目的。技术改造具体包括以下内容:机器设备和工具的更新改造;生产工艺改革、节约能源和原材料的改造;厂房建筑和公共设施的改造;劳动条件和生产环境的改造等。

固定资产投资按构成分 固定资产投资活动按其工作内容和实现方式分为建筑安装工程,设备、工具、器具购置,其他费用三个部分。

(1)建筑安装工程(建筑安装工作量):指各种房屋、建筑物的建造工程和各种设备、装置的安装工程。包括各种房屋建造工程;各种用途设备基础和各种工业窑炉的砌筑工程及金属结构工程;为施工而进行的各种准备工作和临时工程以及完工后的清理工作等;铁路、道路的铺设,矿井的开凿及石油管道的架设等;水利工程;防空地下建筑等特殊工程;列入房屋工程预算内的暖气、卫生、通风、照明、煤气等设备的价值及装设油饰工程；列入建筑工程预算内的各种管道(蒸汽、压缩空气、石油、给排水等管道)、电力、电讯电缆导线等的敷设工程；以及各种机械设备的安装工程；为测定安装工程质量，对设备进行的试运工作；房地产开发单位进行的商品房屋开发建设工程、土地开发工程。

在安装工程中，不包括被安装设备本身的价值。

(2)设备、工具、器具购置：指建设单位或企、事业单位购置或自制的，达到固定资产标准的设备、工具、器具的价值。新建单位及扩建单位的新建车间，按照设计或计划要求购置或自制的全部设备、工具、器具，不论是否达到固定资产标准均计入“设备、工具、器具购置”中。

(3)其他费用：指在固定资产建造和购置过程中发生的，除上述几项内容以外的各种应分摊计入固定资产的费用。

施工项目 指报告期内进行过建筑或安装施工活动的项目。凡是报告期内施过工的建设项目，不论施工时间长短，均作为施工项目统计。施工项目个数可以反映一定时期固定资产投资的实际规模，与同期全部建成投产项目个数相比，可以从建设速度的角度反映固定资产投资的效果。根据建设项目施工活动的不同性质，施工项目又分为：本年正式施工项目、本年收尾项目和以前年度全部停缓建项目。

全部建成投产项目 工业项目指设计文件规定形成生产能力的主体工程及其相应配套的辅助设施全部建成，经负荷试运转，证明具备生产设计规定合格产品的条件，并经过验收鉴定合格或达到竣工验收标准，与生产性工程配套的生活福利设施可以满足近期正常生产的需要，正式移交生产的建设项目。非工业项目指设计文件规定的主体工程和相应的配套工程全部建成，能够发挥设计规定的全部效益，经验收鉴定合格或达到竣工验收标准，正式移交使用的建设项目。

房屋建筑面积 指房屋建筑物勒脚以上外墙外围的水平截面面积，包括房屋建筑物的有效面积和结构面积。该指标是从实物形态上反映建设规模和建设成果的重要指标之一，也是检查工程形象进度、计算工程造价、分析投资效果、研究施工任务和建筑材料之间平衡情况的重要依据。

住宅建筑面积 指施工和竣工房屋建筑面积中供居住用的房屋建筑面积。

施工面积 指报告期内施工的全部房屋建筑面积。包括本期新开工的面积和上期开工跨入本期继续施工的房屋面积，以及上期已停建在本期恢复施工的房屋面积。本期竣工和本期施工后又停缓建的房屋，其建筑面积仍计入本期房屋施工面积中。

竣工面积 指在报告期内房屋建筑按照设计要求已经全部完工，达到住人和使用条件，经验收鉴定合格(或达到竣工验收标准)，正式移交使用单位的各栋房屋建筑面积的总和。

新增固定资产 指报告期内已经完成建造和购置过程，并已交付生产或使用单位的固定资产价值。该指标是表示固定资产投资成果的价值指标，也是反映建设进度，计算固定资产投资效果的重要指标。

Explanatory Notes on Main Statistical Indicators

Total Investment in Fixed Assets in the Whole Country refers to the volume of activities in construction and purchases of fixed assets of the whole country and related fees, expressed in monetary terms during the reference period. It is a comprehensive indicator which shows the size, structure and growth of the investment in fixed assets, providing a basis for observing the progress of construction projects and evaluating results of investment. Total investment in fixed assets in the whole country includes, by type of ownership, the investment by State-owned units, collective-owned units, individuals, joint ownership units, share-holding units, as well as investments by entrepreneurs from foreign countries and from Hong Kong, Macao and Taiwan, and by other units. According to statistical methods can be divided into construction project investments in fixed assets and investments in real estate development (Comprehensive Statistics), investments in fixed assets by rural households (sampling survey).Construction project investment of different periods have different starting point of statistics. From 1995 to 1996 the cut-off point of project investment was 50000 yuan and above; Since 1997 the cut-off point of project investment had changed from 50000 yuan to 500000 yuan and above; Since 2011,the cut-off point of project investment had changed from 500000 yuan to 5 million yuan and above. For the convenience of comparison, relevant data of 2010 were adjusted to 5 million yuan and above.

Investment in Fixed Assets refers to enterprises of various types of ownership, institutions, administrative units and individuals in the construction project investment, investments in real estate development.

Investment in Real Estate Development refers to investment by real estate development companies, commercialized buildings construction companies and other real estate development units of various types of ownership in the construction of buildings, such as residential buildings, factory buildings, warehouses, hotels, guesthouse, holiday villages, office buildings, and the complementary service facilities and land development projects, such as roads, water supply, water drainage, power supply, heating supply, telecommunications, land leveling and other infrastructural projects. It does not include activities in pure land transactions.

Sources of Funds for Investment in Fixed Assets are categorized as funds from the State budget, domestic loans, foreign investment, self-raised funds, and others, depending on the sources of investment.

(1) Fund from the State budget consists of budgetary appropriation and loans from the State budget. More specifically, it includes, from the budget of the central government, capital construction fund (operation fund and non-operational fund), special expenses (e.g. expenses on substituting petroleum with coal), loans from repayment, discount fund, expenses on innovation and trial production of new products, expenses on urban

construction, expenses on temporary construction from business departments, development fund for less developed areas, as well as local budgetary fund transferred from the central budget.

(2) Domestic loans refer to loans of various forms borrowed by investing units from banks and non-bank financial institutions during the reference period for the purpose of investment in fixed assets, including loans issued by banks from their self-owned funds and deposit, loans appropriated by higher authorities, special loans by government, loans arranged by local government from special funds, domestic reserve loan, and working loan.

(3) Foreign investment refers to foreign funds received during the reference period for the construction and purchase of investment in fixed assets (covering equipment, materials and technology), including foreign borrowings (loans from foreign governments and international financial institutions, export credit, commercial loans from foreign banks, issue of bonds and stocks overseas), foreign direct investment and other foreign investments. Excluded from this category is capital in foreign exchanges owned by China (foreign exchanges owned by the central and local governments, foreign exchanges retained by enterprises, foreign exchanges by enterprises through the regulating mechanism, loans in foreign exchanges issued by the Bank of China with its own fund, etc.). In calculating the utilization of foreign capital, foreign currencies are converted into Chinese Renminbi applying the current exchange rate when the foreign capitals are actually used.

(4) Self-raised funds refer to extra-budgetary funds for investment in fixed assets received during the reference period by investing units from central government ministries, local governments, enterprises and institutions, including their self-raised funds.

(5) Others refer to funds for investment in fixed assets received from sources other than those listed above, including capital raised through issuing bonds by enterprises or financial institutions, funds raised from individuals and through donations, and funds transferred from other units.

Investment in Fixed Assets by Sector The classification of construction projects by sector is determined by the major products or the purpose of the projects when they are put into production or use, and by the nature of their social economic activities. In general, one project or one enterprise or institution can only be classified into one sector.

Investment in Fixed Assets by Type of Construction Construction projects in general can be classified, by the type of construction, into new construction, expansion, reconstruction and technical transformation, moving and restoration.

(1) New construction in general refers to construction projects, which start from scratch, of enterprises, institutions, administrative agencies. Construction in existing enterprises, institutions or agencies is generally not considered as new construction. In case the size of the existing unit is quite small, and the value of newly added fixed assets is more than three times of the original value, the expansion will be considered as new construction.

(2) Expansion refers to construction of new major production workshop, branch factory or independent production line within a factory or in other locations, for the purpose of increasing the production capacity (or improving efficiency) or adding new production capacity. Newly constructed accommodation for the operation of institutions and administrative organizations (such as newly constructed buildings for teaching in schools, buildings for clinics or wards in hospitals, etc.) are also classified as expansion.

Also included in expansion are investments by existing enterprises or institutions in building major production line(s) or branch factory (ies) along with some work on innovation, for the purpose of expanding the production capacity of original products or producing new products.

(3) Reconstruction and technical transformation refers to construction projects by existing enterprises or institutions in innovation or technical transformation of the old facilities (including auxiliary production equipment and welfare facilities). Also considered as reconstruction is the construction of new workshops by the existing enterprises or institutions to change the variety of products to meet the market demand (such as the production of civil products by defence industries), or to bring the designed production capacity into full play through a more balanced production process on production lines. Technical transformation refers to replacement of old technology or equipment by new technology or equipment, in order to expand the reproduction through improvement of technology contents in production, to improve product quality, to promote new products, to save energy, to reduce consumption, to expand the production scale and to improve overall social-economic efficiency. Contents of technical transformation include: updating of machinery, equipment and tools; reforming production process by using energy or materials saving technology; construction of factory workshops and transformation of public facilities; improvement of working conditions and environment, etc.

Investment in Fixed Assets by Structure By their contents and the mode of implementation, investment activities are classified into 3 categories, i.e. construction and installation, purchase of equipment and instrument, and other expenses.

(1) Construction and installation (work volume of construction and installation) refers to the construction of houses and buildings and the installation of various kinds of equipment and instruments. They include construction of houses; equipment foundations, industrial kilns and stoves, and metal structure work; preparation works and temporary works for project construction, and clearing up works post project construction; pavement of railways and roads, drilling of mines and putting up of oil pipes; construction of water conservancy; construction of underground air-raid shelters and construction of other special projects; value of equipment for heating, sanitation, ventilation, lighting, gas, painting, etc. that are covered by the budget of housing projects; laying out of various pipelines (for steam, compressed air, petroleum, tap water and sewage) and wiring and cabling for electric power and for communications; installation of various machinery and equipment; testing operation for pre-testing the quality of installation projects, and land and other development work conducted by real estate developers for commercialized housing. The value of equipment installed is itself not included in the value of installation projects.

(2) Purchase of equipment and instruments refers to the total value of equipment, tools, and instruments purchased or self-produced which come up to the cut-off point for fixed assets by the construction units or investing enterprises or institutions. Equipment, tools and instruments purchased or self-produced for new workshops by newly established or expanded units are categorized as "purchase of equipment and instruments" no matter

whether they come up to the cut-off point for fixed assets.

(3) Other expenses refer to expenses arising during the construction or purchase of fixed assets other than those mentioned above.

Projects under Construction refer to projects with construction and installation activities undertaken in the reference period. All projects that have construction activities undertaken during the reference period are reported as projects under construction irrespective of the length of construction work. The number of projects under construction can reflect the actual size of investment in fixed assets during a given period, and when compared with the number of projects completed and put into use during the same period, it demonstrates the results of investment in fixed assets from the angle of the speed of the construction. Depending on the nature of construction activities, projects under construction can also be classified into projects beginning construction in current year, winding-up projects in current year and stopped or suspended projects in previous years (with resumption of work in current year).

Projects Completed and Put into Use Industrial projects refer to the major projects and anxilliary facilities having been completed in accordance with the design documents, resulting in forming production capacity and having checked and accepted after relevant tests, while the living and welfare facilities having been completed and being capable of ensuring normal production. Non-industrial projects refer to the major projects and anxilliary facilities which have been completed in accordance with the design documents ; have been checked, accepted after relevant examination; and have been formally delivered for use..

Floor Space of Buildings under Construction refers to the total floor space of the horizontal section of outer walls above the plinth of the building, including the effective area and the area occupied by the structure. This indicator is one of the important indicators in physical terms to reflect the scale and accomplishment of the construction industry and also an important basis for monitoring the progress, calculating the cost, analyzing the efficiency and studying the supply of building materials in relation to the construction projects.

Floor Space of Residential Buildings refers to the floor space of the residential buildings among the total space of buildings under construction or completed.

Floor Space under Construction refers to total floor space of all buildings under construction during the reference period, including floor space of newly started buildings during the reference period, floor space of construction extended from the previous period to the current period, and floor space of construction suspended during the previous period and resumed in the current period. Floor space of construction completed in the current period, and floor space of construction started and then suspended in the current period are also included in the floor space under construction of the current year.

Floor Space Completed refers to the floor space of all buildings completed in the reference period, which have been appraised and accepted (or come up to the designed standards) and have been transferred to owner units.

Newly Increased Fixed Assets refer to the newly increased value of fixed assets, constructed or purchased, that have been transferred to the investors. This is an indicator that demonstrates the results of investment in fixed assets in monetary terms, and an important indicator to reflect the speed of construction and to calculate the efficiency of investment.

5

对外经济贸易

FOREIGN ECONOMIC RELATIONS AND TRADE

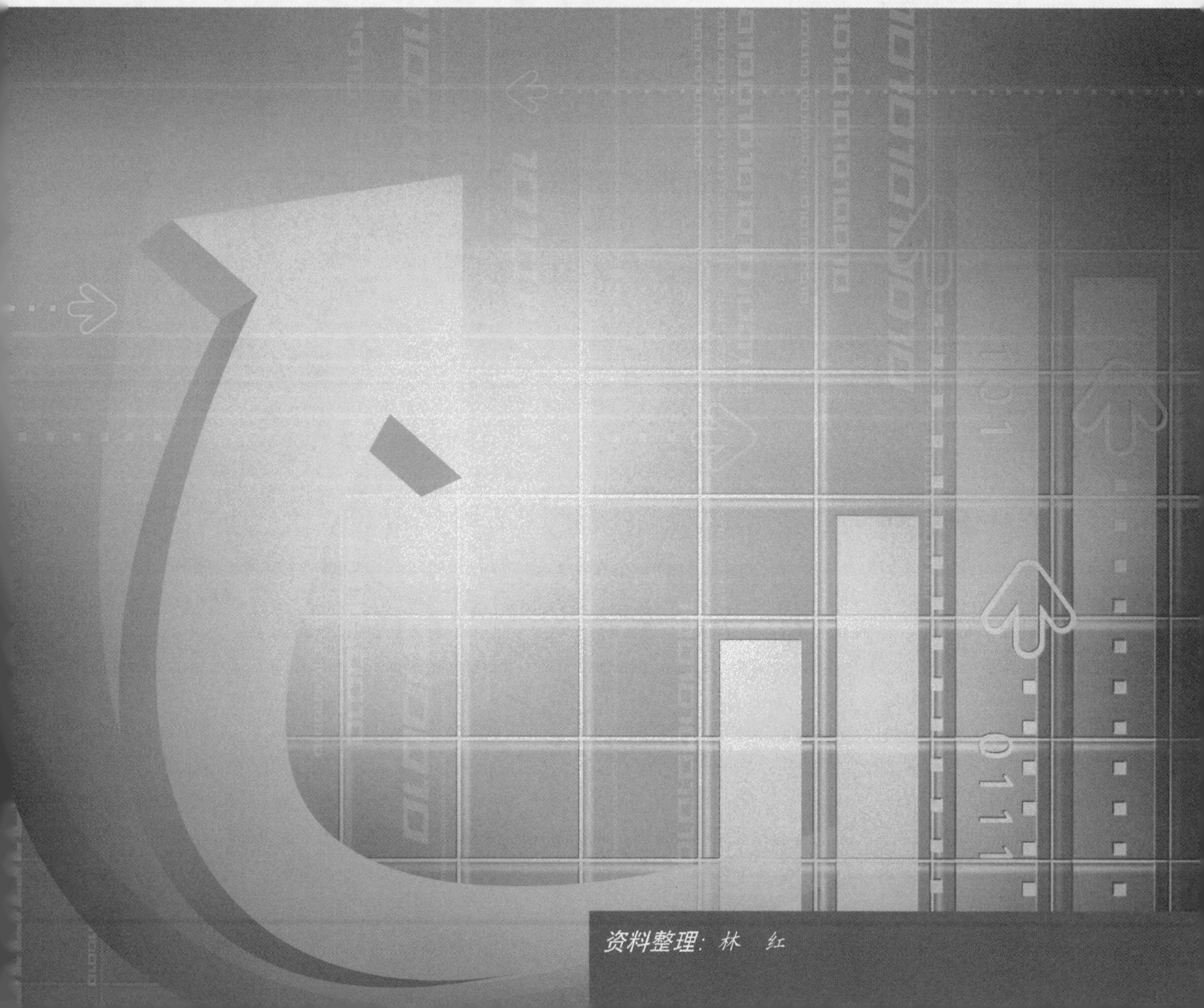

资料整理：林　红

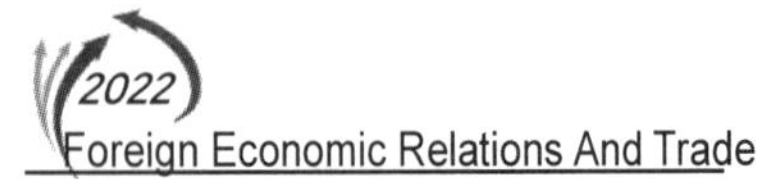

I 简要说明

本篇资料综合反映全省货物对外贸易、利用外资、对外直接投资、对外经济合作、与国外结成友好城市的历年概况，重点反映对外经济贸易的近期发展状况。

一、货物对外贸易部分

货物对外贸易统计的主要内容包括：进出口货物的金额、品种、国别(地区)、收发货人所在地、贸易方式、类别等项目。

货物对外贸易统计的范围是按照联合国的国际贸易统计原则制定的，即凡能引起中华人民共和国关境内物质资源存量增加或减少的进出口货物，除制度另有规定者外，均列入该项统计。

货物对外贸易统计的资料来源于南昌海关，调查方法是全面调查。

历年出口商品分类金额和历年进口商品分类金额按照联合国《国际贸易标准分类》(SITC)进行统计。进出口商品目录是在海关合作理事会制定的《商品名称和编码协调制度》(HS)的基础上，结合我国进出口实际情况制定的。

全省对各国(地区)进出口总值表中，出口货物按中华人民共和国关境外最终目的国(地区)统计，进口货物按中华人民共和国关境外原产国(地区)统计。各地区进出口商品总值按境内收发货人所在地列示。收发货人所在地是指中华人民共和国关境内进出口企业报关注册的登记地。

二、利用外资部分

利用外资统计的主要内容包括：外商直接投资情况、外商投资企业登记注册情况。

统计范围是凡经市场监督管理机关核准登记，在江西所有利用外资的单位和部门，经批准设立的中外合资经营企业、合作经营企业、外资企业、外商投资股份制企业、合作开发项目等具有法人资格的独立核算企业(包括港澳台地区投资企业)，在江西从事经营活动的外国及港澳台地区企业和外国公司在江西境内设立的分支机构。

利用外资统计的资料来源于省商务厅，外商投资企业的登记注册情况资料来源于省市场监督管理局登记注册局，调查方法是全面调查。

三、对外直接投资和经济合作部分

对外直接投资和经济合作统计的主要内容包括：对外直接投资额、中方协议投资额、对外承包工程的合同数、合同金额、完成营业额及对外劳务合作的合同工资总额、实际收入总额等。

对外直接投资统计范围主要包括境内投资者通过直接投资方式在境外拥有或控制10%或以上股权、投票权或其他等价利益的各类公司型和非公司型的境外直接投资企业。对外经济合作统计范围是发生对外承包工程业务的企业或单位、有对外劳务合作经营资格的企业以及海员外派机构。

资料来源于省商务厅，调查方法是全面调查。

四、其他

与国外结成友好城市部分的统计资料来源于省外事办公室。

I Brief Introduction

Data in this chapter provide summary data of the whole provinces foreign trade, utilization of foreign capital, outboard direct investment, contracted projects and labour cooperation with foreign countries forming friendship cities over the years with foreign countries, focusing on the recent situation of foreign trade and economic cooperation.

I. Foreign Trade in Goods or Commodities

Data on foreign trade in goods include: value, varieties, countries（regions）, imports and exports corporations, trade method, category of imports and exports, and so on.

The scope of foreign trade in goods statistics are designed according to United Nations' Principles on international trade statistics, that is: all imports or exports that will lead to stock changes of material resources with the territory of People's Republic of China; excluding goods by escape clause.

Sources of data on foreign trade in goods or commodities are from Customs of Nanchang through a comprehensive reporting system.

Customs statistics in value terms for both imports and exports are compiled according to the classifications of UN Standard International Trade Classification (SITC).The list of import and export commodities is compiled based on the Harmonized Commodity Description and Coding System (HS) stipulated by the Customs Cooperation Council and China`s reality of imports and exports.

In the table on provincial total imports and exports with related countries and regions, the export commodities are calculated at the customs of the countries (regions) of destination and the import commodities are calculated at the customs of the countries (regions) of origin. The total values of the import and export commodities by region are calculated respectively at the place where the import or export corporations are situated within the boundary of the People's Republic of China. The province where the import or export corporations are situated refers to the province where the import or export corporations have applied to and have been registered at the customs. The province of origin within the border of the People's Republic of China refers to the province where the export commodities are produced or originally delivered.

II. Utilization of Foreign Capitals

Utilization of foreign capitals includes: foreign direct investments, and the basic condition of registration of foreign funded enterprises.

The statistics cover all the units and departments which have utilized foreign capitals, all the Sino-foreign joint ventures, Sino-foreign cooperative enterprises, ventures exclusively with foreign investment, foreign-funded stock companies, Sino-foreign cooperative development projects (including the enterprises funded by the entrepreneurs from Hong Kong, Macao and Taiwan) with independent accounting system which have been approved by the Jiangxi provincial government to set up in the border of Jiangxi and registration through administrative authorities of market regulation.

Data on utilization of foreign capitals are from Department of Commerce of Jiangxi Province. Data on basic condition of registration of foreign funded enterprises are from Jiangxi Administration for Market Regulation through Enterprise Registration Bureau

III. Direct Foreign Investment and Foreign Economic Cooperation

Data on direct foreign investment and foreign economic cooperation include: direct foreign investment, Chinese-side agreement investment, number, volume and turnover of foreign project-contracting, total wages of contract, complete business turnover of foreign labor service cooperation.

Statistics on outboard direct investment cover all types of overseas corporations and non-corporations that domestic investors own or control 10% or more equity, voting rights or other equivalent interests through direct investment. Statistics on foreign economic cooperation cover enterprises or units that have overseas contracted projects, enterprises with qualifications for overseas labour services and qualified agencies engaging in dispatching seamen.

Data on foreign economic cooperation are from Department of Commerce of Jiangxi Province through a comprehensive reporting system.

IV. Others

Statistical of data on foreign sister city with foreign countries are from Foreign Affairs Office of Jiangxi Province.

5-1 海关货物进出口总值
Total Value of Imports and Exports of Goods

年 份 地 区 Year Region	人民币（万元）10 000 yuan				美 元（万美元）USD 10 000			
	进出口总值 Total Imports & Exports	出口值 Exports	进口值 Imports	差 额 Balance	进出口总值 Total Imports & Exports	出口值 Exports	进口值 Imports	差 额 Balance
1989	232715	174932	57783	117149	62487	46948	15539	31409
1990	322283	257970	64313	193657	71934	58023	13911	44112
1991	408347	270925	137422	133503	76568	50814	25754	25060
1992	531711	355773	175938	179835	96533	64707	31826	32881
1993	665418	350031	315387	34644	116740	61409	55331	6078
1994	1126963	690113	436850	253263	130457	80014	50443	29571
1995	1080209	845224	234985	610239	129044	101035	28009	73026
1996	928914	709206	219708	489498	111672	85243	26429	58814
1997	1105121	924093	181028	743065	133284	111438	21846	89592
1998	1033368	844234	189134	655100	124720	101870	22850	79020
1999	1087884	750259	337625	412634	131387	90611	40776	49835
2000	1344664	991414	353250	638164	162399	119736	42663	77073
2001	1267519	860333	407186	453147	153119	103930	49189	54741
2002	1402687	871005	531682	339323	169468	105232	64236	40996
2003	2092670	1246410	846260	400150	252799	150569	102230	48339
2004	2923218	1651484	1271734	379750	353195	199539	153656	45883
2005	3338761	2005931	1332830	673101	405938	244004	161934	82070
2006	4948598	3000716	1947882	1052834	619356	375307	244049	131258
2007	7230425	4168726	3061698	1107028	944886	544473	400413	144060
2008	9545118	5412965	4132153	1280812	1361793	772666	589127	183539
2009	8727529	5033213	3694316	1338897	1277878	736849	541029	195820
2010	14629821	9079759	5550062	3529697	2160529	1341606	818923	522683
2011	20387440	14160957	6226483	7934474	3146881	2187606	959275	1228331
2012	21086322	15846515	5239807	10606708	3341383	2511279	830104	1681175
2013	22844979	17525434	5319545	12205889	3674663	2816665	857998	1958667
2014	26243484	19666525	6576959	13089566	4273082	3202532	1070550	2131982
2015	26285359	20514912	5770447	14744465	4239961	3311674	928287	2383387
2016	26384489	19621927	6762562	12859365	4002841	2979840	1023001	1956839
2017	30111172	22090111	8021061	14069050	4433898	3248827	1185072	2063755
2018	31617435	22229519	9387916	12841603	4818758	3394269	1424490	1969779
2019	35099686	24960542	10139144	14821398	5088978	3619295	1469683	2149612
2020	40246096	29182260	11063836	18118424	5802584	4205576	1597008	2608568
2021	49764610	36687441	13077170	23610271	7701686	5677497	2024190	3653307
南 昌 市 Nanchang	12902471	8947144	3955328	4991816	1996544	1384679	611866	772813
景德镇市 Jingdezhen	835727	826759	8967	817792	129418	128027	1391	126636
萍 乡 市 Pingxiang	1848025	1822047	25977	1796070	284966	280944	4022	276922
九 江 市 Jiujiang	6517442	5141660	1375782	3765878	1008003	795229	212774	582455
新 余 市 Xinyu	2134070	918462	1215608	-297145	330615	142273	188342	-46069
鹰 潭 市 Yingtan	4316862	1179638	3137224	-1957586	668209	182620	485590	-302970
赣 州 市 Ganzhou	7384046	5764628	1619418	4145210	1143976	892989	250988	642001
吉 安 市 Ji'an	5310348	4379231	931117	3448113	822357	678227	144129	534098
宜 春 市 Yichun	3186823	2938557	248265	2690292	493207	454748	38459	416289
抚 州 市 Fuzhou	2143066	1978675	164391	1814284	331306	305901	25405	280496
上 饶 市 Shangrao	3185731	2790639	395092	2395546	493085	431861	61224	370637

5-2 海关进出口货物分类金额(2021年)
Value of Imports and Exports of Goods by HS Section and Division (2021)

单位: 万元 (RMB 10 000)

商品类别	Section & Division	进出口总值 Total Imports & Exports	出口值 Exports	进口值 Imports
总计	**Total**	**49764610**	**36687441**	**13077170**
活动物;动物产品	**Live Animals & Animal Products**	**63216**	**39241**	**23975**
活动物	Live Animals	34957	34957	
肉及食用杂碎	Meat and Meat Offal	17193	646	16548
鱼、甲壳动物、软体动物及其他水生无脊动物	Fish and Crustaceans Molluscs and Other Aquatic Invertebrates	1246	403	843
乳品；蛋品；天然蜂蜜;其他食用动物产品	Dairy Products;Birds'Eggs;Natural Honey;Edible Products of Animal Origin,not Elsewhere Specified or Included	5614	757	4856
其他动物产品	Products of Animal Origin,not Elsewhere Specified or Included	4206	2478	1728
植物产品	**Vegetable Products**	**354596**	**117537**	**237059**
活树及其他活植物;鳞茎、根及类似品;插花及装饰用簇叶	Live Trees and Other Plants;Bulbs;Roots and the Like; Cut Flowers and Ornamental Foliage	578	561	17
食用蔬菜、根及块茎	Edible Vegetables and Certain Roots and Tubers	35476	6588	28888
食用水果及坚果;甜瓜或柑橘属水果的果皮	Edible Fruit and Nuts; Peel of Citrus Fruits or Melons	18940	18359	581
咖啡、茶、马黛茶及调味香料	Coffee; Tea Mate and Spices	78959	78503	456
谷物	Cereals	115711	43	115667
制粉工业产品;麦芽;淀粉;菊粉;面筋	Products of the Milling Industry; Malt; Starches; Inulin ; Wheat Gluten	2222	156	2065
含油子仁及果实;杂项子仁及果实;工业用或药用植物;稻草、秸秆及饲料	Oil Seeds and Oleaginous Fruits;Miscellaneous Grains, Seeds and Fruits; Industrial or Medicinal Plants; Straw and Fodder	91405	3701	87704
虫胶;树胶、树脂及其他植物液、汁	Lac; Gums; Resins and Other Vegetable Saps and Extracts	9970	8331	1639
编结用植物材料;其他植物产品	Vegetable Planting Materials; Vegetable Products Not Elsewhere Specified or Included	1335	1295	40
动植物油、脂及其分解产品;精制的食用油脂;动、植物蜡	**Animal or Vegetable Fats and Oils and their Cleavage Products;Prepared Edible Fats;Animal or Vegetable Waxes**	**8929**	**1830**	**7099**
食品；饮料、酒及醋;烟草、烟草及烟草代用品的制品	**Prepared Foodstuffs;Beverages,Spirits And Vinegar; Tobacco and Manufactured Tobacco Substitutes**	**200706**	**168859**	**31847**
肉、鱼、甲壳动物、软体动物及其他水生无脊椎动物的制品	Preparations of Meat,of Fish or of Crustaceans	57292	57292	
糖及糖食	Sugars and Sugar Confectionery	6335	4740	1596
可可及可可制品	Cocoa and Cocoa Preparations	1853	1853	...
谷物、粮食粉、淀粉或乳的制品;糕饼点心	Preparations of Cereals; Flour; Starch or Milk ; Pastry -Cooks' Products	25457	23599	1858
蔬菜、水果、坚果或植物其他部分的制品	Preparations of Vegetables; Fruits , Nuts or Other Parts of Plants	45771	45551	220
杂项食品	Miscellaneous Edible Preparations	24016	17944	6072
饮料、酒及醋	Beverages;Spirits and Vinegar	15560	4213	11347
食品工业的残渣及废料;配制的动物饲料	Residues and Waste from the Food Industries ; Prepared Animal Fodder	24420	13666	10754
烟草及烟草代用品的制品	Tobacco and Manufactured Tobacco Substitutes	...	...	
矿产品	**Mineral Products**	**3137702**	**90448**	**3047254**
盐;硫酸;泥土及石料;石膏料、石灰及水泥	Salt; Sulphur;Earth and Stone;Plastering Materials,Lime and Cement	386826	78391	308435
矿砂、矿渣及矿灰	Ore; Slag and Ash	2727443	7572	2719870
矿物燃料、矿物油及其 蒸馏产品;沥青物质;矿物蜡	Mineral Fuels; Mineral Oils and Products of Their Distillation;Bituminous Substances;Mineral Waxes	23434	4485	18949

5-2 续表1 continued

单位: 万元 (RMB 10 000)

商品类别	Section & Division	进出口总值 Total Imports & Exports	出口值 Exports	进口值 Imports
化学工业及其相关工业的产品	**Products of The Chemical or Industries Allied**	**3660541**	**3220128**	**440413**
无机化学品;贵金属、稀土金属、放射性元素及其同位素的有机及无机化合物	Inorganic Chemicals;Organic or Inorgance Compounds of Precious Metals,of Rare-Earth Metals,of Radioactive Elements of Isotopes	1412117	1162353	249764
有机化学品	Organic Chemicals	900643	859643	41000
药品	Pharmaceutical Products	79963	55724	24239
肥料	Fertilizers	29568	29568	…
鞣料浸膏及染料浸膏;鞣酸及其他衍生物;染料、颜料及其他着色料;油漆及清油灰及其他类似胶粘剂;墨水、油墨	Tanning and Dyeing Extracts;Tannic and Their Derivatives; Dyes,pigments and Other Colouring Matter; Paints and Varnishes; Putty and Other Mastics;Inks	150196	141442	8755
精油及香膏;芳香料制品及化妆盥洗品	Essential Oils and Retinoid; Perfumery; Cosmetics or Toilet Preparations	108219	67653	40565
肥皂、有机表面活性剂、洗涤剂、润滑剂、人造蜡、调制蜡、光洁剂、蜡烛及类似品、塑型用膏、"牙科用蜡"及牙科用熟石膏制剂	Soap;Organic Surface-Active Agents,Washing Preparations, Lubricating Preparations,Artificial Waxes,Prepared Waxes,Polishing or Scouring Preparations,Candles and Similar Articles,Modelling Pastes,"Dental Waxes" And Dental Preparations With a Basis of	70070	53392	16677
蛋白类物质;改性淀粉;胶;酶	Albuminoidal Substances; Modified Starches;Glues;Enzymes	72184	63270	8914
烟火制品;火柴;引火合金;易燃材料制品	Pyrotechnic Products;Matches;Pyrophoric Alloys;Certain Combustible Preparations	193973	190880	3093
照相及电影用品	Photographic or Cinematographic Goods	10028	4601	5428
杂项化学产品	Miscellaneous Chemical Products	633581	591602	41979
塑料及其制品;橡胶及其制品	**Manufacturing of Plastics;Manufacturing of Rubber**	**2120034**	**1808369**	**311665**
塑料制品业	Manufacturing of Plastics	1956515	1681555	274959
橡胶制品业	Manufacturing of Rubber	163519	126814	36705
生皮、皮革、毛皮及其制品;鞍具及挽具;旅行用品、手提包及类似品;动物肠线(蚕胶丝除外)制品	**Raw Hides and Skins; Leather; Fur Skins and Articles Thereof; Saddlery and Harness;Travel Goods,Handbags and Similar Containers;Articles of Animal Gut(Other Than Silk-Worm Gut)**	**682922**	**650913**	**32010**
生皮及皮革	Raw Hides and Skins and Leather	53765	22109	31656
皮革制品;鞍具及挽具;旅行用 品、手提包及类似容器;动物肠线制品	Articles of Leather,Saddlery and Harness;Travel Goods; Handbags and Similar Containers	546395	546119	276
毛皮、人造毛皮及其制品	Fur skins and Artificial Fur; Manufactures Thereof	82762	82684	78
木及木制品;木炭;软木及软木制品;稻草、秸秆、针茅或其他编结材料制品;篮筐及柳条编织品	**Wood and Articles of Wood; Wood Charcoal; Cork and Articles of Cork;Manufactures of Straw,of Esparto or of Other Planting Materials;Basket Ware and Wickerwork**	**429706**	**272386**	**157319**
木及木制品;木炭	Wood and Articles of Wood , Wood Charcoal	417251	259951	157300
软木及软木制品	Cork and Articles of Cork	111	111	
稻草、秸秆、针茅或其他编结材料制品;篮筐及柳条编织品	Manufactures of Straw,of Esparto or of Other Planting Materials; Basket Ware and Wickerwork	12343	12324	19
木浆及其他纤维状纤维素浆;纸及纸板的废碎品;纸、纸板及其制品	**Pulp of Wood or of Other Fibrous Cellulosic Material; Waste and Scrap of paper or Paperboard;Paper and Paperboard and Articles Thereof**	**1170939**	**557041**	**613898**
木浆及其他纤维状纤维;纸及纸板的废碎品	Pulp of Wood or of Other Fibrous Cellulosic Material; Waste and Scrap of paper or Paperboard	567204	81	567123

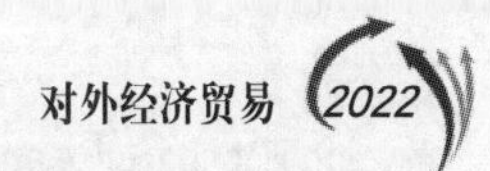

5-2 续表2 continued

单位: 万元 (RMB 10 000)

商品类别	Section & Division	进出口总值 Total Imports & Exports	出口值 Exports	进口值 Imports
纸及纸板;纸浆、纸或纸板制品	Paper and Paperboard; Articles of Paper Pulp or Paper and Paperboard	573068	529433	43636
书籍、报纸、印刷图画及其他印刷品;手稿、打字稿及设计图纸	Printed Books,Newspapers, Pictures and Other Products of the Printing Industry;Manuscripts,Typescripts and Plants	30667	27528	3140
纺织原料及纺织制品	**Textiles and Textile Article**	**3446122**	**3370782**	**75340**
蚕丝	Silk	2000	1940	60
羊毛、动物细毛或粗毛;马毛纱线及其机织物	Wool; Fine or Coarse Animal Hair;Horsehair Yarn and Woven Fabric	333	87	246
棉花	Cotton	34513	26038	8475
其他植物纺织纤维;纸纱线及其机织物	Other Vegetable Textile Fibres;Paper Yarn and Woven Fabrics of Paper Yarn	50990	43417	7572
化学纤维长丝	Man-Made Filaments	107825	92842	14984
化学纤维短纤	Man-Made Short Fibres	58081	55153	2929
絮胎、毡呢及无纺织物;特种纱线;线、绳、索、缆及其制品	Wadding; Felt and Nonwoven; Special Yarn;Twine Cordage, Ropes and Other Textile Floor Coverings , Special Woven Fabrics;	81131	75254	5877
地毯及纺织材料的其他铺地制品	Carpets and Other Textile Floor Coverings	41254	41174	79
特种机织物;簇绒织物;花边;装饰毯;装饰带;刺绣品	Special Woven Fabrics; Tufted Textile Fabrics; Laces; Tapestries; Trimmings; Embroidery	58691	52400	6291
浸渍、涂布、包覆或层压的纺织物;工业用纺织制品	Impregnated，Coated Covered or Laminated Textile Fabrics; Textile Articles of a kind Suitable for Industrial Use	61186	49637	11549
针织物及钩编织物	Knitted or Crocheted Fabrics	125323	114187	11137
针织或钩编的服装及衣着附件	Articles of Apparel and Clothing Accessories, Knitted or Crocheted	1606724	1606481	242
非针织或非钩编的服装及衣着附件	Articles of Apparel and Clothing Accessories, not Knitted or	763523	761878	1645
其他纺织制成品;旧衣着及旧纺织品;碎织物	Crocheted Other Made Up Textile Articles; Sets;Worn Clothing And Worn Textile Articles ;Rags Articles;Rags	454548	450294	4254
鞋、帽、伞、杖、鞭及其零件;已加工的羽毛及其制品;人造花;人发制品	**Footwear; Headgear; Umbrellas; Sun Umbrellas,Walking -Sticks, B39Seat-Sticks,Whips,Riding-Crops and Parts Thereof; Prepared Feathers and Articles Made Therewith;Artificial Flowers;Articles of Human Hair**	**1297444**	**1264897**	**32546**
鞋靴、护腿和类似品及其零件	Footwear; Gaiters and The Like;Parts of Such Articles	875893	846101	29791
帽类及其零件	Headgear And Parts Thereof	49689	49562	127
雨伞、阳伞、手仗、鞭子、马鞭及其零件	Umbrellas;Sun Umbrellas; Walking-Sticks,Seat-Stick,Whips, Riding-Crops And Parts Thereof	18608	18607	...
已加工羽毛、羽绒及其制品;人造花;人发制品	Prepared Feathers and Down and Article,Made of Feathers or of Down; Artificial Flowers;Articles of Human Hair	353255	350627	2628
石料、石膏、水泥、石棉、云母及类似材料的制品;陶瓷产品;玻璃及其制品	**Articles of Stone,Plaster,Cement,Asbestos,Mica or Similar Materials;Ceramic Products;Glass and Glassware**	**1406934**	**1380357**	**26577**
石料、石膏、水泥、石棉、云母及类似材料的制品	Articles of Stone,Plaster,Cement,Asbestos,Mica or Similar	289377	284060	5316
陶瓷产品	Ceramics Products	763210	758159	5052
玻璃及其制品	Glass and Glassware	354347	338138	16209
天然或养殖珍珠、宝石或半宝石、贵金属、包贵金属及其制品;仿首饰;硬币	**Natural or Cultivated Pearls;Precious or Semi-Precious Stones; Precious Metals, Metals Clad with Precious Metal and Artificial Thereof;Imitation Jewellery;Coin**	**883326**	**344279**	**539047**

5-2 续表3 continued

单位: 万元 (RMB 10 000)

商品类别	Section & Division	进出口总值 Total Imports & Exports	出口值 Exports	进口值 Imports
贱金属及其制品	**Base Metals and Related Products**	**5628603**	**3548073**	**2080530**
钢铁	Iron and Steel	758547	744313	14234
钢铁制品	Iron and Steel Products	1146739	1133200	13539
铜及其制品	Copper and Related Products	2351647	663112	1688535
镍及其制品	Nickel and Related Products	4295	1268	3027
铝及其制品	Aluminum and Related Products	202332	193416	8915
铅及其制品	Lead and Related Products	1441	1383	58
锌及其制品	Zinc and Related Products	6177	3332	2846
锡及其制品	Tin and Related Products	697	612	85
其他贱金属、金属陶瓷及其制品	Other Base Metals and Related Products	464967	127481	337485
贱金属工具、器具、利口器、餐匙、餐叉及其零件	Tools and Apparatus of Base Metals; Spoon and Accessories	244401	241519	2882
贱金属杂项制品	Miscellaneous Products of Base Metals and Accessories	447360	438437	8922
机器、机械器具、电气设备及其零件;录音机及放声机、电视图像、声音的录制和重放设备及其零件、附件	**Machinery and Machinical Appliances;Electrical Equipment;Parts Thereof;Sound Recorders and Reproducers;and Parts and Accessories of Such Articles**	**17910450**	**13185775**	**4724676**
锅炉、机器机械器具及其零件等	Boilers;Machinery and Machinical Appliances;Parts Thereof	4506164	3919844	586320
电机、电气设备及其零件;录音机及放声机、电视图像、声音的录制和重放设备及其零件、附件	Electric Machinery and Equipment and Parts Thereof;Sound Recorders and Reproducers,and Parts and Accessories of Such Articles	13404287	9265931	4138356
车辆、船舶及有关运输设备	**Vehicles; Aircraft ,Vessels And Associated Transport Equipment**	**952501**	**871202**	**81299**
光学、照相、电影、计量、检验、医疗或外科用仪器及设备、精密仪器及设备;上述物品的零件、附件	**Optical; Photographic; Cinematographic; Measuring, Checking, Precision, Medical or Surgical Instruments and Apparatus;Clocks And Watches;Musical Instruments;Parts and Accessories Thereof**	**1383588**	**808894**	**574694**
光学、照相、电影、计量、检验、医疗或外科用仪器及设备、精密仪器及设备;零件、附件	Optical; Photographic; Cinematographic; Measuring, Checking, Precision, Medical or Surgical Instruments and Apparatus;Clocks And Watches;Musical Instruments;Parts and Accessories Thereof	1301926	738949	562977
钟表及其零件	Clocks and Watches and Parts Thereof	57900	46404	11496
乐器及其零件、附件	Musical Instruments; Parts and Accessories of Such Articles	23650	23430	221
其他及其零件、附件	Other parts and Accessories of Such Articles	112	112	
杂项制品	**Miscellaneous Manufactured Articles**	**4924930**	**4905386**	**19544**
家具、寝具、褥垫、弹簧床垫、软座垫及类似的填充制品;未列名灯具及照明装置;发光标志、发光名牌及类似品;活动房屋	Furniture ;Bedding,Mattresses,Mattress Supports,Cushions and Similar Stuffed Furnishing;Lamps and Lighting Fittings,not Elsewhere Specified or Included;Illuminated Signs,Illuminated Toys,Games and Sports Requisites;Parts and Accessories Thereof	2732926	2724131	8795
玩具、游戏品、运动用品及其零件、附件	Toys, Games and Sports Requisites; Parts and Accessories Thereof	1979038	1975342	3696
杂项制品	Miscellaneous Manufactured Articles	212966	205913	7053
艺术品、收藏品及古物	**Works of Art, Collectors' Pieces and Antiques**	**10406**	**10342**	**63**
特殊交易品及未分类商品	**Commodities and Transactions not Classified According to Kind**	**90901**	**70587**	**20314**
跨境电商B2B简化申报商品	**Cross-border E-commerce B2B Goods of Simplified Declaration**	**113**	**113**	

5-3 海关进出口货物分类金额(2021年)
Value of Imports and Exports by HS Section and Division (2021)

单位: 万美元 (USD 10 000)

商品类别	Section & Division	进出口总值 Total Imports & Exports	出口值 Exports	进口值 Imports
总计	**Total**	**7701686**	**5677497**	**2024190**
活动物;动物产品	**Live Animals & Animal Products**	**9791**	**6081**	**3710**
活动物	Live Animals	5416	5416	
肉及食用杂碎	Meat and Meat Offal	2663	100	2563
鱼、甲壳动物、软体动物及其他水生无脊动物	Fish and Crustaceans Molluscs and Other Aquatic Invertebrates	193	63	131
乳品; 蛋品; 天然蜂蜜;其他食用动物产品	Dairy Products;Birds'Eggs; Natural Honey;Edible Products of Animal Origin,not Elsewhere Specified or Included	866	117	749
其他动物产品	Products of Animal Origin,not Elsewhere Specified or Included	652	385	267
植物产品	**Vegetable Products**	**54885**	**18204**	**36681**
活树及其他活植物;鳞茎、根及类似品;插花及装饰用簇叶	Live Trees and Other Plants; Bulbs;Roots and the Like; Cut Flowers and Ornamental Foliage	89	87	3
食用蔬菜、根及块茎	Edible Vegetables and Certain Roots and Tubers	5485	1016	4469
食用水果及坚果;甜瓜或柑橘属水果的果皮	Edible Fruit and Nuts; Peel of Citrus Fruits or Melons	2941	2851	90
咖啡、茶、马黛茶及调味香料	Coffee; Tea Mate and Spices	12220	12149	71
谷物	Cereals	17899	7	17892
制粉工业产品;麦芽;淀粉;菊粉;面筋	Products of the Milling Industry; Malt; Starches; Inulin ; Wheat Gluten	344	24	320
含油子仁及果实;杂项子仁及果实;工业用或药用植物;稻草、秸秆及饲料	Oil Seeds and Oleaginous Fruits; Miscellaneous Grains, Seeds and Fruits; Industrial or Medicinal Plants; Straw and Fodder	14151	575	13576
虫胶;树胶、树脂及其他植物液、汁	Lac; Gums; Resins and Other Vegetable Saps and Extracts	1549	1296	254
编结用植物材料;其他植物产品	Vegetable Planting Materials; Vegetable Products Not Elsewhere Specified or Included	206	200	6
动植物油、脂及其分解产品;精制的食用油脂;动、植物蜡	**Animal or Vegetable Fats and Oils and their Cleavage Products;Prepared Edible Fats;Animal or Vegetable Waxes**	**1392**	**283**	**1109**
食品; 饮料、酒及醋;烟草、烟草及烟草代用品的制品	**Prepared Foodstuffs;Beverages,Spirits And Vinegar; Tobacco and Manufactured Tobacco Substitutes**	**31048**	**26125**	**4923**
肉、鱼、甲壳动物、软体动物及其他水生无脊椎动物的制品	Preparations of Meat, of Fish or of Crustaceans	8860	8860	
糖及糖食	Sugars and Sugar Confectionery	981	734	247
可可及可可制品	Cocoa and Cocoa Preparations	286	286	...
谷物、粮食粉、淀粉或乳的制品;糕饼点心	Preparations of Cereals; Flour; Starch or Milk;Pastry -Cooks'Products	3943	3654	288
蔬菜、水果、坚果或植物其他部分的制品	Preparations of Vegetables; Fruits , Nuts or Other Parts of Plants	7081	7047	34
杂项食品	Miscellaneous Edible Preparations	3712	2777	935
饮料、酒及醋	Beverages;Spirits and Vinegar	2409	652	1757
食品工业的残渣及废料;配制的动物饲料	Residues and Waste from the Food Industries; Prepared Animal Fodder	3776	2115	1661
烟草及烟草代用品的制品	Tobacco and Manufactured Tobacco Substitutes	...	...	
矿产品	**Mineral Products**	**485830**	**13994**	**471836**
盐;硫酸;泥土及石料;石膏料、石灰及水泥	Salt; Sulphur; Earth and Stone; Plastering Materials, Lime and Cement	59980	12132	47849
矿砂、矿渣及矿灰	Ore; Slag and Ash	422290	1170	421120
矿物燃料、矿物油及其 蒸馏产品;沥青物质;矿物蜡	Mineral Fuels; Mineral Oils and Products of Their Distillation; Bituminous Substances; Mineral Waxes	3560	693	2867

5-3 续表1 continued

单位: 万美元 (USD 10 000)

商品类别	Section & Division	进出口总值 Total Imports & Exports	出口值 Exports	进口值 Imports
化学工业及其相关工业的产品	**Products of The Chemical or Industries Allied**	**566591**	**498368**	**68223**
无机化学品;贵金属、稀土金属、放射性元素及其同位素的有机及无机化合物	Inorganic Chemicals;Organic or Inorgance Compounds of Precious Metals,of Rare-Earth Metals,of Radioactive Elements of Isotopes	218689	179941	38748
有机化学品	Organic Chemicals	139460	133109	6351
药品	Pharmaceutical Products	12342	8603	3739
肥料	Fertilizers	4578	4578	...
鞣料浸膏及染料浸膏;鞣酸及其他衍生物;染料、颜料及其他着色料;油漆及清漆;油灰及其他类似胶粘剂;墨水、油墨	Tanning and Dyeing Extracts;Tannic and Their Derivatives; Dyes,pigments and Other Colouring Matter; Paints and Varnishes; Putty and Other Mastics;Inks	23238	21882	1356
精油及香膏;芳香料制品及化妆盥洗品	Essential Oils and Retinoid; Perfumery; Cosmetics or Toilet Preparations	16742	10469	6273
肥皂、有机表面活性剂、洗涤剂、润滑剂、人造蜡、调制蜡、光洁剂、蜡烛及类似品、塑型用膏、"牙科用蜡"及牙科用熟石膏制剂	Soap;Organic Surface-Active Agents,Washing Preparations, Lubricating Preparations,Artificial Waxes,Prepared Waxes,Polishing or Scouring Preparations,Candles and Similar Articles,Modelling Pastes,"Dental Waxes" And Dental Preparations With a Basis of	10830	8254	2576
蛋白类物质;改性淀粉;胶;酶	Albuminoidal Substances; Modified Starches;Glues;Enzymes	11158	9782	1376
烟火制品;火柴;引火合金;易燃材料制品	Pyrotechnic Products;Matches;Pyrophoric Alloys;Certain Combustible Preparations	30012	29533	479
照相及电影用品	Photographic or Cinematographic Goods	1548	712	837
杂项化学产品	Miscellaneous Chemical Products	97994	91506	6488
塑料及其制品;橡胶及其制品	**Manufacturing of Plastics;Manufacturing of Rubber**	**327907**	**279681**	**48226**
塑料制品业	Manufacturing of Plastics	302581	260039	42541
橡胶制品业	Manufacturing of Rubber	25326	19642	5685
生皮、皮革、毛皮及其制品;鞍具及挽具;旅行用品、手提包及类似品;动物肠线(蚕胶丝除外)制品	**Raw Hides and Skins; Leather; Fur Skins and Articles Thereof; Saddlery and Harness;Travel Goods,Handbags and Similar Containers;Articles of Animal Gut(Other Than Silk-Worm Gut)**	**105671**	**100716**	**4955**
生皮及皮革	Raw Hides and Skins and Leather	8320	3419	4900
皮革制品;鞍具及挽具;旅行用 品、手提包及类似容器;动物肠线制品	Articles of Leather,Saddlery and Harness;Travel Goods; Handbags and Similar Containers	84512	84469	43
毛皮、人造毛皮及其制品	Fur skins and Artificial Fur; Manufactures Thereof	12840	12827	12
木及木制品;木炭;软木及软木制品;稻草、秸秆、针茅或其他编结材料制品;篮筐及柳条编织品	**Wood and Articles of Wood; Wood Charcoal; Cork and Articles of Cork;Manufactures of Straw,of Esparto or of Other Planting Materials;Basket Ware and Wickerwork**	**66476**	**42126**	**24350**
木及木制品;木炭	Wood and Articles of Wood , Wood Charcoal	64548	40201	24347
软木及软木制品	Cork and Articles of Cork	17	17	
稻草、秸秆、针茅或其他编结材料制品;篮筐及柳条编织品	Manufactures of Straw,of Esparto or of Other Planting Materials; Basket Ware and Wickerwork	1910	1908	3
木浆及其他纤维状纤维素浆;纸及纸板的废碎品;纸、纸板及其制品	**Pulp of Wood or of Other Fibrous Cellulosic Material; Waste and Scrap of paper or Paperboard;Paper and Paperboard and Articles Thereof**	**181015**	**86147**	**94869**
木浆及其他纤维状纤维;纸及纸板的废碎品	Pulp of Wood or of Other Fibrous Cellulosic Material; Waste and Scrap of paper or Paperboard	87631	12	87619

5-3 续表2 continued

单位: 万美元 (USD 10 000)

商品类别	Section & Division	进出口总值 Total Imports & Exports	出口值 Exports	进口值 Imports
纸及纸板;纸浆、纸或纸板制品	Paper and Paperboard; Articles of Paper Pulp or Paper and Paperboard	88640	81877	6763
书籍、报纸、印刷图画及其他印刷品;手稿、打字稿及设计图纸	Printed Books,Newspapers, Pictures and Other Products of the Printing Industry;Manuscripts,Typescripts and Plants	4745	4258	487
纺织原料及纺织制品	**Textiles and Textile Article**	**533365**	**521709**	**11656**
蚕丝	Silk	310	301	9
羊毛、动物细毛或粗毛;马毛纱线及其机织物	Wool; Fine or Coarse Animal Hair;Horsehair Yarn and Woven Fabric	52	13	38
棉花	Cotton	5334	4025	1309
其他植物纺织纤维;纸纱线及其机织物	Other Vegetable Textile Fibres;Paper Yarn and Woven Fabrics of Paper Yarn	7892	6721	1171
化学纤维长丝	Man-Made Filaments	16681	14362	2319
化学纤维短纤	Man-Made Short Fibres	9002	8548	454
絮胎、毡呢及无纺织物;特种纱线;线、绳、索、缆及其制品	Wadding; Felt and Nonwoven; Special Yarn;Twine Cordage, Ropes and Other Textile Floor Coverings , Special Woven Fabrics;	12546	11637	909
地毯及纺织材料的其他铺地制品	Carpets and Other Textile Floor Coverings	6379	6367	12
特种机织物; 簇绒织物; 花边; 装饰毯; 装饰带; 刺绣品	Special Woven Fabrics; Tufted Textile Fabrics; Laces; Tapestries; Trimmings; Embroidery	9085	8111	974
浸渍、涂布、包覆或层压的纺织物; 工业用纺织制品	Impregnated，Coated Covered or Laminated Textile Fabrics; Textile Articles of a kind Suitable for Industrial Use	9461	7674	1786
针织物及钩编织物	Knitted or Crocheted Fabrics	19403	17679	1724
针织或钩编的服装及衣着附件	Articles of Apparel and Clothing Accessories, Knitted or Crocheted	248735	248698	37
非针织或非钩编的服装及衣着附件	Articles of Apparel and Clothing Accessories, not Knitted or	118183	117929	254
其他纺织制成品; 旧衣着及旧纺织品; 碎织物	Crocheted Other Made Up Textile Articles; Sets;Worn Clothing And Worn Textile Articles ;Rags Articles;Rags	70302	69644	658
鞋、帽、伞、杖、鞭及其零件; 已加工的羽毛及其制品; 人造花; 人发制品	**Footwear; Headgear; Umbrellas; Sun Umbrellas,Walking -Sticks, B39Seat-Sticks,Whips,Riding-Crops and Parts Thereof; Prepared Feathers and Articles Made Therewith;Artificial Flowers;Articles of Human Hair**	**200737**	**195701**	**5036**
鞋靴、护腿和类似品及其零件	Footwear; Gaiters and The Like;Parts of Such Articles	135518	130910	4609
帽类及其零件	Headgear And Parts Thereof	7687	7667	20
雨伞、阳伞、手仗、鞭子、马鞭及其零件	Umbrellas;Sun Umbrellas; Walking-Sticks,Seat-Stick,Whips, Riding-Crops And Parts Thereof	2881	2881	...
已加工羽毛、羽绒及其制品; 人造花; 人发制品	Prepared Feathers and Down and Article,Made of Feathers or of Down; Artificial Flowers;Articles of Human Hair	54650	54243	407
石料、石膏、水泥、石棉、云母及类似材料的制品; 陶瓷产品; 玻璃及其制品	**Articles of Stone,Plaster,Cement,Asbestos,Mica or Similar Materials;Ceramic Products;Glass and Glassware**	**217544**	**213432**	**4112**
石料、石膏、水泥、石棉、云母及类似材料的制品	Articles of Stone,Plaster,Cement,Asbestos,Mica or Similar	44752	43929	823
陶瓷产品	Ceramics Products	118005	117223	782
玻璃及其制品	Glass and Glassware	54787	52280	2508
天然或养殖珍珠、宝石或半宝石、贵金属、包贵金属及其制品; 仿首饰; 硬币	**Natural or Cultivated Pearls;Precious or Semi-Precious Stones; Precious Metals, Metals Clad with Precious Metal and Artificial Thereof;Imitation Jewellery;Coin**	**136740**	**53242**	**83497**

5-3 续表3 continued

单位: 万美元 (USD 10 000)

商品类别	Section & Division	进出口总值 Total Imports & Exports	出口值 Exports	进口值 Imports
贱金属及其制品	**Base Metals and Related Products**	**871048**	**548969**	**322078**
钢铁	Iron and Steel	117522	115321	2201
钢铁制品	Iron and Steel Products	177296	175205	2092
铜及其制品	Copper and Related Products	363946	102641	261305
镍及其制品	Nickel and Related Products	662	196	466
铝及其制品	Aluminum and Related Products	31287	29903	1384
铅及其制品	Lead and Related Products	224	215	9
锌及其制品	Zinc and Related Products	956	514	442
锡及其制品	Tin and Related Products	108	95	13
其他贱金属、金属陶瓷及其制品	Other Base Metals and Related Products	72049	19709	52339
贱金属工具、器具、利口器、餐匙、餐叉及其零件	Tools and Apparatus of Base Metals; Spoon and Accessories	37806	37359	446
贱金属杂项制品	Miscellaneous Products of Base Metals and Accessories	69191	67810	1380
机器、机械器具、电气设备及其零件;录音机及放声机、电视图像、声音的录制和重放设备及其零件、附件	**Machinery and Machinical Appliances;Electrical Equipment;Parts Thereof;Sound Recorders and Reproducers;and Parts and Accessories of Such Articles**	**2772901**	**2041683**	**731218**
锅炉、机器机械器具及其零件等	Boilers;Machinery and Machinical Appliances;Parts Thereof	697175	606497	90678
电机、电气设备及其零件;录音机及放声机、电视图像、声音的录制和重放设备及其零件、附件	Electric Machinery and Equipment and Parts Thereof;Sound Recorders and Reproducers,and Parts and Accessories of Such Articles	2075726	1435186	640541
车辆、船舶及有关运输设备	**Vehicles; Aircraft ,Vessels And Associated Transport Equipment**	**147276**	**134726**	**12549**
光学、照相、电影、计量、检验、医疗或外科用仪器及设备、精密仪器及设备;上述物品的零件、附件	**Optical; Photographic; Cinematographic; Measuring, Checking, Precision, Medical or Surgical Instruments and Apparatus;Clocks And Watches;Musical Instruments;Parts and Accessories Thereof**	**214289**	**125303**	**88986**
光学、照相、电影、计量、检验、医疗或外科用仪器及设备、精密仪器及设备;零件、附件	Optical; Photographic; Cinematographic; Measuring, Checking, Precision, Medical or Surgical Instruments and Apparatus;Clocks And Watches;Musical Instruments;Parts and Accessories Thereof	201638	114474	87164
钟表及其零件	Clocks and Watches and Parts Thereof	8979	7191	1788
乐器及其零件、附件	Musical Instruments; Parts and Accessories of Such Articles	3655	3621	34
其他及其零件、附件	Other parts and Accessories of Such Articles	17	17	
杂项制品	**Miscellaneous Manufactured Articles**	**761528**	**758501**	**3028**
家具、寝具、褥垫、弹簧床垫、软座垫及类似的填充制品;未列名灯具及照明装置;发光标志、发光名牌及类似品;活动房屋	Furniture ;Bedding,Mattresses,Mattress Supports,Cushions and Similar Stuffed Furnishing;Lamps and Lighting Fittings,not Elsewhere Specified or Included;Illuminated Signs,Illuminated Toys,Games and Sports Requisites;Parts and Accessories Thereof	422489	421128	1361
玩具、游戏品、运动用品及其零件、附件	Toys, Games and Sports Requisites; Parts and Accessories Thereof	306096	305521	574
杂项制品	Miscellaneous Manufactured Articles	32944	31852	1092
艺术品、收藏品及古物	**Works of Art, Collectors' Pieces and Antiques**	**1605**	**1596**	**10**
特殊交易品及未分类商品	**Commodities and Transactions not Classified According to Kind**	**14031**	**10894**	**3138**
跨境电商B2B简化申报商品	**Cross-border E-commerce B2B Goods of Simplified Declaration**	**18**	**18**	

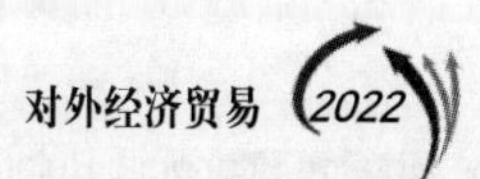

5-4 按国别(地区)分海关货物进出口总值(2021年)
Value of Imports and Exports by Country (or Region) (2021)

单位: 万元 (RMB 10 000)

国别(地区)	Country (Region)	进出口总值 Total Imports & Exports	出口值 Exports	进口值 Imports
合　计	**Total**	**49764610**	**36687441**	**13077170**
亚　洲	**Asia**	**25361698**	**18325360**	**7036338**
#孟加拉国	Bangladesh	183401	175237	8164
中国香港	Hong Kong, China	3586691	3483502	103189
中国澳门	Macao, China	32947	32941	5
中国台湾	Taiwan, China	2442720	676836	1765885
印　度	India	1590399	1540543	49856
印度尼西亚	Indonesia	1254818	851557	403261
伊　朗	Iran	97694	97678	16
以色列	Israel	210294	201173	9121
日　本	Japan	2591107	1528747	1062360
马来西亚	Malaysia	1321365	1070369	250996
蒙　古	Mongolia	48413	47272	1141
巴基斯坦	Pakistan	273213	231396	41817
菲律宾	Philippine	813835	766173	47662
沙特阿拉伯	Saudi Arabia	397081	384725	12356
新加坡	Singapore	771422	671918	99504
韩　国	Korea Rep.	2807271	1692363	1114908
斯里兰卡	Sri Lanka	75656	74659	996
叙利亚	Syria	4141	4141	…
泰　国	Thailand	1083120	922901	160219
土耳其	Turkey	284166	275429	8737
阿联酋	United Arab Emirates	705023	700493	4530
也　门	Republic of Yemen	29575	29575	
越　南	Vietnam	2232749	1956012	276737
非　洲	**Africa**	**3122183**	**1659773**	**1462409**
#阿尔及利亚	Algeria	37607	37168	439
埃　及	Egypt	220898	217767	3131
科特迪瓦	Cote d'lvoire	26939	26939	
尼日利亚	Nigeria	326759	309280	17479
南　非	South Africa	722386	256685	465701
多　哥	Togo	33444	33444	
刚果(金)	Congo DR	469251	33031	436219

5-4 续表 continued

单位: 万元 (RMB 10 000)

国别(地区)	Country (Region)	进出口总值 Total Imports & Exports	出口值 Exports	进口值 Imports
欧 洲	**Europe**	**7111071**	**6377555**	**733516**
#比利时	Belgium	397468	392326	5142
丹 麦	Denmark	36234	34820	1414
英 国	United Kingdom	1013201	967530	45671
德 国	Germany	1036820	886143	150678
法 国	France	490137	403401	86735
意大利	Italy	384178	362814	21364
荷 兰	Netherlands	1117843	1090209	27634
希 腊	Greece	216658	216637	21
西班牙	Spain	420419	395563	24856
奥地利	Austria	53246	46380	6865
芬 兰	Finland	58723	19352	39371
波 兰	Poland	412727	407294	5433
瑞 典	Sweden	80605	66357	14248
瑞 士	Switzerland	44673	28060	16613
爱沙尼亚	Estonia	4489	3940	549
俄罗斯联邦	Russia	567040	470639	96401
乌克兰	Ukraine	137034	87115	49919
捷 克	Czech	146597	99338	47260
拉丁美洲	**Latin America**	**4977716**	**2296791**	**2680925**
#阿根廷	Argentina	127412	111347	16065
巴 西	Brazil	984584	619202	365383
智 利	Chile	2068948	410658	1658290
古 巴	Cuba	11713	1918	9795
危地马拉	Guatemala	41039	41039	...
牙买加	Jamaica	12962	12962	
墨西哥	Mexico	563992	368825	195167
巴拿马	Panama	149685	133923	15761
秘 鲁	Peru	538474	130846	407628
委内瑞拉	Venezuela	31796	30621	1175
北美洲	**North America**	**7587222**	**7233093**	**354129**
#加拿大	Canada	672875	589077	83798
美 国	United States	6914332	6644001	270331
大洋洲	**Oceanic**	**1601329**	**794868**	**806460**
#澳大利亚	Australia	1454196	659372	794824
新西兰	New Zealand	103456	91979	11477
巴布亚新几内亚	Papua New Guinea	11266	11151	115
其他	**Others**	**3392**	**...**	**3392**

5-5 按国别(地区)分海关货物进出口总值(2021年)
Value of Imports and Exports by Country (or Region) (2021)

单位：万美元 (USD 10 000)

国别(地区)	Country (Region)	进出口总值 Total Imports & Exports	出口值 Exports	进口值 Imports
合　计	**Total**	**7701686**	**5677497**	**2024190**
亚　洲	**Asia**	**3925718**	**2836812**	**1088906**
#孟加拉国	Bangladesh	28367	27104	1263
中国香港	Hong Kong, China	555249	539303	15946
中国澳门	Macao, China	5096	5095	1
中国台湾	Taiwan, China	378099	104782	273318
印　度	India	246209	238486	7723
印度尼西亚	Indonesia	194101	131775	62326
伊　朗	Iran	15110	15107	2
以色列	Israel	32524	31111	1413
日　本	Japan	400547	236448	164099
马来西亚	Malaysia	204639	165735	38904
蒙　古	Mongolia	7477	7301	176
巴基斯坦	Pakistan	42299	35816	6482
菲律宾	Philippine	125971	118603	7368
沙特阿拉伯	Saudi Arabia	61385	59474	1912
新加坡	Singapore	119535	104118	15417
韩　国	Korea Rep.	434527	262015	172512
斯里兰卡	Sri Lanka	11703	11549	154
叙利亚	Syria	639	639	...
泰　国	Thailand	167681	142862	24819
土耳其	Turkey	43970	42617	1353
阿联酋	United Arab Emirates	109130	108431	699
也　门	Republic of Yemen	4579	4579	
越　南	Vietnam	345907	303140	42767
非　洲	**Africa**	**483225**	**256754**	**226470**
#阿尔及利亚	Algeria	5816	5748	68
埃　及	Egypt	34170	33686	484
科特迪瓦	Cote d'lvoire	4169	4169	
尼日利亚	Nigeria	50601	47889	2712
南　非	South Africa	111851	39692	72159
多　哥	Togo	5171	5171	
刚果(金)	Congo DR	72720	5111	67609

5-5 续表 continued

单位: 万美元 (USD 10 000)

国别（地区）	Country (Region)	进出口总值 Total Imports & Exports	出口值 Exports	进口值 Imports
欧洲	**Europe**	**1099993**	**986525**	**113468**
#比利时	Belgium	61404	60608	796
丹麦	Denmark	5607	5387	220
英国	United Kingdom	156730	149654	7076
德国	Germany	160384	137064	23320
法国	France	75827	62428	13399
意大利	Italy	59431	56130	3300
荷兰	Netherlands	172909	168636	4273
希腊	Greece	33491	33488	3
西班牙	Spain	65034	61189	3845
奥地利	Austria	8255	7192	1063
芬兰	Finland	9087	2996	6092
波兰	Poland	63853	63012	841
瑞典	Sweden	12477	10275	2202
瑞士	Switzerland	6928	4341	2587
爱沙尼亚	Estonia	694	609	85
俄罗斯联邦	Russia	87748	72845	14903
乌克兰	Ukraine	21205	13472	7733
捷克	Czech	22688	15386	7302
拉丁美洲	**Latin America**	**770563**	**355431**	**415132**
#阿根廷	Argentina	19732	17234	2497
巴西	Brazil	152490	95929	56561
智利	Chile	320242	63542	256701
古巴	Cuba	1828	296	1532
危地马拉	Guatemala	6346	6346	…
牙买加	Jamaica	2004	2004	
墨西哥	Mexico	87228	57053	30174
巴拿马	Panama	23126	20695	2431
秘鲁	Peru	83488	20238	63250
委内瑞拉	Venezuela	4916	4733	182
北美洲	**North America**	**1173810**	**1119023**	**54787**
#加拿大	Canada	104163	91180	12983
美国	United States	1069645	1027841	41804
大洋洲	**Oceanic**	**247862**	**122951**	**124910**
#澳大利亚	Australia	225121	102005	123116
新西兰	New Zealand	15994	14224	1770
巴布亚新几内亚	Papua New Guinea	1742	1724	18
其他	**Others**	**516**	**...**	**516**

5-6 海关主要商品出口值
Main Exported Goods Value

单位: 万元　　(RMB 10 000)

品　　名	Item	2020	2021
活猪	Live Hogs	37553	34957
蔬菜	Vegetables	42328	25160
鲜、干水果及坚果	Fresh and Dry Fruits,Nuts	19551	18332
茶叶	Tea	58810	78375
制作或保藏的鳗鱼	River Eels Processed or Preserved	44667	57116
钨品	Tungsten & its Compounds	57363	135990
医药材及药品	Medical and Pharmaceutical Products	323385	335278
烟花、爆竹	Fireworks and Firecrackers	147961	190057
新的充气橡胶轮胎	New Air-filled Rubber Tyres	3250	5304
家用或装饰用木制品	Wood Products for Household Use or Decoration	142923	254906
纸浆、纸及其制品	Articles of Paper Pulp, of Paper or Paperboard	499064	529513
纺织纱线、织物及制品	Spinning Yarn,Fabric and the Products	952504	990691
陶瓷产品	Ceramic Products	687461	758159
钢材	Rolled Steel	310406	793589
未锻轧铜及铜材	Unwrought Copper and Its Alloys	417704	615957
未锻轧铝及铝材	Unwrought Aluminium and Aluminium Products	28818	35955
太阳能电池	Solar Cells	1165038	1360116
二极管及类似半导体器件	Diode and Semi Conductors	1285835	1471394
家具及其零件	Furniture and Parts	1182906	1512043
床垫、寝具及类似品	Mattess, Bedclothing and Analogs	84642	66430
灯具、照明装置及零件	Lamps and Lighting Fittings	882673	1106888
箱包及类似容器	Articles, Chests and Bags for Travel	325238	523048
体育用品及设备	Articles and Equipment of Sports	226949	351300
服装及衣着附件	Clothing and Accessories	1717981	2660215
鞋靴	Footwear	580843	789079
塑料制品	Plastic Articles	1191614	1380128
玩具	Toys	776874	1157983
打火机	Porket lighters,gas-filled	30738	29784
伞	Umbrellas	17041	15592
农产品	Agriculture Products	316614	353826
机电产品	Mechanical and Electrical Products	16094802	18351737
高新技术产品	High and New-tech Products	9705604	9528615
文化产品	Cultural Products	1627740	2663811

5-7 海关主要商品出口值
Main Exported Goods Value

单位：万美元 (USD 10 000)

品　　名	Item	2020	2021
活猪	Live Hogs	5408	5416
蔬菜	Vegetables	6073	3894
鲜、干水果及坚果	Fresh and Dry Fruits,Nuts	2870	2847
茶叶	Tea	8472	12129
制作或保藏的鳗鱼	River Eels Processed or Preserved	6433	8833
钨品	Tungsten & its Compounds	8270	21057
医药材及药品	Medical and Pharmaceutical Products	46563	51859
烟花、爆竹	Fireworks and Firecrackers	21225	29405
新的充气橡胶轮胎	New Air-filled Rubber Tyres	467	820
家用或装饰用木制品	Wood Products for Household Use or Decoration	20605	39421
纸浆、纸及其制品	Articles of Paper Pulp, of Paper or Paperboard	71537	81889
纺织纱线、织物及制品	Spinning Yarn,Fabric and the Products	136924	153257
陶瓷产品	Ceramic Products	98757	117223
钢材	Rolled Steel	44753	122962
未锻轧铜及铜材	Unwrought Copper and Its Alloys	60469	95343
未锻轧铝及铝材	Unwrought Aluminium and Aluminium Products	4144	5563
太阳能电池	Solar Cells	168222	210639
二极管及类似半导体器件	Diode and Semi Conductors	185531	227892
家具及其零件	Furniture and Parts	170741	233777
床垫、寝具及类似品	Mattess, Bedclothing and Analogs	12151	10268
灯具、照明装置及零件	Lamps and Lighting Fittings	126919	171089
箱包及类似容器	Articles, Chests and Bags for Travel	46771	80900
体育用品及设备	Articles and Equipment of Sports	32719	54316
服装及衣着附件	Clothing and Accessories	247758	411741
鞋靴	Footwear	83799	122087
塑料制品	Plastic Articles	171467	213474
玩具	Toys	111923	179154
打火机	Porket lighters,gas-filled	4429	4615
伞	Umbrellas	2455	2413
农产品	Agriculture Products	45654	54766
机电产品	Mechanical and Electrical Products	2320443	2840632
高新技术产品	High and New-tech Products	1400751	1476380
文化产品	Cultural Products	234132	412099

5-8 海关主要商品进口值
Main Imported Goods Value

品 名	Item	人民币(万元)(RMB 10 000)		美元(万美元)(USD 10 000)	
		2020	2021	2020	2021
天然及合成橡胶(包括胶乳)	Natural and Synthetic Rubber (Latex)	15693	24480	2277	3792
纸浆、纸及其制品	Articles of Paper Pulp, of Paper or Paperboard	364131	610759	52349	94382
棉花	Cotton, not Carded or Combed	2272	1463	332	226
铁矿砂及其精矿	Iron Ore	542244	772717	78491	119747
铜矿砂及其精矿	Copper Ores	1142835	1620886	165307	250912
煤及褐煤	Coal and Lignite	22313	10035	3157	1487
医药材及药品	Medical and Pharmaceutical Products	36461	29108	5249	4495
纺织纱线、织物及制品	Spinning Yarn,Fabric and the Products	60862	62097	8801	9608
钢材	Rolled Steel	4138	7661	597	1187
未锻轧铜及铜材	Unwrought Copper and its Alloys	1014271	1206480	147620	186822
二极管及类似半导体器件	Diode and Semi Conductors	164270	131364	23661	20341
集成电路	Integrated Circuit	3516418	3229229	506185	499754
服装及衣着附件	Clothing and Accessories	6874	4007	995	619
初级形状的塑料	Plastics of Primary Pattern	100010	145273	14457	22489
塑料制品	Plastic Articles	144840	130635	20945	20199
牛皮革及马皮革	Bovine or equine leather	22117	26723	3205	4137
机电产品	Mechanical and Electrical Products	5980900	5419398	861628	838748
高新技术产品	High and New-tech Products	5005038	4584364	721069	709532

5-9 按贸易方式分海关货物进出口总值(2021年)

Total Value of Imports and Exports by Trade Form (2021)

贸易方式	Trade Form	人民币(万元)(RMB 10 000)			美元(万美元)(USD 10 000)		
		进出口总值 Total	出口值 Exports	进口值 Imports	进出口总值 Total	出口值 Exports	进口值 Imports
总计	**Total**	**49764610**	**36687441**	**13077170**	**7701686**	**5677497**	**2024190**
一般贸易	Ordinary Trade	36968245	29348527	7619718	5719570	4540432	1179138
国家间、国际组织无偿援助和赠送的物资	Aid and Donation between Countries and from International Associations	1302	1302		201	201	
其他捐赠物资	Other Donations	31		31	4		4
来料加工装配贸易	Trade for Processing and Assembling with Customer's Materials	476112	265245	210867	73745	41073	32672
进料加工贸易	Trade for Processing with Imported Materials	9603382	5595547	4007835	1486928	866440	620488
寄售代销贸易	Consignment Trade	3028	3028		467	467	
加工贸易进口设备	Processing Equipments	218		218	34		34
对外承包工程出口货物	Goods for Contracted Foreign Projects	30596	30596		4741	4741	
租赁贸易	Renting Trade	362	362		56	56	
外商投资企业作为投资进口的设备、物品	Foreign Funded Equipments and Goods	3150		3150	487		487
保税监管场所进出境货物	Inbound and Outbound Goods in Bonded Supervision Area	22213	19791	2422	3441	3063	378
海关特殊监管区域物流货物	Logistic Good Customs in Particular Supervision Areas	2504756	1393380	1111376	388630	216460	172170
海关特殊监管区域进口设备	Imported Equipment in Particular Supervision Areas	93732		93732	14515		14515
其他	Others	57484	29663	27821	8866	4564	4302

5-10 对外直接投资和经济合作

Foreign Direct Investment and Economic Cooperation

指标	Item	2000	2005	2010	2015	2018	2019	2020	2021
对外直接投资(非金融类)	**Overseas Direct Investment(Non-Finance)**								
新设境外投资企业和机构(家)	Enterprise Newly Established Investing Overseas (unit)		3	46	77	97	68	37	33
中方协议投资额(万美元)	Contractual Foreign Investment (USD 10 000)		35	21747	190600	297218	314770	246422	135944
对外直接投资额(万美元)	Overseas Direct Investment(USD 10 000)	·	630	21280	105062	83513	184507	86979	89625
对外承包工程	**Contracted Projects**								
合同数(份)	Number of Contracts (unit)	27	32	102	230	121	170	155	147
合同额(万美元)	Contracted Value (USD 10 000)	5149	19963	135697	404131	324140	375428	390457	360655
营业额(万美元)	Value of Turnover Fulfilled (USD 10 000)	6382	14817	104334	351093	446745	449005	406373	412195
对外劳务合作	**Labor Services**								
合同工资总额(万美元)	Contracted Wage in Total (USD 10 000)	4354	8555	3531	5966	2776	835	393	285
实际收入总额(万美元)	Real Income in Total (USD 10 000)	4567	6350	6582	5286	2461	1684	902	250

注：从2002年始，商务部和国家统计局制订了《对外直接投资统计制度》。

a) State Department of Commerce and State Statistical Bureau drafted statistical system of foreign direct investment in 2002.

5-11 外商直接投资情况
Foreign Direct Investments

年份 地区 Year Region	新设立外商投资企业（家）Newly Established Foreign-Invested Enterprises (unit)	合同外资金额（万美元）Con-tracted Foreign Investment (USD 10 000)	实际使用外资（万美元）Foreign Investment Actually Utilized (USD 10 000)
1984	18	708	80
1985	29	2781	517
1986	8	2093	458
1987	15	1990	394
1988	35	1760	563
1989	24	513	587
1990	54	2855	621
1991	162	5562	1949
1992	906	58990	9653
1993	1293	90983	20817
1994	536	39158	26168
1995	522	53966	28818
1996	369	39485	30068
1997	395	64444	47768
1998	334	41919	46493
1999	245	35136	32080
2000	272	26478	22724
2001	308	52660	39575
2002	591	153387	108725
2003	759	233094	161234
2004	964	311289	205238
2005	940	387645	242258
2006	982	403068	280657
2007	867	544615	310358
2008	689	492550	360368
2009	821	490484	402354
2010	1092	749447	510084
2011	812	844545	605881
2012	789	816170	682431
2013	847	913261	755096
2014	822	1072711	845074
2015	640	736757	947321
2016	568	748776	1044056
2017	495	1012521	1146373
2018	594	888380	1257166
2019	544	1083541	1357905
2020	565	1232489	1460221
2021	633	960592	1577777
南昌市 Nanchang	76	120307	439506
景德镇市 Jingdezhen	11	37982	27218
萍乡市 Pingxiang	34	66672	48503
九江市 Jiujiang	66	137178	272992
新余市 Xinyu	76	56615	57794
鹰潭市 Yingtan	96	36974	39482
赣州市 Ganzhou	73	197320	235099
吉安市 Ji'an	75	146430	146400
宜春市 Yichun	60	63253	105481
抚州市 Fuzhou	35	46237	46970
上饶市 Shangrao	31	51624	158332

5-12 外商在赣直接投资情况(2021年)
Foreign Direct Investments in Jiangxi (2021)

类 别	Type	新设立外商投资企业(家) Newly Established Foreign-Invested Enterprises (unit)	合同外资金额(万美元) Total Amount of Contracted Foreign Investment (USD10 000)	实际使用外资(万美元) Total Amount of Foreign Investment Actually Utilized (USD 10 000)
总 计	**Total**	**633**	**960592**	**1577777**
按投资方式分	**By Form**			
#合资经营企业	Equity Joint Venture	175	225264	347557
合作经营企业	Cooperative Operation Enterprises		300	291
外资企业	Contractual Joint Venture	404	711475	1133464
外商投资股份有限公司	Foreign Investment Co., Ltd	2	12199	83025
合伙企业	Partnership	37	8016	12459
按国民经济行业分	**By Sector**			
农、林、牧、渔业	Agriculture, Forestry, Animal Husbandry and Fishery	16	13122	18957
采矿业	Mining		619	1885
制造业	Manufacturing	271	441101	890277
#食品制造业	Manufacture of Foods	5	13889	389
酒、饮料和精制茶制造业	Manufacture of Beverages	1	2854	7895
纺织业	Manufacture of Textile	9	9677	22029
纺织服装、服饰业	Manufacture of Textile Wearing Apparel, Footware and Caps	20	24220	63417
家具制造业	Manufacture of Furniture	6	3791	21065
文教、工美、体育和娱乐用品制造业	Manufacture of Articles for Culture, Education and Sport Activties	9	3655	6686
化学原料和化学制品制造业	Manufacture of Raw Chemical Materials and Chemical Products	4	5252	20004
医药制造业	Manufacture of Medicines	5	10703	27143
橡胶和塑料制品业	Manufacture of Plastics	5	10290	15378
非金属矿物制品业	Manufacture of Non-metallic Mineral Products	9	7801	59466
有色金属冶炼及压延加工业	Smelting and Pressing of Non-ferrous Metals	4	7610	17046
金属制品业	Manufacture of Metal Products	9	9903	18963
通用设备制造业	Manufacture of General Purpose Machinery	13	23207	39441
专用设备制造业	Manufacture of Special Purpose Machinery	33	41860	75506
汽车制造业	Automotive Industry	9	13438	11991
电气机械和器材制造业	Manufacture of Electrical Machinery and Equipment	32	45056	93088
计算机、通信和其他电子设备制造业	Manufacture of Communication Equipment,Computers and Other Electronic Equipment	65	126133	321506
电力、热力、燃气及水生产和供应业	Production and Supply of Electric Power,Heat Power and Water	10	7961	80408
建筑业	Construction	6	32961	42409
批发和零售业	Wholesale and Retail Trades	121	131279	148019
批发业	Wholesale Trade	96	112926	117398
零售业	Retail Trade	25	18353	30620
交通运输、仓储和邮政业	Transport, Storage and Post	7	11675	33475
#装卸搬运和仓储业	Handling and Warehousing Industry	5	10175	12562
住宿和餐饮业	Hotels and Catering Services	6	3108	125
住宿业	Hotels	1	2976	125
餐饮业	Catering Services	5	131	
信息传输、软件和信息技术服务业	Information Transmission, Computer Services and Software	62	50806	53425
#互联网和相关服务	Internet and Related Services	8	3548	2667
软件和信息技术服务业	Software and Information Technology Services	54	47258	50758
金融业	Financial Intermediation	1	3012	946
房地产业	Real Estate	22	86720	146958

5-12 续表 continued

类别	Type	新设立外商投资企业(家) Newly Established Foreign-Invested Enterprises (unit)	合同外资金额(万美元) Total Amount of Contracted Foreign Investment (USD 10 000)	实际使用外资(万美元) Total Amount of Foreign Investment Actually Utilized (USD 10 000)
租赁和商务服务业	Leasing and Business Services	64	55404	86490
#商务服务业	Business Services	64	55352	78080
科学研究和技术服务业	Scientific Research, and Technical Service and Geologic Prospecting	27	61812	57171
水利、环境和公共设施管理业	Management of Water Conservancy, Environment and Public Facilities	2	1278	9802
居民服务、修理和其他服务业	Services to Households, Repair and Other Services	1	6608	1022
教育	Education	3	105	3469
卫生和社会工作	Health and Social Service	4	1662	814
文化、体育和娱乐业	Culture, Sports and Entertainment	10	51359	2125
公共管理、社会保障和社会组织	Public Management, Social Security and Social Organization			
国际组织	International Organizations			
按投资国别(地区)分	**By Country (Region)**			
亚　洲	**Asia**	**566**	**900791**	**1404291**
#中国香港	Hong Kong, China	423	799431	1239501
中国澳门	Macao, China	48	17107	12957
中国台湾	Taiwan, China	75	57838	101156
印　度	India			
日　本	Japan	3	436	18717
马来西亚	Malaysia	2	42	23
新加坡	Singapore	5	19000	29211
韩　国	Korea Rep.	2	3688	1659
泰　国	Thailand	2	1748	
非　洲	**Africa**	**5**	**1216**	**550**
欧　洲	**Europe**	**13**	**27834**	**62179**
#英　国	United Kingdom	6	1601	1302
德　国	Germany	2	1048	50
法　国	France			27298
意大利	Italy	1	1924	8253
荷　兰	Netherlands	1	348	9727
西班牙	Spain	1	79	5945
拉丁美洲	**Latin America**	**10**	**16058**	**66565**
#英属维尔京群岛	The British Virgin Islands	10	16058	28432
北美洲	**North America**	**20**	**11036**	**23937**
#加拿大	Canada	2	1262	1869
美　国	United States	18	9774	22068
大洋洲及太平洋岛屿	**Oceanic and Pacific Islands**	**6**	**3012**	**6746**
#澳大利亚	Australia	4	930	3915
萨摩亚	Samoa	2	2082	2831
其他	**Others**	**4**	**645**	**13509**

注：新设立外商投资企业中，存在多个国家(地区)投资同一家企业情况，故按投资国别(地区)分的新设立外商投资企业数之和不等于合计数。

a)Since some of the newly established foreign-invested enterprises are invested by mutiple countries, the sum of newly established foreign-invested enterprise by country(region) is not equal to the total.

5-13 外商投资企业年底注册登记情况(2021年)
Registration Status of Foreign Funded Enterprises at Year-end (2021)

类 别	Type	外商投资企业数(户) Number of Enterprises Corporate (unit)	投资总额(万美元) Total Investment (USD 10 000)	注册资本(万美元) Registered Capital (USD 10 000)	#外方 Foreign Investor
总 计	**Total**	**7033**	**15179629**	**10443940**	**6915916**
按投资方式分	**By Form**				
#合资经营企业	Equity Joint Venture	814	4015966	3104034	1733810
合作经营企业	Cooperative Operation Enterprises	44	185332	100322	65089
外资企业	Contractual Joint Venture	2089	5174746	2916825	2740580
外商投资有限责任公司	Foreign investment limited liability company	848	5170621	3007334	2209087
外商投资股份有限公司	Foreign Investment Co., Ltd	37	632963	1190606	167350
其他外商投资企业	Other Foreign Investment Enterprise	106		124820	
外商投资企业分支机构	Branches of Foreign Investment Enterprise	3092			
按国民经济行业分	**By Sector**				
农、林、牧、渔业	Agriculture, Forestry, Animal Husbandry and Fishery	230	535439	455814	321524
采矿业	Mining	23	86478	64918	29086
制造业	Manufacturing	2025	5351873	4414868	3095539
#金属制品、机械和设备修理业	Repairing Maintenance of Metal Products, Machines and Equipments	1	2000	1000	1000
电力、热力、燃气及水生产和供应业	Production and Supply of Electric Power, Heat Power and Water	119	483396	144432	92557
建筑业	Construction	82	285402	282819	153890
批发和零售业	Wholesale and Retail Trades	2378	2788985	1124751	786804
交通运输、仓储和邮政业	Transport, Storage and Post	70	112585	53004	49771
住宿和餐饮业	Hotels and Catering Services	360	47947	29809	25386
信息传输、软件和信息技术服务业	Information Transmission, Computer Services and Software	400	345911	224651	197470
金融业	Financial Intermediation	114	299239	238269	68526
房地产业	Real Estate	303	2085489	818284	492813

5-13 续表 continued

类别	Type	外商投资企业数(户) Number of Enterprises Corporate (unit)	投资总额(万美元) Total Investment (USD 10 000)	注册资本(万美元) Registered Capital (USD 10 000)	#外方 Foreign Investor
租赁和商务服务业	Leasing and Business Services	541	1232183	1315510	662353
科学研究和技术服务业	Scientific Research and Technical Services	231	1140940	982222	730653
水利、环境和公共设施管理业	Management of Water Conservancy, Environment and Public Facilities	30	84560	150649	121664
居民服务、修理和其他服务业	Services to Households ,Repair and Other Services	44	66730	37849	18248
教育	Education	9	748	728	480
卫生和社会工作	Health and Social Service	9	73291	58693	30209
文化、体育和娱乐业	Culture, Sports and Entertainment	64	156332	44570	36841
其他	Others	1	2101	2101	2101
按投资国别(地区)分	**By Country (Region)**				
亚　洲	**Asia**	**3098**	**11955942**	**7651889**	**5070956**
中国香港	Hong Kong, China	2139	7216233	5998114	3951039
中国澳门	Macao, China	94	64586	80461	73228
中国台湾	Taiwan, China	459	644673	471286	427680
日　本	Japan	54	2450644	144529	76862
韩　国	Korea Rep.	28	42479	19160	9667
亚洲其他国家(地区)	Other Asia Countries (Regions)	324	1537327	938338	532480
非　洲	**Africa**	**52**	**122955**	**63137**	**60337**
埃　及	Egypt	1	70	50	50
南　非	South Africa	1	35000	15000	15000
毛里求斯	Mauritius	10	12388	7547	7019
塞舌尔	Seychelles	19	64604	33771	32986
非洲其他国家(地区)	Other Africa Countries (Regions)	21	10893	6769	5282
欧　洲	**Europe**	**109**	**129151**	**726592**	**430799**
英　国	United Kingdom	25	35403	668114	386852
德　国	Germany	18	32036	20715	14364
法　国	France	7	6287	2859	2297
俄罗斯联邦	Russian Federation	5	706	682	316
欧洲其他国家(地区)	Other Europe Countries (Regions)	54	54718	34223	26970
拉丁美洲	**Latin America**	**132**	**450643**	**229734**	**172449**
巴　西	Brazil	2	9712	3347	3347
开曼群岛	Cayman Islands	5	71558	28847	17937
英属维尔京群岛	British Virgin Islands	119	356674	190822	144454
拉丁美洲其他国家(地区)	Other Latin America Countries (Regions)	6	12699	6718	6710
北美洲	**North America**	**113**	**269069**	**116665**	**77112**
加拿大	Canada	26	52530	23186	21467
美　国	United States	85	216029	93192	55402
百慕大群岛	Bermuda	2	509	287	243
大洋洲	**Oceanic**	**97**	**110215**	**69474**	**59108**
澳大利亚	Australia	31	11805	7462	6275
新西兰	New Zealand	3	5172	1856	966
萨摩亚	Samoa	61	92693	58386	51410
大洋洲其他国家(地区)	Other Oceanic Countries (Regions)	2	546	1770	456
其他	**Others**	**228**	**2131616**	**1451592**	**1038800**

注：按投资国别(地区)分的外商投资企业数、投资总额、注册资本、其中外方注册资本等指标不包括中外合作非法人企业、其他外商投资企业、在中国境内从事经营活动的外国(地区)企业和外商投资企业分支机构数。

a) The number of foreign-invested enterprises, total investment, registered capita, registered capital of foreign investors do not include non-legal person enter of Sino-foreign cooperation, other foreign-invested enterprises, foreign (region) enterprises engaged in business activities in China and branches of foreign-ii enterprises.

5-14 江西与国外结成友好城市一览
List of Foreign Sister Cities with Jiangxi

国别	Country (Region)	友好城市(州、县)	Sister City (State, Prefecture)	缔结日期 Date of Conclusion
马其顿	Macedonia	斯科普里市	Skopje	1984.03.20
德国	Germany	黑森州	Hesse	1985.04.03
美国	United States	肯塔基州	Kentucky	1985.10.16
美国	United States	犹他州	Utah	1986.07.10
日本	Japan	岐阜县	Gifu	1988.06.21
墨西哥	Mexico	托卢卡市	Toluca	1988.08.16
日本	Japan	高松市	Takamatsu-shi	1990.09.28
日本	Japan	冈山县	Okayama	1992.06.01
摩洛哥	Morocco	萨菲市	Safi	1993.10.15
澳大利亚	Australia	波波郡	Gaw Baw Shire	1993.12.09
斯洛文尼亚	Slovenia	科佩尔市	Hoper	1995.04.05
日本	Japan	有田町	Arite-cho	1996.08.28
日本	Japan	玉野市	Amano-shi	1996.10.05
芬兰	Finland	瓦尔济考斯基市	Valkeakoski	1997.11.20
美国	United States	路易维尔市	Louisville	2004.09.09
俄罗斯	Russia	雅罗斯拉夫尔州	Jarraud Slavic	2005.03.24
日本	Japan	鸭方町	Kamogata-cho	2005.09.26
美国	United States	索拉洛郡	Solano	2005.10.26
日本	Japan	清水町	Shimizu-cho	2006.04.03
韩国	Korea Rep.	南海郡	Namhae	2006.04.13
菲律宾	Philippine	保和省	Bohol	2006.05.08
芬兰	Finland	卡亚尼市	Kajaani	2006.06.26
法国	France	第戎市	Dijon	2006.10.17
日本	Japan	濑户市	Seto-shi	2007.03.28
日本	Japan	安八町	Anpachi-cho	2007.08.02
韩国	Korea Rep.	利川市	Lichuan	2007.10.17
韩国	Korea Rep.	罗州市	Naju-si	2007.10.22
韩国	Korea Rep.	尚州市	Sangju	2007.10.23
巴西	Brazil	索罗卡巴市	Sorocaba	2007.10.23
智利	Chile	科皮亚波市	Copiapo	2008.01.17
阿根廷	Argentina	拉普拉塔市	Laplata	2008.01.21
美国	United States	欧文顿市	Overton	2008.07.01
波兰	Poland	莱基奥诺沃市	Legionowo	2008.08.30
法国	France	奥赛市	Orsay	2008.09.10
法国	France	中央大区	Centre	2008.09.25
希腊	Greece	希俄斯市	Chios	2008.09.25
韩国	Korea Rep.	堤川市	Jye Chun	2008.11.05
美国	United States	萨凡纳市	Savannah	2008.11.08
阿根廷	Argentina	基尔梅斯市	Quilmes	2008.12.05
澳大利亚	Australia	奥本市	Auburn	2009.09.24
德国	Germany	派尼区	Piney	2009.10.13
英国	United Kingdom	巴斯—东北萨默塞特郡	Bath and North East Somerset	2009.10.20

5-14 续表 continued

国 别	Country (Region)	友好城市	Sister City	缔结日期 Date of Conclusion
巴西	Brazil	南马托格罗索州	Mato Grosso do Sul	2009.10.23
匈牙利	Hugary	蒂萨新城	Tiszaujvaros	2009.12.02
美国	United States	罕斯维尔市	Huntsville	2009.12.07
美国	United States	不伦瑞克市	Brunswick	2010.04.03
美国	United States	门县市	Men	2010.06.01
法国	France	图尔市	Tours	2010.06.18
埃塞俄比亚	Ethiopia	阿姆哈拉州	Amhara	2010.07.02
美国	United States	奥林匹亚市	Olympia	2010.08.18
塞拉利昂	Sierra Leone	弗里敦市	Freetown	2010.09.21
津巴布韦	Zimbabwe	穆塔雷市	Mutare	2010.09.21
荷兰	Holland	代尔夫特市	Delfe	2010.10.18
巴西	Brazil	基玛多斯市	Gemados	2011.02.24
韩国	Korea Rep.	太白市	Taebaek	2011.10.10
英国	United Kingdom	红桥市	Redbridge	2011.11.07
希腊	Greece	中希腊大区	Central Greece Region	2011.11.23
法国	France	香槟阿登大区	Champagne-Ardenne	2011.11.23
德国	Germany	沃尔泽伦市	Volzeren	2011.11.29
墨西哥	Mexico	蒙克罗瓦市	Moncroix	2012.02.29
韩国	Korea Rep.	全罗南道	Jeollanam-do	2012.04.17
意大利	Italy	卡乃利市	Canary	2012.06.29
南非	South Africa	自由州省	Free State	2012.07.19
俄罗斯	Russia	苏兹达里市	Suzy Dario	2012.09.10
南非	South Africa	新堡市	Newcastle	2012.11.29
匈牙利	Hugary	包尔绍德—奥包乌伊—曾普伦州	Borsod-Abauj-Zemplén	2013.01.18
南非	South Africa	德拉肯斯汀市	De Lakin Steen	2013.01.23
乌克兰	Ukraine	伊久姆市	Izyum	2013.02.16
西班牙	Spain	阿尔巴塞特市	Albacete	2013.04.22
博茨瓦纳	Botswana	塞罗韦市	Serowe	2013.09.05
意大利	Italy	法恩扎市	Faenza	2013.10.18
柬埔寨	Cambodia	暹粒省	Siem Reap	2013.11.29
加纳	Republic of Ghana	北部省	Tamale	2014.07.09
巴西	Brazil	伊塔佩瓦市	Itapeva	2015.02.04
英国	United Kingdom	林肯市	Lincoln	2015.03.27
韩国	Korea Rep.	忠州市	Chungju	2015.05.25
埃及	Egypt	卢克索省	Luxor	2015.06.08
俄罗斯	Russia	巴什科尔托斯坦共和国	Republic of Bashkortostan	2015.11.10
英国	United Kingdom	卡尔德达尔市	Calder	2015.11.16
澳大利亚	Australia	怀昂市	Wyong	2015.11.20
泰国	Thailand	南邦府	Lampang	2016.02.24
柬埔寨	Cambodia	磅清扬省	Kampong Chhnang	2016.03.08
英国	United Kingdom	斯特拉福德区	Stratford District	2016.03.08
斯里兰卡	Sri Lanka	马塔拉市	Matara	2016.03.17
西班牙	Spain	阿尔卡拉德埃纳雷斯市	Alcal de Henares	2016.03.25
韩国	Korea Rep.	旌善郡	Jingshan County	2016.03.29
斯洛文尼亚	Slovenia	马里博尔市	Maribor	2016.07.06
刚果(金)	Congo (Kinshasa)	金沙萨市	Kinshasa	2016.09.02
俄罗斯	Russia	乌法市	Ufa	2016.09.08
俄罗斯	Russia	托斯诺区	Tosnenskiy Rayon	2017.02.22
美国	United States	利文斯顿市	Livingston	2017.08.28
乌克兰	Ukraine	敖德萨州	Odessa	2018.08.29
俄罗斯	Russia	彼尔姆边疆区	Perm Krai	2018.09.28
俄罗斯	Russia	丘索沃伊地区	Chusovoy	2018.09.28
韩国	Korea Rep.	南海郡	Namhae	2018.11.12
匈牙利	Hungary	豪特万市	Hatvan	2019.10.25
土耳其	Turkey	伊兹尼克市	Iznik	2019.12.02
保加利亚	Bulgaria	索菲亚大区	Sophia Region	2020.02.09
阿根廷	Argentina	门多萨省	Mendoza	2020.03.16
意大利	Italy	曼托瓦省	Mantova	2020.08.19
韩国	South Korea	顺天市	Suncheon	2020.09.07
格鲁吉亚	Georgia	库塔伊西	Kutaisi	2020.12.01
加拿大	Canada	万锦市	Markham	2021.01.28
法国	France	利摩日	Limoges	2021.02.04
法国	France	南锡	Nancy	2021.09.13

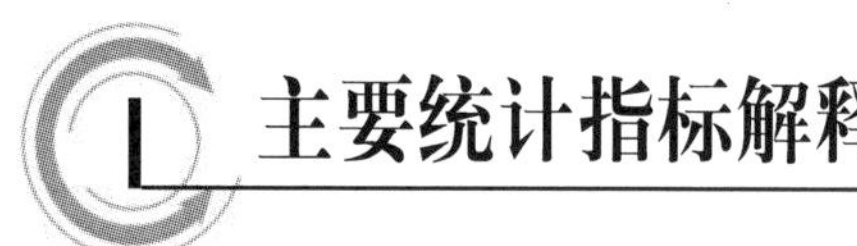

主要统计指标解释

货物进出口总值 指实际进出我国关境的货物总金额。包括对外贸易实际进出口货物，来料加工装配进出口货物， 国家间、联合国及国际组织无偿援助物资和赠送品，华侨、港澳台同胞和外籍华人捐赠品，租赁期满归承租人所有的租赁货物，进料加工进出口货物，边境地方贸易及边境地区小额贸易进出口货物，中外合资企业、中外合作经营企业、外商独资经营企业进出口货物和公用物品，到、离岸价格在规定限额以上的进出口货样和广告品(无商业价值、无使用价值和免费提供出口的除外)，从保税仓库提取在中国境内销售的进口货物以及其他进出口货物。该指标可以观察一个国家在货物贸易方面的总规模。我国规定出口货物按离岸价格统计，进口货物按到岸价格统计。

商品收发货人所在地进、出口值 指按进出口企业注册登记地进行分组汇总的进、出口值。

外商投资 是指国外及港澳台地区的法人和自然人在中国大陆地区以现金、实物、无形资产、股权等方式进行投资。其中，外商直接投资是指国外及港澳台地区投资者在非上市公司中的全部投资及在单个外国投资者所占股权比例不低于10%的上市公司中的投资。

对外承包工程 根据《对外承包工程管理条例》，对外承包工程是指中国的企业或者其他单位承包境外建设工程项目的活动。

对外劳务合作 指组织劳务人员赴其他国家或地区为国外的企业或机构工作的经营性活动。

对外直接投资 指境内投资者以控制国(境)外企业的经营管理权为核心的经济活动，体现在一经济体通过投资于另一经济体而实现其持久利益的目标。

Explanatory Notes on Main Statistical Indicators

Total Import and Export of Goods refer to the real value of commodities imported and exported across the border of China. They include the actual imports and exports through foreign trade, imported and exported goods under the processing and assembling trades and materials, supplies and gifts as aid given gratis between governments and by the United Nations and other international organizations, and contributions donated by overseas Chinese, compatriots in Hong Kong and Macao and Chinese with foreign citizenship, leasing commodities owned by tenant at the expiration of leasing period, the imported and exported commodities processed with imported materials, commodities trading in border areas, the imported and exported commodities and articles for public use of the Sino-foreign joint ventures, cooperative enterprises and ventures with sole foreign investment. Also included are import or export of samples and advertising goods for whice CIF or FOB value are beyond the permitted ceiling (excluding goods of no trading or use value and free commodities for export), imported goods sold in China from bonded warehouses and other imported or exported goods. The indicator of the total imports and exports at customs can be used to observe the total size of external trade in a country. In accordance with the stipulation of the Chinese government, imports are calculated at CIF, while exports are calculated at FOB.

Import or Export Value by Location of China's Foreign Trade Managing Units The location of importers or exporters refers to the place inside China's customs territory where the importers or exporters are registered.

Foreign Investment refers to investment in China by legal or natural persons of foreign countries and of HongKong, Macau and Taiwan, in the form of cash、physical assets、intangible assets and equity and others. Foreign direct investment refers to investment by investors from foreign countries and from HongKong, Macau and Taiwan in a non-listed company, or the investment of over 10 percent or more in a listed company.

Overseas Contracted Projects refer to activities of contracting overseas construction projects by Chinese enterprises or any other units, which are stipulated in the Regulations on Administration of Foreign Contracted Project.

Overseas Labour Services refer to operational activities of organizing labour force to go abroad providing services to foreign enterprises or agencies.

Overseas Direct Investment refers to operational activities of domestic investors, centering on operation and management of those enterprises are under the control of domestic investors. The content of overseas direct investment mainly reflects one economic entity by investing in another economic entity to achieve its goal of lasting interest.

6

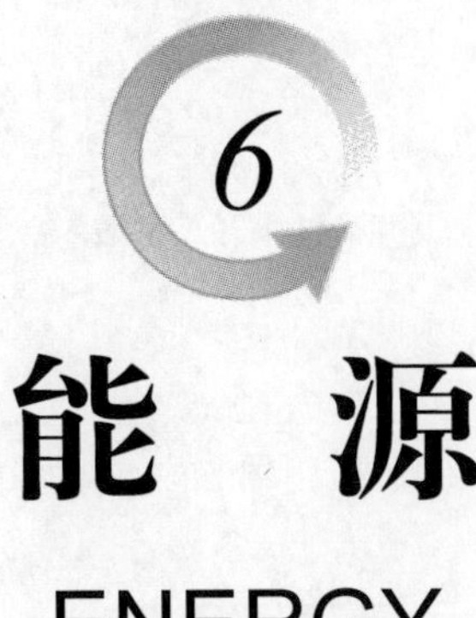

能　源

ENERGY

◆ 125/154

资料整理：陈梦捷　邹　晔　罗　瑶

简要说明

一、本篇资料的主要内容

本篇包括的主要内容有能源生产、消费及品种构成，能源生产和消费弹性系数，综合能源平衡表和主要能源品种的单项平衡表，分行业、分主要能源品种的消费量，生活用能源消费量等。

二、本篇资料的来源

本篇资料来源于全省能源平衡表和规模以上工业企业能源报表。能源平衡表的编制范围为辖区内除军队系统以外的全部能源生产和消费活动的单位。

三、关于数据口径与计算的说明

1.一次能源生产量与能源产品产量统计数字一致。

2.能源生产与消费弹性系数分别以能源生产、消费增长速度与国内生产总值增长速度相比求得。

3.能源平衡表中的库存量、进口量、出口量和消费量，根据有关部门和企业提供的数据综合评估得出。电力折算标准煤系数按平均发电煤耗计算。

Brief Introduction

I. Main Contents

Data in this chapter cover mainly the energy production and consumption and their composition, the elasticity ratio of energy production and consumption, the overall balance of energy and the balance by different types of energy, the consumption of energy by sector and by types of energy, efficiency of energy conversion and the consumption of energy for non-production use.

II. Source of Data

Date in this chapter come from the province energy balance and energy-scale industrial enterprises above designated size. Energy balance for the establishment of the area in addition to the military system other than the total energy production and consumpti on activities of the units.

III. Notes on Coverage and Calculation of Data:

(a) The data on the production of primary energy are the same as the corresponding data on output of energy products.

(b) The elasticity ratio of energy production is calculated as the quotient of the growth rate of energy production divided by the growth rate of GDP; and the elasticity ratio of energy consumption is calculated as the quotient of the growth rate of energy consumption divided by the growth rate of GDP.

(c) The storage, import and export in the energy balance tables are comprehensively evaluated based on data from related departments and en terprises. The coefficient for conversion of electric power into the standard coal equivalent is calculated according to the average consumption of coal for generating electricity.

6-1 能源生产总量及构成
Total Production of Energy and Its Composition

年 份 Year	能源生产总量 (万吨标准煤) Total Energy Production (10 000 tons of SCE)	占能源生产总量的比重（%）As Percentage of Total Energy Production(%)			
		原 煤 Raw Coal	原 油 Crude Oil	天然气 Natural Gas	一次电力 Primary Power
1990	1282.4	90.5			9.5
1991	1353.0	89.6			10.4
1992	1344.9	88.4			11.6
1993	1366.1	87.8			12.2
1994	1513.4	85.2			14.8
1995	1868.8	88.0			12.0
1996	1573.2	88.5			11.5
1997	1410.0	83.7			16.3
1998	1394.7	78.6			21.4
1999	1154.5	85.7			14.3
2000	1293.2	81.5			18.5
2001	1242.7	80.5			19.5
2002	1252.2	77.0			23.0
2003	1505.4	83.5			16.5
2004	1902.5	81.9			18.1
2005	2010.5	86.0			14.0
2006	2241.0	84.6		0.1	15.3
2007	2253.3	87.9		0.3	11.8
2008	2395.0	87.0		0.2	12.8
2009	2528.8	89.1		0.2	10.7
2010	2312.8	82.8		0.2	12.9
2011	2581.6	88.3		0.7	11.0
2012	2601.2	81.0		0.5	18.5
2013	2558.8	83.3		0.8	15.9
2014	2451.9	82.0		0.2	17.8
2015	2356.9	66.9		0.2	26.6
2016	2000.9	55.1		0.1	35.3
2017	1525.2	43.3		0.2	44.0
2018	1170.0	33.2		0.2	53.1
2019	1320.3	27.0			62.8
2020	1255.4	18.1			66.1
2021	1404.4	12.1			67.6

注：1.根据第四次经济普查，对2015年以来的数据进行了调整。
2.电力折算标准煤的系数根据当年平均发电煤耗计算。下表同。

a) Data since 2015 have been adjusted according to the Fourth Economic Census.

b) The coefficient for conversion of electric power into SCE (standard coal equivalent) is calculated on the basis of the data on average coal consumption in generating electric power in the same year. The same applies to the tables following.

6-2 能源消费总量及构成
Total Consumption of Energy and Its Composition

年 份 Year	能源消费总量 (万吨标准煤) Total Energy Composition (10 000 tons of SCE)	占能源消费总量的比重 (%) As Percentage of Total Energy Composition(%)			
		煤 炭 Coal	石 油 Crude Oil	天然气 Natural Gas	一次电力 Primary Power
1990	1732.3	82.0	10.9		7.1
1991	1793.4	82.2	10.6		7.2
1992	1871.4	81.7	11.0		7.3
1993	1946.1	81.4	11.1		7.5
1994	2071.5	80.6	10.7		8.7
1995	2391.7	79.8	10.0		10.2
1996	2154.7	78.4	12.0		9.6
1997	2132.4	75.2	12.9		11.9
1998	2028.4	73.3	16.3		10.4
1999	2123.3	73.6	17.8		8.7
2000	2505.0	70.5	17.3		12.2
2001	2628.0	71.5	17.0		11.5
2002	2933.0	68.7	21.8		9.5
2003	3426.0	74.5	22.2		3.2
2004	3814.0	72.6	16.9		10.5
2005	4286.0	74.0	17.0		6.6
2006	4660.1	73.8	16.9	0.2	7.4
2007	5052.5	74.9	16.9	0.3	5.3
2008	5383.0	71.7	16.7	0.6	5.7
2009	5812.5	72.0	16.0	0.5	4.7
2010	6280.6	71.0	16.3	1.0	4.7
2011	6847.1	74.0	15.6	1.2	4.1
2012	7148.3	69.5	15.8	1.9	6.8
2013	7582.9	70.5	17.5	2.4	5.4
2014	8055.4	68.0	16.9	2.5	5.4
2015	8423.4	66.6	17.5	2.7	7.4
2016	8730.1	65.2	17.6	3.0	8.1
2017	8971.9	64.4	18.1	3.1	7.5
2018	9285.7	64.4	18.5	3.5	6.7
2019	9665.2	62.4	18.7	3.4	8.6
2020	9808.6	62.9	16.9	3.8	8.5
2021	10345.5	59.6	14.8	4.8	9.2

注：2010年开始，能源消费总量不包括回收能，下表同。

a) From 2010, the total energy consumption does not include the total amount of the recycled energy.The same applies to the tables following.

6-3 平均每天能源消费量
Average Daily Energy Consumption by Type of Energy

能源品种	Type of Energy	1990	2000	2010	2015	2020	2021
合计(吨标准煤)	**Total (ton of SCE)**	**47460**	**68630**	**172071**	**230779**	**268728**	**283438**
煤炭(吨)	Coal (ton)	62079	67634	171140	209828	218536	220743
焦炭(吨)	Coke (ton)	4308	5642	21167	24430	26354	25830
原油(吨)	Crude Oil (ton)	4249	9073	12875	15232	19246	18280
燃料油(吨)	Fuel Oil (ton)	641	937	648	482	267	301
汽油(吨)	Gasoline (ton)	1159	1602	4253	7781	10611	11423
煤油(吨)	Kerosene (ton)	145	62	233	277	389	475
柴油(吨)	Diesel Oil (ton)	1245	2871	10103	14726	14594	11964
电力(万千瓦小时)	Electricity (10 000 kWh)	3497	6407	19192	29788	44571	51028

6-4 人均生活能源消费量
Annual per Capita Energy Consumption of Households

能源品种	Type of Energy	1990	2000	2010	2015	2020	2021
生活消费能源(千克标准煤)	**Consumption for Households (kg of SCE)**	**59.68**	**82.71**	**147.52**	**224.83**	**332.00**	**348.20**
煤 炭(千克)	Coal (kg)	80.97	42.66	42.27	42.33	53.97	52.23
汽 油(千克)	Gasoline (kg)		0.97	6.39	16.73	27.67	27.22
天然气(立方米)	Natural Gas (cu.m)			4.09	8.72	12.62	13.77
液化石油气(千克)	Liquefied Petroleum Gas (kg)	0.89	4.94	8.95	10.26	14.06	11.95
煤气(立方米)	Coal Gas (cu.m)	0.24	1.52	4.61	0.67	3.28	
电力(千瓦小时)	Electricity (kWh)	22.57	56.26	249.19	411.39	673.95	761.20

6-5 综合能源平衡表

单位：万吨标准煤

指标	Item	1990	2000
可供消费的能源总量	**Total Energy Available for Consumption**	**1704.54**	**2371.75**
一次能源生产量	Primary Energy Output	1282.42	1293.23
外省(区、市)调入量	Transferred in from Other Provinces	808.97	1157.24
进口量	Imports	0.09	229.73
本省(区、市)调出量(-)	Sent Out to Other Provinces (-)	303.53	225.80
出口量(-)	Exports (-)	8.15	
年初年末库存差额	Stock Changes in the Year	-75.26	-82.65
能源消费总量	**Total Energy Consumption**	**1732.29**	**2505.00**
在总量中	Consumption by Sector		
农、林、牧、渔、水利业	Agriculture, Forestry, Animal Husbandry, Fishery and Water Conservancy	132.87	151.00
工　业	Industry	1264.22	1751.76
建筑业	Construction	8.88	7.72
交通运输、仓储和邮政业	Transport, Storage and Post	65.93	177.97
批发、零售业和住宿、餐饮业	Wholesale and Retail Trades,Hotels and Catering Services	10.81	30.59
其他	Other Sectors	25.60	44.46
生活消费	Household Consumption	223.98	341.50
在总量中	Consumption by Usage		
终端消费	End-use Consumption	1617.12	2320.40
#工　业	Industry	1149.05	1567.16
加工转换损失量	Losses During the Process of Energy Conversion	74.40	130.64
#炼　焦	Coking	9.71	24.88
炼　油	Petroleum Refining	2.46	24.91
回收能(-)	Recovery Energy		
损失量	Energy Losses	40.77	53.96
#输变电损失量	Losses in Transmission	40.68	53.96
平衡差额	**Balance**	**-27.75**	**-133.25**

注：电力、热力按等价热值计算，因此加工转换损失量中不包括发电、供热损失量。下表同。

Overall Energy Balance Sheet

(10 000 tons of SCE)

2010	2015	2020	2021
6280.55	**8423.44**	**9807.50**	**10345.50**
2312.84	2356.86	1255.41	1404.36
4601.12	5750.79	7951.42	8631.35
328.98	942.82	846.06	801.16
888.31	660.64	315.99	425.73
21.61	33.60	70.61	-65.64
6280.55	**8423.44**	**9808.58**	**10345.50**
139.58	131.21	155.01	166.91
4635.41	5874.46	6096.46	6359.73
57.15	109.16	155.68	167.10
468.94	767.26	995.88	1052.07
140.70	232.54	376.60	476.29
182.70	301.20	529.08	550.08
656.07	1007.71	1499.87	1573.31
6294.25	8655.38	10204.43	10728.94
4651.30	6106.96	6493.22	6744.03
252.24	162.69	123.96	136.61
62.64	53.39	61.60	58.55
4.13	0.12	2.80	1.90
446.33	597.61	700.23	704.70
180.40	202.98	180.43	184.65
178.27	202.33	179.57	183.84
		-1.08	

a) Electric power and heat are converted on the basis of equal caloric value. Therefore, losses during the process of energy conversion do not include losses in power generation and heating. The same applies to the tables following.

6-6 煤炭平衡表

单位：万吨

指　　标	Item	1990	2000
可供量	**Total Energy Available for Consumption**	**2218.37**	**2245.84**
生产量	Output	2027.11	1813.76
外省(市、区)调入量	Transferred in from Other Provinces	491.22	649.08
进口量	Imports		
本省(市、区)调出量(−)	Sent Out to Other Provinces (-)	178.29	111.96
出口量(−)	Exports (-)	4.78	
年初年末库存差额	Stock Changes in the Year	-116.89	-105.04
消费量	**Total Energy Cosumption**	**2265.87**	**2468.63**
在消费量中	Consumption by Sector		
农、林、牧、渔、水利业	Agriculture, Forestry, Animal Husbandry, Fishery and Water Conservancy	54.20	12.10
工　业	Industry	1852.93	2263.78
建 筑 业	Construction	2.29	
交通运输、仓储和邮政业	Transport, Storage and Post	38.66	11.42
批发、零售业和住宿、餐饮业	Wholesale and Retail Trades,Hotel and Catering Services	11.41	5.20
其他	Other Sectors	2.51	
生活消费	Household Consumption	303.87	176.13
在消费量中	Consumption by Usage		
终端消费	End-use Consumption	1254.79	1076.66
#工　业	Industry	841.85	871.81
中间消费(用于加工转换)	Intermediate Cosumption (Consumed in Conversion)	882.27	1261.89
#发　电	Power Generation	720.53	906.11
炼　焦	Coking	161.74	247.94
洗选损耗	Losses in Coal Washing and Dressing	128.81	130.08
平衡差额	**Balonce**	**-47.50**	**-222.79**

注：生产量为原煤产量。

Coal Balance Sheet

(10 000 tons)

2010	2015	2020	2021
6246.61	**7658.74**	**7976.57**	**8057.10**
2912.22	2270.70	314.46	237.22
3829.74	5372.87	7585.23	8007.57
	201.80	66.61	39.86
389.23	221.78	42.93	118.65
-106.12	35.15	53.19	-108.90
6246.61	**7658.74**	**7976.57**	**8057.10**
23.00	18.00	19.00	15.00
5989.55	7396.51	7660.94	7759.61
3.00	2.00	2.80	2.50
3.06	5.00	5.01	4.01
16.00	23.00	25.00	25.00
24.00	24.50	20.00	15.00
188.00	189.72	243.80	236.00
2272.99	3188.14	2567.39	2363.69
2015.93	2925.92	2251.78	2066.18
3973.62	4470.60	5409.18	5693.41
2648.31	3001.81	4148.82	4359.77
920.48	1123.75	960.70	969.72
291.59	243.17	25.55	30.79

a) Data on output refer to the output of raw coal.

6-7 石油平衡表

单位：万吨

指　　标	Item	1990	2000
可供量	**Total Energy Available for Consumption**	**132.89**	**297.33**
外省(市、区)调入量	Transferred In from Other Provinces	244.24	249.59
进口量	Imports	0.06	160.81
本省(市、区)调出量(-)	Send Out to Other Provinces (-)	109.04	103.36
出口量(-)	Exports (-)	3.06	
年初年末库存差额	Stock Changes in the Year	0.69	-9.71
消费量	**Total Energy Consumption**	**133.09**	**304.46**
在消费量中:	Consumption by Sector		
农、林、牧、渔、水利业	Agriculture, Forestry, Animal Husbandry, Fishery and Water Conservancy	25.82	61.25
工　业	Industry	62.96	105.96
建筑业	Construction	2.27	1.48
交通运输、仓储和邮政业	Transport, Storage and Post	26.27	105.17
批发、零售业和住宿、餐饮业	Wholesale and Retail Trades,Hotels and Catering Services	0.18	2.12
其他	Other Sectors	8.01	4.08
生活消费	Non-Production Consumption	7.58	24.40
在消费量中:	Consumption by Usage		
终端消费	End-use Consumption	119.34	253.08
#工　业	Industry	49.21	54.58
中间消费(用于加工转换)	Intermediate Consumption(Consumed in Conversion)	8.63	28.56
#发　电	Power Generation	8.63	11.56
供　热	Heating		17.00
炼油损失量	Losses in Petroleum Refining	5.06	19.26
损 失 量	Other Losses	0.06	3.56
平衡差额	**Balance**	**-0.20**	**-7.13**

Petroleum Balance Sheet

(10 000 tons)

2010	2015	2020	2021
713.89	**1025.97**	**1143.61**	**1055.56**
837.82	611.92	658.24	621.17
230.28	561.93	560.33	541.32
354.02	153.92	91.88	133.18
-0.19	6.04	16.92	26.25
713.89	**1025.97**	**1143.60**	**1055.56**
55.00	59.00	66.50	60.00
232.68	242.55	132.96	121.58
23.43	37.71	48.30	38.60
288.73	460.98	583.75	589.98
17.06	43.50	56.60	31.00
20.57	40.03	50.00	24.39
76.42	142.20	205.50	190.00
707.66	1010.62	1125.13	1045.04
227.94	227.66	115.08	111.64
4.74	14.89	17.87	9.95
0.86	2.79	3.68	2.15
7.00	3.69	5.24	3.40
3.12	8.41	8.95	4.40
1.49	0.46	0.60	0.57
		0.0109	

6-8 电力平衡表

单位：亿千瓦小时

指　　标	Item	1990	2000
可供量	**Total Energy Available for Consumption**	**127.65**	**233.85**
发电量	Output	121.41	226.77
一次电力	Primary Power	27.77	77.96
火电	Thermal Power	93.64	148.81
外省(市、区)调入量	Transferred in from Other Provinces	6.51	7.12
本省(市、区)调出量(-)	Sent Out to Other Provinces (-)	0.27	0.04
消费量	**Total Energy Consumption**	**127.65**	**233.85**
在消费量中	Consumption by Sector		
农、林、牧、渔、水利业	Agriculture,Forestry,Animal Husbandry, Fishery and Water Conservancy	14.34	21.92
工　业	Industry	99.05	173.98
建 筑 业	Construction	0.93	0.80
交通运输、仓储和邮政业	Transport, Storage and Post	1.19	3.42
批发、零售业和住宿、餐饮业	Wholesale and Retail Trades,Hotels and Catering Services	0.90	2.98
其他	Other Sectors	2.77	7.52
生活消费	Household Consumption	8.47	23.23
在消费量中	Consumption by Usage		
终端消费	End-use Consumption	118.55	221.67
#工　业	Industry	89.95	161.80
输配损失量	Losses in Transmission	9.10	12.18

Electricity Balance Sheet

(100 million kWh)

2010	2015	2020	2021
700.51	**1087.25**	**1626.83**	**1862.52**
637.59	982.05	1444.71	1563.27
87.84	201.58	277.32	319.45
549.75	780.47	1167.39	1243.82
62.92	105.20	182.12	299.25
700.51	**1087.25**	**1626.83**	**1862.52**
13.00	10.51	14.79	23.08
496.72	729.93	1019.78	1121.06
6.69	17.79	28.83	37.78
13.28	28.46	37.52	50.84
21.73	45.87	82.45	125.57
38.27	70.30	138.99	160.27
110.82	184.39	304.47	343.92
648.14	1022.06	1566.83	1800.69
444.35	664.74	959.78	1059.23
52.37	65.19	60.00	61.83

6-9 能源消费量

单位：万吨标准煤

行　　业	Sector	1990
消费总量	**Total Consumption**	**1732.29**
农、林、牧、渔业	**Agriculture, Forestry, Animal Husbandry and Fishery**	**132.87**
工　业	**Industry**	**1264.22**
#煤炭开采和洗选业	Mining and Washing of Coal	115.91
黑色金属矿采选业	Mining and Processing of Ferrous Metal Ores	2.74
有色金属矿采选业	Mining and Processing of Non-Ferrous Metal Ores	48.27
非金属矿采选业	Mining and Processing of Non-metal Ores	6.21
农副食品加工业	Processing of Food from Agricultural Products	20.12
食品制造业	Manufacture of Foods	3.06
酒、饮料和精制茶制造业	Manufacture of Liquor, Beverages and Refined Tea	16.32
烟草制品业	Manufacture of Tobacco	2.42
纺织业	Manufacture of Textile	48.08
纺织服装、服饰业	Manufacture of Textile,Wearing Apparels and Accessories	1.64
皮革、毛皮、羽毛及其制品和制鞋业	Manufacture of Leather, Fur, Feather and Related Products and Footwear	1.78
木材加工和木、竹、藤、棕、草制品业	Processing of Timber, Manufacture of Wood,Bamboo, Rattan, Palm, and Straw Products	11.90
家具制造业	Manufacture of Furniture	0.88
造纸和纸制品业	Manufacture of Paper and Paper Products	38.67
印刷和记录媒介复制业	Printing and Reproduction of Recording Media	1.20
文教、工美、体育和娱乐用品制造业	Manufacture of Articles for Culture, Education, Arts and Crafts, Sport and Entertainment Activities	0.63
石油、煤炭及其他燃料加工业	Processing of Petroleum, Coal and Other Fuel	53.45
化学原料和化学制品制造业	Manufacture of Raw Chemical Materials and Chemical Products	154.02
医药制造业	Manufacture of Medicines	23.02
化学纤维制造业	Manufacture of Chemical Fibres	14.83
橡胶和塑料制品业	Manufacture of Rubber and Plastics Products.	11.20
非金属矿物制品业	Manufacture of Non-metallic Mineral Products	248.61
黑色金属冶炼和压延加工业	Smelting and Pressing of Ferrous Metals	232.43
有色金属冶炼和压延加工业	Smelting and Pressing of Non-ferrous Metals	31.80
金属制品业	Manufacture of Metal Products	9.80
通用设备制造业	Manufacture of General Purpose Machinery	16.52
专用设备制造业	Manufacture of Special Purpose Machinery	7.95
汽车制造业	Manufacture of Automobiles	11.09
铁路、船舶、航空航天和其他运输设备制造业	Manufacture of Railway, Ship, Aerospace and Other Transport Equipments	2.27
电气机械和器材制造业	Manufacture of Electrical Machinery and Apparatus	8.23
计算机、通信和其他电子设备制造业	Manufacture of Computers, Communication and Other Electronic Equipment	5.65
仪器仪表制造业	Manufacture of Measuring Instruments and Machinery	1.64
其他制造业	Other Manufacture	14.25
废弃资源综合利用业	Utilization of Waste Resources	
电力、热力生产和供应业	Production and Supply of Electric Power and Heat Power	84.97
燃气生产和供应业	Production and Supply of Gas	2.30
水的生产和供应业	Production and Supply of Water	6.90
建筑业	**Construction**	**8.88**
交通运输、仓储和邮政业	**Transport, Storage and Post**	**65.93**
批发和零售业、住宿和餐饮业	**Wholesale, Retail Trade and Hotel,Restaurants**	**10.81**
其他	**Others**	**25.60**
居民生活	**Residential**	**223.98**
城　镇	Urban	120.75
乡　村	Rural	103.23

Consumption of Energy by Sector

(10 000 tons of SCE)

2000	2010	2015	2020	2021
2505.00	**6280.55**	**8423.44**	**9808.58**	**10345.50**
151.00	**139.58**	**131.21**	**155.01**	**166.91**
1751.76	**4635.41**	**5874.46**	**6096.46**	**6359.73**
165.95	219.43	100.16	26.80	29.40
5.41	32.33	37.26	14.59	11.27
46.01	38.53	37.14	83.47	77.43
20.86	45.57	52.76	58.99	72.19
27.87	46.58	66.93	63.92	68.53
17.70	57.19	53.63	49.67	57.76
10.34	19.59	22.44	15.06	15.12
2.49	3.60	4.32	3.88	3.36
37.07	77.99	80.40	74.96	84.01
0.68	15.45	39.70	19.36	22.40
1.04	13.91	24.24	16.00	16.97
14.83	42.12	31.98	33.50	37.43
0.93	4.51	9.74	22.69	24.14
35.57	76.49	108.08	89.12	111.61
1.77	5.63	21.01	6.96	7.22
0.38	5.61	20.65	12.72	21.19
145.55	236.28	229.37	249.42	225.88
171.93	309.13	349.83	233.42	255.95
20.31	54.94	94.85	68.57	81.52
32.57	25.87	59.59	82.23	94.30
4.45	39.22	55.29	90.22	80.92
313.35	1313.16	1633.25	1668.60	1584.65
323.10	1002.98	1461.89	1372.98	1338.16
102.17	287.01	409.79	248.33	300.22
5.20	26.45	57.95	118.47	125.25
10.95	24.78	26.79	22.59	28.11
10.38	13.92	25.87	18.22	20.60
14.39	54.60	79.10	33.72	36.33
2.95	11.25	11.29	14.10	15.50
7.69	64.00	119.95	84.44	155.22
6.68	22.18	59.52	209.86	243.77
3.61	2.92	6.60	6.52	9.52
6.83	9.62	36.74	74.71	81.15
	1.85	8.51	30.03	42.53
164.68	408.51	405.78	812.77	910.56
1.37	5.32	4.51	9.55	6.54
13.70	15.97	14.90	40.70	48.80
7.72	**57.15**	**109.16**	**155.68**	**167.11**
177.97	**468.94**	**767.26**	**995.88**	**1052.07**
30.59	**140.70**	**232.54**	**376.60**	**476.29**
44.46	**182.70**	**301.20**	**529.08**	**550.08**
341.50	**656.07**	**1007.71**	**1499.87**	**1573.31**
231.33	364.10	526.51	813.69	856.08
110.17	291.97	481.20	686.18	717.23

6-10 煤炭消费量

单位：万吨

行业	Sector	1990
消费总量	**Total Consumption**	**2265.87**
农、林、牧、渔业	**Agriculture, Forestry, Animal Husbandry and Fishery**	**54.20**
工业	**Industry**	**1852.93**
#煤炭开采和洗选业	Mining and Washing of Coal	182.33
黑色金属矿采选业	Mining and Processing of Ferrous Metal Ores	0.42
有色金属矿采选业	Mining and Processing of Non-Ferrous Metal Ores	13.90
非金属矿采选业	Mining and Processing of Non-metal Ores	3.87
农副食品加工业	Processing of Food from Agricultural Products	26.03
食品制造业	Manufacture of Foods	6.58
酒、饮料和精制茶制造业	Manufacture of Liquor, Beverages and Refined Tea	17.53
烟草制品业	Manufacture of Tobacco	1.98
纺织业	Manufacture of Textile	47.21
纺织服装、服饰业	Manufacture of Textile,Wearing Apparels and Accessories	1.14
制鞋业 皮革、毛皮、羽毛及其制品和	Manufacture of Leather, Fur, Feather and Related Products and Footwear	1.09
木材加工和木、竹、藤、棕、草制品业	Processing of Timber, Manufacture of Wood,Bamboo, Rattan, Palm, and Straw Products	12.82
家具制造业	Manufacture of Furniture	0.38
造纸和纸制品业	Manufacture of Paper and Paper Products	43.20
印刷和记录媒介复制业	Printing and Reproduction of Recording Media	0.24
文教、工美、体育和娱乐用品制造业	Manufacture of Articles for Culture, Education, Arts and Crafts, Sport and Entertainment Activities	0.13
石油、煤炭及其他燃料加工业	Processing of Petroleum, Coal and Other Fuel	90.60
化学原料和化学制品制造业	Manufacture of Raw Chemical Materials and Chemical Products	146.91
医药制造业	Manufacture of Medicines	24.08
化学纤维制造业	Manufacture of Chemical Fibres	17.98
橡胶和塑料制品业	Manufacture of Rubber and Plastics Products.	11.95
非金属矿物制品业	Manufacture of Non-metallic Mineral Products	316.22
黑色金属冶炼和压延加工业	Smelting and Pressing of Ferrous Metals	152.40
有色金属冶炼和压延加工业	Smelting and Pressing of Non-ferrous Metals	12.09
金属制品业	Manufacture of Metal Products	3.69
通用设备制造业	Manufacture of General Purpose Machinery	4.46
专用设备制造业	Manufacture of Special Purpose Machinery	3.16
汽车制造业	Manufacture of Automobiles	4.17
铁路、船舶、航空航天和其他运输设备制造业	Manufacture of Railway, Ship, Aerospace and Other Transport Equipments	0.87
电气机械和器材制造业	Manufacture of Electrical Machinery and Apparatus	11.93
计算机、通信和其他电子设备制造业	Manufacture of Computers, Communication and Other Electronic Equipment	2.45
仪器仪表制造业	Manufacture of Measuring Instruments and Machinery	0.81
其他制造业	Other Manufacture	1.12
废弃资源综合利用业	Utilization of Waste Resources	
电力、热力生产和供应业	Production and Supply of Electric Power and Heat Power	685.20
燃气生产和供应业	Production and Supply of Gas	1.92
水的生产和供应业	Production and Supply of Water	
建筑业	**Construction**	
交通运输、仓储和邮政业	**Transport, Storage and Post**	**38.66**
批发和零售业、住宿和餐饮业	**Wholesale, Retail Trade and Hotel,Restaurants**	**11.41**
其他	**Others**	**2.51**
居民生活	**Residential**	**303.87**
城镇	Urban	165.12
乡村	Rural	138.75

Consumption of Coal by Sector

(10 000 tons)

2000	2010	2015	2020	2021
2468.63	**6246.61**	**7658.74**	**7976.55**	**8057.12**
12.10	**23.00**	**18.00**	**19.00**	**15.00**
2263.78	**5989.55**	**7396.51**	**7660.94**	**7759.61**
200.13	367.29	261.19	25.67	29.70
0.86	5.81	6.18	0.68	
4.76	3.91	3.49	1.06	0.87
22.40	15.18	49.99	62.20	82.28
18.59	11.40	19.42	10.01	8.65
7.72	61.64	51.19	35.91	32.40
14.48	12.04	9.76	3.88	2.31
2.23	1.31	0.53		
32.80	12.30	10.88	2.99	3.45
0.03	3.68	2.23	0.44	0.28
0.64	1.01	1.78	0.93	0.39
18.09	3.41	1.54	0.16	0.13
0.07	0.42	0.22	0.22	0.01
60.49	60.18	109.98	156.34	160.83
0.25	0.34	2.83	0.56	0.92
0.12	0.67	2.67	0.72	8.83
125.50	387.56	623.10	551.86	543.64
179.20	152.40	215.52	111.88	104.08
19.20	20.71	18.29	4.94	4.44
20.32	28.50	64.98	121.62	135.08
5.76	8.14	8.95	17.65	19.43
360.31	1031.44	1673.93	1540.79	1364.03
290.36	1083.66	1157.94	930.87	926.48
24.17	63.89	153.93	30.58	27.97
2.39	3.39	5.07	0.35	0.32
4.99	4.07	2.86	0.07	0.08
2.32	1.73	2.89	0.64	0.82
5.68	7.43	3.31		
1.18	1.54	0.56	0.02	
12.90	7.90	6.44	0.56	11.58
2.03	1.13	2.71	3.35	1.87
0.66	0.16	0.06		
8.04	1.57	9.40		
	0.34	3.00	3.01	5.75
857.12	2613.88	2909.57	4041.01	4282.96
1.83	9.11			
0.04	0.03			
	3.00	**2.00**	**2.80**	**2.50**
11.42	**3.06**	**5.00**	**5.01**	**4.01**
5.20	**16.00**	**23.00**	**25.00**	**25.00**
	24.00	**24.50**	**20.00**	**15.00**
176.13	**188.00**	**189.72**	**243.80**	**236.00**
95.64	35.00	30.00	50.80	46.00
80.49	153.00	159.72	193.00	190.00

6-11 电力消费量

单位：亿千瓦小时

行　　业	Sector	1990
消费总量	**Total Consumption**	**127.65**
农、林、牧、渔业	**Agriculture, Forestry, Animal Husbandry and Fishery**	**14.34**
工　业	**Industry**	**99.05**
#煤炭开采和洗选业	Mining and Washing of Coal	8.28
黑色金属矿采选业	Mining and Processing of Ferrous Metal Ores	0.51
有色金属矿采选业	Mining and Processing of Non-Ferrous Metal Ores	8.63
非金属矿采选业	Mining and Processing of Non-metal Ores	0.57
农副食品加工业	Processing of Food from Agricultural Products	1.58
食品制造业	Manufacture of Foods	0.42
酒、饮料和精制茶制造业	Manufacture of Liquor, Beverages and Refined Tea	0.85
烟草制品业	Manufacture of Tobacco	0.23
纺织业	Manufacture of Textile	4.42
纺织服装、服饰业	Manufacture of Textile,Wearing Apparels and Accessories	0.16
皮革、毛皮、羽毛及其制品和制鞋业	Manufacture of Leather, Fur, Feather and Related Products and Footwear	0.23
木材加工和木、竹、藤、棕、草制品业	Processing of Timber, Manufacture of Wood,Bamboo, Rattan, Palm,and Straw Products	0.61
家具制造业	Manufacture of Furniture	0.09
造纸和纸制品业	Manufacture of Paper and Paper Products	2.91
印刷和记录媒介复制业	Printing and Reproduction of Recording Media	0.27
文教、工美、体育和娱乐用品制造业	Manufacture of Articles for Culture, Education, Arts and Crafts, Sport and Entertainment Activities	0.11
石油、煤炭及其他燃料加工业	Processing of Petroleum, Coal and Other Fuel	1.31
化学原料和化学制品制造业	Manufacture of Raw Chemical Materials and Chemical Products	13.37
医药制造业	Manufacture of Medicines	1.95
化学纤维制造业	Manufacture of Chemical Fibres	0.69
橡胶和塑料制品业	Manufacture of Rubber and Plastics Products.	0.82
非金属矿物制品业	Manufacture of Non-metallic Mineral Products	7.81
黑色金属冶炼和压延加工业	Smelting and Pressing of Ferrous Metals	11.69
有色金属冶炼和压延加工业	Smelting and Pressing of Non-ferrous Metals	3.64
金属制品业	Manufacture of Metal Products	0.91
通用设备制造业	Manufacture of General Purpose Machinery	1.78
专用设备制造业	Manufacture of Special Purpose Machinery	1.05
汽车制造业	Manufacture of Automobiles	1.43
铁路、船舶、航空航天和其他运输设备制造业	Manufacture of Railway, Ship, Aerospace and Other Transport Equipments	1.32
电气机械和器材制造业	Manufacture of Electrical Machinery and Apparatus	0.93
计算机、通信和其他电子设备制造业	Manufacture of Computers, Communication and Other Electronic Equipment	0.45
仪器仪表制造业	Manufacture of Measuring Instruments and Machinery	0.19
其他制造业	Other Manufacture	0.12
废弃资源综合利用业	Utilization of Waste Resources	
电力、热力生产和供应业	Production and Supply of Electric Power and Heat Power	18.84
燃气生产和供应业	Production and Supply of Gas	0.03
水的生产和供应业	Production and Supply of Water	1.51
建筑业	**Construction**	**0.93**
交通运输、仓储和邮政业	**Transport, Storage and Post**	**1.19**
批发、零售业和住宿、餐饮业	**Wholesale, Retail Trade and Hotel,Restaurants**	**0.90**
其他	**Others**	**2.77**
生活消费	**Residential**	**8.47**
城　镇	Urban	4.51
乡　村	Rural	3.96

Electricity Consumption by Sector

(100 million kWh)

2000	2010	2015	2020	2021
233.85	**700.51**	**1087.25**	**1626.82**	**1862.52**
21.92	**13.00**	**10.51**	**14.79**	**23.08**
173.98	**496.72**	**729.93**	**1019.78**	**1121.06**
7.54	11.70	8.35	6.47	5.16
0.07	6.12	7.59	3.84	3.48
2.88	8.79	10.34	26.47	25.24
0.90	3.35	6.61	7.55	7.57
4.26	8.05	15.84	15.40	16.51
1.01	5.91	7.54	9.78	12.18
0.89	2.75	4.53	2.77	2.72
0.32	0.53	0.77	1.01	0.81
5.00	17.41	22.36	23.14	26.02
0.15	3.18	9.62	6.20	7.33
0.17	3.21	6.47	4.81	5.30
1.52	8.19	8.35	10.05	11.55
0.19	1.04	2.96	6.84	7.62
3.00	14.08	19.69	11.60	14.41
0.33	1.24	3.41	1.65	1.63
0.07	1.43	5.92	3.75	6.02
4.05	5.93	10.35	8.77	6.56
16.76	49.75	59.06	46.56	52.78
1.52	6.44	20.34	13.74	16.11
1.95	2.59	5.84	3.81	3.60
0.70	7.96	14.73	19.26	21.09
16.34	57.69	87.65	167.57	168.04
26.37	58.61	58.87	89.65	93.03
18.25	46.04	68.05	54.50	62.99
1.78	5.80	9.91	37.16	39.44
1.78	5.50	7.10	6.42	8.38
1.94	3.20	6.56	4.87	5.84
2.07	8.67	15.22	8.73	9.39
0.66	2.74	3.25	4.60	4.98
1.10	15.34	29.22	25.23	39.66
0.62	5.85	18.23	67.29	78.23
0.29	0.73	2.10	2.03	3.08
0.15	2.21	6.72	24.70	27.08
		1.34	6.79	8.30
45.68	109.14	155.22	264.93	295.64
0.03	0.76	1.03	3.17	2.16
3.04	4.39	4.77	13.54	16.32
0.80	**6.69**	**17.79**	**28.83**	**37.78**
3.42	**13.28**	**28.46**	**37.52**	**50.84**
3.08	**21.73**	**45.87**	**82.45**	**125.57**
7.52	**38.27**	**70.30**	**138.99**	**160.27**
23.23	**110.82**	**184.39**	**304.47**	**343.92**
15.68	61.48	98.33	158.44	183.82
7.55	49.34	86.06	146.03	160.10

6-12 规模以上工业主要能源分行业消费量(2021年)

单位：吨

行业	Sector	原煤 Raw Coal	洗精煤 Cleaned Coal
总计	**Total**	**67620283**	**9685366**
#煤炭开采和洗选业	Mining and Washing of Coal	1015529	
黑色金属矿采选业	Mining and Processing of Ferrous Metal Ores		
有色金属矿采选业	Mining and Processing of Non-Ferrous Metal Ores	8654	
非金属矿采选业	Mining and Processing of Non-metal Ores	822795	
农副食品加工业	Processing of Food from Agricultural Products	85795	
食品制造业	Manufacture of Foods	320016	
酒、饮料和精制茶制造业	Manufacture of Liquor, Beverages and Refined Tea	22716	
烟草制品业	Manufacture of Tobacco		
纺织业	Manufacture of Textile	33812	
纺织服装、服饰业	Manufacture of Textile,Wearing Apparels and Accessories	2785	
皮革、毛皮、羽毛及其制品和制鞋业	Manufacture of Leather, Fur, Feather and Related Products and Footwear	3586	
木材加工和木、竹、藤、棕、草制品业	Processing of Timber, Manufacture of Wood,Bamboo, Rattan, Palm, and Straw Products	1334	
家具制造业	Manufacture of Furniture	97	
造纸和纸制品业	Manufacture of Paper and Paper Products	1600323	
印刷和记录媒介复制业	Printing and Reproduction of Recording Media	9058	
文教、工美、体育和娱乐用品制造业	Manufacture of Articles for Culture, Education, Arts and Crafts, Sport and Entertainment Activities	88262	
石油、煤炭及其他燃料加工业	Processing of Petroleum, Coal and Other Fuel	793930	4810575
化学原料和化学制品制造业	Manufacture of Raw Chemical Materials and Chemical Products	1023925	

Main Energy Consumption of Industrial Enterprises above Designated Size by Sector (2021)

(ton)

其他洗煤 Other Washed Coal	焦 炭 Coke	原 油 Crude Oil	汽 油 Gasoline	煤 油 Kerosene	柴 油 Diesel Oil	燃料油 Fuel Oil
782036	**9427914**	**6672316**	**16213**	**205**	**211920**	**80919**
			568		823	
			48		4497	
	7		277	23	8318	
	58884		726		22017	
			267		1578	
			182		595	
			65		60	
					320	
			180	0	260	
			280		90	
250			79		32	
			102	12	788	3
			614	62	1477	
			46		1989	
			830		551	
			67		194	
		6672316	79		522	2051
11369	425		470		2902	

6-12 续表

单位：吨

行　　业	Sector	原　煤 Raw Coal	洗精煤 Cleaned Coal
医药制造业	Manufacture of Medicines	43818	
化学纤维制造业	Manufacture of Chemical Fibres	1350756	
橡胶和塑料制品业	Manufacture of Rubber and Plastics Products.	193070	
非金属矿物制品业	Manufacture of Non-metallic Mineral Products	13329250	
黑色金属冶炼和压延加工业	Smelting and Pressing of Ferrous Metals	3644892	4874792
有色金属冶炼和压延加工业	Smelting and Pressing of Non-ferrous Metals	252028	
金属制品业	Manufacture of Metal Products	3144	
通用设备制造业	Manufacture of General Purpose Machinery	796	
专用设备制造业	Manufacture of Special Purpose Machinery	8075	
汽车制造业	Manufacture of Automobiles		
铁路、船舶、航空航天和其他运输设备制造业	Manufacture of Railway, Ship, Aerospace and Other Transport Equipments	41	
电气机械和器材制造业	Manufacture of Electrical Machinery and Apparatus	114205	
计算机、通信和其他电子设备制造业	Manufacture of Computers, Communication and Other Electronic Equipment	18325	
仪器仪表制造业	Manufacture of Measuring Instruments and Machinery		
其他制造业	Other Manufacture		
废弃资源综合利用业	Utilization of Waste Resources	41283	
电力、热力生产和供应业	Production and Supply of Electric Power and Heat Power	42787983	
燃气生产和供应业	Production and Supply of Gas		
水的生产和供应业	Production and Supply of Water		

continued

(ton)

其他洗煤 Other Washed Coal	焦 炭 Coke	原 油 Crude Oil	汽 油 Gasoline	煤 油 Kerosene	柴 油 Diesel Oil	燃料油 Fuel Oil
			438		924	
			1		361	
			235		505	
45919	41		557		87374	3977
678682	9276454		83		10313	
4211	66199		528	78	45517	53909
	584		837	4	589	
	707		268	17	527	3
	3743		246	3	735	
			918	3	2522	
			18		2747	
			1111	2	804	16636
			363		384	
			12		8	
			42		134	12
	20870		134		2637	4329
41605			5109		7412	
			114		333	
			252		1054	

6-13 能源生产量

能源品种	Type of Energy	1990	2000
一次能源生产量(万吨标准煤)	**Primary Energy Output (10 000 tons of SCE)**	**1282.42**	**1293.23**
原煤(万吨)	Raw Coal (10 000 tons)	2027.11	1813.76
洗精煤(万吨)	Cleaned Coal (10 000 tons)	144.84	125.84
其他洗煤(万吨)	Other Washed Coal (10 000 tons)	189.72	52.10
焦炭(万吨)	Coke (10 000 tons)	119.96	177.5
燃料油(万吨)	Fuel Oil (10 000 tons)	42.36	54.27
汽油(万吨)	Gasoline (10 000 tons)	47.82	81.75
煤油(万吨)	Kerosene (10 000 tons)	1.10	2.41
柴油(万吨)	Diesel Oil (10 000 tons)	46.12	125.82
液化石油气(万吨)	Liquefied Petroleum Gas (10 000 tons)	4.53	16.92
炼厂干气(万吨)	Refinery Gas (10 000 tons)	3.98	9.43
焦炉煤气(亿立方米)	Coke Oven Gas (100 million cu.m)	3.72	7.03
电力(亿千瓦小时)	Electricity (100 million kWh)	121.41	226.77

Energy Production

2010	2015	2020	2021
2312.84	**2356.86**	**1255.41**	**1404.36**
2912.22	2270.70	314.46	237.22
126.10	470.30	63.61	58.02
429.78	99.69	13.45	16.65
678.44	815.44	688.50	694.45
20.89	0.20	17.65	28.00
108.07	192.76	211.62	197.68
	34.17	54.24	45.73
190.85	211.92	236.69	203.65
24.27	32.18	43.89	42.68
14.84	22.08	27.75	25.35
15.71	24.76	19.09	20.97
637.59	982.05	1444.71	1563.27

6-14 能源生产弹性系数
Elasticity Ratio of Energy Production

年 份 Year	能源生产比上年增长(%) Growth Rate of Energy Production over Preceding Year (%)	电力生产比上年增长(%) Growth Rate of Electricity Production over Preceding Year (%)	地区生产总值比上年增长(%) Growth Rate of Gross Domestic Product (GDP) over Preceding Year (%)	能源生产弹性系数 Elasticity Ratio of Energy Production	电力生产弹性系数 Elasticity Ratio of Electricity Production
1985	2.52	15.43	14.8	0.17	1.04
1986	-3.94	13.74	6.7		2.05
1987	5.63	8.98	8.3	0.68	1.08
1988	6.75	12.54	11.4	0.59	1.10
1989	-0.09	3.50	6.4		0.57
1990	-2.86	1.42	4.5		0.32
1991	5.51	7.04	8.2	0.67	0.86
1992	-0.60	10.52	14.8		0.71
1993	1.57	5.08	13.7	0.11	0.37
1994	10.79	13.01	17.0	0.63	0.77
1995	22.50	3.45	14.5	1.55	0.24
1996	-15.82	3.94	13.4		0.29
1997	-10.37	-1.89	11.5		
1998	-1.09	0.69	8.2		0.08
1999	-17.22	8.90	7.8		1.14
2000	12.02	7.73	8.0	1.50	0.97
2001	-3.91	6.85	8.8		0.78
2002	0.76	14.73	10.5	0.07	1.40
2003	20.22	22.64	13.0	1.55	1.74
2004	26.37	13.85	13.2	2.00	1.05
2005	5.68	1.89	12.8	0.44	0.15
2006	11.47	16.68	12.3	0.93	1.36
2007	0.55	13.42	13.2	0.04	1.02
2008	6.29	-0.21	13.2	0.48	
2009	5.59	6.33	13.1	0.43	0.48
2010	-8.54	21.58	14.0		1.54
2011	11.62	16.41	12.5	0.93	1.31
2012	0.76	2.34	11.0	0.07	0.21
2013	-1.63	15.25	10.1		1.51
2014	-4.18	-0.24	9.7		
2015	-3.88	12.45	9.1		1.37
2016	-15.10	10.52	9.0		1.17
2017	-23.77	6.67	8.8		0.76
2018	-23.29	10.40	8.7		1.20
2019	12.85	7.64	7.9	1.63	0.97
2020	-4.91	5.00	3.8		1.32
2021	11.86	8.21	8.8	1.35	0.93

6-15 能源消费弹性系数
Elasticity Ratio of Energy Consumption

年 份 Year	能源消费比上年增长(%) Growth Rate of Energy Consumption over Preceding Year (%)	电力消费比上年增长(%) Growth Rate of Electricity Consumption over Preceding Year (%)	地区生产总值比上年增长(%) Growth Rate of Gross Domestic Product (GDP) over Preceding Year (%)	能源消费弹性系数 Elasticity Ratio of Energy Consumption	电力消费弹性系数 Elasticity Ratio of Electricity Consumption
1985	4.75	14.11	14.8	0.32	0.95
1986	11.19	11.10	6.7	1.67	1.66
1987	8.07	11.53	8.3	0.97	1.39
1988	8.75	11.76	11.4	0.77	1.03
1989	0.76	4.61	6.1	0.12	0.76
1990	-2.08	4.10	4.5		0.91
1991	3.53	6.22	8.2	0.43	0.76
1992	4.35	9.37	14.8	0.29	0.63
1993	3.99	6.20	13.7	0.29	0.45
1994	6.45	10.37	17.0	0.38	0.61
1995	15.50	4.30	14.5	1.07	0.30
1996	-9.90	4.97	13.4		0.37
1997	-1.03	-2.18	11.5		
1998	-4.88	0.83	8.2		0.10
1999	5.23	3.35	7.8	0.67	0.42
2000	4.01	7.98	8.0	0.50	1.00
2001	4.91	6.23	8.8	0.56	0.71
2002	11.61	11.32	10.5	1.11	1.08
2003	16.81	15.54	13.0	1.29	1.20
2004	11.33	21.80	13.2	0.86	1.65
2005	12.38	6.37	12.8	0.97	0.50
2006	8.73	13.83	12.3	0.71	1.12
2007	8.42	14.54	13.2	0.64	1.10
2008	6.54	6.98	13.2	0.50	0.53
2009	7.98	11.42	13.1	0.61	0.87
2010	8.05	14.98	14.0	0.58	1.07
2011	9.02	19.21	12.5	0.72	1.54
2012	4.40	3.90	11.0	0.40	0.36
2013	6.08	9.16	10.1	0.60	0.91
2014	6.23	7.54	9.7	0.64	0.78
2015	4.57	6.75	9.1	0.50	0.74
2016	3.64	8.76	9.0	0.40	0.97
2017	2.77	9.43	8.8	0.31	1.07
2018	3.50	10.42	8.7	0.40	1.20
2019	4.09	7.48	7.9	0.52	0.95
2020	1.48	5.93	3.8	0.39	1.56
2021	5.47	14.49	8.8	0.62	1.65

6-16 各地区能源消费总量及用电量(2021年)
The Energy Consumption and Electricity Consumption by Region (2021)

地 区	Region	能源消费总量(万吨标准煤) Total Energy Composition (10 000 tons of SCE)	规模以上工业能源消费量(当量值)(万吨标准煤) Energy Consumption of Industrial Enterprises above Designated Size by Region (equivalent value) (10 000 tons of SCE)	全社会用电量(亿千瓦时) Society Electricity Consumption (100 million kWh)	工业用电量(亿千瓦时) Industrial Electricity Consumption (100 million kWh)	居民生活用电量(亿千瓦时) Residential Electricity Consumption (100 million kWh)
全 省	**Provincial Total**	**10345.50**	**6103.20**	**1862.52**	**1121.06**	**321.42**
南昌市	Nanchang	1675.83	629.80	287.00	147.52	53.43
景德镇市	Jingdezhen	473.76	286.46	72.13	45.16	13.81
萍乡市	Pingxiang	815.89	543.15	84.60	55.56	16.33
九江市	Jiujiang	1539.41	1258.00	271.55	201.92	34.53
新余市	Xinyu	1005.10	771.96	108.98	90.00	8.29
鹰潭市	Yingtan	288.63	272.71	61.80	43.52	8.37
赣州市	Ganzhou	1151.96	396.54	256.95	139.88	59.75
吉安市	Ji'an	602.18	341.55	149.62	93.32	26.94
宜春市	Yichun	1253.84	851.59	245.42	178.59	31.65
抚州市	Fuzhou	571.66	311.36	112.43	62.30	24.78
上饶市	Shangrao	924.12	440.07	212.05	128.01	43.66

6-17 各地区规模以上工业主要能源消费量(2021年)
Main Energy Consumption of Industrial Enterprises above Designated Size by Region (2021)

单位：吨 (ton)

地 区	Region	原煤 Raw Coal	洗精煤 Cleaned Coal	其他洗煤 Other Washed Coal	焦炭 Coke	原油 Crude Oil	汽油 Gasoline	煤油 Kerosene	柴油 Diesel Oil	燃料油 Fuel Oil
全 省	**Provincial Total**	**67620283**	**9685366**	**782036**	**9427914**	**6672316**	**16213**	**205**	**211920**	**80919**
南昌市	Nanchang	3661539	1292158	666921	1417693		7895	3	23883	
景德镇市	Jingdezhen	3911248	2687530				26		4489	656
萍乡市	Pingxiang	4691117	666302		2175478		186	4	7790	2423
九江市	Jiujiang	14687893			2359119	6672316	2040	79	17781	
新余市	Xinyu	6163574	3582634	53366	3325001		378	4	10061	2217
鹰潭市	Yingtan	4040571			14005		193		44589	26932
赣州市	Ganzhou	4349590			823		1517	97	28453	18180
吉安市	Ji'an	5065826		148	2161		878	4	11975	815
宜春市	Yichun	10694711	1325273	45966	62813		1712	5	26984	31
抚州市	Fuzhou	5104506	131470		1312		128	4	7597	4545
上饶市	Shangrao	5249709		15634	69509		1259	6	28319	25120

主要统计指标解释

能源生产总量 指一定时期内，全国或地区一次能源生产量的总和。该指标是观察全国或地区能源生产水平、规模、构成和发展速度的总量指标。一次能源生产量包括原煤、原油、天然气、水电、核能及其他动力能(如风能、地热能等)发电量，不包括低热值燃料生产量、生物质能、太阳能等的利用和由一次能源加工转换而成的二次能源产量。

能源消费总量 指一定时期内，全国或地区各行业和居民生活消费的各种能源的总和。该指标是观察能源消费水平、构成和增长速度的总量指标。能源消费总量包括原煤和原油及其制品、天然气、电力，不包括低热值燃料、生物质能和太阳能等的利用。能源消费总量分为终端能源消费量、能源加工转换损失量和能源损失量三部分。

(1)终端能源消费量：指一定时期内，全国或地区生产和生活消费的各种能源在扣除了用于加工转换二次能源消费量和损失量以后的数量。

(2)能源加工转换损失量：指一定时期内，全国或地区投入加工转换的各种能源数量之和与产出各种能源产品之和的差额。该指标是观察能源在加工转换过程中损失量变化的指标。

(3)能源损失量：指一定时期内，能源在输送、分配、储存过程中发生的损失和由客观原因造成的各种损失量，不包括各种气体能源放空、放散量。

能源生产弹性系数 是研究能源生产增长速度与国民经济增长速度之间关系的指标。计算公式：

$$能源生产弹性系数=\frac{能源生产总量年平均增长速度}{国民经济年平均增长速度}$$

国民经济年平均增长速度，可根据不同的目的或需要，用国民生产总值、国内生产总值等指标来计算，本年鉴是采用国内生产总值指标计算的。

电力生产弹性系数 是研究电力生产增长速度与国民经济增长速度之间关系的指标。一般来说，电力的发展应当快于国民经济的发展，也就是说电力应超前发展。计算公式为：

$$电力生产弹性系数=\frac{电力生产总量年平均增长速度}{国民经济年平均增长速度}$$

能源消费弹性系数 反映能源消费增长速度与国民经济增长速度之间比例关系的指标。计算公式为：

$$能源消费弹性系数=\frac{能源消费总量年平均增长速度}{国民经济年平均增长速度}$$

电力消费弹性系数 反映电力消费增长速度与国民经济增长速度之间比例关系的指标。计算公式为：

$$电力消费弹性系数=\frac{电力消费总量年平均增长速度}{国民经济年平均增长速度}$$

一次电力 是指核电、水电、风电以及太阳能发电所发出的电力。

Explanatory Notes on Main Statistical Indicators

Total Energy Production refers to the total production of primary energy by all energy producing enterprises in the country or region in a given period of time. It is a comprehensive indicator to show the level, scale, composition and pace of development of energy production of the country or region. The production of primary energy includes that of coal, crude oil, natural gas, hydro-power and electricity generated by nuclear energy and other means such as wind power and geothermal power. However, it does not include the production of fuels of low calorific value, bio-energy, solar energy and secondary energy converted from primary energy.

Total Energy Consumption refers to the total consumption of energy of various kinds by the production sectors and the households in the country or region in a given period of time. It is a comprehensive indicator to show the scale, composition and pace of increase of energy consumption. Total energy consumption includes that of coal, crude oil and their products, natural gas and electricity. However, it does not include the consumption of fuel of low calorific value, bio-energy and solar energy. Total energy consumption can be divided into three parts: end-use energy consumption; loss during the process of energy conversion; and energy loss.

(1)End-use Energy Consumption: It refers to the total energy consumption by the production sectors and the households in the country or region in a given period of time. It does not include the consumption during the conversion of primary energy into secondary energy and the loss in the process of energy conversion.

(2)Loss During the Process of Energy Conversion: It refers to the total input of various kinds of energy for conversion, minus the total output of various kinds of energy in the country or region in a given period of time. It is an indicator to show the loss that occurs during the process of energy conversion.

(3)Energy Loss: It refers to the total of the loss of energy during the course of energy transport, distribution and storage and the loss caused by any objective reason in a given period of time. The loss of various kinds of gas due to gas discharges and stocktaking is not included.

Elasticity Ratio of Energy Production is an indicator to show the relationship between the growth rate of energy production and the growth rate of the national economy. The formula is:

$$\text{Elasticity Ratio of Energy Production} = \frac{\text{Average Annual Growth Rate of Energy Production}}{\text{Average Annual Growth Rate of National Economy}}$$

The average annual growth rate of the national economy can be measured by indicators such as the Gross National Product and the Gross Domestic Product, depending on the purposes or needs. The Gross Domestic Product has been used in the calculation of the ratio in this Yearbook.

Elasticity Ratio of Electricity Production is an indicator to show the relationship between the growth rate of electricity production and the growth rate of the national economy. Generally speaking, the growth rate of electricity production should be higher than that of the national economy.

Its formula is:

$$\text{Elasticity Ratio of Electricity Production} = \frac{\text{Average Annual Growth Rate of Electricity Production}}{\text{Average Annual Growth Rate of National Economy}}$$

Elasticity Ratio of Energy Consumption is an indicator to show the relationship between the growth rate of energy consumption and the growth rate of the national economy. The formula is:

$$\text{Elasticity Ratio of Energy Consumption} = \frac{\text{Average Annual Growth Rate of Energy Consumption}}{\text{Average Annual Growth Rate of National Economy}}$$

Elasticity Ratio of Electricity Consumption is an indicator to show the relationship between the growth rate of electricity consumption and the growth rate of the national economy. The formula is:

$$\text{Elasticity Ratio of Electricity Consumption} = \frac{\text{Average Annual Growth Rate of Electricity Consumption}}{\text{Average Annual Growth Rate of National Economy}}$$

Primary Power It refers to electricity generated by nuclear power, hydropower, wind power and solar power.

7

财　政

GOVERNMENT FINANCE

◆ 155/166

资料整理：钟晓慧

简要说明

一、主要内容

本篇包括全省财政收支和预算外资金收支资料。

二、统计口径

2007 年起，财政收支科目实施了较大改革，特别是财政支出项目口径变化很大，与往年数据不可比。

三、资料来源

资料来源于省财政厅的财政总决算报表，由省统计局国民经济核算处编辑整理。

Brief Introduction

I. Main Contents

The data in this chapter present provincial government revenue and expenditure situation, the extra-budgetary revenue and expenditure.

II. Scope of Statistics

Due to the adjustment on classifications of revenue and expenditure accounts since 2007, the relative data are imcomparable with previous years` data.

III. Sources of Data

The data are based on final provincial financial accounts, which are provided by the Department of National Accounts of the provincial Bureau of Statistics.

7-1 一般公共预算收支总额
General Public Budget Revenue and Expenditure

单位：万元 (10 000 yuan)

年份 Year	一般公共预算收入 General Public Budget Revenue	税收收入 Taxes Revenue	#增值税 Value-added Tax	#营业税 Business Tax	#企业所得税 Corporate Income Tax	非税收入 Non-tax Receipts	一般公共预算支出 General Public Budget Expenditure
1994	492907	421932	106344	111482	38491	70975	920290
1995	641328	524945	110526	151464	56004	116383	1103381
1996	770936	635070	126810	194011	63139	135866	1318475
1997	905924	712721	119902	216962	81443	193203	1526026
1998	971561	769453	123145	250849	73469	202108	1752605
1999	1051371	812280	125302	249255	86842	239091	2078293
2000	1115536	856481	150826	263986	95048	259055	2234722
2001	1319790	1021023	172324	266187	226086	298767	2837144
2002	1405457	1040551	187248	334960	105994	364906	3413843
2003	1681670	1230510	230683	431628	97428	451160	3820981
2004	2057667	1450860	254350	553126	135045	606807	4540598
2005	2529236	1707228	338739	628395	173966	822008	5639525
2006	3055214	2087123	411759	755107	246651	968091	6964361
2007	3898510	2818573	530534	973988	379803	1079937	9050582
2008	4886476	3579635	642916	1181937	474319	1306841	12100730
2009	5813012	4300204	667374	1534987	462744	1512808	15623742
2010	7780922	5851073	847892	2043822	637192	1929849	19232633
2011	10534342	7770948	1058993	2727856	979220	2763394	25345989
2012	13719940	9780836	1074123	3634642	1241189	3939104	30192244
2013	16212358	11787426	1464306	4235034	1367065	4424932	34703013
2014	18818315	13811325	2195983	4435692	1524704	5006990	38827011
2015	21657362	15170279	2406292	4984378	1572137	6487083	44125491
2016	21514670	14711012	3788124	2828829	1662639	6803658	46174022
2017	22470624	15150122	6157167	67732	1822263	7320502	51114673
2018	23730080	16631502	7129087	23197	2226212	7098578	56675207
2019	24873857	17476297	8008554		2446552	7397560	63868022
2020	25075448	17019191	7664045		2325396	8056257	66740791
2021	28122251	19293277	9410015		2444161	8828974	67788720

注：1.1994–2009年企业所得税含退税。

2.1997年地方财政收入和非税收入包含当年纳入基金预算收入的城市教育附加费、矿产资源补偿费、排污费和城市水资源费收入。

3.以上数据根据江西省历年财政总决算整理得出。

a) From 1994 to 2009,corporate income tax induces tax the return.

b) In 1997,the local government revenue and non-tax income induce extra-charges for urban education,compensation for mineral resources,fee on sewage treatment and on urban water resource,which has brought into the income of funds budget at current year.

c) Data above are collected according to Jiangxi annual general final budget of public finance.

7-2 一般公共预算主要收入项目(2021年)
Main Items of General Public Budget Revenue(2021)

单位：万元 (10 000 yuan)

项　　目	Item	2017	2018	2019	2020	2021
总　　计	**Total**	**22470624**	**23730080**	**24873857**	**25075448**	**28122251**
税收收入	**Tax Revence**	**15150122**	**16631502**	**17476297**	**17019191**	**19293277**
#增值税	Value Added Tax	6157167	7129087	8008554	7664045	9410015
营业税	Business Tax	67732	23197			
企业所得税	Corporate Income Tax	1822263	2226212	2446552	2325396	2444161
个人所得税	Individual Income Tax	696417	890121	566183	628380	771761
资源税	Resource Tax	596392	448827	304981	274066	244209
城市维护建设税	City Maintenance and Construction Tax	893434	1041146	1091390	1109113	1332865
房产税	House Property Tax	402352	398202	413791	342259	404707
印花税	Stamp Tax	219525	224986	216961	240414	328238
城镇土地使用税	Urban Land Use Tax	554839	489271	506526	411945	448287
土地增值税	Land Appreciation Tax	1180500	1339023	1388614	1421236	1182878
车船税	Tax on Vehicles and Boat Operation	139312	162254	184064	209837	241091
烟叶税	Tobacco Leaf Tax	26033	15328	11018	14470	15223
耕地占用税	Farm Land Occupation Tax	780138	441224	365764	284947	211159
契　税	Deed Tax	1681750	1778899	1926924	2048824	2223671
非税收入	**Non Tax Revenue**	**7320502**	**7098578**	**7397560**	**8056257**	**8828974**
#国有资本经营收入	Operating Income from Government Capital	31175	28515	21587	96324	92213
行政事业性收费收入	Revenue from Administrative and Institutional Fees	1759765	1522872	1522887	1592063	1678384
罚没收入	Penalty Receipts	972193	1065352	1221874	1196992	1469997
专项收入	Special Program Receipts	1228799	1459183	1448788	1231336	1582203
国有资源(资产)有偿使用收入	Income from Use of State-owned Resources (Assets)	2615552	2514452	2699408	3396026	3445493
其他收入	Other Revenue	713018	508204	483016	543516	560684

7-3 一般公共预算支出
General Public Budget Expenditure

单位：万元 (10 000 yuan)

项　　目	Item	2017	2018	2019	2020	2021
总　　计	**Total**	**51114673**	**56675207**	**63868022**	**66740791**	**67788720**
一般公共服务	General Public Services	4771658	5252659	5963708	5582788	5406153
国防	National Defence	56800	66356	81535	96867	92057
公共安全	Public Security	2557445	3006038	3156466	3165999	2924318
教育	Education	9405702	10544090	11485039	12235880	12490987
科学技术	Science and Technology	1200857	1470936	1829194	1957387	2109502
文化旅游体育与传媒	Culture, Tourism, Sport and Media	746545	791029	875979	1203487	1173194
社会保障和就业	Social Security and Employment	6639343	7610648	8177559	8656497	8921187
卫生健康	Health Care	4925890	5854720	6309928	6423569	6432720
节能环保	Energy Conservation and Environment Protection	1434042	1625457	1942833	2182654	2295946
城乡社区	Urban and Rural Community Affairs	5160581	6761472	10463845	7284110	6695266
农林水	Agriculture,Forestry and Water Conservancy	6077087	5994078	6198025	7403133	7622555
交通运输	Transportation	2289087	2307388	2248187	2603695	2907814
资源勘探工业信息等	Resource Exploration and Industrial Information	2158014	1668544	1391127	2539758	3484567
商业服务业等	Affairs of Commerce and Services	346045	370914	190594	289330	317214
金融	Financial Affairs	71153	23451	43412	97667	282075
援助其他地区	Othre Regional Assistance	31000	31020	28010	21500	21300
自然资源海洋气象等	Nature Resources, Ocean and Weather	400948	384423	365611	510089	491116
住房保障	Affairs of Housing Security	1510369	1375948	1432372	2052514	1857596
粮油物资储备	Affairs of Managemetn of Grain & Oil Reserves	171073	168238	216788	209067	161689
债务付息	Interest Payments on Debts	575689	735103	982914	1064986	1172306
其他	Other Expenditure	578682	626039	159739	546808	384986

7-4 各地区一般公共预算收入(2021年)
General Public Budget Revenue of Local Government by Region (2021)

单位：万元 (10 000 yuan)

地 区	Region	一般公共预算收入 General Public Budget Revenue	增值税 Value-added Tax	企业所得税 Corporate Income Tax	个人所得税 Individual Income Tax	其他收入 Other Revenue
全 省	**Provincial Total**	**28122251**	**9410015**	**2444161**	**771761**	**15496314**
南昌市	Nanchang	4848319	1237210	551087	162977	2897045
景德镇市	Jingdezhen	1014865	162742	49319	11908	790896
萍乡市	Pingxiang	1086329	329058	57923	18073	681275
九江市	Jiujiang	2922308	791088	215693	113250	1802277
新余市	Xinyu	815789	343436	65550	36830	369973
鹰潭市	Yingtan	926126	384675	53420	10697	477334
赣州市	Ganzhou	2940683	732605	201733	51980	1954365
吉安市	Ji'an	1819510	570552	113270	46305	1089383
宜春市	Yichun	2542221	837495	153873	34247	1516606
抚州市	Fuzhou	1318641	418195	80774	18899	800773
上饶市	Shangrao	2359637	772213	124384	35066	1427974

注：1.本表财政收入不含中央两税收入。
2.其他收入＝一般公共预算收入-增值税-企业所得税-个人所得税。
a) The local Government Revenue in the table do not include the Value-added tax and consumption tax of the central Government.
b)Other Revenue=General Public Budget Revenue-Value-added Tax-Corporate Income Tax-Individual Income Tax.

7-5 各地区一般公共预算支出(2021年)
General Public Budget Expenditure of Local Government by Region (2021)

单位：万元 (10 000 yuan)

地 区	Region	一般公共预算支出 General Public Budget Expenditure	一般公共服务 General Public Services	教 育 Education	社会保障和就业 Social Security and Employment	卫生健康 Health Care	农林水 Agriculture, Forestry and Water Consenvancy	其他支出 Other Expenditure
全 省	**Provincial Total**	**67788720**	**5406153**	**12490987**	**8921187**	**6432720**	**7622555**	**26915118**
南昌市	Nanchang	8700084	708689	1380575	729119	842116	635229	4404356
景德镇市	Jingdezhen	2260057	214431	390205	227174	199557	191294	1037396
萍乡市	Pingxiang	2899651	325227	481963	387698	278671	238339	1187753
九江市	Jiujiang	6244689	578904	1170435	677962	634951	763889	2418548
新余市	Xinyu	1575011	140104	262185	154975	127042	119219	771486
鹰潭市	Yingtan	1889479	131761	320960	156095	146564	168862	965237
赣州市	Ganzhou	9610938	728198	2181453	1086821	1168178	1313513	3132775
吉安市	Ji'an	5594237	457091	1112021	619051	626557	742699	2036818
宜春市	Yichun	6490510	477557	1175773	713672	772648	757620	2593240
抚州市	Fuzhou	5013311	380070	874027	519926	571090	711324	1956874
上饶市	Shangrao	7531338	569523	1385317	850367	853629	931676	2940826

注：其他支出＝一般公共预算支出－一般公共服务－教育－社会保障和就业－卫生健康－农林水。

a)Other Expenditure=General Public Budget Expenditure-General Public Services-Social Security and Employment-Health Care-Agriculture,Forestry and Water Consenvancy.

7-6 县(市、区)一般公共预算收支表(2021年)
General Public Financial Revenue and Expenditure of Local Government by County (County-level City) (2021)

单位：万元 (10 000 yuan)

地 区	Region	一般公共预算收入 General Public Government Budget Revenue	税收收入 Tax Revenue	增值税 Value-added Tax	非税收入 Non-tax Revenue	一般公共预算支出 General Public Budget Expenditure
东湖区	Donghu	149400	119656	24612	29744	250995
西湖区	Xihu	215205	164712	40745	50493	341982
青云谱区	Qingyunpu	122915	97854	34613	25061	246646
红谷滩区	Honggutan	342111	259411	49876	82700	356163
青山湖区	Qingshanhu	159053	115665	48452	43388	329039
新建区	Xinjian	365727	273892	89115	91835	857510
南昌县	Nanchang	793150	513663	187954	279487	1402977
安义县	Anyi	141144	91940	36023	49204	386986
进贤县	Jinxian	200177	138525	63668	61652	576301
昌江区	Changjiang	61545	28930	12533	32615	147241
珠山区	Zhushan	80001	35261	16595	44740	201685
浮梁县	Fuliang	83435	70461	23949	12974	305127
乐平市	Leping	343153	236617	51281	106536	730230
安源区	Anyuan	296569	203225	94942	93344	497064
湘东区	Xiangdong	132669	89343	48296	43326	498915
莲花县	Lianhua	62779	44969	22514	17810	280676
上栗县	Shangli	163177	107163	53774	56014	456718
芦溪县	Luxi	123720	83531	34659	40189	342506
濂溪区	Lianxi	173825	118869	51713	54956	267029
浔阳区	Xunyang	79357	58592	21987	20765	155400
柴桑区	chaisang	150006	103641	54919	46365	291764
武宁县	Wuning	151163	117456	53179	33707	388622
修水县	Xiushui	169341	124314	54129	45027	581955
永修县	Yongxiu	200395	136928	73394	63467	471134
德安县	De'an	137311	94403	63737	42908	268155
都昌县	Duchang	96517	72529	39752	23988	426061
湖口县	Hukou	211499	155004	79742	56495	377292
彭泽县	Pengze	182471	120382	61654	62089	422557
瑞昌市	Ruichang	252253	168243	60445	84010	424983
共青城市	Gongqingcheng	208962	186640	48791	22322	351530
庐山市	Lushan	188830	100757	28714	88073	356568
渝水区	Yushui	225890	189951	89322	35939	427908
分宜县	Fenyi	161163	112016	69099	49147	298434
月湖区	Yuehu	77671	51147	24188	26524	160109

7-6 续表 continued

单位：万元 (10 000 yuan)

地 区	Region	一般公共预算收入 General Public Government Budget Revenue	税收收入 Tax Revenue	增值税 Value-added Tax	非税收入 Non-tax Revenue	一般公共预算支出 General Public Budget Expenditure
余江区	Yujiang	151266	110347	71479	40919	386372
贵溪市	Guixi	413521	313720	191958	99801	626983
章贡区	Zhanggong	227003	144494	59034	82509	395042
南康区	Nankang	248190	183146	75883	65044	752769
赣县区	Ganxian	173374	100117	27661	73257	493260
信丰县	Xinfeng	151311	121159	42235	30152	500498
大余县	Dayu	92477	47159	17477	45318	301588
上犹县	Shangyou	73048	49733	15471	23315	311046
崇义县	Chongyi	90805	57200	31782	33605	296061
安远县	Anyuan	71295	50381	11857	20914	320875
龙南市	Longnan	162002	102473	47416	59529	392000
定南县	Dingnan	89326	53863	13490	35463	351613
全南县	Quannan	74107	41647	16693	32460	366808
宁都县	Ningdu	92275	48254	16099	44021	546016
于都县	Yudu	150567	106710	33572	43857	660193
兴国县	Xingguo	96201	71840	22750	24361	566197
会昌县	Huichang	103794	53326	22798	50468	441402
寻乌县	Xunwu	70851	42293	14308	28558	318188
石城县	Shicheng	72860	48886	20851	23974	304550
瑞金市	Ruijin	158278	126398	55036	31880	639675
吉州区	Jizhou	113634	76562	37682	37072	368886
青原区	Qingyuan	67854	43413	24488	24441	184985
吉安县	Ji’an	176309	104663	59016	71646	408096
吉水县	Jishui	116216	76295	38032	39921	435335
峡江县	Xiajiang	92396	63697	36685	28699	253851
新干县	Xingan	123480	94757	48177	28723	373009
永丰县	Yongfeng	133416	80760	36054	52656	413298
泰和县	Taihe	157508	96330	45183	61178	447174
遂川县	Suichuan	108594	71297	36857	37297	483308
万安县	Wan an	88317	58401	32464	29916	348729
安福县	Anfu	125225	82258	46464	42967	406886
永新县	Yongxin	79391	52920	29779	26471	399897
井冈山市	Jinggangshan	69037	37138	14690	31899	256893

7-6 续表2 continued

单位：万元 (10 000 yuan)

地 区	Region	一般公共预算收入 General Public Government Budget Revenue	税收收入 Tax Revenue	增值税 Value-added Tax	非税收入 Non-tax Revenue	一般公共预算支出 General Public Budget Expenditure
袁州区	Yuanzhou	252247	175970	79384	76277	733811
奉新县	Fengxin	158234	109337	61180	48897	413412
万载县	Wanzai	164849	110124	62663	54725	499493
上高县	Shanggao	192116	129237	75191	62879	415691
宜丰县	Yifeng	125500	86924	45069	38576	335000
靖安县	Jing'an	70251	45454	22998	24797	237900
铜鼓县	Tonggu	51505	31392	16158	20113	241796
丰城市	Fengcheng	501066	351146	174993	149920	1036188
樟树市	Zhangshu	364497	249862	125051	114635	686982
高安市	Gaoan	333135	260873	105518	72262	634957
临川区	Linchuan	147401	117378	64322	30023	583721
东乡区	Dongxiang	180111	128258	62481	51853	561718
南城县	Nancheng	103382	83799	38702	19583	351562
黎川县	Lichuan	70851	53645	26251	17206	301415
南丰县	Nanfeng	84009	54773	23529	29236	306637
崇仁县	Chongren	85638	55963	20932	29675	365377
乐安县	Le'an	57903	45982	16381	11921	328511
宜黄县	Yihuang	64057	52312	31575	11745	237089
金溪县	Jinxi	66161	46433	23075	19728	286234
资溪县	Zixi	32401	26288	13987	6113	175552
广昌县	Guangchang	61110	46202	21278	14908	319120
信州区	Xinzhou	194188	142843	59600	51345	367261
广丰区	Guangfeng	300292	195161	113364	105131	710076
广信区	Guangxin	184036	145232	75203	38804	521412
玉山县	Yushan	176551	122289	61281	54262	505278
铅山县	Yanshan	141636	97801	60097	43835	442458
横峰县	Hengfeng	77471	62495	35247	14976	262720
弋阳县	Yiyang	119966	83325	35310	36641	460747
余干县	Yugan	125164	92691	51027	32473	568761
鄱阳县	Poyang	144575	97127	39246	47448	893629
万年县	Wannian	146156	99082	47758	47074	462022
婺源县	Wuyuan	100538	67245	37364	33293	358956
德兴市	Dexing	236793	153187	77768	83606	534846

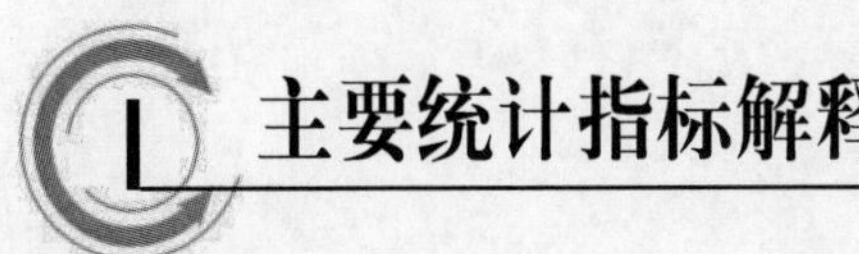

主要统计指标解释

财政收入 国家财政参与社会产品分配所取得的收入，是实现国家职能的财力保证。财政收入所包括的内容几经变化，目前主要包括：

1. 各项税收：包括增值税、营业税、消费税、土地增值税、城市维护建设税、资源税、城市土地使用税、印花税、固定资产投资方向调节税、个人所得税、企业所得税、关税和耕地占用税等。

2. 专项收入：包括征收排污费、征收城市水资源费收入、教育费附加收入等。

3. 其他收入：包括基本建设贷款归还收入、国家能源交通重点建设基金收入、国家预算调节基金等。

4. 国有企业计划亏损补贴：这项为负收入，冲减财政收入。

财政支出 国家财政将筹集起来的资金进行分配使用，以满足经济建设和各项事业的需要，主要包括一般公共服务、外交、国防、教育、公共安全、科学技术、文化体育与传媒、社会保障和就业、医疗卫生、环境保护、城乡社区事务、农林水事务、交通运输、工业商业金融等事务和其他支出等科目。

Explanatory Notes on Main Statistical Indicators

Government Revenue refers to income for the government finance through participating in the distribution of social products. It is the financial guarantee to ensure government functioning. The contents of government revenue have changed several times. Now it includes the following main items:

(1) Various tax revenues, including value added tax, business tax, consumption tax, land value added tax, tax on city maintenance and construction, resources tax, land appreciation tax, stamp tax, Fixed asset investment direction adjustment tax individual income tax, income tax, tariff, and tax on occupancy of cultivated land, etc.

(2) Special revenues, including revenues from the fee on sewage treatment, fee on urban water resources and extra-charges for education, etc.

(3) Other revenues, including revenue from the repayment of capital construction loan, funds for national key construction projects in energy industry and transportation, and national budget adjustment funds.

(4) Subsidies for the losses of State-owned enterprises. This is an item of negative revenue, counteracting revenues.

Government Expenditure refers to the distribution and use of the funds the government finance has raised, so as to meet the needs of economic construction and various causes. It includes expenditure for capital construction, innovation funds of the enterprises, geological prospecting expenses, expenditures for science and technology promotion, expenditure for supporting rural production, operating expenses of the departments of farming, forestry, water conservancy and meteorology etc., operating expenses of the departments of industry, transport and commerce, operating expenses of the departments of culture, education, science and public health, pension for the disabled or for the families of the bereaved and relief funds for social welfare, expenditures for national defence, administrative expenses, expenditure for price subsidies.

8

价格指数
PRICE INDICES

资料整理：赵敏　龚玉洁

简要说明

一、本篇资料的主要内容

本篇资料反映了全省生产、流通、消费等环节价格变动状况，主要包括居民消费、商品零售、生产资料、工业品出厂、原材料燃料动力购进等价格指数。

二、本篇资料的来源

1.居民消费、商品零售价格指数来源于消费价格统计调查年报，由国家统计局江西调查总队消费价格调查处整理提供。

2.工业品出厂、原材料燃料动力购进等价格指数来源于生产价格统计调查年报，由国家统计局江西调查总队生产投资价格调查处整理提供。

Brief Introduction

I. Main Content

Data on the price indices in this chapter show the changing trend in production, circulation and consumption, including mainly consumer price indices of residents, retail price indices, price indices of means of production, production price indices of industrial products, purchasing price indices of raw materials, fuels and power.

II. Source of Data

(1) Data on consumer price indices of residents, retail price indices are based on yearly report on consumer price and are provided by the Division of Consumer Price Survey of Survey Office of the National Bureau of Statistics in Jiangxi.

(2) Data on production price indices of industrial products, purchasing price indices of raw materials, fuels and power are based on yearly report on production price and are provided by the Division of Production Investment Price Survey of Survey Office of the National Bureau of Statistics in Jiangxi.

8-1 各种价格指数
Price Indices

(上年=100) (preceding year=100)

年份 Year	商品零售价格指数 Retail Price Index	城市 Urban Areas	农村 Rural Areas	居民消费价格指数 Consumer Price Index	城市 Urban Areas	农村 Rural Areas
1978	100.1	100.2	100.1		100.2	
1980	104.3	106.6	102.9		106.0	
1985	108.3	109.0	107.8	109.0	108.8	109.1
1990	101.3	100.3	102.2	102.1	101.5	102.8
1995	115.9	115.0	116.9	116.9	116.9	117.0
2000	98.5	98.6	98.5	100.3	102.1	99.1
2001	98.4	98.3	98.4	99.5	99.8	99.2
2002	100.2	100.1	100.3	100.1	100.2	99.9
2003	100.1	99.4	100.7	100.8	100.9	100.6
2004	103.0	101.9	104.0	103.5	103.3	103.5
2005	100.9	100.3	101.4	101.7	101.5	102.2
2006	101.2	101.0	101.4	101.2	100.9	101.6
2007	104.0	103.5	105.1	104.8	104.4	105.8
2008	106.1	106.0	106.4	106.0	105.9	106.3
2009	99.1	99.1	99.0	99.3	99.4	99.2
2010	102.7	102.6	102.9	103.0	102.9	103.3
2011	104.8	104.8	105.0	105.2	105.1	105.6
2012	102.1	101.9	102.5	102.7	102.6	103.0
2013	101.5	101.2	101.9	102.5	102.4	102.9
2014	101.2	101.1	101.4	102.3	102.4	102.2
2015	100.5	100.4	100.6	101.5	101.5	101.5
2016	100.6	100.5	100.8	102.0	102.0	101.9
2017	101.0	101.0	101.0	102.0	102.0	101.9
2018	101.0	101.0	100.8	102.1	102.1	102.2
2019	101.9	102.0	101.4	102.9	102.9	102.8
2020	101.6	101.5	101.9	102.6	102.4	103.0
2021	101.2	101.2	101.1	100.9	100.9	100.7

8-2 各种价格指数(2021年)
Price Indices (2021)

类别	Type	以1978年价格为100 year of 1978=100	以1980年价格为100 year of 1980=100	以1990年价格为100 year of 1990=100	以1995年价格为100 year of 1995=100	以2005年价格为100 year of 2005=100	以2010年价格为100 year of 2010=100	以2015年价格为100 year of 2015=100
商品零售价格指数	Retail Price Index	500.2	475.5	237.2	137.7	134.0	118.2	107.4
城市	Urban Areas	520.7	481.4	235.7	133.0	132.1	117.5	107.4
农村	Rural Areas	479.0	464.2	243.2	143.3	137.6	119.3	107.2
居民消费价格指数	Consumer Price Index			315.9	170.9	146.7	128.5	113.0
城市	Urban Areas	743.4	688.5	336.5	174.7	144.8	127.7	112.9
农村	Rural Areas			300.4	171.6	150.9	130.0	113.2

注：1990-1993年零售、消费价格指数中城市、农村口径为城镇、农村。

a) Statistic standards of retail and consumer price index from 1990-1993 are urban and rural areas.

8-3　商品零售价格分类指数(2021年)
Retail Price Indices by Category (2021)

(上年=100)　　(preceding year=100)

类　　别	Item	全　　省 Province Indices	城　　市 Urban Areas	农　　村 Rural Areas
商品零售价格总指数	**Retail Price Index**	**101.2**	**101.2**	**101.1**
食品	**Food**	**98.6**	**98.8**	**97.5**
粮食	Grain	101.0	100.6	102.7
薯类	Potatoes	100.0	100.1	99.1
豆类	Beans	103.7	103.8	103.4
食用油	Edible oil	109.0	109.6	106.6
菜及食用菌	Vegetables and Edible Fungus	106.4	106.6	105.4
畜肉类	Meat of Livestock	80.5	81.0	78.1
禽肉类	Meat of Poultry	94.3	94.1	95.7
水产品	Aquatic products	111.8	111.3	115.0
蛋类	Eggs	107.1	107.0	108.1
奶类	Milk	100.4	100.2	101.4
干鲜瓜果类	Dried and Fresh Melons and Fruits	102.5	102.6	101.8
糖果糕点类	Candy and Cake	102.6	103.0	100.2
调味品	Flavoring	101.0	101.2	99.9
其他食品类	Other Foods	100.6	100.6	100.8
餐饮业零售	Catering Retail	101.6	101.6	102.1
饮料、烟酒	**Beverages, Tobacco and Alcohol**	**101.5**	**101.5**	**101.3**
茶及饮料	Tea and Beverages	100.8	100.8	100.5
卷烟	Tobacco	102.0	102.2	101.3
酒类	Liquor	100.8	100.6	101.7
服装、鞋帽	**Garments, Shoes and Hats**	**99.7**	**99.7**	**99.6**
服装	Garments	99.9	100.0	99.6
鞋帽袜	Footgear and Hats	99.0	98.9	99.9
其他衣着配件	Others	100.9	100.8	101.8
纺织品	**Textiles**	**100.0**	**100.1**	**99.3**
服装材料	Clothing	97.3	96.8	101.2
床上用品	Bedding	100.4	100.7	99.0
家用电器及音像器材	**Household Appliances, Music and Video Equipment**	**100.9**	**100.9**	**101.3**
家庭设备	Household Appliances	100.4	100.5	100.1
文娱用耐用消费品	Cultural and Recreate Durable Consumable	101.9	101.5	104.1
专业音像器材	Professional Music and Video Equipment	101.0	101.1	99.5
文化办公用品	**Cultural and Office Appliances**	**99.1**	**98.8**	**101.2**
日用品	**Articles for Daily Use**	**100.2**	**100.3**	**99.9**
日用百货	General Merchandise for Daily Use	100.5	100.5	100.5
厨具餐具茶具	Kitchenware tableware and Tea set	98.7	98.8	97.8
清洗用品	Cleaning Supplies	101.1	101.3	100.3
其他日用品	Other Daily Necessities	100.1	100.2	99.6
体育娱乐用品	**Sports and Recreation Articles**	**100.4**	**100.3**	**100.9**

8-3 续表 continued

(上年=100) (preceding year=100)

类别	Item	全省 Province Indices	城市 Urban Areas	农村 Rural Areas
体育户外用品	Sports Articles	100.4	100.5	100.3
娱乐用品	Recreation Articles	100.4	100.3	100.9
交通、通信用品	**Transportation and Communication Appliances**	**99.8**	**99.8**	**100.0**
交通运输机械	Transportation Equipments	99.4	99.3	99.8
通信器材	Communication Equipments	101.9	101.9	101.4
家具	**Furniture**	**101.0**	**101.2**	**100.2**
化妆品	**Cosmetics**	**98.5**	**98.4**	**99.5**
金银饰品	**goid and Silver Ornaments**	**100.9**	**100.8**	**101.4**
中西药品及医疗保健用品	**Traditional Chinese and Western Medicines and Health Care Articles**	**99.8**	**99.9**	**99.0**
医疗卫生器具	Medical Apparatus and Articles	94.8	95.8	88.2
中药	Traditional Chinese and Medicines	102.2	102.3	101.9
西药	Western Medicines	98.7	98.7	98.7
保健器具及用品	Medical Apparatus and Articles	101.6	101.8	99.6
书报杂志及电子出版物	**Books, Newspapers, Magazines and Electronic Publications**	**100.9**	**100.8**	**101.8**
教材及参考书	Teaching Material and Reference Book	101.6	101.3	103.2
书报杂志及音像制品	Newspapers,Magazines and Audio&Video Products	100.2	100.1	100.4
计算机办公软件	Computer office software	99.8	100.0	98.4
燃料	**Fuels**	**115.7**	**115.4**	**117.7**
煤炭及制品	Coal and Coal Products	120.4	119.1	128.2
石油及制品	Petroleum and Related Products	115.7	115.4	117.5
建筑材料及五金电料	**Building Materials and Hardware**	**102.5**	**102.5**	**102.9**
建筑装潢材料	Building Decoration Materials	102.7	102.5	103.7
五金水暖	Hardware Plumbing	102.0	102.4	100.0

8-4 居民消费价格分类指数(2021年)
Consumer Price Indices by Category (2021)

(上年=100) (preceding year=100)

类别	Item	全省 Province Indices	城市 Urban Areas	农村 Rural Areas
居民消费价格总指数	**Consumer Price Index**	**100.9**	**100.9**	**100.7**
服务价格指数	**Price Index of Services**	**101.0**	**101.1**	**100.9**
食品烟酒	**Food, tobacco and Alcohol**	**99.3**	**99.5**	**98.8**
食品	Food	**98.1**	**98.5**	**97.3**
粮食	Grain	101.1	100.4	102.5
薯类	Potatoes	99.1	99.1	99.2
豆类	Beans	104.1	104.0	104.2
食用油	Edible oil	108.6	109.4	106.9
菜及食用菌	Vegetables and Edible Fungus	106.3	106.6	105.6
畜肉类	Meat of Livestock	79.8	80.7	78.1
禽肉类	Meat of Poultry	95.2	94.3	97.1
水产品	Aquatic products	112.3	111.5	114.2
蛋类	Eggs	107.1	107.2	107.0
奶类	Milk	100.5	100.2	101.5
干鲜瓜果类	Dried and Fresh Melons and Fruits	102.3	102.9	100.8
糖果糕点类	Candy and Cake	102.0	102.5	100.7
调味品	Flavoring	100.8	101.1	99.9
其他食品类	Other foods	100.5	100.5	100.6
茶及饮料	Tea and drinks	100.6	100.9	100.2
烟酒	Tobacco and Liquor	**101.5**	**101.5**	**101.6**
卷烟	Tobacco	101.8	101.9	101.6
酒类	Liquor	101.0	100.6	101.6
在外餐饮	Dinning Out	101.6	101.4	102.4
衣着	**Clothing**	**99.7**	**99.7**	**100.0**
服装	Garments	99.9	99.9	100.0
男式服装	Clothing for Men	99.5	99.2	100.4
女式服装	Clothing for Women	100.2	100.4	99.6
儿童服装	Clothing for Children	99.8	100.1	99.2
衣着材料及配件	Clothing Materials and Accessories	100.2	99.9	100.9
衣着服务费	Clothing Services Fee	102.0	101.0	105.7
鞋类	Footwear	98.7	98.2	99.9
鞋	Shoes	98.7	98.2	99.8
鞋类服务	Footwear Services	102.0	101.2	103.6
居住	**Residence**	**100.9**	**100.6**	**101.6**
租赁房房租	Rent of Rental Housing	**100.1**	**100.1**	**100.3**

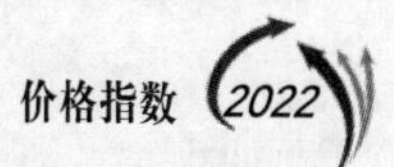

8-4 续表 continued

(上年=100) (preceding year=100)

类别	Item	全省 Province Indices	城市 Urban Areas	农村 Rural Areas
住房保养维修及管理	Housing Maintenance and Management	102.2	102.2	102.2
水电燃料	Water,Electricity and Fuels	102.6	102.0	103.9
自有住房	Private Housing	100.1	99.9	100.7
生活用品及服务	**Articles for Daily Use and Services**	**100.4**	**100.4**	**100.2**
家具及室内装饰品	Furniture and Interior Decorations	100.4	100.6	99.7
家用器具	Household Appliances	100.7	100.7	100.5
家用纺织品	Home Textiles	100.3	100.5	99.7
家庭日用杂品	Household Articles for Daily Use	100.6	100.7	100.3
个人护理用品	Personal-care Supplies	98.8	98.7	99.6
家庭服务	Household Services	101.6	101.8	101.1
交通和通信	**Transport and Communications**	**104.3**	**104.4**	**104.1**
交通	Transport	105.7	105.7	105.9
通信	Communications	100.5	100.4	100.5
教育文化和娱乐	**Education, Culture and Recreation**	**103.0**	**103.2**	**102.5**
教育	Education	102.9	103.3	102.0
教育用品	Education Articles	102.5	102.5	102.7
教育服务	Education Services	102.9	103.3	102.0
文化娱乐	Cultural and Recreational Articles	103.2	103.0	103.9
文娱耐用消费品	Durable Consumer Goods for Culture Recreation Use and Services	101.0	100.4	103.0
其他文娱用品	Other Articles	100.1	100.0	100.5
文化娱乐服务	Cultural and Recreational Services	102.4	102.7	101.6
旅游	Touring and Outing	107.0	106.5	108.7
医疗保健	**Health Care**	**99.9**	**100.2**	**99.4**
药品及医疗器具	Medical Instrument and Articles	99.5	99.9	98.8
中药	Traditional Chinese Medicine	102.0	102.0	102.1
西药	Western Medicine	98.4	98.5	98.3
滋补保健品	Nourishing Health Care Products	101.5	101.7	100.5
医疗卫生器具	Medical and Health Equipment	93.0	96.2	84.3
保健器具	Health Care Equipment	100.1	100.2	99.8
医疗服务	Medical Service	100.1	100.3	99.6
综合医疗类	Comprehensive Medical Category	100.6	100.6	100.6
诊断类	Diagnostic Class	99.7	100.2	98.8
治疗类	Treatment Class	100.0	100.3	99.5
康复类	Rehabilitation Class	99.8	99.9	99.1
中医医疗服务类	Chinese Medicine Medical Services Category	100.9	100.9	100.6
其他医疗服务	Other Medical Services	100.8	100.6	101.2
其他用品和服务	**Other Articles and Services**	**98.7**	**98.9**	**98.1**
其他用品	Other Supplies	100.5	100.7	100.2
首饰手表	Jewelry Watch	101.2	101.2	101.1
母婴用品	Maternal and Infant Products	99.2	99.0	99.5
其他杂项用品	Other Miscellaneous Supplies	100.4	100.7	99.9
其他服务	Other Services	96.2	96.6	95.1
在外住宿	Hotel Accommodation	98.6	98.2	102.0
美容美发洗浴	Beauty Salon and Bath	102.6	102.1	105.4
养老服务	Old Age Service	103.8	104.7	101.9
金融及保险服务	Financial and Insurance Services	90.3	90.7	89.5
中介法律及其他服务	Intermediary Legal and Other Services	100.9	100.9	100.9

8-5 各市商品零售价格分类指数(2021年)

(上年=100)

类　　别	Item	南昌市 Nan chang	景德镇市 Jing dezhen
商品零售价格总指数	**Retail Price Index**	**101.6**	**101.7**
食品	Food	99.2	99.4
饮料、烟酒	Beverages, Tobacco and Alcohol	102.2	101.6
服装、鞋帽	Garments, Shoes and Hats	99.9	98.7
纺织品	Textiles	98.6	100.9
家用电器及音像器材	Household Appliances, Music and Video Equipment	100.3	99.3
文化办公用品	Cultural and Office Appliances	97.5	100.6
日用品	Articles for Daily Use	100.6	100.2
体育娱乐用品	Sports and Recreation Articles	99.6	99.8
交通、通信用品	Transportation and Communication Appliances	99.2	101.9
家具	Furniture	102.2	101.3
化妆品	Cosmetics	98.5	98.4
金银饰品	Gold and Silver Ornaments	100.1	100.4
中西药品及医疗保健用品	Traditional Chinese and Western Medicines and Health Care Articles	101.0	98.6
书报杂志及电子出版物	Books, Newspapers, Magazines and Electronic Publications	101.0	100.1
燃料	Fuels	114.7	114.8
建筑材料及五金电料	Building Materials and Hardware	102.5	102.6

8-6 各市居民消费价格分类指数(2021年)

(上年=100)

类　　别	Type	南昌市 Nan chang	景德镇市 Jing dezhen
居民消费价格总指数	**Consumer Price Index**	**101.0**	**100.6**
服务价格指数	Price Index of Services	101.2	100.3
食品烟酒	Food ,Tobacco and Alcohol	99.8	99.8
衣着	Clothing	99.9	98.7
居住	Residence	100.2	100.1
生活用品及服务	Articles for Daily Use and Services	100.3	100.0
交通和通信	Transport and Communications	104.3	105.0
教育文化娱乐	Education,Cultural and Recreation	104.1	101.4
医疗保健	Health Care and Medical Services	100.6	99.7
其他用品及服务	Other Articles and Services	98.5	97.8

Retail Price Indices by Category and Region (2021)

(preceding year=100)

萍乡市 Ping xiang	九江市 Jiu jiang	新余市 Xin yu	鹰潭市 Ying tan	赣州市 Gan zhou	吉安市 Ji'an	宜春市 Yi chun	抚州市 Fuzhou	上饶市 Shang rao
101.0	**101.5**	**101.7**	**102.6**	**102.5**	**102.0**	**100.8**	**102.8**	**102.0**
98.4	98.9	99.1	98.0	99.1	99.7	100.0	98.9	99.1
101.2	100.5	99.6	103.3	101.4	102.6	101.6	100.8	99.4
99.5	100.2	98.3	101.9	100.8	100.8	97.5	100.6	97.7
99.7	106.2	100.1	99.4	102.6	101.6	99.2	99.6	97.6
103.3	101.9	103.2	103.8	101.6	98.1	99.2	100.9	101.1
102.8	101.4	102.0	99.6	94.7	101.2	98.4	100.5	101.1
99.4	100.3	100.8	100.6	99.9	100.3	99.4	100.9	99.9
100.4	101.1	100.7	101.3	103.1	99.3	100.1	101.3	99.4
99.5	100.1	100.8	100.7	99.9	100.1	98.9	101.7	97.6
97.6	102.5	101.6	97.1	98.0	98.6	100.3	101.8	101.8
97.4	98.8	99.3	97.7	98.0	98.0	98.1	98.4	96.6
100.1	99.3	98.5	99.4	104.5	102.9	107.1	99.8	102.1
99.6	99.2	99.8	98.6	99.2	100.1	98.3	98.8	100.0
100.1	98.9	99.4	100.0	105.5	101.6	99.5	101.5	99.9
114.5	115.7	115.5	115.4	116.3	115.2	114.4	117.4	120.4
101.4	100.7	106.2	103.8	101.6	104.6	102.3	101.4	103.0

Consumer Price Indices by Category and Region (2021)

(preceding year=100)

萍乡市 Ping xiang	九江市 Jiu jiang	新余市 Xin yu	鹰潭市 Ying tan	赣州市 Gan zhou	吉安市 Ji'an	宜春市 Yi chun	抚州市 Fuzhou	上饶市 Shang rao
100.7	**100.9**	**100.7**	**100.7**	**101.4**	**100.8**	**101.1**	**100.5**	**100.8**
100.9	100.8	100.6	100.5	102.4	100.7	101.3	100.1	101.0
99.3	99.6	99.3	99.2	99.1	99.3	100.2	98.9	99.2
99.4	100.0	98.5	101.7	100.8	100.8	97.5	100.5	98.0
100.8	101.4	101.2	100.7	100.7	100.7	101.6	100.9	100.3
99.8	101.8	101.6	99.8	100.1	99.9	100.1	101.3	99.8
104.3	104.5	105.0	104.2	104.6	104.9	104.7	104.1	103.7
103.2	100.3	101.0	101.4	106.8	102.1	101.3	100.1	105.7
99.6	100.1	100.0	99.8	100.2	100.0	100.7	99.5	100.2
98.6	98.9	97.7	99.5	101.5	99.4	99.1	100.4	98.5

8-7 工业生产者出厂价格指数
Producer Price Indices for Industrial Products

(上年=100) (preceding year=100)

类别	Item	2005	2010	2015	2017	2018	2019	2020	2021
总指数	**General Index**	**108.8**	**115.3**	**93.7**	**107.9**	**104.2**	**98.9**	**98.3**	**110.5**
按轻重工业分	**Grouped by Light & Heavy Industries**								
轻工业	Light Industry	99.2	104.3	99.1	101.4	100.3	98.6	97.7	103.7
以农产品为原料	Agricultural Products as Raw Materials	100.6	105.4	99.8	101.4	102.2	99.8	99.2	104.0
以非农产品为原料	Non-agricultural Products as Raw Materials	98.0	103.2	97.9	101.4	96.7	96.1	94.9	103.3
重工业	Heavy Industry	113.3	121.3	91.7	110.9	105.9	99.1	98.6	113.7
采掘	Mining	145.5	123.0	91.2	109.7	106.9	98.9	103.0	113.4
原材料	Raw Materials	115.6	123.7	90.0	114.1	107.6	97.2	97.8	121.7
加工	Processing	104.2	118.8	92.7	109.4	105.0	100.0	98.6	110.5
按生产生活资料分	**Grouped by Means of Production & Living**								
生产资料	Means of Production	110.8	117.9	91.9	110.5	105.3	98.8	98.1	113.6
采掘	Mining	142.2	121.5	91.2	109.7	106.9	98.9	103.0	113.4
原材料	Raw Materials	115.1	124.3	90.0	114.3	107.6	97.0	97.4	121.3
加工	Processing	101.7	113.8	92.9	108.9	104.2	99.5	98.1	110.9
生活资料	Consumer Goods	100.5	103.1	100.3	100.5	100.9	99.3	99.0	100.4
食品	Food	100.3	103.5	101.3	102.0	100.9	102.1	104.5	100.6
衣着	Clothing	100.7	103.3	100.9	97.5	101.7	98.1	94.5	100.3
一般日用品	Articles for Daily Use	101.6	102.4	99.0	101.2	100.5	97.0	95.7	102.8
耐用消费品	Durable Consumer Goods	99.7	102.1	98.9	100.0	100.2	99.8	99.5	97.4
按工业部门分	**Grouped by Industrial Department**								
冶金工业	Metallurgical Industry	120.7	131.8	84.8	120.7	108.5	98.5	100.5	129.2
电力工业	Power Industry	104.6	102.2	96.3	99.4	100.2	98.9	99.1	100.7
煤炭及炼焦工业	Coal Industry and Coking Industry	125.0	115.4	88.7	144.4	109.4	100.4	99.0	148.3
石油工业	Petroleum Industry	122.8	115.4	77.5	111.1	112.4	94.8	84.8	115.3
化学工业	Chemical Industry	106.1	108.4	97.4	105.8	103.1	95.2	94.1	110.7
机械工业	Machine Building Industry	100.3	103.4	97.7	101.9	98.5	97.9	97.9	103.7
建筑材料工业	Building Materials Industry	93.0	104.9	97.9	105.7	111.3	105.9	98.6	102.4
森林工业	Timber Industry	102.9	104.1	100.7	101.1	102.5	101.5	99.4	101.1
食品工业	Food Industry	100.9	103.9	100.4	101.2	100.9	101.7	104.4	103.0
纺织工业	Textile Industry	98.7	117.4	94.9	107.4	104.8	98.2	94.9	112.4
缝纫工业	Tailoring Industry	101.0	103.4	100.7	96.6	102.5	97.2	92.4	100.9
皮革工业	Leather Industry	100.4	102.7	101.6	100.5	99.1	101.3	101.0	98.9
造纸工业	Paper Industry	102.8	103.5	100.1	105.5	106.3	94.2	96.3	106.7
文教艺术用品工业	Industry of Cultural, Educational & Handicrafts Articles	99.8	103.8	99.9	96.1	100.5	100.4	99.7	97.1
其他工业	Other Industry	105.7	105.3	100.4	101.6	102.0	100.8	95.8	108.6

注：2018年工业生产者价格调查工业行业分类按2017年《国民经济行业分类标准》，部分分类指标与2017年不同。2019年和2018年目录相同。

a) The industrial industry classification of the Industrial Producer Price Survey in 2018 is based on the <National Economic Industry Classification Standard> in 2017, and some of the classification indicators are different from those in 2017. The contents in 2019 and 2018 are the same.

8-8 按工业行业分工业生产者出厂价格指数
Producer Price Indices for Industrial Products by Sector

(上年=100) (preceding year=100)

行　　业	Sector	2018	2019	2020	2021
煤炭开采和洗选业	**Mining and Washing of Coal**	**106.1**	**104.7**	**101.2**	**142.5**
烟煤和无烟煤的开采洗选	Mining and Washing of Bituminous Coal and Anthracite	106.1	104.7	101.2	142.5
黑色金属矿采选业	**Mining and Processing of Ferrous Metal Ores**	**100.5**	**100.4**	**108.1**	**108.7**
铁矿采选	Mining and Processing of Iron Ores	100.4	100.3	108.5	108.7
锰矿、铬矿采选	Mining and Processing of Manganese and Chrome Ores	102.6	101.8	100.3	
有色金属矿采选业	**Mining and Processing of Non-Ferrous Metal Ores**	**109.7**	**92.2**	**100.8**	**125.7**
常用有色金属矿采选	Mining and Processing of Frequently Used Non-Ferrous Metal Ores	105.8	94.3	100.7	137.1
贵金属矿采选	Mining and Processing of Precious Metal Ores	97.7	107.9	121.1	97.0
稀有稀土金属矿采选	Mining and Processing of Rare Earth and Rare Metals Ores	114.5	88.5	97.8	122.4
非金属矿采选业	**Mining and Processing of Non-metal Ores**	**106.3**	**105.9**	**101.3**	**98.2**
土砂石开采	Mining of Soil,Sand and Stone	108.6	108.4	102.6	97.8
采盐	Mining and Processing of Salt Ores	101.2	88.4	89.6	108.8
石棉及其他非金属矿采选产品	Mining and Processing of Asbestos and Other Nonmetal Ores	99.1	99.8	98.9	96.7
农副食品加工业	**Processing of Food from Agricultural Products**	**100.7**	**102.2**	**106.5**	**104.6**
谷物磨制	Polishing of Grain	98.6	96.4	103.5	105.3
饲料加工	Processing of Feed	103.0	96.3	100.1	109.3
植物油加工	Processing of Vegetables,Fungi,Fruits and Nuts	102.5	104.5	106.5	112.4
屠宰及肉类加工	Slaughtering and Processing of Meat	95.2	129.1	133.5	83.8
水产品加工	Processing of Aquatic Products	102.1	100.8	89.1	90.8
蔬菜、菌类、水果和坚果加工	Processing of Vegetable,Fungi,Fruits and Nuts	100.8	100.3	100.8	107.6
其他农副食品加工	Processing of Other Food from Agricultural Products	99.3	100.3	100.5	103.8
食品制造业	**Manufacture of Foodstuff**	**101.3**	**100.7**	**101.0**	**100.8**
焙烤食品制造	Manufacture of Baking Foodstuff	102.3	101.4	104.6	101.7
糖果、巧克力及蜜饯制造	Manufacture of Sweet,Chocolate and Candied Fruit	102.7	101.1	99.8	99.1
方便食品制造	Manufacture of Convenience Food	100.6	98.8	101.9	102.3
乳制品制造	Manufacture of Dairy Products	100.3	101.8	101.0	102.3
罐头食品制造	Manufacture of Cans Food	97.8	101.5	102.7	96.9
调味品、发酵制品制造	Manufacture of Condiments and Fermentation Products	100.3	94.9	93.5	101.7
其他食品制造	Manufacture of Other Foodstuff	102.1	102.4	100.0	100.9
酒、饮料和精制茶制造业	**Manufacture of Wine, Beverages and Refined Tea**	**101.6**	**99.6**	**98.6**	**100.3**
酒的制造	Manufacture of Liquor	101.8	98.4	98.7	100.4
饮料制造	Manufacture of Beverages	101.7	100.9	98.0	100.0
精制茶加工	Processing of Refined Tea	99.4	98.9	100.7	101.1
烟草制品业	**Manufacture of Tobacco**	**100.5**	**102.1**	**100.9**	**100.2**
卷烟制造	Manufacture of Cigarettes	100.5	102.1	100.9	100.2
纺织业	**Manufacture of Textile**	**104.8**	**98.2**	**94.9**	**112.2**
棉纺织及印染精加工	Processing and Dyeing of Cotton and Textile	103.9	96.4	92.6	116.0
毛纺织及染整精加工	Processing and Dyeing of Wool Textile	101.6	100.0	98.2	
麻纺织及染整精加工	Processing and Dyeing of Flax Textile	129.9	130.5	111.5	96.9
丝绢纺织及印染精加工	Processing and Dyeing of Silk Textile	108.1	96.0	95.4	124.3
化纤织造及印染精加工	Processing and Dyeing of Chemical Fiber	105.1	97.5	99.0	99.6
针织或钩针编织物及其制品制造	Manufacture of Knits or Crochets and Related Products				109.8
家用纺织制成品制造	Manufacture of Household Textile Products	104.2	105.0	102.9	102.0
产业用纺织制成品制造	Manufacture of Household Industrial Textile Products	98.5	99.4	109.5	85.6
纺织服装、服饰业	**Manufacture of Textile Wearing Apparel, Dress**	**102.6**	**97.0**	**92.1**	**100.2**
机织服装制造	Manufacture of Woven Garments	104.7	95.3	89.7	102.5
针织或钩针编织服装制造	Manufacture of Knitted or Crocheted Garments	98.3	101.0	96.8	98.9
服饰制造	Manufacture of Clothing	96.9	99.9	98.6	90.0
皮革、毛皮、羽毛及其制品和制鞋业	**Manufacture of Leather, Fur, Feather and Related Products and Footwear**	**100.2**	**101.5**	**97.4**	**102.5**

注：2021年工业生产者价格调查对调查目录做了修订，部分分类指标与2020年不同。
The survey catalogue was revised in the 2021 Industrial Produces Price Survey,and some classification indicators will be different in 2020.

8-8 续表1 continued

(上年＝100) (preceding year=100)

行　　业	Sector	2018	2019	2020	2021
皮革鞣制加工	Processing of Leather	101.3	100.3	98.1	99.5
皮革制品制造	Manufacture of Leather Products	100.1	100.4	99.6	99.1
毛皮鞣制及制品加工	Manufacture and Processing of Fur Products	97.8	100.5	100.9	99.8
羽毛(绒)加工及制品制造	Manufacture and Processing of Feather Products	106.8	102.0	64.5	120.6
制鞋业	Manufacture of Shoes	98.8	101.9	102.5	98.8
木材加工和木、竹、藤、棕、草制品业	**Processing of Timber,Manufacture of Wood,Bamboo,Rattan,Palm, and Straw Products**	**102.8**	**101.2**	**98.7**	**102.0**
木材加工	Processing of Wood	112.9	91.0	97.5	104.1
人造板制造	Manufacture of Plywood	100.7	101.4	98.9	103.4
木质制品制造	Manufacture of Wood Products	103.4	103.3	97.4	99.3
竹、藤、棕、草等制品制造	Manufacture of Wood, Bamboo, Rattan, Palm and Straw Products	102.1	103.3	99.3	98.4
家具制造业	**Manufacture of Furniture**	**102.2**	**102.3**	**100.5**	**100.8**
木质家具制造	Manufacture of Wood Furniture	101.7	102.0	101.0	100.3
金属家具制造	Manufacture of Metal Furniture	109.4	97.1	94.1	101.2
其他家具制造	Manufacture of Other Furniture	99.8	109.5	100.3	105.5
造纸和纸制品业	**Manufacture of Paper and Paper Products**	**106.3**	**94.2**	**96.3**	**106.7**
纸浆制造	Manufacture of Pulp				122.6
造纸	Manufacture of Paper	105.4	89.6	94.1	106.7
纸制品制造	Manufacture of Paper Products	107.4	100.3	99.2	106.7
印刷和记录媒介复制业	**Printing, Reproduction of Recording Media**	**100.7**	**99.4**	**98.8**	**98.4**
印刷	Printing	100.7	99.4	98.8	98.4
文教、工美、体育和娱乐用品制造业	**Manufacture of Articles For Culture,Education, Artwork, Sport Activity and Amusement**	**101.3**	**100.9**	**98.7**	**98.6**
文教办公用品制造	Manufacture of Office Supplies For Culture,Education	102.3	101.2	100.4	103.6
乐器制造	Manufacture of Music Instruments	100.5	101.1	102.7	
工艺美术及礼仪用品制造	Manufacture of Arts and Crafts and Etiquettes	102.0	100.2	97.2	99.8
体育用品制造	Manufacture of Sport Articles	101.1	104.1	104.9	95.6
玩具制造	Manufacture of Toys	96.4	99.5	96.0	94.8
游艺器材及娱乐用品制造	Manufacture of Recreational Equipment and Entertainmtng Products	102.9	101.9	99.9	96.7
石油、煤炭及其他燃料加工业	**Processing of Petroleum,Coal and Other Fuel**	**113.7**	**94.3**	**87.7**	**128.3**
精炼石油产品制造	Manufacture of Refined Petroleum Products	115.2	93.0	82.4	120.8
煤炭加工	Processing of Coal	112.1	96.6	96.5	150.1
生物质燃料加工	Processing of Biofuel				108.3
化学原料和化学制品制造业	**Manufacture of Raw Chemical Materials and Chemical Products**	**102.2**	**92.4**	**90.4**	**117.0**
基础化学原料制造	Manufacture of Basic Chemical Material	108.8	92.2	89.1	129.7
肥料制造	Manufacture of Fertilizers	114.6	101.4	94.3	115.6
农药制造	Manufacture of Pesticides	103.7	103.4	97.8	100.9
涂料、油墨、颜料及类似产品制造	Manufacture of Coating,Ink and Paint Products	101.4	104.2	96.3	105.8
合成材料制造	Manufacture of Synthetic Materials	110.1	85.8	92.4	122.0
专用化学产品制造	Manufacture of Specialized Chemical Products	95.0	86.1	86.1	115.0
炸药、火工及焰火产品制造	Manufacture of Explosives, Pyrotechnics and Fireworks	101.1	100.1	100.1	104.1
日用化学产品制造	Manufacture of Daily Used Chemical Products	100.4	97.6	91.9	97.2
医药制造业	**Manufacture of Medicines**	**107.6**	**98.4**	**100.5**	**104.7**
化学药品原料药制造	Manufacture of Chemical Original Drug	104.3	97.2	102.4	111.9
化学药品制剂制造	Manufacture of Chemical Agents	129.0	102.1	100.8	98.5
中药饮片加工	Manufacture of Herbal Medicine	102.5	100.0	97.6	108.6
中成药生产	Manufacture of Proprietary Chinese Medicine	101.5	95.6	100.4	105.3
兽用药品制造	Manufacture of Veterinary Drugs	102.7	100.0	99.4	106.0
生物药品制品制造	Manufacture of Biopharmaceutical Products	112.0	100.8	100.6	99.0
卫生材料及医药用品制造	Manufacture of Sanitation Materials and Medical Supplies	99.6	99.6	100.4	92.2
药用辅料及包装材料	Pharmaceutical Excipients and Packaging Materials	99.6	99.6	100.4	107.2
化学纤维制造业	**Manufacture of Chemical Fibers**	**94.4**	**90.0**	**83.4**	**103.3**
纤维素纤维原料及纤维制造	Manufacture of Cellulose Fibers and Fibers	92.5	85.3	79.5	
合成纤维制造	Manufacture of Synthetic Fibers	101.2	106.0	94.7	103.3
生物基材料制造	Manufacture of Biological Material	92.5	85.3	79.5	
橡胶和塑料制品业	**Manufacture of Rubber and Plastics**	**100.3**	**99.6**	**96.5**	**105.2**
橡胶制品业	Manufacture of Rubber	99.3	98.5	96.5	101.1
塑料制品业	Manufacture of Plastics	100.6	99.9	96.5	106.2

8-8 续表2 continued

(上年=100) (preceding year=100)

行 业	Sector	2018	2019	2020	2021
非金属矿物制品业	**Manufacture of Non-metallic Mineral Products**	**111.0**	**105.4**	**98.5**	**103.4**
水泥、石灰和石膏制造	Manufacture of Cement, Lime and Gypsum	126.9	98.4	97.8	106.2
石膏、水泥制品及类似制品制造	Manufacture of Cement and Gypsum	122.8	108.4	101.0	102.2
砖瓦、石材等建筑材料制造	Manufacture of Brick, Stone	108.6	109.6	102.8	98.7
玻璃制造	Manufacture of Glass	101.8	101.8	100.7	128.9
玻璃制品制造	Manufacture of Glass Products	104.6	100.0	105.3	101.4
玻璃纤维和玻璃纤维增强塑料制品制造	Manufacture of Glass Fiber and Glass Fiber Reinforced Plastic Products	100.3	97.4	96.9	121.2
陶瓷制品制造	Manufacture of Ceramic Products	102.5	108.4	97.3	99.6
耐火材料制品制造	Manufacture of Refractory Products	100.3	99.5	97.6	96.3
石墨及其他非金属矿物制品制造	Manufacture of Graphite and Other Non-metallic Mineral Products	99.3	95.9	101.0	114.3
黑色金属冶炼和压延加工业	**Smelting and Pressing of Ferrous Metals**	**109.3**	**97.8**	**97.7**	**129.2**
炼钢	Steelmaking	105.3	102.3	98.2	133.6
钢压延加工	Smelting and Pressing of Steel	109.7	97.6	97.7	129.1
铁合金冶炼	Smelting of Alloy Iron	91.5	100.1	98.4	
有色金属冶炼和压延加工业	**Smelting and Pressing of Non-ferrous Metals**	**106.0**	**98.0**	**101.0**	**133.5**
常用有色金属冶炼	Smelting of Frequently Used Non-Ferrous Metal	104.5	96.9	101.3	136.0
贵金属冶炼	Smelting of Precious Metal	101.9	121.3	123.9	107.5
稀有稀土金属冶炼	Smelting of Rare Earth and Rare Metals	110.8	91.3	97.1	148.4
有色金属合金制造	Manufacture of Non-Ferrous Metaling Alloy	102.7	91.6	96.0	118.7
有色金属压延加工	Pressing of Non-Ferrous Metal	106.4	101.0	101.2	131.9
金属制品业	**Manufacture of Metal Products**	**108.4**	**100.8**	**99.5**	**108.0**
结构性金属制品制造	Manufacture of Structural Metal Products	110.6	100.9	100.3	109.9
金属工具制造	Manufacture of Metal Tools	105.6	104.9	99.3	93.4
集装箱及金属包装容器制造	Manufacture of Containers and Metal Packaging	116.7	100.2	103.2	101.2
金属丝绳及其制品制造	Manufacture of Metal Wire, Ropes and Its Products	110.8	100.5	98.0	123.7
建筑、安全用金属制品制造	Manufacture of Metal Products for Construction and Safety	105.7	100.4	96.4	101.2
金属表面处理及热处理加工	Processing of Metal Surface Treatment and Heat Treatment	100.8	98.9	96.7	
搪瓷制品制造	Manufacture of Enamel Products	100.3	99.2	98.7	
金属制日用品制造	Manufacturing of Metal Commodities	108.1	107.4	100.9	96.2
锻造及其他金属制品制造	Forging and Manufacture of Other Metal Products	105.2	98.9	102.2	116.0
通用设备制造业	**Manufacture of General Purpose Machinery**	**102.6**	**99.8**	**98.8**	**102.8**
锅炉及原动设备制造	Manufacture of Boilers and Original Motivation	102.2	98.8	96.8	100.8
金属加工机械制造	Manufacture of Metal Processing Machinery	102.5	101.2	100.7	98.0
物料搬运设备制造	Manufacture of Material Handling Equipment	102.3	100.0	99.9	100.5
泵、阀门、压缩机及类似机械制造	Manufacture of Pumps, Valves, Compressors	103.3	100.5	98.9	105.6
轴承、齿轮和传动部件制造	Manufacture of Bearings, Gears and Transmission Components	101.8	100.5	100.3	100.3
烘炉、风机、包装等设备制造	Manufacture of Drying Furnace,Fan,Packing and Other Equipment	99.7	101.1	101.4	104.0
文化、办公用机械制造	Manufacture of Culture, Office Machinery				106.4
通用零部件制造	Manufacture of General Components	104.0	97.4	95.6	101.0
其他通用设备制造业	Manufacture of Other General Equipment	101.1	100.0	100.0	99.4
专用设备制造业	**Manufacture of Special Purpose Machinery**	**101.3**	**101.4**	**100.5**	**99.3**
采矿、冶金、建筑专用设备制造	Manufacture of Special Equipment for Mining,Metallurgy, Construction	101.1	102.8	99.8	98.2
化工、木材、非金属加工专用设备制造	Manufacture of Special Equipment for Chemicals,Wood,Non-metallic Processing	103.4	103.3	96.1	97.5
食品、饮料、烟草及饲料生产专用设备制造	Manufacture of Special Equipment for Food, Beverage,Tobacco and Feed Production	100.2	100.3	100.3	101.6
印刷、制药、日化及日用品生产专用设备制造	Manufacture of Special Equipment for Printing,Pharmaceuticals, Cosmetics and Daily Production	100.0	100.0	100.0	
纺织、服装和皮革加工专用设备制造	Manufacture of Special Equipment for Textiles, Clothing and Leather Industry	101.1	103.8	98.1	91.6
农、林、牧、渔专用机械制造	Manufacture of Special Equipment for Agriculture,Forestry,Animal Husbandry, Fishery	105.4	102.8	102.3	
电子和电工机械专用设备制造	Manufacture of Special Equipment for Electronic and Electrical Machinery				101.2
医疗仪器设备及器械制造	Manufacture of Medical Equipment and Instrument	101.8	100.9	102.9	100.4
环保、邮政、社会公共服务及其他专用设备制造	Manufacture of Environmental Protection,Postal Service,Public Service and Other Special Equipment	99.5	96.6	99.9	100.8

8-8 续表3 continued

(上年＝100) (preceding year=100)

行　　业	Sector	2018	2019	2020	2021
汽车制造业	**Manufacture of Automobiles**	**100.2**	**99.8**	**99.5**	**100.0**
汽车整车制造	Manufacture of Automobiles	99.9	100.5	98.9	99.1
汽车用发动机制造	Manufacture of Automotive Engine	99.9	100.5	98.9	97.3
改装汽车制造	Manufacture of Refit Automobiles	100.5	101.8	100.9	99.8
汽车车身、挂车制造	Manufacture of Automobiles and Trailers	105.9	97.8	102.1	111.1
汽车零部件及配件制造	Manufacture of Auto Parts and Accessories	100.5	99.1	99.9	100.2
铁路、船舶、航空航天和其他运输设备制造业	**Manufacture of Railway,Shipping,Aerospace and Other Transport Equipment**	**99.6**	**112.7**	**108.0**	**99.8**
铁路运输设备制造	Manufacture of Equipment for Railway Transport	96.5	99.2	100.4	99.6
船舶及相关装置制造	Manufacture of Shipping and Related Devices	99.4	118.2	110.8	
摩托车制造	Manufacture of Motorcycles	101.0	100.0	100.0	
城市轨道交通设备制造	Manufacture of Urban Rail Transport Equipment				100.3
助动车制造	Manufacture of Moped Bicycle	100.0	100.0	100.0	100.3
非公路休闲车及零配件制造	Manufacture of Off-highway Leisure Vehicles and Parts	99.9	95.4	98.1	
电气机械和器材制造业	**Manufacture of Electrical Machinery and Equipment**	**94.8**	**93.2**	**94.6**	**109.2**
电机制造	Manufacture of Electrical Motors	101.1	99.2	100.5	104.8
输配电及控制设备制造	Manufacture of Power Distribution and Control Equipment	83.7	81.2	86.9	102.7
电线、电缆、光缆及电工器材制造	Manufacture of Wires, Cables,Fiber-optic Cables and Electrical Equipment	101.7	99.1	100.3	122.0
电池制造	Manufacture of Electric Cells	105.2	101.2	97.5	112.2
家用电力器具制造	Manufacture of Household Electrical Apparatus	97.7	96.6	96.7	97.0
非电力家用器具制造	Manufacture of Household Nonelectrical Apparatus	100.0	100.1	101.4	
照明器具制造	Manufacture of Lighting Devices	103.4	103.3	100.3	104.1
其他电气机械及器材制造	Manufacture of Other Electrical Machinery and Equipment	94.5	95.1	96.1	
计算机、通信和其他电子设备制造业	**Manufacture of Computers,Communications and Other Electronic Equipment**	**99.8**	**100.3**	**99.6**	**101.1**
计算机制造	Manufacture of Computers	100.3	103.7	103.3	105.4
通信设备制造	Manufacture of Communication Equipment	99.1	99.1	99.4	102.5
广播电视设备制造	Manufacture of Communication Broadcasting and TV Equipment	100.6	103.0	100.2	98.3
视听设备制造	Manufacture of Audio-visual Equipment	100.2	99.8	100.7	
非专业视听设备制造	Manufacture of Non-professional Audio-Visual Equipment				106.8
智能消费设备制造	Manufacture of Inelligent Consumption Equipment	99.3	99.9	99.2	82.1
电子器件制造	Manufacture of Electronic Devices	99.3	99.6	98.9	98.2
电子元件及电子专用材料制造	Manufacture of Electronic Components and Electronic Specialized Materials	100.5	100.4	98.7	109.1
其他电子设备制造	Manufacture of Other Electronic Equipment	99.3	99.9	99.2	97.5
仪器仪表制造业	**Manufacture of Measuring Instruments**	**103.7**	**100.2**	**100.2**	**100.0**
通用仪器仪表制造	Manufacture of General Measuring Instruments and Machinery	100.6	101.0	100.8	99.5
专用仪器仪表制造	Manufacture of Special Measuring Instruments and Machinery	106.1	96.2	98.4	
钟表与计时仪器制造	Manufacture of Clocks and Timing Equipment	100.0	100.0	100.0	
光学仪器制造	Manufacture of Optical Instruments	96.4	93.1	90.6	100.3
衡器制造	Manufacture of Weighing Instruments	112.8	102.2	101.7	104.7
其他制造业	**Manufacture of Other**	**98.9**	**107.5**	**98.6**	**98.1**
日用杂品制造	Manufacture of Groceries for Daily Use	96.9	109.2	99.1	95.3
其他未列明制造业	Other Unspecified Manufacturing Industries	107.7	99.9	96.3	100.8
废弃资源综合利用业	**Comprehensive Utilization of Waste Resources**	**185.1**	**109.7**	**98.9**	**125.9**
金属废料和碎屑加工处理	Metal Waste and Fragment Treatment and Processing	190.5	109.6	98.6	128.3
非金属废料和碎屑加工处理	Processing and Disposal of Non-metallic Waste and Debris	93.0	100.3	101.0	103.2
金属制品、机械和设备修理业	**Repair of Metal Products, Machinery and Equipment**	**99.5**	**100.4**	**100.0**	
其他机械和设备修理业	Other Machinery and Equipment Repair Industries	99.5	100.4	100.0	
电力、热力生产和供应业	**Production and Supply of Electric Power and Heat Power**	**100.2**	**98.8**	**99.0**	**100.7**
电力生产	Production of Electric Power	102.1	100.6	100.1	101.6
电力供应	Supply of Electric Power	99.4	98.0	98.6	100.0
热力生产和供应	Production and Supply of Heat Power	119.0	121.7	101.9	109.2
燃气生产和供应业	**Production and Supply of Gas**	**99.3**	**103.5**	**95.9**	**100.1**
燃气生产和供应业	Production and Supply of Gas	99.3	103.5	95.9	100.1
生物质燃气生产和供应业	Production and Supply of Biomass Gas	99.3	103.5	95.9	
水的生产和供应业	**Production and Supply of Water**	**108.4**	**104.6**	**100.0**	**100.7**
自来水生产和供应	Production and Supply of Water	109.4	103.5	99.9	100.3
污水处理及其再生利用	Sewage Treatment and Recycling	102.3	111.9	101.1	105.0

8-9 工业生产者购进价格指数
Purchasing Price Indices for Industrial Producers

(上年=100) (preceding year=100)

类　　别	Type	2005	2010	2015	2017	2018	2019	2020	2021
总指数	**General Index**	**110.0**	**111.8**	**93.6**	**107.2**	**103.2**	**98.2**	**97.0**	**112.3**
燃料、动力类	Fuel and Power	112.8	106.6	89.6	110.2	105.6	97.4	94.4	115.1
黑色金属材料类	Ferrous Metals	105.3	108.0	87.8	112.1	104.3	104.2	101.5	118.1
钢　材	Steel	106.9	105.3	91.6	111.0	106.9	99.5	99.0	115.0
其　他	Others	103.7	111.4	77.9	114.5	98.7	114.6	106.7	122.6
有色金属材料及电线类	Nonferrous Metals and Wire	125.7	135.0	88.4	110.4	104.3	95.7	99.0	120.0
化工原料类	Raw Chemical Materials	109.0	111.9	94.9	105.8	98.8	89.3	88.8	117.8
木材及纸浆类	Timber and Paper Pulp	107.7	106.6	99.0	106.9	103.8	99.0	100.5	108.7
建筑材料及非金属类	Building Materials and Nonmetal Ores	113.1	104.5	95.1	108.4	107.6	100.5	101.5	106.8
其他工业原材料及半成品类	Other Industrial Raw Materials and Semifinished Products	103.6	108.3	97.7	102.9	101.9	100.2	97.2	106.8
农副产品类	Agricultural Products	100.6	119.8	99.1	101.3	99.8	100.6	100.3	105.6
纺织原料类	Textile Materials	102.4	112.7	97.8	103.4	102.8	102.0	98.1	104.7

主要统计指标解释

居民消费价格指数　是反映一定时期内城乡居民所购买的生活消费品价格和服务项目价格变动趋势和程度的相对数，是对城市居民消费价格指数和农村居民消费价格指数进行综合汇总计算的结果。该指数可以观察和分析消费品的零售价格和服务项目价格变动对城乡居民实际生活费支出的影响程度。

商品零售价格指数　是反映一定时期内城乡商品零售价格变动趋势和程度的相对数。商品零售价格的变动直接影响到城乡居民的生活支出和国家的财政收入，影响居民购买力和市场供需的平衡，影响到消费与积累的比例关系。因此，该指数可以从一个侧面对上述经济活动进行观察和分析。

工业生产者价格指数　是反映工业产品价格变化趋势和变动幅度的统计指标，是工业企业的产品价格在不同时间和空间条件下平均变动的相对数，包括工业品第一次出售时的出厂价格和企业作为中间投入的原材料、燃料、动力购进价格。该指数是进行国民经济核算和经济管理的重要依据。

Explanatory Notes on Main Statistical Indicators

Consumer Price Indices　reflect the trend and degree of changes in prices of consumer goods and services purchased by urban and rural households during a given period. They are obtained by combining the Urban Consumer Price Indices and the Rural Consumer Price Indices. The Indices enable the observation and analysis of the degree of impact of the changes in the prices of retailed goods and services on the actual living expenses of urban and rural residents.

Retail Price Indices　reflect the trend and degree of change in retail prices of commodities during a given period. The change in retail prices of commodities directly affect the living expenses of urban and rural residents, government revenue, purchasing power of residents and the equilibrium of market supply and demand, and the ratio of consumption to accumulation. Therefore, the retail price indices are useful from an oblique perspective for observing and analyzing the changes of the above economic activities.

Industry producer price index　measures the trend and degree of variance of industry producer price. It is a relative figure of average variance in different time and space, which includes factory price of first sale and intermediate inputs of raw materials, fuel and power. It is a important base of national economic accounting and economic governance.

人民生活

PEOPLE`S LIVELIHOOD

◆ *183/214*

资料整理：陈润国　田仁德　王敏

简要说明

一、本篇资料的主要内容

本篇资料反映了全省城镇、农村居民的家庭收支、人口就业、居住、耐用消费品拥有、生产和生活等方面的情况。

二、本篇资料的来源

本篇资料中城镇、农村居民家庭相关资料来源于居民收支调查年报，由国家统计局江西调查总队居民收支调查处整理提供。

三、本篇资料的调查口径

从2013年起，国家统计局开展了城乡一体化住户收支与生活状况抽样调查，与2013年前的分城镇和农村住户抽样调查的调查范围、调查方法、指标口径有所不同。2013年前城镇和农村住户调查的指标为老口径数据，2013年后城镇和农村居民调查的指标为新口径数据。

Brief Introduction

I. Content

Data in this chapter show the basic condition of the people's livelihood of the whole province, including income and expenditure of the households, population and employment, housing condition, consumption, possession of the major consumer goods, production, and living condition.

II. Source of Data

Data in this chapter are based on the data collected by the sample survey on income and expenditure of urban and rural households, and are prepared and provided by the Division of Household Income and Expenditure Survey of Survey Office of the National Bureau of Statistics in Jiangxi.

Ⅲ Statistical Caliber

The sample survey of the integration of urban and rural residents income and life situation has been conducted since 2013. The scope of investigation, investigation method, index caliber therefore varies from the sample survey of residents by residences before 2013. New statistical caliber has been applied since 2013.

9-1 人民物质文化生活情况
People's Material and Cultural Life

指　　标	Item	1978	2000	2010	2020	2021
就　业(人)	**Employment (person)**					
城镇居民每一劳动力负担人口	Number of Dependents per Employee of Urban Household		1.79	1.87	1.69	1.65
农村居民每一劳动力负担人口	Number of Dependents per Laborer of Rural Household	2.50	1.46	1.35	2.16	2.02
收　入(元)	**Income (yuan)**					
城镇非私营单位在岗职工平均工资	Average Wage of Employed Staff and Workers in Urban Nonprivate Units	552	7014	29092	80503	
城镇居民人均可支配收入	Per Capita Annual Disposable Income of Urban Households	305	5104	15481	38556	41684.41
农村居民人均可支配收入	Per Capita Net Income of Rural Residents	141	2135	5789	16981	18684.19
储　蓄(元)	**Saving (yuan)**					
平均每人住户存款年末余额	Per Capita Balance of Saving Deposit at Year-end	13	2997	13746	50318	
居　住(平方米)	**Residence (sq.m)**					
城镇居民人均建筑面积	Per Capita Building Space of Urban Households			38.9	50.5	51.6
农村居民人均建筑面积	Per Capita Living Space of Rural Households		27.8	40.3	64.6	69.4
交通、通讯	**Traffic and Communication**					
城镇居民每百户汽车拥有量(辆)	Number of Automobiles per 100 Urban Households (unit)		0.39	5.31	40.87	43.14
城镇居民每百户摩托车拥有量(辆)	Number of Motorcycles per 100 Urban Households (unit)		12.96	20.77	27.24	29.25
城镇居民每百户拥有移动电话(部)	Number of Mobile Telephones per 100 Urban Households (unit)		14.37	181.18	257.55	263.43
农村居民每百户汽车拥有量(辆)	Number of Bicycles per 100 Rural Households (unit)				22.46	26.37
农村居民每百户摩托车拥有量(辆)	Number of Motorcycles per 100 Rural Households (unit)		17.47	60.49	62.89	57.43
农村居民每百户拥有移动电话(部)	Number of Mobile Telephones per 100 Rural Households (unit)		1.43	140.98	269.18	276.43
教　育	**Education**					
每万人中有普通高等学校在校学生(人)	Students Enrollment of Regular Higher Education Institutions per 10 000 Population (person)	6.9	35.3	188.0	353.26	
每万人中有中等学校在校学生(人)	Students Enrollment of Secondary Schools per 10 000 Population (person)	540.7	702.4	788.7	868.58	
每万人中有小学在校学生(人)	Students Enrollment of Primary Schools per 10 000 Population (person)	1614.2	1018.9	955.9	899.03	
卫　生	**Health**					
每万人中有卫生技术人员(人)	Number of Medical Technical Personnel per 10 000 Population (person)	22.1	29.7	34.7	63.30	
#医生	Doctors	9.6	13.1	13.3	23.20	
每万人中有病床数(张)	Number of Hospital Beds per 10000 Population (bed)	22.7	21.9	28.7	63.24	
#医院卫生院	Hospital Beds	20.5	20.1	23.1	58.71	
文　化(台/套)	**Culture (set)**					
城镇居民每百户拥有彩色电视机	Number of Color TV per 100 Urban Households		106.01	148.00	129.42	126.00
城镇居民每百户拥有照相机	Number of Cameras per 100 Urban Households		25.48	33.82	14.38	6.72
城镇居民每百户拥有计算机	Number of Computers per 100 Urban Households		4.56	59.91	68.61	56.26
农村居民每百户拥有计算机	Number of Computers per 100 Rural Households		2.00	5.22	27.59	24.87
农村居民每百户拥有彩色电视机	Number of Color TV per 100 Rural Households		30.16	106.86	125.49	125.72
农村居民每百户拥有照相机	Number of Cameras per 100 Rural Households		2.08	2.69	2.17	1.06

注：2013年之前为农村居民人均纯收入指标，2013年之后所有调查指标为新口径调查数据，无纯收入指标，统一为可支配收入指标。后同。

a) Rural per capita net income has been adjusted to per capita disposable income of rural residents since 2013. The same applies to the tables following.

9-2 居民消费水平
Household Consumption Expenditure

本表绝对数按当年价格计算，指数按可比价格计算。

Level in this table are calculated at current prices, while indices are calculated at constant prices.

年份 Year	绝对数(元) Level (yuan)			指数(上年=100) Index (Preceding Year=100)			指数(1978=100) Index (year of 1978=100)		
	全体居民 All Households	农村居民 Rural Household	城镇居民 Urban Household	全体居民 All Households	农村居民 Rural Household	城镇居民 Urban Household	全体居民 All Households	农村居民 Rural Household	城镇居民 Urban Household
1978	181	161	281	115.7	115.7	109.7	100.0	100.0	100.0
1979	203	179	323	110.7	109.7	113.4	110.7	109.7	113.4
1980	211	183	340	99.7	98.0	101.0	110.4	107.5	114.5
1981	230	194	394	104.1	101.3	110.8	114.9	108.9	126.9
1982	266	235	403	112.4	117.7	99.5	129.1	128.2	126.3
1983	282	253	410	104.5	106.1	100.3	135.0	136.0	126.6
1984	311	279	448	107.6	107.6	106.6	145.2	146.3	135.0
1985	367	327	535	108.7	107.9	109.7	157.8	157.9	148.1
1986	395	346	590	101.6	101.0	101.6	160.4	159.5	150.5
1987	427	365	675	103.7	101.7	107.0	166.3	162.2	161.0
1988	506	421	842	104.7	101.7	111.7	174.1	164.9	179.8
1989	580	480	971	100.0	101.6	96.5	174.1	167.6	173.5
1990	666	577	1017	104.5	104.8	103.6	182.0	175.6	179.8
1991	706	605	1105	103.6	103.2	104.6	188.5	181.2	188.1
1992	770	634	1295	106.7	105.1	110.0	201.1	190.5	206.9
1993	887	712	1566	105.9	105.0	107.8	213.0	200.0	223.0
1994	1182	923	2165	105.8	105.2	106.3	225.4	210.4	237.1
1995	1559	1266	2632	106.8	107.6	104.2	240.7	226.4	247.0
1996	1857	1553	2942	112.2	115.7	104.4	270.0	262.0	257.9
1997	1930	1569	3200	104.4	103.1	106.7	281.9	270.1	275.2
1998	1973	1599	3267	101.6	101.4	101.7	286.4	273.9	279.8
1999	2056	1637	3482	104.4	103.9	105.0	299.0	284.5	293.8
2000	2396	1793	4488	116.6	114.9	117.2	348.7	326.9	344.4
2001	2500	1801	4845	104.8	101.2	108.0	365.4	330.9	371.9
2002	2651	1879	5138	106.0	104.3	106.0	387.3	345.1	394.2
2003	2739	1964	5127	102.9	104.0	99.6	398.6	358.9	392.7
2004	3277	2289	6157	111.6	109.8	110.8	444.8	394.1	435.1
2005	3693	2489	7083	109.6	108.1	109.5	487.5	426.0	476.4
2006	4052	2729	7720	125.0	120.1	129.2	609.4	511.6	615.5
2007	4665	3037	9128	108.4	105.9	110.3	660.6	541.8	678.9
2008	5692	3063	9539	114.8	105.4	93.4	758.3	571.0	634.1
2009	6172	3412	9941	112.3	113.4	108.9	851.6	647.5	690.5
2010	7846	4342	12294	111.5	115.4	106.8	949.5	747.3	737.5
2011	9348	5773	13587	112.2	112.7	109.3	1065.4	842.2	806.1
2012	10426	6366	14933	110.9	115.3	106.7	1181.5	971.0	860.1
2013	11933	7458	16584	110.4	114.0	106.6	1304.4	1107.0	916.8
2014	13293	8646	17839	110.5	113.6	107.3	1441.3	1257.5	983.8
2015	14668	9762	19144	109.5	113.5	105.8	1578.3	1427.3	1040.8
2016	16204	11648	20087	109.3	113.6	105.7	1725.0	1621.4	1100.2
2017	17837	12906	21759	108.5	112.8	105.1	1871.7	1828.9	1156.3
2018	20477	15506	24176	108.8	112.9	105.8	2036.4	2064.8	1223.4
2019	23109	17841	26760	108.2	112.6	105.1	2203.4	2325.0	1285.8
2020	24174	19465	27256	103.8	107.3	101.5	2287.1	2494.7	1305.0

9-3　各地区住户存款年末余额(2021年)
Balance of Household Deposits at Year-end by Region (2021)

单位：亿元 (100 million yuan)

地　区	Region	本外币 RMB and Foreign Currency			人民币 RMB		
		年末余额 Balance	比年初 Over Beginning of Year	比年初增长(%) Growth Rate (%)	年末余额 Balance	比年初 Over Beginning of Year	比年初增长(%) Growth Rate (%)
全　省	**Provincial Total**	**25522.81**	**2710.90**	**11.9**	**25454.74**	**2713.63**	**11.9**
南昌市	Nanchang	4776.22	456.55	10.6	4737.98	459.33	10.7
景德镇市	Jingdezhen	1074.25	114.20	11.9	1071.98	114.06	11.9
萍乡市	Pingxiang	939.88	108.03	13.0	937.93	108.01	13.0
九江市	Jiujiang	2453.80	265.72	12.1	2449.24	265.71	12.2
新余市	Xinyu	829.47	94.55	12.9	827.98	94.66	12.9
鹰潭市	Yingtan	696.48	75.95	12.2	695.27	75.92	12.3
赣州市	Ganzhou	4276.17	432.51	11.3	4270.68	432.46	11.3
吉安市	Ji'an	2586.98	300.01	13.1	2584.17	299.96	13.1
宜春市	Yichun	2805.09	305.11	12.2	2801.65	305.10	12.2
抚州市	Fuzhou	1915.51	216.90	12.8	1912.86	216.97	12.8
上饶市	Shangrao	3167.46	342.00	12.1	3163.51	342.07	12.1

9-4　各地区住户贷款年末余额(2021年)
Balance of Household Loan at Year-end by Region (2021)

单位：亿元 (100 million yuan)

地　区	Region	本外币 RMB and Foreign Currency			人民币 RMB		
		年末余额 Balance	比年初 Over Beginning of Year	比年初增长(%) Growth Rate (%)	年末余额 Balance	比年初 Over Beginning of Year	比年初增长(%) Growth Rate (%)
全　省	**Provincial Total**	**18240.89**	**1939.11**	**11.9**	**18240.68**	**1939.07**	**11.9**
南昌市	Nanchang	4849.51	388.97	8.7	4849.43	388.94	8.7
景德镇市	Jingdezhen	465.35	57.63	14.1	465.34	57.62	14.1
萍乡市	Pingxiang	437.48	50.11	12.9	437.47	50.11	12.9
九江市	Jiujiang	1857.00	197.06	11.9	1856.98	197.06	11.9
新余市	Xinyu	419.93	38.38	10.1	419.92	38.38	10.1
鹰潭市	Yingtan	333.31	36.76	12.4	333.31	36.76	12.4
赣州市	Ganzhou	3493.74	407.96	13.2	3493.71	407.96	13.2
吉安市	Ji'an	1558.14	164.54	11.8	1558.13	164.54	11.8
宜春市	Yichun	1707.09	239.43	16.3	1707.08	239.42	16.3
抚州市	Fuzhou	1333.94	129.75	10.8	1333.93	129.75	10.8
上饶市	Shangrao	1757.37	218.92	14.2	1757.35	218.92	14.2

9-5 城镇居民基本情况
Basic Statistics on Urban Households

年 份 Year	平均每户家庭人口数(人) Average Household Size (person)	平均每户劳动力人口数(人) Average Number of Employed Persons Per Household (person)	平均每人每年可支配收入(元) Per Capita Annual Disposable Income (yuan)	可支配收入指数 Index of Disposable Income		平均每人每年消费支出(元) Per Capita Annual Consumption Expenditure (yuan)
				以上年为100 (preceding year=100)	以1978年为100 (year of 1978=100)	
1986	4.02		729.80	118.0	171.9	630.96
1987	3.98		791.90	100.6	172.9	703.20
1988	3.72		937.80	95.7	165.5	876.48
1989	3.65		1081.90	98.4	161.2	977.88
1990	3.60		1188.00	107.5	173.3	983.76
1991	3.54		1295.00	104.5	181.0	1110.24
1992	3.45		1585.00	113.8	206.0	1275.96
1993	3.37		1985.00	108.1	222.8	1585.68
1994	3.28		2777.00	110.2	245.6	2201.04
1995	3.20		3376.51	104.0	255.5	2712.48
1996	3.18		3780.20	103.6	264.6	2942.16
1997	3.13		4071.32	104.6	276.7	3199.56
1998	3.08		4254.88	103.4	286.0	3266.76
1999	3.06		4728.51	112.0	320.3	3482.28
2000	3.08		5116.46	105.9	339.2	3623.52
2001	3.04		5524.56	108.1	366.7	3894.48
2002	2.97		6362.67	114.8	421.0	4549.32
2003	2.97		6936.75	108.0	454.7	4914.60
2004	2.91		7604.82	106.0	482.0	5337.84
2005	2.89		8678.88	112.3	541.3	6109.44
2006	2.86		9625.05	110.0	595.4	6645.54
2007	2.85		11551.12	112.5	669.8	7810.73
2008	2.90		12989.51	108.3	725.4	8717.37
2009	2.88		14168.14	109.6	795.0	9739.99
2010	2.84		15655.93	107.3	853.0	10618.69
2011	2.87		17692.42	107.5	917.0	11747.21
2012	2.86		20084.62	110.6	1014.2	12775.65
2013	3.35	2.32	22120.00	107.8	1093.3	13843.00
2014	3.32	2.31	24309.00	107.3	1173.1	15142.00
2015	3.23	2.27	26500.12	107.4	1259.9	16731.81
2016	3.25	2.22	28673.28	106.1	1336.8	17695.65
2017	3.23	2.22	31198.06	106.7	1425.9	19244.46
2018	3.71	2.25	33819.40	106.2	1513.9	20760.02
2019	3.78	2.21	36545.90	105.0	1589.9	22714.27
2020	3.82	2.26	38555.84	103.0	1638.1	22134.31
2021	3.74	2.26	41684.41	107.2	1756.0	24586.53

注：可支配收入指数均按可比价计算。

a) Disposable income index is calculated at comparable price.

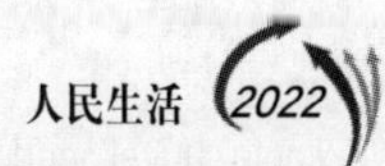

9-6 城镇居民按收入高低五等份分组基本情况(2021年)
Per Capita Disposable Income of Urban Households by Income Quintile (2021)

指　　标	Item	低收入组 Low Income Households	中低收入组 Lower Middle Income Households
占调查总户数比重(%)	Percentage of Households (%)	20	20
平均每户家庭人口数(人)	Average Household Size (person)	4.43	4.20
平均每户劳动力人口数(人)	Average Number of Laborer Per Household (person)	2.26	2.38
平均每户家庭劳动力人口比重(%)	Percentage of Laborer Per Household	51.06	56.65
平均每一劳动力负担人口(人)	Average Number of Persons Supported by A Laborer (person)	1.96	1.77
平均每人每年可支配收入(元)	Per Capita Annual Disposable Income (yuan)	14038.88	26772.97
平均每人每年消费支出(元)	Per Capita Annual Disposable Income (yuan)	14675.15	18017.10

9-6 续表 continued

指　　标	Item	中等收入组 Middle Income Households	中高收入组 Upper Middle Income Households	高收入组 High Income Households
占调查总户数比重(%)	Percentage of Households (%)	20	20	20
平均每户家庭人口数(人)	Average Household Size (person)	3.54	3.18	3.13
平均每户劳动力人口数(人)	Average Number of Laborer Per Household (person)	2.23	2.19	2.16
平均每户家庭劳动力人口比重(%)	Percentage of Laborer Per Household	63.02	69.00	68.96
平均每一劳动力负担人口(人)	Average Number of Persons Supported by A Laborer (person)	1.59	1.45	1.45
平均每人每年可支配收入(元)	Per Capita Annual Disposable Income (yuan)	36545.83	49851.33	98663.27
平均每人每年消费支出(元)	Per Capita Annual Consumption Expenditure (yuan)	23757.35	29297.45	43643.48

9-7 城镇居民平均每人每年收支
Per Capita Annual Income and Expenditure of Urban Households by Income Quintile

单位：元 (yuan)

指　标	Item	2020	2021
可支配收入	**Disposable Income**	**38555.84**	**41684.41**
工资性收入	Income of Wages and Salaries	24309.52	25128.55
#工资	Wages	23420.47	24135.78
经营净收入	Net Business Income	3089.04	3985.10
财产净收入	Net Income from Property	3390.80	4136.10
转移净收入	Net Income from Transfers	7766.49	8434.67
#养老金或离退休金	Pension or Retirement Annuities	6363.40	5904.28
总支出	**Total Expenditure of Households**	**31190.78**	**35820.48**
#消费支出	Consumption Expenditure	22134.31	24586.53
生产经营费用支出	Production and Operation	1193.88	3300.40
财产性支出	Property	183.72	154.69
转移性支出	Transfer	1758.42	1812.01
个人所得税	Individual Income Tax	57.29	90.75
部分商业保险支出	Part of the Commercial Insurance Payments	163.27	208.32
购置资产及非经常性转移支出	Purchase of Assets and Non Regular Payments	4235.34	4037.64
借贷性支出	Loan	1521.84	1721.55
#存入储蓄款	Money Deposited in Bank	25.02	40.34
借出款	Lending Money	13.64	38.63
归还借款	Money Returned to the Borrower	129.95	280.60
归还住房贷款	Housing Loan Returned	1201.56	937.40

9-8 城镇居民平均每人每年收支(2021年)

Per Capita Annual Income and Expenditure of Urban Households (2021)

单位：元 (yuan)

指标	Item	合计 Total	低收入户 Low Income Households	中等偏下户 Lower Middle Income Households	中等收入户 Middle Income Households	中等偏上户 Upper Middle Income Households	高收入户 High Income Households
可支配收入	**Disposable Income**	**41684.41**	**14038.88**	**26772.97**	**36545.83**	**49851.33**	**98663.27**
工资性收入	Income of Wages and Salaries	25128.55	9556.86	15885.50	20837.25	30018.72	59671.72
#工资	Wages	24135.78	9469.00	15619.63	20337.60	28822.50	56051.61
经营净收入	Net Business Income	3985.10	-543.75	2869.39	3138.05	4625.98	12262.71
财产净收入	Net Income from Property	4136.10	1395.21	2065.97	3334.91	4220.61	11667.93
转移净收入	Net Income from Transfers	8434.67	3630.56	5952.11	9235.62	10986.01	15060.91
#养老金或离退休金	Pension or Retirement Annuities	5904.28	1437.36	3301.47	7087.50	9025.16	11184.71
总支出	**Total Expenditure of Households**	**35820.48**	**23653.23**	**24518.22**	**32293.47**	**39606.84**	**68533.64**
#消费支出	Consumption Expenditure	24586.53	14675.15	18017.10	23757.35	29297.45	43643.48
生产经营费用支出	Production and Operation	3300.40	5607.57	1724.00	1855.41	2043.15	5095.48
财产性支出	Property	154.69	42.00	86.97	90.79	213.58	419.39
转移性支出	Transfer	1812.01	872.55	1056.25	1515.05	2129.99	4182.58
个人所得税	Individual Income Tax	90.75	7.88	13.48	26.41	60.57	418.38
部分商业保险支出	Part of the Commercial Insurance Payments	208.32	72.40	43.96	183.74	223.36	636.09
购置资产及非经常性转移支出	Purchase of Assets and non Regular Payments	4037.64	1794.73	2741.93	3130.38	4199.70	9859.87
借贷性支出	Loan	1721.55	588.84	848.00	1760.74	1499.61	4696.75
#存入储蓄款	Money Deposited in Bank	40.34	10.07	37.33	33.37	1.70	135.57
借出款	Lending Money	38.63	9.36	14.49	77.20	44.51	62.26
归还借款	Money Returned to the Borrower	280.60	153.68	68.85	777.12	183.56	273.74
归还住房贷款	Housing Loan Returned	937.40	240.97	474.05	587.14	1076.07	2815.01

9-9 城镇居民平均每人每年消费支出(2021年)
Per Capita Consumption Expenditure of Urban Households (2021)

单位：元 (yuan)

指标	Item	合计 Total	低收入户 Low Income Households	中等偏下户 Lower Middle Income Households	中等收入户 Middle Income Households	中等偏上户 Upper Middle Income Households	高收入户 High Income Households
消费支出	**Consumption Expenditure**	**24586.53**	**14675.15**	**18017.10**	**23757.35**	**29297.45**	**43643.48**
食品烟酒	Food，Cigarette and Wine	7722.65	5101.12	6366.89	7989.77	9405.67	11237.45
食品	Food	5397.69	3886.18	4752.83	5614.74	6478.05	7053.79
烟酒	Cigarette and Wine	661.39	404.15	508.32	712.97	835.64	994.53
饮料	Beverage	140.24	85.57	96.92	140.29	167.57	248.14
饮食服务	Service	1523.33	725.22	1008.82	1521.77	1924.40	2940.99
衣着	Clothing	1440.24	752.18	1059.20	1332.61	1643.40	2848.49
衣类	Clothes	1190.36	617.14	862.64	1101.00	1353.18	2383.68
鞋类	Footwear	249.88	135.04	196.56	231.61	290.22	464.81
居住	Residence	5469.81	3276.75	3914.97	5127.48	7196.28	9299.21
生活用品及服务	Household Appliances and Services	1445.79	666.84	905.80	1524.20	1842.25	2782.84
交通通信	Transport and Communications	2939.62	1335.68	1828.19	2453.57	3033.12	7187.06
交通	Transport	2197.72	825.53	1222.58	1748.26	2197.81	5985.55
通信	Communications	741.90	510.14	605.61	705.31	835.30	1201.51
教育、文化娱乐	Education, Cultural and Recreation Services	2943.56	2263.35	2263.84	3009.11	3119.70	4566.40
教育	Education	2247.34	1954.25	1898.58	2410.58	2204.39	2990.53
文化娱乐	Cultural and Recreation Services	695.56	309.10	365.25	598.53	915.31	1575.87
医疗保健	Health Care and Medical Services	2015.42	1066.26	1365.54	1844.03	2385.81	4058.37
医疗器具及药品	Instruments, Apparatuses and Medicines	421.51	255.33	301.62	411.06	496.00	754.86
医疗服务	Service	1593.91	810.93	1063.91	1432.97	1889.80	3303.50
其他用品和服务	Other Goods and Services	609.45	212.98	312.67	476.58	671.23	1663.67
其他用品	Other Goods	332.66	109.79	172.96	266.12	385.69	887.40
其他服务	Other Services	276.78	103.19	139.72	210.46	285.54	776.28

9-10 城镇居民平均每人每年消费支出和构成
Per Capita Consumption Expenditure and Expenditure Percentage of Urban Households

类别	Type	消费性支出（元） Consumption Expenditure (yuan)		构成（%） Percentage (%)	
		2020	2021	2020	2021
消费支出	**Consumption Expenditure**	**22134.31**	**24586.53**	**100**	**100**
食品烟酒	Food，Cigarette and Wine	6949.06	7722.65	31.39	31.41
#食品	Food	5210.09	5397.69	23.54	21.95
烟酒	Cigarette and Wine	543.32	661.39	2.45	2.69
饮料	Beverage	94.76	140.24	0.43	0.57
饮食服务	Service	1100.89	1523.33	4.97	6.20
衣着	Clothing	1354.51	1440.24	6.12	5.86
#衣类	Clothes	1125.31	1190.36	5.08	4.84
鞋类	Footwear	229.21	249.88	1.04	1.02
居住	Residence	5315.55	5469.81	24.01	22.25
生活用品及服务	Household Appliances and Services	1233.87	1445.79	5.57	5.88
交通通信	Transport and Communications	2856.79	2939.62	12.90	11.96
#交通	Transport	2150.74	2197.72	9.71	8.94
通信	Communications	706.05	741.90	3.19	3.02
教育、文化娱乐	Education, Cultural and Recreation Services	2262.30	2943.56	10.21	11.97
#教育	Education	1667.01	2247.34	7.53	9.14
文化娱乐	Cultural and Recreation Services	595.30	695.56	2.69	2.83
医疗保健	Health Care and Medical Services	1724.34	2015.42	7.78	8.20
#医疗器具及药品	Instruments, Apparatuses and Medicines	409.06	421.51	1.85	1.71
医疗服务	Service	1315.28	1593.91	5.94	6.48
其他用品和服务	Other Goods and Services	437.89	609.45	1.98	2.48
#其他用品	Other Goods	225.83	332.66	1.02	1.35
其他服务	Other Services	212.05	276.78	0.96	1.13

9-11 城镇居民平均每百户主要耐用消费品年末拥有量
Main Durable Goods Owned Per 100 Urban Households at Year-end by Region

品　　名	Item	2005	2010	2020	2021
摩托车(辆)	Motorcycle (unit)	24.38	20.77	27.24	29.25
家用汽车(辆)	Family Vehicle (unit)	0.73	5.31	40.87	43.14
洗衣机(台)	Washing Machine (unit)	95.29	93.84	95.78	95.47
电冰箱(台)	Refrigerator (unit)	90.66	96.57	100.25	100.14
彩色电视机(台)	Color Television Set (unit)	139.31	148.00	129.42	126.00
计算机(台)	Computer (unit)	32.03	59.91	68.61	56.26
照相机(台)	Camera (unit)	37.35	33.82	14.38	6.72
中高档乐器(架)	Medium and High Grade Musical Instruments (piece)	8.67	6.70	12.19	6.10
微波炉(台)	Microwave Oven (unit)	38.93	55.86	51.71	44.62
空调(台)	Air Conditioner (unit)	72.41	107.67	158.25	161.04
热水器(台)	Shower Heater (unit)	81.77	92.28	103.71	102.45
健身器材(台)	Body Building Equipment (unit)	1.77	3.17	9.11	5.55
移动电话(部)	Mobile Telephone (unit)	136.26	181.18	257.55	263.43

9-12 农村居民家庭基本情况
Basic Statistics on Rural Households

年 份 Year	平均每户家庭人口(人) Average Permanent Population Per Household (person)	平均每户整半劳动力(人) Average Number of Full/ Semi Labour Force Per Household (person)	平均每个劳动力负担人口(人) Average Number of Dependents Per Laborer Force (person)	平均每人可支配收入(元) Per Capita Average Net Income (yuan)	平均每人住房面积(平方米) Per Capita Floor Space of Residential Buildings (sq.m)
1978	5.68	2.77	2.50	140.70	
1979	5.67	2.26	2.50	156.50	
1980	5.91	2.50	2.36	180.94	9.09
1981	6.06	2.78	2.18	226.87	10.05
1982	5.97	2.63	2.27	269.7	11.57
1983	5.92	2.9	2.04	301.76	13.92
1984	5.94	3.02	1.97	334.11	15.55
1985	5.79	3.09	1.87	377.31	16.20
1986	5.72	3.04	1.88	395.63	17.50
1987	5.61	3.02	1.85	429.29	18.47
1988	5.48	3.01	1.82	488.16	19.35
1989	5.38	3.02	1.78	558.64	19.94
1990	5.28	3.00	1.76	669.90	20.58
1991	5.09	2.92	1.74	702.53	20.08
1992	5.01	2.94	1.70	768.41	20.70
1993	4.92	3.02	1.63	869.81	22.91
1994	4.86	3.10	1.57	1218.19	21.61
1995	4.79	3.12	1.54	1537.36	22.70
1996	4.71	3.02	1.56	1869.63	24.00
1997	4.61	3.00	1.54	2107.28	24.33
1998	4.56	2.99	1.52	2052.87	25.31
1999	4.50	2.99	1.50	2139.95	26.90
2000	4.44	3.03	1.46	2151.09	27.79
2001	4.43	3.01	1.47	2253.85	28.25
2002	4.39	3.01	1.46	2335.40	29.24
2003	4.36	3.05	1.43	2494.78	30.55
2004	4.33	3.08	1.41	2836.93	31.35
2005	4.34	3.14	1.38	3193.94	34.10
2006	4.30	3.15	1.37	3541.00	35.91
2007	4.29	3.17	1.35	4151.80	36.78
2008	4.29	3.16	1.36	4835.27	37.56
2009	4.29	3.17	1.35	5238.02	39.53
2010	4.29	3.18	1.35	5991.17	40.26
2011	4.25	3.06	1.39	7132.77	46.82
2012	4.24	3.04	1.40	8103.39	47.61
2013	4.20	2.40	1.75	9089.00	49.11
2014	4.20	2.31	1.82	10117.00	50.20
2015	4.11	2.24	1.83	11139.08	51.80
2016	4.05	2.18	1.86	12137.72	54.20
2017	4.06	2.19	1.85	13241.82	54.90
2018	4.30	2.09	2.06	14459.89	59.20
2019	4.39	2.03	2.16	15796.29	62.91
2020	4.44	2.06	2.16	16980.84	64.64
2021	4.26	2.11	2.02	18684.19	69.37

注：2013年之后人均常住人口指标为人均家庭人口，人均纯收入指标为人均可支配收入，2013年之后所有数据为新口径调查数据。后同。

a) Average permanent population per household has been adjusted to average family population per household, per capita net income to per capita disposable income since 2013. The new statistic standard has been applied since. The same applies as following tables.

9-13 平均每百户农村居民主要生产用固定资产拥有量
Main Fixed Assets for Production Owned Per 100 Rural Households

指　　标	Item	2020	2021
生产性固定资产原值（元）	**Productive Original Value of Fixed Assets (yuan)**	**1687916**	**1407000**
农　业	Agriculture	968247	431189
林　业	Forestry	13658	23729
牧　业	Animal Husbandry	96531	78481
渔　业	Fishing	11126	40715
采矿业	Mining	-	-
制造业	Manufacturing	70260	216382
电力、热力、燃气及水的生产和供应业	Production and Supply of Electricity, Gas & Water	1299	2779
建筑业	Construction	50299	29736
批发和零售业	Wholesale and Retail Trade	167766	236287
交通运输、仓储和邮政业	Traffic, Transport, Storage and Post	183024	231264
住宿和餐饮业	Hotels and Catering Services	20483	14375
居民服务与其他服务业	Services to Households and Other Services	65455	42540
其　他	Others	39771	59522
主要生产性固定资产数量	**Amount of Major Productive Fixed Assets**		
房屋及建筑物（平方米）	Housing and Building (aq.m)	1208.84	1185.78
大中型农用拖拉机（台）	Large and Medium Agrimotor (unit)	0.74	0.82
小型农用拖拉机（台）	Small and Walking Agrimotor (unit)	10.82	9.74
农用排灌动力机械(台)	Power-driven Irrigation and Drainage Equipment (unit)	8.23	6.80
插秧机(台)	Rice Transplanter (unit)	0.26	0.65
收割机（台）	Harvester (unit)	1.82	7.53
脱粒机（台）	Thresher (unit)	6.88	4.59
畜产品（头）	Commodity Animal (head)	22.25	27.84

9-14 农村居民人口与就业情况
Population and Employment of Rural Households

单位：人 (person)

指　　标	Item	2020	2021
农村居民人口状况	**Population of Rural Households**		
家庭常住人口	Number of Permanent Residents	7465	7604
5岁及以下	5 and Under	430	423
6-15岁	Aged 6 - 15	1445	1526
16-19岁	Aged 16 - 19	436	463
20-24岁	Aged 20 - 24	267	231
25-29岁	Aged 25 - 29	151	169
30-34岁	Aged 30 - 34	260	311
35-40岁	Aged 35 - 40	324	372
41-50岁	Aged 41 - 50	1064	1107
51-60岁	Aged 51 - 60	1440	1457
61-65岁	Aged 61 - 65	601	600
66岁及以上	66 and Over	1047	945
在校学生人数	Students Enrollment	1986	2062
农村住户劳动力素质状况	**Labor Force Quality of Rural Households**		
整半劳动力数	Number of Full/Semi Labour Force	4751	4882
#男劳动力人数	Number of Male Labour Force	2368	2429
整劳动力	Number of Full Labour Force	1561	1693
劳动力文化程度	Education of Labor Force		
未上过学	Un-Schooled	247	242
小学程度	Primary School	2006	1950
初中程度	Junior High School	1950	2109
高中程度	Senior High School	382	404
大专及以上	Junior College and over	166	177

9-14 续表 continued

单位：人 (person)

指　标	Item	2020	2021
农村居民就业情况	**Employment of Rural Households**		
家庭常住从业人数	Resident Labor Force	3667	3917
就业类型	Type of Employment		
雇主	Employer	17	14
公职人员	Public Employee	11	9
事业单位人员	Institution Personnel	49	40
国有企业雇员	Employee of State-owned Enterprises	5	11
其他雇员	Other Employee	1795	2047
农业自营	Agricultural Self-run	1466	1424
非农自营	Non-agricultural Self-run	324	372
行业分布	Sector of Employment		
第一产业就业人数	Primary Industry	1581	1514
第二产业就业人数	Secondary Industry	1098	1294
采矿业	Mining and Quarrying	20	20
制造业	Manufacturing	459	592
电力、热力、燃气及水生产供应业	Production and Supply of Electricity, Gas & Water	32	37
建筑业	Construction	587	645
第三产业就业人数	Tertiary Industry	988	1109
批发和零售业	Wholesale and Retail Trades	218	257
交通运输、仓储和邮政业	Transport, Storage and Post	122	137
住宿和餐饮业	Hotels and Catering Services	99	90
居民服务、修理和其他服务业	Services to Households and Other Services	253	295
教　育	Education	49	60
卫生和社会工作	Health and Social Affairs	66	74
文化、体育和娱乐业	Culture, Sports and Entertainment	9	12
其　他	Others	172	184

9-15 平均每百户农村居民主要耐用消费品年末拥有量
Main Durable Goods Owned Per 100 Rural Households at Year-end

品　　名	Item	2020	2021
家用汽车(辆)	Family Vehicle (unit)	22.46	26.37
摩托车(辆)	Motorcycle (unit)	62.89	57.43
洗衣机(台)	Washing Machine (unit)	68.02	76.84
电冰箱(台)	Refrigerator (unit)	97.86	97.36
彩色电视机(台)	Color TV Set (unit)	125.49	125.72
排油烟机(台)	Smoke Absorber (unit)	36.04	41.46
空调(台)	Air Conditioner (unit)	72.23	89.94
热水器(台)	Water Heater (unit)	88.04	90.92
微波炉(台)	Oven (unit)	15.21	15.31
固定电话(线)	Fixed-line Telephone (line)	4.53	2.74
移动电话(部)	Mobile Telephone (unit)	269.18	276.43
照相机(台)	Camera (unit)	2.17	1.06
计算机(台)	Computer (unit)	27.59	24.87
中高档乐器(架)	Medium and High Grade Musical Instrument (unit)	1.80	0.82

9-16 农村居民人均食品消费量
Per Capita Food Consumption of Rural Households

单位：公斤 (kg)

类　　别	Type	2020	2021
粮食	Grain	178.21	193.12
#谷物	Rice	166.32	177.80
薯类	Tubers	1.98	2.06
豆类	Soybeans	9.90	13.25
蔬菜及菜制品	Fresh Vegetable and Related Products	100.31	121.83
油脂类	Oil	15.65	15.85
#植物油	Vegetable Oil	15.15	15.09
肉类	Meat	25.44	33.90
#猪肉	Pork	22.32	29.33
牛肉	Beef	1.56	2.10
羊肉	Mutton	0.16	0.26
禽类	Poultry	12.38	13.68
水产品	Aquatic Products	13.33	16.75
蛋类及蛋制品	Eggs and Related Products	9.29	12.14
奶和奶制品	Milk and Dairy Products	6.76	8.85
食糖	Sugar	1.05	1.28
酒	Liquor and Beverages	10.50	11.33
干鲜瓜果类	Dry and Fresh Melon and Fruits	37.19	50.09

9-17 农村居民平均每人总收入
Per Capita Total Income of Rural Households

单位：元 (yuan)

指　　标	Item	2020	2021
全年总收入（未扣除生产费用）	**Annual Total Income**	**22552.12**	**23401.41**
工资性收入	Income from Wages and Salaries	7301.18	8279.72
经营性收入	Income from Household Operations	10962.28	10086.75
第一产业	Primary Industry	7211.32	6374.25
#农业	Agriculture	5182.74	4640.19
林业	Forestry	238.51	294.01
牧业	Animal Husbandry	1597.52	1212.81
渔业	Fishery	192.56	227.25
第二产业	Secondary Industry	866.56	707.80
第三产业	Tertiary Industry	2884.40	3004.70
财产性收入	Property Income	302.35	397.96
转移性收入	Transfer Income	3986.31	4636.97

9-18 农村居民平均每人现金收入
Per Capita Cash Income of Rural Households

单位：元 (yuan)

指标	Item	2020	2021
全年现金收入（未扣除生产费用）	**Annual Total Cash Income (Operating Expenses Undeducted)**	**21591.74**	**21869.79**
现金工资性收入	Income from Wages and Salaries	7290.01	8229.39
#工资	Wages	7273.28	8208.82
其他工资性收入	Other Wage Incomes	16.72	20.57
现金经营性收入	Operational Income in Cash	10199.67	8882.48
第一产业	Primary Industry	6448.71	5169.99
#农业	Agriculture	4565.49	3743.73
林业	Forestry	180.25	116.80
牧业	Animal Husbandry	1515.38	1088.37
渔业	Fishery	187.59	221.07
第二产业	Secondary Industry	866.56	707.80
#采矿业	Mining	3.54	4.86
制造业	Manufacturing	470.16	465.02
建筑业	Construction	392.87	237.93
第三产业	Tertiary Industry	2884.40	3004.70
#批发和零售业	Wholesale and Retail Trade	1618.79	1696.05
交通运输、仓储和邮政业	Traffic Transport, Storage and Post	509.71	614.97
住宿和餐饮业	Hotels and Catering Services	224.26	153.59
居民服务、修理和其他服务业	Domestic Service, Repair and Other Services	337.56	340.16
其他行业	Other Sectors	62.76	71.66
现金财产性收入	Income from Properties	302.35	397.96
现金转移性收入	Income from Transfers	3799.71	4359.95

9-19 农村居民家庭平均每人总支出
Per Capita Total Expenditure of Rural Households

单位：元 (yuan)

指标	Item	2020	2021
全年总支出	**Annual Total Expenditure**	**21352.10**	**23376.55**
#生产经营费用支出	Expenditure on Production and Management	4468.37	3761.14
第一产业	Primary Industry	2920.32	2342.28
第二产业	Secondary Industry	309.64	262.05
第三产业	Tertiary Industry	1238.41	1156.80
购置资产及非经常性转移	Acquisition of Assets and Non-recurrent Transfer	2018.34	2544.12
#购置资产支出	Acquisition of Assets	737.99	1041.88
非经常转移支出	Non-recurrent Transfer	1280.35	1502.23
消费支出	Living Expenditure	13579.44	15663.06
食品烟酒	Food, Cigarette and Wine	4557.12	5221.79
衣着	Clothing	602.60	691.38
居住	Residence	3553.76	3915.02
生活用品及服务	Articles and Service of Daily Use	686.59	814.63
交通通信	Transportation and Communications	1402.62	1699.45
教育文化娱乐	Education, Culture and Entertainment	1477.59	1776.89
医疗保健	Medical Articles	1136.71	1347.44
其他用品和服务	Other Commodities and Services	162.45	196.45
财产性支出	Property Expenditure	23.25	61.55
转移性支出	Transfer Expenditure	451.73	612.25

9-20 农村居民平均每人生活消费支出
Per Capita Living Expenditure of Rural Households

单位：元 (yuan)

指　　标	Item	2020	2021
全年生活消费支出（不含自产自用）	**Annual Living Expenditure for Consumption (Self-produce and Self-use Not Included)**	**13031.44**	**14900.32**
#货币性消费	Consumption Paid in Money	10442.71	11991.97
食品烟酒	Food, Cigarette and Wine	4065.92	4645.43
#货币性消费	Consumption Paid in Money	4053.67	4594.49
衣着	Clothing	602.57	691.35
#货币性消费	Consumption Paid in Money	602.36	691.10
居住	Residence	3497.39	3739.90
#货币性消费	Consumption Paid in Money	1106.03	1158.66
生活用品及服务	Articles and Service of Daily Use	686.23	814.31
#货币性消费	Consumption Paid in Money	682.17	809.57
交通通信	Transportation and Communications	1402.62	1699.45
#货币性消费	Consumption Paid in Money	1402.45	1699.03
教育文化娱乐	Education, Culture and Entertainment	1477.59	1776.89
#货币性消费	Consumption Paid in Money	1477.37	1776.87
医疗保健	Medical Articles	1136.71	1336.62
#货币性消费	Consumption Paid in Money	956.74	1066.39
其他用品和服务	Other Commodities and Services	162.41	196.36
#货币性消费	Consumption Paid in Money	161.92	195.86

9-21 农村居民家庭平均每人可支配收入
Per Capita Annual Disposable Income of Rural Households

单位：元 (yuan)

指　　标	Item	2020	2021
全年可支配收入	**Annual Disposable Income**	**16980.84**	**18684.19**
工资性收入	Income of Wages and Salaries	7301.18	8279.72
#工资	Wages	7273.28	8208.82
经营净收入	Income from Household Business Operation	5865.97	6043.33
第一产业	Primary Industry	3819.81	3914.19
农业收入	Agriculture	2865.45	2986.01
林业收入	Forestry	191.86	256.00
牧业收入	Animal Husbandry	652.23	548.10
渔业收入	Fishery	110.27	124.07
第二产业	Secondary Industry	533.63	411.15
第三产业	Tertiary Industry	1512.53	1717.99
财产净收入	Property Income	279.11	336.41
转移净收入	Transfer Income	3534.58	4024.72

9-22 按收入高低五等份分组农村居民家庭基本情况(2021年)

Per Capita Disposable Income of Rural Households by Income Quintile (2021)

指标	Item	低收入组 Low Income Households	中低收入组 Lower Middle Income Households	中等收入组 Middle Income Households	中高收入组 Upper Middle Income Households	高收入组 High Income Households
占调查总户数比重(%)	Percentage of Households (%)	20	20	20	20	20
平均每户家庭人口(人)	Family Members Per Household (person)	4.97	4.70	4.24	3.87	3.53
平均每户劳动力人口数(人)	Labourer per Household (person)	2.03	2.10	2.17	2.08	2.09
平均每一劳动力负担人口(人)	Average Number of Persons Supported by A Laborer (person)	2.44	2.24	1.96	1.86	1.69
平均每人可支配收入(元)	per capita Disposable Income (yuan)	7454.08	12108.35	16170.93	21686.98	42763.93
工资性收入	Income of Wage	3382.05	5790.68	9218.29	11707.86	13293.70
经营净收入	Net Income from Operations	1122.25	2145.92	3442.44	5233.49	22278.12
第一产业	Primary Industry	825.62	1503.81	1713.28	3024.55	15204.50
第二产业	Secondary Industry	66.98	78.71	263.34	418.30	1511.05
第三产业	Tertiary Industry	229.64	563.40	1465.82	1790.65	5562.57
财产净收入	Net Property Income	-3.47	25.88	59.65	161.20	1771.78
转移净收入	Net Transfer Income	2953.25	4145.87	3450.54	4584.42	5420.34
平均每人消费支出(元)	Per Capita Living Expenditure (yuan)	12628.32	14033.22	15002.02	16821.19	21551.12
食品烟酒	Food Expenditure	4204.54	4547.04	5088.94	5675.38	7181.90
衣着	Clothing Expenditure	546.42	627.94	681.90	741.15	932.05
居住	Residence Expenditure	3266.47	3454.41	3849.37	4310.49	5059.54
生活用品及服务	Articles and Service of Daily Use	664.57	626.27	772.87	966.55	1153.03
交通通信	Transport and Communication	1087.01	1601.60	1420.00	1770.24	2947.20
教育、文化娱乐	Education, Culture and Entertainment	1601.10	1790.56	1975.38	1776.21	1754.86
医疗保健	Medicines and Health Care	1100.73	1223.50	1041.67	1383.34	2196.57
其他用品和服务	Other Commodities and Services	157.49	161.90	171.88	197.83	325.97

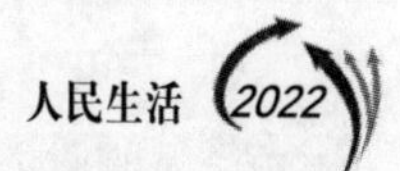

9-23 各地区城乡居民人均可支配收入和消费支出(2021年)
Per Capita Annual Income and Consumption Expenditure of Urban and Rural Households by Region (2021)

单位：元 (yuan)

地区	Region	城镇居民可支配收入 Per Capita Annual Disposable Income of Urban Households	农村居民可支配收入 Per Capita Net Income of Rural Households	城镇居民消费支出 Per Capita Consumption Expenditure of Urban Households	农村居民消费支出 Per Capita Consumption Expenditure of Rural Households
全省	**Total**	**41684**	**18684**	**24587**	**15663**
南昌市	Nanchang	50447	22913	31038	16576
景德镇市	Jingdezhen	45648	20996	26702	16898
萍乡市	Pingxiang	43395	22862	26939	17500
九江市	Jiujiang	43658	18838	25763	15738
新余市	Xinyu	45679	22604	27516	17741
鹰潭市	Yingtan	42048	20686	25873	17360
赣州市	Ganzhou	40160	14675	24357	13604
吉安市	Ji'an	42880	18298	24044	15165
宜春市	Yichun	39930	19135	23580	16116
抚州市	Fuzhou	39484	19141	21547	13705
上饶市	Shangrao	42851	17492	22235	13818

9-24 居民人均收入和消费支出(2021年)
Per Capita Annual Disposable Income and Consumption Expenditure (2021)

单位：元 (yuan)

指标	Item	2020	2021
全省居民人均可支配收入	**Per Capita Annual Disposable Income of Total Residents**	**28016.51**	**30609.86**
工资性收入	Income of Wages and Salaries	16000.99	17015.88
经营净收入	Net Business Income	4445.56	4976.14
财产净收入	Net Income from Property	1870.74	2306.56
转移净收入	Net Income from Transfers	5699.21	6311.29
全省居民人均消费支出	**Per Capita Consumption Expenditure of Total Residents**	**17955.28**	**20289.90**
食品烟酒	Foods,Tobacco and Beverages	5780.61	6518.49
衣着	Clothing	987.21	1079.66
居住	Residence	4454.92	4721.18
生活用品及服务	Household Supplies and Services	966.53	1141.89
交通通信	Transport and Communications	2146.43	2342.48
教育文化娱乐	Education, Culture and Recreation	1878.97	2381.82
医疗保健	Medical Care	1437.28	1693.79
其他用品和服务	Other Goods and Services	303.34	410.59

9-25 各县(市、区)城乡居民人均可支配收入
Per Capita Disposable Income of Urban and Rural Households by Region and County

单位：元 (yuan)

地　区	Region	城镇居民人均可支配收入 Per Capita Disposable Income of Urban Households		农村居民人均可支配收入 Per Capita Disposable Income of Rural Households	
		2020	2021	2020	2021
全　省	**Provincial Total**	**38556**	**41684**	**16981**	**18684**
南昌市	**Nanchang**	**46796**	**50447**	**20921**	**22913**
东湖区	Donghu	48313	51816	-	-
西湖区	Xihu	47711	51409	-	-
青云谱区	Qingyunpu	46979	50508	-	-
湾里区	Wanli	42069	45086	16185	17575
青山湖区	Qingshanhu	47436	50887	23742	25935
南昌县	Nanchang	42793	46349	23112	25444
新建区	Xinjian	42542	45705	21167	23163
安义县	Anyi	37722	40947	18924	20881
进贤县	Jinxian	39992	43131	21438	23501
景德镇市	**Jingdezhen**	**42283**	**45648**	**19297**	**20996**
昌江区	Changjiang	43621	47155	20007	21777
珠山区	Zhushan	44334	47836	-	-
浮梁县	Fuliang	34579	37172	19547	21580
乐平市	Leping	39214	42390	19150	20644
萍乡市	**Pingxiang**	**40405**	**43395**	**20831**	**22862**
安源区	Anyuan	42879	46009	23885	26059
湘东区	Xiangdong	40578	43606	21219	23149
*莲花县	Lianhua	28394	30467	12843	14461
上栗县	Shangli	37753	40539	20534	22564
芦溪县	Luxi	37521	40354	21068	23050
九江市	**Jiujiang**	**40337**	**43658**	**17051**	**18838**
濂溪区	Lianxi	43196	46418	21161	23425
浔阳区	Xunyang	43845	47050	-	-
柴桑区	Caisang	38367	41502	18531	20544
武宁县	Wuning	37861	41193	18086	20022
*修水县	Xiushui	32962	36001	12684	14320
永修县	Yongxiu	38346	41721	19051	21011
德安县	De'an	39376	42885	19476	21443
庐山市	Lushan	37200	39934	17792	19482
都昌县	Duchang	30001	32104	10515	11803
湖口县	Hukou	40009	42890	18659	20362
彭泽县	Pengze	36511	39723	18113	20065
瑞昌市	Ruichang	38324	41340	18454	20207
共青城市	Gongqingcheng	39810	43537	19048	21072

注：*号为脱贫县。

a) Counties marked "*"are nationally designated poor counties.

9-25 续表1 continued

单位：元 (yuan)

地 区	Region	城镇居民人均可支配收入 Per Capita Disposable Income of Urban Households		农村居民人均可支配收入 Per Capita Disposable Income of Rural Households	
		2020	2021	2020	2021
新余市	**Xinyu**	**42531**	**45679**	**20747**	**22604**
渝水区	Yushui	43722	47093	21275	22936
分宜县	Fenyi	36361	38832	20168	22067
鹰潭市	**Yingtan**	**39053**	**42048**	**18873**	**20686**
月湖区	Yuehu	42704	45714	20011	21903
余江区	Yujiang	36600	39586	19543	21582
贵溪市	Guixi	39590	43006	18869	20645
赣州市	**Ganzhou**	**37031**	**40160**	**13036**	**14675**
章贡区	Zhanggong	44501	48663	18593	20936
*赣县区	Ganxian	33287	36368	12790	14410
信丰县	Xinfeng	34717	37758	15625	17597
大余县	Dayu	32178	34533	13972	15539
*上犹县	Shangyou	30278	32987	12434	14055
崇义县	Chongyi	31361	34158	12449	13832
*安远县	Anyuan	28229	30270	12302	13544
龙南县	Longnan	34713	37577	13683	15395
定南县	Dingnan	32744	34941	11886	13389
全南县	Quannan	30600	32748	10717	11912
*宁都县	Ningdu	27883	30275	12706	14265
*于都县	Yudu	33342	35950	13037	14483
*兴国县	Xingguo	31824	34227	13049	14525
*会昌县	Huichang	30803	33165	13098	14716
*寻乌县	Xunwu	30295	32688	13077	14834
*石城县	Shicheng	28779	31142	12042	13731
*瑞金市	Ruijin	34792	37388	13655	15360
*南康区	Nankang	35608	38851	13471	14983
吉安市	**Ji'an**	**39608**	**42880**	**16491**	**18298**
吉州区	Jizhou	42346	45924	20038	22048
青原区	Qingyuan	42004	45343	16183	17972
*吉安县	Ji'an	36955	39767	13761	15482
吉水县	Jishui	33720	36637	19605	21414
峡江县	Xiajiang	31486	34184	15009	16435
新干县	Xingan	36992	40084	18272	20274
永丰县	Yongfeng	35783	38796	19385	21512
泰和县	Taihe	33408	36335	17811	19503
*遂川县	Suichuan	31476	33780	12928	14536
*万安县	Wan'an	30827	33401	13049	14605
安福县	Anfu	33334	35877	17366	19333
*永新县	Yongxin	28272	30607	12708	14166
*井冈山市	Jinggangshan	39398	42495	12872	14551

9-25 续表2 continued

单位：元 (yuan)

地区	Region	城镇居民人均可支配收入 Per Capita Disposable Income of Urban Households		农村居民人均可支配收入 Per Capita Disposable Income of Rural Households	
		2020	2021	2020	2021
宜春市	**Yichun**	**36747**	**39930**	**17588**	**19135**
袁州区	Yuanzhou	40935	44054	17296	18647
奉新县	Fengxin	36956	40171	19560	21428
万载县	Wanzai	32466	35040	14326	15472
上高县	Shanggao	36565	40061	20402	22169
宜丰县	Yifeng	36213	39364	17990	19787
靖安县	Jing'an	34056	37288	16824	18429
铜鼓县	Tonggu	29326	31505	11972	13176
丰城市	Fengcheng	38982	42541	20070	22099
樟树市	Zhangshu	39656	43288	19865	21454
高安市	Gaoan	37371	40417	19253	21207
抚州市	**Fuzhou**	**36628**	**39484**	**17385**	**19141**
临川区	Linchuan	45118	49115	21304	23652
南城县	Nancheng	39009	41989	19646	21552
黎川县	Lichuan	32093	34597	16227	17736
南丰县	Nanfeng	36895	39448	25204	27478
崇仁县	Chongren	33297	36087	20657	22661
*乐安县	Le'an	27666	29663	11834	13290
宜黄县	Yihuang	30890	33404	16534	18072
金溪县	Jinxi	34599	37152	17405	19192
资溪县	Zixi	29918	32545	16225	17883
东乡区	Dongxiang	40335	43566	20293	22180
*广昌县	Guangchang	29954	32207	12553	14056
上饶市	**Shangrao**	**39647**	**42851**	**15888**	**17492**
信州区	Xinzhou	42620	45699	20113	21830
*广信区	GuangXin	32725	35526	12686	14292
广丰区	Guangfeng	42406	45637	19377	21200
玉山县	Yushan	36776	39913	18431	20292
铅山县	Qianshan	30575	32473	15517	16762
*横峰县	Hengfeng	28621	30748	12610	14176
弋阳县	Yiyang	36039	39075	16184	17819
*余干县	Yugan	28426	30533	12870	14400
*鄱阳县	Poyang	27608	29850	12702	14357
万年县	Wannian	36658	39669	16183	17843
婺源县	Wuyaun	29888	32473	15348	16952
德兴市	Dexing	39034	42068	18154	19782

主要统计指标解释

一、城镇住户

城镇家庭人口 指居住在一起，经济上合在一起共同生活的家庭成员。凡计算为家庭人口的成员其全部收支都包括在本家庭中。

城镇就业面 指就业人口占家庭人口的百分比。

城镇就业者负担人数 指家庭人口与就业人口之比。

城镇家庭总收入 指家庭成员在调查期得到的工资性收入、经营净收入、财产性收入、转移性收入之和，不包括出售财物收入和借贷收入。

城镇家庭可支配收入 指家庭成员可用于最终消费支出和其他非义务性支出以及储蓄的总和，即居民家庭可以用来自由支配的收入。它是家庭总收入扣除交纳的所得税、个人交纳的社会保障支出以及记账补贴后的收入。计算公式为:

可支配收入=家庭总收入-交纳所得税-个人交纳的社会保障支出-记账补贴

城镇家庭总支出 指除借贷支出以外的全部家庭支出。包括消费性支出、购房建房支出、转移性支出、财产性支出、社会保障支出。

城镇家庭消费性支出 指家庭用于日常生活的支出，包括食品、衣着、家庭设备用品及服务、医疗保健、交通和通信、娱乐教育文化服务、居住、其他商品和服务等八大类支出。

城镇家庭服务性消费支出 指家庭用于支付社会提供的各种文化和生活方面的非商品性服务费用。

二、农村住户

农村住户 指农村常住户。农村常住户指长期(一年以上)居住在乡镇(不包括城关镇)行政管理区域内的住户，以及长期居住在城关镇所辖行政村范围内的农村住户。户口不在本地而在本地居住一年及以上的住户也包括在本地农村常住户范围内；有本地户口，但举家外出谋生一年以上的住户，无论是否保留承包耕地都不包括在本地农村住户范围内。

常住人口 指全年经常在家或在家居住6个月以上，而且经济和生活与本户连成一体的人口。外出从业人员在外居住时间虽然在6个月以上，但收入主要带回家中，经济与本户连为一体，仍视为家庭常住人口；在家居住，生活和本户连成一体的国家职工、退休人员也为家庭常住人口。但是现役军人、中专及以上(走读生除外)的在校学生、以及常年在外(不包括探亲、看病等)且已有稳定的职业与居住场所的外出从业人员，不算家庭常住人口。家庭常住人口主要作为计算农村住户平均每人收入、消费和积累水平及分析家庭人口状况的依据。

整、半劳动力 整劳动力指男子18周岁到50周岁，女子18周岁到45周岁；半劳动力指男子16周岁到17周岁，51周岁到60周岁；女子16周岁到17周岁，46周岁到55周岁，同时具有劳动能力的人。虽然在劳动年龄之内，但已丧失劳动能力的人，不应算为劳动力；超过劳动年龄，但能经常参加劳动，计入半劳动力数内。常住人口中的职工，若这些职工为劳动力，就包括在本户的整半劳动力中。

总收入 指调查期内农村住户和住户成员从各种来源渠道得到的收入总和。按收入的性质划分为工资性收入、家庭经营收入、财产性收入和转移性收入。

工资性收入 指农村住户成员受雇于单位或个人，靠出卖劳动而获得的收入。

家庭经营收入 指农村住户以家庭为生产经营单位进行生产筹划和管理而获得的收入。农村住户家庭经营活动按行业划分为农业、林业、牧业、渔业、工业、建筑业、交通运输业邮电业、批发和零售贸易餐饮业、社会服务业、文教卫生业和其他家庭经营。

财产性收入 指金融资产或有形非生产性资产的所有者向其他机构单位提供资金或将有形非生产性资产供其支配，作为回报而从中获得的收入。

转移性收入 指农村住户和住户成员无须付出任何对应物而获得的货物、服务、资金或资产所有权等，不包括无偿提供的用于固定资本形成的资金。一般情况下，是指农村住户在二次分配中的所有收入。

现金收入 指农村住户和住户成员在调查期内得到以现金形态表现的收入。按来源分成工资性收入、家庭经营现金收入、财产性收入、转移性收入。

纯收入 指农村住户当年从各个来源得到的总收入相应地扣除所发生的费用后的收入总和。计算方法:

纯收入=总收入-税费支出-家庭经营费用支出-生产性固定资产折旧-赠送农村亲友支出

纯收入主要用于再生产投入和当年生活消费支出，也可用于储蓄和各种非义务性支出。“农民人均纯收入”按人口平均的纯收入水平，反映的是一个地区或一个农户农村居民的平均收入水平。

总支出 指农村住户用于生产、生活和再分配的全部支出。家庭经营费用支出、购置生产性固定资产支出、生产性固定资产折旧、税费支出、生活消费支出、财产性支出和转移性支出。

可支配收入(新口径) 指调查户在调查期内获得的、可用于最终消费支出和储蓄的总和，即调查户可以用来自由支配的收入。可支配收入既包括现金，也包括实物收入。按照收入的来源，可支配收入包含五项，分别为：工资性收入、经营净收入、财产净收入、转移净收入和自有住房折算净租金。计算公式为：可支配收入=工资性收入+经营净收入+财产净收入+转移净收入+自有住房折算净租金。

Explanatory Notes on Main Statistical Indicators

I. Urban Households

Population of Urban Households refer to members of households living and sharing economically together in the urban areas. All the income and expenditure of all the members of such households are included in the income and expenditure of the household.

Proportion of Urban Employment refers to the proportion of employed population to the population of urban households.

Number of Dependents per Urban Employee refers to the ratio between number of persons in an urban household and the number of employed persons.

Total Income of Urban Households refers to the sum of wage and salary; net business income; income from properties; and income from transfers of members of the households. Income from selling of properties and income from borrowing are not included..

Disposable Income of Urban Households refers to the actual income at the disposal of members of the households which can be used for final consumption, other non-compulsory expenditure and savings. This equals to total income minus income tax, personal contribution to social security and subsidy for keeping diaries in being a sample household. The following formula is used:

Disposable income = total household income - income tax - personal contribution to social security - subsidy for keeping diaries for a sampled household

Total Expenditure of Urban Households refers to all expenditure of households except expenditure on lending. It includes expenditure on consumption; on purchasing or building houses; on transfers; on properties; and on social security.

Consumption Expenditure of Urban Households refers to total expenditure of households for consumption in daily life, including expenditure on the eight categories of food; clothing; household appliances and services; health care and medical services; transport and communications; recreation, education and cultural services; housing; and miscellaneous goods and services.

Expenditure of Urban Households on Consumption of Services refers to expenditure of households on various kinds of non-commercial services provided in life and culture by society.

II. Rural Household

Rural Households refer to usual resident households in rural areas. Usual resident households in rural areas are households residing on a long term basis(for more than one year) in the areas under the administration of township governments (not including county towns), and in the areas under the administration of villages in county towns. Households residing in the current addresses for over one year with their household registration in other places are still considered as resident households of the locality. For households with their household registration in one place but all members of the households having moved away to make a living in another place for over one year, they will not be included in the rural households of the area where they are registered, irrespective of whether they still keep their contracted land.

Usual Resident Population refers to persons staying at home regularly or for over 6 months during a year and integrated with the household economically and in terms of living.. Members of the household staying away from the household for over 6 months but keeping a close economic relation with the household by sending the majority of income to the household are regarded as usual resident of the household. Government staff and workers or retirees living as close members of the household are also considered as usual resident. However, servicemen, students of secondary technical schools or schools of higher education and persons with stable jobs and residence outside the household (excluding those visiting relatives or seeking medical service) are not included as resident population of the household. Resident population is used in calculating income, consumption, accumulation on per capita basis of rural households and in analyzing composition of rural households.

Full/Semi Labour Force Full labour force refers to persons capable of work, aged 18-50 for males and 18-45 for females. Semi labour force refers to persons capable of work, aged 16-17 and 51-60 for males and 16-17 and 46-55 for females. Persons at their working ages but not capable of work are not to be included as labour force. Persons not at working ages but participating regularly in work are included in semi labour force. For staff and workers who are usual residents, are included as full or semi labour force of the household if they are in the labour force.

Total Income refers to the sum of income earned from various sources by the rural households and their members during the reference period, and is classified as income from wages and salaries, income from household operations, income from properties and income from transfers.

Income from Wages and Salaries refers to income from labour earned by the members of rural households employed by other units or individuals.

Income from Household Operations refers to income by the rural households as units of production and operation. Operations by rural households are classified according to their economic activities namely agriculture, forestry, animal husbandry, fishery, manufacturing, construction, transportation, post and telecommunications, wholesale, retail and catering, social service, culture, education, health, and other household operations.

Income from Properties refers to the income received as returns by owners of financial assets or tangible non-productive assets by providing capitals or tangible non-productive assets to other institutional units.

Income from Transfers refers to the receipt by rural households and their members of goods, services, capital or rights of assets without giving or repaying accordingly, excluding capital provided to them for the formation of fixed assets. In general, it refers to all income received by rural households through redistribution.

Cash Income refers to income received by rural households and their members in the form of cash during the reference period. It is classified, by source of income, into income from wages and salaries, cash income from household operations, income from properties and income from transfers.

Net Income refers to the total income of rural households from all sources minus all corresponding expenses. The formula for calculation is as follows:

Net income = total income - taxes and fees paid - household operation expenses - taxes and fees depreciation of fixed assets for production - gifts to non-rural relatives

Net income is mainly used as input for reinvestment in production and as consumption expenditure of the year, and also used for savings and non-compulsory expenses of various forms. "Per capita net income of farmers" is the level of net income averaged by population, reflecting the average income level of rural households in a given area.

Total Expenditure refers to total expenses of rural households on production, consumption and redistribution, including expenditure on household operations,; purchase of productive fixed assets; depreciation of productive fixed assets; taxes and fees; expenses on household consumption; expenses on properties; and expenses on transfers.

Disposable Income（New Statistic Scope) refers to actual income at the disposal of member of the households which can be used for final consumption and savings. It includes both cash and income-in-kind. It includes five items: wage and salary; net business income; net income from properties; net income from transfers and net rent of private housing equivalent.

Disposable Income= wage and salary + net business income + net income from properties + net income from transfers + net rent of private housing equivalent.

10

城市建设

MUNICIPAL CONSTRUCTION

◆ 215/236

资料整理：石磊　吴汉邦

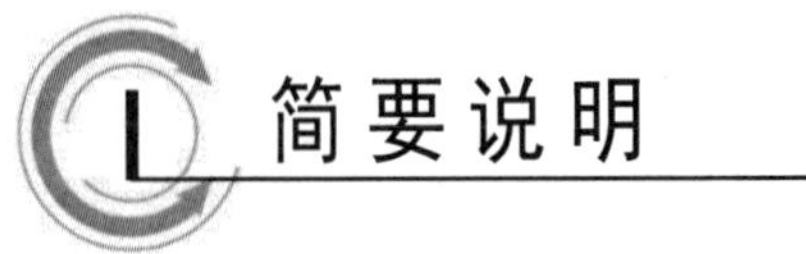

简要说明

一、主要内容

本篇反映江西省城市公用事业概况，主要包括：城市建设、供水、供气、市政设施、公共交通、城市绿化、环境卫生等资料。

二、统计范围

包括全省所有设市城市在建成区范围内所有的城市规划管理、建设或经营管理相关设施的单位。

三、资料来源

设区市和县级市城市公用事业基本情况资料由省住建厅和省交通厅提供，由省统计局固定资产投资处编辑整理。

Brief Introduction

I. Main Contents

Data in this chapter present the basic conditions of public facilities of Jiangxi provincial cities, mainly include urban construction, supply of water and gas, municipal infrastructure, public transportation, urban greenery and environmental, sanitation.

II. Scope of Statistics

Data in this chapter cover all units under the jurisdiction of cities which are engaged in urban planning and management, investment, construction and operation of relevant facilities.

III. Sources of Data

Data on basic conditions and overall level of urban public facilities are collected by the Jiangxi Provincial Bureau of Housing and Urban-Rural Development and Provincial Bureau of Transport, provided by the Department of Investment &Construction Statistics of Jiangxi Provincial Bureau of Statistics.

10-1 城市公用事业和建设基本情况
Basic Statistics on City Public Utilities and Construction

指　　标	Item	2005	2010	2015	2020	2021
用水普及率(%)	Coverage Rate of Population with Access to Tap Water (%)	92.6	97.4	97.6	98.6	99.2
供水管道长度(公里)	Length of Gas Supply Pipelines (km)	6079	9527	15630	25958	30520
排水管道长度(公里)	Length of Drainage pipe (km)	3564	7340	11983	20023	21577
公共车辆(汽、电车)运营数(辆)	Operating Public Buses (Buses and Trolley Buses) (unit)	5818	7048	10385	15401	15604
道路长度(公里)	Length of Roads (km)	3916	5742	8185	12656	14103
道路面积(万平方米)	Area of Roads (10 000 sq.m)	6667	11330	17436	26279	29896
天然气供应量(万立方米)	Natural Gas Supply (10 000 cu.m)		11263	73570	194417	234841
#家庭用量	Used by Residential Households		3384	22196	66119	69132
液化石油气供应量(吨)	Total Liquefied Petroleum Gas Supply (ton)	174521	188847	228912	212089	202237
#家庭用量	Used by Residential Households	154998	151656	192294	165542	160628
燃气普及率(%)	Rate of Population with Access to Gas (%)	80.6	92.4	94.8	97.6	98.8
绿化覆盖面积(公顷)	Coverage Area of Afforestation (hectare)	27381	48924	58510	84260	86527
公园数(个)	Number of Parks (unit)	125	238	356	714	782
公园面积(公顷)	Area of Parks and Zoos (hectare)	2259	6442	8764	14856	16059
污水处理率(%)	Rate of Sewage Disposal (%)	34.92	80.83	87.74	97.48	98.10
生活垃圾清运量(万吨)	Volume of Garbage Disposal (10 000 tons)	264.00	284.00	329.27	527.53	567.46
生活垃圾无害化处理率(%)	Rate of Garbage innocuously Treated (%)	48.87	85.89	94.46	100	100

10-2 城市人口和面积（2021年）
Basic Statistics on City Population and Area (2021)

单位：平方公里、万人 (sq.km,10 000 persons)

城市	City	市区面积 City Area	城区面积 Urban Area	城区人口 Population of Urban Area	建成区面积 Area of Built Districts	城市建设用地面积 Area of Land for Urban Construction	#居住用地 Land for Residence
合计	**Total**	**46499.53**	**3307.95**	**1133.48**	**1732.66**	**1587.70**	**500.72**
南昌市	Nanchang	2887.98	694.00	283.77	365.51	364.94	106.42
景德镇市	Jingdezhen	580.00	198.50	39.92	101.00	99.67	44.22
乐平市	Leping	1974.00	49.20	17.10	26.12	26.09	6.40
萍乡市	Pingxiang	1065.00	128.00	50.68	52.20	52.20	18.65
九江市	Jiujiang	1366.05	554.00	72.24	163.17	142.12	44.41
瑞昌市	Ruichang	1423.10	23.67	20.12	22.88	22.88	10.02
共青城市	Gongqingcheng	310.00	23.12	7.22	23.12	17.28	5.46
庐山市	Lushan	764.20	21.04	5.91	12.80	11.02	3.52
新余市	Xinyu	1789.00	230.00	47.92	84.00	84.00	21.31
鹰潭市	Yingtan	1077.50	101.00	31.29	57.60	54.03	15.49
贵溪市	Guixi	2480.00	90.00	9.67	38.86	36.81	10.17
赣州市	Ganzhou	5366.24	328.24	136.90	208.45	108.81	44.66
瑞金市	Ruijin	2449.00	52.00	30.10	31.96	28.84	10.73
龙南市	Longnan	1642.00	25.72	19.21	23.72	23.72	5.42
吉安市	Ji'an	1381.53	230.00	43.07	66.90	66.64	14.95
井冈山市	Jinggangshan	1462.40	8.90	3.09	8.90	8.40	2.29
宜春市	Yichun	2532.36	115.00	60.84	89.40	89.40	32.58
丰城市	Fengcheng	2845.00	62.60	45.00	57.10	56.15	11.44
樟树市	Zhangshu	1290.99	46.34	24.86	35.18	34.77	9.40
高安市	Gaoan	2439.00	52.00	21.08	36.50	36.34	7.56
抚州市	Fuzhou	3428.30	138.53	79.50	108.96	105.61	34.84
上饶市	Shangrao	3863.88	115.09	75.83	104.44	104.10	36.07
德兴市	Dexing	2082.00	21.00	8.16	13.89	13.88	4.71

10-2 续表 continued

单位：平方公里、万人 (sq.km,10 000 persons)

城市	City	#公共管理与公共服务用地 Land for Public Management and Service	#商业服务业设施用地 Land for Commercial Management and Service	#工业用地 Land for Industry	#物流仓储用地 Land for logistics and warehousing	#道路和交通设施用地 Land for External Transportation and Roads	#公用设施用地 Land for Public Facilities	#绿地与广场用地 Land for Afforestation and Squares
合计	**Total**	**168.39**	**104.16**	**320.81**	**27.76**	**258.49**	**28.77**	**178.60**
南昌市	Nanchang	51.63	30.11	65.50	5.87	61.60	4.32	39.49
景德镇市	Jingdezhen	12.25	8.63	25.54	1.64	7.29	0.03	0.07
乐平市	Leping	3.28	3.37	5.64	1.01	2.37	1.03	2.99
萍乡市	Pingxiang	5.55	2.07	8.70	0.96	10.36	0.66	5.25
九江市	Jiujiang	9.98	9.33	33.21	2.47	21.47	5.93	15.32
瑞昌市	Ruichang	2.34	0.91	3.48	0.69	2.12	1.57	1.75
共青城市	Gongqingcheng	1.32	0.90	1.80	0.20	2.20	0.90	4.50
庐山市	Lushan	1.61	0.21	2.36	0.01	2.94	0.25	0.12
新余市	Xinyu	7.78	3.03	15.12	0.41	14.26	0.59	21.50
鹰潭市	Yingtan	4.57	3.29	9.87	1.67	9.27	0.80	9.07
贵溪市	Guixi	2.38	0.94	14.38	0.15	4.29	0.32	4.18
赣州市	Ganzhou	10.32	7.92	16.71	2.52	18.20	0.47	8.01
瑞金市	Ruijin	2.60	1.48	5.73	0.08	7.48	0.19	0.55
龙南市	Longnan	1.03	0.91	6.32	0.14	4.54	0.32	5.04
吉安市	Ji'an	9.75	3.10	16.00	1.60	12.90	0.80	7.54
井冈山市	Jinggangshan	0.99	1.65	0.94	0.18	1.20	0.10	1.05
宜春市	Yichun	7.46	3.47	24.34	0.57	16.34	0.47	4.17
丰城市	Fengcheng	4.03	3.35	22.28	1.25	7.11	1.82	4.87
樟树市	Zhangshu	4.30	4.85	3.94	1.46	6.78	1.01	3.03
高安市	Gaoan	5.21	1.45	6.36	0.73	7.24	1.09	6.70
抚州市	Fuzhou	9.23	5.97	23.82	2.01	15.58	2.03	12.13
上饶市	Shangrao	9.43	5.91	7.35	1.79	21.32	3.63	18.60
德兴市	Dexing	1.35	1.31	1.42	0.35	1.63	0.44	2.67

10-3 市政设施水平（2021年）
Basic Statistics on Municipal Infrastructure in Cities (2021)

城　市	City	人口密度（人/平方公里）Population Density (person/sq.km)	人均日生活用水量(升) Per Capita Daily Consumption of Tap Water for Residential Use (liter)	用水普及率(%) Coverage Rate of Population with Access to Tap Water (%)	燃气普及率(%) Coverage Rate of Population with Access to Gas (%)	人均城市道路面积(平方米) Per Capita Area of Roads (sq.m)	排水管道密度(公里/平方公里) Density of drainpipe (km/sq.km)
合　计	**Total**	**3790.11**	**200.21**	**99.17**	**98.76**	**23.85**	**12.17**
南昌市	Nanchang	4475.07	240.39	99.55	98.00	17.93	10.18
景德镇市	Jingdezhen	2478.59	265.08	99.33	99.59	31.55	10.28
乐平市	Leping	3536.59	156.82	97.36	97.99	13.24	5.03
萍乡市	Pingxiang	4022.66	213.19	100.00	99.53	23.02	6.24
九江市	Jiujiang	1333.39	238.55	100.00	99.00	33.49	13.33
瑞昌市	Ruichang	8804.39	107.37	96.07	96.50	22.79	11.40
共青城市	Gongqingcheng	5341.70	180.78	100.00	98.70	26.05	10.73
庐山市	Lushan	2903.99	227.89	100.00	100.00	47.79	10.35
新余市	Xinyu	2084.78	228.55	100.00	99.71	25.88	11.95
鹰潭市	Yingtan	3371.29	173.82	99.97	98.85	28.53	15.12
贵溪市	Guixi	1467.78	219.22	100.00	99.92	22.31	7.81
赣州市	Ganzhou	5285.77	200.99	99.65	99.51	24.32	13.89
瑞金市	Ruijin	6071.15	137.81	95.53	97.91	13.76	9.22
龙南市	Longnan	9856.14	120.14	99.80	96.53	18.13	16.58
吉安市	Ji'an	1978.26	156.56	97.80	98.29	28.38	13.25
井冈山市	Jinggangshan	4764.04	104.22	84.91	86.32	24.63	7.56
宜春市	Yichun	5614.78	154.96	99.13	98.51	27.70	17.38
丰城市	Fengcheng	7827.48	88.69	95.92	100.00	13.90	6.19
樟树市	Zhangshu	5427.28	142.53	99.20	97.53	29.33	14.20
高安市	Gaoan	4303.85	179.04	99.87	98.61	33.36	16.73
抚州市	Fuzhou	5772.03	193.75	99.70	99.69	29.71	16.52
上饶市	Shangrao	7565.38	200.05	99.80	99.48	26.32	13.08
德兴市	Dexing	4009.52	137.54	94.06	100.00	19.19	11.61

10-3 续表 continued

城市	City	污水处理率(%) Waste water Treatment Rate (%)	#污水处理厂集中处理率 Intensive Treatment Rate of Polluted Water by Sewage Factories	人均公园绿地面积(平方米) Public Recreational Recreational Green Space Per Capita (sq.m)	建成区绿化覆盖率(%) Green Coverage Rate of Built District Developed (%)	建成区绿地率(%) Green Space Rate of Built District Area (%)	生活垃圾处理率(%) Treatment Rate of Garbage Disposal (%)	#生活垃圾无害化处理率 Harmless-Treatment Rate
合　计	**Total**	**98.10**	**97.12**	**16.22**	**46.89**	**43.29**	**100.00**	**100.00**
南昌市	Nanchang	98.90	98.90	13.24	43.07	40.06	100.00	100.00
景德镇市	Jingdezhen	95.24	95.24	17.71	51.87	48.95	100.00	100.00
乐平市	Leping	95.82	95.82	18.23	39.50	37.68	100.00	100.00
萍乡市	Pingxiang	99.29	99.29	14.83	49.94	46.10	100.00	100.00
九江市	Jiujiang	99.31	99.31	18.10	49.19	45.23	100.00	100.00
瑞昌市	Ruichang	93.03	93.03	13.44	41.67	41.26	100.00	100.00
共青城市	Gongqingcheng	96.52	96.52	15.45	39.66	36.57	100.00	100.00
庐山市	Lushan	95.62	95.41	19.55	44.94	37.99	100.00	100.00
新余市	Xinyu	98.30	98.30	20.42	50.13	47.03	100.00	100.00
鹰潭市	Yingtan	96.11	96.11	17.34	46.19	40.48	100.00	100.00
贵溪市	Guixi	90.83	90.83	21.67	40.88	40.02	100.00	100.00
赣州市	Ganzhou	98.73	93.17	16.17	49.86	47.15	100.00	100.00
瑞金市	Ruijin	92.56	92.56	12.04	44.81	40.12	100.00	100.00
龙南市	Longnan	96.00	86.98	13.23	43.51	40.50	100.00	100.00
吉安市	Ji'an	97.18	93.04	20.42	46.62	42.00	100.00	100.00
井冈山市	Jinggangshan	94.91	94.91	29.09	41.38	36.61	100.00	100.00
宜春市	Yichun	98.85	98.85	17.89	48.55	45.31	100.00	100.00
丰城市	Fengcheng	99.61	99.61	10.38	42.78	35.79	100.00	100.00
樟树市	Zhangshu	97.80	97.80	15.15	45.74	39.60	100.00	100.00
高安市	Gaoan	99.44	99.44	27.02	44.03	41.04	100.00	100.00
抚州市	Fuzhou	95.95	95.95	18.22	50.34	46.18	100.00	100.00
上饶市	Shangrao	98.57	97.08	19.53	49.78	45.53	100.00	100.00
德兴市	Dexing	95.13	95.13	12.92	47.57	40.39	100.00	100.00

10-4 城市天然气供应和使用情况（2021年）
Basic Statistics on Supply and Use of Natural Gas in Cities (2021)

城　市	City	储气能力（万立方米）Capacity of Gas Storage (10 000 cu.m)	供气管道长度(公里) Length of Gas Supply Pipelines (km)	供气总量（万立方米）Volume of Gas Supply (10 000 cu.m)	销售气量 Volume of Gas Sale
合　计	**Total**	**908.22**	**20714.47**	**234841.48**	**232070.93**
南昌市	Nanchang	98.55	5628.77	54607.20	53354.05
景德镇市	Jingdezhen	36.00	1332.75	17699.03	17636.17
乐平市	Leping	3.60	147.33	300.40	294.40
萍乡市	Pingxiang	69.00	2116.00	29830.00	29818.00
九江市	Jiujiang	30.00	1840.06	36954.84	36942.69
瑞昌市	Ruichang	60.00	312.50	2523.00	2511.00
共青城市	Gongqingcheng	37.50	26.12	602.00	600.00
庐山市	Lushan		92.00	505.00	501.00
新余市	Xinyu	11.00	822.02	11347.18	11155.34
鹰潭市	Yingtan	30.00	318.48	8628.36	8533.40
贵溪市	Guixi	27.00	254.74	5249.32	5204.35
赣州市	Ganzhou	85.00	1752.20	16793.72	16685.78
瑞金市	Ruijin	5.60	212.01	1035.00	1024.00
龙南市	Longnan	8.00	73.00	720.00	719.97
吉安市	Ji'an	36.00	1461.09	3841.97	3804.87
井冈山市	Jinggangshan	2.00	11.50	66.00	65.02
宜春市	Yichun	10.00	1368.90	14770.36	14396.87
丰城市	Fengcheng		453.90	855.00	844.00
樟树市	Zhangshu	20.00	310.58	1386.00	1349.00
高安市	Gaoan	71.01	200.21	6843.08	6773.08
抚州市	Fuzhou	74.50	924.39	9538.40	9370.50
上饶市	Shangrao	183.20	976.84	9615.84	9357.72
德兴市	Dexing	10.26	79.08	1129.78	1129.72

10-4 续表 continued

城 市	City	#居民家庭 Households	燃气损失量 Volume of Gas Loss	用气户数（户） Households with Access to Gas (household)	#家庭用户 Residential Households	用气人口（万人） Population with Access to Gas (10 000 persons)
合 计	**Total**	**69132.30**	**2770.55**	**3704141.00**	**3664557.00**	**924.71**
南昌市	Nanchang	17801.43	1253.15	1235252.00	1229226.00	285.00
景德镇市	Jingdezhen	1863.43	62.86	124048.00	122665.00	39.90
乐平市	Leping	128.63	6.00	9391.00	9310.00	2.82
萍乡市	Pingxiang	16242.00	12.00	171500.00	171100.00	41.25
九江市	Jiujiang	6101.49	12.15	380426.00	378277.00	63.79
瑞昌市	Ruichang	564.70	12.00	36880.00	36631.00	11.91
共青城市	Gongqingcheng	7.00	2.00	3200.00	1020.00	4.66
庐山市	Lushan	150.50	4.00	10592.00	10441.00	3.65
新余市	Xinyu	3549.50	191.84	280340.00	278995.00	45.46
鹰潭市	Yingtan	1187.35	94.96	82720.00	81808.00	25.98
贵溪市	Guixi	471.17	44.97	35321.00	32362.00	9.00
赣州市	Ganzhou	5217.85	107.94	366746.00	354378.00	113.75
瑞金市	Ruijin	485.50	11.00	37014.00	36791.00	11.77
龙南市	Longnan	80.00	0.03	5612.00	5499.00	2.31
吉安市	Ji'an	2172.09	37.10	168471.00	167058.00	41.61
井冈山市	Jinggangshan	23.50	0.98	4975.00	4969.00	2.10
宜春市	Yichun	5266.04	373.49	193711.00	191372.00	52.49
丰城市	Fengcheng	641.00	11.00	67783.00	67023.00	29.83
樟树市	Zhangshu	797.00	37.00	56407.00	55990.00	16.98
高安市	Gaoan	1444.72	70.00	81517.00	81311.00	7.61
抚州市	Fuzhou	2243.18	167.90	175231.00	173361.00	59.31
上饶市	Shangrao	2556.70	258.12	165802.00	163874.00	50.21
德兴市	Dexing	137.52	0.06	11202.00	11096.00	3.32

10-5 城市液化石油气供应和使用情况（2021年）
Basic Statistics on Supply and Use of Liquefied Petroleum Gas in Cities (2021)

城　市	City	储气能力（吨）Capacity of Gas Storage (ton)	供气总量（吨）Volume of Gas Supply (ton)	销售气量 Volume of Gas Sale
合　计	**Total**	**19680.10**	**202236.73**	**200795.23**
南昌市	Nanchang	2163.00	19393.00	19370.00
景德镇市	Jingdezhen	400.00	4200.00	4198.00
乐平市	Leping	341.00	1879.33	1877.33
萍乡市	Pingxiang	2500.00	29571.00	29561.60
九江市	Jiujiang	695.00	9299.20	9273.40
瑞昌市	Ruichang	378.00	9800.00	9800.00
共青城市	Gongqingcheng	46.00	898.20	892.00
庐山市	Lushan	120.00	990.00	945.00
新余市	Xinyu	350.00	1900.00	1900.00
鹰潭市	Yingtan	555.00	5273.00	5118.00
贵溪市	Guixi	625.00	6059.00	6027.00
赣州市	Ganzhou	1270.00	18778.00	18593.50
瑞金市	Ruijin	360.00	7921.00	7857.00
龙南市	Longnan	1610.00	4350.00	4347.80
吉安市	Ji'an	880.00	9000.00	9000.00
井冈山市	Jinggangshan	85.00	411.00	411.00
宜春市	Yichun	338.00	10070.00	10070.00
丰城市	Fengcheng	1915.00	6650.00	6650.00
樟树市	Zhangshu	100.10	3765.00	3730.00
高安市	Gaoan	1200.00	7077.00	7025.00
抚州市	Fuzhou	1885.00	22230.00	22109.00
上饶市	Shangrao	1424.00	18600.00	17917.60
德兴市	Dexing	440.00	4122.00	4122.00

10-5 续表 continued

城 市	City	#居民家庭 Households	燃气损失量 Volume of Gas Loss	用气户数（户） Households with Access to Gas (household)	#家庭用户 Residential Households	用气人口（万人） Population with Access to Gas(10 000 persons)
合 计	**Total**	**160628.26**	**1441.50**	**1147559.00**	**1075364.00**	**310.33**
南昌市	Nanchang	19370.00	23.00	135335.00	135335.00	19.36
景德镇市	Jingdezhen	2109.00	2.00	32000.00	30026.00	6.80
乐平市	Leping	1841.36	2.00	35995.00	35549.00	14.23
萍乡市	Pingxiang	14600.00	9.40	66330.00	65890.00	10.00
九江市	Jiujiang	2880.40	25.80	31658.00	29878.00	9.34
瑞昌市	Ruichang	9800.00		22340.00	22340.00	8.20
共青城市	Gongqingcheng	892.00	6.20	14740.00	14740.00	7.53
庐山市	Lushan	945.00	45.00	9000.00	9000.00	2.46
新余市	Xinyu	1700.00		12000.00	11950.00	1.45
鹰潭市	Yingtan	5118.00	155.00	34600.00	34600.00	7.68
贵溪市	Guixi	3774.00	32.00	28975.00	28975.00	4.20
赣州市	Ganzhou	17633.50	184.50	215423.00	211023.00	58.90
瑞金市	Ruijin	7857.00	64.00	51213.00	51213.00	19.14
龙南市	Longnan	3234.00	2.20	54850.00	51897.00	22.16
吉安市	Ji'an	5000.00		17002.00	16890.00	3.11
井冈山市	Jinggangshan	411.00		3500.00	3500.00	1.56
宜春市	Yichun	10010.00		55300.00	51500.00	11.12
丰城市	Fengcheng	6650.00		16200.00	16200.00	19.17
樟树市	Zhangshu	3295.00	35.00	34250.00	17589.00	7.55
高安市	Gaoan	7025.00	52.00	64694.00	64694.00	14.46
抚州市	Fuzhou	22109.00	121.00	76396.00	76396.00	20.40
上饶市	Shangrao	10929.00	682.40	117862.00	81927.00	36.41
德兴市	Dexing	3445.00		17896.00	14252.00	5.10

10-6 城市公共交通和出租车情况（2021年）
Basic Statistics on Public Transportation and Taxi in Cities (2021)

城市	City	公共交通 Public Transportation			
		运营车数（辆） Number of Public Vehicles Under Operation (unit)	标准运营车数（标台） Number of Standard Vehicles Under Operation (standardized)	运营线路总长度（公里） Length under Operation (km)	客运总量（万人次） Number of Passengers Carried by Bus (10 000 person-times)
合计	**Total**	**15604**	**17177.9**	**51781.2**	**94061.4**
南昌市	Nanchang	4322	4990	12644.1	23294
景德镇市	Jingdezhen	517	573.7	1242	3263
萍乡市	Pingxiang	927	1003.8	2173.8	8678.9
九江市	Jiujiang	1205	1346.9	2809.2	9187.1
新余市	Xinyu	518	590.3	1509.2	2601.7
鹰潭市	Yingtan	252	271.2	428.8	1825
赣州市	Ganzhou	1975	2127.7	7784.3	8552.8
吉安市	Ji'an	1334	1409	5122.2	8247.9
宜春市	Yichun	1820	1950.2	8705.6	8333.4
抚州市	Fuzhou	1560	1632.8	7432.6	13926.2
上饶市	Shangrao	1174	1282.3	1929.4	6151.4

10-6 续表 continued

城市	City	轨道交通 metro		出租车 Taxi	
		运营车数（辆） Number of metro under Operation (unit)	运营线路总长度（公里） Length under Operation (km)	运营车数（辆） Number of Taxi under Operation (unit)	客运总量（万人次） Number of Passengers Carried by Taxi (10 000 person-times)
合计	**Total**	**136**	**128.50**	**17482**	**41094.47**
南昌市	Nanchang	136	128.50	5649	11266
景德镇市	Jingdezhen			892	2755.2
萍乡市	Pingxiang			726	2643.3
九江市	Jiujiang			2696	7920.14
新余市	Xinyu			582	1783.07
鹰潭市	Yingtan			450	833
赣州市	Ganzhou			1807	3961.1
吉安市	Ji'an			958	1472
宜春市	Yichun			1340	3198
抚州市	Fuzhou			978	2346.96
上饶市	Shangrao			1404	2915.7

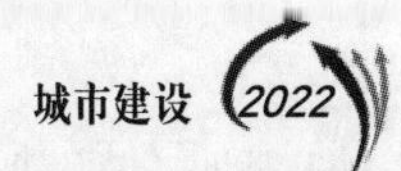

10-7 城市道路和桥梁情况（2021年）
Basic Statistics on Urban Roads and Bridges (2021)

城市	City	道路长度（公里）Length of Roads(km)	道路面积（万平方米）Area of Roads (10 000 sq.m)	#人行道 Sidewalk
合计	**Total**	**14102.83**	**29896.36**	**6292.45**
南昌市	Nanchang	2456.83	5567.03	927.41
景德镇市	Jingdezhen	966.61	1552.03	236.32
乐平市	Leping	216.47	230.31	59.98
萍乡市	Pingxiang	433.70	1185.19	296.77
九江市	Jiujiang	1330.92	2473.90	506.14
瑞昌市	Ruichang	321.84	474.87	93.23
共青城市	Gongqingcheng	186.75	321.76	100.36
庐山市	Lushan	146.00	292.00	69.21
新余市	Xinyu	524.69	1240.73	382.59
鹰潭市	Yingtan	477.01	971.54	245.58
贵溪市	Guixi	162.91	294.78	65.32
赣州市	Ganzhou	1846.77	4220.38	1025.22
瑞金市	Ruijin	335.49	434.36	80.06
龙南市	Longnan	247.77	459.59	80.06
吉安市	Ji'an	580.69	1291.26	325.29
井冈山市	Jinggangshan	69.48	104.41	41.92
宜春市	Yichun	732.57	1788.51	306.58
丰城市	Fengcheng	367.67	681.02	122.70
樟树市	Zhangshu	309.52	737.65	192.61
高安市	Gaoan	344.56	746.68	177.66
抚州市	Fuzhou	928.63	2375.36	624.64
上饶市	Shangrao	1032.51	2291.40	308.91
德兴市	Dexing	83.44	161.60	23.89

10-7 续表 continued

城 市	City	道路照明灯盏数(盏) Number of Street Lights (units)	安装路灯的道路长度(公里) Length of Roads with Lights (km)	桥梁数(座) Number of Bridges(unit)	#立交桥 Overpass
合 计	**Total**	**974801**	**11145**	**1192**	**87**
南昌市	Nanchang	205445	1762	376	34
景德镇市	Jingdezhen	75247	499	31	2
乐平市	Leping	26989	276	3	1
萍乡市	Pingxiang	54359	491	35	1
九江市	Jiujiang	50647	739	134	24
瑞昌市	Ruichang	10978	220	44	
共青城市	Gongqingcheng	5058	49		
庐山市	Lushan	10315	129	16	
新余市	Xinyu	23857	524	35	8
鹰潭市	Yingtan	37726	423	36	
贵溪市	Guixi	13720	138	14	
赣州市	Ganzhou	88588	1441	122	4
瑞金市	Ruijin	17727	116	24	
龙南市	Longnan	29513	506	28	
吉安市	Ji'an	31925	425	18	
井冈山市	Jinggangshan	13200	66	18	
宜春市	Yichun	58667	532	37	4
丰城市	Fengcheng	14320	252	15	2
樟树市	Zhangshu	12260	211	37	1
高安市	Gaoan	19755	294	17	3
抚州市	Fuzhou	106131	1475	91	3
上饶市	Shangrao	57112	507	49	
德兴市	Dexing	11262	72	12	

10-8 城市排水和污水处理情况（2021年）
Basic Statistics on Urban Drainage and Sewage Disposal (2021)

城 市	City	污水排放量（万立方米）Discharged Volume of Sewage (10 000 cu.m)	排水管道长度（公里）Length of Drainage pipe (km)	#污水管道 Sewage Pipes	污水处理厂 Sewage Treatment Plant 座数（座）Units (unit)	#二、三级 Second or Third Grade	日处理能力（万立方米）Daily Disposal Capacity (10 000 cu.m)	#二、三级 Second or Third Grade
合 计	**Total**	**126145.79**	**21576.89**	**9465.66**	**79.00**	**67.00**	**439.85**	**345.85**
南昌市	Nanchang	41796.16	3936.92	1393.39	9.00	7.00	154.50	112.50
景德镇市	Jingdezhen	5088.00	1038.56	635.54	2.00	2.00	16.00	16.00
乐平市	Leping	1913.00	238.58	116.25	1.00		5.00	
萍乡市	Pingxiang	5789.84	325.70	267.70	3.00	1.00	16.00	4.00
九江市	Jiujiang	10296.00	2184.56	1019.47	12.00	12.00	43.70	43.70
瑞昌市	Ruichang	1105.20	266.74	58.94	1.00		5.00	
共青城市	Gongqingcheng	920.00	252.15	116.20	2.00	2.00	2.60	2.60
庐山市	Lushan	498.00	134.36	76.86	2.00	2.00	1.50	1.50
新余市	Xinyu	4644.00	1004.11	348.71	1.00	1.00	12.00	12.00
鹰潭市	Yingtan	3635.64	871.12	302.62	3.00	3.00	13.50	13.50
贵溪市	Guixi	1090.00	303.84	158.93	2.00	1.00	3.00	1.00
赣州市	Ganzhou	14409.03	2897.72	1108.67	12.00	12.00	45.90	45.90
瑞金市	Ruijin	1520.13	305.30	169.08	1.00	1.00	4.00	4.00
龙南市	Longnan	1434.30	396.02	230.90	6.00	6.00	6.05	6.05
吉安市	Ji'an	4777.60	886.33	572.29	2.00	2.00	14.00	14.00
井冈山市	Jinggangshan	175.34	67.24	57.88	1.00	1.00	0.60	0.60
宜春市	Yichun	6697.60	1554.10	710.90	4.00	4.00	22.50	22.50
丰城市	Fengcheng	1969.01	395.44	192.47	2.00	2.00	6.00	6.00
樟树市	Zhangshu	1800.98	510.34	220.87	2.00	2.00	7.00	7.00
高安市	Gaoan	1721.23	629.79	228.31	3.00	1.00	8.00	4.00
抚州市	Fuzhou	6916.39	1799.87	741.11	3.00		24.00	
上饶市	Shangrao	7340.14	1365.80	572.17	3.00	3.00	27.50	27.50
德兴市	Dexing	608.20	212.30	166.40	2.00	2.00	1.50	1.50

10-8 续表 continued

城 市	City	处理量(万立方米) Treated Volume (10 000 cu.m)	#二、三级 Second or Third Grade	污水处理厂干污泥产生量(吨) Output of Dewatered Sludge (ton)	污水处理厂干污泥处置量(吨) Treated Volume of Dewatered Sludge (ton)
合 计	**Total**	**122516.13**	**98225.62**	**157012.11**	**154800.42**
南昌市	Nanchang	41336.41	32021.60	49883.26	48490.26
景德镇市	Jingdezhen	4846.02	4846.02	2750.80	2750.80
乐平市	Leping	1833.00		1008.00	1008.00
萍乡市	Pingxiang	5748.82	1458.81	11236.74	11236.74
九江市	Jiujiang	10224.70	10224.70	10830.30	10830.30
瑞昌市	Ruichang	1028.19		486.83	486.83
共青城市	Gongqingcheng	888.00	888.00	733.40	733.40
庐山市	Lushan	475.13	475.13	631.32	631.32
新余市	Xinyu	4565.00	4565.00	7097.12	7097.12
鹰潭市	Yingtan	3494.32	3494.32	4578.23	4578.23
贵溪市	Guixi	990.03	373.47	1534.66	831.10
赣州市	Ganzhou	13424.72	13424.72	23352.68	23352.68
瑞金市	Ruijin	1407.00	1407.00	1605.00	1605.00
龙南市	Longnan	1247.50	1247.50	866.09	750.96
吉安市	Ji'an	4445.08	4445.08	4433.15	4433.15
井冈山市	Jinggangshan	166.42	166.42	153.19	153.19
宜春市	Yichun	6620.54	6620.54	9866.47	9866.47
丰城市	Fengcheng	1961.26	1961.26	2488.73	2488.73
樟树市	Zhangshu	1761.34	1761.34	3800.66	3800.66
高安市	Gaoan	1711.60	1140.00	5733.33	5733.33
抚州市	Fuzhou	6636.34		6211.30	6211.30
上饶市	Shangrao	7126.11	7126.11	7395.85	7395.85
德兴市	Dexing	578.60	578.60	335.00	335.00

10-9 城市园林绿化情况（2021年）
Basic Statistics on Urban Parks, Gardens and Green Areas (2021)

单位：公顷 (hectare)

城市	City	绿化覆盖面积 Area of Green Coverage	#建成区 Built Districts	绿地面积 Area of Green Areas	#建成区 Built Districts
合　计	**Total**	**86527.41**	**81240.63**	**79563.88**	**75010.06**
南昌市	Nanchang	16235.00	15743.00	15127.00	14642.00
景德镇市	Jingdezhen	5981.80	5238.87	5314.83	4943.95
乐平市	Leping	1040.00	1031.85	1035.99	984.17
萍乡市	Pingxiang	2607.08	2607.08	2406.22	2406.22
九江市	Jiujiang	8134.85	8026.45	7487.37	7380.37
瑞昌市	Ruichang	969.50	953.40	964.22	943.93
共青城市	Gongqingcheng	919.00	917.00	848.80	845.50
庐山市	Lushan	642.97	575.26	502.62	486.29
新余市	Xinyu	4615.55	4210.55	3981.36	3950.36
鹰潭市	Yingtan	2660.46	2660.46	2331.72	2331.72
贵溪市	Guixi	1776.35	1588.59	1663.92	1554.99
赣州市	Ganzhou	11749.22	10392.42	11165.78	9828.98
瑞金市	Ruijin	1518.61	1432.14	1334.01	1282.11
龙南市	Longnan	1083.77	1032.16	999.80	960.63
吉安市	Ji'an	3663.73	3118.88	2963.95	2809.80
井冈山市	Jinggangshan	385.43	368.31	343.37	325.80
宜春市	Yichun	4340.40	4340.40	4707.61	4050.75
丰城市	Fengcheng	2442.98	2442.98	2043.43	2043.43
樟树市	Zhangshu	1633.12	1609.21	1441.49	1393.10
高安市	Gaoan	2603.50	1607.09	2440.36	1498.01
抚州市	Fuzhou	5487.61	5485.05	5038.85	5031.77
上饶市	Shangrao	5375.69	5198.69	4860.20	4755.20
德兴市	Dexing	660.79	660.79	560.98	560.98

10-9 续表 continued

单位：公顷 (hectare)

城市	City	公园绿地面积 Area of Park Green Areas	公园个数 (个) Number of Parks(unit)	公园面积 Area of Parks
合 计	**Total**	**20337.83**	**782.00**	**16059.41**
南昌市	Nanchang	4113.00	123.00	2338.00
景德镇市	Jingdezhen	871.55	22.00	894.36
乐平市	Leping	317.21	13.00	183.42
萍乡市	Pingxiang	763.85	38.00	868.66
九江市	Jiujiang	1337.39	72.00	896.23
瑞昌市	Ruichang	280.18	10.00	186.08
共青城市	Gongqingcheng	190.80	4.00	195.43
庐山市	Lushan	119.43	24.00	137.79
新余市	Xinyu	979.27	40.00	1005.27
鹰潭市	Yingtan	590.57	31.00	594.84
贵溪市	Guixi	286.22	18.00	280.55
赣州市	Ganzhou	2805.26	84.00	2629.22
瑞金市	Ruijin	380.02	29.00	369.30
龙南市	Longnan	335.44	13.00	335.44
吉安市	Ji'an	929.15	12.00	676.93
井冈山市	Jinggangshan	123.34	3.00	131.04
宜春市	Yichun	1154.92	68.00	1154.92
丰城市	Fengcheng	508.78	23.00	318.78
樟树市	Zhangshu	380.97	19.00	190.86
高安市	Gaoan	604.70	7.00	105.62
抚州市	Fuzhou	1456.87	44.00	1282.13
上饶市	Shangrao	1700.10	69.00	1160.78
德兴市	Dexing	108.81	16.00	123.76

10-10 城市市容环境卫生情况（2021年）
Basic Statistics on Urban Sanitation in Cities (2021)

城市	City	道路清扫保洁面积（万平方米）Area under Cleaning Program (10 000 sq.m)	#机械化 Mechanisation	生活垃圾 Residential Garbage 清运量（万吨）Collection & Transport Volume (10 000 tons)	处理量（万吨）Disposal Volume (10 000 tons)	无害化处理厂(场)数（座）Number of Harmless Treatment Plants (unit)
合计	**Total**	**27591.60**	**24967.60**	**567.46**	**567.46**	**31.00**
南昌市	Nanchang	5465.50	5311.73	136.88	136.88	5.00
景德镇市	Jingdezhen	1835.00	1743.00	23.43	23.43	1.00
乐平市	Leping	440.97	366.85	7.97	7.97	2.00
萍乡市	Pingxiang	998.86	715.98	23.75	23.75	1.00
九江市	Jiujiang	1981.72	1914.03	32.41	32.41	1.00
瑞昌市	Ruichang	530.00	510.00	8.89	8.89	
共青城市	Gongqingcheng	490.00	469.00	4.10	4.10	
庐山市	Lushan	220.00	209.00	5.04	5.04	
新余市	Xinyu	774.00	736.00	20.99	20.99	2.00
鹰潭市	Yingtan	1019.07	819.39	11.11	11.11	1.00
贵溪市	Guixi	270.00	248.00	5.79	5.79	
赣州市	Ganzhou	4054.42	3588.56	68.31	68.31	3.00
瑞金市	Ruijin	873.50	590.06	12.48	12.48	1.00
龙南市	Longnan	476.56	426.99	8.03	8.03	1.00
吉安市	Ji'an	1379.13	1312.46	19.04	19.04	2.00
井冈山市	Jinggangshan	152.20	94.80	0.91	0.91	1.00
宜春市	Yichun	1347.53	1192.48	27.50	27.50	2.00
丰城市	Fengcheng	593.00	547.00	32.53	32.53	1.00
樟树市	Zhangshu	401.00	368.92	10.72	10.72	1.00
高安市	Gaoan	557.59	520.00	18.15	18.15	1.00
抚州市	Fuzhou	2133.17	1933.23	35.02	35.02	2.00
上饶市	Shangrao	1435.58	1211.74	50.55	50.55	1.00
德兴市	Dexing	162.80	138.38	3.86	3.86	2.00

10-10 续表 continued

城 市	City	日无害化处理能力(吨) Daily Harmless Treatment Capacity (ton)	无害化处理量(万吨) Volume of Harmless Treatment (10 000 tons)	公共厕所(座) Number of Public Lavatories (unit)	市容环卫专用车辆设备总数(辆) Number of Special Vehicles for Environmental Sanitation (unit)
合 计	**Total**	**22240**	**567**	**5435**	**11192**
南昌市	Nanchang	3280	137	849	3434
景德镇市	Jingdezhen	1000	23	294	1626
乐平市	Leping	750	8	106	137
萍乡市	Pingxiang	1300	24	210	742
九江市	Jiujiang	2250	32	412	432
瑞昌市	Ruichang		9	80	67
共青城市	Gongqingcheng		4	22	55
庐山市	Lushan		5	46	161
新余市	Xinyu	1020	21	155	129
鹰潭市	Yingtan	1000	11	239	196
贵溪市	Guixi		6	138	45
赣州市	Ganzhou	1600	68	1000	2277
瑞金市	Ruijin	400	12	48	108
龙南市	Longnan	250	8	85	73
吉安市	Ji'an	1310	19	265	128
井冈山市	Jinggangshan	180	1	25	27
宜春市	Yichun	1600	27	371	272
丰城市	Fengcheng	800	33	52	84
樟树市	Zhangshu	1000	11	115	95
高安市	Gaoan	600	18	84	75
抚州市	Fuzhou	1850	35	488	419
上饶市	Shangrao	1500	51	291	582
德兴市	Dexing	550	4	60	28

主要统计指标解释

供水综合生产能力 指按供水设施取水、净化、送水、出厂输水干管等环节设计能力计算的综合生产能力。包括在原设计能力的基础上，经挖、革、改增加的生产能力。计算时，以四个环节中最薄弱的环节为主确定能力。

年末供水管道长度 指从送水泵至用户水表之间所有管道的长度。不包括新安装尚未使用、水厂内以及用户建筑物内的管道。

全年供水总量 指报告期供水企业(单位)供出的全部水量。包括有效供水量和漏损水量。

生活用水量 包括公共服务用水和居民家庭用水。公共服务用水指为城市社会公共生活服务的用水。包括行政事业单位、部队营区和公共设施服务、社会服务业、批发零售贸易业、旅馆饮食业以及其他公共服务业等单位的用水。居民家庭用水指城市范围内所有居民家庭的日常生活用水。包括城市居民、农民家庭、公共供水站用水。

用水普及率 指城市用水人口数与城市人口总数的比率。计算公式:

$$用水普及率=\frac{城市用水人口数}{城市人口总数}\times 100\%$$

供气管道长度 指报告期末从气源厂压缩机的出口或门站出口至各类用户引入管之间的全部已经通气投入使用的管道长度。不包括煤气生产厂、输配站、液化气储存站、灌瓶站、储配站、气化站、混气站、供应站等厂(站)内的管道。

全年供气总量 指全年燃气企业(单位)向用户供应的燃气数量。包括销售量和损失量。

燃气普及率 指报告期末使用燃气的城市人口数与城市人口总数的比率。计算公式为:

$$燃气普及率=\frac{城市用气人口数}{城市人口总数}\times 100\%$$

年末道路长度 指年末道路长度和与道路相通的桥梁、隧道的长度，按车行道中心线计算。在统计时只统计路面宽度在 3.5 米(含 3.5 米)以上的各种铺装道路，包括开放型工业区和住宅区道路在内。

城市桥梁 指为跨越天然或人工障碍物而修建的构筑物。包括跨河桥、立交桥、人行天桥以及人行地下通道等。按使用年限分为永久性桥和半永久性桥。

城市排水管道长度 指所有排水总管、干管、支管、检查井及连接井进出口等长度之和。

城市污水日处理能力 指污水处理厂(或污水处理装置)每昼夜处理污水量的设计能力。

年末运营车数 指年末城市用于公共交通运营业务的全部车辆数。新购、新制和调入的运营车辆，自投入之日起开始计算；调出、报废和调作他用的运营车辆，自上级主管机关批准之日起不再计入。

城市绿地面积 指报告期末用作园林和绿化的各种绿地面积。包括公园绿地、生产绿地、防护绿地、附属绿地和其他绿地的面积。

公园绿地 城市中向公众开放的以游憩为主要功能，有一定的游憩设施和服务设施，同时兼有健全生态、美化景观，防灾减灾等综合作用的绿化用地。包括综合公园，社区公园、专类公园、带状公园和街旁绿地。其中综合公园、专类公园和带状公园面积之和为公园面积。

清扫保洁面积 指报告期末对城市道路和公共场所（主要包括城市行车道、人行道、车行隧道、人行过街地下通道、道路附属绿地、地铁站、高架路、人行过街天桥、立交桥、广场、停车场及其他设施等）进行清扫保洁的面积。一天清扫多次的，按清扫保洁面积最大的一次计算。

市容环卫专用车辆 指用于环境卫生作业、监察的专用车辆和设备，包括用于道路清扫、冲洗、洒水、除雪、垃圾粪便清运、市容监察以及与其配套使用的车辆和设备。

生活垃圾清运量 指报告期内收集和运送到垃圾处理厂(场)的生活垃圾数量。生活垃圾指城市日常生活或为城市日常生活提供服务的活动中产生的固体废物以及法律行政规定的视为城市生活垃圾的固体废物。包括：居民生活垃圾、商业垃圾、集市贸易市场垃圾、街道清扫垃圾、公共场所垃圾和机关、学校、厂矿等单位的生活垃圾。

Explanatory Notes on Main Statistical Indicators

Production Capacity of Water Supply refers to the designed overall production capacity of water facilities, covering the four segments of water collection, purification, conveyance, and outflow through trunk pipelines. Increased capacity through transformation and innovation projects is included as well. The capacity is determined mainly on the weakest of the above-mentioned four segments.

Length of Water Supply Pipelines at the Year-end refers to the total length of all the pipelines between the water pumps and the user water meters, excluding pipelines newly installed but not used yet, pipeline in the water factory, and pipeline in the user's buildings.

Annual Volume of Water Supply refers to the total volume of water supplied by water-works (units) during the reference period, including both the effective water supply and loss during the water supply.

Consumption of Water for Residential Use refers to water consumption of households for daily life and water consumption of public service facilities. The latter refers to water consumption for urban public services, including the consumption of government agencies and public institutions, military barracks, public facilities, wholesale and retail outlets, restaurants, hotels, and other units providing public services. Household water consumption refers to consumption of water for daily life of all households within the boundary of cities, including households of urban residents and farmers, and public water supply stations.

Coverage Rate of Urban Population with Access to Tap Water refers to the ratio of the urban population with access to tap water to the total urban population. The formula is:

$$\text{Coverage of Urban Population with Access to Tap Water}=\frac{\text{Urban Population with Access to Tap Water}}{\text{Urban Population}}\times 100\%$$

Length of Gas Pipelines refers to the total length of pipelines in use between the outlet of the compressor of gas-work or outlet of gas stations and the leading pipe of users, excluding pipelines within gasworks, delivery stations, LPG storage stations, refilling stations, gas-mixing stations and supply stations.

Volume of Gas Supply refers to the total volume of gas provided to users by gas-producing enterprises (units) in a year, including the volume sold and the volume lost.

Coverage Rate of Urban Population with Access to Gas refers to the ratio of the urban population with access to gas to the total urban population at the end of the reference period. The formula is:

$$\text{Coverage Rate of Urban Population with Access to Gas} = \frac{\text{Urban Population with Access to Gas}}{\text{Urban Population}} \times 100\%$$

Length of Paved Roads at Year-end refers to the length of roads with paved surface including bridges and tunnels connected with roads by the end of the year. Length of the roads is measured by the central lines for vehicles for paved roads with a width of 3.5 meters and over, including roads in open-ended factory compounds and residential quarters.

Urban Bridges refer to bridges built to cross over natural or man-made barriers, including bridges over rivers, overpasses for traffic and for pedestrians, underpasses for pedestrians, etc. Both permanent and semi-permanent bridges are included.

Length of Urban Sewage Pipes refers to the total length of general drainage, trunks, branch and inspection wells, connection wells, inlets and outlets, etc.

Daily Disposal Capacity of Urban Sewage refers to the designed 24-hour capacity of sewage disposal by the sewage treatment works or facilities.

Number of Vehicles under Operation at Year-end refers to the total number of vehicles under operation by public transport enterprises (units) at the end of the year, based on the records of operational vehicles by the enterprises (units).

Area of Urban Green Areas refers to the total area occupied for green projects at the end of the reference period, including park green land, production green land, protection green land, green land attached to institutions, and other green areas.

Park Green Area refers to green areas open to the public for amusement and rest with the facilities of amusement, rest and services. Its function includes perfecting ecology, beautifying landscape, and preventing and reducing disaster. Park green areas include comprehensive park, community park, topic park, belt-shaped park and green area nearby street. Total areas of comprehensive park, topic park and belt-shaped is the area of park.

Area Cleaned refers to the area which are regularly cleaned, as at the end of the reference period, at urban roads and public places (mainly including urban roadways, pedestrian walkways, vehicular tunnels, pedestrian underpasses, underground railway stations, lifted roads, pedestrians walk bridges, overpasses, plazas, carparks and other facilities). If there are several times of cleaning in a day at a location, the area of that time of cleaning with the largest area cleaned will be taken.

Vehicles Dedicated to Urban Cleanliness and Environmental Sanitation refer to vehicles and facilities dedicated for use in the operation, management and monitoring of environmental hygiene work. They include vehicles for road cleaning, washing, showering, ice removal, disposal of garbage and human wastes, cleanliness monitoring and related activities.

Volume of Garbage Disposal refers to volume of consumption wastes collected and transported to disposal factories or sites. Consumption wastes are solid wastes produced from urban households or from service activities for urban households, and solid wastes regarded by laws and regulations as urban consumption wastes, including those from households, commercial activities, markets, cleaning of streets, public sites, offices, schools, factories, mining units and other sources。

11

生态环境

ECOLOGICAL ENVIRONMENT

◆ 237/254

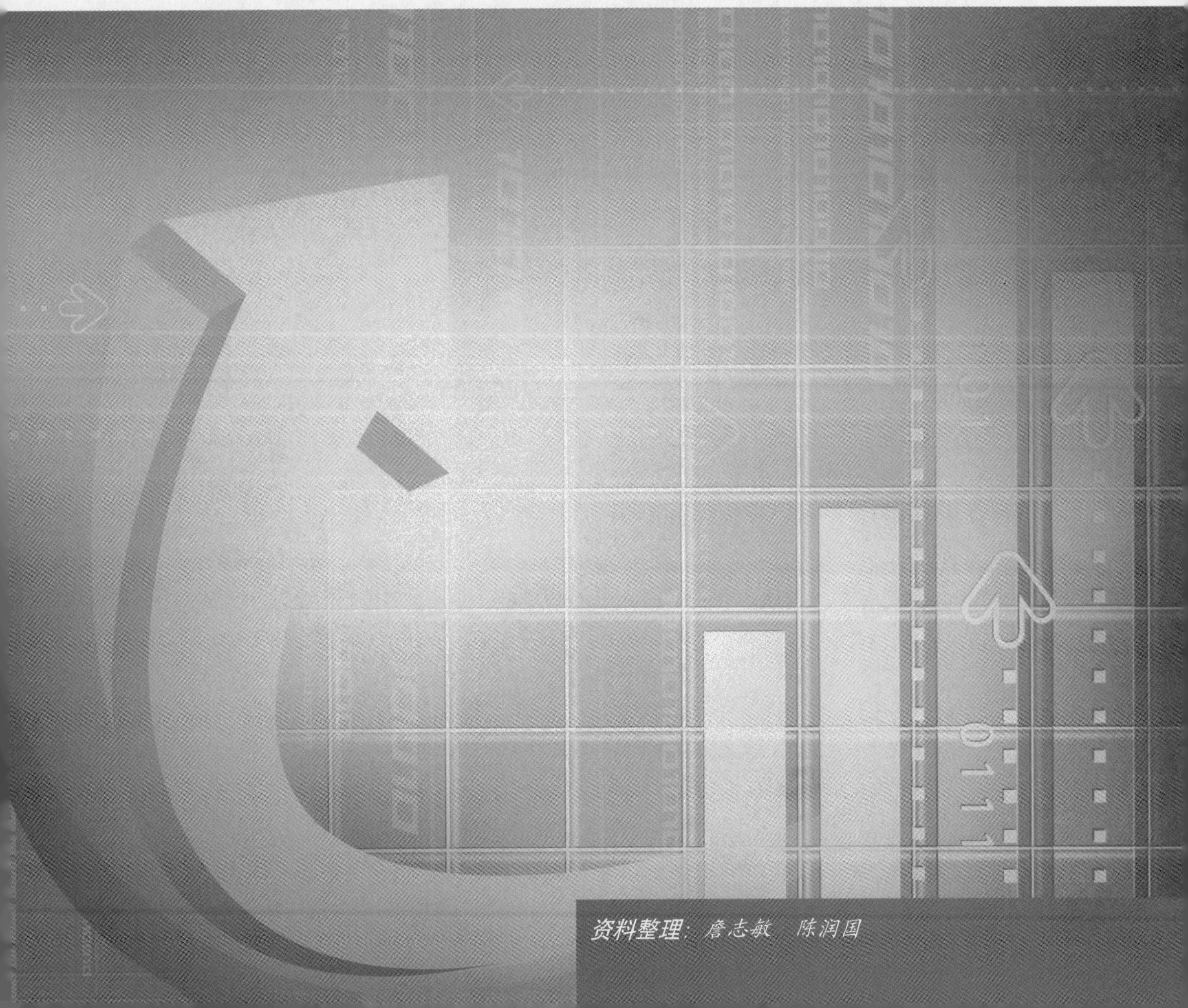

资料整理：詹志敏　陈润国

简要说明

本篇资料由环境保护、水资源和气象三个部分组成。

环境保护统计资料包括工业废水、生活污水排放及治理情况；工业废气排放及处理情况；一般工业固体废物的产生、处理及利用情况；城镇生活污染情况；烟（粉）尘排放情况。资料来源于省生态环境厅，由省统计局能源处整理提供。

水资源资料主要包括水资源总量、供水量及用水量，资料来源于省水文局；气象资料主要包括各设区市平均气温、降水量、日照等方面的资料，资料来源于省气象局，由省统计局综合处整理提供。

Brief Introduction

This chapter includes three parts: environment protection, water resources and meteorological phenomena.

Data on environment protection include discharge and treatment of industrial and consumption waste water; emission and treatment of production, treatment and utilization of common industrial solid wastes; urban household pollution; emission of industrial smoke dust. Data source from Department of Ecology and Environment of Jiangxi Province. Data are provided by Energy Division of Jiangxi Statistics Bureau.

Data on water resources include total amount of water resources, supply and use. Data are obtained from Jiangxi Hydrological Bureau. Data on meteorological phenomena include annual average temperature, precipitation and sunshine hours by region. Data are obtained from Jiangxi Meteorological Bureau. Data are provided by Comprehensive Division of Jiangxi Statistics Bureau.

11-1 工业“三废” 排放及处理利用情况
Discharge and Treatment of Key-point Sampling Industrial Waste Gas, Waste Water and Solid Wastes

指标	Item	2000	2010	2019	2020	2021
工业废水	**Industrial Waste Water**					
工业废水排放总量(万吨)	Total Industrial Waste Water Discharged (10 000 tons)	42083	72526	48029.51	36487.94	39593.17
工业化学需氧量排放量(万吨)	Emission of industrial chemical oxygen demand（10000 tons）		11.78	5.23	2.07	1.88
工业氨氮排放量(万吨)	Industrial Ammonia Nitrogen Emission（10000 tons）		0.87	0.30	0.16	0.14
工业废气	**Industrial Waste Gas**					
工业废气排放总量(亿立方米)	Industrial Waste Air Emission (100 million cu.m)	2220	9811.70	17566.30	21788.19	24189.54
工业二氧化硫排放量(万吨)	Volume of Industrial Sulphur Dioxide Emission (10 000 tons)	29	47	21.07	8.64	7.14
工业氮氧化物排放量(万吨)	Volume of Industrial Nitrogen Oxides Emission (10 000 tons)			19.39	14.51	14.22
工业烟(粉)尘排放量(万吨)	Volume of Industrial Smoke and Dust Emission (10 000 tons)			36.80	11.09	7.52
工业固体废物	**Industrial Solid Wastes**					
一般工业固体废物产生量(万吨)	Common Industrial Solid Wastes Produced (10 000 tons)	4814.97	9407.30	13049.00	12083.48	11532.74
#危险废物	Hazardous Wastes	1.71	8.98	210.03	147.66	187.06
一般工业固体废物综合利用量(万吨)	Common Industrial Solid Wastes Comprehensively Utilized (10 000 tons)	702.24	4379.14	6968.00	5497.56	5586.09
一般工业固体废物综合利用率(%)	Ratio of Common Industrial Solid Wastes Comprehensively Utilized (%)	14.64	46.54	53.20	44.98	47.96
一般工业固体废物贮存量(万吨)	Stock of Common Industrial Solid Wastes in Stocks (10 000 tons)	3861.40	557.14		6017.85	5444.68
#危险废物本年末贮存量	Stock of Hazardous Wastes	0.86	0.04		30.92	30.24
一般工业固体废物处置量(万吨)	Common Industrial Solid Wastes Disposed (10 000 tons)	98.71	4486.55	1391.00	816.16	657.00
#危险废物利用处置量	Hazardous Wastes Disposed	0.01	1.25	188.66	178.97	184.74
一般工业固体废物倾倒丢弃量(万吨)	Common Industrial Solid Wastes Discharged (10 000 tons)	28.70	13.23	0.08	0.74	0.28

注：1.工业废气排放总量的计量单位2011年改为：亿立方米，历年数据是万立方米。

2.工业固体废物产生量、工业固体废物综合利用量、工业固体废物综合利用率、工业固体废物贮存量、工业固体废物处置量、工业固体废物丢弃量2011年统一改为一般工业固体废物产生量、一般工业固体废物综合利用量、一般工业固体废物综合利用率、一般工业固体废物贮存量、一般工业固体废物处置量和一般工业固体废物倾倒丢弃量,且口径发生变化，后同。

3.根据《环境统计管理办法》第二十一条第二款“国务院环境保护行政主管部门定期组织开展全国污染源普查，并在普查基础上适时校正污染物排放统计数据”的规定，我省基于第二次全国污染源普查结果，对2016年以来的数据进行了调整。

a) The measuring unit of industrial waste air emission changed from 10 thousand cu.m into 100 million cu.m since 2011.

b) Industrial solid wastes produced, industrial solid wastes comprehensively utilized, ratio of industrial soild wastes comprehensively, stock of industrial soild wastes, industrial soild wastes disposed, industrial soild wastes discharged changed into common industrial solid wastes produced,common industrial solid wastes comprehensively utilized, ratio of common industrial solid wastes comprehensively utilized, stock of common industrial soild, common industrial solid wastes disposed, common industrial solid wastes disposed. Statistical range changed accordingly, the same as following tables.

c) As stated in paragraph 2 of article 21 of the Administrative Procedures of Environmental Statistics, the competent department of environmental protection administration under The State Council shall organize national pollution sources census regularly and, on the basis of such census, timely revise statistical da on pollutant discharge. In accordance with this procedure, the data of 2016 are revised based on the results of the Second National Pollution Sources Census.

11-2 重点调查工业企业“三废”排放及处理利用情况(2021年)

行　　业	Sector	工业废水排放量(万吨) Industry Waste Water Discharged (10 000tons)	废水治理设施数(套) Number of Facilities for Treatment of Waste Water (set)
总计	**Total**	**39593.17**	**3498**
农、林、牧、渔专业及辅助性活动	Agriculture, Forestry, Animal Husbandry and Fishery Professional and Auxiliary Activities	6.81	10
煤炭开采和洗选业	Mining and Washing of Coal	239.30	24
黑色金属矿采选业	Mining and Processing of Ferrous Metal Ores	81.85	14
有色金属矿采选业	Mining and Processing of Non-Ferrous metal Ores	6145.56	83
非金属矿采选业	Mining and Processing of Non-metal Ores	126.87	54
开采辅助活动	Support Activities for Mining		
其他采矿业	Mining of Other Ores	31.49	2
农副食品加工业	Processing of Food from Agricultural Products	1101.39	321
食品制造业	Manufacture of Foods	879.86	144
酒、饮料和精制茶制造业	Manufacture of Liquor, Beverages and Refined Tea	487.21	80
烟草制品业	Manufacture of Tobacco	24.93	5
纺织业	Manufacture of Textile	1430.50	96
纺织服装、服饰业	Manufacture of Textile,Wearing Apparel and Accessories	157.27	18
皮革、毛皮、羽毛及其制品和制鞋业	Manufacture of Leather, Fur, Feather and Related Products and Footwear	100.44	34
木材加工和木、竹、藤、棕、草制品业	Processing of Timber, Manufacture of Wood, Bamboo, Rattan, Palm and Straw Products	41.04	48
家具制造业	Manufacture of Furniture	13.62	17
造纸和纸制品业	Manufacture of Paper and Paper Products	5007.55	96
印刷和记录媒介复制业	Printing and Reproduction of Recording Media	16.56	27
文教、工美、体育和娱乐用品制造业	Manufacture of Articles for Culture, Education, Arts and Crafts Sport and Entertainment Activities	84.36	27
石油、煤炭及其他燃料加工业	Processing of Petroleum, Coal, and Other Fuels	916.15	11
化学原料和化学制品制造业	Manufacture of Raw Chemical Materials and Chemical Products	4234.68	471
医药制造业	Manufacture of Medicines	1293.81	251
化学纤维制造业	Manufacture of Chemical Fibres	4081.97	11
橡胶和塑料制品业	Manufacture of Rubber and Plastics Products	253.25	111
非金属矿物制品业	Manufacture of Non-metallic Mineral Products	521.92	346
黑色金属冶炼和压延加工业	Smelting and Pressing of Ferrous Metals	1701.16	71
有色金属冶炼和压延加工业	Smelting and Pressing of Non-ferrous Metals	2435.49	258
金属制品业	Manufacture of Metal Products	354.63	148
通用设备制造业	Manufacture of General Purpose Machinery	107.11	53
专用设备制造业	Manufacture of Special Purpose Machinery	26.92	29
汽车制造业	Manufacture of Automobiles	246.01	54
铁路、船舶、航空航天和其他运输设备制造业	Manufacture of Railway, Ship, Aerospace, and Other Transport Equipments	140.49	13
电气机械和器材制造业	Manufacture of Electrical Machinery and Apparatus	829.46	106
计算机、通信和其他电子设备制造业	Manufacture of Computers, Communication and Other Electronic Equipment	3825.27	241
仪器仪表制造业	Manufacture of Measuring Instruments and Machinery	50.17	12
其他制造业	Other Manufacture	96.95	15
废弃资源综合利用业	Utilization of Waste Resources	261.42	101
金属制品、机械和设备修理业	Repair Service of Metal Products, Machinery and Equipment	3.89	4
电力、热力生产和供应业	Production and Supply of Electric Power and Heat Power	373.81	56
燃气生产和供应业	Production and Supply of Gas	95.80	2
水的生产和供应业	Water Production and Distribution	1766.18	34

Discharge and Treatment of Industrial Waste Gas, Waste Water & Solid Wastes of Focused-Investigated Industrial Enterprises (2021)

废水治理设施处理能力(万吨/日) Waste Water Treatment Facilities Capacity (10 000 tons/day)	化学需氧量排放量(吨) Chemical Oxygen Demand Emission (ton)	氨氮排放量(吨) Ammonia Nitrogen Emission (ton)	工业废气排放量(亿立方米) Industrial Waste Gas Emission (100 million cu.m)	废气治理设施数(套) Facilities for Treatment of Waste Gas (set)	#脱硫设施数(套) Desulfur-rization Facilities (set)	#脱硝设施数(套) Denitration Facilities (set)	#除尘设施数(套) Derusting Facilities (set)	#挥发性有机物(VOCs)设施数(套) Facilites to Remove VOCs (set)
665.56	**17319.89**	**1300.57**	**24189.54**	**12850**	**1496**	**355**	**6443**	**3345**
0.13	7.78	0.52	1.66	10	1		6	
1.71	25.33	1.06	2.18	10			9	
7.96	31.63	4.59	14.00	4			4	
150.89	1118.09	135.20	148.15	56	3		53	
2.78	83.07	18.74	57.13	62	8	3	47	
0.20	0.93	0.07	0.18	2	1		1	
7.76	1005.94	65.42	90.90	276	20		202	8
7.63	624.29	48.84	86.95	108	13	1	70	6
5.49	539.85	38.89	14.70	54	9	1	37	1
0.33	5.77	0.82	25.45	10		1	9	
13.63	1178.73	67.12	55.66	103	7	8	64	13
1.37	58.10	2.88	1.78	11		2	4	4
0.99	113.59	6.80	44.66	125	3	2	44	55
0.23	38.14	0.21	112.91	312	11		229	61
0.06	8.62	1.18	610.67	2209			801	1401
34.99	2624.44	63.29	246.90	139	34	7	75	17
0.12	22.07	1.07	23.29	94	3		10	74
0.30	30.39	5.20	42.42	75	1	1	25	42
3.63	154.96	30.28	247.21	51	10	8	26	6
24.04	2620.44	306.90	1712.06	1142	153	28	497	269
12.92	1178.39	93.39	495.29	304	11	4	122	107
17.95	906.77	24.57	60.26	26	5	4	7	6
2.52	420.27	22.48	1299.09	456	15	8	120	284
7.86	150.81	22.11	6921.77	3278	789	159	2129	72
267.72	358.14	27.97	4623.03	303	24	2	263	1
15.63	983.54	96.82	887.43	773	147	12	478	10
5.60	186.04	5.18	181.38	614	52	5	352	135
0.42	46.19	2.00	45.62	149	7		72	58
0.17	8.96	0.12	40.20	101	1		38	46
1.72	126.76	1.85	80.13	199	1		105	86
0.73	36.50	3.23	28.82	43			18	17
8.37	307.52	12.59	330.18	345	8	5	113	170
33.24	1435.84	153.69	861.77	788	39	5	151	285
0.39	17.05	0.43	1.27	13			4	9
8.45	14.56	0.28	7.86	34	1	1	13	16
2.83	144.87	8.21	223.58	290	25	6	149	81
0.02	10.87		0.75	9	1		3	5
7.86	99.44	3.41	4550.52	269	92	81	92	
0.50	0.20	0.04	11.72	3	1	1	1	
6.41	595.05	23.13						

11-2 续表

行　　业	Sector	废气治理设施处理能力(万立方米/时) Emission Control Facilities Treatment Capacity (10 000 cu.m/hour)	废气治理设施运行费用(万元) Waste Gas Treatment Facilities Operating Cost (10 000 yuan)	二氧化硫排放量(吨) Volume of Sulphur Dioxide Emission (ton)
总　计	**Total**	**82233.08**	**606562.90**	**71378.86**
农、林、牧、渔专业及辅助性活动	Agriculture, Forestry, Animal Husbandry and Fishery Professional and Auxiliary Activities	11.86	56.00	2.82
煤炭开采和洗选业	Mining and Washing of Coal	0.98	39.51	1.20
黑色金属矿采选业	Mining and Processing of Ferrous Metal Ores	23.00	122.20	
有色金属矿采选业	Mining and Processing of Non-Ferrous Ores	310.47	3333.19	19.28
非金属矿采选业	Mining and Processing of Non-metal Ores	205.92	1428.32	67.87
开采辅助活动	Support Activities for Mining			
其他采矿业	Mining of Other Mineral	7.00	43.00	13.57
农副食品加工业	Processing of Food from Agricultural Products	1536.97	1800.22	388.33
食品制造业	Manufacture of Foods	155.69	1204.79	629.47
酒、饮料和精制茶制造业	Manufacture of Liquor, Beverages & Refined Tea	288.99	440.16	86.83
烟草制品业	Manufacture of Tobacco	51.59	172.50	0.81
纺织业	Manufacture of Textile	202.42	1142.45	406.06
纺织服装、服饰业	Manufacture of Textile,Wearing Apparel and Accessories	12.57	63.56	13.95
皮革、毛皮、羽毛及其制品和制鞋业	Manufacture of Leather, Fur, Feather and Related Products and Footwear	299.55	719.49	28.37
木材加工和木、竹、藤、棕、草制品业	Processing of Timber, Manufacture of Wood, Bamboo, Rattan, Palm and Straw Products	425.51	3090.34	178.40
家具制造业	Manufacture of Furniture	5501.48	6821.52	7.97
造纸和纸制品业	Manufacture of Paper and Paper Products	927.93	9090.32	1049.89
印刷和记录媒介复制业	Printing and Reproduction of Recording Media	85.91	557.13	15.49
文教、工美、体育和娱乐用品制造业	Manufacture of Articles for Culture, Education, Arts and Crafts Sport and Entertainment Activities	96.84	613.29	16.12
石油、煤炭及其他燃料加工业	Processing of Petroleum, Coal, and Other Fuels	542.97	18601.17	849.73
化学原料和化学制品制造业	Manufacture of Raw Chemical Materials and Chemical Products	2535.36	37291.28	2951.82
医药制造业	Manufacture of Medicines	480.23	7629.25	287.15
化学纤维制造业	Manufacture of Chemical Fibers	535.74	2195.06	91.05
橡胶和塑料制品业	Manufacture of Rubber & Products	968.86	4035.53	520.72
非金属矿物制品业	Manufacture of Non-metallic Mineral Products	23853.69	84114.82	32493.03
黑色金属冶炼和压延加工业	Smelting and Pressing of Ferrous Metals	11697.08	180419.53	16113.53
有色金属冶炼和压延加工业	Smelting and Pressing of Non-ferrous Metals	2676.94	68175.47	5043.55
金属制品业	Manufacture of Metal Products	991.32	3726.95	44.32
通用设备制造业	Manufacture of General Purpose Machinery	213.32	1021.59	3.15
专用设备制造业	Manufacture of Special Purpose Machinery	73.11	447.83	0.99
汽车制造业	Manufacture of Automobiles	624.14	2407.66	18.56
铁路、船舶、航空航天和其他运输设备制造业	Manufacture of Railway，Ship, Aerospace, and Other Transport Equipments	144.16	156.68	0.19
电气机械和器材制造业	Manufacture of Electrical Machinery and Apparatus	1034.12	5224.23	16.53
计算机、通信和其他电子设备制造业	Manufacture of Computers communication and other Electronic Equipment	2400.35	12444.67	60.22
仪器仪表制造业	Manufacture of Measuring Instruments and Machinery	2.65	22.90	0.03
其他制造业	Other Manufacture	39.02	247.76	4.06
废弃资源综合利用业	Utilization of Waste Resources	829.71	15223.04	857.92
金属制品、机械和设备修理业	Repair Service Products, Machinery & Equipment	12.32	109.60	
电力、热力生产和供应业	Production and Supply of Electric Power and Heat Power	22355.62	131999.88	9037.69
燃气生产和供应业	Production and Supply of Gas	77.70	330.00	58.21
水的生产和供应业	Water Production and Distribution			

氮氧化物排放量(吨) Volume of Nitrogen Oxides Emission (ton)	烟(粉)尘排放量(吨) Volume of Smoke and Dust Emission (ton)	挥发性有机物排放量(吨) Industrial Volatile Organic Compounds (VOCS) Emission (ton)	一般工业固体废物产生量(万吨) Common Industrial Solid Wastes Produced (10 000 tons)	一般工业固体废物综合利用量(万吨) Common Industrial Solid Wastes Comprehensively Utilized (10 000 tons)	一般工业固体废物处置量(万吨) Common Industrial Solid Wastes Disposed (10 000 tons)	一般工业固体废物贮存量(万吨) Common Industrial Solid Wastes (10 000 tons)	一般工业固体废物倾倒丢弃量(万吨) Common Industrial Solid Wastes Discharged (10 000 tons)	危险废物产生量(万吨) Volume of Hazardous Wastes Generated (10 000 tons)	危险废物利用处置量(万吨) Volume of Hazardous Wastes Utilized or Disposed (10 000 tons)
142162.71	**75177.67**	**58046.16**	**11532.74**	**5586.09**	**657.00**	**5444.68**	**0.28**	**187.06**	**184.74**
6.08	8.93	0.12	0.34	0.34					
0.48	498.88		40.92	38.40	2.31	0.21			
	561.39	0.54	153.35	112.47	3.49	51.71			
4.11	7031.98	0.53	7359.29	1809.48	304.25	5332.69		0.08	0.08
227.76	4129.83	26.33	254.92	211.71	14.82	32.16	0.04		
		170.99							
6.59	30.90		2.12	1.93	0.13	0.05			
244.73	179.97	281.83	21.50	17.95	3.50	0.11	0.03	0.22	0.22
988.28	291.36	135.43	45.92	45.15	24.07	0.03	0.01	0.05	0.05
95.45	36.06	6.93	17.79	17.05	0.74				
8.65	42.62	7.23	0.39	0.39					
466.84	126.77	17.73	4.29	2.36	1.91	0.03		0.01	0.01
10.04	0.49	6.09	0.16	0.09	0.07				
15.77	388.36	2094.49	1.47	1.16	0.31	0.01		0.23	0.23
205.96	967.89	1963.44	17.76	16.92	0.71	0.14		0.08	0.08
4.84	1022.41	6221.74	2.20	2.01	0.20			0.22	0.20
1065.21	465.84	436.75	75.22	48.41	26.72	0.89		0.03	0.03
25.38	1.96	331.55	1.68	1.47	0.21	0.04		0.06	0.06
12.77	14.81	492.12	0.67	0.42	0.26			0.04	0.04
2585.29	879.01	4059.77	13.93	13.39	0.79			3.03	3.04
3251.16	3677.33	9371.07	440.71	325.90	116.80	2.57	0.01	22.20	22.28
308.61	85.11	6259.39	9.71	7.44	2.26	0.03		5.13	5.20
297.33	37.74	11260.60	49.50	49.12	0.37	0.51		0.07	0.07
272.48	345.70	2331.94	4.75	3.37	1.39	0.03		1.49	1.48
79886.39	38895.05	2937.13	256.58	221.98	33.38	3.63	0.14	24.19	24.42
27907.16	9734.72	2864.56	1185.14	1184.08	1.10	0.06		13.43	13.41
3025.27	2204.34	94.22	286.98	221.08	52.57	17.04	0.05	40.87	40.73
74.37	562.33	940.36	9.59	7.12	2.83	0.68		1.98	1.99
16.40	88.52	223.49	7.29	3.53	3.77	0.03		0.90	0.92
3.82	90.54	186.80	0.94	0.71	0.24			0.42	0.42
91.91	116.50	303.24	12.14	11.06	1.09	0.01		0.50	0.49
8.52	1.28	124.71	0.21	0.18	0.03			0.07	0.07
199.40	22.08	1361.39	5.20	4.20	1.01	0.03		7.99	8.16
89.02	106.44	2789.47	8.51	7.94	1.84	0.02		21.78	21.73
0.69	0.43	8.66	0.17	0.11	0.06			0.01	0.01
10.70	1.86	19.02	0.22	0.22				0.07	0.06
524.75	417.59	124.09	76.31	64.35	22.19	1.32		16.77	13.98
5.90	11.24	0.27	0.09	0.02	0.06			0.01	
19879.91	2085.92	589.81	1153.95	1131.64	21.71	0.65		25.00	25.17
334.71	13.50	2.31	8.24	0.09	8.15				
			2.56	0.88	1.68			0.11	0.11

11-3 各地区工业“三废”排放及处理情况(2021年)

指标	Item	全 省 Total	南昌市 Nanchang
工业废水	**Industrial Waste Water**		
工业废水排放量(万吨)	Industrial Waste Water Discharged (10 000 tons)	39593.17	3799.10
废水治理设施数(套)	Facilities for Treatment of Waste Water (set)	3498	286
废水治理设施处理能力(万吨/日)	Waste Water Treatment Facilities Capacity (10 000 tons/day)	665.56	63.38
工业化学需氧量排放量(吨)	Emission of industrial chemical oxygen demand(10000 tons)	18762.80	2416.49
工业氨氮排放量(吨)	Industrial Ammonia Nitrogen Emission(10000 tons)	1380.28	82.51
工业废气	**Industrial Waste Gas**		
工业废气排放总量(亿立方米)	Industrial Waste Air Emission (100 million cu.m)	24189.54	1950.23
废气治理设施数(套)	Facilities for Treatment of Waste Gas (set)	12850	1188
#脱硫设施数(套)	Desulfurization Facilities (set)	1496	39
#脱硝设施数(套)	Denitration Facilities (set)	355	7
#除尘设施数(套)	Dedusting Facilities (set)	6443	701
废气治理设施处理能力(万立方米/时)	Emission Control Facilities Treatment Capacity (10 000 cu.m/hour)	82233.08	4693.38
工业二氧化硫排放量(吨)	Volume of Industrial Sulphur Dioxide Emission (ton)	71378.86	4931.85
工业氮氧化物排放量(吨)	Volume of Industrial Nitrogen Oxides Emission (ton)	142162.71	8183.61
工业烟(粉)尘排放量(吨)	Volume of Industrial Smoke and Dust Emission (ton)	75177.67	2822.62
工业挥发性有机物排放量(吨)	Industrial Volatile Organic Compounds(VOCS)Emission(ton)	58046.16	2772.99
工业固体废物	**Industrial Solid Wastes**		
一般工业固体废物产生量(万吨)	Common Industrial Solid Wastes Produced (10 000 tons)	11532.74	263.35
#危险废物	Hazardous Wastes	187.06	17.62
一般工业固体废物综合利用量(万吨)	Common Industrial Solid Wastes Comprehensively Utilized (10 000 tons)	5586.09	254.92
一般工业固体废物综合利用率(%)	Ratio of Common Industrial Solid Wastes Comprehensively Utilized (%)	47.96	96.77
一般工业固体废物贮存量(万吨)	Stock of Common Industrial Solid Wastes (10 000 tons)	5444.68	0.27
#危险废物本年末贮存量(万吨)	Volume of Hazardous Wastes Stocked(10 000 tons)	30.24	0.08
一般工业固体废物处置量(万吨)	Common Industrial Solid Wastes Disposed (10 000 tons)	657.00	8.28
#危险废物利用处置量(万吨)	Volume of Hazardous Wastes Utilized or Disposed(10 000 tons)	184.74	17.60
一般工业固体废物倾倒丢弃量(万吨)	Common Industrial Solid Wastes Discharged (10 000 tons)	0.28	

Discharge and Treatment of Industrial Waste Gas, Waste Water & Solid Wastes by Region (2021)

景德镇市 Jingdezhen	萍乡市 Pingxiang	九江市 Jiujiang	新余市 Xinyu	鹰潭市 Yingtan	赣州市 Ganzhou	吉安市 Ji'an	宜春市 Yichun	抚州市 Fuzhou	上饶市 Shangrao	赣江新区 Ganjiang New District
2394.36	441.13	10528.28	2060.40	1027.82	6186.55	2914.36	2786.47	1811.67	5520.60	122.43
139.00	137.00	299.00	138.00	96.00	624.00	363.00	496.00	483.00	424.00	13.00
9.73	76.76	62.02	182.96	8.10	63.08	24.14	31.57	19.03	123.88	0.92
1066.05	189.81	3395.26	712.67	386.41	2691.87	1818.18	2560.04	1701.61	1786.03	38.40
133.77	5.72	128.46	43.91	21.95	348.86	217.51	250.53	77.42	67.56	2.07
700.07	2394.38	4572.93	1732.08	663.54	3773.91	1512.16	3124.19	1147.82	2605.66	12.58
303	526	1380	585	227	3814	1179	1667	815	1086	80
41	73	173	72	30	271	161	348	84	204	
14	20	50	16	7	97	21	76	20	27	
140	366	688	367	141	1569	562	866	398	580	65
1752.68	5311.30	12105.03	9272.17	3331.03	18450.43	5606.46	11948.45	2952.47	6752.47	57.22
2320.86	5317.04	6534.10	10859.41	2477.03	8515.14	6965.36	11419.06	3672.83	8363.81	2.39
6203.80	10660.62	22492.25	17096.73	2619.49	12390.82	8796.28	35460.22	4100.88	14137.88	20.14
1953.72	7737.22	8982.85	4671.00	1021.18	11357.37	6139.95	9156.26	2136.31	19185.84	13.34
3075.30	468.05	21114.11	2930.18	477.56	8164.62	5721.33	8131.89	2954.55	2215.94	19.66
105.97	468.29	1607.40	911.86	342.24	763.94	282.44	583.24	210.81	5990.13	3.06
8.66	3.60	21.19	15.41	8.51	18.35	16.71	37.27	14.37	25.28	0.08
104.62	420.75	1269.74	832.66	274.78	656.35	277.44	567.61	147.74	778.99	0.50
98.71	89.60	78.92	91.30	80.20	84.00	93.92	85.79	69.62	13.00	16.30
0.19	22.75	267.39	38.73	48.45	43.42	14.35	59.88	3.51	4945.74	0.01
0.46	0.34	4.46	0.12	1.66	2.92	0.49	3.04	3.35	13.31	
1.42	36.09	72.35	40.66	19.39	82.94	5.14	57.67	61.13	269.38	2.56
8.59	3.70	20.23	15.39	7.92	19.98	17.13	36.77	11.13	26.24	0.08
			0.05		0.07		0.04	0.05	0.07	

11-4 各地区生活污染情况(2021年)

地　　区	Region	生活污水排放量(万吨) Domestic Sewage Discharged (10 000 tons)	城镇生活污水排放量(万吨) Urban Domestic Sewage Discharged (10 000 tons)	农村生活污水排放量(万吨) Rural Domestic Sewage Discharged (10 000 tons)	生活污水中COD产生量(吨) COD Produced from Domestic Sewage (ton)
全　省	**Provincial Total**	**146577.47**	**119870.34**	**26707.13**	**574486.38**
南 昌 市	Nanchang	21121.17	18649.08	2472.09	78200.88
景德镇市	Jingdezhen	5479.48	4683.49	795.99	22015.92
萍 乡 市	Pingxiang	4449.07	3391.57	1057.50	17838.96
九 江 市	Jiujiang	16674.70	14125.47	2549.24	65285.11
新 余 市	Xinyu	3925.37	3382.03	543.34	14652.48
鹰 潭 市	Yingtan	2882.86	2288.36	594.49	11550.78
赣 州 市	Ganzhou	35482.09	29399.66	6082.44	137590.71
吉 安 市	Ji'an	15176.67	12056.53	3120.15	60491.23
宜 春 市	Yichun	12977.03	9933.22	3043.81	52375.81
抚 州 市	Fuzhou	11771.34	9595.61	2175.73	46066.16
上 饶 市	Shangrao	16304.25	12031.90	4272.36	67284.66
赣江新区	Ganjiang New District	333.44	333.44		1133.68

注：由于生态环境统计报表制度对指标进行了调整，现行的生活源废气污染物(含二氧化硫、氮氧化物、VOC)排放量包含部分未单独调查的工业源排放量。

11-4 续表

地　　区	Region	生活污水中氨氮产生量(吨) Ammonia Nitrogen Produced from Domestic Sewage Water(ton)	城镇生活污水中氨氮产生量(吨) Ammonia Nitrogen Produced from Urban Domestic Sewage (ton)	农村生活污水中氨氮产生量(吨) Ammonia Nitrogen Produced from Rural Domestic Sewage (ton)	生活污水中氨氮排放量(吨) Ammonia Nitrogen Discharged from Urban Living Waste Water(ton)
全　省	**Provincial Total**	**52511.43**	**39284.24**	**13227.19**	**28930.29**
南 昌 市	Nanchang	7077.74	6088.9	988.84	1148.99
景德镇市	Jingdezhen	2021.04	1642.19	378.85	1306.64
萍 乡 市	Pingxiang	1579.14	1105.66	473.48	991.2
九 江 市	Jiujiang	5933.32	4660.59	1272.73	3122.84
新 余 市	Xinyu	1302.26	1102.54	199.72	255.8
鹰 潭 市	Yingtan	1055.38	753.69	301.69	378.08
赣 州 市	Ganzhou	12918.22	9584.4	3333.82	7919.74
吉 安 市	Ji'an	5563.5	3930.43	1633.07	3823.94
宜 春 市	Yichun	4691.87	3253.48	1438.39	2540.96
抚 州 市	Fuzhou	4171.82	3128.17	1043.65	2766.85
上 饶 市	Shangrao	6088.44	3925.49	2162.95	4581.16
赣江新区	Ganjiang New District	108.7	108.7		94.09

Domestic Pollutant Contents by Region (2021)

		生活污水中COD排放量(吨) COD Discharged from Urban Living Waste Water (ton)		
城镇生活污水中COD产生量(吨) COD Produced from Urban Domestic Sewage (ton)	农村生活污水中COD产生量(吨) COD Produced from Rural Domestic Sewage (ton)		城镇生活污水中COD排放量(吨) COD Discharged from Urban Living Waste Water (ton)	农村生活污水中COD排放量(吨) COD Discharged from Rural Living Waste Water (ton)
409712.83	**164773.55**	**360533.31**	**218815.81**	**141717.50**
63503.84	14697.04	19509.63	7325.24	12184.39
17127.13	4888.79	15823.93	12145.66	3678.27
11531.41	6307.55	13914.76	8457.4	5457.36
48607.34	16677.77	44408.48	29909.79	14498.69
11498.91	3153.57	7042.61	5211.87	1830.74
7860.53	3690.25	6241.84	3369.37	2872.47
99960	37630.71	96145.48	65947.05	30198.43
40992.19	19499.04	46049.1	28336.39	17712.71
33932	18443.81	29268.45	12519.38	16749.07
32625.07	13441.09	33112.63	20384.44	12728.19
40940.73	26343.93	48067.67	24260.49	23807.18
1133.68		948.73	948.73	

a) Due to the adjustment on Statistic Report System of Ecological Environment, the current emissions of domestic exhaust pollutants, including sulphur dioxide and nitrogen oxide VOC, include some emissions from industrial sources that have not been surveyed separately.

continued

城镇生活污水中氨氮排放量(吨) Ammonia Nitrogen Produced from Rural Living Waste Water(ton)	农村生活污水中氨氮排放量(吨) Ammonia Nitrogen Produced from Urban Living Waste Water(ton)	生活及其他二氧化硫排放量(吨) Domestic and Other Sulphur Dioxide Emission (ton)	生活及其他氮氧化物排放量(吨) Domestic and Other Nitrogen Oxides Emission (ton)	生活及其他烟(粉)尘排放量(吨) Domestic and Other Volume of Industrial Smoke and Dust Emission (ton)	生活及其他挥发性有机物排放量(吨) Emissions of domestic and other volatile organic compounds(ton)
17233.02	**11697.27**	**16046.64**	**5404.51**	**32263.42**	**53168.19**
300.15	848.84	215.21	517.3	473.08	7339.39
1005.47	301.17	1826.86	538.94	3666.16	2307.15
570.57	420.63	10633.13	2627.26	21292.4	5150.54
1987.82	1135.02	95.6	238.21	210.91	4939.59
125.46	130.34	163.52	85.17	331.51	1357.7
131.75	246.33	60.51	43.92	123.81	1243.24
5131.19	2788.55	687.05	254.34	1383.46	9669.07
2314.76	1509.18	426.56	229.43	865.43	4780.81
1212.03	1328.93	80.04	115.04	168.93	5356.01
1769.04	997.81	1348.6	511.36	2716.68	4138.94
2590.69	1990.47	509.55	225.13	1029.36	6860.91
94.09		0.01	18.41	1.69	24.84

11-5 水资源总量(2021年)
Water Resources (2021)

地 区	Region	水资源总量(亿立方米) Total Amount of Water Resources (100 million cu.m)	年降水量 Annual Precipitation		地表水资源量 Surface Water Resources		地下水资源量(亿立方米) Groundwater Resources (100 million cu.m)
			年降水深(毫米) Annual Precipitation Depth (mm)	年降水量(亿立方米) Annual Precipitation (100 millioncu.m)	年径流深(毫米) Annual Flow Depth(mm)	年径流量(亿立方米) Annual Flow (100 million cu.m)	
全 省	**Provincial Total**	**1419.73**	**1587.4**	**2650.21**	**838.9**	**1400.56**	**332.02**
南昌市	Nanchang	83.43	1619.1	119.86	1071.9	79.35	14.71
景德镇市	Jingdezhen	67.26	2083.7	109.35	1281.6	67.26	13.06
萍乡市	Pingxiang	36.79	1476.5	56.51	961.3	36.79	7.58
九江市	Jiujiang	161.82	1553.7	292.45	833.9	156.96	33.18
新余市	Xinyu	28.45	1445.4	45.73	899.3	28.45	4.32
鹰潭市	Yingtan	40.81	1795.0	63.79	1145.2	40.70	9.42
赣州市	Ganzhou	180.78	1296.9	510.73	459.1	180.78	66.65
吉安市	Ji'an	159.14	1434.6	362.55	629.7	159.14	43.44
宜春市	Yichun	187.42	1637.1	305.64	985.6	184.01	32.44
抚州市	Fuzhou	167.01	1665.9	313.47	887.4	166.99	46.06
上饶市	Shangrao	306.82	2062.8	470.12	1316.8	300.12	61.15

11-6 供水量(2021年)
Water Supply (2021)

单位：亿立方米 (100 million cu.m)

地 区	Region	总供水量 Total Water Supply	地表水源供水量 Surface Water	蓄水 Storage	引水 Diversion	提水 Carry	跨流域调水 Cross-Basin Water Diversion	地下水源供水量 Groundwater	其他水源供水量 Others
全 省	**Provincial Total**	**249.36**	**241.90**	**118.78**	**48.12**	**74.61**	**0.38**	**4.95**	**2.51**
南昌市	Nanchang	31.94	30.85	5.19	15.86	9.80		0.95	0.14
景德镇市	Jingdezhen	7.81	7.73	4.82	0.71	2.19		0.05	0.04
萍乡市	Pingxiang	6.80	6.51	2.41	2.83	0.89	0.38	0.16	0.13
九江市	Jiujiang	23.23	22.95	11.05	1.62	10.28		0.19	0.08
新余市	Xinyu	7.87	7.57	4.71	1.76	1.10		0.22	0.08
鹰潭市	Yingtan	6.43	6.14	1.94	1.38	2.82		0.21	0.09
赣州市	Ganzhou	33.96	31.67	18.47	7.02	6.18		1.19	1.11
吉安市	Ji'an	31.53	31.30	21.32	3.83	6.14		0.13	0.10
宜春市	Yichun	47.16	46.37	24.31	2.77	19.29		0.70	0.09
抚州市	Fuzhou	22.92	22.11	9.08	5.76	7.27		0.26	0.55
上饶市	Shangrao	29.70	28.71	15.48	4.59	8.64		0.89	0.11

11-7 用 水 量(2021年)
Water Use (2021)

单位：亿立方米 (100 million cu.m)

地 区	Region	总用水量 Total	农田灌溉 Farm Irrigated	林牧渔畜 Forestry, Animal Husbandry Fishery and Livestock	工业 Industry 小计 total	火(核)电 Thermal (Nuclear) Power Generation	非(火)核电 Non-Thermal (Nuclear) Power Generation	城镇公共 Urban Public	城镇居民生活 Urban Residential	农村居民生活 Rural Residential	生态环境 Ecological Protection
全 省	**Provincial Total**	**249.36**	**159.18**	**8.17**	**48.69**	**24.74**	**23.95**	**7.35**	**15.10**	**6.32**	**4.55**
南昌市	Nanchang	31.94	17.53	0.46	6.17	0.15	6.02	1.72	2.97	0.48	2.62
景德镇市	Jingdezhen	7.81	4.88	0.07	1.59	0.29	1.31	0.39	0.62	0.19	0.06
萍乡市	Pingxiang	6.80	3.43	0.30	1.64	0.16	1.49	0.34	0.73	0.21	0.15
九江市	Jiujiang	23.23	12.98	0.32	6.92	4.23	2.68	0.64	1.52	0.63	0.22
新余市	Xinyu	7.87	4.56	0.22	2.17	0.63	1.53	0.18	0.52	0.11	0.11
鹰潭市	Yingtan	6.43	4.25	0.22	1.05	0.19	0.86	0.27	0.41	0.14	0.09
赣州市	Ganzhou	33.96	23.66	2.43	2.29	0.14	2.16	1.13	2.66	1.45	0.34
吉安市	Ji'an	31.53	23.19	1.12	4.62	3.30	1.32	0.56	1.18	0.73	0.15
宜春市	Yichun	47.16	24.59	0.80	18.60	15.35	3.25	0.70	1.47	0.78	0.21
抚州市	Fuzhou	22.92	17.51	1.58	1.48	0.18	1.30	0.61	1.02	0.54	0.19
上饶市	Shangrao	29.70	22.60	0.66	2.16	0.13	2.03	0.81	2.00	1.05	0.41

注：1.城镇公共用水指建筑业用水和服务业用水。
2.生态环境用水指城镇环境用水和农村环境用水。

a) Urban public water use refers to water use of construction and services.
b) Ecological water use refers to water use of urban and rural areas.

11-8 耗 水 量(2021年)
Total Water Consumption (2021)

单位：亿立方米 (100 million cu.m)

地 区	Region	总耗水量 Water Consumption	农田灌溉 Farm Irrigated	林牧渔畜 Forestry, Animal Husbandry Fishery and Livestock	工业 Industry 火(核)电 Thermal (Nuclear) Power Generation	非火(核)电 Non-Thermal (Nuclear) Power Generation	城镇公共 Urban Public	城镇居民生活 Urban Residential	农村居民生活 Rural Residential	生态环境 Ecological Protection
全 省	**Provincial Total**	**116.86**	**84.65**	**7.47**	**2.91**	**8.29**	**2.96**	**3.84**	**4.59**	**2.16**
南昌市	Nanchang	14.70	9.35	0.42	0.15	2.17	0.80	0.77	0.35	0.69
景德镇市	Jingdezhen	3.74	2.61	0.06	0.17	0.46	0.12	0.16	0.12	0.05
萍乡市	Pingxiang	3.30	1.76	0.27	0.12	0.54	0.15	0.19	0.15	0.12
九江市	Jiujiang	10.24	7.52	0.29	0.34	0.88	0.17	0.38	0.50	0.16
新余市	Xinyu	3.87	2.35	0.20	0.39	0.54	0.08	0.14	0.08	0.09
鹰潭市	Yingtan	3.25	2.16	0.20	0.18	0.32	0.09	0.10	0.11	0.07
赣州市	Ganzhou	18.78	13.35	2.22	0.13	0.75	0.44	0.67	0.94	0.27
吉安市	Ji'an	14.81	12.09	1.02	0.14	0.42	0.22	0.30	0.50	0.12
宜春市	Yichun	16.72	12.48	0.74	1.00	1.12	0.31	0.38	0.55	0.14
抚州市	Fuzhou	12.21	9.14	1.43	0.17	0.43	0.23	0.25	0.43	0.12
上饶市	Shangrao	15.24	11.84	0.61	0.12	0.67	0.34	0.50	0.84	0.32

11-9 各地区气象台站及主要技术装备情况(2021年)
Weather Stations and Machinery in Cities by Region (2021)

地　区	Region	国家气候观象台(个) National Climate Observatory (unit)	国家基本气候站(个) National Reference Climatological Station (unit)	国家一般气象站(个) National Basic Meteorological Observing Station (unit)	国家气象观测站(个) National Meteorological Observing Station (unit)	省级气象观测站(个) Provincial Meteorological Observing Station (unit)	农业气象观测站(个) Agrometeorological Observatory (unit)
全　省	**Provincial Total**	**1**	**5**	**20**	**354**	**2167**	**18**
南昌市	Nanchang	1			17	96	1
景德镇市	Jingdezhen			1	9	50	1
萍乡市	Pingxiang			1	11	84	1
九江市	Jiujiang		1	2	37	262	2
新余市	Xinyu				9	46	1
鹰潭市	Yingtan			1	7	44	1
赣州市	Ganzhou			4	81	492	3
吉安市	Ji'an		1	3	46	332	2
宜春市	Yichun		1	3	45	217	2
抚州市	Fuzhou		1	2	39	204	1
上饶市	Shangrao		1	3	53	340	3

11-9 续表 continued

地　区	Region	生态气象观测站(个) Ecological meteorological Observatory (unit)	紫外线观测站(个) Ultraviolet Radiation Observatory (unit)	移动雷达(部) Mobile Radar (unit)	风廓线雷达(部) Wind Profile Radar (unit)	天气雷达(部) Weather Radar (unit)	闪电定位仪(个) Lightning Orientation (unit)
全　省	**Provincial Total**	**14**	**12**	**4**	**3**	**9**	**12**
南昌市	Nanchang	1	1	1		1	1
景德镇市	Jingdezhen	1	1		1	1	1
萍乡市	Pingxiang	1	1				
九江市	Jiujiang	4	2			1	2
新余市	Xinyu	1	1	1			
鹰潭市	Yingtan	1	1				1
赣州市	Ganzhou	1	1	1		2	2
吉安市	Ji'an	1	1	1		1	1
宜春市	Yichun	1	1		1	1	1
抚州市	Fuzhou	1	1			1	2
上饶市	Shangrao	1	1		1	1	1

11-10 各地区气候基本情况(2021年)
Climate by Region (2021)

地 区	Region	年平均气温 Annual Average Temperature (0.1℃)/△T	年降水量 Annual Precipitation (0.1mm)/△R	年日照时数 Annual Sunshine Hours (0.1h)/△S	年平均相对湿度 Annual Average Relative Humidity (%)/△U
全省平均	**Provincial Average**	**19.6/1.4**	**1580.6/-80.0**	**1641.2/17.2**	**76/-1.7**
南 昌 市	Nanchang	19.6/2.0	1431.1/-193.6	1471.3/20.0	75/-6
景德镇市	Jingdezhen	19.2/1.7	1279.0/-352.4	1598.1/95.5	77/-3
萍 乡 市	Pingxiang	19.2/0.9	1416.5/-186.8	1464.8/-168.0	76/-1
九 江 市	Jiujiang	20.4/1.7	1281.5/-284.7	1525.5/-63.8	77/-2
新 余 市	Xinyu	21.3/1.7	1163.6/-282.7	1833.5/81.7	72/-3
鹰 潭 市	Yingtan	18.2/0.6	1337.4/-108.8	1718.5/50.9	78/3
赣 州 市	Ganzhou	19.2/1.4	2022.9/218.1	1741.6/-2.4	75/-1
吉 安 市	Ji'an	19.7/1.7	1962.8/349.1	1671.4/-163.9	72/-4
宜 春 市	Yichun	19.3/1.2	1543.2/-261.6	1660.8/47.9	79/-1
抚 州 市	Fuzhou	19.7/1.1	1780.7/-96.4	1685.0/111.3	77/1
上 饶 市	Shangrao	19.5/1.6	2168.1/320.0	1770.1/-198.9	76/-2

注：△T、△R、△S、△U分别表示本年度平均气温、降水量、日照时数、平均相对湿度与1981-2010年三十年平均值比较的偏差值。

a) △T,△R,△S and △U indicate comparative differences of annual average temperature, precipitation, sunshine hours and annual average relative humidity between 30 year average value from 1981 to 2010.

11-10 续表 continued

地 区	Region	重大灾害性天气(站次) Great calamity weather(time)					
		暴雨 Storm	大风 Gale	冰雹 Hail	大雾 Fog	大雪 Heavy snow	雷暴 Thunder-storm
合 计	**Total**	**461**	**326**		**2246**		
全省平均	**Provincial Average**	**41.9**	**29.6**		**204.2**		
南 昌 市	Nanchang	32	45		159		
景德镇市	Jingdezhen	31	20		124		
萍 乡 市	Pingxiang	17	4		48		
九 江 市	Jiujiang	56	119		370		
新 余 市	Xinyu	14	3		79		
鹰 潭 市	Yingtan	17	6		64		
赣 州 市	Ganzhou	70	40		250		
吉 安 市	Ji'an	24	15		230		
宜 春 市	Yichun	46	15		233		
抚 州 市	Fuzhou	67	26		340		
上 饶 市	Shangrao	87	33		349		

主要统计指标解释

工业废水排放量　指经过企业厂区所有排放口排到企业外部的工业废水量。包括生产废水、外排的直接冷却水、超标排放的矿井地下水和与工业废水混排的厂区生活污水，不包括外排的间接冷却水(清污不分流的间接冷却水应计算在内)。

工业废气排放量　指报告期内企业厂区内燃料燃烧和生产工艺过程中产生的各种排入大气的含有污染物的气体的总量，以标准状态(273K，101325Pa)计算。

工业烟（粉）尘排放量　指报告期内企业在燃料燃烧和生产工艺过程中排入大气的烟尘及工业粉尘的总质量之和。烟尘或工业粉尘排放量可以通过除尘系统的排风量和除尘设备出口烟尘浓度相乘求得。

一般工业固体废物综合利用量　指报告期内企业通过回收、加工、循环、交换等方式，从固体废物中提取或者使其转化为可以利用的资源、能源和其他原材料的固体废物量(包括当年利用往年的工业固体废物贮存量)，如用作农业肥料、生产建筑材料、筑路等。综合利用量由原产生固体废物的单位统计。

供水总量　指各种水源工程为用户提供的包括输水损失在内的毛供水量之和，不包括海水直接利用量。

地表水源供水量　指地表水体工程的取水量，按蓄、引、提、调四种形式统计。从水库、塘坝中引水或提水，均属蓄水工程供水量；从河道或湖泊中自流引水的，无论有闸或无闸，均属引水工程供水量；利用扬水站从河道或湖泊中直接取水的，属提水工程供水量；跨流域调水指水资源一级区或独立流域之间的跨流域调配水量，不包括在蓄、引、提水量中。

地下水源供水量　指水井工程的开采量，按浅层淡水、深层承压水和微咸水分别统计。城市地下水源供水量包括自来水厂的开采量和工矿企业自备井的开采量。

用水量　指各类用水户取用的包括输水损失在内的毛用水量，按农田灌溉、林牧渔畜、工业、城镇公共、居民生活、生态环境六大类统计。工业用水为取用的新水量，不包括企业内部的重复利用水。

耗水量　指在输、用水过程中，通过蒸腾、蒸发、土壤吸收、产品吸附、居民和牲畜饮用等多种途径与形式消耗，不能回归到地表水体或地下含水层的水量。

Explanatory Notes on Main Statistical Indicators

Waste Water Discharged by Industry　refers to the volume of waste water discharged by industrial enterprises through all their outlets, including waste water from production process, directly cooled water, groundwater from mining wells which does not meet discharge standards and sewage from households mixed with waste water produced by industrial activities, but excluding indirectly cooled water discharged (It should be included if the discharge is not separated from waste water).

Industrial Waste Air Emission　refers to the discharge into atmosphere of waste air containing pollutants generated from fuel burning and production processes in enterprises within a given period of time. It is calculated at standard status (273K, 101325Pa)

Volume of Smoke and Dust Emission　refers to volume of smoke and industrial dust emitted by burning and production process of enterprises and suspended in the air. Volume of smoke and industrial dust is calculated by volume of air flow timing thickness of dust from dedusting equipment exits.

Common Industrial Solid Wastes Comprehensively Utilized　refers to volume of solid wastes from which useful materials can be extracted or which can be converted into usable resources, energy or other materials by means of reclamation, processing, recycling and exchange (including utilizing in the year the stocks of industrial solid wastes of the previous year). Examples of such utilizations include fertilizers, building materials and road materials. The information shall be collected by the producing units of the wastes.

Water Supply　refers to gross water supply by supply systems from sources to consumers, including losses during distribution, not including direct utilization of seawater.

Surface Water Supply　refers to withdrawals by surface water supply system, broken down with storage, flow, pumping and transfer. Supply from storage projects includes withdrawals from reservoirs; supply from flow includes withdrawals from rivers and lakes with natural flows no matter if there are locks or not; supply from pumping projects includes withdrawals from rivers or lakes with pumping stations; and supply from transfer refers to water supplies transferred from first-level regions of water resources or independent river drainage areas to others, and should not be covered under supplies of storage, flow and pumping.

Groundwater Supply　refers to withdrawals from supplying wells, broken down with shallow layer freshwater, deep layer freshwater and slightly brackish water. Groundwater supply for urban areas includes water mining by both waterworks and own wells of enterprises.

Water Usage refers to water used including lose during transportation. Water consumption is divided into farmland irrigation, forestry husbandry fishing and farming, industry, public affair, livelihoods, ecological environment. Industry water consumption refers to newly using, do not include reusing.

Water consumption is the amount of water consumed through evaporation, interception, adsorption, inhabitant and livestock drinking during water use and cannot recycled into surface waters and aquifers.

12

农 业

AGRICULTURE

◆ *255/294*

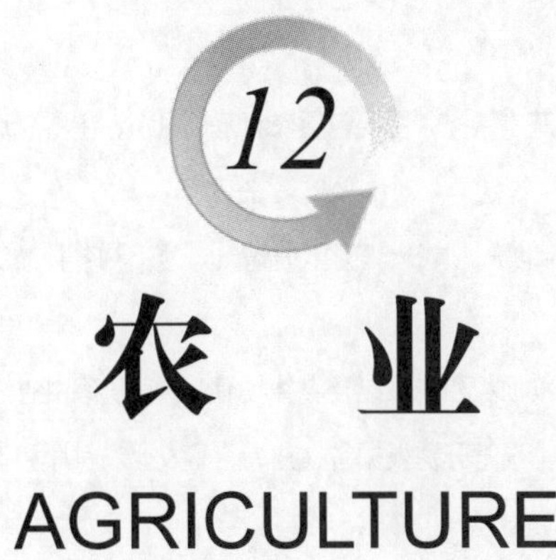

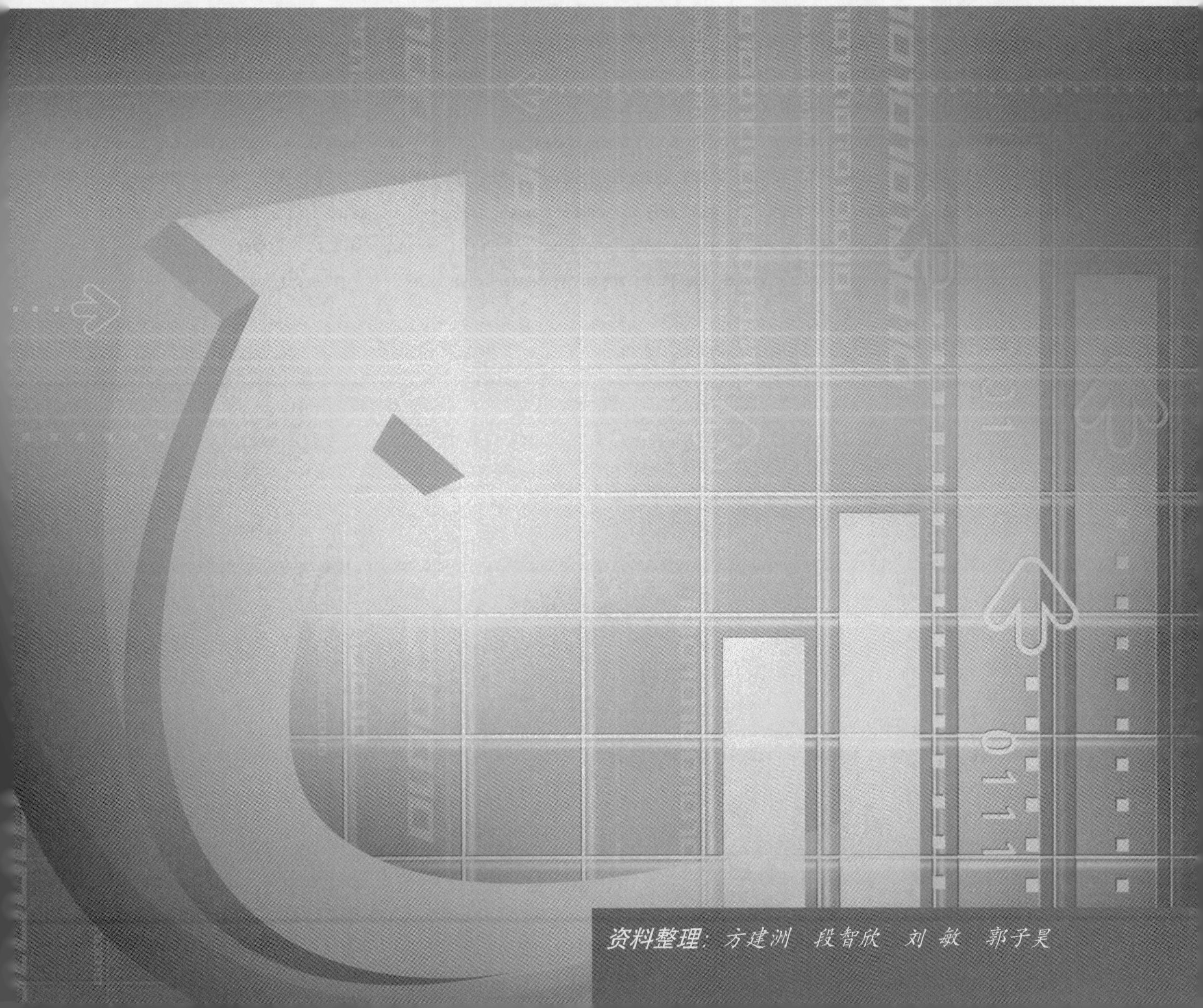

资料整理：方建洲　段智欣　刘 敏　郭子昊

简要说明

一、本篇资料反映全省农业生产和农村经济的基本情况。主要包括农村基层组织、主要农产品面积和产量、农村基础设施以及农林牧渔综合计算等方面的统计资料。

二、本篇资料主要来源于《江西农村统计报表制度》，其统计范围包括各市、县(区)各种经济类型的全部农林牧渔业以及各非农行业附属的农林牧渔业生产单位。

三、本篇资料中的农村基层组织、主要经济作物面积和产量以及农林牧渔业总产值等由省统计局农业统计处提供；粮食、牧业情况由国家统计局江西调查总队提供；林业、渔业、农机和水利情况则分别根据省林业局、省农业农村厅和省水利厅等部门资料整理提供。

四、部分指标依据2016年全国第三次农业普查资料进行了修正。

Brief Introduction

Ⅰ. The data in this chapter show comprehensively the basic condition of agricultural production and rural economy of Jiangxi province, including rural grassroots units, area and output of major agricultural products, rural infrastructure, and integrated computation of agriculture, forestry, animal husbandry and fishery.

Ⅱ. Data in this chapter mainly come from Jiang xi Rural Statistics Report System Statistics on agriculture includes all productive units of agriculture, forestry, animal husbandry and fishery and units engaged in agriculture, forestry, animal husbandry and fishery in non-agricultural sectors with various types of ownership in cities, counties and districts of Jiangxi Province.

Ⅲ. Data on rural grassroots units, area and output of major agricultural products, and gross output value of agriculture, forestry, animal husbandry and fishery are provided by Agriculture Division of Jiangxi Statistic Bureau. Data on grain and animal husbandry are provided by Survey Office of Jiangxi Statistic Bureau. Data on forestry fishery, agricultural machinery and water conservancy are provide respectively by Jiangxi provincial Department of Forestry,Jiangxi Provincial Department of Agriculture and Rural Affairs and Jiangxi Provincial Department of Water Conservancy.

Ⅳ. Some Indicators have been adjusted according to the Third National Agricultural Census in 2016.

12-1 各地区乡(镇)组织情况(2021年)
Organizing Conditions of Township and Town by Region (2021)

地 区	Region	乡(镇)政府个数(个) Number of Township and Town Governments (unit)	#镇政府 Number of Town Government	村民委员会(个) Number of Villagers' Committees (unit)	村民小组(个) Number of Villagers' Groups (unit)
全 省	**Provincial Total**	**1398**	**836**	**16954**	**200527**
南昌市	Nanchang	80	52	1178	9683
景德镇市	Jingdezhen	39	28	473	5618
萍乡市	Pingxiang	48	29	641	9518
九江市	Jiujiang	179	101	1727	23666
新余市	Xinyu	26	18	412	3828
鹰潭市	Yingtan	33	23	346	3971
赣州市	Ganzhou	284	147	3458	47980
吉安市	Ji'an	210	123	2509	26532
宜春市	Yichun	160	117	2193	26481
抚州市	Fuzhou	153	95	1794	17547
上饶市	Shangrao	186	103	2223	25703

12-2 农、林、牧、渔业总产值和商品产值

Gross Output Value and Commodity Output Value of Farming, Forestry, Animal Husbandry and Fishery

本表按当年价格计算。

Data in this table are calculated at current prices.

单位：万元 (10 000 yuan)

年份 地区 Year Region	农林牧渔业总产值 Gross Output Value of Farming,Forestry, Animal Husbandry and Fishery	农业产值 Output Value of Farming	林业产值 Output Value of Forestry	牧业产值 Output Value of Animal Husbandry	渔业产值 Output Value of Fishery	服务业产值 Output Value of Services	农林牧渔业商品产值 Commodity Output Value of Farming, Forestry, Animal Husbandry and Fishery	农林牧渔业商品率(%) Commodity Rate of Farming, Forestry, Animal Husbandry and Fishery (%)
1978	492900	364752	58723	63025	6400		175842	35.7
1980	681508	482402	96038	95168	7900		279874	41.1
1985	1145040	740353	141190	228397	35100		566795	49.5
1990	2552437	1534586	239624	674764	103463		1372256	53.8
1991	2715836	1612274	288951	688523	126088		1483574	54.6
1992	2983528	1683513	315804	830611	153600		1735728	58.2
1993	3601064	1961358	314875	1095139	229692		2165316	60.1
1994	5278602	2762704	375230	1776561	364107		3368228	63.8
1995	6317137	3316376	414590	2095348	490823		4053816	64.2
1996	7334888	3863193	463328	2311829	696538		4751920	66.9
1997	7855119	3946088	468592	2558551	881888		5180617	66.0
1998	7348844	3615365	476187	2383146	874146		4824857	65.7
1999	7502895	3881699	495903	2239960	885333		4824974	64.3
2000	7413543	3446961	579735	2217976	1000871	168000	4497813	60.7
2001	7674396	3583299	605300	2261129	1042668	182000	4812927	62.7
2002	7918643	3664496	649332	2339367	1099548	165900	5093507	64.3
2003	8416300	3837127	704801	2540056	1185493	148823	5598337	66.5
2004	10549211	4910558	790778	3249823	1431346	166706	6836789	64.8
2005	11429925	5104715	873713	3650964	1625621	174912	7797125	68.2
2006	12252714	5571936	1046051	3440455	1643115	551157	8364442	68.3
2007	14232763	6230568	1253166	4310098	1819696	619236	9649814	67.8
2008	16707526	6983471	1480574	5444099	2110607	688776	11361117	68.0
2009	17197613	7360732	1574457	5246315	2303010	713098	12537060	72.9
2010	18801649	8106770	1801451	5599251	2542855	751322	13744005	73.1

注：2007年后的产值数据按照第三次全国农业普查数据修订。

a) The output value data since 2007 is revised according to the third national agricutural census data.

12-2 续表 continued

单位: 万元 (10 000 yuan)

年份 地区 Year Region	农林牧渔业总产值 Gross Output Value of Farming,Forestry, Animal Husbandry and Fishery	农业产值 Output Value of Farming	林业产值 Output Value of Forestry	牧业产值 Output Value of Animal Husbandry	渔业产值 Output Value of Fishery	服务业产值 Output Value of Services	农林牧渔业商品产值 Commodity Output Value of Farming, Forestry, Animal Husbandry and Fishery	农林牧渔业商品率(%) Commodity Rate of Farming, Forestry, Animal Husbandry and Fishery (%)
2011	21751409	9311733	1969743	6966210	2704788	798935	15704518	72.2
2012	23599561	10207446	2167966	7065268	3305289	853591	17204080	72.9
2013	25296890	10947155	2371398	7397614	3668736	911986	18416136	72.8
2014	26701795	11708268	2550057	7489530	3966009	987930	19465609	72.9
2015	28083704	13618493	2706821	6546549	4152149	1059692	20535252	73.1
2016	30198718	14353075	2946136	7705092	4081116	1113299	21845218	72.3
2017	30690051	14892890	2964890	7096764	4530639	1204867	22288929	72.6
2018	31485736	15492192	3195550	6721756	4739156	1337081	22805010	72.4
2019	34812926	16242516	3428054	8889402	4765249	1487705	25300905	72.7
2020	38207354	16898824	3678079	11254054	4734952	1641445	27712371	72.5
2021	39980936	17963126	3989131	10513591	5483115	2031972	29539609	73.9
南昌市 Nanchang	4111121	1672366	64737	1266437	878091	229491	3241873	78.9
景德镇市 Jingdezhen	1224773	727260	114800	195466	63094	124154	956648	78.1
萍乡市 Pingxiang	1237682	498932	123060	510879	81400	23410	822314	66.4
九江市 Jiujiang	4134940	1705449	366669	803477	988235	271111	2865236	69.3
新余市 Xinyu	1248351	459154	239824	352164	102659	94550	872138	69.9
鹰潭市 Yingtan	1226651	484683	179913	423730	99009	39316	893211	72.8
赣州市 Ganzhou	6965761	3403547	743718	1884411	653318	280767	4776224	68.6
吉安市 Ji'an	4882377	2047409	588169	1483657	453936	309207	4060822	83.2
宜春市 Yichun	5806825	2597967	676714	1757857	620258	154029	4146194	71.4
抚州市 Fuzhou	3989797	2166787	314690	935514	334731	238077	3142127	78.8
上饶市 Shangrao	5152657	2199573	576837	900001	1208385	267860	3762822	73.0

12-3 农、林、牧、渔业总产值构成
Gross Output Value Composition of Farming, Forestry, Animal Husbandry and Fishery

本表按当年价格计算。
Data in this table are calculated at current prices.

单位：% (%)

年份 地区 Year Region	农林牧渔业总产值 Gross Output Value of Farming,Forestry, Animal Husbandry and Fishery	农业产值 Output Value of Farming	林业产值 Output Value of Forestry	牧业产值 Output Value of Animal Husbandry	渔业产值 Output Value of Fishery	服务业产值 Output Value of Services
1978	100.0	74.0	11.9	12.8	1.3	
1980	100.0	70.7	14.1	14.0	1.2	
1985	100.0	64.7	12.3	19.9	3.1	
1990	100.0	60.1	9.4	26.4	4.1	
1991	100.0	59.4	10.6	25.4	4.6	
1992	100.0	56.5	10.6	27.8	5.1	
1993	100.0	54.5	8.7	30.4	6.4	
1994	100.0	52.3	7.1	33.7	6.9	
1995	100.0	52.4	6.6	33.2	7.8	
1996	100.0	52.7	6.3	31.5	9.5	
1997	100.0	50.2	6.0	32.6	11.2	
1998	100.0	49.2	6.5	32.4	11.9	
1999	100.0	51.7	6.6	29.9	11.8	
2000	100.0	46.5	7.8	29.9	13.5	2.3
2001	100.0	46.7	7.9	29.5	13.6	2.3
2002	100.0	46.3	8.2	29.5	13.9	2.1
2003	100.0	45.6	8.4	30.2	14.1	1.7
2004	100.0	46.5	7.5	30.8	13.6	1.6
2005	100.0	44.7	7.7	31.9	14.2	1.5
2006	100.0	45.5	8.5	28.1	13.4	4.5
2007	100.0	43.8	8.8	30.3	12.8	4.4
2008	100.0	41.8	8.9	32.6	12.6	4.1
2009	100.0	42.8	9.2	30.5	13.4	4.1
2010	100.0	43.1	9.6	29.8	13.5	4.0
2011	100.0	42.8	9.1	32.0	12.4	3.7
2012	100.0	43.3	9.2	29.9	14.0	3.6
2013	100.0	43.3	9.4	29.2	14.5	3.6
2014	100.0	43.8	9.6	28.0	14.9	3.7
2015	100.0	48.5	9.6	23.3	14.8	3.8
2016	100.0	47.5	9.8	25.5	13.5	3.7
2017	100.0	48.5	9.7	23.1	14.8	3.9
2018	100.0	49.2	10.1	21.3	15.1	4.2
2019	100.0	46.7	9.8	25.5	13.7	4.3
2020	100.0	44.2	9.6	29.5	12.4	4.3
2021	100.0	44.9	10.0	26.3	13.7	5.1
南昌市 Nanchang	100.0	40.7	1.6	30.8	21.4	5.6
景德镇市 Jingdezhen	100.0	59.4	9.4	16.0	5.2	10.1
萍乡市 Pingxiang	100.0	40.3	9.9	41.3	6.6	1.9
九江市 Jiujiang	100.0	41.2	8.9	19.4	23.9	6.6
新余市 Xinyu	100.0	36.8	19.2	28.2	8.2	7.6
鹰潭市 Yingtan	100.0	39.5	14.7	34.5	8.1	3.2
赣州市 Ganzhou	100.0	48.9	10.7	27.1	9.4	4.0
吉安市 Ji'an	100.0	41.9	12.0	30.4	9.3	6.3
宜春市 Yichun	100.0	44.7	11.7	30.3	10.7	2.7
抚州市 Fuzhou	100.0	54.3	7.9	23.4	8.4	6.0
上饶市 Shangrao	100.0	42.7	11.2	17.5	23.5	5.2

12-4 农、林、牧、渔业总产值指数

Indices of Gross Output Value of Farming, Forestry, Animal Husbandry and Fishery

本表按可比价格计算。

Data in this table are calculated at constant price.

年份 Year	以1978年为100 (year of 1978=100)						以上年为100 (preceding year=100)					
	农林牧渔业总产值 Gross Output Value of Farming, Forestry, Animal Husbandry and Fishery	农业产值 Output Value of Farming	林业产值 Output Value of Forestry	牧业产值 Output Value of Animal Husbandry	渔业产值 Output Value of Fishery	服务业产值 Output Value of Services	农林牧渔业总产值 Gross Output Value of Farming, Forestry, Animal Husbandry and Fishery	农业产值 Output Value of Farming	林业产值 Output Value of Forestry	牧业产值 Output Value of Animal Husbandry	渔业产值 Output Value of Fishery	服务业产值 Output Value of Services
1978	100	100	100	100	100	100	102.8	101.6	105.7	107.2	98.9	
1979	114.8	115.0	112.4	116.5	113.6		114.8	115.0	112.4	116.5	113.6	
1980	111.2	109.3	108.7	120.6	127.4		96.9	95.1	96.8	103.6	112.2	
1981	115.6	111.2	127.3	122.6	150.7		103.9	101.7	117.1	101.8	118.3	
1982	127.4	122.4	124.8	148.7	170.0		110.2	110.1	98.0	121.1	112.8	
1983	129.4	122.7	128.2	152.7	213.2		101.5	100.2	102.7	102.7	125.4	
1984	143.3	135.4	144.5	169.0	240.9		110.8	110.3	112.7	110.7	112.9	
1985	153.6	140.4	153.7	200.8	291.5		107.2	103.7	106.4	118.8	121.0	
1986	157.7	138.0	154.9	232.9	337.4		102.6	98.3	100.8	116.0	115.7	
1987	171.6	150.8	169.3	247.9	387.9		108.8	109.3	109.3	106.4	115.0	
1988	176.3	147.5	176.9	282.1	445.1		102.7	97.8	104.5	113.8	114.8	
1989	185.8	156.8	177.6	296.5	485.3		105.4	106.3	100.4	105.1	109.0	
1990	198.0	167.7	184.0	315.5	532.0		106.5	106.9	103.6	106.4	109.6	
1991	210.0	176.0	199.4	337.6	584.6		106.1	105.0	108.3	107.0	109.9	
1992	223.8	181.4	212.9	378.7	712.1		106.6	103.0	106.8	112.2	121.8	
1993	240.1	185.2	194.2	456.3	972.1		107.3	102.1	91.2	120.5	136.5	
1994	264.7	193.4	209.7	537.7	1243.1		110.2	104.5	108.0	117.8	127.9	
1995	278.4	193.9	210.3	590.9	1562.5		105.2	100.2	100.3	109.9	125.7	
1996	301.8	208.4	221.5	609.2	2087.5		108.4	107.5	105.3	103.1	133.6	
1997	322.9	221.3	218.1	644.1	2510.9		107.0	106.2	98.5	105.7	120.3	
1998	310.2	203.8	220.4	623.6	2656.1		96.1	92.1	101.1	96.8	105.8	
1999	325.4	226.2	216.8	600.3	2847.3		104.9	111.0	98.4	96.3	107.2	
2000	334.5	230.3	234.4	599.1	3103.6	335.0	102.8	101.8	108.1	99.8	109.0	100.6
2001	344.5	238.1	237.2	608.7	3261.9	364.8	103.0	103.4	101.2	101.6	105.1	108.9
2002	358.3	244.5	251.2	628.8	3539.2	332.3	104.0	102.7	105.9	103.3	108.5	91.1
2003	368.1	243.3	268.7	651.4	3819.9	296.1	102.7	99.5	107.0	103.6	107.9	89.1
2004	397.6	269.3	280.8	685.9	4125.4	307.9	108.0	110.7	104.5	105.3	108.0	104.0
2005	424.6	278.5	293.2	770.3	4451.3	316.8	106.8	103.4	104.4	112.3	107.9	102.9
2006	450.5	293.5	346.8	794.2	4780.5	356.4	106.1	105.4	118.3	103.1	107.4	112.5
2007	469.4	303.5	377.0	818.0	5067.3	383.8	104.2	103.4	108.7	103.0	106.0	107.7
2008	491.9	315.3	406.8	859.7	5340.9	399.5	104.8	103.9	107.9	105.1	105.4	104.1
2009	514.5	323.5	430.8	909.6	5725.4	413.1	104.6	102.6	105.9	105.8	107.2	103.4
2010	535.1	327.1	458.8	962.4	6137.6	434.2	104.0	101.1	106.5	105.8	107.2	105.1
2011	557.6	346.7	484.0	985.5	6211.3	458.0	104.2	106.0	105.5	102.4	101.2	105.5
2012	583.2	356.0	515.0	1034.7	6726.8	485.5	104.6	102.7	106.4	105.0	108.3	106.0
2013	609.3	374.6	548.0	1070.0	6928.6	514.7	104.5	105.2	106.4	103.4	103.0	106.0
2014	638.6	388.9	583.6	1129.9	7247.3	546.6	104.8	103.8	106.5	105.6	104.6	106.2
2015	664.1	427.5	624.0	1106.0	7544.8	579.9	104.0	109.9	106.9	97.9	104.1	106.1
2016	691.3	448.2	671.1	1129.3	7740.4	607.8	104.1	104.8	107.6	102.1	102.6	104.8
2017	721.4	473.3	717.2	1141.9	8036.7	644.6	104.4	105.6	106.9	101.1	103.8	106.1
2018	746.6	493.0	760.6	1151.1	8229.8	708.0	103.5	104.2	106.0	100.8	102.4	109.8
2019	769.7	512.9	798.6	1157.3	8324.0	747.4	103.1	104.0	105.0	100.5	101.1	105.6
2020	790.2	533.1	842.0	1155.6	8352.5	797.0	102.7	103.9	105.4	99.9	100.3	106.6
2021	861.6	554.3	884.1	1395.4	8716.4	841.3	109.0	104.0	105.0	120.8	104.4	105.5

12-5 农、林、牧、渔业总产值
Gross Output Value of Farming, Forestry, Animal Husbandry and Fishery

单位：万元 (10 000 yuan)

行　　业	Sector	2020	2021	2021年比2020年增长(%) Increase Rate in 2021 over 2020 (%)
农林牧渔业总产值	**Gross Output Value of Farming,Foretry, Animal Husbands and Fishery**	**38207354**	**39980936**	**9.0**
农业产值	**Output Value of Farming**	**16898824**	**17963126**	**4.0**
谷物及其他作物	Cereal and Other Cereal	7509067	7611724	2.8
谷物	Cereal	5742862	5733064	1.7
薯类	Tubers	137984	148909	6.5
油料	Oil-bearing Crops	774347	849098	6.9
豆类	Soybeans	209763	230152	3.5
棉花	Cotton	35961	12069	-67.5
麻类	Fiber Crops	9627	7772	-22.9
糖料	Sugar Crops	215043	206002	-0.8
烟草	Tobacco	74008	74019	-3.1
其他农作物	Other Cereal	309473	350639	22.9
蔬菜、食用菌及花卉、盆景园艺产品	Vegetable, Edible Fungi and Gardening Cereal	5808789	6559011	5.3
水果、坚果、茶、饮料和香料作物	Fruit, Nut, Tea, Drink and Spicery Cereal	3287943	3471107	4.4
中药材	Chinese Traditional Medicinal Materials	293025	321283	4.4
林业产值	**Output Value of Forestry**	**3678079**	**3989131**	**5.0**
林木的培育和种植	Forest Cultivated and Planted	904505	875160	-2.6
竹木采运	Bamboo and timber's Cutting and Transport	989622	1125490	8.8
林产品	Forestry Products	1783952	1988481	6.5
牧业产值	**Output Value of Animal Husbandry**	**11254054**	**10513591**	**20.2**
牲畜饲养	Livestock Raised	767828	864884	8.2
猪的饲养	Hogs Raised	6897300	5851731	30.1
家禽饲养	Poultry Raised	3301921	3503409	1.8
狩猎和捕捉动物	Animal Hutted and Caught	33516	33516	-2.3
其他畜牧业	Other Animal Husbandry	253488	260052	26.6
渔业产值	**Output Value of Fishery**	**4734952**	**5483115**	**4.4**
鱼类	Fish	3302941	3861228	4.3
甲壳类	Carapace	835691	943451	1.1
贝类	Shell-fish	49308	46979	-9.3
其他渔业	Other Fishery	547012	631458	8.6
农林牧渔服务业产值	**Services Output Value of Farming, Forestry, Animal Husbandry and Fishery**	**1641445**	**2031972**	**5.5**

注：增长速度由当年可比价格产值除以上年现行价格产值所得。

a) The growth is equal to the output value that is caculated at current year's constant prices divided by the output value that wao caculated at last year's current prices.

12-6 各地区粮食作物和多种经营产值(2021年)
Output Value of Grain Crops and Multi deal by Region (2021)

本表按可比价格计算。
Data in this table are calculated at constant price.

地区	Region	农林牧渔业总产值(万元) Gross Output Value of Farming, Forestry, Animal Husbandry and Fishery(10 000yuan)			构成(%) Composition (%)	
			粮食作物 Grain Crops	多种经营 Multi-dealing	粮食作物 Grain Crops	多种经营 Multi-dealing
全省	**Provincial Total**	**39980936**	**6112124**	**33868812**	**15.3**	**84.7**
南昌市	Nanchang	4111121	710262	3400859	17.3	82.7
景德镇市	Jingdezhen	1224773	145711	1079062	11.9	88.1
萍乡市	Pingxiang	1237682	138115	1099567	11.2	88.8
九江市	Jiujiang	4134940	539550	3595390	13.0	87.0
新余市	Xinyu	1248351	231817	1016534	18.6	81.4
鹰潭市	Yingtan	1226651	275019	951632	22.4	77.6
赣州市	Ganzhou	6965761	998861	5966900	14.3	85.7
吉安市	Ji'an	4882377	943340	3939037	19.3	80.7
宜春市	Yichun	5806825	1290801	4516024	22.2	77.8
抚州市	Fuzhou	3989797	731739	3258058	18.3	81.7
上饶市	Shangrao	5152657	859229	4293428	16.7	83.3

12-7 主要农业机械年末拥有量和机耕情况
Major Agricultural Machinery at Year-end and Condition of Tractor-ploughing

指　　标	Item	1990	2000	2010	2015	2020	2021
农业机械总动力(万瓦特)	**Total Power of Agricultural Machinery Power (10 000 watts)**	**667717**	**902307**	**3805000**	**2260816**	**2591430**	**2695354**
柴油发动机动力	Power of Diesel Motor	410637	620228	2978000	1763877	2015693	2105374
汽油发动机动力	Power of Petrol Motor	80651	63401	161000	100942	123762	128381
电动机动力	Power of Electromotor	176429	211399	666000	395120	450758	460736
其他机械动力	Power of Other Engines		7279		876	833	860
农业机械与设备	**Agricultural Machinery and Equiment**						
大中型拖拉机(台)	Large and Medium-sized Agricultural Tractors (unit)	19324	22725	16700	19624	51334	56850
(万瓦特)	(10 000 watts)	49449	54001	38490	85114	267268	3014086
小型拖拉机(台)	Small Tractors (unit)	91682	78634	390300	331997	324394	322493
(万瓦特)	(10 000 watts)	76492	65329	469800	375940	359311	357636
拖拉机配套农具(部)	Tractor Towing Farm Machinery	77509	108850	306600	361782	404472	412391
农用水泵(台)	Agricultural Water Pumps (unit)	118122	223295	731000	446701	487581	490551
节水灌溉机械(套)	Water-saving Irrigation Machinry (set)	4816	7033	50900	132240	140386	140938
机动脱粒机(台)	Motorized Thrashing Machine (unit)	42047	253864	931400	292381	262765	252899
机动植保机械(台)	Motorized plant protection Machinery	6942	24589	158800	148270	151130	148625
农业机耕情况	**Condition of Agricultural Tractor-ploughing**						
当年实际机耕面积(千公顷)	Actual Tractor-ploughing Areas in Current Year (1000 hectares)	641	1029	2899	4206	4523	4576

12-8 水利灌溉设施年末建成达到情况
Construction Condition of Water Conservancy for Irrigation at Year-end

指　　标	Item	2016	2017	2018	2019	2020	2021
工程座数	**Number of Projects**						
蓄水工程(座)	Water Storage Project (unit)	240853	240868	233232	233082	233054	231357
大型水库	Large-scale Reservoir	30	30	30	31	32	33
中型水库	Medium-scale Reservoir	260	260	262	261	262	264
小(1)型水库	Small (1)-scale Reservoir	1498	1497	1501	1468	1468	1486
小(2)型水库	Small (2)-scale Reservoir	9010	9025	9016	8925	8838	8877
塘　坝	Embankment	230055	230056	222423	222397	222454	220697
泵站(处)	Pump Station (set)	19966	19970	19974	19973	19973	15700
大型	Large	3	3	3	3	3	12
中型	Medium	112	112	112	112	114	187
小型	Small	19851	19855	19859	19858	19856	15501
机电井(眼)	Mechanical and Electrical Well (unit)	1550028	1549386	1549386	1550136	1528630	1514876
规模以上机电井	above Designated Size	7357	7357	7357	7372	7372	7272
规模以下机电井	below Designated Size	1542671	1542029	1542029	1542764	1521258	1507604
有效灌溉面积(千公顷)	Irrigated Areas (1 000 hectares)	2037	2039	2032	2036	2038	2056
灌区数量(处)	Irrigated Places (unit)						
50万亩以上	500 000 mu and above	5	5	5	5	5	3
30-50万亩	300 000-500 000 mu	13	13	13	13	13	10
5-30万亩	50 000-300 000 mu	91	91	91	92	92	111
1-5万亩	10 000-50 000 mu	204	204	204	202	202	192
0.2-1万亩	2 000-10 000 mu	840	842	843	844	844	839

12-9 各地区农业电气化、化学化、水利化情况(2021年)

指　　标	Item	全 省 Provincial Total	南昌市 Nanchang	景德镇市 Jingdezhen
农业电气化情况	**Agricultural Electrization**			
农村用电量(万千瓦小时)	Electricity Consumed in Rural Areas (10 000 kW per hour)	1671585	149202	65024
农业化学化情况	**Agricultural Chemization**			
农用化肥施用量(折纯)(吨)	Quantity of Chemical Fertilizers Used for Farming (net) (ton)	1085865	129302	30794
氮　肥	Nitrogenous Fertilizer	281571	25871	7985
磷　肥	Phosphate Fertilizer	140481	16767	2730
钾　肥	Potash Fertilizer	149100	16319	4102
复合肥	Compound Fertilizer	514713	70345	15977
农用塑料薄膜使用量(吨)	Quantity of Plastic Film for Farming Consumed (ton)	52196	1774	1808
农药使用量(吨)	Quantity of Pesticide Consumed (ton)	51629	3137	1263
农业水利化情况	**Agricultural Adequate Irrigation**			
有效灌溉面积(千公顷)	Irrigated Areas (1 000 hectares)	2056	190	52

注：从2021年起，农村用电量指标口径调整为农林牧渔业用电量与乡村居民生活用电量之和，数据来自电力部门。

Agricultural Electrization, Chemization, Adequate Irrigation by Region (2021)

萍乡市 Pingxiang	九江市 Jiujiang	新余市 Xinyu	鹰潭市 Yingtan	赣州市 Ganzhou	吉安市 Ji'an	宜春市 Yichun	抚州市 Fuzhou	上饶市 Shangrao
98049	155578	33880	43903	341543	157202	214397	128618	284188
29633	105346	33047	29383	154191	151615	164291	128306	129957
8574	30272	10243	7031	41002	35932	49984	32633	32045
4160	14027	5800	5004	17997	15912	20523	20772	16788
2716	12174	4626	2833	22194	19817	30069	19805	14444
14183	48873	12378	14515	72998	79954	63715	55096	66680
923	3557	1484	1586	14164	7148	7476	6721	5556
1469	4787	1498	1268	7611	5878	7871	8476	8372
43	199	57	53	292	305	315	252	298

a) From 2021, the caliber of rural electricity consumption will be adjusted to the sum of electricity consumption of agriculture, forestry, animal husbandry and fishery and the electricity consumption of rural residents. The data comes from the power sector.

12-10 堤防、水闸、除涝、水土保持及解决饮水困难情况

Condition of Dike, Sluice, Waterlogging Control, Water and Soil Conversation and Easing the Shortage of Drinking Water

指　　标	Item	2015	2016	2017	2018	2019	2020	2021
堤防长度(公里)	Dike Projects (km)	13438	13578	13788	13934	14087	12930	12930
1级堤防	First-grade Dike	67	67	67	67	67	77	77
2级堤防	Second-grade Dike	293	293	293	293	293	391	391
3级堤防	Third-grade Dike	223	242	264	264	260	183	183
4、5级堤防	Fourth-grade and Fifth-grade Dike	6737	7159	7337	7634	7801	9669	9689
5级以下堤防	Dike below Fifth-grade	6118	5817	5827	5676	5666	2610	2590
达标堤防长度(公里)	Dike up to Standard (km)	3916	4081	4278	4594	4854	8546	8604
水闸工程设施(座)	Sluice Projects (set)	11326	11332	11335	11335	11337	11339	9374
大型水闸	Large-scale Sluice	25	25	25	25	26	26	28
中型水闸	Medium-scale Sluice	242	245	245	246	245	245	233
小型水闸	Small-scale Sluice	11059	11062	11065	11064	11066	11068	9113
除涝面积(千公顷)	Area of Waterlogging Control (1 000 hectares)	405	411	422	431	435	441	456
除涝标准3-5年一遇	Once 3-5 Years	196	200	204	211	213	216	217
除涝标准5年以上一遇	Once over 5 Years	209	211	218	220	222	225	239
水土流失综合治理面积(千公顷)	Area of Soil Erosion under Control (1 000 hectares)	5578	5675	5787	5918	6070	6196	6333
农村集中式供水工程(处)	Centralized Water Supply Project in Rural Areas (unit)							
千吨万人以上	above Kiloton 10 000 persons	764	792	865	884	858	851	799

12-11 农作物播种面积和产量(2021年)
Total Sown Areas and Output of Farm Crops (2021)

类别	Type	播种面积(千公顷) Sown Area (1000 hectares)	单产(千克/公顷) Yield per Unit (kg/hectare)	总产量(粮食:万吨;其他:吨) Total Output (Grain:10 000 tons; Others:ton)	总产量比上年增长(%) Total Output Growth Rate Over Preceding Year (%)
总计	**Total**	**5672.90**			
粮食	Grain Crops	3772.80	5810.9	2192.33	1.3
谷物	Cereal	3490.00	6017.5	2100.12	1.1
稻谷	Rice	3419.20	6065.6	2073.94	1.1
早稻	Early Rice	1218.80	5521.8	673.00	4.1
中稻及一季晚稻	Middle-season and Single-cropping Late Rice	940.00	6756.0	635.06	0.8
二季晚稻	Double cropping Late Rice	1260.40	6076.5	765.88	-1.1
小麦	Wheat	13.60	2375.0	3.23	-2.1
玉米	Corn	50.90	4282.9	21.80	5.5
豆类	Total Beans	141.40	2343.4	33.14	3.5
大豆	Soybean	106.00	2580.2	27.35	-1.4
杂豆	Mixed bean	31.20	1662.0	5.19	22.0
薯类(按折粮计算)	Tubers (converted into grain)	141.40	4177.8	59.07	6.2
油料	Total Oil-bearing Crops	713.38	1835	1309063	6.7
#花生	Peanuts	177.19	3022	535559	5.2
油菜籽	Rapeseeds	504.51	1454	733565	8.2
芝麻	Sesame	31.51	1237	38998	0.2
棉花	Cotton	11.03	1558	17182	-67.5
生麻	Raw hemp	2.33	1857	4322	-22.9
#生苎麻	Raw Ramie	2.32	1851	4299	-22.8
甘蔗	Sugarcane	13.40	45287	606752	-0.8
烟叶	Tabacco	12.69	2043	25932	-3.1
#烤烟	Flue-cured Tobacco	12.56	2046	25698	-1.7
中药材	Traditional Chinese Medicinal Materials	107.93			
蔬菜及食用菌	Vegetables an edible Mushrooms	686.34	25214	17305759	5.4
#蔬菜	Vegetables	686.34	24962	17132178	5.2
瓜果类	Melons and Fruits	87.87	25751	2262835	3.0
其他作物	Other Crops	265.13			
#莲子	Lotus Seeds	30.56			
青饲料	Succulence	60.02			

注：本表粮食作物均为农产量抽样调查数，数据来自国家统计局江西调查总队，后同。

a) Data of Grain Crops in this table are estimated from sample surveys, which come from survey office of National Bureau of Statistic in Jiangxi. The same applies to the tables following.

12-12 农作物播种面积

单位：千公顷

年份 Year	合计 Total	粮食 Grain Crops	#稻谷 Cereal	#小麦 Wheat	棉花 Cotton	油料 Oil-bearing Crops	#花生 Peanuts
1978	5701.1	3820.8	3380.3	121.2	114.3	270.8	46.2
1979	5699.5	3844.0	3386.8	136.1	98.9	329.7	46.4
1980	5553.7	3775.3	3383.7	121.3	108.5	324.0	47.7
1981	5542.8	3758.3	3362.7	116.3	104.7	360.5	48.7
1982	5578.3	3743.9	3339.5	104.0	100.9	370.3	49.6
1983	5465.3	3714.1	3323.7	98.4	82.6	351.7	48.6
1984	5456.7	3714.1	3326.9	98.7	81.1	348.0	52.3
1985	5419.1	3650.9	3264.9	94.2	66.3	372.0	64.2
1986	5438.7	3629.8	3250.7	86.8	61.5	414.5	80.3
1987	5482.7	3647.9	3268.7	83.7	62.2	449.8	89.7
1988	5396.3	3588.7	3210.5	80.1	65.2	440.9	93.3
1989	5555.3	3693.9	3297.7	78.2	66.1	507.1	91.9
1990	5759.7	3700.9	3286.6	74.9	70.3	686.5	91.7
1991	5829.7	3589.7	3146.1	71.9	114.6	800.7	92.0
1992	5844.9	3446.2	2981.5	72.5	135.1	913.9	117.9
1993	5721.0	3360.1	2865.1	74.0	151.3	840.9	131.1
1994	5753.4	3434.4	2939.5	73.1	163.3	853.8	138.5
1995	5949.5	3510.0	3019.4	59.1	131.8	1057.0	130.3
1996	6105.3	3570.6	3055.4	72.3	107.4	1055.3	140.0
1997	6037.6	3586.5	3087.4	72.5	102.2	1003.3	142.6
1998	5804.0	3421.1	3034.6	63.3	108.4	947.7	151.8
1999	5871.0	3548.2	3050.0	61.5	69.2	900.4	163.5
2000	5650.8	3322.0	2832.0	51.4	69.0	858.1	179.9
2001	5534.7	3265.2	2808.3	38.3	70.5	778.7	183.4
2002	5355.1	3188.0	2786.7	28.5	55.0	704.2	176.7
2003	4997.4	3051.1	2685.3	20.6	65.5	632.7	166.8
2004	5258.1	3425.4	3095.9	19.1	62.5	566.2	134.5
2005	5328.9	3519.0	3187.7	15.9	63.9	577.0	135.1
2006	5255.6	3547.1	3271.1	12.4	65.7	585.8	132.6
2007	5226.4	3536.7	3245.6	11.0	68.3	583.5	132.1
2008	5354.1	3601.3	3313.1	10.2	66.6	658.8	142.0
2009	5411.5	3639.7	3344.2	10.0	75.5	716.4	146.4
2010	5505.0	3686.4	3410.4	10.8	79.7	731.7	152.4
2011	5546.4	3709.7	3441.3	11.5	82.0	732.4	157.9
2012	5597.8	3747.8	3476.5	12.7	85.0	744.2	160.7
2013	5637.4	3775.3	3501.9	12.6	84.7	743.1	163.7
2014	5667.3	3794.1	3522.6	12.7	84.9	741.5	162.6
2015	5688.4	3814.9	3541.3	12.9	81.1	739.9	164.2
2016	5602.1	3807.2	3527.1	14.4	49.3	682.4	160.4
2017	5596.9	3786.3	3504.7	14.5	50.5	676.3	162.5
2018	5555.9	3721.3	3436.2	14.6	46.7	680.1	167.3
2019	5521.2	3665.1	3346.2	14.4	42.7	677.1	165.1
2020	5644.4	3772.4	3441.8	14.4	35.0	678.4	171.4
2021	5672.9	3772.8	3419.2	13.6	11.0	713.4	177.2

注：1.本表2007-2017年粮食作物播种面积为第三次农业普查修正数。
2.本表粮食作物播种面积数据自2018年以后来自国家统计局江西调查总队。

Total Sown Areas of Farm Crops

(1 000 hectares)

		生黄红麻	生苎麻	甘蔗	烤烟	晒烟	蔬菜
#油菜籽 Rapeseeds	#芝麻 Sesame	Raw Jute and Ambary Hemp	Raw Ramie	Sugarcane	Flue-cured Tobacco	Sun-cured Tobacco	Vegetables
174.3	50.3	5.2	1.3	19.5	3.8	4.1	69.9
214.1	69.3	5.1	1.4	18.8	2.1	3.8	65.1
217.7	58.7	6.4	2.1	19.1	1.1	3.1	70.2
252.2	59.6	10.1	2.7	24.1	2.3	3.3	71.1
255.9	64.7	7.9	2.5	23.7	2.8	3.7	128.7
246.1	57.1	4.7	2.3	21.1	1.8	3.0	159.5
238.3	57.4	5.4	2.6	30.1	2.1	3.8	185.9
245.9	61.9	16.3	9.5	37.7	2.3	4.8	207.1
273.0	61.1	9.7	28.9	38.9	1.7	4.3	211.3
302.9	57.2	7.7	37.3	36.7	3.2	4.9	222.3
300.1	47.5	6.9	21.1	36.1	11.7	6.5	238.3
358.9	56.3	7.7	12.0	31.8	10.5	6.7	243.5
540.9	54.0	8.3	6.6	35.6	14.8	5.9	269.2
657.2	51.3	8.3	5.3	41.8	28.1	6.5	272.3
741.5	54.5	6.9	6.4	50.4	31.1	6.9	317.9
648.8	61.1	6.9	5.0	43.4	37.4	6.5	371.6
653.8	61.4	5.9	7.0	38.5	16.0	5.5	399.1
864.1	62.4	4.4	8.6	40.2	9.8	5.1	436.1
853.6	61.8	3.9	9.1	37.0	11.8	4.9	484.7
801.1	59.7	3.0	8.5	41.8	23.7	4.9	508.1
745.3	50.6	2.8	7.5	38.6	13.9	3.2	491.6
685.4	51.4	1.8	7.3	33.6	11.8	3.1	525.9
629.2	49.0	1.7	9.0	28.4	11.5	2.7	560.1
547.7	47.0	1.3	9.9	25.9	12.1	2.6	605.0
482.9	42.4	1.0	8.9	26.0	11.3	2.1	625.0
428.1	36.1	0.6	8.3	24.4	9.7	1.8	548.3
400.5	29.1	1.1	7.3	18.6	7.8	1.0	552.9
409.7	30.6	0.5	7.3	17.7	10.6	1.0	543.6
418.7	31.7	0.5	7.3	15.1	14.7	0.9	505.5
414.3	35.8	0.3	7.4	14.1	14.7	0.8	500.5
482.3	29.8	0.4	7.8	14.0	19.8	0.7	512.9
538.5	30.8	0.2	7.2	13.6	17.5	0.7	509.7
547.0	31.6	0.2	6.2	13.6	17.0	0.7	521.2
542.6	31.8	0.2	6.0	14.0	19.4	0.6	535.5
551.9	31.2	0.2	5.5	13.8	22.9	0.9	548.4
548.0	31.5	0.1	5.2	14.5	22.4	1.3	563.7
547.9	31.0	0.1	4.6	14.3	27.0	0.8	572.3
545.0	30.7	0.1	3.9	14.5	26.9	0.7	585.4
494.9	27.1	0.1	3.7	14.5	30.2	1.1	607.4
486.3	27.5	0.0	3.6	14.3	25.1	0.6	619.3
483.0	29.8	0.0	3.6	14.3	16.8	0.6	633.0
482.3	29.1	0.0	3.6	14.0	11.9	0.4	644.4
475.4	31.3	0.0	3.4	13.6	12.8	0.4	661.0
504.5	31.5	0.0	2.3	13.4	12.6	0.1	686.3

a) Sown area of grain crops from 2007 to 2017 were revised according to the results of the Third National Agricultural Census.

b) Sown area of grain crops after 2018 in this table are provided by Survey Office of Jiangxi Statistic Bureau.

12-13 主要农产品产量

年份 Year	粮食 (万吨) Grain (10 000 tons)	棉花 (吨) Cotton (ton)	油料折油 (吨) Oil folding (ton)	油料合计 (吨) Total Oil-bearing Crops (ton)	#花生 Peanuts	#油菜籽 Rapeseeds	#芝麻 Sesame	生黄红麻 (吨) Raw Jute and Ambary Hemp (ton)
1978	1125.74	34796	66271	134940	51686	68399	14855	4793
1979	1296.50	43542	103540	199216	60588	100639	37989	7529
1980	1240.04	43039	67804	137605	50502	71999	15104	10775
1981	1268.71	46909	104690	198344	56713	116275	25356	14993
1982	1408.74	65621	105360	259958	62974	159804	37180	11567
1983	1460.45	47932	93031	228752	62424	141353	24975	6427
1984	1549.18	69141	104260	245317	74155	144974	26188	8257
1985	1533.54	62199	122268	288842	103050	156691	29101	29875
1986	1453.77	54558	115323	315869	135578	156664	23627	18301
1987	1562.77	59187	135282	356974	157779	171632	27563	14080
1988	1535.43	32495	122547	328348	138059	174773	15516	10456
1989	1589.62	50050	148379	376519	150739	198755	27025	13423
1990	1658.20	56995	196114	548851	151909	371383	25559	18846
1991	1625.70	108998	226176	621726	149377	444558	27791	20472
1992	1566.00	148368	257389	741627	215142	490178	36307	17984
1993	1517.10	156222	260851	778140	257203	480746	40191	18327
1994	1603.50	174714	282747	836078	309554	483500	42966	17547
1995	1607.40	118547	346693	1035823	302510	690239	42971	13597
1996	1766.30	123071	339313	1010393	331169	634898	44277	9017
1997	1767.70	132390	365379	1056276	332669	681332	42244	7984
1998	1555.50	76092	282503	843455	334317	477853	31165	6555
1999	1732.70	63417	318638	943803	365179	546651	31907	4254
2000	1614.60	68025	325212	967297	403832	529998	33407	4437
2001	1600.00	80510	300390	905295	408616	463306	32333	4142
2002	1549.50	66891	277100	824182	407900	383506	30824	2882
2003	1450.30	76148	252998	759765	368282	364761	24603	1552
2004	1803.40	84812	257237	745278	317971	400887	23035	1793
2005	1853.86	87196	262238	761229	316617	416814	25318	909
2006	1896.52	95015	276246	779766	321554	428286	27094	898
2007	1912.41	107641	285360	841699	332692	429588	26885	1108
2008	1975.43	111915	317434	911919	367891	516281	26398	1404
2009	2029.24	125104	370794	1020240	381959	609619	27626	901
2010	1989.45	130773	364717	1075715	407959	638423	28434	1123
2011	2098.52	142853	444396	1149896	437498	666568	31723	988
2012	2140.64	152203	460395	1170753	448133	687541	34476	804
2013	2182.37	130860	458432	1192243	452003	703654	36547	720
2014	2220.39	133682	471713	1217081	456514	723497	37032	628
2015	2235.61	115221	475675	1239636	464130	739408	36047	610
2016	2234.40	73296	433513	1153338	455993	665140	32205	588
2017	2221.73	77709	461132	1173202	467718	672628	32856	157
2018	2190.70	72115	472262	1208015	480606	690819	36563	97
2019	2157.45	65724	463289	1207812	482183	688661	36065	68
2020	2163.88	52885	483163	1227023	508995	678085	38929	38
2021	2192.33	17182	561488	1309063	535559	733565	38998	22

注：1.本表2007-2017年粮食产量和畜牧产品产量为第三次农业普查修正数。
2.本表粮食产量和畜牧产品产量数据自2018年以后均来自国家统计局江西调查总队。

Output of Major Farm Products

生苎麻 (吨) Raw Ramie (ton)	甘 蔗 (吨) Sugarcane (ton)	烤 烟 (吨) Flue-cured Tobacco (ton)	晒 烟 (吨) Sun-cured Tobacco (ton)	园林水果 (吨) Fruits (ton)	肉 类 总产量 (吨) Output of Meat (ton)	生猪年末存栏 (万头) Hogs on Hand at Year-end (10 000 heads)	水产品总产量 (万吨) Gross Output of Aquatic Products (10 000 tons)
773	682908	2601	3540	29229	262704	944.3	5.93
1212	790784	1726	3266	60190	313749	1004.7	6.73
1252	857362	950	2758	56126	380490	1018.0	7.55
1627	1167281	2542	3265	70870	411140	1006.6	8.58
2050	1204245	3439	4184	73356	441368	1023.3	9.40
1732	1021939	2033	2777	89348	458122	1079.4	11.55
2495	1499874	2758	4046	89485	547967	1138.8	13.01
5106	1971006	2914	5880	107543	642514	1232.5	16.02
13211	1720310	1664	4287	161274	777126	1344.1	19.28
33475	1907887	3525	5928	172879	838692	1387.6	22.59
19212	1735822	7699	5890	146135	978268	1454.5	25.59
10581	1494895	9155	6173	229708	1040340	1486.5	28.12
6039	1942913	17175	5942	232983	1117438	1547.3	30.68
5166	2299461	31454	6686	334161	1239667	1589.6	33.93
6592	2561426	38246	7867	140914	1410488	1656.6	41.32
5727	2311395	46106	7980	208141	1676110	1781.0	55.49
8644	2041521	15186	6433	303658	1976564	1867.1	69.48
11141	2000272	10179	5730	427637	2193984	1951.0	84.04
12224	1857833	14870	6422	503928	2219302	1978.7	100.10
11288	2205930	31444	7527	676384	2275735	1979.8	115.08
9921	1863799	15906	3660	454628	2147125	1799.6	118.35
9692	1720059	14156	3304	703877	1982708	1554.3	122.12
11397	1368109	15092	3065	423403	1923111	1473.5	127.12
13034	1237046	16635	3095	577314	1931396	1406.5	132.26
12729	1308464	17232	2555	652276	1967198	1309.4	138.20
10165	1182490	15470	2434	777691	2013931	1362.7	146.06
10774	857182	15442	1387	1023742	2200265	1421.3	156.34
10944	783147	19761	1469	1302821	2448110	1485.4	168.66
10992	701340	29955	1321	1609336	2402215	1344.1	179.95
11149	660864	32751	1111	2181603	2459720	1421.3	196.06
11416	642066	46724	1070	2753566	2568921	1511.3	190.39
9837	622022	41411	1922	3270764	2742976	1573.2	205.30
9071	590981	36198	1393	2971285	2875568	1546.1	215.34
8938	628475	44497	1008	3876539	2925153	1577.4	222.81
8267	615764	50338	2134	3702788	3073507	1654.5	237.00
7429	646598	47563	2975	4413431	3156502	1718.5	242.65
6601	645242	57501	1388	4147641	3345035	1750.7	253.76
6044	658244	53402	1188	4503190	3301953	1706.7	264.25
5682	657504	61981	2108	4053727	3232491	1631.3	241.76
5608	655073	54131	1600	4552342	3260579	1621.3	250.55
5590	645714	34229	1919	4702071	3256758	1587.3	255.95
5388	624425	21949	628	4742626	2997880	1006.3	258.81
5567	611768	26143	625	4932102	2851792	1569.9	262.69
4299	606752	25698	234	5183578	3449551	1683.2	269.51

a) Output of grain production and livestock production from 2007 to 2017 were revised according to the results of the Third National Agricultural Census.

b) Output of grain production and livestock production after 2018 in this table are provided by Survey Office of Jiangxi Statistic Bureau.

12-14 各地区农作物播种面积(2021年)

单位：公顷

类　　别	Type	全　省 Provincial Total	南昌市 Nanchang	景德镇市 Jingdezhen	萍乡市 Pingxiang
粮　食		3772842	344 903	95 538	74 835
油　料	Total Oil-bearing Crops	713383	71440	26394	28123
#花　生	Peanuts	177194	15212	2890	1518
油菜籽	Rapeseeds	504507	49681	21036	26564
芝　麻	Sesame	31514	6546	2468	38
棉　花	Cotton	11030	393	550	
生　麻	Raw Hemp	2327			
#生苎麻	Raw Ramie	2322			
甘　蔗	Sugarcane	13398	1022	1208	18
烟　叶	Tabacco	12692			1
#烤　烟	Flue-cured Tobacco	12557			
晒　烟	Sun-cured Tobacco	135			1
中药材	Traditional Chinese Medicinal Materials	107933	1095	544	1115
蔬菜及食用菌	Vegetables and Edible Mushrooms	686343	42444	34958	27615
#叶菜类	Leaf Vegetable	119031	8048	4684	5700
白菜类	Chinese Cabbage Vegetable	117122	9082	5445	5130
甘蓝类	Kale Vegetable	29984	2830	1043	874
根茎类	Root Vegetable	110803	6783	6277	4012
瓜菜类	Melons Vegetable	64017	3975	2921	2899
豆类(菜用)	Legumes	45281	2360	3362	2123
茄果菜类	Solanaceous Fruit Vegetable	89465	3081	4917	2331
葱蒜类	Bulb Vegetable	38159	2533	1971	1593
水生菜类	Aquatic Vegetable	14883	1462	477	540
其他蔬菜类	Others	57598	2290	3861	2414
瓜果类	Melons and Fruits	87873	3801	3450	3324
其他作物	Other Crops	265125	18341	8117	9343
#莲　子	Lotus Seeds	30564	134	106	539

Total Sown Areas of Cash Crops by Region (2021)

(hectare)

九江市 Jiujiang	新余市 Xinyu	鹰潭市 Yingtan	赣州市 Ganzhou	吉安市 Ji'an	宜春市 Yichun	抚州市 Fuzhou	上饶市 Shangrao
274 065	102 219	124 981	503 079	640 175	613 725	418 315	581 008
107328	12283	10627	61225	118109	135319	27889	114646
8020	3932	5167	40564	24687	47523	11549	16132
95536	7904	4776	20378	91834	80638	15835	90325
3772	446	532	283	1588	7155	504	8182
7692	396		1	126	1207	206	458
387	1525	8	2	5	399		1
387	1525	6		5	399		
569	65	693	276	810	2090	3056	3591
			7000	2572	527	2582	10
			7000	2563	464	2520	10
				9	63	62	
6169	1407	20	2628	9087	70272	10056	5541
54337	13076	13769	146307	111134	94469	73145	75090
8073	1507	2117	25559	21102	17777	11979	12485
10052	1233	1495	22068	18283	14462	15264	14609
2184	458	395	8941	3966	3594	2783	2916
9144	2520	1990	21337	17466	16996	12355	11923
4990	1695	1842	15311	11472	7244	5671	5999
3730	1164	881	10740	6950	6164	4189	3619
7718	2241	2373	21546	16270	12142	8696	8151
1917	1098	691	8739	6717	5519	3825	3557
1429	428	1320	1374	1724	1849	2165	2114
5099	732	665	10693	7185	8722	6219	9717
6210	3791	2343	11278	11034	13800	20876	7966
19955	1041	5874	56678	14590	57911	50372	22903
550	62	153	13595	3407	169	11531	318

12-15 各地区主要农作物单位播种面积产量(2021年)

单位: 千克/公顷

类别	Type	全省 Provincial Total	南昌市 Nanchang	景德镇市 Jingdezhen	萍乡市 Pingxiang
粮食		5 811	6 220	5 833	6 705
油料	Total Oil-bearing Crops	1835	1626	1532	1754
#花生	Peanuts	3022	3382	3579	2152
油菜籽	Rapeseeds	1454	1188	1274	1732
芝麻	Sesame	1237	865	1331	1592
棉花	Cotton	1558	1368	1581	
生麻	Raw Hemp	1857			
#生苎麻	Raw Ramie	1851			
甘蔗	Sugarcane	45287	42047	41272	27974
烟叶	Tabacco	2043			5500
#烤烟	Flue-cured Tobacco	2047			
晒烟	Sun-cured Tobacco	1731			5500
蔬菜及食用菌	Vegetables and Edible Mushrooms	25214	31688	32336	24857
#叶菜类	Leaf Vegetable	21160	25061	21641	26249
白菜类	Chinese Cabbage Vegetable	27988	40166	40134	27042
甘蓝类	Kale Vegetable	24380	23797	36302	20018
根茎类	Root Vegetable	29009	45407	40438	29092
瓜菜类	Melons Vegetable	27770	36642	36984	26044
豆类(菜用)	Legumes	21940	17805	26626	19904
茄果菜类	Solanaceous Fruit Vegetable	22003	23330	29477	20229
葱蒜类	Bulb Vegetable	21123	20645	27923	24716
水生菜类	Aquatic Vegetable	23644	23965	31550	23412
其他蔬菜类	Others	25913	24220	25141	18461
瓜果类	Melons and Fruits	25751	23923	24581	19322

Output of Unit of Major Cash Crops Sown Area by Region (2021)

(kg/hectare)

九江市 Jiujiang	新余市 Xinyu	鹰潭市 Yingtan	赣州市 Ganzhou	吉安市 Ji'an	宜春市 Yichun	抚州市 Fuzhou	上饶市 Shangrao
5 315	5 513	5 352	5 204	5 806	6 144	6 286	5 671
1823	2052	2188	2414	1482	1917	2254	1867
2281	3216	2981	3006	2776	2982	3132	3459
1801	1522	1325	1249	1139	1334	1640	1635
1404	1176	1162	1387	1179	1410	1424	1282
1581	1745		2857	1662	1511	1369	1322
2573	1709	1375	6176	3200	1700		1000
2573	1709	500		3200	1700		
24456	19468	43305	45613	45199	53498	57545	36586
			1921	2170	2833	2085	2500
			1921	2172	3015	2089	2500
				1591	1492	1933	
19819	21729	22267	28357	24646	21629	22261	25527
16271	18324	16213	25458	21272	19137	19373	16089
24138	26526	31275	27575	23721	24995	23718	32044
20964	21634	18938	24345	23015	22240	23417	31237
23014	21813	26153	32925	29701	20611	24881	28460
22555	20843	19904	32286	27816	26704	22647	21461
18975	17573	13226	26966	19972	23290	20111	16741
15674	18734	16529	27418	23427	18254	19986	16570
14210	15736	19122	26107	20877	17641	17847	19005
20036	18078	30485	22445	25330	24562	22545	20723
16419	18713	36695	27740	25268	23578	19178	38127
20389	25749	22108	27564	25943	25805	30540	19590

12-16 各地区主要农作物总产量(2021年)

单位: 吨

类别	Type	全省 Provincial Total	南昌市 Nanchang	景德镇市 Jingdezhen	萍乡市 Pingxiang
粮食		21 923 309	2 145 201	557 226	501 790
油料	Total Oil-bearing Crops	1309063	116132	40426	49332
#花生	Peanuts	535559	51441	10344	3266
油菜籽	Rapeseeds	733565	59031	26796	46003
芝麻	Sesame	38998	5660	3286	60
棉花	Cotton	17182	538	869	
生麻	Raw Hemp	4322			
#生苎麻	Raw Ramie	4299			
甘蔗	Sugarcane	606752	42964	49859	511
烟叶	Tabacco	25932			6
#烤烟	Flue-cured Tobacco	25698			
晒烟	Sun-cured Tobacco	234			6
蔬菜及食用菌	Vegetables	17305759	1344964	1130413	686425
#叶菜类	Leaf Vegetable	2518686	201699	101359	149607
白菜类	Chinese Cabbage Vegetable	3277971	364773	218509	138722
甘蓝类	Kale Vegetable	731009	67336	37873	17500
根茎类	Root Vegetable	3214334	308012	253841	116709
瓜菜类	Melons Vegetable	1777739	145649	108013	75493
豆类(菜用)	Legumes	993470	42019	89512	42253
茄果菜类	Solanaceous Fruit Vegetable	1968533	71881	144950	47144
葱蒜类	Bulb Vegetable	806040	52289	55046	39375
水生菜类	Aquatic Vegetable	351890	35041	15060	12647
其他蔬菜类	Others	1492506	55459	97070	44569
瓜果类	Melons and Fruits	2262835	90941	84795	64217

Total Output of Major Cash Crops by Region (2021)

(ton)

九江市 Jiujiang	新余市 Xinyu	鹰潭市 Yingtan	赣州市 Ganzhou	吉安市 Ji'an	宜春市 Yichun	抚州市 Fuzhou	上饶市 Shangrao
1 456 591	563 559	668 923	2 618 201	3 716 745	3 770 797	2 629 436	3 294 840
195682	25203	23253	147800	174983	259389	62862	213999
18293	12646	15404	121952	68528	141708	36170	55807
172094	12031	6326	25455	104583	107586	25975	147685
5295	524	618	393	1872	10085	717	10488
12158	691		4	210	1824	282	605
995	2606	11	14	16	679		1
995	2606	3		16	679		
13912	1268	30019	12574	36605	111792	175856	131392
			13444	5581	1492	5384	25
			13444	5567	1398	5264	25
				14	94	120	
1076921	284123	306589	4148884	2739044	2043266	1628320	1916810
131362	27619	34329	650672	448880	340215	232070	200875
242646	32708	46756	608522	433687	361491	362025	468132
45792	9907	7478	217666	91285	79924	65176	91072
210438	54969	52054	702524	518755	350306	307400	339326
112551	35325	36662	494322	319107	193443	128422	128753
70776	20454	11651	289621	138805	143551	84248	60580
120971	41977	39220	590737	381158	221637	173795	135063
27240	17275	13211	228155	140234	97351	68263	67601
28637	7741	40226	30833	43658	45420	48813	43814
83714	13697	24395	296623	181559	205650	119275	370494
126619	97615	51807	310862	286258	356114	637552	156054

12-17 茶叶、园林水果生产情况
Production Conditions of Tea, Fruits

指　标	Item	2020	2021	2021年比2020年增长(%) Growth Rate in2021 over 2020 (%)
产　量(吨)	**Output (ton)**			
茶叶	Tea	71603	73839	3.1
#红茶	Black Tea	11474	12454	8.5
绿茶	Green Tea	53661	57320	6.8
园林水果	Fruits	4932102	5183578	5.1
柑橘类	Citrus Fruit	4255565	4445380	4.5
#柑	Hesperidium	403133	414895	2.9
橘	Tangerine	2130084	2095684	-1.6
橙	Orange	1487131	1642165	10.4
柚	Grapefruit	234329	292219	24.7
梨	Pear	165365	166080	0.4
桃	Peach	77713	96108	23.7
其他水果	Other Fruits	433460	476010	9.8
面　积(公顷)	**Area (hectare)**			
年末茶园面积	Area of Tea Plantations at Year-end	113202	117130	3.5
#当年采摘	Picked in Current Year	85177	89084	4.6
当年新增	Newly Added in Current Year	11474	4391	-61.7
年末果园面积	Area of Orchard at Year-end	427837	427318	-0.1
柑橘园	Citrus Fruit Plantation	337344	336178	-0.3
梨园	Pear Plantation	20733	20010	-3.5
桃园	Peach Plantation	12340	14128	14.5
其他果园	Other Plantation	57419	57003	-0.7
当年新增	Newly Added in Current Year	14596	13738	-5.9

12-18 各地区茶叶、园林水果产量(2021年)
Output of Tea, Fruits by Region (2021)

单位：吨 (ton)

地区	Region	茶叶 Tea	#红茶 Black Tea	#绿茶 Green Tea	园林水果 Fruits	#柑橘 Citrus Fruit	#梨 Pear
全省	**Provincial Total**	**73839**	**12454**	**57320**	**5183578**	**4445380**	**166080**
南昌市	Nanchang	1862	18	1843	44850	24472	2421
景德镇市	Jingdezhen	12668	4732	7911	24409	5276	3050
萍乡市	Pingxiang	625	13	582	21330	11249	1073
九江市	Jiujiang	10960	2990	6212	143050	87869	21646
新余市	Xinyu	314		309	145773	119706	5615
鹰潭市	Yingtan	1063	2	1056	77472	54828	10657
赣州市	Ganzhou	5045	329	4612	2007787	1783441	17783
吉安市	Ji'an	9397	2422	6264	773924	659805	19094
宜春市	Yichun	5905	362	4885	195009	96561	14561
抚州市	Fuzhou	2456	130	2093	1551816	1464452	54718
上饶市	Shangrao	23545	1456	21553	198157	137722	15463

12-19 各地区茶园、果园面积(2021年)
Area of Tea Plantations, Orchard by Region (2021)

单位：公顷 (hectare)

地区	Region	年末茶园面积 Area of Tea Plantations at Year-end	年末果园面积 Area of Orchards at Year-end	#柑橘 Citrus Fruit	#当年新增面积 Areas Newly-added in Current Year
全省	**Provincial Total**	**117130**	**427318**	**336178**	**13738**
南昌市	Nanchang	1425	6973	3896	194
景德镇市	Jingdezhen	13806	4856	1533	73
萍乡市	Pingxiang	991	3128	1766	190
九江市	Jiujiang	20552	16940	7778	245
新余市	Xinyu	209	8320	7111	502
鹰潭市	Yingtan	1006	6563	3661	62
赣州市	Ganzhou	13324	177137	150066	5078
吉安市	Ji'an	22856	65263	53042	4523
宜春市	Yichun	11916	19712	9167	416
抚州市	Fuzhou	4578	79630	73126	887
上饶市	Shangrao	26465	38795	25031	1567

12-20 造林面积和营林情况

单位：千公顷

年 份 地 区 Year Region	造林总面积 Total Afforested Area	#公有经济造林 Public Ownership	#人工造林 Manual Planting
1978	241.73	195.95	241.73
1980	225.85	177.09	225.85
1985	409.05	314.53	409.05
1990	276.19	259.07	276.19
1991	506.00	358.47	389.10
1992	435.00	367.20	372.30
1993	243.27	190.60	215.40
1994	251.93	232.82	229.90
1995	250.09	221.57	227.10
1996	191.43	172.02	171.00
1997	81.00	73.78	68.60
1998	53.07	46.58	47.10
1999	36.72	33.07	30.80
2000	35.23	30.58	28.20
2001	37.15	25.17	28.30
2002	162.28	77.95	162.28
2003	219.75	84.53	219.75
2004	58.10	15.49	58.10
2005	47.59	16.60	47.59
2006	63.60	20.77	63.60
2007	157.42	31.52	147.58
2008	267.03	71.24	234.60
2009	228.63	63.47	209.02
2010	200.78	47.86	170.86
2011	164.52	38.70	141.69
2012	138.65	40.46	127.03
2013	153.39	29.95	141.04
2014	131.97	29.83	130.75
2015	141.68	28.78	141.68
2016	94.93	17.99	94.93
2017	89.40	22.68	89.41
2018	88.56	24.11	88.56
2019	84.18	20.44	66.95
2020	106.69	29.06	72.02
2021	109.16	42.20	67.54
南 昌 市 Nanchang	1.64	0.70	1.25
景德镇市 Jingdezhen	1.47	0.52	1.46
萍 乡 市 Pingxiang	5.51	2.23	2.54
九 江 市 Jiujiang	8.62	3.77	6.09
新 余 市 Xinyu	2.53	0.50	1.95
鹰 潭 市 Yingtan	0.88	0.60	0.88
赣 州 市 Ganzhou	23.60	10.02	13.25
吉 安 市 Ji'an	19.71	12.20	17.33
宜 春 市 Yichun	15.70	5.10	8.99
抚 州 市 Fuzhou	13.16	3.20	6.15
上 饶 市 Shangrao	16.34	3.36	7.65

注：1.2002年以前年末实有封山育林面积含封山护林面积。
2.全省数据含省直单位数据。

Condition of Afforested Area and Silviculture

(1000 hectares)

按林种用途分			By Function of Forest		更新造林面积 Area of Slash Reforestation	低产低效林 改造面积 Reconstructed Area of Forest of Poor Output
用材林 Timber Forests	经济林 By-Product Forest	防护林 Protection Forest	薪炭林 Firewood	特种用途林 Special Using		
115.76	95.24	0.45		30.28	18.08	
136.51	80.56	2.95		5.83	17.94	41.28
247.87	32.87	14.42	106.06	7.83	30.47	38.60
185.70	12.57	11.07	64.61	2.24	31.85	28.13
331.00	20.60	68.60	85.47	0.33	33.40	48.73
277.07	50.73	81.40	23.67	2.13	34.53	60.27
159.13	44.07	27.80	12.20	0.10	31.87	117.33
145.03	55.16	37.89	13.27	0.58	35.24	183.00
143.98	54.76	37.30	13.17	0.88	29.82	187.03
89.98	58.43	29.73	12.41	0.88	33.42	168.41
46.92	25.11	7.18	1.56	0.23	39.80	246.03
23.70	21.81	7.05	0.46	0.05	32.85	257.93
12.57	12.09	11.48	0.57	0.01	25.00	220.11
13.45	10.32	11.29	0.10	0.08	22.60	247.06
10.32	6.40	20.11	0.24	0.08	17.10	180.16
20.50	19.63	121.64	0.17	0.34	11.70	62.77
21.30	24.46	172.98	0.55	0.45	1.11	5.90
19.58	3.62	33.85	0.99	0.06	1.40	43.13
20.74	3.91	22.14	0.33	0.47	7.20	26.50
36.35	4.39	22.38	0.25	0.23	8.50	11.43
95.25	20.30	41.16	0.55	0.17	17.82	6.90
147.43	32.91	84.85	0.31	1.55	28.25	55.91
120.39	23.28	82.53	1.72	0.72	24.35	44.53
103.88	32.51	59.73	2.12	2.54	39.01	37.48
71.03	33.42	56.94	1.62	1.52	26.75	66.20
66.68	32.38	37.85	0.55	1.19	18.14	30.76
86.67	37.87	28.21	0.14	0.49	9.66	46.93
82.70	29.37	18.23	1.03	0.65	13.09	38.57
81.64	30.80	28.39	0.41	0.43	5.52	27.13
39.08	29.12	25.88	0.73	0.12	6.61	109.67
37.95	30.52	20.79		0.14	6.34	118.07
38.79	26.72	22.24	0.66	0.15	4.56	144.84
30.74	34.27	19.04	0.01	0.12	5.39	122.70
43.97	31.48	30.52	0.49	0.23	3.63	119.31
43.05	24.31	41.08	0.49	0.23	6.61	122.02
0.05	0.73	0.86				1.20
0.83	0.52	0.12				1.07
0.49	1.28	3.74			0.65	3.84
3.20	2.36	3.06			1.68	13.48
1.06	0.69	0.78				2.31
0.24	0.28	0.33		0.03		2.84
5.38	5.43	12.72		0.07	0.5	31.77
12.63	4.19	2.47	0.42		1.45	23.66
6.93	2.78	5.91		0.08		13.95
6.03	2.67	4.37	0.07	0.02	0.57	13.42
6.21	3.38	6.72		0.03	1.76	14.48

a)Before the 2002,the areas of Fenced off for afforest include the protection at the end of year.

b)The data of provincial total include the provincial unit's data.

12-21 主要林产品产量
Output of Major Forest Products

年 份 Year	木 材 (万立方米) Output of Timber (10000 cu.m)	原 木 Logs	竹材产品 (万根) Output of Bamboo (10000 units)	毛 竹 Mao Bamboo	竹笋干 (吨) Dried Bamboo Shoots (ton)	油茶籽 (吨) Tea-oil Seeds (ton)	油桐籽 (吨) Tung-oil Seeds (ton)	松 脂 (吨) Rosin (ton)
1978	192.21		1532.76		440	122398	4940	38600
1979	243.88		1482.43		1035	191660	5620	46900
1980	280.29		1826.30		725	125205	3800	37850
1981	257.12		1739.24		1305	206955	6100	45700
1982	262.95		1821.23		1544	105021	6500	44450
1983	256.43		1822.21		10770	102272	7400	53450
1984	312.74		1728.02		2000	135115	8800	50650
1985	276.34		1583.38		3290	163441	7682	30257
1986	285.05		2051.70		3458	100958	7600	36671
1987	245.41		2147.10		6173	139804	5507	41357
1988	236.82		2519.37		3917	124063	6562	37208
1989	253.22		2622.09		5077	172038	5916	38821
1990	296.91		2014.50		5451	136402	6295	43370
1991	247.34	243.50	2911.20	2686.11	7474	167556	7151	39347
1992	278.33	275.88	3582.41	3180.79	4585	148410	9210	28771
1993	263.42	253.67	2179.05	1982.94	6190	119108	9206	37788
1994	268.73	254.70	3199.84	2856.53	7025	152144	10328	28461
1995	269.11	265.14	2706.20	961.65	6834	149655	13048	31819
1996	276.48	265.78	3613.84	3469.55	8355	162715	11339	29945
1997	268.65	263.27	4103.37	3817.88	13256	221622	13046	40475
1998	249.68	236.60	3062.41	2849.34	13842	156819	13829	35254
1999	254.99	250.66	3302.52	3008.67	19317	187094	15344	40718
2000	237.93	232.42	3698.72	3096.87	11041	194763	13973	41638
2001	319.76	309.46	4024.18	3722.37	10492	171726	15448	46387
2002	279.87	263.72	4086.50	3287.80	10019	189586	14252	48801
2003	354.24	301.51	4472.37	3646.23	8600	163191	12681	54758
2004	459.07	363.60	4953.37	4379.40	6815	193170	10252	75892
2005	503.17	396.48	6043.19	5299.23	6921	189020	16160	93164
2006	483.03	424.51	6750.90	6021.59	7624	230365	12526	97098
2007	491.56	434.22	11406.81	10771.52	18013	208332	18778	80722
2008	610.23	578.02	10755.45	9835.83	7536	191377	7848	48214
2009	339.79	314.81	7423.01	6732.78	9979	268966	12433	57306
2010	340.74	321.95	6198.69	5691.07	8659	179697	12663	71982
2011	290.28	270.60	7077.40	6121.49	10909	427212	12562	79864
2012	286.63	269.50	7813.43	7285.92	12196	448189	8189	90607
2013	266.91	248.26	16169.80	13478.34	18569	412339	8012	101314
2014	259.61	240.24	19683.94	18201.00	33601	434640	8640	108391
2015	232.16	217.73	18550.57	17079.07	45588	425108	18267	110432
2016	228.00	215.51	18436.11	16406.90	43547	366135	22299	110392
2017	233.00	228.00	19077.00	17046.00	54374	454077	12644	215713
2018	257.00	251.84	21365.64	18213.55	49482	455454	13563	119760
2019	277.00	257.00	22036.00	19869.00	60796	421686		513563
2020	302.00	284.00	23652.00	22281.00	44161	482520		151461
2021	408.04	386.24	22083.00	20580.34	41030	698116		179141

注：2019年之后，松脂包括松香类全部产品。

a)After 2019,rosin includ all rosin products.

12-22 各地区主要林产品产量(2021年)
Output of Major Forest Products by Region(2021)

地 区	Region	木 材 (万立方米) Output of Timber (10000 cu.m)	原木 Logs	竹材产品 (万根) Output of Bamboo (10000 units)	毛竹 Mao Bamboo	竹笋干 (吨) Dried Bamboo Shoots(ton)	油茶籽 (吨) Tea-oil Seeds (ton)	松 脂 (吨) Rosin (ton)
全 省	**Provincial Total**	**408.04**	**386.24**	**22,083.00**	**20,580.34**	**41,030.00**	**698,116.00**	**179,141.00**
南昌市	Nanchang	1.12	1.09	4.84	4.54		18,522.00	22,000.00
景德镇市	Jingdezhen	9.75	9.55	218.20	195.10	772.00	7,182.00	6,184.00
萍乡市	Pingxiang	4.66	4.06	836.41	744.03	674.00	43,969.00	3.00
九江市	Jiujiang	13.40	13.01	1,840.92	1,323.87	4,853.00	33,070.00	878.00
新余市	Xinyu	9.93	9.93	169.20	157.20	2,255.00	17,410.00	
鹰潭市	Yingtan	10.55	4.75	806.00	760.00	423.00	7,676.00	16.00
赣州市	Ganzhou	95.45	90.31	3,916.29	3,629.16	4,214.00	185,264.00	21,386.00
吉安市	Ji'an	147.53	143.12	3,012.21	2,871.01	2,636.00	135,902.00	82,802.00
宜春市	Yichun	48.29	45.65	3,368.36	3,256.36	4,545.00	101,507.00	8,736.00
抚州市	Fuzhou	47.17	45.62	4,898.99	4,798.99	15,082.00	33,696.00	33,082.00
上饶市	Shangrao	20.19	19.15	3,011.59	2,840.09	5,576.00	113,918.00	4,054.00

注：全省数据含省直单位数据。

a)The data of provincial total include the provincial unit's data.

12-23 牧业生产情况
Production Condition of Animal Husbandry

指标	Item	2020	2021	2021年比2020年增长(%) Increase Rate in 2021 over 2020 (%)
当年出栏肉猪头数(头)	Number of Slaughtering Hogs in Current Year (head)	22182785	29103814	31.2
当年出售和自宰肉用牛(头)	Cattle for Sale and Butchering in Current Year (head)	1351200	1465200	8.4
当年出售和自宰肉用羊(只)	Sheep for Sale and Butchering in Current Year (head)	1584100	1715500	8.3
当年出售和自宰肉用兔(只)	Rabbits for Sale and Butchering in Current Year (head)	5989760	3754308	-37.3
当年出售和自宰肉用禽(万只)	Poultry for Sale and Butchering in Current Year (10 000 heads)	56832	57685	1.5
肉类总产量(吨)	Total Output of Meat (ton)	2851792	3449551	21.0
#猪　肉	Pork	1806995	2385233	32.0
牛　肉	Beef	152030	167100	9.9
羊　肉	Mutton	25800	28741	11.4
兔　肉	Rabbit Meat	10063	6094	-39.4
禽　肉	Meat of Poultry	845100	858622	1.6
牛奶产量(吨)	Output of Milk (ton)	91100	83200	-8.7
禽蛋总产量(吨)	Output of Poultry Eggs (ton)	620980	636012	2.4
蜂蜜产量(吨)	Output of Honey (ton)	22861	15458	-32.4
牛年末存栏头数(头)	Number of Cattle at Year-end (head)	2754600	2696753	-2.1
#奶牛	Number of Cow	25100	25600	2.0
生猪年末存栏头数(头)	Number of Hogs at Year-end (head)	15698537	16832300	7.2
#能繁殖母猪	Number of Female Hogs with Fertility	1443966	1617242	12.0
羊年末存栏只数(只)	Number of Sheep and goats at Year-end (head)	1234600	1323000	7.2
兔年末存栏只数(只)	Number of Rabbits at the End of Year (head)	1558016	3754308	141.0
家禽年末只数(万只)	Number of Poultry at Year-end (10 000 heads)	24554	23193	-5.5
蚕　茧(吨)	Silkworm cocoon (ton)	6511	1180	-81.9

注：本表主要畜禽(猪牛羊禽)指标为国家统计局核定全省抽样监测调查推算数据，非主要畜禽指标数据通过全面统计获取，数据来自国家统计局江西调查总队。

a) The main data of livestock, including pork, beef, mutton and poultry, are calculated results of provincial sampling and monitoring survey. Data are provided by Survey Office of the National Bureau of Statistics of Jiangxi.

12-24 渔业生产情况
Production Condition of Fishery

指　　标	Item	2020	2021	2021年比2020年增长(%) Increase Rate in 2021 over 2020(%)
渔业乡(个)	Number of Fishery Townships (unit)	12	6	-50.0
渔业村(个)	Number of Fishery Villages (unit)	185	108	-41.6
渔业户(户)	Number of Fishery Households (household)	232670	221757	-4.7
渔业人口(万人)	Population of Fishery (10 000 persons)	112.91	102.33	-9.4
渔业从业人员(万人)	Laborers of Fishery (10 000 persons)	81.11	78.84	-2.8
专业从业人员	Professional Laborers	36.27	35.69	-1.6
捕捞专业从业人员	Laborers of Catch	1.29	1.07	-17.1
养殖专业从业人员	Laborers of Cultivation	29.36	29.07	-1.0
其他专业从业人员	Other Laborers	5.61	5.55	-1.1
兼业从业人员	Sideline Laborers	34.58	32.94	-4.7
已养殖面积(千公顷)	Cultured Area (1 000 hectares)	405.37	404.78	-0.1
#池　塘	Pond	162.50	162.80	0.2
水　库	Reservoir	145.56	144.83	-0.5
湖　泊	Lake	84.52	84.95	0.5
养殖亩产(千克/公顷)	Per Unit Area Yield of Cultivation (kg/hectare)	6302	6574	4.3
#池　塘	Pond	10123	10582	4.5
水　库	Reservoir	2513	3065	22.0
湖　泊	Lake	3063	2570	-16.1
水产品总产量(吨)	Total Output of Aquatic Products (ton)	2626904	2695115	2.6
#养殖产量	Cultured Output	2554738	2661004	4.2
#池　塘	Pond	1645002	1722684	4.7
水　库	Reseroir	365745	372274	1.8
湖　泊	Lake	258875	260380	0.6
水产品总产量中：鱼　类	Fish	2253029	2314885	2.7
甲壳类	Carapace	246081	248898	1.1
贝　类	Shellfish	41540	37693	-9.3
珍珠产量(千克)	Output of Pearls (kg)	210000	224000	6.7
鱼苗产量(亿尾)	Output of Fries (100 millon fries)	375	383	2.0
鱼种产量(吨)	Output of Fingerling (ton)	303029	309374	2.1

12-25 各地区渔业生产情况(2021年)
Production Condition of Fishery by Region (2021)

地 区	Region	渔业从业人员(万人) Laborers of Fishery (10 000person)	专业从业人员 Professional Laborers	捕捞从业人员 Laborers of Catch	养殖从业人员 Laborers of Cultivation	其他从业人员 Other Laborers	兼业从业人员 Sideline Laborers	养殖面积(公顷) Cultured Area (hectare)	养殖单产(千克/公顷) Per Unit Area Yield of Cultivation (kg/hectare)
全 省	**Provincial Total**	**78.84**	**35.69**	**1.07**	**29.07**	**5.55**	**32.94**	**404778**	**6574**
南昌市	Nanchang	6.51	3.15		2.64	0.52	2.20	50982	8436
景德镇市	Jingdezhen	0.33	0.22	0.04	0.14	0.04	0.09	5212	5126
萍乡市	Pingxiang	2.30	0.86	0.02	0.78	0.06	1.41	5532	7475
九江市	Jiujiang	3.50	2.24	0.05	1.90	0.29	0.89	97993	4816
新余市	Xinyu	1.41	0.57	0.08	0.41	0.09	0.71	11331	4810
鹰潭市	Yingtan	0.80	0.43	0.07	0.26	0.09	0.15	7880	6687
赣州市	Ganzhou	25.26	11.21	0.19	9.50	1.52	12.65	42084	7334
吉安市	Ji'an	8.16	2.83	0.22	2.28	0.33	4.38	38737	5788
宜春市	Yichun	10.37	4.44	0.38	3.62	0.44	2.97	43440	7888
抚州市	Fuzhou	5.28	1.79	0.01	1.32	0.47	2.74	32350	5504
上饶市	Shangrao	14.91	7.95	0.02	6.23	1.70	4.75	69237	7657

12-25 续表 continued

地 区	Region	水产品总产量(吨) Total Output of Aquatic Products (ton)	#养殖产量 Cultured Output	水产品产量中 Among Output of Aquatic Products: 鱼类 Fish	甲壳类 Carapace	贝类 Shellfish	珍珠产量(千克) Output of Pearl (kg)	鱼苗产量(亿尾) Output of Fry (One hundred million)	鱼种产量(吨) Output of Fingerling (ton)
全 省	**Provincial Total**	**2695115**	**2661004**	**2314885**	**248898**	**37693**	**224000**	**383.10**	**309374**
南昌市	Nanchang	430082	430082	379261	38627	7793		33.15	44617
景德镇市	Jingdezhen	30100	26721	26713	2050	763		13.23	738
萍乡市	Pingxiang	41350	41350	38002	1068	1423		10.93	5676
九江市	Jiujiang	471975	471975	365675	100174	1431	165000	51.48	37817
新余市	Xinyu	56567	54502	50462	1486	507		6.62	4573
鹰潭市	Yingtan	54201	52688	44482	6403	1186		19.85	6363
赣州市	Ganzhou	311954	308632	286634	10037	5256		87.98	35611
吉安市	Ji'an	227938	224213	206986	11628	2536		32.64	20915
宜春市	Yichun	361706	342654	311109	24402	8886		47.11	52908
抚州市	Fuzhou	178052	178052	143245	4368	2180	1000	35.57	31379
上饶市	Shangrao	531190	530135	462316	48655	5732	58000	44.54	68777

12-26 各地区按人口平均的主要农产品产量(2021年)
Per Capita Output of Major Farm Products by Region (2021)

指 标	Item	全 省 Provincial Total	南 昌 市 Nanchang	景德镇市 Jingdezhen	萍 乡 市 Pingxiang	九 江 市 Jiujiang	新 余 市 Xinyu
粮 食(千克/人)	Grain (kg/person)	485.31	333.23	343.85	277.86	319.38	468.79
棉 花(千克/人)	Cotton (kg/person)	0.38	0.08	0.54		2.67	0.57
花 生(千克/人)	Peanut (kg/person)	11.86	7.99	6.38	1.81	4.01	10.52
油菜籽(千克/人)	Rapeseeds (kg/person)	16.24	9.17	16.53	25.47	37.73	10.01
芝 麻(千克/人)	Sesame (kg/person)	0.86	0.88	2.03	0.03	1.16	0.44
水产品产量(千克/人)	Output of Aquatic Products (kg/person)	59.66	66.81	18.57	22.90	103.49	47.06
园林水果产量(千克/人)	Output of Fruits (kg/person)	114.75	6.97	15.06	11.81	31.37	121.26
#柑 桔	Citrus Fruits	98.41	3.80	3.26	6.23	19.27	99.58

12-26 续表 continued

指 标	Item	鹰 潭 市 Yingtan	赣 州 市 Ganzhou	吉 安 市 Ji'an	宜 春 市 Yichun	抚 州 市 Fuzhou	上 饶 市 Shangrao
粮 食(千克/人)	Grain (kg/person)	579.18	291.56	839.92	758.54	734.61	511.89
棉 花(千克/人)	Cotton (kg/person)		0.00	0.05	0.37	0.08	0.09
花 生(千克/人)	Peanut (kg/person)	13.34	13.58	15.49	28.51	10.11	8.67
油菜籽(千克/人)	Rapeseeds (kg/person)	5.48	2.83	23.63	21.64	7.26	22.94
芝 麻(千克/人)	Sesame (kg/person)	0.54	0.04	0.42	2.03	0.20	1.63
水产品产量(千克/人)	Output of Aquatic Products (kg/person)	46.93	34.74	51.51	72.76	49.74	82.53
园林水果产量(千克/人)	Output of Fruits (kg/person)	67.08	223.58	174.89	39.23	433.54	30.79
#柑 桔	Citrus Fruits	47.47	198.60	149.10	19.42	409.14	21.40

12-27 各地区农村经济效益(2021年)

指　　标	Item	全　省 Provincial Total	南昌市 Nanchang
每一农业劳动力创造农林牧渔业总产值(元)	Gross Output of Agriculture,Forestry,Animal Husbandry and Fishery Created by Per Rural Laborer (yuan)	53258	81536
每一农业劳动力创造农林牧渔业增加值(元)	Value-added of Agriculture,Forestry,Animal Husbandry and Fishery Created by Per Rural Laborer (yuan)	32475	48820
每一农业劳动力创造农林牧渔业商品产值(元)	Commodity Output of Agriculture,Forestry,Animal Husbandry and Fishery Created by Per Rural Laborer (yuan)	39349	64296
每一农业劳动力生产的主要农产品(千克)	Major Farm Products Producted by Per Rural Laborer (kg)		
粮　食	Grain	2920.39	4254.56
棉　花	Cotton	2.29	1.07
油　料	Oil-bearing Crops	174.38	230.32
糖　料	Crops	80.82	85.21
园林水果	Fruits	690.50	88.95
水产品产量	Output of Aquatic Products	359.01	852.98
农林牧渔业商品率(%)	Commodity Rate of Agriculture, Forestry, Animal Husbandry and Fishery (%)	73.88	78.86

Rural Economic Efficiency by Region (2021)

景德镇市 Jingdezhen	萍乡市 Pingxiang	九江市 Jiujiang	新余市 Xinyu	鹰潭市 Yingtan	赣州市 Ganzhou	吉安市 Ji'an	宜春市 Yichun	抚州市 Fuzhou	上饶市 Shangrao
65680	48451	54062	70322	73529	42399	57347	57330	48265	46094
39654	30853	34184	43323	46301	26835	31474	34173	28955	29436
51301	32191	37462	49129	53542	29072	47697	40935	38011	33661
2988.18	1964.35	1904.42	3174.62	4009.73	1593.64	4365.58	3722.87	3180.86	2947.44
4.66		15.90	3.89		0.00	0.25	1.80	0.34	0.54
216.79	193.12	255.85	141.97	139.39	89.96	205.53	256.09	76.05	191.44
267.37	2.00	18.19	7.14	179.94	7.65	42.99	110.37	212.74	117.54
130.90	83.50	187.03	821.16	464.39	1222.10	909.03	192.53	1877.25	177.26
161.41	161.87	617.08	318.65	324.90	189.88	267.73	357.11	215.39	475.18
78.11	66.44	69.29	69.86	72.82	68.57	83.17	71.40	78.75	73.03

主要统计指标解释

农林牧渔总产值 以货币表现的农林牧渔业的全部产品总量和对农林牧渔业生产活动进行的各种支持性服务活动的价值。它反映一定时期内农林牧渔业生产总规模和总成果，是观察农林牧渔业生产水平和发展速度的重要指标，同时也是计算农林牧渔业劳动生产率和农林牧渔业增加值的基础资料。

农林牧渔业总产值的计算，一般采用“产品法”，即凡有产品产量的，都按产品价格乘产量的办法求得每种产品产量的产值，然后相加求得各业的产值，最后各业相加求出农林牧渔业总产值。

农林牧渔业增加值 指农、林、牧、渔及农林牧渔服务业在一定时期内生产货物或提供服务活动而增加的价值。它反映了农业生产经营活动的最终成果和对社会的贡献。

农业增加值的计算方法有两种：(1) 生产法，是从生产角度进行计算的一种方法。即用农业总产出减去农业中间消耗求得。(2) 分配法，是从分配角度进行计算的一种方法。即通过农业生产单位在生产经营和劳务活动过程中形成的不含中间消耗的各种收入来计算。具体包括农业劳动者收入、福利基金、利税、固定资产折旧及大修理和其他。一般采用生产法计算。

农作物播种面积 指实际播种或移植有农作物的面积。凡是实际种植有农作物的面积，不论种植在耕地上还是种植在非耕地上，均包括在农作物播种面积中，在播种季节基本结束后，因遭灾而重新改种和补种的农作物面积，也包括在内。播种面积的大小，反映农作物的生产规模和耕地的利用程度。

农作物总产量 指在一定时期内（通常是一年）生产的各种农作物产品总产量。无论是种植在耕地上或非耕地上的农作物产量，都包括在内。有的农作物收割期较长，虽在当年冬季就开始收割，但需跨年延到来年春季才能收完的，仍计算为本年农作物总产量。它是衡量农业生产成果，统筹安排城乡人民生活，研究生产、积累和消费比例关系及编制国民经济计划的基本数据。

粮食产量 指全社会的产量。包括国有经济经营的、集体统一经营的和农民家庭经营的粮食产量，还包括工矿企业办的农场和其他生产单位的产量。粮食除包括稻谷、小麦、玉米、高粱、谷子及其他杂粮外，还包括薯类和豆类。

猪、牛、羊肉产量 指当年出栏并已屠宰、除去头蹄下水后带骨肉（即胴体重）的重量。

期初（末）畜禽存栏头（只）数 指报告期初（末）农村各种合作经济组织和国有农场、农民个人、机关、团体、学校、工矿企业、部队等单位以及城镇居民饲养的大牲畜、猪、羊、家禽等畜禽的存栏数。

农用化肥施用量 指本年内实际用于农业生产的化肥数量，包括氮肥、磷肥、钾肥和复合肥。化肥施用量要求按折纯量计算数量。折纯量是指把氮肥、磷肥、钾肥分别按含氮、含五氧化二磷、含氧化钾的百分之一百成分进行折算后的数量。复合肥按其所含主要成分折算。

有效灌溉面积 指具有一定的水源，地块比较平整，灌溉工程或设备已经配套，在一般年景下当年能够进行正常灌溉的耕地面积。

农业机械总动力 指主要用于农、林、牧、渔业的各种动力机械的动力总和。包括耕作机械、排灌机械。收获机械、农用运输机械、植物保护机械、牧业机械、林业机械、渔业机械和其他农业机械〔内燃机按引擎马力折成瓦（特）计算、电动机按功率折成瓦（特）计算〕。不包括专门用于乡、镇、村、组办工业、基本建设、非农业运输、科学试验和教学等非农业生产方面用的动力机械与作业机械

Explanatory Notes on Main Statistical Indicators

Gross Out Value of Agriculture, Forestry, Animal, Husbandry and Fishery refer to the total volume forestry of products of farming, forestry, animal husbandry and fishery and the value of various services supporting the production of farming, forestry, animal husbandry and fishery in monetary terms, which reflects the total scale and total results of farming, forestry, animal husbandry and fishery production during a given period of time. It is an important indicator to observe the production level and development speed of farming, forestry, animal husbandry and fishery. It is also the foundation for calculating the labor productivity and value-added of farming, forestry, animal husbandry and fishery.

Generally, the gross output value of farming, forestry, animal husbandry, and fishery is calculated with the production approach. Where applicable, the gross output value of each single product is obtained by multiplying the output of each product by its price. These values are then summed up to obtain the output value of each sector. The sum of output values of all sectors is the gross output value of farming, forestry, animal husbandry, and fishery.

Value-added of Agriculture, Forestry, Animal Husbandry and Fishery refers to the value-added of goods produced or services provided by farming, forestry, animal husbandry and fishery in a given period of time. It shows the final results of the activities of production and management of agriculture and its contributions to the society.

The value-added of agriculture is calculated with two approaches:

(1) Production of approach is a method from the production angle, i.e. total output of agriculture minus intermediate consumption of agriculture. The value-added of agriculture is usually calculated with the production approach as no complete accounting records of the rural households are available;

(2) Distribution approach is a method from the distribution angle, i.e. various incomes from the activities of production and management of the productive units of agriculture without intermediate consumption, including incomes of the rural laborers, welfare funds, profit and tax, depreciation of fixed assets and major overhaul and others.

Sown Area of Crops refers to area of land sown or transplanted with crops regardless of being in cultivated area or non cultivated area. Area of land re-sown due to natural disasters is also included. It refers the scale of crops and the use of cultivated area.

Total Output of Crops refers to the total output of farm crops of various kinds during a given period of time (usually a year). It covers the output of crops in both cultivated and uncultivated area. Crops with an extensive reaping period beginning in the winter of the current year are included in the total output of crops of the current year, even if harvest is extended until the spring of the following year. It is the basic figure to examine the production results of agriculture, make overall arrangements in the life of urban and rural households, study the proportionate relationships between production, accumulation and consumption and work out a plan of national economy.

Grain Yield refers to the yield in the whole country including grains produced by state farm, collective units, industrial enterprises and mines. Grain includes rice, wheat, corn, sorghum, millet and other miscellaneous grains as well as tubers and beans.

Output of Pork, Beef, and Mutton refers to the meat of slaughtered hogs, cattle, sheep and goats with head, feet, and offal taken away.

Number of Livestock or Poultry in Stock at Beginning (or End) refers to the total number of large animals, pigs, sheep, fowls, etc. raised by rural cooperative organizations, state farms, rural individuals, government agencies, schools, Industrial and mining enterprises, army, and urban residents at the beginning (or end) of the reference period.

Consumption of Chemical Fertilizers in Agriculture refers to the quantity of chemical fertilizers applied in agriculture in the year, including nitrogenous fertilizer, phosphate fertilizer, potash fertilizer, and compound fertilizer. The consumption of chemical fertilizers is required in calculation to convert the gross weight into weight containing 100% effective component (e.g.100% nitrogen content in nitrogenous fertilizer,100% phosphorous pentoxide contents in phosphate fertilizer,100% potassium oxide contents in potash fertilizer). Compound fertilizer is converted with its major component.

Irrigated Area refers to areas that are effectively irrigated, i.e. level land which has water source and complete sets of irrigation facilities to lift and move adequate water for irrigation purpose under normal conditions.

Total Power of Agricultural Machinery refers to total mechanical power of machinery used in farming, forestry, animal husbandry, and fishery, including ploughing, irrigation and drainage, harvesting, transport, plant protection, stock breeding, forestry and fishery. The power of internal combustion engines is required to convert horsepower into watts and the power of electric motors is required to be converted into watts. Machinery employed for non agricultural purposes, such as the machines used in township run and village-run Industry, construction, non agricultural transport, scientific experiments and teaching, is excluded.

13 工　业

INDUSTRY

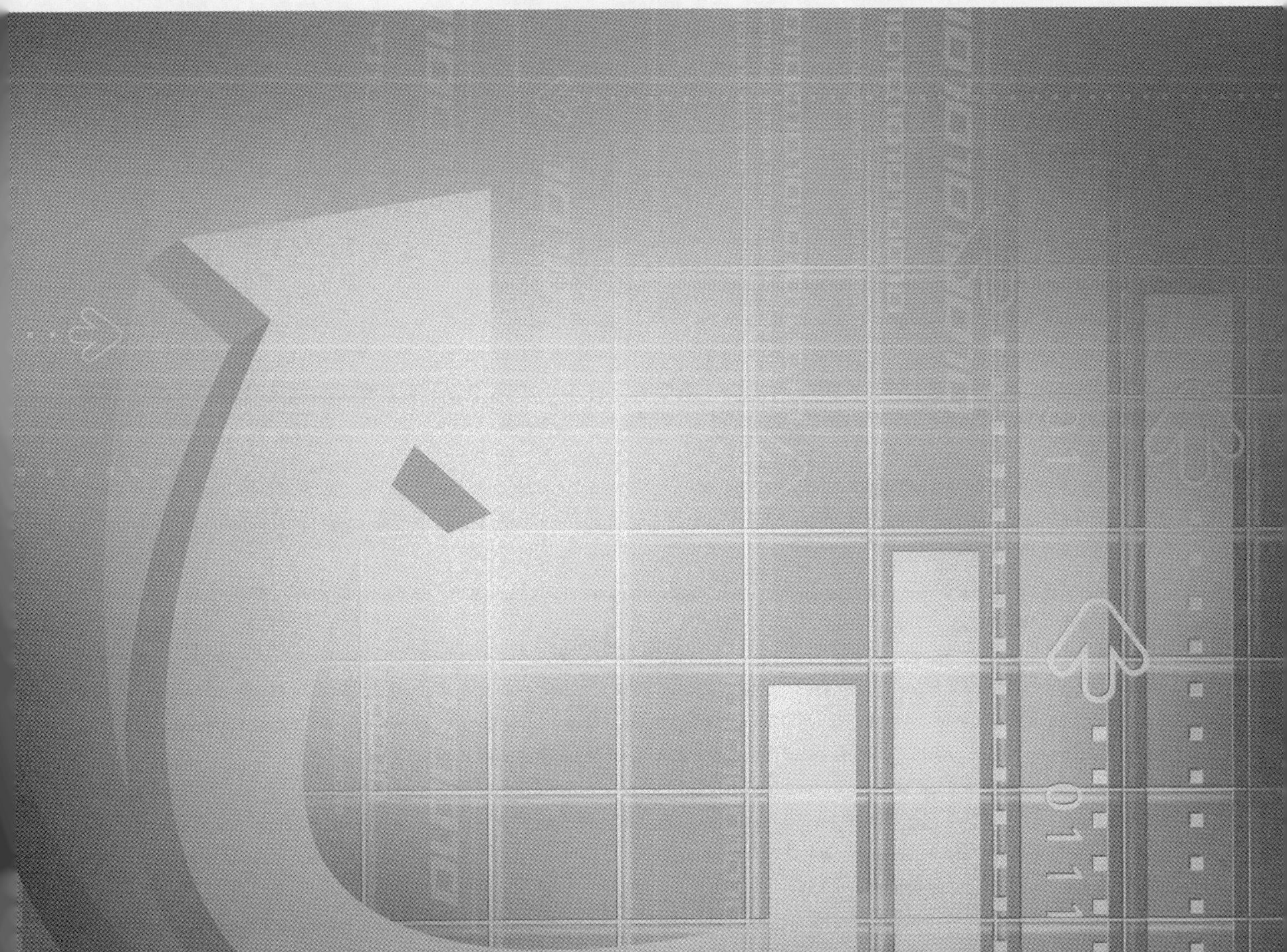

资料整理：丁　亦　王　宁　王春平　余华翰

简要说明

一、本篇资料的主要内容

本篇资料反映全省规模以上工业经济方面的基本情况，包括11个设区市的主要工业经济统计数据:

1.规模以上工业企业单位数和总产值，以及按企业登记注册类型、轻重工业、企业规模、工业行业大类和按地区分组的主要经济指标和经济效益指标;

2.规模以上国有及国有控股、外商投资、港澳台商投资和私营工业企业主要经济指标和经济效益指标;

3.规模以上主要工业产品产量。

二、本篇资料的统计范围

工业统计调查范围为全省境内的全部工业企业。1997年以前，工业的统计范围按隶属关系划分，分为乡及乡以上独立核算工业企业和非独立核算生产单位、村办工业、城镇合作工业、农村合作工业、城镇个体工业、农村个体工业六大部分。(1984年以前村办工业不在工业统计范围内)。

1998年及以后年份，工业统计调查范围由按隶属关系划分，改变为按企业规模划分，分为全部国有及年主营业务收入在500万元以上非国有工业企业和年主营业务收入在500万元以下非国有工业企业两部分。2011年，规模以上工业划分标准提高到年主营业务收入2000万元及以上。本篇资料中的统计范围为年主营业务收入在2000万元以上工业企业。

本篇资料中工业行业分类按2017年《国民经济行业分类标准》划分；企业大中小微型划分按2017年《统计上大中小微型企业划分办法(暂行)》标准执行。

三、本篇的资料来源和统计调查方法

本篇工业企业统计数据主要是根据工业统计快报有关资料整理汇总的。

Brief Introduction

I. Main Contents

Data in this chapter reflect the basic conditions of the industrial sector above designated size of the province, presenting main industrial economic indicators of 11 cities.

(1) The number and the gross industrial output value of all State-owned industrial enterprises that are above designated size; as well as their main economic indicators and efficiency indicators classified by type of registration, by light and heavy industries, by size of the enterprises, by branch of industry and by region.

(2) Main economic indicators and efficiency indicators of State-owned industrial enterprises and enterprises where the State holds the majority of shares; foreign-funded industrial enterprises and enterprises funded by entrepreneurs from Hong Kong, Macao and Taiwan; and private enterprises, classified by branch of industry.

(3) Output of Industrial products.

II. Scopes of Statistics

Industrial statistics cover all industrial enterprises within the province. Before 1997, industrial statistics were based on type of ownership, consisting of following six parts: corporate industrial enterprises above county level with independent accounting system and production units with dependent accounting system, village industrial enterprises; urban joint industrial enterprises, rural joint industrial enterprises, urban individual industrial enterprises, and rural industrial enterprises (village industrial enterprises were not included in the scope of industrial statistics before 1984).

Since 1998, scope of industrial statistics changed from the basis of type of ownership to the size of enterprises, they are: all state-owned industrial enterprises and those non-state industrial enterprises with revenue from principal business over 5 million yuan, and non-state industrial enterprises with revenue from principle business below 5 million yuan. Since 2011, the standard of industrial enterprises above designated size are raised, which the revenue from principle business were 20 million yuan and above.

Data by branch of industry in this chapter are based on the 2017 National Industrial Classification of all Economic Activities, and data by size of enterprises are based on the Preliminary Standards of Enterprises by Size in 2017.

III. Sources of Data and Methods of Survey

The data on industrial enterprises statistics in this chapter are collected from the relevant data on preliminary industrial statistics reporting forms.

13-1 规模以上工业企业增加值增速
Growth Rate of Value-added of Industrial Enterprises above Designated Size

类　　别	Type	2020年比2019年增长（%） Growth Rate of 2020 to 2019 (%)	2021年比2020年增长（%） Growth Rate of 2021 to 2020 (%)
总　　计	**Total**	**4.6**	**11.4**
按登记注册类型及隶属关系分	**By Registration Status and Jurisdiction of Management**		
国有企业	State-owned Enterprises	-15.4	6.7
中央企业	Central Enterprises	-19.4	3.8
地方企业	Local Enterprises	-14.9	7.1
集体企业	Collective-owned Enterprises	19.2	-0.9
股份合作企业	Cooperative Enterprises	7.3	13.4
联营企业	Joint Ownership Enterprises		
有限责任公司	Limited Liability Corporations	5.2	15.7
股份有限公司	Share-holding Corporations Limited	3.7	2.9
私营企业	Private Enterprises	5.1	11.4
港、澳、台商投资企业	Enterprises with Funds from Hong Kong, Macao and Taiwan	-2.9	8.7
外商投资企业	Foreign Funded Enterprises	1.0	9.1
其他经济类型	Other Economic Types		
#国有控股企业	State-holding Enterprises	1.1	8.8
按轻、重工业分	**Grouped by Light & Heavy Industries**		
轻工业	Light Industry	-1.8	9.5
重工业	Heavy Industry	7.8	12.3
按企业规模分	**Grouped by Size of Enterprises**		
大型企业	Large Enterprises	5.5	11.1
中型企业	Medium-sized Enterprises	2.7	9.3
小型企业	Small Enterprises	6.5	12.3
微型企业	Miniature Enterprises	-10.7	31.0
按工业行业分	**Grouped by Sector**		
煤炭开采和洗选业	Mining and Washing of Coal	-33.6	13.6
黑色金属矿采选业	Mining and Processing of Ferrous Metal Ores	-23.1	-6.4
有色金属矿采选业	Mining and Processing of Non-Ferrous Ores	-14.5	-8.6
非金属矿采选业	Mining and Processing of Non-metal Ores	-1.2	10.9
农副食品加工业	Processing of Food from Agricultural Products	-1.2	7.7
食品制造业	Manufacture of Foods	-5.9	12.1
酒、饮料和精制茶制造业	Manufacture of Liquor, Beverages & Refined Tea	-2.9	6.5
烟草制品业	Manufacture of Tobacco	2.9	7.3
纺织业	Manufacture of Textile	-7.2	-3.9
纺织服装、服饰业	Manufacture of Textile,Wearing Apparel and Accessories	-8.5	12.9
皮革、毛皮、羽毛及其制品和制鞋业	Manufacture of Leather, Fur, Feather and Related Products and Footwear	-4.5	18.4

13-1 续表 continued

类别	Type	2020年比2019年增长（%）Growth Rate of 2020 to 2019 (%)	2021年比2020年增长（%）Growth Rate of 2021 to 2020 (%)
木材加工和木、竹、藤、棕、草制品业	Processing of Timber, Manufacture of Wood, Bamboo, Rattan, Palm and Straw Products	-4.7	16.9
家具制造业	Manufacture of Furniture	7.6	9.9
造纸和纸制品业	Manufacture of Paper and Paper Products	3.9	8.4
印刷和记录媒介复制业	Printing and Reproduction of Recording Media	-7.4	24.9
文教、工美、体育和娱乐用品制造业	Manufacture of Articles for Culture, Education, Arts and Crafts Sport and Entertainment Activities	-2.6	5.1
石油、煤炭及其他燃料加工业	Processing of Petroleum, Coal, and Other Fuels	-6.7	-1.5
化学原料和化学制品制造业	Manufacture of Raw Chemical Materials and Chemical Products	14.2	2.9
医药制造业	Manufacture of Medicines	1.1	5.7
化学纤维制造业	Manufacture of Chemical Fibers	32.3	35.7
橡胶和塑料制品业	Manufacture of Rubber and Plastics Products	7.7	13.8
非金属矿物制品业	Manufacture of Non-metallic Mineral Products	5.2	6.7
黑色金属冶炼和压延加工业	Smelting and Pressing of Ferrous Metals	6.8	8.1
有色金属冶炼和压延加工业	Smelting and Pressing of Non-ferrous Metals	4.2	5.4
金属制品业	Manufacture of Metal Products	12.1	17.1
通用设备制造业	Manufacture of General Purpose Machinery	4.0	9.5
专用设备制造业	Manufacture of Special Purpose Machinery	5.8	20.6
汽车制造业	Manufacture of Automobiles	-7.0	6.7
铁路、船舶、航空航天和其他运输设备制造业	Manufacture of Railway，Ship, Aerospace, and Other Transport Equipments	-21.3	20.9
电气机械和器材制造业	Manufacture of Electrical Machinery and Apparatus	13.6	14.8
计算机、通信和其他电子设备制造业	Manufacture of Computers communication and other Electronic Equipment	15.1	23.4
仪器仪表制造业	Manufacture of Measuring Instruments and Machinery	3.1	29.9
其他制造业	Other Manufacture	-9.4	29.3
废弃资源综合利用业	Utilization of Waste Resources	63.2	75.7
金属制品、机械和设备修理业	Repair Service of Products, Machinery & Equipment	26.7	24.1
电力、热力生产和供应业	Production and Supply of Electric Power and Heat Power	0.3	13.7
燃气生产和供应业	Production and Supply of Gas	0.9	36.2
水的生产和供应业	Production and Supply of Water	8.3	22.5
按地区分	**By Region**		
南 昌 市	Nanchang	4.7	11.4
景德镇市	Jingdezhen	4.3	10.9
萍 乡 市	Pingxiang	4.5	10.8
九 江 市	Jiujiang	4.2	11.3
新 余 市	Xinyu	4.8	11.1
鹰 潭 市	Yingtan	4.9	12.2
赣 州 市	Ganzhou	4.6	11.6
吉 安 市	Ji'an	5.0	11.6
宜 春 市	Yichun	4.7	11.7
抚 州 市	Fuzhou	4.8	9.7
上 饶 市	Shangrao	5.0	12.0

13-2　各地区规模以上工业企业单位数(2021年)

单位：个

分　　类	Item	全　省 Provincial	南昌市 Nanchang	景德镇市 Jingdezhen
总　　计	**Total**	**15142**	**1721**	**451**
按登记注册类型及隶属关系分	**By Registration Status and Jurisdiction of Management**			
国有企业	State-owned Enterprises	58	10	2
中央企业	Central Enterprises	9		
地方企业	Local Enterprises	49	10	2
集体企业	Collective-owned Enterprises	18	2	2
股份合作企业	Cooperative Enterprises	42	11	1
有限责任公司	Limited Liability Corporations	2160	290	129
股份有限公司	Share-holding Corporations Limited	182	30	11
私营企业	Private Enterprises	11933	1241	286
港、澳、台商投资企业	Enterprises with Funds from Hong Kong, Macao and Taiwan	419	58	5
外商投资企业	Foreign Funded Enterprises	327	79	15
其他经济类型	Other Economic Types	3		
#国有控股企业	State-holding Enterprises	643	131	40
按轻、重工业分	**Grouped by Light & Heavy Industries**			
轻工业	Light Industry	6338	766	159
重工业	Heavy Industry	8804	955	292
按企业规模分	**Grouped by Size of Enterprises**			
大型企业	Large Enterprises	211	55	7
中型企业	Medium-sized Enterprises	1148	151	26
小型企业	Small Enterprises	12258	1320	376
微型企业	Miniature Enterprises	1525	195	42

Number of Industrial Enterprises above Designated Size by Region (2021)

(unit)

萍乡市 Pingxiang	九江市 Jiujiang	新余市 Xinyu	鹰潭市 Yingtan	赣州市 Ganzhou	吉安市 Ji'an	宜春市 Yichun	抚州市 Fuzhou	上饶市 Shangrao
662	**2034**	**545**	**417**	**2478**	**1725**	**2040**	**1059**	**2010**
5	8	2	2	7	8	3	2	9
	4			1	3			1
5	4	2	2	6	5	3	2	8
2		4		1	2	3	1	1
15	3			1		1	4	6
69	384	76	68	277	171	194	198	304
5	27	7	9	22	15	18	13	25
541	1505	443	316	1971	1446	1736	818	1630
17	53	10	9	139	47	47	13	21
8	54	3	13	60	36	37	9	13
						1	1	1
20	75	36	20	119	55	52	29	66
115	870	180	84	1208	744	851	523	838
547	1164	365	333	1270	981	1189	536	1172
9	18	10	4	22	30	37	7	12
73	169	38	27	189	159	163	64	89
545	1713	429	326	1968	1377	1681	878	1645
35	134	68	60	299	159	159	110	264

13-3 工 业 产 品 产 量(2021年)
Output of Industrial Products (2021)

品 名	Item	2021年	2021年比2020年增长(%) Growth Rate of 2021 to 2020 (%)
硫铁矿生产量(折含硫 35%)(万吨)	Pyrite Ore (converted into 35% sulphur) (10 000 tons)	8.20	-97.0
钨精矿折含量(万吨)	Scheelite Presentation of Content (10 000 tons)	5.65	-9.7
原 盐(万吨)	Salt (10 000 tons)	284.97	34.2
配混合饲料(万吨)	Mixed Feed (10 000 tons)	655.01	14.3
乳 制 品(万吨)	Milk Products (10 000 tons)	20.42	17.4
罐 头(万吨)	Canned Food (10 000 tons)	9.77	-5.6
饮 料(万吨)	Soft Drinks (10 000 tons)	478.91	4.5
白 酒(万千升)	White Spirit (10 000 kiloliter)	16.25	90.7
啤 酒(万千升)	Beer (10 000 kiloliter)	62.43	-9.3
精 制 茶(吨)	Refined Tea (ton)	76175.10	6.7
卷 烟(亿支)	Cigarettes (100 million pieces)	642.05	1.8
纱(万吨)	Yarn (10 000 tons)	154.33	1.5
布(万米)	Cloth (10 000 m)	95518.50	13.4
纯棉布	Cotton Cloth	71202.00	18.4
棉混纺交织布	Cotton Blended Cloth	10168.30	-11.8
印 染 布(万米)	Dyeing Cloth (10 000 m)	21717.00	20.2
服 装(万件)	Garments (10 000 pieces)	136204.50	17.0
皮 鞋(万双)	Shoes (10 000 pairs)	4045.90	-8.2
人 造 板(万立方米)	Manmade Plates (10 000 cu.m)	1221.06	32.0
机制纸及纸板(万吨)	Machine-made Paper and Paperboard (10 000 tons)	280.24	17.2
家 具(万件)	Furniture (10 000 pieces)	6131.19	29.9
硫 酸(万吨)	Sulfuric Acid (10 000 tons)	290.95	0.4
烧 碱(万吨)	Caustic Soda (10 000 tons)	202.18	12.3
电石(折300升/千克)(万吨)	Calcium Carbide (convert to 300 L/kg) (10 000 tons)	1.03	42.0
化学肥料(折有效成分100%)(万吨)	Chemical Fertilizers (10 000 tons)	97.45	345.1
氮 肥	Nitrogen Fertilizers	78.35	821.1
磷 肥	Phosphate Fertilizers	10.87	30.4
化学农药(吨)	Chemical Pesticide (ton)	85861.80	7.5
纯 苯(吨)	Benzene (ton)	38153.10	-6.4
涂 料(吨)	Paint (ton)	318638.3	23.7
合成洗涤剂(吨)	Synthetic Detergents (ton)	139451.40	-49.6
化学药品原药(吨)	Chemical Medicines (ton)	123203.80	31.8
中 成 药(吨)	Traditional Chinese Medicine (ton)	94471.20	1.5
化学纤维(万吨)	Chemical Fiber (10 000 tons)	107.66	20.2
合成纤维	Synthetic Fiber	15.39	71.2
橡胶轮胎外胎(万条)	Rubber Tire Casing (10 000 tires)	245.83	1.8
塑料制品(吨)	Plastic Articles (ton)	1494527.60	19.8
水 泥(万吨)	Cement (10 000 tons)	10130.68	3.2
日用玻璃制品(万吨)	Glass Products for Daily Use (10 000 tons)	20.09	54.1
玻璃保温容器(万个)	Glass Proof Containers (10 000 units)	206.7	55.4

13-3 续表 continued

品　名	Item	2021	2021年比2020年增长（%）Growth Rate of 2021 to 2020 (%)
耐火材料制品（万吨）	Fire-resistant Products (10 000 tons)	56.28	24.2
生　铁（万吨）	Pig Iron (10 000 tons)	2315.59	-0.7
粗钢（万吨）	Crude Steel (10 000 tons)	2710.96	1.1
钢材（万吨）	Rolled Steel (10 000 tons)	3480.92	10.9
#中小型型材	Rolled Steel, Medium and Small	1.74	411.1
棒　材	Steel Bar	70.66	-8.4
钢　筋	Corrugated Steel Bar	1478.37	9.0
线　材	Wire Rod	503.29	1.6
厚钢板	Thick Steel Plate	202.06	10.9
中　板	Medium Steel Plate	211.28	12.3
冷轧窄钢带	Non Hot Roll Narrow Steel Belt	28.58	11.5
电工钢板	Electrical Sheet Steel	91.90	14.9
无缝钢管	Seamless Steel Pipe	7.37	259.2
十种有色金属（万吨）	Ten Kinds of Non-ferrous Metals (10 000 tons)	218.95	10.7
#精炼铜	Refined Copper	160.41	11.6
铁合金（万吨）	Ferroalloy (10 000 tons)	0.03	-57.8
工业锅炉（蒸发量吨）	Industrial Boilers (evaporation ton)	2834.40	15.2
金属切削机床（台）	Metal-Cutting Machine Tools (unit)	6932	24.9
#数控机床	CNC Machine Tools	76	-1.3
泵（万台）	Pumps (10 000 units)	79.60	27.5
风　机（万台）	Fans (10 000 units)	66.22	-31.5
气体压缩机（台）	Gas Compressor (unit)	35904203	12.5
滚动轴承（万套）	Rolling Bearings (10 000 units)	34427.40	32.5
小型拖拉机（万台）	Small Tractors (10 000 units)	0.76	-2.9
汽　车（万辆）	Motor Vehicles (10 000 units)	43.60	-1.3
#载货汽车	Trucks	25.93	3.0
民用钢质船舶（万载重吨）	Civil Steel Vessels (10 000 DWT)	3.12	-30.9
发电设备（万千瓦）	Power Generation Equipment (10 000 kW)	66.13	25.7
交流电动机（万千瓦）	AC Motors (10 000 kW)	680.24	5.4
变压器（万千伏安）	Transformers (10 000 kva pm)	3780.45	14.8
家用电冰箱（万台）	Home Refrigerators (10 000 units)	72.31	-7.5
房间空气调节器（万台）	Room Air Conditioners (10 000 units)	352.02	1.9
家用电风扇（万台）	Household Electric Fans (10 000 units)	240.05	-15.7
电光源（万只）	Electric Light (10 000 units)	765384.90	31.0
电话单机（万部）	Telephone Sets (10 000 units)	22.43	-53.9
彩色电视机（万台）	Color Television Sets (10 000 units)	5.57	-93.4
照相机（万台）	Cameras (10 000 units)	31.95	4.2

13-4 主要工业产品产量

年份 地区 Year Region	化学纤维 (万吨) Chemical Fiber (10 000 tons)	纱 (吨) Yarn (ton)	布 (万米) Cloth (10 000 m)	机制纸及纸板 (万吨) Machine-made Paper and Paperboard (10 000 tons)	日用瓷 (万件) Ceramics for Daily Use (10 000 units)
1978	0.42	42373	20173	9.26	32095
1980	1.33	61791	30011	12.69	33087
1985	1.30	72161	26009	22.17	35041
1990	2.00	80749	30566	25.59	44969
1991	2.37	86729	27897	26.36	53083
1992	2.54	96433	29194	31.03	55837
1993	4.13	90595	29670	36.54	53063
1994	5.33	101349	34041	36.29	54702
1995	5.11	109652	35784	41.07	48652
1996	4.80	105556	33256	38.24	60053
1997	6.33	110362	36086	35.49	57016
1998	6.42	107994	25088	23.39	38213
1999	7.65	109102	26315	27.96	52391
2000	7.08	99512	21710	24.02	57470
2001	7.74	79652	17948	26.04	55737
2002	8.59	112105	20491	28.18	56791
2003	10.02	148731	22095	24.66	44588
2004	14.59	186303	32187	35.51	58966
2005	18.07	204424	28057	67.00	61893
2006	20.76	255128	34137	91.35	54902
2007	27.63	390421	46424	106.21	116774
2008	16.87	445644	47026	113.73	160380
2009	13.50	620191	67651	139.64	259118
2010	17.92	746779	80517	186.59	406806
2011	31.47	968465	80754	219.39	296558
2012	37.89	1372942	92650	161.39	
2013	42.00	1607922	77615	181.90	
2014	45.94	1574045	96761	154.52	
2015	46.88	1669100	114447	173.60	
2016	45.82	1627002	134572	200.34	
2017	46.33	1704184	127379	211.04	
2018	54.62	1402835	77928	214.50	
2019	62.92	1606849	103052	276.24	
2020	86.90	1434731	77103	291.06	
2021	107.66	1543344	95519	280.24	
南昌市 Nanchang	0.70	170763	124	0.17	
景德镇市 Jingdezhen					
萍乡市 Pingxiang		3842		39.52	
九江市 Jiujiang	92.17	375081	53267	81.39	
新余市 Xinyu		36554	915	1.50	
鹰潭市 Yingtan	0.17	1059	1272		
赣州市 Ganzhou	3.38	13832	7620	33.72	
吉安市 Ji'an		30063	16251	16.23	
宜春市 Yichun	0.52	673339	1318	10.09	
抚州市 Fuzhou	6.19	114936	13902	41.20	
上饶市 Shangrao	4.53	123874	851	56.43	

Output of Major Industrial Products

合成洗涤剂 (吨) Synthetic Detergents (ton)	卷烟 (亿支) Cigarettes (100 million pieces)	粗钢 (万吨) Crude Steel (10 000 tons)	生铁 (万吨) Pig Iron (10 000 tons)	钢材 (万吨) Rolled Steel (10 000 tons)
5098	19.14	25.64	35.84	24.50
6298	22.32	38.76	31.45	46.65
12778	32.11	77.42	57.43	60.98
17083	47.02	112.09	89.03	92.32
21700	49.58	109.68	84.05	95.27
25100	49.49	133.06	97.83	109.76
29984	50.09	148.68	120.72	119.61
34600	46.42	150.94	150.16	129.84
45194	43.76	149.73	136.63	126.36
42063	38.63	173.02	133.86	139.87
38626	35.54	173.80	149.48	154.79
38267	38.31	222.94	192.43	179.23
24696	41.20	267.03	248.24	228.60
34257	50.99	319.86	304.69	282.90
24400	54.57	399.83	338.26	375.63
14563	55.95	548.21	453.04	531.64
17141	60.44	599.53	496.40	655.37
6377	64.46	748.00	638.16	774.90
11210	81.81	963.20	819.84	1017.82
20453	89.80	1162.97	949.60	1235.77
18385	95.80	1306.15	1045.30	1349.50
20130	100.80	1240.94	1036.30	1277.21
24123	105.80	1620.88	1446.96	1647.40
24449	111.80	1834.03	1673.94	1951.55
7372	116.80	2067.41	1917.07	2247.36
5726	119.80	2140.85	2027.05	2368.89
5287	127.80	2156.63	2012.17	2463.82
5013	135.30	2235.28	2075.31	2611.06
5998	135.60	2210.95	2083.25	2577.57
7117	129.22	2241.53	2081.97	2584.99
8399	131.65	2412.69	2143.19	2524.44
2826	127.60	2499.18	2204.17	2571.34
203465	127.60	2524.48	2217.98	2795.71
352571	630.71	2682.07	2332.07	3093.92
139451	642.05	2710.96	2315.59	3480.92
31259	642.05	421.68	354.09	556.59
18042				
		610.96	503.31	618.19
2252		658.11	537.38	680.14
		1020.22	920.81	1326.69
80297				144.92
706				
6895				0.19
				154.19

13-4 续表

年 份 地 区 Year Region	硫 酸 (万吨) Sulfuric Acid (10 000 tons)	烧 碱 (万吨) Caustic Soda (10 000 tons)	化学肥料 (万吨) Chemical Fertilizers (10 000 tons)	化学农药 (吨) Chemical Pesticides (ton)
1978	2.68	2.32	15.97	13539
1980	4.00	3.07	25.73	17405
1985	3.81	3.74	19.41	2753
1990	43.59	5.88	31.07	5146
1991	46.93	6.12	32.49	5819
1992	47.49	6.59	33.04	5151
1993	49.40	7.24	29.44	4100
1994	52.00	8.53	31.78	4589
1995	57.10	9.97	38.44	5997
1996	54.27	9.74	37.86	5793
1997	59.72	9.57	44.73	6257
1998	61.43	10.51	52.22	7495
1999	62.77	12.76	54.55	12810
2000	79.92	16.24	43.43	13796
2001	87.75	18.65	46.88	14428
2002	78.95	18.87	55.96	12710
2003	103.29	19.91	47.90	9657
2004	110.13	25.60	50.67	15177
2005	113.19	24.62	47.61	14425
2006	134.53	30.03	55.80	17173
2007	139.97	33.36	53.80	16126
2008	185.15	34.03	54.20	21212
2009	213.56	24.49	48.71	21612
2010	227.00	27.28	113.42	21213
2011	239.97	27.80	29.46	34210
2012	289.81	44.70	93.71	38866
2013	323.31	52.57	106.29	42057
2014	333.74	41.67	134.72	46452
2015	334.09	32.35	140.81	50881
2016	323.18	33.50	148.18	55743
2017	272.60	34.77	22.66	35399
2018	272.58	43.47	10.98	49306
2019	288.73	63.64	29.18	36829
2020	287.52	179.99	19.63	13553
2021	290.95	202.18	97.45	85862
南昌市 Nanchang	0.41			604
景德镇市 Jingdezhen		24.86		1231
萍乡市 Pingxiang				
九江市 Jiujiang	39.10	128.37	87.06	60916
新余市 Xinyu				
鹰潭市 Yingtan	192.71		5.99	4640
赣州市 Ganzhou	17.19	32.46		689
吉安市 Ji'an			3.22	14964
宜春市 Yichun		16.49	0.42	
抚州市 Fuzhou			0.75	2818
上饶市 Shangrao	41.53			

continued

化学原料药 (吨) Chemical Medicines (ton)	交流电动机 (万千瓦) AC Motors (10 000 kW)	金属切削机床 (台) Metal-cutting Machine Tools (unit)	汽车 (辆) Motor Vehicles (unit)	彩色电视机 (万台) Color Television Sets (10 000 units)	照相机 (万台) Cameras (10 000 units)	水泥 (万吨) Cement (10 000 tons)
847	52.74	2619	991	0.25	1.00	155.56
860	36.02	4012	1463	2.51	1.40	201.00
8472	81.20	4365	7060	31.40	10.55	354.19
10140	88.45	4727	9711	43.88	9.00	469.13
12750	97.48	4686	14443	48.90	16.17	566.91
15442	118.09	6055	25301	61.90	14.20	689.25
13910	136.07	7043	38678	59.16	13.15	811.63
14799	127.51	4905	45321	63.64	17.97	905.80
24318	106.33	5646	52479	52.56	21.75	1005.59
7697	78.79	4014	63166	32.16	21.78	1062.16
5487	64.31	3073	90943	17.31	17.32	1105.39
4389	46.35	2163	121987	6.50	29.34	1133.38
1631	48.51	2693	119915	31.27	18.87	1315.02
1842	61.73	3559	133562	19.80	17.84	1382.00
1182	70.52	3047	159407	30.16	28.81	1574.00
2327	93.06	3281	207453	44.86	34.87	1966.00
2457	119.82	4023	185199	64.10	41.47	2172.00
1832	160.72	5087	183962	72.62	15.49	2976.00
5801	157.81	4272	207112	89.11	6.73	3477.01
8009	205.84	5020	233893	64.22	4.38	4206.31
13133	274.75	3774	221832	39.06	1.99	4956.97
16108	301.81	1548	211942	44.62	1.93	5271.59
28306	343.99	959	284659	90.97	2.69	6153.20
42822	447.50	3103	372776	67.66	0.58	6220.54
31238	457.30	3829	343457	102.56	1.02	6782.24
41593	377.40	4812	343615	132.87	1505.22	7420.94
51597	434.16	5452	368086	46.75	374.38	9204.20
49099	380.31	5775	461529	19.57	244.50	9803.57
55570	358.83	6091	421470	23.56	337.39	9438.01
73138	331.27	6346	537361	20.05	126.76	9513.03
63936	373.06	5470	610193	30.30	130.98	8934.13
29484	485.81	4713	550421	23.21	64.50	8813.55
77132	539.45	5208	491120	22.68	74.38	9625.05
72208	622.21	3509	451284	84.24	30.66	9769.74
123204	680.24	6932	435974	5.57	31.95	10130.68
13615	131.23	64	401264	2.91		785.59
47896			9905			293.57
3040				0.12		629.54
4981	15.81		3831			2101.95
1943	34.33					340.21
205					31.95	98.79
2824	208.32	537	15564	2.53		1906.51
14952		3569				689.61
13410	290.54	352				1135.01
3680						291.70
16657		2 410	5410			1858.19

13-5 规模以上工业企业经济指标

指　　标	Item	2000	2005	2006	2007	2008
企业单位数(个)	Number of Enterprises (unit)	3548	4403	5333	6028	6226
#亏损企业(个)	Deficit Enterprises (unit)	1250	859	888	748	667
资产总计(万元)	Total Assets (10 000 yuan)	18358562	30583375	36714081	46887884	52936108
流动资产合计(万元)	Total current Assets (10 000 yuan)	7302030	12656554	16213919	20587012	23706799
负债总计(万元)	Total Liabilities (10 000 yuan)	12538729	19322205	22388278	27793878	30671736
所有者权益(万元)	Owners' Equity (10 000 yuan)	5749725	10961595	14036300	19092849	22264371
营业收入(万元)	Business Revenue (10 000 yuan)	8970030	29091272	41737387	62411363	82819433
销售费用(万元)	Selling Expenses (10 000 yuan)	348333	860647	1091098	1296073	1520240
利润总额(万元)	Total Profits (10 000 yuan)	125262	1124119	1941917	3077476	3155831
全部从业人员年平均人数(人)	Annual Average Employee (person)	1088214	1121126	1257972	1407253	1481676
资本保值增值率(%)	Changing Rate of Net Assets (%)	108.93	119.55	128.05	136.02	121.44
资产负债率(%)	Assets-Liability Ratio (%)	68.30	63.18	60.98	59.28	57.94
流动资产周转率(次)	Ratio of Turnover Working Capitals (time)	1.27	2.36	2.79	3.36	3.71
成本费用利润率(%)	Ratio of Profits to Cost (%)	1.44	4.14	5.04	5.40	4.12
全员劳动生产率(元／人)	Overall Labor Productivity (yuan/person)	24794	78698	102394	129489	162992
产品销售率(%)	Sales Ratio of Products (%)	97.27	98.48	98.46	98.58	98.55

Economic Indicators of Industrial Enterprises above Designated Size

2010	2011	2012	2013	2014	2015	2016	2017	2018	2019	2020	2021
7976	6251	6773	7601	8271	9226	10106	11734	11630	12727	13710	15142
378	294	403	429	448	632	563	841	1087	1151	1223	1209
84248635	99640588	114741203	136401179	155356630	189715620	214326626	229092933	240854766	262008008	283921393	303579330
35674934	46148463	54079089	62332378	69060974	79390445	89690889	105346324	113914249	130289033	142666763	154728853
47004353	55512183	64032206	74021408	80419911	94007411	103660746	114721288	124542579	137718963	152415402	162345963
37244282	44128405	50708997	62379770	74936719	95708209	110665880	114371646	116312187	124289045	131505991	141233366
141966804	184668214	222676403	267002175	305971151	324594081	355186535	355851135	320773676	345906480	379091711	439767304
2511101	2738042	3436269	4211075	5057432	5513344	6040173	6889145	6604230	7097696	7334101	7418252
8568128	11138553	12851090	17566628	20439279	21279702	23994185	24756903	21578377	21588255	24381473	31224143
1971755	1922534	2090307	2201132	2448000	2563214	2675341	2634854	2338032	2337990	2301362	2244724
125.74	123.17	113.25	119.40	118.66	121.67	114.42	108.04	116.15	107.45	105.81	108.35
55.79	55.71	55.81	54.27	51.76	49.55	48.37	50.08	51.71	52.56	53.68	53.48
4.51	4.53	4.45	4.60	4.77	4.44	4.28	3.81	2.82	2.65	2.66	3.10
6.69	6.65	6.33	7.19	7.23	7.07	7.31	7.54	7.27	6.70	6.93	7.69
206437	231445	247387	278594	292275	298393	291684	303326	298341	330552	349036	420171
98.98	98.94	99.25	99.07	98.86	99.00	98.80	99.36	99.19	99.40	98.96	99.10

13-6 规模以上工业企业主要经济指标(2021年)

单位：万元

项　　目	Item	企业单位数(个) Number of Enterprises (unit)	#亏损企业 Deficit Enterprises
总　　计	**Total**	**15142**	**1209**
按登记注册类型及隶属关系分	**By Registration Status and Jurisdiction of Management**		
国有企业	State-owned Enterprises	58	11
中央企业	Central Enterprises	9	1
地方企业	Local Enterprises	49	10
集体企业	Collective-owned Enterprises	18	1
股份合作企业	Cooperative Enterprises	42	
有限责任公司	Limited Liability Corporations	2160	300
股份有限公司	Share-holding Corporations Limited	182	25
私营企业	Private Enterprises	11933	767
港、澳、台商投资企业	Enterprises with Funds from Hong Kong,Macao and Taiwan	419	57
外商投资企业	Foreign Funded Enterprises	327	48
其他经济类型	Other Economic Types	3	
#国有控股企业	State-holding Enterprises	643	104
按轻、重工业分	**Grouped by Light & Heavy Industries**		
轻工业	Light Industry	6338	439
重工业	Heavy Industry	8804	770
按企业规模分	**Grouped by Size of Enterprises**		
大型企业	Large Enterprises	211	23
中型企业	Medium-sized Enterprises	1148	103
小型企业	Small Enterprises	12258	946
微型企业	Miniature Enterprises	1525	137
按工业行业分	**Grouped by Sector**		
煤炭开采和洗选业	Mining and Washing of Coal	24	1
黑色金属矿采选业	Mining and Processing of Ferrous Metal Ores	32	3
有色金属矿采选业	Mining and Processing of Non-Ferrous Metal Ores	112	9
非金属矿采选业	Mining and Processing of Non-metal Ores	319	12
农副食品加工业	Processing of Food from Agricultural Products	637	76
食品制造业	Manufacture of Foods	256	20
酒、饮料和精制茶制造业	Manufacture of Liquor, Beverages & Refined Tea	141	7
烟草制品业	Manufacture of Tobacco	2	1
纺织业	Manufacture of Textile	645	50
纺织服装、服饰业	Manufacture of Textile,Wearing Apparel and Accessories	878	30
皮革、毛皮、羽毛及其制品和制鞋业	Manufacture of Leather, Fur, Feather and Related Products, and Footwear	324	22
木材加工和木、竹、藤、棕、草制品业	Processing of Timber, Manufacture of Wood, Bamboo, Rattan, Palm and Straw Products	438	11
家具制造业	Manufacture of Furniture	693	12

Main Economic Indicators of Industrial Enterprises above Designated Size (2021)

(10 000 yuan)

营业收入 Business Revenue	营业成本 Business Cost	销售费用 Selling Expenses	资产总计 Total Assets	流动资产合计 Total Current Assets	#产成品 Finished Goods	负债合计 Total Liabilities	所有者权益合计 Total Owners' Equities
439767304	**379699013**	**7418252**	**303579330**	**154728853**	**13265090**	**162345963**	**141233366**
11967884	10626413	65719	11354950	4585366	233625	4507585	6847364
1128108	993884	9362	1209432	248697	33285	704750	504681
10839776	9632529	56357	10145518	4336669	200340	3802835	6342683
202579	177823	2585	138921	70016	12476	67891	71030
889472	786343	8275	405060	258088	20742	131240	273819
99659827	86872740	1213961	93149424	45059205	3225585	57346054	35803370
34027845	28491989	553580	35701926	19232147	1034162	16299765	19402161
248186553	214964401	4692589	120792052	64633676	7197022	61025934	59766119
22174199	18409433	493473	17964875	8752746	717527	9606957	8357919
22642632	19357899	387572	24004746	12136235	823717	13297249	10707498
16313	11972	499	67375	1374	234	63288	4087
70522613	60765841	714451	76583064	30984724	1897807	42809241	33773823
113079534	92810907	3146154	79289720	41656551	4194941	35927134	43362586
326687771	286888106	4272098	224289610	113072302	9070150	126418829	97870781
105314161	90114465	1172783	101787662	49776870	2796394	54927320	46860342
96298019	82163729	1912395	70764869	35768853	3157429	36180536	34584333
225108229	195792052	4105194	121219120	64066744	7035022	64656692	56562428
13046895	11628767	227881	9807678	5116385	276245	6581416	3226263
502819	414130	4499	972873	352679	6743	527435	445438
571218	476572	10909	564350	153007	7003	403810	160540
2875768	2401339	32511	2833445	1361958	229903	1450723	1382722
3984116	3178677	124014	5273919	1986004	103087	2585957	2687962
15664151	13660774	314981	13515508	7983690	580662	6952314	6563194
4083010	3243684	192003	2774021	1339641	143368	1129957	1644064
2899405	2070821	181942	2770926	1258626	165680	1452475	1318451
2432132	617134	30630	1861547	1347326	34009	378165	1483382
8157354	7117598	137642	4144201	1967813	368462	2127926	2016275
9632720	8254800	190536	3527154	1776174	204811	1603906	1923247
5934323	4975109	123861	3035126	1444793	118070	1260582	1774544
3839556	3372624	71255	1728726	951510	130267	785861	942866
5976859	5062755	156056	3336845	2254165	237657	1696777	1640068

13-6 续表1

单位：万元

项　　目	Item	企业单位数（个）Number of Enterprises (unit)	#亏损企业 Deficit Enterprises
造纸和纸制品业	Manufacture of Paper and Paper Products	194	18
印刷和记录媒介复制业	Printing and Reproduction of Recording Media	198	15
文教、工美、体育和娱乐用品制造业	Manufacture of Articles for Culture, Education, Arts and Crafts, Sports and Entertainment Activities	375	15
石油、煤炭及其他燃料加工业	Processing of Petroleum, Coal, and Other Fuels	97	3
化学原料和化学制品制造业	Manufacture of Raw Chemical Materials and Chemical Products	1055	60
医药制造业	Manufacture of Medicines	496	51
化学纤维制造业	Manufacture of Chemical Fibers	33	1
橡胶和塑料制品业	Manufacture of Rubber & Products	505	31
非金属矿物制品业	Manufacture of Non-metallic Mineral Products	1967	141
黑色金属冶炼和压延加工业	Smelting and Pressing of Ferrous Metals	113	7
有色金属冶炼和压延加工业	Smelting and Pressing of Non-ferrous Metals	696	64
金属制品业	Manufacture of Metal Products	626	40
通用设备制造业	Manufacture of General Purpose Machinery	475	36
专用设备制造业	Manufacture of Special Purpose Machinery	437	33
汽车制造业	Manufacture of Automobiles	384	71
铁路、船舶、航空航天和其他运输设备制造业	Manufacture of Railway,Ship, Aerospace, and Other Transport Equipments	83	5
电气机械和器材制造业	Manufacture of Electrical Machinery and Apparatus	918	113
计算机、通信和其他电子设备制造业	Manufacture of Computers communication and other Electronic Equipment	1084	161
仪器仪表制造业	Manufacture of Measuring Instruments and Machinery	130	11
其他制造业	Other Manufacture	86	10
废弃资源综合利用业	Utilization of Waste Resources	255	17
金属制品、机械和设备修理业	Repair Service Products, Machinery & Equipment	5	
电力、热力生产和供应业	Production and Supply of Electric Power and Heat Power	246	36
燃气生产和供应业	Production and Supply of Gas	84	9
水的生产和供应业	Production and Supply of Water	99	7
按地区分	**By Region**		
南 昌 市	Nanchang	1721	254
景德镇市	Jingdezhen	451	40
萍 乡 市	Pingxiang	662	35
九 江 市	Jiujiang	2034	92
新 余 市	Xinyu	545	51
鹰 潭 市	Yingtan	417	60
赣 州 市	Ganzhou	2478	250
吉 安 市	Ji'an	1725	66
宜 春 市	Yichun	2040	100
抚 州 市	Fuzhou	1059	110
上 饶 市	Shangrao	2010	151

continued

(10 000 yuan)

营业收入 Business Revenue	营业成本 Business Cost	销售费用 Selling Expenses	资产总计 Total Assets	流动资产合计 Total Current Assets	#产成品 Finished Goods	负债合计 Total Liabilities	所有者权益合计 Total Owners' Equities
4293548	3668249	64022	3540250	1593779	121353	2036471	1503779
3260654	2735462	66460	1851389	896946	75308	667914	1183475
5939251	5004892	97808	3204848	1478120	189145	1298443	1906405
6618164	5275383	34735	3297881	1483407	90351	2058082	1239798
220767931	180106907	5384303	147266471	69118145	6783815	64026010	83240461
134620228	101230862	8537730	134342472	67618965	6044957	50366924	83975548
15224363	13381779	174345	14839531	6148683	1238267	9308878	5530653
92558176	77935112	2009128	45911392	24938041	2527090	20709727	25201665
348282568	283698116	8780861	254673259	134092073	13583161	124381802	130291457
201381191	180147335	709660	130477162	70745741	3536100	64461870	66015292
731512060	667254439	4643776	298404953	173286652	19681519	156812443	141592510
132909670	114430021	2425190	63491953	36150679	4272668	27375182	36116771
93614422	78175818	2205719	64044070	37413008	4376539	32396876	31647194
71652290	58032790	2428252	61715787	35621285	3612100	29053939	32661848
133796552	114610725	3887812	147046008	81066894	4864540	99365906	47680102
14327845	12332173	145565	13409310	4488341	487429	9919328	3489982
414171924	363831142	5857077	289048538	162751606	12496677	161627954	127420584
511349166	454669922	5434044	364419723	225397452	16298190	220131285	144288438
22263877	18198989	697215	18231091	10792966	753289	7598455	10632636
8780533	7470180	146621	4787238	2215219	224241	2113241	2673997
185990393	175340324	985806	38946568	26683524	3271181	27152460	11794108
1295568	1109645	11939	682558	584538	32030	352026	330532
156413228	147893998	204507	292604600	61767590	52087	190706052	101898548
27263060	23301876	640134	19213301	5876168	354619	11571126	7642175
12847523	8537936	534210	49907253	14234576	101602	29860168	20047085
772385503	668384728	13388821	681079340	364798053	21526902	388285981	292793359
104771843	91231345	2179794	95567895	44287866	3610964	50198205	45369690
138287063	115709260	3460177	101649289	45941264	3608930	47726803	53922486
743031049	616691053	13621295	395241019	158348708	17405776	186364437	208876582
194971383	175306222	1787940	152696764	76947017	6803071	77820916	74875848
363310811	338749818	1683515	178669548	95962244	8219738	88609041	90060507
453321074	394420425	8027273	360928864	207270855	20909614	207643729	153285135
440854283	370799061	10629423	276145016	124792211	11128340	137138246	139006770
461391060	387546950	7956827	295665946	161875777	19402486	151648772	144017174
221346800	191389398	5450269	165706666	78934435	6687461	92207936	73498730
504002173	446761873	5997189	332442948	188130099	13347620	195815567	136627381

13-6 续表2

项　　目	Item	利润总额（万元） Total Profits (10 000 yuan)	#盈利企业的利润额 Profits of Profit-making Enterprises
总　　计	**Total**	**31224143**	**32892569**
按登记注册类型及隶属关系分	**By Registration Status and Jurisdiction of Management**		
国有企业	State-owned Enterprises	705103	710846
中央企业	Central Enterprises	73403	74902
地方企业	Local Enterprises	631700	635943
集体企业	Collective-owned Enterprises	11359	11843
股份合作企业	Cooperative Enterprises	60674	60674
有限责任公司	Limited Liability Corporations	5833051	6744639
股份有限公司	Share-holding Corporations Limited	2654101	2752853
私营企业	Private Enterprises	18102594	18407968
港、澳、台商投资企业	Enterprises with Funds from Hong Kong,Macao and Taiwan	2184269	2233806
外商投资企业	Foreign Funded Enterprises	1671034	1967983
其他经济类型	Other economic types	1958	1958
#国有控股企业	State-holding Enterprises	3456381	4148689
按轻、重工业分	**Grouped by Light & Heavy Industries**		
轻工业	Light Industry	9619062	10029004
重工业	Heavy Industry	21605081	22863565
按企业规模分	**Grouped by Size of Enterprises**		
大型企业	Large Enterprises	7070215	7478397
中型企业	Medium-sized Enterprises	7812705	8593266
小型企业	Small Enterprises	15500648	15946447
微型企业	Miniature Enterprises	840576	874458
按工业行业分	**Grouped by Sector**		
煤炭开采和洗选业	Mining and Washing of Coal	49001	49911
黑色金属矿采选业	Mining and Processing of Ferrous Metal Ores	30599	31396
有色金属矿采选业	Mining and Processing of Non-Ferrous Metal Ores	277022	287035
非金属矿采选业	Mining and Processing of Non-metal Ores	410192	412787
农副食品加工业	Processing of Food from Agricultural Products	1089833	1231739
食品制造业	Manufacture of Foods	364396	374745
酒、饮料和精制茶制造业	Manufacture of Liquor, Beverages & Refined Tea	451780	456947
烟草制品业	Manufacture of Tobacco	163949	166544
纺织业	Manufacture of Textile	529316	548450
纺织服装、服饰业	Manufacture of Textile,Wearing Apparel and Accessories	761551	767611
皮革、毛皮、羽毛及其制品和制鞋业	Manufacture of Leather, Fur, Feather and Related Products and Footwear	551285	561937
木材加工和木、竹、藤、棕、草制品业	Processing of Timber, Manufacture of Wood, Bamboo, Rattan, Palm and Straw Products	252761	259987
家具制造业	Manufacture of Furniture	436141	439509

continued

#亏损企业的亏损额 Losses of Deficit Enterprises	企业亏损面 (%) Ratio to Deficit Enterprises (%)	资产负债率 (%) Assets-Liability Ratio (%)	产品销售率 (%) Sales Ratio of Products (%)	全部从业人员年平均人数 (人) Annual Average Employed persons (person)	人均实现利润 (元) Profits Per Capita (yuan)
1668426	**8.0**	**53.5**	**99.1**	**2244724**	**139100**
5742	19.0	39.7	100.1	25302	278675
1499	11.1	58.3	99.9	3615	203051
4243	20.4	37.5	100.1	21687	291281
484	5.6	48.9	96.7	2539	44738
		32.4	99.9	4771	127172
911588	13.9	61.6	99.2	493747	118138
98752	13.7	45.7	100.1	106539	249120
305374	6.4	50.5	98.9	1323443	136784
49537	13.6	53.5	99.1	167809	130164
296949	14.7	55.4	98.0	120488	138689
		93.9	100.0	86	227616
692308	16.2	55.9	99.6	249619	138466
409943	6.9	45.3	98.7	856142	112354
1258484	8.7	56.4	99.2	1388582	155591
408182	10.9	54.0	99.3	502172	140793
780562	9.0	51.1	98.4	593012	131746
445800	7.7	53.3	99.2	1113576	139197
33883	9.0	67.1	98.8	35964	233727
911	4.2	54.2	99.7	10677	45894
797	9.4	71.6	100.3	3021	101286
10013	8.0	51.2	100.2	19456	142384
2595	3.8	49.0	100.0	23591	173876
141906	11.9	51.4	99.1	68227	159736
10349	7.8	40.7	99.2	37035	98392
5166	5.0	52.4	97.1	20405	221407
2595	50.0	20.3	98.2	4841	338667
19135	7.8	51.3	99.6	62944	84093
6060	3.4	45.5	99.4	125468	60697
10652	6.8	41.5	99.3	82527	66801
7226	2.5	45.5	98.5	28059	90082
3368	1.7	50.8	98.0	57790	75470

13-6 续表3

项　　目	Item	利润总额(万元) Total Profits (10 000 yuan)	#盈利企业的利润额 Profits of Profit-making Enterprises
造纸和纸制品业	Manufacture of Paper and Paper Products	383766	387548
印刷和记录媒介复制业	Printing and Reproduction of Recording Media	285002	289338
文教、工美、体育和娱乐用品制造业	Manufacture of Articles for Culture, Education, Arts and Crafts Sports and Entertainment Activities	568739	576685
石油、煤炭及其他燃料加工业	Processing of Petroleum, Coal, and Other Fuels	236875	237017
化学原料和化学制品制造业	Manufacture of Raw Chemical Materials and Chemical Products	22657931	23082912
医药制造业	Manufacture of Medicines	14443595	14819808
化学纤维制造业	Manufacture of Chemical Fibers	535051	568171
橡胶和塑料制品业	Manufacture of Rubber & Products	8914664	9029660
非金属矿物制品业	Manufacture of Non-metallic Mineral Products	38408407	38910806
黑色金属冶炼和压延加工业	Smelting and Pressing of Ferrous Metals	16231122	16255360
有色金属冶炼和压延加工业	Smelting and Pressing of Non-ferrous Metals	41065164	41424442
金属制品业	Manufacture of Metal Products	9580679	9657484
通用设备制造业	Manufacture of General Purpose Machinery	7749814	7895814
专用设备制造业	Manufacture of Special Purpose Machinery	6502598	6681005
汽车制造业	Manufacture of Automobiles	4723269	6939234
铁路、船舶、航空航天和其他运输设备制造业	Manufacture of Railway,Ship, Aerospace, and Other Transport Equipments	1181229	1193095
电气机械和器材制造业	Manufacture of Electrical Machinery and Apparatus	25855139	27487571
计算机、通信和其他电子设备制造业	Manufacture of Computers communication and other Electronic Equipment	28382006	30728849
仪器仪表制造业	Manufacture of Measuring Instruments and Machinery	1830074	1910957
其他制造业	Other Manufacture	664220	695384
废弃资源综合利用业	Utilization of Waste Resources	7969272	8049459
金属制品、机械和设备修理业	Repair Service Products, Machinery & Equipment	92319	92319
电力、热力生产和供应业	Production and Supply of Electric Power and Heat Power	1207044	6766532
燃气生产和供应业	Production and Supply of Gas	2798194	2849803
水的生产和供应业	Production and Supply of Water	3027582	3095155
按地区分	**By Region**		
南 昌 市	Nanchang	44961830	49863040
景德镇市	Jingdezhen	4889469	6131605
萍 乡 市	Pingxiang	11906377	12480453
九 江 市	Jiujiang	70630290	71733801
新 余 市	Xinyu	10332394	11853501
鹰 潭 市	Yingtan	12511450	13676855
赣 州 市	Ganzhou	30168127	32540260
吉 安 市	Ji'an	36395833	37501906
宜 春 市	Yichun	43484005	44391927
抚 州 市	Fuzhou	14239248	15086732
上 饶 市	Shangrao	32722403	33665610

continued

#亏损企业的亏损额 Losses of Deficit Enterprises	企业亏损面(%) Ratio to Deficit Enterprises (%)	资产负债率(%) Assets-Liability Ratio (%)	产品销售率(%) Sales Ratio of Products (%)	全部从业人员年平均人数(人) Annual Average Employees persons (person)	人均实现利润(元) Profits Per Capita (yuan)
3782	9.3	57.5	99.1	23175	165595
4337	7.6	36.1	98.8	23626	120630
7947	4.0	40.5	99.9	55006	103396
143	3.1	62.4	100.4	9236	256469
424981	5.7	43.5	98.2	119914	1889515
376213	10.3	37.5	97.8	75613	1910200
33120	3.0	62.7	93.8	6962	768531
114996	6.1	45.1	98.7	51440	1733022
502399	7.2	48.8	99.4	222692	1724732
24238	6.2	49.4	99.4	42262	3840595
359278	9.2	52.6	99.7	114120	3598420
76805	6.4	43.1	98.0	66242	1446315
146000	7.6	50.6	98.4	63387	1222619
178407	7.6	47.1	97.6	60995	1066087
2215965	18.5	67.6	99.7	80161	589223
11866	6.0	74.0	98.8	13707	861771
1632432	12.3	55.9	99.4	170002	1520873
2346843	14.9	60.4	98.5	367160	773015
80883	8.5	41.7	99.9	18800	973444
31164	11.6	44.1	99.7	7780	853753
80187	6.7	69.7	98.6	23673	3366397
		51.6	103.3	3015	306199
5559488	14.6	65.2	99.9	58699	205633
51609	10.7	60.2	97.3	7524	3719024
67573	7.1	59.8	98.8	15492	1954287
4901210	14.8	57.0	98.6	368890	1218841
1242136	8.9	52.5	98.1	59909	816149
574076	5.3	47.0	98.6	111742	1065524
1103511	4.5	47.2	99.4	287171	2459520
1521107	9.4	51.0	99.2	81186	1272682
1165405	14.4	49.6	100.0	58331	2144906
2372133	10.1	57.5	99.1	334432	902071
1106073	3.8	49.7	98.8	308234	1180786
907922	4.9	51.3	98.0	306972	1416546
847484	10.4	55.6	99.4	121943	1167697
943207	7.5	58.9	99.6	205914	1589130

13-7 规模以上国有控股工业企业经济指标

指标	Item	2000	2005	2006	2007	2008
企业单位数(个)	Number of Enterprises (unit)	2506	804	706	563	558
#亏损企业(个)	Deficit Enterprises (unit)	1053	275	211	132	167
资产总计(万元)	Total Assets (10 000 yuan)	16329797	19449500	22034893	25536051	27779963
流动资产合计(万元)	Total current Assets (10 000 yuan)	6429562	7746481	9484535	10740181	11648204
负债合计(万元)	Total Liabilities (10 000 yuan)	11278672	13494055	14642855	16628458	17686025
所有者权益(万元)	Owners' Equity (10 000 yuan)	4981017	5655984	7106514	8907593	10093937
营业收入(万元)	Business Revenue (10 000 yuan)	7221113	15262090	19498190	24560686	27229935
销售费用(万元)	Selling Expenses (10 000 yuan)	221515	340005	395913	456021	481064
利润总额(万元)	Total Profits (10 000 yuan)	84322	571611	1066988	1267392	376295
全部从业人员年平均人数(人)	Annual Average Employees (person)	889644	470614	461026	423776	407662
资本保值增值率(%)	Changing Rate of Net Assets (%)	106.21	100.54	97.20	125.34	114.57
资产负债率(%)	Assets-Liability Ratio (%)	69.07	69.38	66.45	65.12	63.66
流动资产周转率(次)	Ratio of Turnover Working Capitals (time)	1.15	2.01	2.24	2.51	2.32
成本费用利润率(%)	Ratio of Profits to Cost (%)	1.20	4.00	5.98	5.60	1.43
全员劳动生产率(元/人)	Overall Labor Productivity (yuan/person)	24146	88551	115532	147089	186782
产品销售率(%)	Sales Ratio of Products (%)	97.67	99.49	99.10	98.69	99.24

Economic Indicators of State-owned holding Industrial Enterprises above Designated Size

2010	2011	2012	2013	2014	2015	2016	2017	2018	2019	2020	2021
533	416	448	475	466	486	421	455	464	499	526	643
90	74	77	86	80	101	87	78	90	74	79	104
35482546	42925158	46411368	51624131	51602447	57037997	59738603	66328592	70845510	77287432	81194578	76583064
16005336	21066012	22800469	25208417	24000489	25757038	26049692	30595932	33389432	37777853	36139063	30984724
22320360	27614627	30047050	33301256	32519237	35403893	36367168	40246779	43481787	46517330	48406402	42809241
13162186	15310531	16364318	18322875	19083210	21634104	23371435	26081813	27363723	30770102	32788175	33773823
37613661	47141803	53286792	59896645	61989296	60080696	61202948	68492547	74620742	77572342	83208407	70522613
651394	690800	740713	774010	920967	878485	991333	1164790	1032282	1063276	1041003	714451
1456208	1898016	1731126	2290144	2406749	2123168	2068162	2783185	3307917	2726672	3001854	3456381
404799	388639	379236	366618	360816	352047	344294	319609	317679	308113	295776	249619
114.85	108.81	106.93	111.59	108.16	112.56	108.81	110.73	108.13	111.49	106.56	106.96
62.91	64.33	64.74	64.51	63.02	62.07	60.88	60.68	61.40	60.19	59.62	55.90
2.56	2.48	2.43	2.48	2.62	2.43	5.89	2.45	2.23	2.05	2.30	2.48
4.14	4.29	3.44	4.09	4.14	3.76	3.62	4.34	4.78	3.76	3.88	5.34
247567	267481	277280	312980	317575	317016	316550	393133	430459	459779	483425	680477
99.05	98.61	99.18	98.35	98.39	99.49	99.20	99.54	99.54	98.43	98.97	99.60

13-8 规模以上国有控股工业企业主要经济指标(2021年)

单位：万元

项　　目	Item	企业单位数(个) Number of Enterprises (unit)	#亏损企业(个) Deficit Enterprises(unit)
总　　计	**Total**	**643**	**104**
按登记注册类型及隶属关系分	**By Registration Status and Jurisdiction of Management**		
国有企业	State-owned Enterprises	57	11
中央企业	Central Enterprises	9	1
地方企业	Local Enterprises	48	10
有限责任公司	Limited Liability Corporations	487	86
股份有限公司	Share-holding Corporations Limited	40	3
港、澳、台商投资企业	Enterprises with Funds from Hong Kong, Macao and Taiwan	11	1
外商投资企业	Foreign Funded Enterprises	17	2
按轻、重工业分	**Grouped by Light & Heavy Industries**		
轻工业	Light Industry	81	18
重工业	Heavy Industry	562	86
按企业规模分	**Grouped by Size of Enterprises**		
大型企业	Large Enterprises	40	6
中型企业	Medium-sized Enterprises	117	23
小型企业	Small Enterprises	411	63
微型企业	Miniature Enterprises	75	12
按工业行业分	**Grouped by Sector**		
煤炭开采和洗选业	Mining and Washing of Coal	12	1
黑色金属矿采选业	Mining and Processing of Ferrous Metal Ores	4	
有色金属矿采选业	Mining and Processing of Non-Ferrous Metal Ores	21	4
非金属矿采选业	Mining and Processing of Nonmetal Ores	27	
农副食品加工业	Processing of Food from Agricultural Products	15	6
食品制造业	Manufacture of Foods	4	
酒、饮料和精制茶制造业	Manufacture of Liquor, Beverages & Refined Tea	6	2
烟草制品业	Manufacture of Tobacco	2	1
纺织业	Manufacture of Textile	3	
纺织服装、服饰业	Manufacture of Textile,Wearing Apparel and Accessories	10	2
皮革、毛皮、羽毛及其制品和制鞋业	Manufacture of Leather, Fur, Feather and Related Products, and Footwear	1	
木材加工和木、竹、藤、棕、草制品业	Processing of Timber, Manufacture of Wood, Bamboo, Rattan, Palm and Straw Products	1	

Main Economic Indicators of State-holding Industrial Enterprises above Designated Size (2021)

(10 000 yuan)

营业收入 Business Revenue	营业成本 Business Cost	销售费用 Selling Expenses	资产总计 Total Assets	流动资产合计 Total Current Assets	#产成品 Finished Goods
70522613	**60765841**	**714451**	**76583064**	**30984724**	**1897807**
11906155	10564858	65719	11354260	4584716	233425
1128108	993884	9362	1209432	248697	33285
10778047	9570974	56357	10144828	4336019	200140
34958520	30103079	296607	42600148	15406055	930470
18609794	15596273	280529	17890645	9073094	558154
848250	772035	10921	696145	316831	15043
3242117	2900179	40263	2819356	1122087	135140
6111095	3441240	163077	7354285	3539241	197171
64411518	57324601	551374	69228779	27445482	1700636
43956071	37508556	368184	44628897	17020597	917315
11071613	9814231	151413	12634182	5776735	357153
14708896	12884404	188565	16702658	7430801	613603
786034	558651	6288	2617327	756591	9736
285173	211837	2675	838655	295257	4808
62691	37985	917	210657	45894	2863
701004	475271	9080	1708738	594951	134033
669056	488673	15012	2756988	894347	21033
182493	164574	3104	93659	57543	3838
90854	63746	9415	84265	38074	3199
169483	106340	25339	255264	75629	4071
2432132	617134	30630	1861547	1347326	34009
46138	39948	633	25099	21211	1133
207807	157166	2070	195793	151413	3330
12427	6962		14014	11815	
20051	19034	186	14527	7604	521

13-8 续表1

单位：万元

项目	Item	企业单位数(个) Number of Enterprises (unit)	#亏损企业(个) Deficit Enterprises(unit)
家具制造业	Manufacture of Furniture	5	2
造纸和纸制品业	Manufacture of Paper and Paper Products	2	
印刷和记录媒介复制业	Printing and Reproduction of Recording Media	8	2
文教、工美、体育和娱乐用品制造业	Manufacture of Articles for Culture, Education, Arts and Crafts Sports and Entertainment Activities	2	
石油、煤炭及其他燃料加工业	Processing of Petroleum, Coal, and Other Fuels	4	
化学原料和化学制品制造业	Manufacture of Raw Chemical Materials and Chemical Products	22	
医药制造业	Manufacture of Medicines	9	2
橡胶和塑料制品业	Manufacture of Rubber & Plastics Products	5	
非金属矿物制品业	Manufacture of Non-metallic Mineral Products	123	19
黑色金属冶炼和压延加工业	Smelting and Pressing of Ferrous Metals	8	1
有色金属冶炼和压延加工业	Smelting and Pressing of Non-ferrous Metals	36	7
金属制品业	Manufacture of Metal Products	16	2
通用设备制造业	Manufacture of General Purpose Machinery	14	2
专用设备制造业	Manufacture of Special Purpose Machinery	9	
汽车制造业	Manufacture of Automobiles	31	11
铁路、船舶、航空航天和其他运输设备制造业	Manufacture of Railway，Ship, Aerospace, and Other Transport Equipments	7	1
电气机械和器材制造业	Manufacture of Electrical Machinery and Apparatus	10	3
计算机、通信和其他电子设备制造业	Manufacture of Computers communication and other Electronic Equipment	20	7
仪器仪表制造业	Manufacture of Measuring Instruments and Machinery	3	1
其他制造业	Other Manufacture	2	
废弃资源综合利用业	Utilization of Waste Resources	15	1
电力、热力生产和供应业	Production and Supply of Electric Power and Heat Power	99	20
燃气生产和供应业	Production and Supply of Gas	34	5
水的生产和供应业	Production and Supply of Water	52	2
按地区分	**By Region**		
南昌市	Nanchang	131	29
景德镇市	Jingdezhen	40	7
萍乡市	Pingxiang	20	2
九江市	Jiujiang	75	8
新余市	Xinyu	36	4
鹰潭市	Yingtan	20	3
赣州市	Ganzhou	119	21
吉安市	Ji'an	55	12
宜春市	Yichun	52	8
抚州市	Fuzhou	29	1
上饶市	Shangrao	66	9

continued

(10 000 yuan)

营业收入 Business Revenue	营业成本 Business Cost	销售费用 Selling Expenses	资产总计 Total Assets	流动资产合计 Total Current Assets Assets	#产成品 Finished Goods
268494	240050	889	278234	115511	2423
43066	34172	74	43614	18558	454
432866	341350	4038	522429	308461	11476
227580	196030	633	81737	65074	11
4445627	3342236	8057	1629764	447747	18325
6407846	4780342	222375	7719247	4840010	215951
15031080	10637137	728135	32515164	10849216	845115
522615	426252	13589	636974	416527	48187
45920272	35421349	1066670	46743740	24662836	1249191
73343242	66756770	156621	54162259	28604435	1710063
165855351	151539818	530212	113564576	53413544	4766452
9037431	8208879	81543	7806804	5422407	329634
17909007	15266140	120629	15305708	9985522	1747375
1195867	972216	41601	6086182	4033698	73200
56720683	49645311	1878513	56582965	32548568	2072666
1688885	1457305	29497	1888516	883657	52847
4282684	3867530	60496	2933361	2136637	241848
32257628	29905888	262786	41129453	33086762	2544230
720063	551129	42103	3016629	2485966	148401
552134	461070	55	803917	186994	4022
14884094	14317968	122322	5764275	3633311	257325
134629121	130804914	17504	214995033	34258563	14202
14866178	13002268	316776	10489799	2687675	134761
5898482	3747642	323600	37420536	10678354	51204
249755115	209555864	3684289	287335969	101678410	5539417
18429301	17009017	263509	32583512	15343889	832478
7978209	7013554	82420	10532681	3137417	125451
86155023	69130034	601020	56183029	17387729	959212
85870346	78430436	287384	69141880	33472315	2022520
113349301	103042186	516230	103673426	44211960	1985997
52267046	46329233	464460	65973090	29918356	3261946
32843867	28953068	512190	52877463	32172014	2532407
16229633	12346669	304566	30429823	9844343	445624
9633045	8621773	187434	18980737	4804776	170065
32715243	27226573	241008	38119032	17876027	1102955

13-8 续表2

项 目	Item	负债合计 Total Liabilities	所有者权益合计 Total Owners' Equities
总 计	**Total**	**42809241**	**33773823**
按登记注册类型及隶属关系分	**By Registration Status and Jurisdiction of Management**		
国有企业	State-owned Enterprises	4507285	6846974
中央企业	Central Enterprises	704750	504681
地方企业	Local Enterprises	3802535	6342293
有限责任公司	Limited Liability Corporations	26658818	15941330
股份有限公司	Share-holding Corporations Limited	8624279	9266366
港、澳、台商投资企业	Enterprises with Funds from Hong Kong, Macao and Taiwan	429014	267131
外商投资企业	Foreign Funded Enterprises	1747194	1072161
按轻、重工业分	**Grouped by Light & Heavy Industries**		
轻工业	Light Industry	2222231	5132054
重工业	Heavy Industry	40587010	28641769
按企业规模分	**Grouped by Size of Enterprises**		
大型企业	Large Enterprises	24088789	20540108
中型企业	Medium-sized Enterprises	6989316	5644866
小型企业	Small Enterprises	9954637	6748021
微型企业	Miniature Enterprises	1776499	840828
按工业行业分	**Grouped by Sector**		
煤炭开采和洗选业	Mining and Washing of Coal	504968	333688
黑色金属矿采选业	Mining and Processing of Ferrous Metal Ores	159126	51531
有色金属矿采选业	Mining and Processing of Non-Ferrous Metal Ores	827042	881696
非金属矿采选业	Mining and Processing of Non-metal Ores	1426927	1330061
农副食品加工业	Processing of Food from Agricultural Products	48479	45180
食品制造业	Manufacture of Foods	36045	48220
酒、饮料和精制茶制造业	Manufacture of Liquor, Beverages & Refined Tea	107375	147889
烟草制品业	Manufacture of Tobacco	378165	1483382
纺织业	Manufacture of Textile	8947	16153
纺织服装、服饰业	Manufacture of Textile,Wearing Apparel and Accessories	87317	108476
皮革、毛皮、羽毛及其制品和制鞋业	Manufacture of Leather, Fur, Feather and Related Products, and Footwear	7353	6661
木材加工和木、竹、藤、棕、草制品业	Processing of Timber, Manufacture of Wood, Bamboo, Rattan, Palm and Straw Products	5883	8644

continued

利润总额 Total Profits	#盈利企业的利润额 Profits of Profit-making Enterprises	#亏损企业的亏损额 Losses of Deficit Enterprises	企业亏损面 (%) Ratio to Deficit Enterprises (%)	资产负债率 (%) Assets-Liability Ratio (%)	产品销售率 (%) Sales Ratio of Products (%)	全部从业人员年平均人数 (人) Annual Average Employed Persons (person)	人均实现利润 (元) Profits Per Capita (yuan)
3456381	**4148689**	**692308**	**16.2**	**55.9**	**99.6**	**249619**	**138466**
705003	710746	5742	19.3	39.7	100.1	25242	279298
73403	74902	1499	11.1	58.3	99.9	3615	203051
631600	635843	4243	20.8	37.5	100.1	21627	292043
1478345	2064778	586434	17.7	62.6	99.0	155399	95132
1023802	1043998	20196	7.5	48.2	101.0	51744	197859
71040	73565	2525	9.1	61.6	100.6	2589	274392
110099	185058	74960	11.8	62.0	96.7	12214	90141
543353	556678	13326	22.2	30.2	98.8	36769	147775
2913029	3592011	678982	15.3	58.6	99.7	212850	136858
1844140	1943489	99350	15.0	54.0	100.2	132384	139302
503051	1009216	506166	19.7	55.3	97.6	68488	73451
963139	1033652	70514	15.3	59.6	99.3	46393	207604
146052	162331	16279	16.0	67.9	102.0	2354	620444
41107	42017	911	8.3	60.2	99.7	9950	41313
10124	10124			75.5	101.7	845	119812
104771	112294	7523	19.0	48.4	101.0	10747	97488
96245	96245			51.8	97.4	3037	316909
7030	8612	1582	40.0	51.8	99.5	1794	39183
8554	8554			42.8	97.3	1112	76924
26569	27115	546	33.3	42.1	98.8	2871	92543
163949	166544	2595	50.0	20.3	98.2	4841	338667
1243	1243			35.6	98.5	251	49530
5673	9803	4129	20.0	44.6	99.0	8104	7001
114	114			52.5	100.0	125	9128
25	25			40.5	104.4	129	1938

13-8 续表3

项目	Item	负债合计（万元）Total Liabilities (10 000 yuan)	所有者权益合计（万元）Total Owners' Equities (10 000 yuan)
家具制造业	Manufacture of Furniture	213500	64734
造纸和纸制品业	Manufacture of Paper and Paper Products	18751	24863
印刷和记录媒介复制业	Printing and Reproduction of Recording Media	138642	383787
文教、工美、体育和娱乐用品制造业	Manufacture of Articles for Culture, Education, Arts and Crafts Sports and Entertainment Activities	32599	49138
石油、煤炭及其他燃料加工业	Processing of Petroleum, Coal, and Other Fuels	947018	682746
化学原料和化学制品制造业	Manufacture of Raw Chemical Materials and Chemical Products	3445624	4273623
医药制造业	Manufacture of Medicines	8114304	24400860
橡胶和塑料制品业	Manufacture of Rubber & Plastics Products	192288	444686
非金属矿物制品业	Manufacture of Non-metallic Mineral Products	21941800	24801940
黑色金属冶炼和压延加工业	Smelting and Pressing of Ferrous Metals	27432451	26729808
有色金属冶炼和压延加工业	Smelting and Pressing of Non-ferrous Metals	49043027	64521549
金属制品业	Manufacture of Metal Products	4638662	3168142
通用设备制造业	Manufacture of General Purpose Machinery	9894098	5411610
专用设备制造业	Manufacture of Special Purpose Machinery	2098261	3987921
汽车制造业	Manufacture of Automobiles	43458826	13124139
铁路、船舶、航空航天和其他运输设备制造业	Manufacture of Railway，Ship,Aerospace, and Other Transport Equipments	988010	900506
电气机械和器材制造业	Manufacture of Electrical Machinery and Apparatus	1702791	1230570
计算机、通信和其他电子设备制造业	Manufacture of Computers communication and other Electronic Equipment	29807488	11321965
仪器仪表制造业	Manufacture of Measuring Instruments and Machinery	355346	2661283
其他制造业	Other Manufacture	545350	258567
废弃资源综合利用业	Utilization of Waste Resources	3888202	1876073
电力、热力生产和供应业	Production and Supply of Electric Power and Heat Power	142061755	72933278
燃气生产和供应业	Production and Supply of Gas	6336777	4153022
水的生产和供应业	Production and Supply of Water	22609529	14811007
按地区分	**By Region**		
南昌市	Nanchang	159611700	127724269
景德镇市	Jingdezhen	24088644	8494868
萍乡市	Pingxiang	6452695	4079986
九江市	Jiujiang	35685782	20497247
新余市	Xinyu	36648032	32493848
鹰潭市	Yingtan	40841013	62832413
赣州市	Ganzhou	39888554	26084536
吉安市	Ji'an	36571924	16305539
宜春市	Yichun	15715934	14713889
抚州市	Fuzhou	12396877	6583860
上饶市	Shangrao	20191255	17927777

continued

利润总额 (万元) Total Profits (10 000 yuan)	#盈利企业 的利润额 Profits of Profit-making Enterprises	#亏损企业 的亏损额 Losses of Deficit Enterprises	企业亏损面 (%) Ratio to Deficit Enterprises (%)	资产负债率 (%) Assets- Liability Ratio (%)	产品销售率 (%) Sales Ratio of Products (%)	全部从业 人员年平均人数 (人) Annual Average Employed Persons (person)	人均实现 利润 (元) Profits Per Capita (yuan)
18 176	19746	1570	40	76.7	99.5	917	198208
4815	4815			43.0	96.0	392	122827
48436	49947	1511	25.0	26.5	98.6	3486	138944
28666	28666			39.9	102.2	333	860847
108340	108340			58.1	101.3	2612	414776
863727	863727			44.6	96.3	3854	2241118
2045728	2055198	9470	22.2	25.0	99.4	8277	2471581
38352	38352			30.2	94.2	648	591852
7505992	7665634	159642	15.4	46.9	98.9	18586	4038519
4730059	4742049	11990	12.5	50.6	98.7	12854	3679834
7290370	7492454	202084	19.4	43.2	100.1	22465	3245213
246823	264466	17643	12.5	59.4	90.8	4446	555157
1866747	1887929	21182	14.3	64.6	98.2	9097	2052047
69109	69109			34.5	92.1	4291	161056
-54212	1408385	1462597	35.5	76.8	100.7	27777	-19517
99754	106123	6369	14.3	52.3	97.3	946	1054482
55353	90628	35275	30.0	58.0	101.8	1845	300016
889427	1118928	229501	35.0	72.5	99.9	14575	610242
6998	59850	52852	33.3	11.8	110.7	621	112689
70853	70853			67.8	100.0	98	7229898
496202	497526	1324	6.7	67.5	99.7	2505	1980846
-1361337	3100532	4461869	20.2	66.1	100.0	50148	-271464
1591246	1633394	42148	14.7	60.4	98.9	3533	4503951
1332960	1338412	5452	3.8	60.4	97.9	9992	1334027
11265618	12549095	1283477	22.1	55.5	98.8	108143	1041733
-66891	1038651	1105542	17.5	73.9	103.9	10850	-61651
318892	735031	416139	10.0	61.3	96.7	8499	375211
4074062	4492963	418901	10.7	63.5	99.7	15914	2560049
4276344	5527772	1251428	11.1	53.0	99.1	22173	1928627
4520893	5441987	921094	15.0	39.4	100.4	17169	2633172
3794974	4426861	631887	17.6	60.5	100.7	19124	1984404
1586586	1759789	173203	21.8	69.2	99.5	17478	907762
1173428	1469759	296331	15.4	51.6	98.3	12246	958213
379644	713152	333508	3.4	65.3	100.5	3670	1034452
3240262	3331828	91566	13.6	53.0	98.6	14353	2257550

13-9 规模以上集体企业经济指标
Economic Indicators of Collective-owned Industrial Enterprises above Designated Size

指标	Item	2016	2017	2018	2019	2020	2021
企业单位数(个)	Number of Enterprises (unit)	58	48	31	26	21	18
#亏损企业(个)	Deficit Enterprises (unit)	1	4	1	4	3	1
资产总计(万元)	Total Assets (10 000 yuan)	254707	174614	545992	526847	431870	138921
流动资产合计(万元)	Total current Assents (10 000 yuan)	84895	75509	410807	377136	334836	70016
负债合计(万元)	Total Liabilities (10 000 yuan)	95294	70645	348808	292846	246687	67891
所有者权益(万元)	Owners' Equity (10 000 yuan)	159413	103969	197184	234001	185184	71030
营业收入(万元)	Business Revenue (10 000 yuan)	635015	397945	462432	470918	515472	202579
销售费用(万元)	Selling Expenses (10 000 yuan)	9480	9694	6757	5094	3385	2585
利润总额(万元)	Total Profits (10 000 yuan)	54149	22388	44660	33818	48011	11359
全部从业人员年平均人数(人)	Annual Average Empolyees (person)	9476	6759	9208	8299	6879	2539
资本保值增值率(%)	Changing Rate of Net Assets (%)	115.07	86.26	136.09	99.29	79.14	105.56
资产负债率(%)	Assets-Liability Ratio (%)	37.41	40.46	63.89	55.58	57.12	48.90
流动资产周转率(次)	Ratio of Turnover Working Capitals (time)	2.68	5.23	1.13	1.25	1.60	3.16
成本费用利润率(%)	Ratio of Profits to Cost (%)	9.42	6.39	10.83	7.61	9.86	5.98
全员劳动生产率(元/人)	Overall Labor Productivity (yuan/person)	188651	150837	122021	161586	195979	250492
产品销售率(%)	Sales Ratio of Products (%)	99.30	98.88	99.31	99.89	99.52	96.70

13-10 规模以上外商及港、澳、台投资工业企业经济指标
Economic Indicators of Industrial Enterprises with Funds from Foreign, Hong Kong, Macao and Taiwan above Designated Size

指 标	Item	2016	2017	2018	2019	2020	2021
企业单位数(个)	Number of Enterprises (unit)	822	840	744	697	691	746
#亏损企业(个)	Deficit Enterprises (unit)	75	83	95	115	118	105
资产总计(万元)	Total Assets (10 000 yuan)	34033119	33356051	29650513	28860747	31423541	41969622
流动资产合计(万元)	Total current Assets (10 000 yuan)	14003112	14728486	14431881	14132652	14916909	20888981
负债合计(万元)	Total Liabilities (10 000 yuan)	17470497	17372796	15220794	14443367	16210248	22904205
所有者权益(万元)	Owners' Equity (10 000 yuan)	16562622	15983255	14429719	14417380	15213293	19065416
营业收入(万元)	Business Revenue (10 000 yuan)	48494841	45519451	34502178	31647774	33856885	44816831
销售费用(万元)	Selling Expenses (10 000 yuan)	924528	835255	758678	752226	762538	881045
利润总额(万元)	Total Profits (10 000 yuan)	3754584	3744680	2774009	2463354	2663073	3855303
全部从业人员年平均人数(人)	Annual Average Employees (person)	492720	440707	334739	286842	275465	288297
资本保值增值率(%)	Changing Rate of Net Assets (%)	112.34	105.86	116.53	109.26	105.52	96.32
资产负债率(%)	Assets-Liability Ratio (%)	51.33	52.08	51.33	50.05	51.59	54.60
流动资产周转率(次)	Ratio of Turnover Working Capitals (time)	3.20	3.31	2.39	2.24	2.28	2.34
成本费用利润率(%)	Ratio of Profits to Cost (%)	8.41	9.03	8.75	8.41	8.53	9.41
全员劳动生产率(元／人)	Overall Labor Productivity (yuan/person)	236867	247069	239663	275538	124577	344214
产品销售率(%)	Sales Ratio of Products (%)	98.67	100.02	99.72	99.83	99.80	98.50

13-11 规模以上股份制工业企业经济指标

指　　标	Item	2015	2016
企业单位数(个)	Number of Enterprises (unit)	7876	8790
#亏损企业(个)	Deficit Enterprises (unit)	515	457
资产总计(万元)	Total Assets (10 000 yuan)	136865248	156606094
流动资产合计(万元)	Total current Assets (10 000 yuan)	54178292	62198701
负债合计(万元)	Total Liabilities (10 000 yuan)	66048669	72846434
所有者权益(万元)	Owners' Equity (10 000 yuan)	70816579	83759659
营业收入(万元)	Business Revenue (10 000 yuan)	245092265	272056007
销售费用(万元)	Selling Expenses (10 000 yuan)	4212668	4619656
利润总额(万元)	Total Profits (10 000 yuan)	16667116	19008131
全部从业人员年平均人数(人)	Annual Average Employees (person)	1890660	2014193
资本保值增值率(%)	Changing Rate of Net Assets (%)	125.16	116.21
资产负债率(%)	Assets-Liability Ratio (%)	48.26	46.52
流动资产周转率(次)	Ratio of Turnover Working Capitals (time)	4.96	4.86
成本费用利润率(%)	Ratio of Profits to Cost (%)	7.38	7.59
全员劳动生产率(元/人)	Overall Labor Productivity (yuan/person)	301678	271061
产品销售率(%)	Sales Ratio of Products (%)	98.99	98.90

Economic Indicators of Share-holding Industrial Enterprises above Designated Size

2017	2018	2019	2020	2021
10416	10465	11628	12593	13914
717	962	1012	1080	1075
170433558	183993671	229949951	249660650	248153135
74833168	81999614	114619626	126266877	128169570
82143352	92240505	121651778	134804196	133968458
88290206	91753166	108298173	114856454	114184677
275397003	249923280	310867725	341637398	379158307
5436321	5388997	6276063	6505507	6403732
19866908	17857168	18842717	21393919	26394811
2065808	1870917	2002866	1981434	1896963
108.45	117.75	107.11	106.06	111.00
48.20	50.13	52.90	53.99	54.00
4.21	3.05	2.71	2.71	3.23
7.86	7.78	6.50	6.73	7.52
315899	311598	342066	361102	428309
99.26	99.14	99.33	98.87	99.10

13-12 规模以上私营工业企业经济指标

指 标	Item	2015	2016
企业单位数(个)	Number of Enterprises (unit)	4751	5163
#亏损企业(个)	Loss Enterprises (unit)	226	190
资产总计(万元)	Total Assets (10 000 yuan)	54963359	63881003
流动资产合计(万元)	Total current Assets (10 000 yuan)	20559860	24052851
负债合计(万元)	Total Liabilities (10 000 yuan)	21950995	24911800
所有者权益(万元)	Owners' Equity (10 000 yuan)	33012364	38969203
营业收入(万元)	Business Revenue (10 000 yuan)	128893398	141558836
销售费用(万元)	Selling Expenses (10 000 yuan)	2154706	2320571
利润总额(万元)	Total Profits (10 000 yuan)	9796112	10761466
全部从业人员年平均人数(人)	Annual Average Employees (person)	990348	1028441
资本保值增值率(%)	Changing Rate of Net Assets (%)	126.78	118.27
资产负债率(%)	Assets-Liability Ratio (%)	39.94	39.00
流动资产周转率(次)	Ratio of Turnover Working Capitals (time)	7.05	4.09
成本费用利润率(%)	Ratio of Profits to Cost (%)	8.28	8.28
全员劳动生产率(元/人)	Overall Labor Productivity (yuan/person)	323638	311909
产品销售率(%)	Sales Ratio of Products (%)	99.01	98.70

Economic Indicators of Private Industrial Enterprises above Designated Size

2017	2018	2019	2020	2021
6128	6300	8247	9281	11933
340	481	591	676	767
66147349	68581570	82741510	90180874	120792052
29011471	30885250	38634550	45219292	64633676
28568018	31019742	38014871	44298375	61025934
37579331	37561828	44726639	45882499	59766119
133950600	113792249	146368293	163655111	248186553
2626274	2687281	3445510	3679438	4692589
9777458	7894099	9731690	11277939	18102594
1047587	937019	1080298	1095281	1323443
106.56	116.86	106.55	102.58	111.49
43.19	45.23	45.94	49.12	50.50
5.33	3.68	3.79	3.62	4.19
7.91	7.48	7.12	7.39	7.87
299971	275223	314647	332540	390636
98.91	98.83	99.59	98.90	98.90

13-13 开发区主要经济指标(2021年)

项目	Item	本年实际累计开发面积(平方公里) Actually Total Area Developed This Year (sq.km)	投产工业企业数(个) Number of Industrial Enterprises Completed and Put into Use (unit)	招商实际到位资金(亿元) Actually Introduced Funds (100 million yuan)	
				绝对数 Absolute Number	比上年增长(%) Growth Rate over Preceding Year (%)
全省总计	**Provincial Total**	678.31	15375	8837.83	4.4
国家级园区	**National Park**				
南昌小蓝经济技术开发区	Nanchang Xiaolan Economic-Technological Development Zone	6.60	390	215.85	18.2
南昌经济技术开发区	Nanchang Economic-Technological Development Zone	9.80	369	543.22	8.4
南昌高新技术产业开发区	Nanchang High-tech Industrial Development Zone	11.70	333	334.46	30.2
景德镇高新技术产业开发区	Jingdezhen High-tech Industrial Development Zone	4.62	160	131.93	28.5
萍乡经济技术开发区	Pingxiang Economic-Technological Development Zone	5.60	134	152.36	164.4
九江共青城高新技术产业开发区	Jiujiang Gongqingcheng High-tech Industrial Development Zone	8.26	186	95.67	8.2
九江经济技术开发区	Jiujiang Economic-Technological Development Zone	14.50	280	194.92	6.1
新余高新技术产业开发区	Xinyu High-tech Industrial Development Zone	4.90	322	171.10	33.3
鹰潭高新技术产业开发区	Yingtan High-tech Industrial Development Zone	9.60	147	56.14	13.1
赣州高新技术产业开发区	Ganzhou High-tech Industrial Development Zone	8.50	200	110.57	56.8
龙南经济技术开发区	Longnan Economic-Technological Development Zone	16.31	421	171.91	28.9
瑞金经济技术开发区	Ruijin Economic-Technological Development Zone	26.08	623	183.45	18.5
赣州经济技术开发区	Ganzhou Economic-Technological Development Zone	10.10	383	227.99	10.2
井冈山经济技术开发区	Jinggangshan Economic-Technological Development Zone	16.60	350	407.70	35.0
吉安高新技术产业开发区	Ji'an High-tech Industrial Development Zone	7.00	142	66.32	2.8
宜春经济技术开发区	Yichun Economic-Technological Development Zone	4.00	181	26.98	-45.2
江西丰城高新技术产业开发区	Yichun Fengcheng High-tech Industrial Development Zone	18.10	222	173.10	-89.0
抚州高新技术产业开发区	Fuzhou High-tech Industrial Development Zone	11.50	172	108.23	26.8
上饶经济技术开发区	Shangrao Economic-Technological Development Zone	15.40	389	314.62	18.3
省级重点园区	**Provincial Main Park**				
南昌青山湖高新技术产业园区	Nanchang Qingshanhu High-tech Industrial Park	9.58	302	84.00	12.0
江西新建经济开发区	Jiangxi Xinjian Industrial Development Zone	4.82	174	146.12	49.6
江西乐平工业园区	Jiangxi Leping Industrial Park	5.59	85	65.26	137.3
江西芦溪工业园区	Jiangxi Luxi Industrial Park	2.00	83	108.29	169.1
江西永修云山经济开发区	Jiangxi Yongxiu Yunshan Economic Development Zone	12.80	183	193.24	20.2
江西德安高新技术产业园区	Jiangxi De'an High-tech Industrial Park	11.00	150	77.97	-3.2
江西分宜工业园区	Jiangxi Fenyi Industrial Park	3.50	125	29.83	7.2
江西余江工业园区	Jiangxi Yujiang Industrial Park	4.60	132	81.82	32.6
江西贵溪工业园区	Jiangxi Guixi Industrial Park	6.20	193	110.90	12.8
江西章贡高新技术产业园区	Jiangxi Ganzhou Zhanggong High-tech Industrial Park	6.10	125	66.73	10.0
江西泰和高新技术产业园区	Jiangxi Taihe High-tech Industrial Park	6.00	133	145.60	34.7
江西上高工业园区	Jiangxi Shanggao Industrial Park	7.24	226	120.75	14.2
江西樟树工业园区	Jiangxi Zhangshu Industrial Park	6.10	214	170.32	15.5
江西崇仁高新技术产业园区	Jiangxi Chongren Industrial Park	5.50	109	40.67	15.5
江西东乡经济开发区	Jiangxi Dongxiang Economic Development Zone	6.50	124	73.70	9.4
江西上饶高新技术产业园区	Jiangxi Shangrao High-tech Industrial Park	11.00	168	81.50	27.5
江西玉山高新技术产业园区	Jiangxi Yushan High-tech Industrial Park	7.27	335	51.79	10.2
江西横峰经济开发区	Jiangxi Hengfeng Economic Development Zone	5.10	67	127.00	79.9

Main Economic Indicators of Development Zone (2021)

工业增加值 Value-added of Industry	出口交货值(亿元) Delivery Value of Industry Export (100 million yuan)		营业收入(亿元) Business Revenue (100 million yuan)		利润总额(亿元) Total Profits (100 million yuan)		从业人员(人) Number of Emptoyed Persons (person)	
比上年增长(%) Growth Rate over Preceding Year (%)	绝对数 Absolute Number	比上年增长(%) Growth Rate over Preceding Year (%)	绝对数 Absolute Number	比上年增长(%) Growth Rate over Preceding Year (%)	绝对数 Absolute Number	比上年增长(%) Growth Rate over Preceding Year (%)	绝对数 Absolute Number	比上年增长(%) Growth Rate over Preceding Year (%)
11.9	2282.97	10.1	40504.41	27.5	2887.66	31.4	2086134	0.8
11.8	80.10	20.5	1596.46	15.5	98.19	16.4	74280	-1.3
11.6	80.74	-43.8	1544.07	12.4	155.22	12.0	68000	-10.4
10.1	296.76	14.9	3049.28	28.6	120.59	-9.4	98287	-5.2
12.5	12.44	18.9	719.34	27.0	29.77	16.7	27244	3.0
8.1	32.89	29.4	685.70	19.4	60.44	20.0	36715	-6.3
12.0	13.62	-66.9	517.56	13.7	55.76	30.9	22868	2.6
11.5	67.13	48.0	1463.56	16.2	104.96	76.7	48775	4.6
15.1	54.91	44.9	764.32	33.0	45.77	140.8	42770	8.0
13.6	12.09	19.1	897.42	33.1	35.37	33.0	14858	3.9
12.9	18.06	-4.3	353.98	35.6	24.10	82.4	16249	-12.6
12.8	77.41	4.8	465.71	39.7	28.58	66.2	52790	3.9
12.3	99.45	22.0	820.22	25.6	66.67	30.2	76427	3.7
13.1	83.57	51.4	1050.12	37.1	46.28	27.3	55062	5.9
13.2	144.37	11.7	1375.65	23.6	105.35	46.5	86952	-8.0
13.6	340.93	5.8	607.02	9.9	54.80	12.9	61244	-3.8
12.6	16.54	5.3	237.81	45.3	18.17	188.4	26964	6.4
12.4	10.76	32.4	938.94	34.0	92.13	40.6	29813	2.5
10.6	23.85	18.9	612.32	20.5	56.32	22.6	31972	0.4
12.6	128.42	-4.6	1497.33	44.7	60.65	37.9	51873	0.9
11.2	27.39	65.7	435.41	27.8	48.06	13.0	42352	1.9
7.6	3.06	31.1	557.61	19.7	25.70	46.8	19727	-2.4
11.0	21.85	18.6	405.06	26.4	25.16	30.7	15341	7.0
13.3	0.23	4.6	104.79	20.9	2.01	-72.1	9923	3.2
12.2	18.42	52.7	596.71	18.0	66.09	31.5	22038	2.6
12.3	5.29	-62.9	535.36	16.3	34.08	12.0	19994	-8.1
14.5	15.41	-3.0	153.59	26.2	9.23	59.1	9711	-5.7
13.7	11.58	61.1	309.97	38.0	15.25	66.1	13038	-4.6
13.8	3.30	93.2	1343.36	52.4	27.58	30.5	14367	5.5
12.9	19.21	56.7	386.69	32.8	20.88	72.7	21993	4.5
12.7	15.20	37.3	324.06	15.3	11.85	49.4	23653	-1.2
12.2	21.80	46.7	398.76	26.5	27.05	34.1	41911	1.3
10.9	5.79	23.5	613.65	28.2	67.80	45.9	28584	2.1
10.7	0.79	-42.3	191.52	8.8	11.59	8.5	10635	-7.2
10.9	20.31	104.6	323.37	31.3	16.02	63.0	13681	19.8
12.4	4.59	-81.6	628.10	20.0	69.32	26.7	21237	2.5
12.0	12.45	78.4	559.32	33.6	39.19	31.2	25816	4.7
12.3	0.03	189.0	292.09	29.2	20.57	30.5	6614	13.8

主要统计指标解释

工业 指从事自然资源的开采，对采掘品和农产品进行加工和再加工的物质生产部门。具体包括：(1)对自然资源的开采，如采矿、晒盐等(但不包括禽兽捕猎和水产捕捞)；(2)对农副产品的加工、再加工，如粮油加工、食品加工、缫丝、纺织、制革等；(3)对采掘品的加工、再加工，如炼铁、炼钢、化工生产、石油加工、机器制造、木材加工等，以及电力、自来水、煤气的生产和供应等；(4)对工业品的修理、翻新，如机器设备的修理、交通运输工具(如汽车)的修理等。

工业统计调查单位为独立核算法人工业企业。

独立核算法人工业企业指从事工业生产经营活动的单位。独立核算法人工业企业应同时具备以下条件：①依法成立，有自己的名称、组织机构和场所，能够承担民事责任；②独立拥有和使用资产，承担负债，有权与其他单位签订合同；③独立核算盈亏，并能够编制资产负债表。

本年鉴中涉及的企业登记注册类型：

国有及国有控股企业 指国有企业加上国有控股企业。国有企业(即原全民所有制工业或国营工业)指企业全部资产归国家所有，并按《中华人民共和国企业法人登记管理条例》规定登记注册的非公司制的经济组织。包括国有企业、国有独资公司和国有联营企业。1957年以前的公私合营和私营工业，后均改造为国营工业，1992 年改为国有工业，这部分工业的资料不单独分列时，均包括在国有企业内。国有控股企业是对混合所有制经济的企业进行的“国有控股”分类。它是指这些企业的全部资产中国有资产(股份)相对其他所有者中的任何一个所有者占资(股)最多的企业。该分组反映了国有经济控股情况。

集体企业 指企业资产归集体所有，并按《中华人民共和国企业法人登记管理条例》规定登记注册的经济组织。是社会主义公有制经济的组成部分。包括城乡所有使用集体投资举办的企业，以及部分个人通过集资自愿放弃所有权并依法经工商行政管理机关认定为集体所有制的企业。

股份合作企业 指以合作制为基础，由企业职工共同出资入股，吸收一定比例的社会资产投资组建，实行自主经营，自负盈亏，共同劳动，民主管理，按劳分配与按股分红相结合的一种集体经济组织。

联营企业 指两个及两个以上相同或不同所有制性质的企业法人或事业单位法人，按自愿、平等、互利的原则，共同投资组成的经济组织。联营企业包括：

国有联营企业指国有企业与国有企业间的联营；

集体联营企业指集体企业与集体企业间的联营；

国有与集体联营企业指国有企业与集体企业间的联营。

有限责任公司 指根据《中华人民共和国公司登记管理条例》规定登记注册，由两个以上，五十个以下的股东共同出资，每个股东以其所认缴的出资额对公司承担有限责任，公司以其全部资产对其债务承担责任的经济组织。

有限责任公司包括国有独资公司以及其他有限责任公司。

股份有限公司 指根据《中华人民共和国企业法人登记管理条例》规定登记注册，其全部注册资本由等额股份构成并通过发行股票筹集资本，股东以其认购的股份对公司承担有限责任，公司以其全部资产对其债务承担责任的经济组织。

私营企业 指由自然人投资设立或由自然人控股，以雇佣劳动为基础的营利性经济组织。包括按照《公司法》、《合伙企业法》、《私营企业暂行条例》规定登记注册的私营有限责任公司、私营股份有限公司、私营合伙企业和私营独资企业。

港、澳、台商投资企业 指企业注册登记类型中的港、澳、台资合资、合作、独资经营企业和股份有限公司之和。

外商投资企业 指企业注册登记类型中的中外合资、合作经营企业、外资企业和外商投资股份有限公司之和。

“三资”企业系指港、澳、台商投资企业和外资企业的简称。

轻工业 指主要提供生活消费品和制作手工工具的工业。按其所使用的原料不同，可分为两大类：(1)以农产品为原料的轻工业，是指直接或间接以农产品为基本原料的轻工业。主要包括食品制造、饮料制造、烟草加工、纺织、缝纫、皮革和毛皮制作、造纸以及印刷等工业；(2)以非农产品为原料的轻工业，是指以工业品为原料的轻工业。主要包括文教体育用品、化学药品制造、合成纤维制造、日用化学制品、日用玻璃制品、日用金属制品、手工工具制造、医疗器械制造、文化和办公用机械制造等工业。

重工业 指为国民经济各部门提供物质技术基础的主要生产资料的工业。按其生产性质和产品用途，可以分为下列三类：(1)采掘(伐)工业，是指对自然资源的开采，包括石油开采、煤炭开采、金属矿开采、非金属矿开采等工业；(2)原材料工业，指向国民经济各部门提供基本材料、动力和燃料的工业。包括金属冶炼及加工、炼焦及焦炭、化学、化工原料、水泥、人造板以及电力、石油和煤炭加工等工业；(3)加工工业，是指对工业原材料进行再加工制造的工业。包括装备国民经济各部门的机械设备制造工业、金属结构、水泥制品等工业，以及为农业提供的生产资料如化肥、农药等工业。

根据上述划分原则，修理业中以重工业产品为修理作业对象的划为重工业，反之划为轻工业。

工业总产值

(1)定义：

工业总产值是以货币形式表现的，工业企业在一定时期内生产的工业最终产品或提供工业性劳务活动的总价值量。它反映一定时间内工业生产的总规模和总水平。

(2)计算原则：

工业生产的原则，即凡是企业在报告期生产的经检验合格的产品，不管是否在报告期销售，均包括在内。

最终产品的原则，即凡是计入工业总产值的产品，必须是本企业生产的经检验合格的，不需要再进行任何加工的最终产品。如果企业有中间产品(半成品)对外销售，则对外销售的中间产品应视为企业的最终产品。

工厂法原则，即工业总产值是以工业企业作为基本计算(核算)单位，即按企业的最终产品计算工业总产值。按这种方法计算的工业总产值，不允许同一产品价值在企业内部重复计算，不能把企业内部各个车间(分厂)生产的成果相加，但允许企业间的重复计算。

(3)内容及计算方法：

1995 年全国工业普查对工业总产值(原规定)的内容及计算原则和方法做了某些修订，修订后的工业总产值(新规定)包括三项内容：即本期生产成品价值、对外加工费收入、在制品半成品期末期初差额价值三部分。

本期生产成品价值：指企业本期生产，并在报告期内不再进行加工，经检验、包装入库的全部工业成品(半成品)价值合计，包括企业生产的自制设备及提供给本企业在建工程、其他非工业部门和福利部门等单位使用的成品价值。本期生产成品价值为按自备原材料生产的产品的数量乘以本期不含增值税(销项税额)的产品实际销售平均单价计算；会计核算中按成本价格转账的自制设备和自产自用的成品，按成本价格计算生产成品价值。生产成品价值中不包括用订货者来料加工的成品(半成品)价值。

对外加工费收入：指企业在报告期内完成的对外承接的工业品加工(包括用订货者来料加工产品)的加工费收入和对外工业修理作业所取得的加工费收入。对外加工费收入按不含增值税(销项税额)的价格计算，可根据会计“产品销售收入”科目的有关资料取得。

对于本企业对内非工业部门提供的加工修理、设备安装的劳务收入，如果企业会计核算基础较好，能取得这部分资料，而且这部分价值所占比重较大，应包括在对外加工费收入中。

自制半成品在制品期末期初差额价值：指企业报告期在制品期末减期初的差额价值，本指标一般可以从会计核算资料中取得。如果会计产品成本核算中不计算半成品、在制品的成本，则总产值中也不包括这部分价值，反之则包括。

(4)工业总产值统计范围变化和计算方法修订情况：

1984 年以前工业总产值不包括村办工业，村办工业总产值划归农业。1984 年以后工业总产值包括村办工业。

1995 年工业普查对工业总产值计算方法做了修订，即从 1995 年始按新修订(新规定)方法计算工业总产值。新规定与原规定的区别如下：

全价与加工费的计算原则不同：新规定为凡自备原材料，不论其生产繁简程度如何，一律按全价计算工业总产值；凡来料加工，允许按加工费计算工业总产值。原规定则视生产加工的繁简程度不同，规定哪些行业按全价，哪些行业按加工费计算工业总产值。

自制半成品、在产品期末期初差额价值的计算原则不同：新规定要求，凡会计产品成本核算时计算了成本的差额价值，总产值中就应包括，否则可不包括；原规定则按生产周期六个月的界限区分，凡生产周期六个月以上的企业，总产值计算中应包括这部分差额价值，否则可不包括。

计算价格不同：新规定按不含增值税(销项税额)的价格计算；原规定则按含增值税(销项税额)的价格计算。

工业增加值　指工业企业在报告期内以货币表现的工业生产活动的最终成果。

工业增加值有两种计算方法：一是生产法，即工业总产出减去工业中间投入加上应交增值税；二是收入法，即从收入的角度出发，根据生产要素在生产过程中应得到的收入份额计算，具体构成项目有固定资产折旧、劳动者报酬、生产税净额、营业盈余，这种方法也称要素分配法。本年鉴中的工业增加值是以生产法计算的。

生产法工业增加值的计算方法为：

工业增加值=工业总产出-工业中间投入+应交增值税

(1)工业总产出：指工业企业在一定时期内工业生产活动的总成果。工业总产出包括：成品生产价值，对外加工费收入，自制半成品、在产品期末期初差额价值。1995 年后用新规定计算的工业总产值代替。

(2)工业中间投入：指工业企业在工业生产活动中消耗的外购物质产品和对外支付的服务费用。服务费用包括支付给物质生产部门(工业、农业、批发零售贸易业、建筑业、运输邮电业)的服务费用和支付给非物质生产部门(如保险、金融、文化教育、科学研究、医疗卫生、行政管理等)的服务费用。工业中间投入的确定须遵循以下原则：必须从外部购入的，并已计入工业总产出的产品和服务价值；必须是本期投入生产，并一次性消耗掉(包括本期摊销的低值易耗品等)的产品和服务价值。

工业中间投入包括直接材料费用、制造费用中的工业中间投入、管理费用中的工业中间投入、销售费用中的工业中间投入和利息支出五部分。

资产总计　指企业拥有或控制的能以货币计量的经济资源，包括各种财产、债权和其他权利。资产按流动性分为流动资产、长期投资、固定资产、无形资产、递延资产和其他资产。该指标根据企业会计“资产负债表”中“资产总计”项目的期末数增列。

流动资产　指企业可以在一年内或者超过一年的一个生产周期内变现或者耗用的资产，包括现金及各种存款、短期投资，应收及预付款项、存货等。

流动资产平均余额　指企业在报告期内全部流动资产的平均余额。

固定资产原价　指企业在建造、购置、安装、改建、扩建、技术改造某项固定资产时所支出的全部货币总额。它一般包括买价、包装费、运杂费和安装费等。

固定资产净值年平均余额　指固定资产净值在报告期内余额的平均数。计算公式为：

$$\text{固定资产净值年平均余额}=\frac{\text{1至12月各月月初、月末固定资产净值之和}}{24}$$

该指标根据“资产负债表”中“固定资产原价”“累计折旧”指标的期初、期末数计算填列。

固定资产净值指固定资产原价减去历年已提折旧额后的净额。计算公式为：

固定资产净值=固定资产原价-累计折旧

负债合计　指企业所承担的能以货币计量，将以资产或劳务偿付的债务，偿还形式包括货币、资产或提供劳务。负债一般按偿还期长短分为流动负债和长期负债。根据会计"资产负债表"中"负债合计"的年末数填列。

所有者权益　指企业投资人对企业净资产的所有权。企业净资产等于企业全部资产减去全部负债后的余额，包括企业投资人对企业的最初投入的实际到位的资产及资本公积金、盈余公积金和未分配利润。所有者权益合计数小于零，表示企业资不抵债。

营业收入　指企业销售产品和提供劳务等生产经营业务取得的收入。

营业成本　指企业销售产品和提供劳务等生产经营业务过程中的实际成本。

营业成本税金及附加　指企业销售产品和提供劳务等生产经营业务应负担的城市维护建设税、消费税、资源税和教育费附加。

利润总额　指企业生产经营活动的最终成果，是企业在一定时期内实现的盈亏相抵后的利润总额(亏损以"-"号表示)，它等于营业利润加上补贴收入加上投资收益加上营业外净收入再加上以前年度损益调整。

本年应交增值税　指企业在报告期内应交纳的增值税额。它等于本年销项税额加上出口退税加上进项税额转出数减去本年进项税额。小规模纳税企业直接按全年计税销售额乘以征收率计算取得。

从业人员平均人数　是指报告期内每天拥有的从业人员人数。其计算公式为:

$$季平均人数=\frac{季内各月平均人数之和}{3}$$

$$月平均人数=\frac{报告月内每天实有平均人数之和}{报告月日历日数}$$

$$年平均人数=\frac{年内各月平均人数之和}{12}$$

工业增加值率　指在一定时期内工业增加值占同期工业总产值的比重，反映降低中间消耗的经济效益。计算公式为:

工业增加值率(%)=工业增加值(现价)/工业总产值(现价)×100%

总资产贡献率　反映企业全部资产的获利能力，是企业经营业绩和管理水平的集中体现，是评价和考核企业盈利能力的核心指标。计算公式为:

$$总资产贡献率(\%)=\frac{利润总额+税金总额+利息净支出}{平均资金总额}\times 100\%$$

公式中：税金总额为产品销售税金及附加与应交增值税之和；平均资产总额为期初期末资产之和的算术平均值。

资产负债率　该指标既反映企业经营风险的大小，也反映企业利用债权人提供的资金从事经营活动的能力。计算公式为:

$$资产负债率=\frac{负债总额}{资产总额}\times 100\%$$

公式中：资产与负债均为报告期期末数。

流动资产周转次数　指一定时期内流动资产完成的周转次数，反映投入工业企业流动资金的周转速度。计算公式为:

$$流动资产周转次数=\frac{产品销售收入}{全部流动资产平均余额}$$

公式中：全部流动资产平均余额为期初和期末的流动资产之和的算术平均值。

成本费用利润率　反映企业投入的生产成本及费用的经济效益，同时也反映企业降低成本所取得的经济效益。计算公式为:

$$成本费用利润率(\%)=\frac{利润总额}{成本费用总额}\times 100\%$$

公式中：成本费用总额为产品销售成本、销售费用、管理费用、财务费用之和。

产品销售率　该指标反映工业产品已实现销售的程度，是分析工业产销衔接情况，研究工业产品满足社会需求的指标。计算公式为:

$$产品销售率(\%)=\frac{工业销售产值}{工业总产值}\times 100\%$$

全员劳动生产率　指根据产品的价值量指标计算的平均每一就业人员在单位时间内的产品生产量。是考核企业经济活动的重要指标，是企业生产技术水平、经营管理水平、职工技术熟练程度和劳动积极性的综合表现。目前，我国的全员劳动生产率是将工业企业的增加值除以同一时期全部就业人员的平均人数来计算的。计算公式为:

$$全员劳动生产率=\frac{工业增加值}{全部从业人员平均人数}$$

资本保值增值率　该指标反映企业净资产的变动状况，是企业发展能力的集中体现。计算公式为:

$$资本保值增值率(\%)=\frac{报告期期末所有者权益}{上年同期期末所有者权益}\times 100\%$$

Explanatory Notes on Main Statistical Indicators

Industry refers to the material production sector which is engaged in the extraction of natural resources and processing and reprocessing of minerals and agricultural products, including (1) extraction of natural resources, such as mining, salt production (but not including hunting and fishing); (2) processing and reprocessing of farm and sideline produces, such as rice husking, flour milling, wine making, oil pressing, silk reeling, spinning and weaving, and leather making; (3) manufacture of industrial products, such as steel making, iron smelting, chemicals manufacturing, petroleum processing, machine building, timber processing; water and gas production and electricity generation and supply; (4)repairing of industrial products such as the repairing of machinery and means of transport (including cars).

In industrial statistics surveys, the units of enquiry are corporate industrial enterprises with independent accounting systems.

Corporate industrial enterprises with independent accounting systems refer to enterprises engaging in industrial production activities, which meet the following requirements: (1) They are established legally, having their own names, organizations, location and able to take civil liability; (2) They possess and use their assets independently, assume liabilities and are entitled to sign contracts with other units; (3) They are financially independent and compile their own balance sheets.

Enterprises covered in the industrial statistics in the Yearbook include the following categories by their registration:

State-owned and State-holding Enterprises refer to state-owned enterprises plus State-holding enterprises. State-owned enterprises (originally known as State-run enterprises with ownership by the whole society) are non-corporate economic entities registered in accordance with the Regulation of the People's Republic of China on the Management of Registration of Legal Enterprises, where all assets are owned by the State. Included in this category are State-owned enterprises, State-funded corporations and State-owned joint-operation enterprises. Joint State-private industries and private industries, which existed before 1957, were transformed into state-run industries since 1957, and into State-owned industries after 1992. Statistics on those enterprises are included in the State-owned industries instead of being grouped them separately. State-holding enterprises are a sub-classification of enterprises with mixed ownership, referring to enterprises where the percentage of State assets (or shares by the State) is larger than any other single share holder of the same enterprise. This sub-classification illustrates the control of the State over a particular industry.

Collective-owned Enterprises refer to economic entities registered in accordance with the Regulation of the People's Republic of China on the Management of Registration of Legal Enterprises, where assets are owned collectively. Collective enterprises constitute an integral part of the socialist economy with public ownership. They include urban and rural enterprises invested collectively, and some enterprises registered in industrial and commercial administration agency as collective units where funds are pooled together by individuals who voluntarily give up their right of ownership.

Share-holding Cooperative Enterprises refer to economic units set up on a cooperative basis, with funding partly from employees of the enterprise and partly from outside investment, where the operation and management is decided by all the members who also participate in the production, and the distribution of income is based both on work (labour input) and on shares (capital input).

Joint-operation Enterprises refer to economic units that are established by joint investment by two or more corporate enterprises or institutions of the same or different types of ownership on voluntary, equal and mutual-beneficial basis. They include:

a) State-owned joint-operation enterprises (joint operation between State-owned enterprises);

b) Collective joint-operation enterprises (joint operation between collective enterprises; and

c) State-collective joint-operation enterprises (joint operation between state and collective enterprises).

Limited Liability Corporations refer to economic units registered in accordance with the Regulation of the People's Republic of China on the Management of Registration of Corporations, with capital from 2 to 49 investors, each investor bears limited liability to the corporation depending on his/her holding of shares, and the corporation bears liability to its debt to the maximum of its total assets.

Share-holding Corporations Ltd. refer to economic units registered in accordance with the Regulation of the People's Republic of China on the Management of Registration of Corporate Enterprises, with total registered capital divided into equal shares and raised through issuing stocks. Each investor bears limited liability to the corporation depending on the holding of shares, and the corporation bears liability to its debt to the maximum of its total assets.

Private Enterprises refer to economic units invested or controlled (by holding the majority of the shares) by natural persons who hire labours for profit-making activities. Included in this category are private limited liability corporations, private share-holding corporations Ltd., private partnership enterprises and private sole investment enterprises registered in accordance with the Corporation Law, Partnership Enterprise Law and Tentative Regulation on Private Enterprises.

Enterprises with Funds from Hong Kong, Macao and Taiwan refers to all industrial enterprises registered as the joint-venture, cooperative, sole (exclusive) investment industrial enterprises and limited liability corporations with funds from Hong Kong, Macao and Taiwan.

Foreign Funded Enterprises refer to all industrial enterprises registered as the joint-venture, cooperative, sole (exclusive) investment industrial enterprises and limited liability corporations with foreign funds.

Enterprises with Hong Kong, Macao, Taiwan and Foreign Fund refer to all the enterprises with funds from Hong Kong, Macao, Taiwan and foreign funded enterprises.

Light Industry refers to the industry that produces consumer goods and hand tools. It consists of two categories, depending on the materials used:

(1) Industries using farm products as raw materials. These are the branches of light industry which directly or indirectly use farm products as basic raw materials, including the manufacture of food and beverages, tobacco processing, textile, clothing, fur and leather manufacturing, paper making, printing, etc.

(2) Industries using non-farm products as raw materials. These are the branches of light industry which use manufactured goods as raw materials, including the manufacture of cultural, educational articles and sports goods, chemicals, synthetic fibre, chemical products for daily use, glass products for daily use, metal products for daily use, hand tools, medical apparatus and instruments, and the manufacture of cultural and office machinery.

Heavy Industry refers to the industry which produces capital goods, and provides various sectors of the national economy with necessary material and technical basis for production. It consists of the following three branches according to the purpose of production or the use of products:

(1) Mining, quarrying and logging industry, which refers to the industry that extracts natural resources, including extraction of petroleum, coal, metal and non-metal ores.

(2) Raw materials industry refers to the industry that provides various sectors of the national economy with raw materials, fuels and power. It includes smelting and processing of metals, coking and coke chemistry, chemical materials and building materials such as cement, plywood, and power, petroleum refining and coal dressing.

(3) Manufacturing industry which refers to the industry that processes raw materials. It includes machine-building industries which equip sectors of the national economy; industries producing metal structure and cement products; and industries producing means of agricultural production, such as chemical fertilizers and pesticides.

In accordance with the above principles of classification, the repairing trades, which are engaged primarily in repairing products of heavy industry, are classified as heavy industry while those which are engaged in repairing products of light industry are classified as light industry.

Gross Industrial Output Value

(1) Definition: Gross industrial output value is the total volume of final industrial products produced and industrial services provided during a given period. It reflects the total achievements and overall scale of industrial production during a given period.

(2) Principles for calculation:

Statistics on industrial production follow the principle that all products produced by the enterprises and accepted through quality check during the reference period are to be included no matter whether they are sold or not during the reference period.

Determination of final products follows the principle that all products that are included in the calculation of gross industrial output value are the final products of the enterprise which have been accepted through quality check and require no further processing. If an enterprise has intermediate (semi-finished) products to sell, these intermediate products are considered as the final products of the enterprise.

Gross industrial output value is calculated following the principle of factory approach, i.e. industrial enterprise is used as the basic accounting unit in calculating the gross industrial output value. By this approach, value of the same product is not to be double-counted, and the output value of different workshops (branch factories) within the enterprise should not be added. However, this approach allows the possibility of double counting between enterprises.

(3) Content and method of calculation: The old definition of gross industrial output value was modified during the 1995 National Industrial Census. The revised (new) definition of gross industrial output value

consists of 3 components: value of the finished products during the reference period, income from processing for external parties, and value of change in semi-finished products between the end and the beginning of the reference period.

Value of finished products during the reference period: refers to the value of all finished (semi-finished) industrial products that are produced during the reference period without the need for further processing, checked for acceptance, packed and put into the warehouse of the enterprise, including the value of own-produced equipment and the value of products provided to the projects under construction of the enterprise, and to other non-industrial or welfare units. Value of finished products during the reference period is calculated by the quantity of products produced using own materials multiplied by the average unit prices at which products are sold (excluding value-added tax). Own-produced equipment and products produced for own use are valued at cost prices as in the case of enterprise accounting. Value of finished products does not include the value of finished products (semi-finished products) that are produced using the materials from the clients who place the orders.

Income from external processing: refers to income from contracted external processing of industrial products (including processing of industrial products using materials from the clients), and the income from industrial repairing work provided to other parties. Income from external processing is calculated using information from the item "products sales income" in the enterprise accounting at the prices with value-added tax excluded.

For income from services such as processing, repairing and installation of equipment provided to non-industrial units within the enterprise, if the accounting work of the enterprise is good enough to separate it from other records, and the share of such services is significant, it should also be included in the income from external processing.

Value of change in semi-finished products between the end and the beginning of the reference period: refers to the value of change in semi-finished products between the end and the beginning of the reference period, which generally can be obtained from accounting records of enterprises. If the enterprise accounting excludes the cost of semi-finished products, then it should not be included in the gross industrial output value, and the reverse if otherwise.

(4) Changes in the scope and method of calculation of the gross industrial output value

Prior to 1984, the value of rural industry run by villages was classified into agriculture instead of industry. Since 1984, it has been included in the gross industrial output value. Method of calculation for the gross industrial output value was modified in the industrial census in 1995. The difference in the new method as compared with the old one is outlined below:

Principle in using full value vs. processing fee: The new method stipulates that all products produced using own materials are to be calculated with full value in reporting the gross industrial output value irrespective of the complexity of production, and for external processing, it allows calculation using processing fee. In the old method, however, the use of full value or processing fee was determined by the degree of complexity of production in different branches of industries.

Principle in determining the value of change in semi-finished products: The new method requires that value of change in semi-finished products should be included in the gross industrial output value if it is included in the accounting record of the enterprise, otherwise it should not be included. In the old method, it is determined by the type of enterprises in terms of production cycle. If the production cycle is over 6 months, the value of change in semi-finished products is included in the gross industrial output value, otherwise it is not.

Difference in prices: The new method uses prices excluding value-added tax in the calculation of gross industrial output value, while the old method used prices including value-added tax.

Value-added of Industry refers to the final results of industrial production of industrial enterprises in money terms during the reference period.

Industrial value-added can be calculated by two approaches: the production approach, i.e. gross industrial output value minus intermediate input plus value-added tax, and the income approach, i.e. income for various factors used in the course of production, including depreciation of fixed assets, remuneration of labourers, net of production tax, and operating surplus. Value-added of industry in the Yearbook is calculated by the production approach as follows:

Value-added of industry = gross industrial output - industrial intermediate input + value-added tax

(1) Gross industrial output: refers to the total achievements of industrial production activities during a given period. Gross industrial output includes value of finished products, income from external processing, and value of change in semi-finished products between the end and the beginning of the reference period. Since 1995, the gross industrial output value obtained by the new method is used in the calculation.

(2) Industrial intermediate input: refers to purchased goods and paid services consumed during the industrial production of enterprises. Fees paid for services include fees paid for the services provided by material production sectors (industry, agriculture, wholesale and retail trade, construction, transport, post and telecommunications) and by non-material production sectors (insurance, banking, culture, education, scientific research, health and medical care, public administration, etc.). The determination of industrial intermediate input follows the principle that the goods and services must be purchased from outside and included in the gross industrial output, and that the goods and services are inputted into production and consumed (include low-value consumables) during the reference period.

Industrial intermediate input includes 5 components, namely direct consumption of materials, industrial intermediate input in manufacturing cost, industrial intermediate input in management cost, industrial intermediate input in marketing cost and expenditure on interest.

Total Assets refer to all economic resources, in monetary term, these are owned or controlled by enterprises, including properties, creditor's equity and other economic rights of all forms. Classified by the degree of liquidity, total assets include working capitals, long-term investment, fixed assets, intangible assets, deferred assets and other assets. Data on this indicator can be obtained by the year-end figures of total assets in the Assets and Liability Table of accounting records of enterprises.

Working Capital refers to capital that an enterprise can cash or use during one year or one production cycle that may exceed one year, including cash and savings deposits of various forms, short-term investment, money receivable and prepaid money, inventories, etc.

Annual Average Value of Working Capital refers to the average value of all working capital of the enterprise during the reference period.

Original Value of Fixed Assets refers to the total value, in monetary terms, that an enterprise spent on fixed assets, through construction, purchase, installation, transformation, expansion or technical upgrading. Generally, it covers cost of purchase, packing, transportation and installation, etc.

Annual Average of Net Value of Fixed Assets refers to the average of the net value of fixed assets during the reference period, calculated with the following formula:

$$\text{Annual Average of Net Value of Fixed Assets} = \frac{\text{Sum of Net Value of Fixed Assets at the Beginning and at the End of Each Month from January to December}}{24}$$

Information on this indicator can be obtained from the beginning and ending figures of the original value of fixed assets and cumulative depreciation from the Assets and Liability Table of enterprises.

Net value of fixed assets refers to the original value of fixed assets minus depreciation over the years, i.e.:

Net value of fixed assets = original value of fixed assets - cumulative depreciation

Total Liabilities refer to payable liabilities of enterprises that have to be repaid in terms of money, assets or labour services. In terms of payment, it can be divided into liquid liabilities and long-term liabilities. Data on this item is obtained from the ending figures on total liabilities from the Assets and Liability Table from the enterprises.

Owner's Equity refers to the ownership of net assets of enterprise by its investors. Net assets equal total assets minus total liabilities of the enterprise, including the actual assets invested into the enterprise by investors, accumulation of capital and operating surplus and non-distributed profits. The enterprise's assets are less than its liabilities if the sum of owner's equity is smaller than zero.

Business Revenue refers to the economic benefits through production and operation activities of enterprises, such as selling commodities and providing labor services.

Business Cost refers to the actual cost incurred by enterprises in such production and operation activities as selling commodities and providing labor services.

Tax and Extra Charges from Business refers to urban maintenance and construction tax, consumption tax, resource tax, and education surcharge incurred by enterprises in production and operation activities.

Total Profits refer to the final achievement of production and operation activities of the enterprises, represented by total profits after deducting losses (loss is expressed by the negative figure). It is the sum of profits from operation, income from subsidies, investment earnings, net income from activities other than operation, and adjustment of profits and losses of previous years.

Value-added Tax Payable in the Current Year refers to the amount of the value-added tax which should be paid by the enterprises during the reference period. It is the sum of tax on sales, export rebate, and transferred tax on purchases of the current year, minus the tax on purchases of the current year. Value-added tax payable of small-size enterprises is determined by the taxable sales of the year multiplied by the tax rate.

Average Annual Number of Employed persons. Employed persons refer to all those who are employed in enterprises and receive remunerations there from, including currently working employees, retirees who are re-employed, teachers of local-run schools, as well as foreigners, staff from Hong Kong, Macao and Taiwan, part-time employees and persons with second job who are employed by the enterprise, and employees of other units temporarily working in the enterprises, but excluding former employees who left the enterprise with their employment records still being kept by the enterprises.

Average number of employed persons refers to the number of employee everyday during the reference period, calculated with the following formula:

$$\text{Monthly Average Number} = \frac{\text{Sum of Actual Employees Everyday in Reference Month}}{\text{Number of Calendar Dates in Reference Month}}$$

$$\text{Quarterly Average Number} = \frac{\text{Sum of Monthly Average Number in Reference Quarter}}{3}$$

$$\text{Annual Average Number} = \frac{\text{Sum of Monthly Average Number in Reference Year}}{12}$$

Ratio of Value-added to Gross Industrial Output Value refers to the ratio of value added of industry in a given period to the gross output value in the same period, which reflects the economic efficiency of cutting down the intermediate input. It is calculated as follows:

Ratio of Value-added to Gross Industrial Output Value (%) =Value Added of Industry (at Current Prices)/Gross Output Value (at Current Prices) ×100%

Ratio of Profits, Taxes and Interests to Average Assets reflects the profit-making capability of all assets of the enterprise and is a key indicator manifesting the performance and management and evaluating the profit-making potential of the enterprise. It is calculated as follows:

$$\text{Ratio of Profits, Taxesand Interests to Average Assets (\%)} = \frac{\text{Total Profits+Net Total Taxes+Interest Expense}}{\text{Average Assets}} \times 100\%$$

In the above formula, total taxes is the sum of tax and extra charges on the sales of products and value-added tax payable; and average assets is the arithmetic mean of the sum of beginning assets and ending assets.

Ratio of Debts to Assets reflects both the operation risk and the capability of the enterprise in making use of the capital from the creditors. It is calculated as follows:

$$\text{Ratio of Debts to Assets (\%)} = \frac{\text{Total Debts}}{\text{Total Assets}} \times 100\%$$

Both assets and debts are figures at the end of the reference period.

Turnover of Working Capital refers to the number of times of turnover of working capital in a given period of time, which reflects the speed of the turnover of working capital of industrial enterprises, and is calculated as follows:

$$\text{Turnover of Working Capital} = \frac{\text{Eales Revenue of Products}}{\text{Average Balance of Total Working Capital}}$$

In the above formula, average balance of total working capital refers to the arithmetic mean of the sum of working capital at the beginning and at the end of the reference period.

Ratio of Profits to Total Industrial Costs refers to the ratio of profits realized in a given period to the total costs in the same period, which reflects the economic efficiency of input cost and is calculated as follows:

$$\text{Ratio of Profits to Total Industrial Cost (\%)} = \frac{\text{Total Profits}}{\text{Total Costs}} \times 100\%$$

Total costs in the above formula are the sum of cost of products sold, marketing cost, management cost and financial cost.

Sales Ratio of Products is an indicator reflecting the actual sale of industrial products, analyzing the production-selling and supply-demand relations. It is calculated as:

$$\text{Sales Ratio of Profits (\%)} = \frac{\text{Value of Industrial Sales}}{\text{Gross Industrial Output Value (Current Prices)}} \times 100\%$$

Overall Labor Productivity refers to the average output per employed person in industrial enterprises in value terms. At present, the value added and the average number of staff and workers of an industrial enterprises in a given period are used to calculate the overall labor productivity. It is calculated as:

$$\text{Overall Labor Productivity} = \frac{\text{Value Added of Industry}}{\text{Average Number of Staff and Workings}}$$

Changing Rate of Net Assets refers to the changes of an enterprise's net assets. It epitomizes the growth capability of an enterprise .Its calculating formula is:

$$\text{Changing Rate of Net Assets} = \frac{\text{Ownership Equity at the End of the Reporting Period}}{\text{Ownership Equity at Same Period of the Previous Years}} \times 100\%$$

14

建筑业

CONSTRUCTION

◆ *343/362*

资料整理：焦　毅

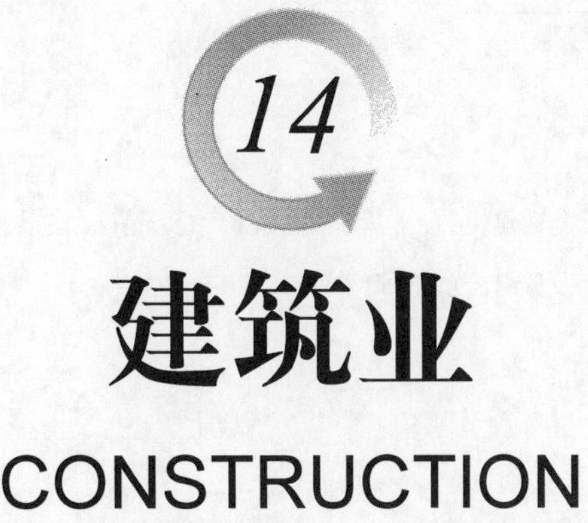

简要说明

一、本篇资料的主要内容

本篇资料反映全省建筑业概况和发展情况。包括建筑业企业基本情况和生产经营情况。主要指标有企业个数、从业人员数、建筑业总产值、房屋建筑面积、自有机械设备、资产负债、损益及分配、劳动生产率等。

二、本篇的统计范围

具有建筑业资质的独立核算建筑业企业。

三、本篇的资料来源

本篇建筑业企业统计数据是根据国家统计局制定的《建筑业统计报表制度》搜集资料，整理汇总的。

四、本篇的统计调查方法

由各级统计部门采取全面调查的方法布置、收集。

Brief Introduction

I. Main Contents

Data in this chapter show the general situation and the development of the construction industry for the whole province. They cover the situation of production and management of the construction enterprises, including the number of enterprises, number of employed persons, gross output value of the construction industry, floor space of buildings under construction, mechanical equipment owned, assets and liabilities, profits and distribution, labor productivity etc.

II. Scope of Statistics

The data in this chapter cover the construction enterprises with qualification certificates and independent accounting system.

III. Sources of Data

Data on construction enterprises are collected in accordance with the Statistical Reporting System of Construction stipulated by the National Bureau of Statistics.

IV. Methods of Survey

The construction statistical reports are deployed and collected through comprehensive survey by statistical bureaus at all levels.

14-1 建筑业主要经济指标
Main Economic Indicators on Construction

指　　标	Item	2020	2021
企业个数(个)	**Number of Enterprises (unit)**	**3751**	**4663**
建筑业合同情况(万元)	**Construction Contract (10 000 yuan)**		
签订的合同额	Contract Value Signed	140369104	151749444
上年结转合同额	Contract Value on Hand last Year	52677802	57185991
本年新签合同额	Contract Value Newly Signed this Year	87691302	94563453
承包工程完成情况(万元)	**Finished Projects of Contracted (10 000 yuan)**		
直接从建设单位承揽工程完成的产值	Completed Output Value of Projects Contracted Directly from Investors	84026525	94199311
自行完成施工产值	Own-completed output Value	82701215	93021147
分包出去工程的产值	Output Value of out-sourced Projects	1325310	1178165
从建设单位以外承揽工程完成的产值	Completed Output Value of Projects Contracted from Non-investors	3790377	4608319
建筑业总产值(万元)	**Gross Output Value (10 000 yuan)**	**86491592**	**97629465**
#装配式建筑工程产值	Prefabri Cated Building Engineering	**858250**	**631227**
#装饰装修产值	Building Decoration	2848624	3656397
#在外省完成的产值	Output in Other Provinces	26849300	30577752
建筑工程产值	Construction	74366252	84907290
安装工程产值	Installation	6521943	7016157
其他产值	Others	5603397	5706019
竣工产值(万元)	**Output Value of Buildings Completed (10 000yuan)**	**38827999**	**42172452**
房屋建筑施工及竣工面积(万平方米)	**Floor Space of Buildings Under Construction and Completed (10 000 sq.m)**		
房屋建筑施工面积	Floor Space of Buildings Under Construction	34235.47	35525.62
#本年新开工面积	Floor Space Started this Year	16582.77	15796.33
房屋建筑竣工面积	Floor Space of Buildings Completed	13911.91	14475.20
住宅房屋	Residential Buildings	8422.84	8800.72
商业及服务用房屋	Buildings for Business and Service	1192.35	968.54
商厦房屋(批发和零售用房)	Building for Wholesale and Retail	393.07	375.23
宾馆用房屋(住宿用房)	Accommodation Buildings	68.19	64.38
餐饮用房屋(餐饮用房)	Dinning Buildings	17.77	21.60
商务会展用房屋	Business Exhibition Building	13.32	20.31
其他商业及服务用房屋	Other Buildings for Business and Service	700.01	487.01
办公用房屋	Office Buildings	827.87	946.69
科研、教育、医疗用房屋	Buildings for Scientific Research,Education and Medical Sevice	733.93	687.40
科学研究用房屋	Buildings for Scientific Research	47.82	27.81
教育用房屋	Education Building	480.78	516.71
医疗用房屋(卫生医疗用房)	Medical Buildings	205.33	142.88
文化、体育、娱乐用房屋	Buildings for Culture,Sports and Entertainment	177.62	154.40
厂房及建筑物	Factory Buildings	2082.45	2337.52
厂房	Factories	1268.45	1357.80
仓库	Warehouses	106.01	102.77
其他未列明的房屋建筑物	Other Buildings	368.85	477.17

注：建筑业统计范围为具有建筑业资质等级的独立核算建筑业企业。

a) Statistics of Construction refers to enterprises with qualification and with independent accounting.

14-1 续表1 continued

指　　标	Item	2020	2021
竣工房屋价值(万元)	**Value of Completed Buildings (10 000 yuan)**	**23315433**	**24687642**
住宅房屋	Residential Buildings	13315335	14405461
商业及服务用房屋	Buildings for Business and Service	2392261	1535157
商厦房屋(批发和零售用房)	Building for Wholesale and Retail	671337	636427
宾馆用房屋(住宿用房)	Accommodation Buildings	97488	74501
餐饮用房屋(餐饮用房)	Dinning Buildings	42355	66622
商务会展用房屋	Business Exhibition Building	17946	35515
其他商业及服务用房屋	Other Buildings for Business and Service	1563136	722092
办公用房屋	Office Buildings	1737163	2334487
科研、教育、医疗用房屋	Buildings for Scientific Research,Education and Medical Sevice	1498455	1300555
科学研究用房屋	Buildings for Scientific Research	97842	50037
教育用房屋	Education Building	889626	946901
医疗用房屋(卫生医疗用房)	Medical Buildings	510987	303617
文化、体育、娱乐用房屋	Buildings for Culture,Sports and Entertainment	308722	348393
厂房及建筑物	Factory Buildings	3336854	3805376
厂房	Factories	1907451	2288513
仓库	Warehouses	212653	182481
其他未列明的房屋建筑物	Other Buildings	513990	775732
年末自有机械设备	**Year-end Self-own Machinery and Equipment**		
净　值(万元)	Net Value of Machinery and Equipment Owned (10 000 yuan)	1233788	1159371
总台数(台)	Number of Machinery and Equipment Owned (set)	245107	197747
总功率(万千瓦)	Total Power of Machinery and Equipment Owned (10 000 kw)	600.20	462.32
劳动人员情况(万人)	**Labourers (10 000 persons)**		
计算劳动生产率的平均人数	Staff and Workers Annual Average	177.22	181.74
期末从业人数	Number of Persons Engaged	164.97	164.48
#工程技术人员	Technologist in Employed Persons at the Year-end	23.88	24.32
年末资产负债(万元)	**Year-end Assets and Liabilities (10 000 yuan)**		
流动资产合计	Total Circulating Funds	48811774	56553008
#存　货	Stock	11526359	10878949
固定资产原值	Original Value of Fixed Assets	4860259	5044647
累计折旧	Total Depreciation	2081257	2258686
#本年折旧	Depreciation This Year	318829	349723
在建工程	Under Construction Project	1113531	1163484
资产合计	Total Assets	59227936	68032806
流动负债合计	Liquid Liabilities	34036945	40177672
#应付账款	Payable Accounts	13203790	15029209
非流动负债合计	Non-current Liabilities	2338196	3057684
负债合计	Total Liabilities	38273126	45620592
所有者权益合计	Total Creditors Equity	20954810	22412214
#实收资本	Capitals Hold	12520540	13009161
个人资本	Individuals	3277345	3187015

14-1 续表2 continued

指 标	Item	2020	2021
损益及分配(万元)	**Loss-profit and Allocation (10 000 yuan)**		
营业收入	Operational Revenue	65606216	70773433
工程结算收入	Revenue of Project Settlement Accounts	63925927	68598459
营业成本	Operational Cost	60183605	65305703
工程结算成本	Costs of Project Settlement Accounts	58677212	62866749
营业税金及附加	Operational Tax and Additional Expense	761940	693598
工程结算税金及附加	Taxes and Extra Charges on Project Settle Accounts	700835	618422
其他业务利润	Other Profit from Business	45669	55240
销售费用	Selling Expenses	166458	219589
管理费用	Management Fee	1831104	2115903
财务费用	Financial Expenses	366638	436574
#利息收入	Revenue of Interest	28961	46476
#利息支出	Expenses of Interest	245821	289088
营业利润	Profits of Business	2372379	2507479
营业外收入	Nonoperating Income	57764	89568
营业外支出	Nonoperating Expense	49562	90363
利润总额	Total Profits	2378129	2485013
#应交所得税	Income Tax Payable	501003	514918
工资、福利费(万元)	**Wages,Welfare (10 000 yuan)**		
应付职工薪酬	Payable Total Wages	8160924	8835787
其他	**Others**		
劳动生产率(按总产值计算)(元/人)	Overall Labor Productivity (In Terms of Gross Output Value) (yuan/person)	488057	537197
产值利润率(%)	Ratio of Profit to Gross Output Value (%)	2.7	2.5
资产负债率(%)	Assets-Liability Ratio (%)	64.6	67.1
房屋建筑面积竣工率(%)	Rate of Floor Space of Buildings Completed (%)	40.6	40.7

14-2 按登记注册类型分的建筑业企业主要经济指标（2021年）

指标	Item	合计 Total	内资企业 Domestic Funded
企业个数(个)	**Number of Enterprises (unit)**	**4663**	**4658**
建筑业合同情况(万元)	**Construction Contract (10 000 yuan)**		
签订的合同额	Contract Value Signed	151749444	149316715
上年结转合同额	Contract Value on Hand last Year	57185991	55283690
本年新签合同额	Contract Value Newly Signed this Year	94563453	94033025
承包工程完成情况(万元)	**Conditions Finished of Contracted Projects (10 000 yuan)**		
直接从建设单位承揽工程完成的产值	Contracted Directly from Fabricative Units Output Value Finished of Projects	94199311	93191832
自行完成施工产值	Output Value Self-Finished of Buildings Under Construction	93021147	92013667
分包出去工程的产值	Output Value of Projects Subcontracted	1178165	1178165
从建设单位以外承揽工程完成的产值	Contracted Directly Exceptant Fabricative Units Output Value of Finished Projects	4608319	4608319
建筑业总产值(万元)	**Gross Output Value (10 000 yuan)**	**97629465**	**96621986**
#装饰装修产值	Building Decoration	3656397	3649952
#在外省完成的产值	Output in Other Provinces	30577752	30223054
建筑工程产值	Construction	84907290	83902601
安装工程产值	Installation	7016157	7013663
其他产值	Others	5706019	5705721
竣工产值(万元)	**Output Value of Buildings Completed (10 000yuan)**	**42172452**	**41770332**
房屋建筑施工及竣工面积(万平方米)	**Floor Space of Buildings Under Construction and Completed (10 000 sq.m)**		
房屋建筑施工面积	Floor Space of Buildings Under Construction	35525.62	34622.39
#本年新开工面积	Floor Space Started this Year	15796.33	15685.45
房屋建筑竣工面积	Floor Space of Buildings Completed	14475.20	14321.16
住宅房屋	Residential Buildings	8800.72	8740.35
商业及服务用房屋	Buildings for Business and Service	968.54	957.03
商厦房屋(批发和零售用房)	Building for Wholesale and Retail	375.23	364.37
宾馆用房屋(住宿用房)	Accommodation Buildings	64.38	64.38
餐饮用房屋(餐饮用房)	Dinning Buildings	21.60	21.60
商务会展用房屋	Business Exhibition Building	20.31	20.31
其他商业及服务用房屋	Other Buildings for Business and Service	487.01	486.36
办公用房屋	Office Buildings	946.69	916.35
科研、教育、医疗用房屋	Buildings for Scientific Research,Education and Medical Sevice	687.40	684.93
科学研究用房屋	Buildings for Scientific Research	27.81	27.81
教育用房屋	Education Building	516.71	514.24
医疗用房屋(卫生医疗用房)	Medical Buildings	142.88	142.88
文化、体育、娱乐用房屋	Buildings for Culture,Sports and Entertainment	154.40	154.40
厂房及建筑物	Factory Buildings	2337.52	2289.67
厂房	Factories	1357.80	1309.94
仓库	Warehouses	102.77	102.77
其他未列明的房屋建筑物	Other Buildings	477.17	475.65

Main Economic Indicators on Construction Enterprises by Registration Status (2021)

国有企业 State-owned	集体企业 Collective-owned	股份合作企业 Cooperative	联营企业 Joint Ownership Units	有限责任公司 Limited liability Enterprises	股份有限公司 Share-holding Corporations Ltd	私营企业 Private Enterprise	其他企业 Others	港澳台商投资企业 Funded from Hong Kong, Macao and Taiwan	外商投资企业 Foreign Funded
92	**114**	**13**	**3**	**795**	**56**	**3585**		**5**	
7975742	4040023	164373	206558	58127257	5843250	72959513		2432729	
3872052	954030	60148	143721	26391465	1890062	21972212		1902301	
4103691	3085993	104225	62836	31735792	3953187	50987301		530428	
4549952	3341701	88503	122198	30970010	2251175	51868294		1007479	
4540713	3323259	82552	122198	30681416	2227297	51036233		1007479	
9239	18442	5951		288594	23878	832061			
5425	49377	5953		850131	78717	3618716			
4546138	**3372635**	**88505**	**122198**	**31531547**	**2306014**	**54654949**		**1007479**	
113256	56337	565		636323	26390	2817081		6445	
1536950	325465	18530	5387	9874798	1704432	16757492		354698	
4070756	3121476	69101	108136	27308950	2134962	47089220		1004688	
337086	139545	14451	14062	2930602	65675	3512243		2493	
138295	111614	4953		1291995	105378	4053486		298	
1647939	**1936714**	**41238**	**31254**	**13969260**	**355943**	**23787983**		**402121**	
2116.45	1862.53	89.84	46.18	11819.85	203.82	18483.71		903.24	
499.37	1121.73	26.33	25.54	4620.24	109.86	9282.38		110.88	
466.36	978.10	33.65	9.17	4003.89	168.95	8661.04		154.05	
250.38	693.62	33.65	8.67	2362.26	91.63	5300.14		60.37	
36.91	61.78			257.89	32.73	567.72		11.51	
22.79	26.31			128.37	0.04	186.85		10.86	
	0.53			22.38	0.94	40.53			
	0.34			7.32	0.10	13.86			
				0.07	0.01	20.23			
14.12	34.60			99.75	31.64	306.25		0.64	
24.40	51.01			164.89	7.80	668.25		30.34	
23.97	21.65			206.81	7.32	425.17		2.47	
1.53	0.50			3.08	0.82	21.88			
22.16	17.86			164.50	5.30	304.40		2.47	
0.29	3.29			39.23	1.20	98.88			
0.04	4.70			59.31	3.98	86.38			
113.55	116.53		0.50	837.71	9.56	1211.82		47.85	
101.82	75.58		0.50	438.03	5.87	688.15		47.85	
	11.10			23.40	0.92	67.35			
17.11	17.72			91.62	15.01	334.19		1.51	

14-2 续表1

指　　标	Item	合　计 Total	内资企业 Domestic Funded
竣工房屋价值(万元)	**Value of Completed Buildings (10 000 yuan)**	**24687642**	**24289301**
住宅房屋	Residential Buildings	14405461	14270209
商业及服务用房屋	Buildings for Business and Service	1535157	1501723
商厦房屋(批发和零售用房)	Building for Wholesale and Retail	636427	606009
宾馆用房屋(住宿用房)	Accommodation Buildings	74501	74501
餐饮用房屋(餐饮用房)	Dinning Buildings	66622	66622
商务会展用房屋	Business Exhibition Building	35515	35515
其他商业及服务用房屋	Other Buildings for Business and Service	722092	719077
办公用房屋	Office Buildings	2334487	2202392
科研、教育、医疗用房屋	Buildings for Scientific Research,Education and Medical Sevice	1300555	1292991
科学研究用房屋	Buildings for Scientific Research	50037	50037
教育用房屋	Education Building	946901	939338
医疗用房屋(卫生医疗用房)	Medical Buildings	303617	303617
文化、体育、娱乐用房屋	Buildings for Culture,Sports and Entertainment	348393	348393
厂房及建筑物	Factory Buildings	3805376	3722482
厂房	Factories	2288513	2205620
仓库	Warehouses	182481	182481
其他未列明的房屋建筑物	Other Buildings	775732	768629
年末自有机械设备	**Year-end Self-own Machinery and Equipment**		
净　值(万元)	Net Value of Machinery and Equipment Owned (10 000yuan)	1159371	1159371
总台数(台)	Number of Machinery and Equipment Owned (set)	197747	197747
总功率(万千瓦)	Total Power of Machinery and Equipment Owned (10 000kw)	462.32	462.32
劳动人员情况(万人)	**Labourers (10 000 persons)**		
计算劳动生产率的平均人数	Staff and Workers Annual Average	181.74	177.80
期末从业人数	Number of Persons Engaged at the Year-end	164.48	160.61
#工程技术人员	Technologist in Employed Persons at the Year-end	24.32	24.23
年末资产负债(万元)	**Year-end Assets and Liabilities (10 000 yuan)**		
流动资产合计	Total Circulating Funds	56553008	54364462
#存　货	Stock	10878949	10723821
固定资产原值	Original Value of Fixed Assets	5044647	5033685
累计折旧	Total Depreciation	2258686	2252126
#本年折旧	Depreciation this Year	349723	348943
在建工程	Under Construction Project	1163484	1150247
资产合计	Total Assets	68032806	65231583
流动负债合计	Liquid Liabilities	40177672	37842968
#应付账款	Payable Accounts	15029209	13960337
非流动负债合计	Non-current Liabilities	3057684	2984297
负债合计	Total Liabilities	45620592	43212501

continued

国有企业 State-owned	集体企业 Collective-owned	股份合作企业 Cooperative	联营企业 Joint Ownership Units	有限责任公司 Limited liability Enterprises	股份有限公司 Share-holding Corporations Ltd	私营企业 Private Enterprise	其他企业 Others	港澳台商投资企业 Funded from Hong Kong, Macao and Taiwan	外商投资企业 Foreign Funded
830611	**1385859**	**36499**	**21035**	**7412025**	**205161**	**14398112**		**398340**	
459954	995990	36499	18235	4062736	119046	8577751		135252	
69693	92634			339895	23881	975621		33434	
41365	43488			156095	123	364938		30418	
	589			33471	1064	39376			
	389			20668	271	45295			
				64	33	35418			
28328	48168			129597	22390	490594		3016	
39683	71782			307373	9379	1774175		132095	
35028	26877			517827	9217	704042		7564	
2963	250			10522	1074	35228			
31764	23310			396171	6528	481565		7564	
301	3318			111134	1615	187249			
86	5139			211289	5452	126427			
190193	156780		2800	1768228	15716	1588766		82893	
175312	95241		2800	1048346	11002	872920		82893	
	12293			90813	877	78499			
35976	24364			113864	21593	572832		7103	
50786	82448	3681		293129	36319	693009			
3816	13159	130		77514	5231	97897			
12.34	27.16	0.28		168.12	13.04	241.38			
5.79	7.32	0.25	0.23	52.98	2.84	108.39		3.94	
5.46	6.94	0.25	0.28	46.84	2.80	98.05		3.87	
0.72	0.97	0.05	0.02	6.47	0.54	15.46		0.10	
3665112	1207278	90931	37497	23902543	2471148	22989952		2188546	
450561	305925	64556	22375	4019606	285700	5575098		155128	
427284	229544	8953	2482	1623750	186551	2555121		10962	
247886	76265	2990	2296	771849	106201	1044639		6560	
17675	11255	194	160	96557	10165	212937		779	
179221	54947	16		378026	4688	533350		13237	
4201016	1594490	102246	38954	28482853	2654089	28157935		2801224	
3423564	791360	78142	23953	19058226	1667666	12800056		2334704	
1256347	274328	4428	15392	7487534	740228	4182081		1068872	
124945	10881			1815897	484467	548106		73387	
3621145	1010118	79795	23953	21607788	2174325	14695377		2408091	

14-2 续表2

指 标	Item	合 计 Total	内资企业 Domestic Funded
所有者权益合计	Total Creditors Equity	22412214	22019081
#实收资本	Capitals Hold	13009161	12890523
个人资本	Individuals	3187015	3166145
损益及分配(万元)	**Loss-profit and Allocation (10 000 yuan)**		
营业收入	Operational Revenue	70773433	69947771.1
工程结算收入	Revenue of Project Settlement Accounts	68598459	67833095
营业成本	Operational Cost	65305703	64547833
工程结算成本	Costs of Project Settlement Accounts	62866749	62159521
营业税金及附加	Operational Tax and Additional Expense	693598	691403
工程结算税金及附加	Taxes and Extra Charges on Project Settle Accounts	618422	616315
其他业务利润	Other Profit from Business	55240	55240
销售费用	Selling Expenses	219589	219589
管理费用	Management Fee	2115903	2100574
财务费用	Financial Expenses	436574	415260
#利息收入	Expenses of Interest	46476	36394
#利息支出	Expenses of Interest	289088	259186
营业利润	Profits of Business	2507479	2482336
营业外收入	Nonoperating Income	89568	89367
营业外支出	Nonoperating Expense	90363	90105
利润总额	Total Profits	2485013	2459928
#应交所得税	Income Tax Payable	514918	512834
工资、福利费(万元)	**Wages,Welfare (10 000 yuan)**		
应付职工薪酬	Payable Total Wages	8835787	8554545
其他	**Others**		
劳动生产率(按总产值计算)(元/人)	Overall Labor Productivity (In Terms of Gross Output Value) (yuan/person)	537197	543436
产值利润率(%)	Ratio of Profit to Gross Output Value (%)	2.5	2.5
资产负债率(%)	Assets-Liability Ratio (%)	67.1	66.2
房屋建筑面积竣工率(%)	Rate of Floor Space of Buildings Completed (%)	40.7	41.4

continued

国有企业 State-owned	集体企业 Collective-owned	股份合作企业 Cooperative	联营企业 Joint Ownership Units	有限责任公司 Limited liability Enterprises	股份有限公司 Share-holding Corporations Ltd	私营企业 Private Enterprise	其他企业 Others	港澳台商投资企业 Funded from Hong Kong, Macao and Taiwan	外商投资企业 Foreign Funded
579871	584372	22451	15001	6875066	479764	13462557		393133	
477638	301352	13953	3195	4138557	242888	7712940		118638	
5675	502	3108		645067	22812	2488981		20870	
2828266	2422171	63698	66346	25303881	1824695	37438714		825662	
2666363	2362401	62635	66346	24625651	1818644	36231055		765365	
2645396	2192080	58640	62051	23479063	1736678	34373925		757870	
2492894	2132685	57678	62051	22721057	1732078	32961079		707228	
20418	61806	1532	150	169032	9019	429447		2195	
16497	57978	1530	150	158633	8915	372612		2107	
73	4767			24124	507	25768			
3921	8276	116		53084	1581	152610			
118050	65976	1540	960	699974	24616	1189459		15329	
18879	14693	197	161	161442	5606	214283		21314	
16104	117	2	8	12917	583	6662		10081	
18696	10749	2	164	117861	3640	108074		29902	
71289	97016	2649	3026	754676	39412	1514268		25143	
3347	3660		3	39244	373	42740		201	
16257	2887	3	4	39459	461	31035		258	
43518	97756	2646	3025	753987	39324	1519672		25085	
15606	21601	303	640	163405	9183	302096		2083	
312905	290013	9601	3575	3097924	137345	4703183		281242	
785686	460774	359337	527624	595181	811177	504226		255673	
1.0	2.9	3.0	2.5	2.4	1.7	2.8		2.5	
86.2	63.4	78.0	61.5	75.9	81.9	52.2		86.0	
22.0	52.5	37.5	19.9	33.9	82.9	46.9		17.1	

14–3 各地区建筑业企业主要经济指标（2021年）

指标	Item	全省 Total	南昌市 Nanchang
企业个数（个）	**Number of Enterprises (unit)**	**4663**	**1027**
建筑业合同情况（万元）	**Construction Contract (10 000 yuan)**		
签订的合同额	Contract Value Signed	151749444	86670357
上年结转合同额	Contract Value on Hand last Year	57185991	37473812
本年新签合同额	Contract Value Newly Signed this Year	94563453	49196545
承包工程完成情况（万元）	**Conditions Finished of Contracted Projects (10 000 yuan)**		
直接从建设单位承揽工程完成的产值	Contracted Directly from Fabricative Units Output Value Finished of Projects	94199311	49805302
自行完成施工产值	Output Value Self-Finished of Buildings Under Construction	93021147	49355497
分包出去工程的产值	Output Value of Projects Subcontracted	1178165	449805
从建设单位以外承揽工程完成的产值	Contracted Directly Exceptant Fabricative Units Output Value Finished of Projects	4608319	1709243
建筑业总产值（万元）	**Gross Output Value (10 000 yuan)**	**97629465**	**51064740**
#装饰装修产值	Building Decoration	3656397	2532453
#在外省完成的产值	Output in Other Provinces	30577752	17833871
建筑工程产值	Construction	84907290	44076351
安装工程产值	Installation	7016157	3922056
其他产值	Others	5706019	3066333
竣工产值（万元）	**Output Value of Buildings Completed (10 000yuan)**	**42172452**	**16435334**
房屋建筑施工及竣工面积（万平方米）	**Floor Space of Buildings Under Construction and Completed (10 000 sq.m)**		
房屋建筑施工面积	Floor Space of Buildings Under Construction	35525.62	18612.29
#本年新开工面积	Floor Space Started this Year	15796.33	6446.63
房屋建筑竣工面积	Floor Space of Buildings Completed	14475.20	5162.42
住宅房屋	Residential Buildings	8800.72	3265.08
商业及服务用房屋	Buildings for Business and Service	968.54	347.96
商厦房屋(批发和零售用房)	Building for Wholesale and Retail	375.23	128.66
宾馆用房屋(住宿用房)	Accommodation Buildings	64.38	4.77
餐饮用房屋(餐饮用房)	Dinning Buildings	21.60	8.52
商务会展用房屋	Business Exhibition Building	20.31	4.52
其他商业及服务用房屋	Other Buildings for Business and Service	487.01	201.49
办公用房屋	Office Buildings	946.69	356.62
科研、教育、医疗用房屋	Buildings for Scientific Research,Education and Medical Sevice	687.40	325.05
科学研究用房屋	Buildings for Scientific Research	27.81	14.94
教育用房屋	Education Building	516.71	217.04
医疗用房屋(卫生医疗用房)	Medical Buildings	142.88	93.07
文化、体育、娱乐用房屋	Buildings for Culture,Sports and Entertainment	154.40	49.21
厂房及建筑物	Factory Buildings	2337.52	728.51
厂房	Factories	1357.80	448.74
仓库	Warehouses	102.77	13.05
其他未列明的房屋建筑物	Other Buildings	477.17	76.95

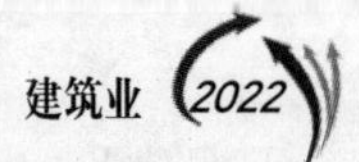

Main Economic Indicators on Construction by Region (2021)

景德镇市 Jingdezhen	萍乡市 Pingxiang	九江市 Jiujiang	新余市 Xinyu	鹰潭市 Yingtan	赣州市 Ganzhou	吉安市 Ji'an	宜春市 Yichun	抚州市 Fuzhou	上饶市 Shangrao
65	**164**	**441**	**143**	**63**	**841**	**326**	**564**	**311**	**718**
743172	2521540	11131298	5072891	2349065	9819970	5379308	7375260	8670086	12016497
219556	624628	3302439	1275545	1560977	3001533	1223093	2458705	3207919	2837784
523616	1896912	7828859	3797346	788088	6818437	4156216	4916555	5462167	9178713
453577	1985976	7043217	2615978	1640628	6008964	4477453	4857459	6034083	9276676
449737	1968596	6976339	2585419	1637294	5901946	4355538	4755957	6006170	9028655
3840	17380	66878	30559	3334	107017	121916	101502	27913	248021
21363	30391	200708	50984	15906	161850	292566	185698	141309	1798303
471100	**1998987**	**7177046**	**2636403**	**1653200**	**6063796**	**4648103**	**4941655**	**6147478**	**10826957**
29428	135158	163678	40262	2413	153565	66764	181404	112380	238891
38747	323718	2189922	974410	779134	254374	1070243	984043	2387027	3742263
385535	1848105	6374837	2295845	1522741	5229964	3984101	4287808	5634783	9267218
69766	132238	381176	192987	74178	527597	428325	354779	296042	637015
15799	18644	421034	147571	56281	306235	235677	299069	216653	922724
370040	**1382463**	**3737290**	**1127890**	**649135**	**3272712**	**2667959**	**2782740**	**3687763**	**6059126**
235.14	796.46	1766.75	835.60	697.48	2006.44	1707.14	2416.12	2970.39	3481.81
145.63	510.41	1101.75	448.17	157.95	1066.06	1009.65	1332.82	1519.95	2057.30
162.19	540.90	1076.38	528.70	269.74	1048.12	982.52	1480.62	1557.67	1665.96
119.85	243.86	638.39	393.42	110.60	542.96	561.05	931.96	1129.44	864.11
8.37	20.08	58.65	35.83	40.57	54.57	53.65	92.44	94.57	161.83
2.15	3.38	22.29	12.83	37.41	18.47	26.12	34.40	66.35	23.18
		3.53			1.05	0.84	27.22	20.04	6.94
	0.52	0.63		0.07	1.82	0.37	0.01	0.02	9.65
		2.58	9.81		0.75	0.16	0.52	0.03	1.94
6.22	16.19	29.63	13.19	3.09	32.48	26.17	30.29	8.13	120.12
7.74	72.50	50.43	22.77	1.86	47.23	120.32	52.77	72.11	142.33
0.08	10.49	51.59	35.13	4.06	89.58	36.08	37.95	38.15	59.23
	0.12	5.59	0.02		2.65	0.06	0.00	2.72	1.71
0.08	1.81	41.18	33.47	3.78	77.66	31.23	32.08	27.47	50.91
	8.56	4.83	1.64	0.29	9.27	4.79	5.87	7.96	6.61
0.74	6.61	7.29	0.14		10.90	7.76	32.64	16.30	22.82
19.83	181.22	218.44	39.29	110.92	238.63	155.38	244.48	137.95	262.89
5.68	166.93	165.16	29.08	41.59	123.14	106.87	137.91	75.64	57.06
1.35	0.00	11.20	0.02		3.87	9.88	2.51	1.03	59.86
4.23	6.14	40.38	2.09	1.72	60.38	38.40	85.86	68.12	92.90

14-3　续表1

指　　标	Item	全　省 Total	南昌市 Nanchang
竣工房屋价值(万元)	**Value of Completed Buildings (10 000 yuan)**	**24687642**	**9876075**
住宅房屋	Residential Buildings	14405461	6018118
商业及服务用房屋	Buildings for Business and Service	1535157	574427
商厦房屋(批发和零售用房)	Building for Wholesale and Retail	636427	182693
宾馆用房屋(住宿用房)	Accommodation Buildings	74501	6380
餐饮用房屋(餐饮用房)	Dinning Buildings	66622	22499
商务会展用房屋	Business Exhibition Building	35515	6526
其他商业及服务用房屋	Other Buildings for Business and Service	722092	356329
办公用房屋	Office Buildings	2334487	807174
科研、教育、医疗用房屋	Buildings for Scientific Research,Education and Medical Sevice	1300555	728278
科学研究用房屋	Buildings for Scientific Research	50037	26770
教育用房屋	Education Building	946901	508678
医疗用房屋(卫生医疗用房)	Medical Buildings	303617	192831
文化、体育、娱乐用房屋	Buildings for Culture,Sports and Entertainment	348393	150604
厂房及建筑物	Factory Buildings	3805376	1355584
厂房	Factories	2288513	911364
仓库	Warehouses	182481	23221
其他未列明的房屋建筑物	Other Buildings	775732	218670
年末自有机械设备	**Year-end Self-own Machinery and Equipment**		
净　值(万元)	Net Value of Machinery and Equipment Owned (10 000yuan)	1159371	330281
总台数(台)	Number of Machinery and Equipment Owned (set)	197747	47633
总功率(万千瓦)	Total Power of Machinery and Equipment Owned (10 000kw)	462.32	149.72
劳动人员情况(万人)	**Labourers (10 000 persons)**		
计算劳动生产率的平均人数	Staff and Workers Annual Average	181.74	84.22
期末从业人数	Number of Persons Engaged at the Year-end	164.48	74.38
#工程技术人员	Technologist in Employed Persons at the Year-end	24.32	10.55
年末资产负债(万元)	**Year-end Assets and Liabilities (10 000 yuan)**		
流动资产合计	Total Circulating Funds	56553008	32476185
#存　货	Stock	10878949	5974550
固定资产原值	Original Value of Fixed Assets	5044647	2100489
累计折旧	Total Depreciation	2258686	1098253
#本年折旧	Depreciation this Year	349723	133571
在建工程	Under Construction Project	1163484	288349
资产合计	Total Assets	68032806	38545034
流动负债合计	Liquid Liabilities	40177672	24796548
#应付账款	Payable Accounts	15029209	10133496
非流动负债合计	Non-current Liabilities	3057684	1606457
负债合计	Total Liabilities	45620592	27460982

continued

景德镇市 Jingdezhen	萍乡市 Pingxiang	九江市 Jiujiang	新余市 Xinyu	鹰潭市 Yingtan	赣州市 Ganzhou	吉安市 Ji'an	宜春市 Yichun	抚州市 Fuzhou	上饶市 Shangrao
195171	**931443**	**1537426**	**777741**	**450411**	**1417033**	**1986848**	**2067253**	**2547460**	**2900782**
141358	360396	857741	527760	147440	730300	812137	1311716	1849678	1648817
7017	30354	77783	57260	103157	84610	85728	125095	155843	233883
1872	5061	23120	19202	92299	30921	40433	58856	99746	82226
		3868			1321	714	24550	30147	7521
	408	465		52	2598	5264	7	8	35322
		3952	20728		1474	129	480	13	2213
5145	24885	46378	17330	10807	48297	39190	41201	25930	106601
9454	109978	66321	38783	2156	81487	734826	200865	94247	189197
46	37483	69946	81806	8710	112412	61350	33141	77082	90300
	143	7564	130		2965	43	4	10200	2218
46	2860	56471	78640	8409	98108	54104	22690	42460	74437
	34480	5912	3036	301	11340	7203	10447	24422	13646
667	7322	7044	218		22234	15516	38014	81238	25538
27893	369903	367392	66465	185482	311753	186819	287814	193388	452882
7377	341447	298841	50460	56086	183747	131766	132742	109470	65213
1717	10	13109	30		4660	15717	2848	1106	120065
7020	15996	78091	5419	3465	69576	74754	67762	94878	140100
11375	150516	110714	42854	13213	91114	85680	95730	109861	118034
2092	27292	24500	29859	890	8871	11047	14450	13735	17378
3.10	91.05	66.64	9.06	1.06	23.37	19.39	35.59	32.22	31.13
1.66	3.41	12.68	5.04	1.50	15.37	9.39	11.00	15.23	22.24
1.51	3.19	11.39	4.90	1.32	13.58	7.84	10.54	15.44	20.38
0.25	0.51	2.08	0.85	0.41	2.23	1.51	1.69	1.93	2.32
283447	1169400	2959687	2196841	1757503	3828504	1490070	2943491	3087090	4360791
64968	268050	423628	393929	522173	780449	264944	796395	682514	707351
101272	251418	417881	153483	47718	303934	202198	328052	389371	748831
35016	104053	178049	77243	19068	130907	71299	131826	150515	262459
17906	19830	30246	9361	2716	30700	10632	20928	26661	47172
8505	8481	205714	17976	12760	108860	207479	49129	26636	229595
387586	1511469	3722690	2421946	1885467	4646392	1974853	3697071	3654504	5585795
190680	895801	2066093	1437069	1557894	2034711	962725	1853040	1902571	2480541
53194	361051	691001	481797	306589	661465	311007	495882	468150	1065578
10161	37967	247997	36331	100606	643927	19228	40684	127625	186701
226106	1012390	2532251	1493640	1709943	2898312	1076469	2062508	2136842	3011149

14-3 续表2

指 标	Item	全 省 Total	南昌市 Nanchang
所有者权益合计	Total Creditors Equity	22412214	11084052
#实收资本	Capitals Hold	13009161	6006309
个人资本	Individuals	3187015	1316824
损益及分配(万元)	**Loss-profit and Allocation (10 000 yuan)**		
营业收入	Operational Revenue	70773433	36605394
工程结算收入	Revenue of Project Settlement Accounts	68598459	35511167
营业成本	Operational Cost	65305703	34292735
工程结算成本	Costs of Project Settlement Accounts	62866749	32999946
营业税金及附加	Operational Tax and Additional Expense	693598	195024
工程结算税金及附加	Taxes and Extra Charges on Project Settle Accounts	618422	173860
其他业务利润	Other Profit from Business	55240	23175
销售费用	Selling Expenses	219589	59356
管理费用	Management Fee	2115903	1037296
财务费用	Financial Expenses	436574	259472
#利息收入	Revenue of Interest	46476	26653
#利息支出	Expenses of Interest	289088	204805
营业利润	Profits of Business	2507479	1019173
营业外收入	Nonoperating Income	89568	34373
营业外支出	Nonoperating Expense	90363	23173
利润总额	Total Profits	2485013	1030311
#应交所得税	Income Tax Payable	514918	232788
工资、福利费(万元)	**Wages,Welfare (10 000 yuan)**		
应付职工薪酬	Payable Total Wages	8835787	4486456
其他	**Others**		
劳动生产率(按总产值计算)(元/人)	Overall Labor Productivity (In Terms of Gross Output Value)	537197	606290
产值利润率(%)	Ratio of Profit to Gross Output Value (%)	2.5	2.0
资产负债率(%)	Assets-Liability Ratio (%)	67.1	71.2
房屋建筑面积竣工率(%)	Rate of Floor Space of Buildings Completed (%)	40.7	27.7

continued

景德镇市 Jingdezhen	萍乡市 Pingxiang	九江市 Jiujiang	新余市 Xinyu	鹰潭市 Yingtan	赣州市 Ganzhou	吉安市 Ji'an	宜春市 Yichun	抚州市 Fuzhou	上饶市 Shangrao
161479	499080	1190439	928306	175524	1748080	898384	1634563	1517662	2574646
91812	286672	818885	528910	215599	995179	582269	1069350	869373	1544804
25411	77739	126617	167074	39377	250508	153394	346442	370384	313244
523311	1826424	4865901	1998006	900225	5552499	2514736	3999727	5220423	6766788
513980	1760128	4649041	1920650	883037	5415757	2464164	3940649	5064993	6474893
469434	1542975	4439262	1843280	813408	5015171	2206700	3664138	4914280	6104323
459841	1469095	4249812	1761197	807194	4831865	2156265	3600449	4759012	5772074
10351	30796	80927	19273	6617	62380	82878	45094	47892	112369
9318	29505	64318	17305	4283	59587	69907	43117	42681	104540
457	3357	5874	2061	983	514	-511	216	1119	17997
3200	11801	17893	7022	1704	31074	23283	17911	2446	43898
29663	46020	131056	51676	32398	205919	102432	141103	91745	246594
723	16930	23798	8956	4195	26326	9082	23211	28428	35454
-6	1631	844	444	12156	3409	410	248	225	463
471	10486	8273	4432	9266	9534	4547	5908	13642	17724
20743	124277	180786	76885	38147	243311	113078	156721	173145	361214
930	2376	4306	2716	3747	3113	2970	7652	3513	23872
383	4438	4104	1025	14550	5332	2252	2796	3343	28968
21397	121393	180760	78577	12554	236654	113807	161081	173261	355220
6608	23647	25353	17579	7556	34571	28868	31790	40985	65173
88383	160592	516555	216340	64946	655466	284684	539093	874820	948452
284001	586385	566134	523366	1099933	394445	495106	449282	403568	486922
4.5	6.1	2.5	3.0	0.8	3.9	2.4	3.3	2.8	3.3
58.3	67.0	68.0	61.7	90.7	62.4	54.5	55.8	58.5	53.9
69.0	67.9	60.9	63.3	38.7	52.2	57.6	61.3	52.4	47.8

主要统计指标解释

建筑业统计单位 指从事房屋、构筑物建造和设备安装活动的法人企业。建筑业法人企业应同时具备的条件是：① 依法成立，有自己的名称、组织机构和场所，能够承担民事责任；②独立拥有和使用资产，承担负债，有权与其他单位 签订合同；③独立核算盈亏，能够编制资产负债表。

建筑业总产值 是以货币形式表现的建筑业企业在一定时期内生产的建筑业产品和提供的服务的总和。建筑业总产值包括：

⑴建筑工程产值：指列入建筑工程预算内的各种工程价值。

⑵安装工程产值：指设备安装工程价值，不包括被安装设备本身的价值。

⑶其他产值：建筑业总产值中除建筑工程、安装工程以外的产值。包括房屋构筑物修理产值、非标准设备制造产值、总包企业向分包企业收取的管理费以及不能明确划分的施工活动所完成的产值。

a.房屋构筑物修理产值：指房屋和构筑物修理所完成的产值，但不包括被修理房屋、构筑物本身价值和生产设备的修理产值。

b.非标准设备制造产值：指加工制造没有定型的非标准生产设备的加工费和原材料价值(如化工厂、炼油厂用的各种罐、槽，矿井生产统一使用的各种漏斗、三角槽、阀门等)以及附属加工厂为本企业承建工程制作的非标准设备的价值。

房屋建筑施工面积 指在报告期内施工的全部房屋建筑面积，包括本期新开工的房屋面积、上期施工跨入本期继续施工的房屋面积、上期停缓建在本期恢复施工的房屋面积、本期竣工的房屋面积及本期施工后又停缓建的房屋面积。

房屋建筑竣工面积 指在报告期内房屋建筑按照设计要求全部完工，达到了住人和使用条件，经验收鉴定合格，正式移交使用单位的房屋建筑面积。

自有机械设备年末总台数 指归本企业所有，属于本企业固定资产的生产性机械设备年末总台数。包括施工机械、生产设备、运输设备以及其他设备。

自有机械设备年末总功率 指本企业自有施工机械、生产设备、运输设备以及其他设备等列为在册固定资产的生产性机械设备年末总功率，按设定能力或查定能力计算。包括机械本身的动力和为该机械服务的单独动力设备，如电动机等。计算单位用千瓦，动力换算可按 1 马力＝0.735 千瓦折合成千瓦数。电焊机、变压器、锅炉不计算动力。

工程结算收入 指企业承包工程实现的工程价款结算收入，以及向发包单位收取的除工程价款以外的按规定列作营业收入的各种款项，如临时设施费、劳动保险费、施工机械调迁费等以及向发包单位收取的各种索赔款。

工程结算利润 指已结算工程实现的利润，如亏损以“－”号表示。计算公式为：

工程结算利润＝工程结算收入－工程结算成本－工程结算税金及附加

Explanatory Notes on Main Statistical Indicators

Statistical Unit in Construction refers to corporate enterprise engaged in the construction of buildings and structures and in the installation of equipment. A corporate construction enterprise should meet the following 3 requirements:①being set up in line with relevant legal basis, having its full name, organization and location, and capable of taking civil liabilities;② independently possessing and using its assets and assuming its liabilities, and entitled to sign contracts with other institutions;③ making independent accounts of its profits and losses, and capable of compiling its own balance sheet

Gross Output Value of Construction refers to total of construction products and services, expressed in money terms, produced or rendered by construction and installation enterprises during a given period of time. It includes:

(1) Output value of construction projects: the value of projects covered by the project budgets;

(2) Output value of installation projects: the value of the installation of equipment, (excluding the value of the equipment to be installed);

(3) Other output values: the output value of construction industry apart from that of construction projects and installation projects. It includes: output value of repair of buildings and structures; output value of non-standard equipment manufacturing; overhead expenses received by contracted enterprises from the sub-contracted enterprises and the completed output value of construction activities for which there is no clear definition.

a. Output value of repair of buildings and structures: the value created through the repairs of buildings or structures. It does not include the value of buildings or structures being repaired and the value of the repair of production equipment;

b. Output value of manufactured non-standard equipment: the value of non-standard production equipment, including raw materials and manufacturing cost, made for the construction project (i.e., chemical plant; kettles or tanks used by refineries; various fillers, triangle tanks, valves used by mines). It also includes the output value of equipment manufactured by subsidiary workshops.

Floor Space of Buildings Under Construction refers to floor space of buildings under construction during the reference period, including newly started buildings, buildings started earlier and continued during the reference period, and buildings suspended earlier but restarted during the reference period, buildings completed during the reference period, and buildings under construction and then suspended during the reference period.

Floor Space of Buildings Completed refers to the floor space of buildings that are completed in the reference period in accordance with the requirements of the design, up to the standard for putting them into use, and have been checked and accepted by concerned departments as qualified ones.

Total Number of Machinery and Equipment Owned by the End of Year refers to the number of machines and equipment owned by the enterprises, and listed as the fixed assets of the enterprises by the end of the year, including machinery and equipment for construction, production and transportation.

Total Power of Machinery and Equipment Owned by the End of Year refers to the total power of machinery and equipment owned by the enterprises, and listed as the fixed assets of the enterprises by the end of the year, including machinery and equipment for construction, production and transportation. The power of the machinery is calculated on basis of the designed or verified capacity, covering the power of the machinery/equipment and the separate power equipment serving the machinery/equipment (such as electric motors), but excluding welders, transformers and boilers. The unit used for the calculation of power is kilowatt, with horsepower converted to kilowatt by 1 horsepower＝0.735 kilowatt.

Income from Settlement of Projects refers to the income received by the construction enterprise from the contracted project through settlement procedures, and other charges to the contracted as operational costs in addition to the value of the project, such as temporary facility fee, labor insurance premium, moving cost of construction equipment, as well as various types of claims to the contracted.

Profit from Settlement of Projects refers to profit realized through settled projects. It is calculated with the following formula:

Profit from Settlement of Projects＝Income from Settlement of Projects－Settled Cost－Settled Taxes and Other Cost.

15

交通运输、邮电通讯和规上服务业

TRANSPORTATION, POSTAL AND TELECOMMUNICATIONS AND ABOVE DESIGNATED SIZE OF SERVICE INDUSTRY

◆ 363/380

资料整理：孙亚非　雷海清　万奕含　范丽君

简要说明

一、本篇资料的主要内容

本篇资料反映全省规模以上服务业经营情况及主要财务状况，交通运输业和邮电通讯业发展的基本状况。

二、本篇资料的统计范围

全省境内全部规模以上服务业企业，交通运输业和邮电通讯业。

规模以上服务业企业划分标准为：年营业收入2000万元及以上服务业法人单位，包括：交通运输、仓储和邮政业，信息传输、软件和信息技术服务业，水利、环境和公共设施管理业，卫生等行业。年营业收入1000万元及以上服务业法人单位，包括：租赁和商务服务业，科学研究和技术服务业，教育，以及物业管理、房地产中介服务、房地产租赁经营和其他房地产业等行业。年营业收入500万元及以上服务业法人单位，包括：居民服务、修理和其他服务业，文化、体育和娱乐业，社会工作等行业。

三、本篇的资料来源和统计调查方法

本篇资料中规模以上服务业企业统计数据主要是根据规模以上服务业统计年度报表中有关资料整理汇总的；交通运输资料分别来源于中国铁路南昌局集团有限公司、省交通厅、省机场集团有限公司、省公安厅交通管理局，邮电通信业资料来源于省通信管理局和省邮政管理局。

Brief Introduction

Ⅰ.Main Contents

Data in this chapter reflect the development and financial situation of all enterprises above designated size of service industry, and the basic conditions of transport, postal and telecommunication in Jiangxi province.

Ⅱ.Scope of Statistics

Statistics cover all enterprises above designated size service industry and transport, postal and telecommunication within the province.

Criteria for enterprises above designated size of service industry are as follows: annual business revenue over 20 million yuan in transport, storage and postal services, information transfer, software and information technology services, administration of water, environment and public facilities, health care service. Annual business revenue over 10 million yuan in leasing and commercial services, scientific research and polytechnic services, education, and estate management, real estate intermediary services, real estate leasting operation, other real estate services. Annual business revenue over 5 million yuan in resident, repair and other services, culture, sports and entertainment, social work.

III. Sources of Data and Methods of Survey

The data on enterprises statistics in this chapter are compiled mainly on the basis of the relevant data in the annual services statistics reporting forms. Data on transportation are from China Railway Nanchang Group Co.,Ltd, Department of Transportation of Jiangxi Province, Jiangxi Airport Group Co., Ltd,and Traffic Managent Bureau of Jiangxi Province. Data on postal and telecommunication services come from Jiangxi Provincial Communication Administration, and Jiangxi Provincial Postal Administration.

15-1 运输线路长度
Length of Transportation Routes

单位：公里 (km)

指 标	Item	1978	1980	1990	2000	2010	2017	2018	2019	2020	2021
铁路营业里程	Length of Railways in Operation	1184	1335	1581	2197	2734	4137	4134	4535	4546	4822
公路通车里程	Length of Highways	30245	29651	33203	60292	140597	162285	161941	209131	210642	211101
等级公路	Expressway and Class I to IV Highways		12096	18561	34999	101455	134862	135442	195458	205122	205655
#高速公路	Expressway				421	3088	5916	5931	6144	6234	6309
一级公路	Class Ⅰ			15	314	1386	2917	2601	2765	3070	3186
二级公路	Class Ⅱ		169	1105	6471	9340	10837	11613	11862	12320	12612
三级公路	Class Ⅲ		521	2156	5581	6670	13165	14338	15764	17638	18213
等外公路	Highways Below Class IV		17559	14642	25293	39142	27422	26499	13673	5520	5446
内河通航里程	Length of Navigable Inland Waterways	6630	4937	4937	5537	5638	5638	5716	5716	5716	5716
等级航道	Standard Waterways				2343	2349	2349	2427	2427	2427	2427
等外航道	Substandard Waterways				3194	3289	3289	3289	3289	3289	3289

注：铁路营业里程统计口径为中国铁路南昌局集团有限公司在全省境内所管辖铁路营业里程。2020年全省铁路营业里程调整为4546千米。

a) The statistical caliber of railway operating mileage is the railway operating mileage under the jurisdiction of China Railway Nanchang Bureau Group Co., Ltd. in the whole province. In 2020, the railway operating mileage of the province was adjusted to 4546 kilometers.

15-2 交通运输工具年末实有数
Possession of Transportation Facilities at Year-end

指 标	Item	1990	2000	2010	2017	2018	2019	2020	2021
民用汽车合计(辆)	Total Civil Motor Vehicles (unit)	110432	247000	1476011	4733337	5443919	6074227	6617811	7178384
#载货汽车	Trucks	74424	131147	401679	651280	731868	794179	911226	968553
载客汽车	Passenger Vehicles	29473	100794	956480	3981039	4614506	5186049	5671390	6171088
专项作业车	Special-operation Vehicles							35195	38743
摩托车(辆)	Motorcycles(unit)	51630	891179	4172862	2283359	2324674	2595358	2986723	3638618
汽车挂车(辆)	Trailers (unit)	5209	1190	39684	98763	109877	117442	128615	141222
运输船舶(艘)	Transport Vessels (unit)	8687	4856	4221	3062	2708	2386	2273	2403
机动船(艘)	Motor Vessels (unit)	8051	4511	4184	3060	2706	2384	2271	2400
(净载重量吨)	(Dead Weight Tonnage)	333989	356441	1962783	2371268	2524237	2541705	3474738	5438999
(客位)	(Number of Seats)	13362	16172	11811	11982	11835	13360	13893	13958
驳 船(艘)	Barges (unit)	636	345	37	2	2	2	2	3
(净载重量吨)	(Dead Weight Tonnage)	76267	74504	17560	1730	1730	1730	1730	3030
补充资料:	Supplementary Information:								
汽车驾驶员(人)	Drivers (person)	168842	791545	3911886	13105742	13760852	14458165	14905068	15402585

注：1.2020年，交通管理部门对民用汽车统计指标和统计口径进行调整：取消“其他汽车”，新增“专项作业车”。原“其他汽车”中三轮汽车、低速货车纳入“载货汽车”统计。

2.专项作业车指装置有专用设备或器具，用于专项作业的汽车。专项作业车往年纳入“其他汽车”统计，2020年设立“专项作业车”单项统计指标。

a) In 2020, the statistical indicators and statistical caliber of civil vehicles are adjusted by Traffic Administrative Department."Other vehicles" is cancelled and "special operation vehicles" is added. Three-wheeled vehicles and low-speed trucks in the original "other vehicles" are now classified in "trucks".

b) Special operation vehicles refer to vehicles equipped with special equipment or appliances for special operation purposes. In previous years, special operation vehicles were included in the statistics of "other vehicles". A single statistical index of "special operation vehicles" is set up in 2020.

15-3 全社会运输量
Total Freight Traffic and Passenger Traffic

指 标	Item	1990	2000	2010	2017	2018	2019	2020	2021
货物运输量(万吨)	**Freight Traffic (10 000 tons)**	**17593**	**23601**	**100339**	**154359**	**174184**	**150860**	**157167**	**198701**
民 航	Civil Aviation	0.1	2.0	2.0	6.4	9.1	13.0	19	17.9
铁 路	Railways	2546	3142	5379	4787	5046	4963	4553	4818
公 路	Highways	13814	19276	88445	138074	157646	135554	141899	181023
水 运	Waterways	1233	1181	6513	11492	11483	10331	10697	12843
内 河	Inland Waterways	1226	1132	6081	11132	11131	9967	10200	12034
沿 海	Coastal		7	412	360	352	363	497	810
旅客运输量(万人)	**Passenger Traffic (10 000 persons)**	**24893**	**35821**	**76633**	**64413**	**62419**	**59704**	**43186**	**25678**
民 航	Civil Aviation	12	95	186	1415	1734	1846	1273	1375
铁 路	Railways	1827	3332	5588	10224	11131	11728	8157	9167
公 路	Highways	22681	31966	70628	52506	49302	45933	33643	14977
水 运	Waterways	373	428	231	267.5	253	198	113	159
内 河	Inland Waterways	373	428	231	267.5	253	198	113	159

注：1.2019年交通运输部开展全国公路货物运输量专项调查，对公路运输统计口径进行了调整，与往年数据不可比。(下表同)
2.2020年起，铁路数据采用国家统计局反馈数据，与往年不可比。(下表同)
according to the survey.Therefore,data at 2015 are not comparable to previous years. The same applies to the following table.
a) In 2019, the Ministry of transport carried out a special survey on the National Highway freight traffic volume, and adjusted the statistical caliber of highway transportation, which was not comparable with the data of previous years. The same applies to the following table .
b) In 2020, data on railway traffic are feedback from the National Bureau of Statistics.Therefore, data at 2020 are not comparable to previous years. The same applies to the following tables.

15-4 全社会运输周转量
Total Freight Ton-kilometers and Passenger-kilometers

指 标	Item	1990	2000	2010	2017	2018	2019	2020	2021
货物周转量(万吨公里)	**Freight Ton-kilometers (10 000 ton-km)**	**2990626**	**7476344**	**27386993**	**42170685**	**45282985**	**38587772**	**40107905**	**48819029**
铁 路	Railways	2042652	5638150	7059000	5322426	5302489	5630825	4973003	5675481
公 路	Highways	628269	1471925	18501965	34329546	37599405	30403181	32470914	39601133
水 运	Waterways	319649	358126	1824105	2518713	2381091	2553766	2663988	3542415
内 河	Inland Waterways	305641	224220	1147431	1950843	1952621	2078738	2113641	2493557
沿 海	Coastal		13764	602711	567870	428470	475028	550347	1048858
旅客周转量(万人公里)	**Passenger-Kilometers (10 000 passenger-km)**	**1703696**	**4530738**	**9127645**	**10002942**	**9937261**	**9842391**	**6313543**	**6039061**
铁 路	Railways	746506	2719080	5648000	7226626	7324229	7397188	4502923	5059589
公 路	Highways	938802	1713280	3304835	2772918	2609677	2442452	1808853	977066
水 运	Waterways	11082	12022	3156	3398	3355	2751	1767	2407
内 河	Inland Waterways	11082	12022	3156	3398	3355	2751	1767	2407

15-5 铁路、港口主要指标
Main Indicators of Railways and Ports

指　　标	Item	1990	2000	2010	2019	2020	2021
铁　　路	**Railway Transport**						
货车周转时间(天)	Turning Around Time of Freight Cars Locomotives (day)		1.9	2.6	2.3	2.2	2.2
平均每日装车数(辆)	Average Daily Loading Coaches (coach)		1456	2454	2467	2253	2403
货车平均静载重(吨)	Average Static Load of Freight Cars Locomotives (ton)		58.9	62.2	55.7	57.0	54.9
货物列车旅行速度(公里/小时)	Running Speed of Freight Trains (km/hour)		38.9	30.7	39.1	41.8	42.5
货运机车平均日产量(万吨公里)	Average Daily Ton-kilometers of Freight Locomotives (10 000 ton-km)		107.0	109.7	113.8	115.1	120.2
内燃机车每万吨公里耗油(公斤)	Oil Consumption of Diesel Locomotives per 10 000 ton-km (kg)		22.8	30.0	38.7	39.0	39.5
南昌直属站	**Nanchang Station**						
货物发送量(万吨)	Volume of Freight Dispatched (10 000 tons)	3.6	1.3	12.4	0.5	0.5	0.2
旅客发送量(万人)	Number of Passenger Dispatched (10 000 persons)	397.6	867.7	1860.7	3792.8	2551.1	2930.3
平均每日装车数(车)	Daily Loading Coach (coach)	4.5	0.7	5.2	0.3	0.2	0.1
平均每日卸车数(车)	Daily Unloading Coach (coach)	11.9	8.5	34.8	3.3	2.0	1.7
向塘直属站	**Xiangtang Station**						
货物发送量(万吨)	Volume of Freight Dispatched (10 000 tons)	14.2	7.5	21.2	40.4	98.8	123.4
旅客发送量(万人)	Number of Passenger Dispatched (10 000 persons)	61.5	82.4	63.4	46.0	30.4	37.5
平均每日装车数(车)	Daily Loading Coach (coach)	7.3	3.6	10.9	44.6	105.8	127.0
平均每日卸车数(车)	Daily Unloading Coach (coach)	20.9	18.0	21.9	36.2	87.0	108.5
#向塘西站平均每日办理车数(车)	Daily Transaction Coach (coach)	4726.0	11769	12495	15066.6	13744	14998
鹰潭直属站	**Yingtan Station**						
货物发送量(万吨)	Volume of Freight Dispatched (10 000 tons)	67.0	222.5	397.5	301.8	316.4	282.8
旅客发送量(万人)	Number of Passenger Dispatched (10 000 persons)	150.6	364.0	459.9	489.3	326.6	345.2
平均每日装车数(车)	Daily Loading Coach (coach)	31.3	109.6	188.9	140.7	142.2	129.4
平均每日卸车数(车)	Daily Unloading Coach (coach)	39.9	174.0	240.4	278.9	287.6	294.7
#鹰潭站平均每日办理车数(车)	Daily Transaction Coach (coach)	5208.0	10473	8773	9225.5	8088	8568
港　　口	**Ports**						
九江港货物吞吐量(万吨)	Volume of Freight Handled in Jiujiang Port (10 000 tons)	445.4	92.0		12333.4	12046.8	15174.9
南昌港货物吞吐量(万吨)	Volume of Freight Handled in Nanchang Port (10 000 tons)				3826.6	4865.9	3700.6

注：1.因统计口径发生变化，对“平均每日装车数”和“货车平均静载重”两个指标的往期数据进行了修订。

2.2020年起，九江港、南昌港统计数据采用省交通部门提供数据，并对往期数据进行了修订。

a) Due to the change of statistical caliber, the previous data of "Average Daily Loading Coaches" and " Average Static Load of Freight Cars Locomotives" were revised.

b) Due to the change of statistical caliber, average daily loading coaches and average static load of freight cars locomotives of previous years were revised.

15-6 邮政电信业务主要指标

Principal Indicators of Postal and Telecommunication Services

指　　标	Item	1990	2000	2010	2019	2020	2021
邮政业务总量(亿元)	Business Volume of Postal Services (100 Million yuan)	2.85	5.45	36.85	230.18	311.34	210.69
电信业务总量(亿元)	Business Volume of Telecommunication Services (100 Million yuan)		75.9	661.2	2835.6	3539.8	416.05
邮路总长度(公里)	Length of Postal Routes (km)	46591	119905	98020	135000	113000	208135
农村投递路线总长度(公里)	Length of Rural Delivery Routes (km)	121971	118555	97950	93500	90200	89569
邮政汽车(辆)	Postal Cars (unit)	263	1098	2060	5604	2384	2119
函　件(万件)	Number of Letters (10 000 pcs)	17162	14010	17971	1684	1184	745
包　裹(万件)	Package (10 000 pcs)		247	121	43	37	34
报刊累计数(万份)	Total Number of Newspapers and Magazines (10 000 copies)	46842	48881	54433	52941	53164	51053
快递业务量(万件)	Pieces of Express Mail Services (10 000 pcs)		283	2351	77720	112004	160092
固定电话用户(万户)	Number of Fixed Telephone Subscribers (10 000 Subscribers)	12.6	354.1	709.6	457.5	482.4	474.0
移动电话用户(万户)	Number of Mobile Telephone Subscribers (10 000 Subscribers)		140	1811	4157	4249	4497
互联网宽带用户数(万户)	Number of Broadband Subscribers of Internet (10 000 Subscribers)		27.0	253.4	1448.8	1510.5	1700
长途光缆线路长度(公里)	Length of Long-distance Optical Cable Lines (km)			21201	31537	33442	33532
本地中继线光缆线路长度(公里)	Length of Local Optical Cable Lines (km) (circuit)			247494	660872	757038	789952

注：1.2021年起，"邮政业务总量" "电信业务总量"按2020年不变单价计算；"邮路总长度"包含了邮政速递物流的数据；"互联网宽带用户数"包含了中国移动的数据。

2.2021年起，邮路总长度由单程统计改为全程统计，与往年数据不可比。

a) Business volume of postal services and telecommunications at 2021 are calculated at 2020 constant prices. Length of EMS's routes is included in length of postal routes;number of CMCC Subscribers are included in number of Broadband Subscribers of Internet.

b) The statistical coverage of total length of postal routes at 2021 are changed from one-way statistics to whole process statistics. Therefore, data at 2021 are not years. comparable with those of previous

15-7 各地区公路里程年底到达数(2021年)
Length of Highways at Year-end (2021)

单位：公里 (km)

地区	Region	合计 Total	等级公路 Expressway and Class I to IV Highways	高速公路 Expressway	一级 Class I
全省	**Provincial Total**	**211101**	**205655**	**6309**	**3186**
南昌市	Nanchang	11917	11580	429	238
景德镇市	Jingdezhen	5478	5387	200	153
萍乡市	Pingxiang	9415	9181	197	113
九江市	Jiujiang	24051	23364	690	397
新余市	Xinyu	5066	4923	131	199
鹰潭市	Yingtan	5477	5145	101	88
赣州市	Ganzhou	45296	44238	1559	542
吉安市	Ji'an	30651	29753	761	421
宜春市	Yichun	27294	26889	805	448
抚州市	Fuzhou	19323	18819	757	122
上饶市	Shangrao	27134	26376	680	466

15-7 续表 continued

单位：公里 (km)

地区	Region	二级 Class II	三级 Class III	四级 Class IV	等外公路 Substandard Highway
全省	**Provincial Total**	**12612**	**18213**	**165335**	**5446**
南昌市	Nanchang	657	1064	9192	337
景德镇市	Jingdezhen	526	600	3908	92
萍乡市	Pingxiang	608	818	7445	234
九江市	Jiujiang	1340	1911	19026	687
新余市	Xinyu	306	488	3799	143
鹰潭市	Yingtan	180	633	4143	332
赣州市	Ganzhou	2570	3358	36210	1058
吉安市	Ji'an	1854	2292	24424	898
宜春市	Yichun	1724	2368	21543	405
抚州市	Fuzhou	1264	1773	14904	504
上饶市	Shangrao	1582	2908	20741	758

15-8 各地区交通运输工具年末实有数(2021年)
Possession of Transportation Facilities at Year-end by Region (2021)

地区	Region	民用汽车合计(辆) Total Civil Motor Vehicles (unit)	载货汽车 Trucks	载客汽车 Passenger Vehicles	专项作业车 Special-operation Vehicles	摩托车(辆) Motorcycles (unit)	汽车挂车(辆) Trailers (unit)	运输船舶(艘) Transport Vessels (unit)
全省	**Provincial Total**	**7178384**	**968553**	**6171088**	**38743**	**3638618**	**141222**	**2403**
南昌市	Nanchang	1393929	91704	1277617	6804	11339	6465	126
景德镇市	Jingdezhen	269160	26761	241042	1357	102096	4906	41
萍乡市	Pingxiang	292439	31397	259827	1215	240566	5043	
九江市	Jiujiang	741507	80807	657200	3500	318197	6097	630
新余市	Xinyu	224887	32459	191185	1243	171994	11160	82
鹰潭市	Yingtan	169357	21876	145970	1511	64562	8837	53
赣州市	Ganzhou	1282176	184946	1087985	9245	1608247	5329	84
吉安市	Ji'an	613405	91821	518598	2986	275964	12068	498
宜春市	Yichun	937410	230705	701796	4909	271931	58580	501
抚州市	Fuzhou	454854	71343	381063	2448	266213	15806	83
上饶市	Shangrao	805758	103362	699195	3201	302031	6931	305

注：同15-2表。

a) Same as table 1502.

15-9 各地区邮政电信业务主要指标(2021年)
Principal Indicators of Postal and Telecommunication Services by Region (2021)

地区	Region	年末邮政局数(所) Number of Postal Offices at Year-end (unit)	邮政业务总量(亿元) Business Volume of Postal Services (100 million yuan)	电信业务总量(亿元) Business Volume of Telecommunications (100 million yuan)	固定电话年末用户数(万户) Fixed Telephone Subscribers at Year-end(10 000 subscribers)	移动电话年末用户数(万户) Number of Mobile Telephone Subscribers at Year-end (10 000 subscribers)	互联网宽带接入用户数(万户) Number of Broadband Subscribers of Internet (10 000 subscribers)
全省	**Provincial Total**	**2002**	**211**	**416**	**474**	**4497**	**1700**
南昌市	Nanchang	166	71	85	89	784	311
景德镇市	Jingdezhen	60	8	16	14	172	70
萍乡市	Pingxiang	69	6	16	23	187	75
九江市	Jiujiang	248	17	44	68	466	191
新余市	Xinyu	50	9	12	11	132	54
鹰潭市	Yingtan	56	4	11	12	113	46
赣州市	Ganzhou	379	30	77	90	861	296
吉安市	Ji'an	284	17	36	37	421	160
宜春市	Yichun	210	16	42	47	472	171
抚州市	Fuzhou	216	11	29	19	321	127
上饶市	Shangrao	264	21	48	65	569	199

注：2021年起，“邮政业务总量”“电信业务总量”按2020年不变单价计算。

a) Business volume of postal services and telecommunications at 2021 are calculated at 2020 constant prices.

15-10 规模以上服务业单位数及营业收入(2021年)

Number and business Revenue of Enterprises above Designated Size of Service Industry (2021)

类别	Type	企业单位数(个) Number of Enterprises (unit)	营业收入(万元) Business Revenue (10 000yuan)
总计	**Total**	**5566**	**42618449**
按登记注册类型及隶属关系分组	**By Registration Status and Jurisdiction of Management**		
内资企业	Domestic Funded Enterprises	5520	41242873
国有企业	State-owned Enterprises	202	2647386
集体企业	Collective-owned Enterprises	15	54933
股份合作企业	Cooperative Enterprises	12	37419
联营企业	Joint Ownership Enterprises	4	14178
有限责任公司	Limited Liability Corporations	1303	17723967
股份有限公司	Share-holding Corporations Limited	98	2712717
私营企业	Private Enterprises	3713	17468370
其他企业	Other Enterprises	173	583902
港、澳、台商投资企业	Enterprises with Funds from Hong Kong,Macao and Taiwan	24	434328
外商投资企业	Foreign Funded Enterprises	22	941249
#国有控股企业	State Holding Enterprises	670	15223353
按行业分组	**Grouped by Sector**		
铁路运输业	Railway Transport	9	3723919
道路运输业	Road Transport	1387	10463658
水上运输业	Water Transport	54	496873
航空运输业	Air Transport	7	227017
管道运输业	Pipeline Transport		
多式联运和运输代理业	Multimodal Transport and Transport Agent Industry	24	273545
装卸搬运和仓储业	Loading, Unloading and Storage	114	1603295
邮政业	Postal	58	1492805
电信、广播电视和卫星传输服务	Telecommunications, Broadcasting Television and Satellite Transmission	81	4372433
互联网和相关服务	Internet and Related Services	102	1806808
软件和信息技术服务业	Software and Information Technology Services	217	1757578
物业管理业	Property Management	166	583703
房地产中介服务业	Real Estate Intermediary Services	68	179900
房地产租赁经营	Real Estate Leasing Operation	116	608238
其他房地产业	Other Real Estate		
租赁业	Leasing	187	1004304
商务服务业	Business Services	955	6178093
研究和试验发展	Research and Experimental Development	17	52800
专业技术服务业	Polytechnic Services	397	2260966
科技推广和应用服务业	Services of Science and Technology Promotion and Application	40	177047
水利管理业	Management of Water Conservancy	1	95040
生态保护和环境治理业	Ecological Protection and Environmental Management	20	95997
公共设施管理业	Management of Public Facilities	151	868629
土地管理业	Land Management Industry	6	167567
居民服务业	Resident Services	145	305649
机动车、电子产品和日用产品修理业	Repair to Motor,Electronic Products and Household Products	162	288024
其他服务业	Other Services	55	111617
教育	Education	275	1027932
卫生	Health Care	210	1111879
社会工作	Social Work	41	50293
新闻和出版业	Journalism and Publishing Activities	26	421145
广播、电视、电影和影视录音制作业	Broadcasting, Television, Movies and Video Recording	137	210856
文化艺术业	Cultural and Art Activities	51	128091
体育	Sports Activities	39	47506
娱乐业	Entertainment	248	425244
按地区分组	**By Region**		
南昌市	Nanchang	1250	12597192
景德镇市	Jingdezhen	222	1247131
萍乡市	Pingxiang	109	746936
九江市	Jiujiang	603	3869525
新余市	Xinyu	108	400282
鹰潭市	Yingtan	236	1913787
赣州市	Ganzhou	649	3367780
吉安市	Ji'an	685	2913575
宜春市	Yichun	611	3319163
抚州市	Fuzhou	352	2723944
上饶市	Shangrao	739	6132747

15-11 规模以上服务业企业主要财务指标（2021年）

单位：万元

类别	Type	资产总计 Total Assets	流动资产合计 Total Current Assets
总计	**Total**	**168665307**	**48584335**
按登记注册类型及隶属关系分组	**By Registration Status and Jurisdiction of Management**		
内资企业	Domestic Funded Enterprises	167017833	48389185
国有企业	State-owned Enterprises	7057617	3303782
集体企业	Collective-owned Enterprises	90853	34353
股份合作企业	Cooperative Enterprises	26962	17840
联营企业	Joint Ownership Enterprises	9749	6338
有限责任公司	Limited Liability Corporations	131852857	34997620
股份有限公司	Share-holding Corporations Limited	15020316	2377862
私营企业	Private Enterprises	12090446	7310216
其他企业	Other Enterprises	869036	341174
港、澳、台商投资企业	Enterprises with Funds from Hong Kong,Macao and Taiwan	686014	81155
外商投资企业	Foreign Funded Enterprises	961460	113995
#国有控股企业	State Holding Enterprises	145890779	36308295
按行业分组	**Grouped by Sector**		
铁路运输业	Railway Transport	39675955	4062699
道路运输业	Road Transport	56484683	10439425
水上运输业	Water Transport	432850	152469
航空运输业	Air Transport	1152719	278883
管道运输业	Pipeline Transport		
多式联运和运输代理业	Multimodal Transport and Transport Agent Industry	159398	87449
装卸搬运和仓储业	Loading, Unloading and Storage	3282186	2547089
邮政业	Postal	792228	514948
电信、广播电视和卫星传输服务	Telecommunications, Broadcasting Television and Satellite Transmission	5884809	859223
互联网和相关服务	Internet and Related Services	1444519	1296533
软件和信息技术服务业	Software and Information Technology Services	1918987	1329088
物业管理业	Property Management	922814	706799
房地产中介服务业	Real Estate Intermediary Services	118818	85754
房地产租赁经营	Real Estate Leasing Operation	14252456	5023837
其他房地产业	Other Real Estate		
租赁业	Leasing	622818	323721
商务服务业	Business Services	10461548	6780546
研究和试验发展	Research and Experimental Development	121274	91727
专业技术服务业	Polytechnic Services	13846529	6387394
科技推广和应用服务业	Services of Science and Technology Promotion and Application	241798	117097
水利管理业	Management of Water Conservancy	214977	167371
生态保护和环境治理业	Ecological Protection and Environmental Management	168484	112258
公共设施管理业	Management of Public Facilities	6615435	3307093
土地管理业	Land Management Industry	2909486	386565
居民服务业	Resident Services	355294	205296
机动车、电子产品和日用产品修理业	Repair to Motor,Electronic Products and Household Products	114518	72035
其他服务业	Other Services	53026	39856
教育	Education	1239098	550200
卫生	Health Care	1263234	648964
社会工作	Social Work	102931	40055
新闻和出版业	Journalism and Publishing Activities	717080	556584
广播、电视、电影和影视录音制作业	Broadcasting, Television, Movies and Video Recording	231765	121810
文化艺术业	Cultural and Art Activities	434323	176776
体育	Sports Activities	866648	361982
娱乐业	Entertainment	1562617	752813

Main Financial Indicators of Enterprises above Designated Size of Service Industry (2021)

(10 000 yuan)

固定资产原价 Original Value of Fixed Assets	负债合计 Total Liabilities	所有者权益合计 Total Owners` Equities	营业收入 Business Revenue	营业成本 Business Cost	税金及附加 Taxes and Other Charges	营业利润 Business Profits	利润总额 Total Profits	本年应交增值税 Valued-Added Payable
77869534	**80031417**	**88633890**	**42618449**	**35091890**	**227770**	**2179843**	**2336194**	**1080305**
75548895	78859632	88158202	41242873	34170086	224016	1913779	2066296	1017551
3284091	3920083	3137534	2647386	2216048	13216	170920	181166	56700
25721	61781	29071	54933	46243	495	634	799	967
11682	13107	13854	37419	26311	194	6792	7518	1347
3761	5610	4139	14178	10462	67	1453	1583	247
54081934	59540657	72312199	17723967	14756523	90843	870916	911509	428219
12911325	6804913	8215403	2712717	2040038	10304	132656	124595	69657
4594403	8031585	4058861	17468370	14657290	108536	702060	810272	459444
635977	481896	387140	583902	417172	362	28349	28855	972
822254	407954	278060	434328	346156	2376	9064	8984	14611
1498386	763832	197628	941249	575648	1378	257000	260914	48142
68025469	65204205	80686574	15223353	12626952	79979	902706	913516	384822
21783884	8179496	31496459	3723919	3854934	7593	-242211	-279979	131269
37089647	28346680	28138003	10463658	8774013	67244	675994	782860	324709
499785	236716	196134	496873	431964	2465	31407	37278	14558
853132	569866	582853	227017	255637	998	-28840	-31172	10034
71510	92679	66720	273545	269442	346	8258	9953	892
700878	2839299	442887	1603295	1655172	2305	42975	50419	7326
417093	668508	123720	1492805	1397158	4801	-41872	-38954	12640
8608737	3253294	2631515	4372433	2966074	8684	709928	695113	165469
131479	1110809	333710	1806808	1201670	5151	-60446	-49333	41081
152743	994968	924019	1757578	1258893	9265	141589	156196	51983
131613	639177	283637	583703	428026	4038	55322	57295	19380
11568	81730	37088	179900	112983	1110	3533	3324	6584
2470808	7333223	6919233	608238	352501	28315	158966	158151	16004
225764	485053	137765	1004304	883269	11664	38630	42378	30664
443411	6435996	4025552	6178093	5590799	26282	185612	217431	105908
22473	55574	65700	52800	33508	116	3416	3685	476
645720	9126827	4719702	2260966	1652298	14466	176709	180570	72812
103030	108660	133138	177047	132790	1448	16274	17930	1995
20569	77968	137010	95040	79652	351	3729	3716	1839
30000	79602	88883	95997	69275	442	14281	14701	2957
818174	4098304	2517131	868629	584985	10129	47757	57974	18930
109426	1240944	1668542	167567	141256	1718	12046	12352	712
89328	201821	153474	305649	202854	1857	34390	34529	4711
37480	55541	58977	288024	228763	2144	27132	27571	3073
10731	29157	23870	111617	99864	729	4206	4308	2595
746306	667323	571776	1027932	673467	2694	66055	67759	10501
677703	847704	415529	1111879	827712	1105	28933	26799	3831
79170	53920	49012	50293	34553	60	1813	2498	125
108783	310947	406132	421145	308799	2121	38707	41362	7888
75702	165243	66522	210856	148187	2206	18125	18307	2306
170586	352447	81876	128091	92269	664	-9296	-9010	1563
49044	302329	564318	47506	35765	2606	357	1901	567
483262	989613	573004	425244	313357	2657	16366	18285	4922

15-12 各地区规模以上服务业企业主要财务指标（2021年）
Main Financial Indicators of Enterprises above Designated Size of Service Industry by Region (2021)

单位：万元 (10 000 yuan)

地区	Region	资产总计 Total Assets	流动资产合计 Total Current Assets	固定资产原价 Original Value of Fixed Assets	负债合计 Total Liabilities	所有者权益合计 Total Owners` Equities	营业收入 Business Revenue
全 省	**Provincial Total**	**168665307**	**48584335**	**77869534**	**80031417**	**88633890**	**42618449**
南昌市	Nanchang	88012265	22048755	43290271	44813923	43198341	12597192
景德镇市	Jingdezhen	1206661	504072	919238	766468	440192	1247131
萍乡市	Pingxiang	2472642	759544	1066268	1277621	1195022	746936
九江市	Jiujiang	5018670	2360892	2643179	3226645	1792025	3869525
新余市	Xinyu	651582	277992	438967	314280	337302	400282
鹰潭市	Yingtan	2104590	1435370	566232	1308930	795660	1913787
赣州市	Ganzhou	10585555	3925648	5808532	6810165	3775390	3367780
吉安市	Ji'an	5758837	1932658	1638266	2615502	3143335	2913575
宜春市	Yichun	12507443	7438542	2757824	7851816	4655627	3319163
抚州市	Fuzhou	3245409	1497033	1298565	1966184	1279225	2723944
上饶市	Shangrao	4783544	2748881	2086851	3302708	1480836	6132747

15-12 续表 continued

单位：万元 (10 000 yuan)

地区	Region	营业成本 Business Cost	税金及附加 Taxes and Other Charges	营业利润 Business Profits	利润总额 Total Profits	本年应交增值税 Valued-Added Payable
全 省	**Provincial Total**	**35091890**	**227770**	**2179843**	**2336194**	**1080305**
南昌市	Nanchang	9619621	63920	896369	955247	283154
景德镇市	Jingdezhen	1051792	9177	82003	89812	38333
萍乡市	Pingxiang	612471	3389	27686	35555	19473
九江市	Jiujiang	3110519	20142	337047	350444	76217
新余市	Xinyu	312356	2159	23734	23913	7795
鹰潭市	Yingtan	1709530	15499	24299	36291	55405
赣州市	Ganzhou	2571279	15281	292186	299576	71542
吉安市	Ji'an	2438938	22090	195156	211363	70573
宜春市	Yichun	2830844	23701	222483	233925	101208
抚州市	Fuzhou	2495268	16465	71018	105835	112096
上饶市	Shangrao	4806736	28902	202762	224759	113337

15-13 按行业分企业信息化及电子商务情况(2021年)
Informatization and E-Commerce of Enterprises by Industrial Sector(2021)

行业	Industrial Sector	企业数(个) Number of Enterprises (unit)	期末使用计算机数(台) Computers Used at the End of Period (unit)	每百家企业拥有计算机数(台) Computers Per 100 Enterprises (unit)	企业拥有网站数(个) Websites of All Enterprises (unit)	每百家企业拥有网站数(个) Websites Per 100 Enterprises (unit)
总计	Total	37612	1132004	3009.7	18149	48.3
采矿业	Mining	462	8538	1848.1	157	34.0
制造业	Manufacturing	14111	426463	3022.2	8033	56.9
电力、热力、燃气及水生产和供应业	Producting and Supply of Electricity，Heat，Gas and Water	452	59694	13206.6	257	56.9
建筑业	Construction	4723	120643	2554.4	2016	42.7
批发和零售业	Wholesale and Retail Trades	7386	127620	1727.9	2890	39.1
交通运输、仓储和邮政业	Transport，Storage and Post	1638	90379	5517.6	537	32.8
住宿和餐饮业	Hotels and Catering Services	2010	24886	1238.1	824	41.0
信息传输、软件和信息技术服务业	Information Transmission，Software and Information Technology	397	96187	24228.5	346	87.2
房地产业	Real Estate	3288	59723	1816.4	1482	45.1
租赁和商务服务业	Leasing and Business Services	1138	17605	1547.0	472	41.5
科学研究和技术服务业	Scientific Research and Technical Services	452	29005	6417.0	279	61.7
水利、环境和公共设施管理业	Management of Water Conservancy，Environment and Public Facilities	178	4524	2541.6	102	57.3
居民服务、修理和其他服务业	Service to Households，Repair and Other Services	361	2595	718.8	136	37.7
教育	Education	273	33939	12431.9	203	74.4
卫生和社会工作	Health and Social Service	246	20551	8354.1	165	67.1
文化、体育和娱乐业	Culture，Sports and Entertainment	497	9652	1942.1	250	50.3

15-13 续表 continued

行业	Industrial	有电子商务交易活动 With E-Commerce Transactions		电子商务销售额（万元） Sales Through E-commerce (million yuan)	电子商务采购额（万元） Purchases Through E-commerce (million yuan)
		企业数（个） Enterprises (uint)	比重（%） Proportion (%)		
总计	Total	3972.0	10.6	38077232.9	18601384.7
采矿业	Mining	6.0	1.3	2589.0	17461.8
制造业	Manufacturing	1259.0	8.9	17089062.0	8578431.2
电力、热力、燃气及水生产和供应业	Producting and Supply of Electricity，Heat，Gas and Water	26.0	5.8	2298.6	40505.5
建筑业	Construction	88.0	1.9	11758.6	280962.2
批发和零售业	Wholesale and Retail Trades	1461.0	19.8	18110232.6	9344644.1
交通运输、仓储和邮政业	Transport，Storage and Post	67.0	4.1	817994.3	43801.1
住宿和餐饮业	Hotels and Catering Services	634.0	31.5	445851.0	12684.9
信息传输、软件和信息技术服务业	Information Transmission，Software and Information Technology	67.0	16.9	992808.2	92164.5
房地产业	Real Estate	97.0	3.0	15082.0	4750.3
租赁和商务服务业	Leasing and Business Services	113.0	9.9	411294.3	77511.5
科学研究和技术服务业	Scientific Research and Technical Services	20.0	4.4	68414.3	77277.5
水利、环境和公共设施管理业	Management of Water Conservancy，Environment and Public Facilities	21.0	11.8	14359.6	707.0
居民服务、修理和其他服务业	Service to Households，Repair and Other Services	25.0	6.9	4977.1	1239.3
教育	Education	14.0	5.1	6718.6	2673.0
卫生和社会工作	Health and Social Service	8.0	3.3	869.2	1340.8
文化、体育和娱乐业	Culture，Sports and Entertainment	66.0	13.3	82923.5	25230.0

15-14 分地区企业信息化及电子商务情况(2021年)
Informatization and E-Commerce of Enterprises by Region(2021)

地区	Region	企业数(个) Number of Enterprises (unit)	期末使用计算机数(台) Computers Used at the End of Period (unit)	每百家企业拥有计算机数(台) Computers Per 100 Enterprises (unit)	企业拥有网站数(个) Websites of All Enterprises (unit)	每百家企业拥有网站数(个) Websites Per 100 Enterprises (unit)	有电子商务交易活动 With E-Commerce Transactions		电子商务销售额(万元) Sales Through E-commerce (million yuan)	电子商务采购额(万元) Purchases Through E-commerce (million yuan)
							企业数(个) Enterprises (uint)	比重(%) Proportion (%)		
全　省	**Provincial Total**	**37612**	**1132004**	**3009.7**	**18149**	**48.3**	**3972**	**10.6**	**38077233**	**18601385**
南昌市	Nanchang	6792	354653	5223.9	3819	56.3	756	11.1	20623975	9837212
景德镇市	Jingdezhen	1264	26305	2081.1	574	45.4	173	13.7	458686	226055
萍乡市	Pingxiang	1324	33702	2545.5	771	58.2	154	11.6	558010	240070
九江市	Jiujiang	4354	91301	2096.9	2140	49.2	428	9.8	2454512	1342259
新余市	Xinyu	1079	30811	2852.9	519	48.1	93	8.6	957214	1365397
鹰潭市	Yingtan	1080	23944	2217.0	489	45.3	172	15.9	1857190	1021107
赣州市	Ganzhou	5629	139947	2486.2	2794	49.6	541	9.6	2157243	947152
吉安市	Ji'an	4024	80612	2003.3	1850	46.0	449	11.2	2036904	763544
宜春市	Yichun	4558	99238	2177.7	2056	45.1	508	11.1	2298401	1007502
抚州市	Fuzhou	2491	80068	3214.3	1183	47.5	262	10.5	1722896	459891
上饶市	Shangrao	5017	95580	1905.1	1946	38.8	436	8.7	2952203	1391195

主要统计指标解释

铁路营业里程 指办理客货运输业务的铁路正线总长度。凡是全线或部分建成双线及以上的线路，以第一线的实际长度计算；复线、站线、段管线、岔线和特别用途线以及不计算运费的联络线都不计算营业里程。铁路营业里程是反映铁路运输业基础设施发展水平的重要指标，也是计算客货周转量、运输密度和机车车辆运用效率指标的基础资料。

公路里程 也称“公路通车里程”，是指实际达到《公路工程[WTB2]技术标准 JTJ01-88》规定的等级公路，并经主管部门的正式验收支付使用的公路里程数。它包括大中城市的郊区公路以及通过小城镇街道的公路里程，也包括桥梁、渡口的长度，但不包括城市的街道以及厂矿、林区和农业生产用道的里程。两条或多条公路共同经由同一路段，只计算一次，不重复计算里程长度。公路里程是反映公路建设发展规模的重要指标，也是计算运输网密度等指标的基础资料。

内河航道里程 也称“内河通航里程”，是指在枯水季节水深在０.３米及以上，能通航运输船舶及排筏的天然河流、湖泊水库、运河及通航渠道的长度。包括全年季节性通航累计三个月以上的航道，但不包括仅供零散流放竹木排的河道。内河航道里程是反映内河水运网规模、水平和发展情况的主要指标。

货（客）运量 指运输业实际运送的货物（旅客）数量。货运按吨计算，客运按人计算。货物不论运输距离长短，货物类别，均按实际重量统计；旅客不论行程远近或票价多少，均按一人一次作为客运量统计。半票价、小孩票，也按一人统计。货（客）运量是反映运输业为国民经济和人民生活服

务的数量指标，也是制定和检查运输生产计划、研究运输展规模和速度的重要指标。

货物（旅客）周转量 指运输业运送的货物（旅客）数量与其相应运输距离的乘积之总和，通常以吨公里和人公里为计算单位。计算货物周转量通常按发出站与到达站之间的最短距离，也就是计费距离计算。它是反映运输业生产总成果的重要指标，也是编制和检查运输生产计划、计算运输效率、劳动生产率以及核算运输单位成本的主要基础资料。

铁路货运机车平均日产量 指平均每台货运机车在一昼夜内所完成的总重吨公里数。它既包括载运货物的重量，也包括车辆本身的自重，它是从时间和牵引能力两方面反映了机车运用效率的综合性指标。计算公式为：

$$\text{货运机车平均日产量} = \frac{\text{货运总重吨公里数}}{\text{货运机车台日数}}$$

邮电业务总量 指以货币表现的邮电部门为用户传递信息和提供其他邮电服务的总量。它用各种邮电分类业务量，如函件件数、电报份数、长话张数、市内电话和农村电话的年均户数、订销报刊累计份数等，分别乘以相应的不变单价加总后再加上出租电路和设备的收入、代用户维护电话交换机和线路等设备的收入、其他业务收入求得。邮电业务总量综合反映了一定时期邮电工作的总成果，是研究邮电业务量构成和发展趋势的重要指标。

Explanatory Notes on Main Statistical Indicators

Length of Railways in Operation refers to the total length of the trunk line for passenger and freight transportation (including both full operation and temporary operation). The calculation is based on the actual length of the first line if this line has a full or partial double (or more). Not included are double tracks, station sidings, tracks under the charge of stations, branch lines, special-purpose lines and non-payable connecting lines. The length of railways in operation is an important indicator to show the development of the infrastructure of railway transport. It is also essential data to calculate volume of passenger freight transport, traffic density and utilization efficiency of locomotives and carriages.

Length of Highways refers to the length of highways which are built in conformity with the grades specified by the highway engineering standard [Highways WTBZ-Technical Standard JTJ01-88]formulated by the Ministry of Communications, and have been formally checked and accepted by the departments of highways and put into use. The length of highways includes that of the suburb highways at large and medium-sized cities, highways passing through streets at small cities and towns, and also the length of bridges and ferry piers. It does not include the length of streets in big and medium-sized cities and highways built for the production purpose at factories, mines, forest areas and agricultural areas. If two or more highways go the same section of the way, the length of the section is only calculated for once and no duplication is allowed. The length of highways is an indicator to show the development of the scale of highway construction and to provide essential information to calculate the transport network density.

Length of Navigable Inland Waterways is an indicator reflecting the size and development of inland water network. It refers to the length of the natural rivers, lakes, reservoirs, canals, and ditches open to navigation during a given period, which enables transportation by ships and rafts. It includes the channels open to navigation for over an accumulated period of 3 months in a year, yet this does not include the river courses which are only used to float odd logs and bamboo rafts. This indicator can reflect the scale, level and development situation of the inland waterway network.

Freight (Passenger) Traffic refers to the volume of freight (passenger) transported with various means within a specific period of time. This indicator reflects the service of the transport industry towards the national economy and people's living conditions, as well as an important indicator used in formulating and monitoring transport production plans and research into the scale and pace of transport development. Freight transport is calculated in tons and passenger traffic is calculated in terms of number of persons. Freight transport is calculated in terms of the actual weight of the goods and takes no account of the type of freight and distance of travel. Passenger traffic is calculated by the principle that one person can be counted only once in one trip and takes no account of the travelling distance and ticket price. The passengers who travel with a half price ticket or a child's ticket is also calculated as one person.

Freight Ton-kilometres (Passenger-kilometres) refers to the sum of the product of the volume of transported cargo (passengers) multiplied by the transport distance. It is an important indicator to reflect the achievement of the transportation industry. This is an important indicator to show the total results of the transport industry; to prepare and examine the transport plan; and to serve as the main basic data for calculating the efficiency, labour productivity and unit cost of transport. Normally, the shortest distance between the departure station and the destination station (i.e., the payable distance) is the basis in calculating the freight ton-kilometres.

Average Daily Haul of Freight Locomotives refers to the average total ton-kilometres accomplished by each freight transport locomotive over one day and night during a given period of time. It includes both the weight of the goods carried and the dead weight of the train itself. It is a comprehensive indicator reflecting the locomotive efficiency in terms of both time and the pulling force.

$$\text{Average Daily Haul of Freight Transport Locomotive (Ton-kilometre)} = \frac{\text{Total Ton-kilometres of Freight}}{\text{Daily Number of Freight Transport Locomotive}}$$

Business Volume of Post and Telecommunications refers to the total amount of postal and telecommunication services, expressed in value terms, provided by the post and telecommunications departments for society. Postal and telecommunication services can be classified as letters, parcels, remittance, issue of newspapers and magazines, fast mail service, express mail service, savings deposits, stamps for collection, facsimiles, long-distance telephone service, leasing of telephone lines, mobile telephone service, data transmission, income from leasing, maintenance, etc. The accounting approach is to multiply the service products of all types with their average unit price (constant price) to get the total business value, and to add to it income from other services such as leasing of telephone lines and equipment and maintenance of telephone switchboards and lines on behalf of customers. This indicator reflects the overall results of postal and telecommunication services during a given period, and is important for studying the composition of business service and the trend of development of postal and telecommunication services.

16

国内贸易和旅游

DOMESTIC TRADE AND TOURISM

◆ 381/414

资料整理：王杨帆　尹琼楠　刘　兴

简要说明

一、本篇资料的主要内容

本篇资料主要反映全省国内贸易基本情况、零售市场的发展和批发和零售业商品流转情况、住宿和餐饮业经营情况以及主要财务状况；旅游的历年概况等。主要内容包括：社会消费品零售总额及其分组指标；城乡个体私营批发零售贸易、住宿餐饮业基本情况；限额以上批发和零售业、住宿和餐饮业基本情况、商品流转和经营情况、财务状况；亿元商品交易市场成交情况；旅游统计资料等。

二、本篇资料的统计范围

从事批发和零售业、住宿和餐饮业的法人企业、产业活动单位和个体户，以及年成交额在亿元以上的商品交易市场。

根据国家统计局对社会消费品零售总额指标调整的要求，我们对社会消费品零售总额进行了调整，即：1993年以后社会消费品零售总额指标不包括农业生产资料；1997年以后社会消费品零售总额指标不包括居民购买住房；2003年以后社会消费品零售总额指标不包括有各种经济类型的制造业法人企业、产业活动单位和个体工业，直接售给城乡居民（包括本企业职工）和社会集团的商品以及农民在田间地头出售的农产品。

限额以上批发和零售业、住宿和餐饮业统计限额标准：批发业，年主营业务收入2000万元及以上；零售业，年主营业务收入500万元及以上；住宿业、餐饮业，年主营业务收入200万元及以上。

国际旅游和国内旅游资料。

三、本篇的资料来源

本篇资料国内贸易部分是江西省统计局贸易外经处根据国家统计局制定的《批发和零售业、住宿和餐饮业统计报表制度》进行搜集和加工整理而得；城乡个体私营批发零售贸易、住宿餐饮业基本情况资料由省工商局提供；旅游资料来自省旅游局。

四、本篇的统计调查方法

本篇资料中限额以上批发和零售业，住宿和餐饮业法人企业资料和限额以下批发和零售业、住宿和餐饮企业及个体户的资料采用全面调查和抽样调查的方法取得；国际、国内旅游收入和旅游人数等指标采取抽样调查方法取得。

Brief Introduction

I. Main Contents

Data in this chapter reflect the development for the whole province of domestic market, development of retail trade, and circulation of commodities through wholesale and retail trades, and the operation, management and financial situation of hotels catering services and annual tourism. Main contents include total retail sales of consumer goods and its indicators by group; the basic conditions of private enterprises in wholesale and retail trades and catering services in urban and rural areas; the basic statistics of the wholesale and retail trades, hotels and catering services above designated size; circulation of commodities (in operation and financial terms); turnover of large commodity transaction markets with transaction over 1 00 million yuan; statistical information of tourism.

II. Scope of Statistics

This chapter Included corporation enterprises, economic active establishments and self-employed individuals of wholesale and retail trades; hotels and catering services and large commodity markets with transaction value over 100 million yuan.

Based on requests from national bureau of statistics, we adjusted datas of total retail sales of consumer goods since 1993, this indicator does not include means of agricultural production; since 1997, this indicator does not include purchase of houses by residents. Since 2003, this indicator does not include commodities sold to urban and rural households (including their own employees) and institutions directly by manufacturing corporations, establishments and individual manufacturers, nor farm products sold by farmers in the fields.

Criteria for wholesale and retail sale trades, hotels and catering services above designated size are as follows: wholesale trade, wholesale trade with annual principal business sales over 20 million yuan; retail trade, with annual principal business sales over 5 million yuan. The statistical unit of enterprises of hotel

and catering services above the designated size is the annual income of main business at and over 2 million yuan.

Statistical information of home and aboard tourism.

III. Sources of Data

Data on domestic trade in this chapter are collected and processed in accordance with The Statistical Reporting Form System on Wholesale and Retail Trades, Hotels and Catering Services of the National Bureau of Statistics by the Department of Trade and External Economic Relations of Jiangxi Provincial Bureau of Statistics. Data on private enterprises in wholesale and retail trades and catering services in urban and rural areas are provided by Industry and Commerce Bureau of Jiangxi Province. Data on tourism are provided by Tourism Bureau of Jiangxi Province.

IV. Methods of Survey

Data on basic conditions for all corporate enterprises of wholesale and retail trades, hotels and catering services above designated size and enterprises and individual enterprises below the designated size are collected through comprehensive reporting form system and sample surveys. Data are reported to their next higher level. Data on private enterprises in wholesale and retail trades and catering services in urban and rural areas are offered by Jiangxi Administration for Industry and Commerce. Data on revenue and population of home and aboard tourism are collected from sample surveys.

16-1 社会消费品零售总额
Total Retail Sales of Consumer Goods

单位：万元 (10 000 yuan)

年 份 Year	社会消费品零售总额 Total Retail Sales of Consumer Goods	按所在地分 Grouped by Location		
		市 City	县 County	县以下 Below County Level
1985	857101	284121	241686	331294
1990	1519351	565455	416650	537246
1991	1691914	652942	452991	585981
1992	1976150	773815	552926	649409
1993	2436197	993276	647603	795318
1994	3309488	1417590	842239	1049659
1995	4108625	1754824	1032896	1320905
1996	4904426	2136075	1160310	1608041
1997	5585484	2509674	1328683	1747127
1998	6050877	2783772	1416479	1850626
1999	6504678	3024481	1504438	1975759
2000	7048677	3336519	1597858	2114300
2001	7633414	3689149	1712064	2232201
2002	8327099	4062171	1867732	2397196
2003	9232088	4553077	2066072	2612939
2004	10744928	5545548	2358081	2841299
2005	12448931	6449814	2737685	3261432
2006	14481923	7594410	3170514	3716999
2007	17189295	9097512	3736589	4355194
2008	21417862	11464236	4583190	5370436
2009	24844266	13305829	5317196	6221240
2010	33619205	28716971	14614792	4902234

16-1 续表 continued

单位：万元 (10 000 yuan)

年 份 Year	社会消费品零售总额 Total Retail Sales of Consumer Goods	按所在地分 Grouped by Location		
		城镇 City and Town	城区 County Proper	乡村 Below County Level
2011	40568061	34499930	17705183	6068131
2012	47304341	40288589	20861469	7015752
2013	54247060	46387518	25350871	7859542
2014	61558885	52854919	28362972	8703965
2015	69395207	59290812	31187097	10104395
2016	78235168	64759249	41703594	13475919
2017	88433249	73226241	47828018	15207007
2018	90457400	76508966	44151945	13948434
2019	100680523	86420874	45874082	14259649
2020	103717748	87465516	51560569	16252232
2021	122066922	102726766	61460198	19340156
南昌市 Nanchang	28787407	26048018	14021420	2113620
景德镇市 Jingdezhen	5481709	4739832	3322643	741877
萍乡市 Pingxiang	3897837	3254694	1705460	643143
九江市 Jiujiang	14078108	11733924	7902469	2344184
新余市 Xinyu	4021335	3522148	2309012	499186
鹰潭市 Yingtan	4052239	4122700	3002998	522663
赣州市 Ganzhou	19876845	16554630	8660658	3322215
吉安市 Ji'an	10352328	7072549	5060755	3312424
宜春市 Yichun	10715184	9005468	5313208	1709717
抚州市 Fuzhou	6314761	5280449	3077978	1034311
上饶市 Shangrao	14489169	11392354	7083597	3096815

16-2 限额以上批发零售贸易法人企业商品购进、销售、库存总额(2021年)

单位：万元

指　　标	Item	法人企业（个）Number of Corporation(unit)	购进总额 Total Purchases	#进口 Imports
总　计	**Total**	**7614**	**97643832**	**1487283**
批发业	**Wholesale Trade**	**2930**	**71015952**	**880861**
按登记注册类型分	**By Types of Registration**			
内资企业	Domestic Funded Enterprises	2914	70379709	844602
国有企业	State-owned Enterprises	82	5658058	30593
集体企业	Collective-owned Enterprises	7	34778	
有限责任公司	Limited Liability Corporations	589	30810934	418281
国有独资公司	State Sole Funded Corporations	22	4116485	179672
其他有限责任公司	Other Limited Liability Corporations	567	26694449	238609
股份有限公司	Share-holding Corporations Ltd.	42	2605049	40
私营企业	Private Enterprises	2180	30916871	395689
#私营有限责任公司	Private Limited Liability Corporations	2075	30308839	392912
私营股份有限公司	Private Share-holding Corporations Ltd.	23	163094	
其他企业	Other Enterprises	7	35720	
港澳台商投资企业	Enterprises with Funds from Hong Kong, Macao and Taiwan	9	533952	35936
港澳台商独资企业	Enterprises with Sole Funds	4	97588	
港澳台商投资股份有限公司	Share-holding Corporations Ltd. with Funds	2	49040	
外商投资企业	Foreign Funded Enterprises	7	102292	323
#中外合资经营企业	Joint-venture Enterprises	4	94920	
外资企业	Enterprises with Sole Foreign Funds	1	7372	323
按国民经济行业分	**By Sector**			
农、林、牧产品批发业	Wholesale of Farm Produce and Livestock Products	121	1001784	7477
食品、饮料及烟草制品批发业	Wholesale of Food, Beverages and Tobaccos	316	6223429	28507
#米、面制品及食用油批发业	Wholesale of Rice, Flour and Edible Oil	44	531863	
烟草制品批发业	Whole of Tobaccos	12	3640629	
纺织、服装及家庭用品批发业	Wholesale of Textiles, Garments and Daily Consumer Articles	170	1826725	27189
#服装批发业	Wholesale of Garments	41	360186	
家用电器批发业	Wholesale of Household Electrical Appliances	44	737194	
文化、体育用品及器材批发业	Wholesale of Culture, Sports Appliances and Equipments	70	738035	40
医药及医疗器材批发业	Wholesale of Medicines and Medical Appliances	501	9413108	49201
矿产品、建材及化工产品批发业	Wholesale of Mineral Products, Building Materials and Chemical Products	1208	42214440	568673
#煤炭及制品批发业	Wholesale of Coal and Related Products	104	3878326	
石油及制品批发业	Wholesale of Petrolem and Related Products	59	3156282	115
金属及金属矿批发业	Wholesale of Metal Materials	319	23632578	334032
建材批发业	Wholesale of Building Materials	514	9536576	231716
化肥批发业	Wholesale of Chemical Fertilizer	36	286994	
机械设备、五金交电及电子产品批发业	Wholesale of Machinery, Hardware and Electronic Equipment	402	7064030	42645
#汽车批发业	Wholesale of Motor Vehicles	124	2098015	2211
计算机、软件及辅助设备批发业	Wholesale of Computer, Software and Assistant Appliances	33	177392	6464
贸易经纪与代理	Trade Broker and Agency	46	658215	152729
其他批发业	Other Wholesale not Classified Elsewhere	96	1876185	4400

Total Purchases, Sales and Inventory of Enterprise above Designated Size in Wholesale and Retail Sale Trades (2021)

(10 000 yuan)

销售总额 Total Sales	批发 Wholesale Trade	#出口 Exports	零售 Retail Trade	年末库存总额 Inventory (year-end)
113398139	**76234662**	**2377293**	**36847821**	**5205802**
81020499	**73257467**	**2346480**	**7463034**	**3046448**
79144872	72446359	1980578	6398516	3001381
7859505	7629643	6662	223929	284318
39324	29208		10116	1229
33206486	31126643	1491808	2032225	1095363
4174583	4150842	1	23741	154665
29031903	26975801	1491807	2008484	940697
3663439	1910315	48064	1753123	239181
34016261	31395281	434044	2374532	1379278
33319820	30778861	434044	2312903	1345468
190648	150689		22579	17405
36521	31930		4590	395
566654	560297	312418	6357	27293
109379	109313		66	11432
51636	51636			154
1308972	250811	53485	1058162	17774
108720	108720	49607		14175
6909	6909	3878		3599
1135812	1071561	58638	64252	172049
8488976	7938423	8848	519017	334949
563339	496993		59647	112481
5502793	5502763		30	92106
2017517	1813272	196690	202206	172627
373344	324862	77210	47644	45554
828411	759410		69001	98308
803763	757340	82086	46172	59011
12291516	11472242	32803	713410	758625
46059300	41194738	114225	4708944	1195550
4236613	4090644	6305	127272	20661
5603023	2288172		3314851	187934
24115021	23468795	14240	542842	425715
9951996	9327805	3884	595274	427085
296786	281251		15535	28779
7446792	6438477	1738915	1008129	251370
2275616	1471177	318233	804439	79864
202349	168233		34116	11427
718840	644850	36822	71958	50565
2057983	1926565	77454	128947	51702

16-2 续表

单位：万元

指　　标	Item	法人企业（个）Number of Corporation(unit)	购进总额 Total Purchases	#进口 Imports
零售业	**Retail Trade**	**4684**	**26627880**	**606422**
按登记注册类型分	**By Types of Registration**			
内资企业	Domestic Funded Enterprises	4645	25027384	457489
国有企业	State-owned Enterprises	28	168683	
股份合作企业	Cooperative Enterprises	5	10649	
有限责任公司	Limited Liability Corporations	646	8485480	119060
国有独资公司	State Sole Funded Corporations	10	665571	9244
其他有限责任公司	Other Limited Liability Corporations	636	7819909	109816
股份有限公司	Share-holding Corporations Ltd.	34	779188	1691
私营企业	Private Enterprises	3906	15513279	336738
私营独资企业	Private-funded Enterprises	236	388149	315
私营合伙企业	Private Share-holding Corporations Ltd.	51	121863	533
私营有限责任公司	Private Limited Liability Corporations	3585	14692379	335889
私营股份有限公司	Private Share-holding Corporations Ltd.	34	310888	
其他企业	Other Enterprises	17	31588	
港澳台商投资企业	Enterprises with Funds from Hong Kong, Macao and Taiwan	17	922448	71688
#与港澳台商合资经营企业	Joint-venture Enterprises	4	144971	
港澳台商独资企业	Enterprises with Sole Funds	13	777477	71688
外商投资企业	Foreign Funded Enterprises	22	678049	77245
中外合资经营企业	Joint-venture Enterprises	4	51892	
外资企业	Enterprises with Sole Foreign Funds	18	626157	77245
按国民经济行业分	**By Sector**			
综合零售业	Integrated Retail	577	4498610	3988
#百货零售业	Retail of General Merchandise	298	2544217	2557
超级市场零售业	Retail of Supermarkets	227	1748807	898
食品、饮料及烟草制品专门零售业	Retail of Food, Beverages and Tobaccos	535	1654512	44806
纺织、服装及日用品专门零售业	Special Retail of Textiles, Garments and Daily Consumer Articles	170	535962	300
#服装零售业	Retail of Garments	61	275800	300
文化、体育用品及器材专门零售业	Retail of Culture, Sports Appliances and Equipments	135	1043131	
#图书、报刊零售业	Wholesale of Books, Newspapers and periodicals	19	772078	
医药及医疗器材专门零售业	Retail of Medicines and Medical Appliances	160	1027333	6845
#西药药品零售业	Retail of Western Medicines	94	838346	
汽车、摩托车、燃料及零配件专门零售业	Retail of Motor Vehicles, Motorcycles, Fuel and Parts	1420	12324680	463860
#汽车零售业	Retail of Motor Vehicles	1151	10529092	463859
机动车燃料零售业	Retail of Fuel of Motor Vehicles	169	1469522	
家用电器及电子产品专门零售业	Special Retail of Household Electric Appliances and Electronic Products	603	1645498	1216
#家用电器零售业	Retail of Household Electric Appliances	309	866545	712
计算机、软件及辅助设备零售业	Retail of Computer, Software and Assistant Appliances	137	350532	504
通信设备零售业	Retail of Communication Equipments	70	156546	
五金、家具及室内装修材料专门零售业	Special Retail of Hardware, Furniture and Decoration Materials	469	710814	6232
货摊、无店铺及其他零售业	Non-shop and Other Retails	615	3187340	79175

continued

(10 000 yuan)

销售总额 Total Sales	批发 Wholesale Trade	#出口 Exports	零售 Retail Trade	年末库存总额 Inventory (year-end)
32377640	**2977195**	**30813**	**29384787**	**2159355**
30497370	2964883	27492	27516829	2070828
589778	66219		523558	8885
11821	1637		10184	195
10536796	1373920	4762	9155276	651361
720697	597118		123579	12729
9816100	776802	4762	9031697	638632
1362992	73528		1289463	137597
17919826	1445389	22730	16466379	1268959
429514	36480		393034	41437
150361	1527		148835	2968
16998414	1347364	22730	15642992	1211803
341538	60019		281519	12751
35139	3950		31189	1638
1092122	4065	3321	1088057	46293
144330.2			144330.2	6274.8
947792	4065	3321	943727	40018
788148	8247		779900	42234
55071	8247		46824	1421
733077			733077	40813
5535470	124020		5407922	339564
3278906	34727		3240651	161837
2013224	27273		1985951	156836
2071812	227488		1837747	120275
723042	50897	6562	671143	39291
358064	19345	3241	337719	17605
1340342	414713	11247	922626	96486
1026252	373414		652838	55952
1318715	237913		1080802	136887
1029838	103251		926586	120695
15017627	1172806	4725	13844628	979695
11614943	230129	4725	11384621	908878
3049084	932744		2116340	47590
1856869	197523	308	1659011	152769
968735	95486		873176	116890
420329	43671	308	376396	17395
173437	34008		139430	11359.3
799730	147255	32	651478	47220
3714033	404581	7939	3309431	247168

16-3 限额以上批发零售贸易法人企业主要财务指标(2021年)

单位：万元

类别	Type	流动资产合计 Total Current Assets
总计	**Total**	**41791810**
批发业	**Wholesale Trade**	**31246111**
按登记注册类型分	**By Types of Registration**	
内资企业	Domestic Funded Enterprises	28998356
国有企业	State-owned Enterprises	3008969
集体企业	Collective-owned Enterprises	6321
有限责任公司	Limited Liability Corporations	12770264
国有独资公司	State Sole Funded Corporations	1102036
其他有限责任公司	Other Limited Liability Corporations	11668229
股份有限公司	Share-holding Corporations Ltd.	1852498
私营企业	Private Enterprises	11146489
#私营独资企业	Private-funded Enterprises	119150
私营有限责任公司	Private Limited Liability Corporations	10851939
港澳台商投资企业	Enterprises with Funds from Hong Kong, Macao and Taiwan	226271
#港澳台商独资企业	Enterprises with Sole Funds	66356
外商投资企业	Foreign Funded Enterprises	2021484
#中外合资经营企业	Joint-venture Enterprises	90827
外资企业	Enterprises with Sole Foreign Funds	1329
按国民经济行业分	**By Sector**	
农、林、牧产品批发业	Wholesale of Farm Produce and Livestock Products	394283
食品、饮料及烟草制品批发业	Wholesale of Food, Beverages and Tobaccos	3353881
#米、面制品及食用油批发业	Wholesale of Rice, Flour and Edible Oil	319850
烟草制品批发业	Wholesale of Tobaccos	1692903
纺织、服装及家庭用品批发业	Wholesale of Textiles, Garments and Daily Consumer Articles	975772
#服装批发业	Wholesale of Garments	108034
家用电器批发业	Wholesale of Household Electrical Appliances	597684
文化、体育用品及器材批发业	Wholesale of Culture, Sports Appliances and Equipment	429603
医药及医疗器材批发业	Wholesale of Medicines and Medical Appliances	6258360
矿产品、建材及化工产品批发业	Wholesale of Mineral Products, Building Materials and Chemical Products	15242154
#煤炭及制品批发业	Wholesale of Coal and Related Products	1660324
石油及制品批发业	Wholesale of Petrolem and Related Products	3637708
金属及金属矿批发业	Wholesale of Metal Materials	5000220
建材批发业	Wholesale of Building Materials	4207391
化肥批发业	Wholesale of Chemical Fertilizer	107223
机械设备、五金交电及电子产品批发业	Wholesale of Machinery, Hardware and Electronic Equipment	2963262
#汽车批发业	Wholesale of Motor Vehicle	882568
计算机、软件及辅助设备批发业	Wholesale of Computer, Software and Assistant Appliances	81556
贸易经纪与代理	Trade Broker and Agency	388581
其他批发业	Other Wholesale not Classified Elsewhere	1240215

Main Financial Indicators on Enterprise above Designated Size in Wholesale and Retail Sale Trade (2021)

(10 000 yuan)

固定资产合计 Total Fixed Assets	固定资产原价 Original Value of Fixed Assets	资产总计 Total Assets	负债合计 Total Liabilities	所有者权益合计 Total Owners' Equities
3031683	**5828640**	**55546026**	**38446273**	**16704080**
1715961	**3233457**	**39102059**	**27624048**	**11300020**
1589574	3040410	36374792	25555293	10641508
223279	535278	5022412	1841175	3214357
1567	2085	7898	1622	6276
660307	1139816	15023189	11743424	3242301
21251	49932	1312849	1030472	282377
639056	1089885	13710340	10712952	2959924
283552	495101	3759369	2320116	1439252
416343	862253	12343018	9463006	2706365
12299	17424	139523	108251	30452
398227	835423	12004048	9197310	2636789
28557	38435	292862	168887	123975
12605	18766	81325	39454	41871
97830	154612	2434405	1899869	534536
3688	5634	207410	41577	165833
		1329	1117	212
101504	243327	686225	388898	297327
322759	680224	4152586	1790969	2302152
62839	135666	454357	424200	10268
152849	355322	1918678	304278	1614400
25901	35981	1027828	790873	235200
1476	3523	115825	89394	24779
3612	8277	603671	489053	114619
7261	18475	481744	349099	130988
209308	355409	6883373	5489865	1356481
950982	1711315	19264864	14571449	4699710
412206	641913	2706555	1790388	908644
399482	663914	5534233	4212359	1355563
22980	68687	5501231	4655110	841711
89726	270887	4478266	3295939	1168705
4775	14237	115500	90514	24986
84048	149664	4697194	2717387	1977618
22968	44723	2121711	822096	1299615
1221	2101	83362	52403	30959
2435	5216	434293	288914	84817
11763	33847	1473952	1236595	215728

16-3　续表1

单位：万元

类　　别	Type	流动资产合计 Total Current Assets
零售业	**Retail Trade**	**10545699**
按登记注册类型分	**By Types of Registration**	
内资企业	Domestic Funded Enterprises	10202747
国有企业	State-owned Enterprises	73686
股份合作企业	Cooperative Enterprises	5077
有限责任公司	Limited Liability Corporations	4617157
国有独资公司	State Sole Funded Corporations	270019
其他有限责任公司	Other Limited Liability Corporations	4347139
股份有限公司	Share-holding Corporations Ltd.	289690
私营企业	Private Enterprises	5201233
私营独资企业	Private-funded Enterprises	93475
私营合伙企业	Private Partnership Enterprises	26550
私营有限责任公司	Private Limited Liability Corporations	4748567
私营股份有限公司	Private Share-holding Corporations Ltd.	332641
其他企业	Other Enterprises	7093
港澳台商投资企业	Enterprises with Funds from Hong Kong, Macao and Taiwan	140212
#与港澳台商合资经营企业	Joint-venture Enterprises	26263
港澳台商独资企业	Enterprises with Sole Funds	113949
外商投资企业	Foreign Funded Enterprises	202740
中外合资经营企业	Joint-venture Enterprises	12582
外资企业	Enterprises with Sole Foreign Funds	190159
按国民经济行业分	**By Sector**	
综合零售业	Integrated Retail	1320554
#百货零售业	Retail of General Merchandise	783552
超级市场零售业	Retail of Supermarkets	432216
食品、饮料及烟草制品专门零售业	Retail of Food, Beverages and Tobaccos	743221
纺织、服装及日用品专门零售业	Special Retail of Textiles, Garments and Daily Consumer Articles	328758
#服装零售业	Retail of Garments	225121
文化、体育用品及器材专门零售业	Retail of Culture, Sports Appliances and Equipments	2067250
#图书、报刊零售业	Wholesale of Books, Newspapers and periodicals	1042591
医药及医疗器材专门零售业	Retail of Medicines and Medical Appliances	622162
#西药药品零售业	Retail of Western Medicines	509093
汽车、摩托车、燃料及零配件专门零售业	Retail of Motor Vehicles, Motorcycles, Fuel and Parts	3404294
#汽车零售业	Retail of Motor Vehicles	2883758
机动车燃料零售业	Retail of Fuel of Motor Vehicles	400707
家用电器及电子产品专门零售业	Special Retail of Household Electric Appliances and Electronic Products	730271
#家用电器零售业	Retail of Household Electric Appliances	303019
计算机、软件及辅助设备零售业	Retail of Computer, Software and Assistant Appliances	188654
通信设备零售业	Retail of Communication Equipments	58608
五金、家具及室内装修材料专门零售业	Special Retail of Hardware, Furniture and Decoration Materials	380336
货摊、无店铺及其他零售业	Non-shop and Other Retails	948852

continued

(10 000 yuan)

固定资产合计 Total Fixed Assets	固定资产原价 Original Value of Fixed Assets	资产总计 Total Assets	负债合计 Total Liabilities	所有者权益合计 Total Owners' Equities
1315722	**2595183**	**16443967**	**10822225**	**5404060**
1258153	2471845	15575343	10034390	5323270
48711	76453	246033	108651	135282
866	3062	7233	3875	3357
452102	813330	7572992	4995715	2564857
7257	11321	325160	221423	103196
444845	802009	7247832	4774292	2461661
128206	202156	622447	389696	232751
622374	1366598	7101236	4524230	2374466
21829	42541	144675	70050	73356
6460	11989	42455	24222	17925
551571	1195243	6428050	4214199	2012889
42515	116825	486056	215760	270296
3161	6799	13947	5833	7492
37002	68752	584706	535487	49219
3812	8058	39966	28446	11520
33190	60694	544741	507041	37700
20567	54586	283919	252348	31570
293	2471	18726	32418	-13692
20274	52115	265193	219930	45263
310723	689872	2958609	2376302	567048
180966	388868	1951944	1668788	278678
115522	271693	844433	614755	219851
151889	261900	1188605	516425	664569
42715	63996	502377	328238	169661
32327	41187	369478	251713	117509
114901	192663	3522193	1931642	1588349
90498	142673	1317197	473699	843498
51193	80214	815328	597548	216683
46514	72149	691218	515906	174312
524106	1034182	4890417	3338356	1520282
335221	706277	3754001	2671071	1053073
169182	290419	972072	537836	432404
22005	63150	847307	614381	225887
9403	31945	365126	276622	82418
7041	14242	224154	138052	85456
1508	5631	66316	41655	24662
28947	56825	494314	278022	162386
69244	152382	1224818	841311	289195

16-3 续表2

单位：万元

类　　　别	Type	营业收入 Revenue from Business
总　　计	**Total**	**103275697**
批发业	**Wholesale Trade**	**74074340**
按登记注册类型分	**By Types of Registration**	
内资企业	Domestic Funded Enterprises	72374906
国有企业	State-owned Enterprises	7103114
集体企业	Collective-owned Enterprises	39147
有限责任公司	Limited Liability Corporations	30538395
国有独资公司	State Sole Funded Corporations	4060300
其他有限责任公司	Other Limited Liability Corporations	26478096
股份有限公司	Share-holding Corporations Ltd.	3402693
私营企业	Private Enterprises	30971504
#私营独资企业	Private-funded Enterprises	401285
私营有限责任公司	Private Limited Liability Corporations	30352522
港澳台商投资企业	Enterprises with Funds from Hong Kong, Macao and Taiwan	535707
#港澳台商独资企业	Enterprises with Sole Funds	100407
外商投资企业	Foreign Funded Enterprises	1163726
#中外合资经营企业	Joint-venture Enterprises	108020
外资企业	Enterprises with Sole Foreign Funds	6560
按国民经济行业分	**By Sector**	
农、林、牧产品批发业	Wholesale of Farm Produce and Livestock Products	1053849
食品、饮料及烟草制品批发业	Wholesale of Food, Beverages and Tobaccos	7763575
#米、面制品及食用油批发业	Wholesale of Rice, Flour and Edible Oil	530170
烟草制品批发业	Wholesale of Tobaccos	4964461
纺织、服装及家庭用品批发业	Wholesale of Textiles, Garments and Daily Consumer Articles	1855960
#服装批发业	Wholesale of Garments	357239
家用电器批发业	Wholesale of Household Electrical Appliances	750054
文化、体育用品及器材批发业	Wholesale of Culture, Sports Appliances and Equipments	749070
医药及医疗器材批发业	Wholesale of Medicines and Medical Appliances	11072891
矿产品、建材及化工产品批发业	Wholesale of Mineral Products, Building Materials and Chemical Products	42040708
#煤炭及制品批发业	Wholesale of Coal and Related Products	3861729
石油及制品批发业	Wholesale of Petrolem and Related Products	5105327
金属及金属矿批发业	Wholesale of Metal Materials	21710831
建材批发业	Wholesale of Building Materials	9335474
化肥批发业	Wholesale of Chemical Fertilizer	282782
机械设备、五金交电及电子产品批发业	Wholesale of Machinery, Hardware and Electronic Equipment	6924532
#汽车批发业	Wholesale of Motor Vehicles	2076956
计算机、软件及辅助设备批发业	Wholesale of Computer, Software and Assistant Appliances	186416
贸易经纪与代理	Trade Broker and Agency	692171
其他批发业	Other Wholesale not Classified Elsewhere	1921584

continued

(10 000 yuan)

营业成本 Cost of Business	营业税金及附加 Taxes and Other Charges on Business	营业利润 Profits	利润总额 Total Profits	本年应交增值税 Valued Added Payable
93004556	**907616**	**2722543**	**2839404**	**1397868**
67441649	**796399**	**1989877**	**2085274**	**1079633**
65893216	794670	1940226	2036926	1063561
5491285	651160	611202	618141	285687
34871	516	1006	1006	356
28802199	52972	540479	567872	241089
3930525	2342	47524	48675	6426
24871674	50631	492955	519197	234663
3205818	3836	59742	48795	92447
28049916	85967	725904	799216	443441
360573	3492	7835	10596	16745
27500897	81649	711854	782237	418909
496500	231	6451	7558	5512
91323	186	-340	-299	1079
1051933	1498	43201	40790	10560
81793	189	8326	8374	3494
6447		24	44	
977710	1020	38628	39859	12007
5849081	658787	760470	768478	252613
497000	1453	-3421	1077	2705
3431010	648841	602451	601668	204360
1744391	2026	1911	3814	13614
353396	318	-19247	-18969	1698
699118	849	17252	17607	4816
692038	976	21846	21823	1713
8511500	45712	336914	375713	302896
40616461	70170	719565	747288	380052
3633087	14836	158633	167500	55121
4779662	6394	62932	52977	35211
21407093	11955	99935	109049	186897
8941644	31459	354679	370693	79444
264576	949	4143	4472	448
6573562	7850	51349	54589	37173
1981766	1759	5636	5423	7931
170650	280	3578	3660	649
665933	412	7377	7676	1637
1810973	9446	51817	66034	77928

16-3 续表3

单位：万元

类 别	Type	营业收入 Revenue from Business
零售业	**Retail Trade**	**29201358**
按登记注册类型分	**By Types of Registration**	
内资企业	Domestic Funded Enterprises	27534571
国有企业	State-owned Enterprises	544455
股份合作企业	Cooperative Enterprises	10377
有限责任公司	Limited Liability Corporations	9433286
国有独资公司	State Sole Funded Corporations	614847
其他有限责任公司	Other Limited Liability Corporations	8818439
股份有限公司	Share-holding Corporations Ltd.	1221587
私营企业	Private Enterprises	16249077
私营独资企业	Private-funded Enterprises	404170
私营合伙企业	Private Partnership Enterprises	149204
私营有限责任公司	Private Limited Liability Corporations	15385558
私营股份有限公司	Private Share-holding Corporations Ltd.	310145
其他企业	Other Enterprises	35120
港澳台商投资企业	Enterprises with Funds from Hong Kong, Macao and Taiwan	974905
#与港澳台商合资经营企业	Joint-venture Enterprises	122111
港澳台商独资企业	Enterprises with Sole Funds	852793
外商投资企业	Foreign Funded Enterprises	691882
中外合资经营企业	Joint-venture Enterprises	50119
外资企业	Enterprises with Sole Foreign Funds	641763
按国民经济行业分	**By Sector**	
综合零售业	Integrated Retail	4885667
#百货零售业	Retail of General Merchandise	2905751
超级市场零售业	Retail of Supermarkets	1757363
食品、饮料及烟草制品专门零售业	Retail of Food, Beverages and Tobacços	1933824
纺织、服装及日用品专门零售业	Special Retail of Textiles, Garments and Daily Consumer Articles	674761
#服装零售业	Retail of Garments	321730
文化、体育用品及器材专门零售业	Retail of Culture, Sports Appliances and Equipment	1342021
#图书、报刊零售业	Wholesale of Books, Newspapers and periodicals	1041342
医药及医疗器材专门零售业	Retail of Medicines and Medical Appliances	1214091
#西药药品零售业	Retail of Western Medicines	960842
汽车、摩托车、燃料及零配件专门零售业	Retail of Motor Vehicles, Motorcycles, Fuel and Parts	13387409
#汽车零售业	Retail of Motor Vehicles	10423311
机动车燃料零售业	Retail of Fuel of Motor Vehicles	2659845
家用电器及电子产品专门零售业	Special Retail of Household Electric Appliances and Electronic Products	1597435
#家用电器零售业	Retail of Household Electric Appliances	787296
计算机、软件及辅助设备零售业	Retail of Computer, Software and Assistant Appliances	373258
通信设备零售业	Retail of Communication Equipment	165553
五金、家具及室内装修材料专门零售业	Special Retail of Hardware, Furniture and Decoration Materials	734628
货摊、无店铺及其他零售业	Non-shop and Other Retails	3431523

continued

(10 000 yuan)

营业成本 Cost of Business	营业税金及附加 Taxes and Other Charges on Business	营业利润 Profits	利润总额 Total Profits	本年应交增值税 Valued Added Payable
25562907	**111218**	**732666**	**754130**	**318236**
24092879	105194	700232	717095	301254
502872	686	17575	17886	4315
9433	46	288	289	62
8377271	35253	203893	202729	122588
595150	509	4395	4423	2696
7782121	34744	199498	198306	119892
1042694	7021	20436	18317	9853
14090868	62098	455991	475816	164094
321844	1595	18941	18945	2759
119387	993	3709	3706	1915
13408187	57940	395132	412585	151305
241450	1570	38210	40580	8115
31507	8	1445	1460	19
882106	2539	10922	17606	6973
105417	345	3053	3270	1455
776688	2194	7869	14336	5518
587923	3485	21512	19429	10009
46198	26	-2425	-2325	211
541725	3459	23937	21754	9798
4098185	25323	53572	63054	39850
2431875	12253	43836	54969	20092
1483676	11376	1035	-816	13872
1557277	5687	115444	121084	19312
511349	7450	26494	26796	14607
241091	4098	12664	12885	4593
1045260	5473	113234	104544	5349
779302	2460	110808	100281	3157
941632	4580	34141	38475	25269
758464	2895	27755	29290	15565
12381425	40695	220183	223960	166968
9636102	33591	144430	151109	106629
2461427	6555	75175	71463	58227
1442302	8030	7974	10182	11069
712784	2024	-3788	-2937	5160
324281	1028	11944	12613	3554
151846	4497	2888	3114	964
627306	3954	33285	34174	8260
2958171	10025	128339	131862	27553

16-4 限额以上餐饮法人企业主要财务指标(2021年)

单位：万元

类 别	Type	流动资产合计 Total Current Assets	固定资产合计 Total Fixed Assets	固定资产原价 Original Value of Fixed Assets
总 计	**Total**	**506029**	**322652**	**574027**
按登记注册类型分组	**By Types of Registration**			
内资企业	Domestic Funded Enterprises	494149	309523	542798
国有企业	State-owned Enterprises	20080	4615	8992
股份合作企业	Cooperative Enterprises	2939	20	798
有限责任公司	Limited Liability Corporations	145494	77848	145175
#其他有限责任公司	Other Limited Liability Corporations	143169	76742	143610
股份有限公司	Share-holding Corporations Ltd.	10509	2207	11129
私营企业	Private Enterprises	314867	224834	376675
私营独资企业	Private-funded Enterprises	27046	23307	43727
私营合伙企业	Private Partnership Enterprises	9729	3801	12298
私营有限责任公司	Private Limited Liability Corporations	277262	197286	319784
私营股份有限公司	Private Share-holding Corporations Ltd.	829	440	867
港澳台商投资企业	Enterprises with Funds from Hong Kong, Macao and Taiwan	2661	4575	10020
与港澳台商合资经营企业	Joint-venture Enterprises	34	20	22
港澳台商独资企业	Enterprises with Sole Funds	2627	4556	9997
外商投资企业	Foreign Funded Enterprises	9219	8554	21210
外资企业	Enterprises with Sole Foreign Funds	4793	7170	17905
外商投资股份有限公司	Foreign Investment Share-holding Corporations Ltd.	2088	1262	1763
按国民经济行业分组	**By Sector**			
正餐服务业	Dinner	467299	305118	536124
快餐服务业	Snack	9800	9818	22984

Main Financial Indicators on Enterprises above Designated Size in Catering Services (2021)

(10 000 yuan)

资产总计 Total Assets	负债合计 Total Liabilities	所有者权益合计 Total Owners' Equities	营业收入 Revenue from Business	营业成本 Cost of Business	营业税金及附加 Taxes and Other Charges on Business	营业利润 Profits	营业外收入 Other Income	利润总额 Total Profits
1169002	**748803**	**406062**	**1037178**	**680116**	**7473**	**50803**	**8265**	**57014**
1113493	709582	390959	939109	627555	7277	40630	8065	46949
32624	25456	7168	23914	17593	78	-1930	2078	133
2959	4312	-1353	1109	552	2	-156	9	-147
307955	234301	71837	173537	127106	1803	-839	2927	1869
303840	231024	70999	167657	122964	1791	1381	2739	3903
21474	9935	11539	4223	2978	32	171	9	180
747928	435452	301341	735236	478731	5348	43298	3039	44825
99152	29697	68553	68785	45171	366	7050	71	7038
24242	10013	14054	32820	22824	477	2790	26	2805
622047	394902	217087	629499	407909	4489	33098	2936	34615
2488	841	1647	4133	2826	15	361	6	367
8951	8386	-620	1857	482	43	20	6	25
611	229	382	200	67		-24		-24
8340	8157	-1002	1657	415	43	43	6	49
46559	30836	15723	96211	52079	153	10153	194	10040
39950	28107	11843	91577	49722	149	10375	155	10255
3350	1355	1995	199	128		18	0	18
1069395	677640	377858	852672	569940	6899	37334	6050	41720
50783	32863	17920	111468	64600	238	11100	160	10947

16-5 限额以上住宿法人企业主要财务指标(2021年)

单位：万元

类别	Type	流动资产合计 Total Current Assets	固定资产合计 Total Fixed Assets	固定资产原价 Original Value of Fixed Assets
总计	**Total**	**1062893**	**935626**	**1751834**
按登记注册类型分组	**By Types of Registration**			
内资企业	Domestic Funded Enterprises	1041087	910648	1680740
国有企业	State-owned Enterprises	51651	74621	130140
联营企业	Associated Enterprises	265	1975	3116
有限责任公司	Limited Liability Corporations	338365	318240	646499
#其他有限责任公司	Other Limited Liability Corporations	303620	285624	593611
股份有限公司	Share-holding Corporations Ltd.	2934	4366	13317
私营企业	Private Enterprises	646886	511157	886966
私营独资企业	Private-funded Enterprises	10717	10199	21666
私营合伙企业	Private Partnership Enterprises	9746	10885	18896
私营有限责任公司	Private Limited Liability Corporations	623685	487775	838460
私营股份有限公司	Private Share-holding Corporations Ltd.	2739	2298	7944
其他企业	Other Enterprises	987	289	703
港澳台商投资企业	Enterprises with Funds from Hong Kong, Macao and Taiwan	16579	15123	46579
与港澳台商合资经营企业	Joint-venture Enterprises	514	1051	3077
港澳台商独资企业	Enterprises with Sole Funds	16065	14072	43501
外商投资企业	Foreign Funded Enterprises	5226	9856	24515
中外合资经营企业	Joint-venture Enterprises	3117		9512
外资企业	Enterprises with Sole Foreign Funds	1119	2093	5429
按国民经济行业分组	**By Sector**			
旅游饭店	Tourism Hotel	699765	725362	1382542
一般旅馆	General Hotel	262700	158410	272688
其他住宿服务	Other Residential Services	90674	44073	79824

Main Financial Indicators on Enterprises above Designated Size of Hotels (2021)

(10 000 yuan)

资产总计 Total Assets	负债合计 Total Liabilities	所有者权益合计 Total Owners' Equities	营业收入 Revenue from Business	营业成本 Cost of Business	营业税金及附加 Taxes and Other Charges on Business	营业利润 Profits	营业外收入 Other Income	利润总额 Total Profits
3110266	**2220167**	**885618**	**989522**	**529174**	**13764**	**-50127**	**10004**	**-40944**
3020299	2155094	860724	968451	519694	13375	-48182	9801	-39175
221872	65808	154137	64520	35478	987	-7748	2616	-5270
2466	2168	299	3617	1469	14	204	0	204
1167021	802204	365130	296416	159599	6126	-31135	2367	-28745
1069221	727314	342220	264424	143378	5511	-25362	2183	-23129
12837	8815	4022	6309	4597	52	141	39	136
1615117	1275989	336259	597162	318425	6195	-9765	4779	-5621
28672	13112	14778	30235	20519	210	1816	11	1825
21276	2543	18733	13082	9266	84	1554	10	1559
1554854	1254518	298251	549713	286711	5800	-13113	4740	-8997
10315	5817	4498	4131	1929	101	-22	19	-8
987	110	877	427	128	1	121		121
65867	42702	23166	16729	7385	288	29	47	68
1736	49	1687	713	199	10	-187	9	-182
64131	42653	21479	16015	7185	278	216	38	249
24100	22372	1728	4342	2096	101	-1975	156	-1837
8713	9802	-1089	1679	960	4	-898	20	-889
3689	5217	-1528	1991	99	15	-46	33	-13
2248337	1657479	587763	583639	296753	6324	-53553	7409	-46496
641358	422523	217621	302771	171992	3537	969	1966	2450
191555	122448	68936	92454	53660	3852	2694	572	3215

16-6 限额以上住宿业经营情况(2021年)
Basic Conditions of Enterprises above Designated Size of Hotels (2021)

单位：万元 (10 000 yuan)

类别	Type	法人企业(个) Number of Corporation (unit)	从业人数(人) Persons Employed (person)	营业额 Business Revenue	#客房收入 Revenue from Hotel Rooms	#餐费收入 Revenue from Meals	#商品销售收入 Revenue from Commodities
总计	**Total**	**979**	**45235**	**1013475**	**581018**	**360951**	**22588**
按登记注册类型分	**By Types of Registration**						
内资企业	Domestic Funded Enterprises	967	44383	988922	567419	352240	22396
国有企业	State-owned Enterprises	49	3318	66852	24284	39540	499
联营企业	Associated Enterprises	2	29	3617	1673	1718	202
有限责任公司	Limited Liability Corporations	186	13521	298957	146583	115451	8305
#其他有限责任公司	Other Limited Liability Corporations	174	10983	262805	131128	102496	8070
股份有限公司	Share-holding Corporations Ltd.	12	255	6331	3601	2472	21
私营企业	Private Enterprises	717	27200	612735	391049	192875	13353
私营独资企业	Private-funded Enterprises	47	1160	30947	21869	7517	1540
私营合伙企业	Private Partnership Enterprises	17	460	13449	9691	3363	188
私营有限责任公司	Private Limited Liability Corporations	643	25351	563824	355855	181215	11543
私营股份有限公司	Private Share-holding Corporations Ltd.	10	229	4515	3634	779	83
其他企业	Other Enterprises	1	60	431	229	185	16
港澳台商投资企业	Enterprises with Funds from Hong Kong, Macao and Taiwan	7	552	20125	10563	7926	184
与港澳台商合资经营企业	Joint-venture Enterprises	1	76	755	244	433	
港澳台商独资企业	Enterprises with Sole Funds	6	476	19370	10319	7494	184
外商投资企业	Foreign Funded Enterprises	5	300	4427	3036	785	8
中外合资经营企业	Joint-venture Enterprises	2	25	1679	1231	268	
外资企业	Enterprises with Sole Foreign Funds	1	64	1958	1386	171	
按国民经济行业分	**By Sector**						
旅游饭店	Tourism Hotel	425	26790	597123	314562	236981	16231
一般旅馆	General Hotel	448	14190	311250	214666	84236	4678
其他住宿服务	Other Residential Hotel	69	3777	94282	44101	37222	1180

16-7 限额以上餐饮法人企业经营情况(2021年)
Basic Conditions of Enterprises above Designated Size of Catering Services (2021)

单位：万元 (10 000 yuan)

类别	Type	法人企业(个) Number of Corporation (unit)	从业人数(人) Persons Employed (person)	营业额 Business Revenue	#客房收入 Revenue from Hotel Rooms	#餐费收入 Revenue from Meals	#商品销售收入 Revenue from Commodities
总计	**Total**	**1093**	**42476**	**1057196**	**91036**	**923877**	**32344**
按登记注册类型分	**By Types of Registration**						
内资企业	Domestic Funded Enterprises	1081	38582	953728	89890	822502	31405
国有企业	State-owned Enterprises	16	1393	24123	2357	21104	557
股份合作企业	Cooperative Enterprises	1	58	1157		925	232
有限责任公司	Limited Liability Corporations	140	6191	174655	25817	140118	6441
#其他有限责任公司	Other Limited Liability Corporations	136	5896	168792	25295	134816	6435
股份有限公司	Share-holding Corporations Ltd.	8	461	4429	1509	2908	12
私营企业	Private Enterprises	914	30413	748276	60207	656379	24144
私营独资企业	Private-funded Enterprises	126	2469	70642	8546	60124	1072
私营合伙企业	Private Partnership Enterprises	50	1169	30864	3721	26388	710
私营有限责任公司	Private Limited Liability Corporations	730	26570	642522	47940	565839	22281
私营股份有限公司	Private Share-holding Corporations Ltd.	8	205	4249		4029	82
港澳台商投资企业	Enterprises with Funds from Hong Kong, Macao and Taiwan	5	105	1665	966	693	
与港澳台商合资经营企业	Joint-venture Enterprises	1	35	200		200	
港澳台商独资企业	Enterprises with Sole Funds	4	70	1465	966	494	
外商投资企业	Foreign Funded Enterprises	7	3789	101802	180	100683	939
外资企业	Enterprises with Sole Foreign Funds	4	3612	96966		96966	
外商投资股份有限公司	Foreign Investment Share-holding Corporations Ltd.	1	20	199	180	19	
按国民经济行业分组	**By Sector**						
正餐服务业	Dinner	1008	35120	871447	90078	744300	28582
快餐服务业	Snack	26	4374	116821		116265	414

16-8 各地区限额以上批发零售贸易法人企业主要指标(2021年)
Main Indicators of Enterprises above Designated Size of Wholesale and Retail Trades by Region (2021)

地区	Region	法人企业(个) Number of Corporation (unit)	批发企业 Wholesale Trade	零售企业 Retail Trade	产业活动单位(个) Number of Economic Active Units (unit)	年末从业人数(人) Persons Employed (person)	销售合计(万元) Total Purchase Value (10 000 yuan)
全 省	**Provincial Total**	**7880**	**3115**	**4765**	**7335**	**287273**	**113398139**
南昌市	Nanchang	1928	1122	806	2979	99093	55206868
景德镇市	Jingdezhen	326	97	229	264	7986	1823663
萍乡市	Pingxiang	249	78	171	558	9129	2239667
九江市	Jiujiang	765	232	533	636	24533	6316631
新余市	Xinyu	205	118	87	67	6088	4959298
鹰潭市	Yingtan	258	89	169	102	6876	5102433
赣州市	Ganzhou	938	265	673	1273	34901	9926616
吉安市	Ji'an	884	197	687	561	26060	7594070
宜春市	Yichun	873	365	508	388	35947	9242663
抚州市	Fuzhou	420	140	280	300	11947	3603142
上饶市	Shangrao	1034	412	622	207	24713	7383088

16-8 续表 continued

单位：万元 (10 000 yuan)

地区	Region	批发额 Wholesale Value	#出口 Exports	零售额 Retail Value	营业收入 Revenue from Business	营业成本 Cost of Business	营业税金及附加 Taxes and Other Charges on Business	营业利润 Profits
全 省	**Provincial Total**	**76234662**	**2377293**	**36847821**	**103275697**	**93004556**	**907616**	**2722543**
南昌市	Nanchang	39821852	1772665	15265946	49598845	46107747	172645	818313
景德镇市	Jingdezhen	878396	2980	943240	1735006	1537065	33669	41290
萍乡市	Pingxiang	1216199	71253	1012473	2042817	1837057	36622	65186
九江市	Jiujiang	2776352	1229	3510585	5585709	4856139	102860	262976
新余市	Xinyu	4154240		782182	4799729	4459759	29362	86755
鹰潭市	Yingtan	4212428	11732	889830	4606328	4369922	22011	40987
赣州市	Ganzhou	5268926	394318	4648737	8988416	7765205	121801	281025
吉安市	Ji'an	4742619	20796	2831614	7196244	6386061	94847	357014
宜春市	Yichun	6793043	36252	2373525	8361044	6579892	107909	379825
抚州市	Fuzhou	2186152	39211	1414174	3317799	2913085	53937	127006
上饶市	Shangrao	4184456	26859	3175515	7043761	6192624	131954	262167

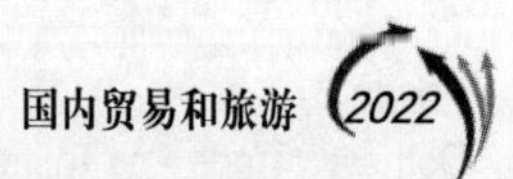

16-9 各地区限额以上住宿餐饮法人企业主要指标(2021年)
Main Indicators of Enterprises above Designated Size of Hotels and Catering Services by Region (2021)

地区	Region	法人企业(个) Number of Corporation (unit)	住宿企业 Hotels	餐饮企业 Catering Services	产业活动单位(个) Number of Economic Active Units (unit)	年末从业人数(人) Persons Employed (person)	营业额(万元) Business Revenue (10 000 yuan)	#客房收入 Revenue from Hotel Rooms
全　省	**Provincial Total**	**2072**	**979**	**1093**	**532**	**87711**	**2070671**	**672054**
南昌市	Nanchang	306	187	119	315	19191	460079	118212
景德镇市	Jingdezhen	116	62	54	35	4692	85354	34715
萍乡市	Pingxiang	86	25	61	9	2706	53270	13330
九江市	Jiujiang	307	123	184	30	11324	407951	131891
新余市	Xinyu	42	15	27		2749	65939	19323
鹰潭市	Yingtan	54	37	17	10	2604	63227	26912
赣州市	Ganzhou	276	115	161	39	14784	302271	95341
吉安市	Ji'an	278	109	169	55	8141	187395	64651
宜春市	Yichun	231	105	126	13	8486	155116	50881
抚州市	Fuzhou	103	43	60	4	3777	65231	25707
上饶市	Shangrao	273	158	115	22	9257	224839	91094

16-9 续表 continued

单位: 万元 (10 000 yuan)

地区	Region	餐费收入 Revenue from Meals	商品销售收入 Revenue from Commodities	营业收入 Revenue from Business	营业成本 Cost of Business	营业税金及附加 Taxes and Other Charges on Business	营业利润 Profits
全　省	**Provincial Total**	**1284829**	**54932**	**2026700**	**1209289**	**21237**	**675**
南昌市	Nanchang	314246	8752	457963	225016	3066	-14530
景德镇市	Jingdezhen	46304	720	87476	45457	338	-1151
萍乡市	Pingxiang	35113	4551	47317	26737	247	-1041
九江市	Jiujiang	246849	11240	390072	266402	7122	16979
新余市	Xinyu	44937	494	65517	38296	538	2980
鹰潭市	Yingtan	33009	2411	57320	30497.3	881	-3309
赣州市	Ganzhou	198111	7358	300042	181016	2007	-7078
吉安市	Ji'an	112702	7073	183672	129015	2498	-1528
宜春市	Yichun	92532	6975	151304	91745	1009	789
抚州市	Fuzhou	37512	859	64527	42238	661	-623
上饶市	Shangrao	123514	4499	221489	132869	2871	9189

16-10 亿元以上商品交易市场摊位成交额情况(2021年)
Turnover of Commodity Exchange Markets of Transaction Value over 100 Million Yuan (2021)

类别	Classification	年末出租摊位数 (个) Number of Rented Booths at Year-end (unit)	成交额 (万元) Turnover (10 000 yuan)
全省	**Total**	**88227**	**24110799**
#食品类	Food	23959	11086287
#粮油类	Grain and Oil	3498	1292904
肉禽蛋类	Meat,Poultry and Eggs	3133	1303481
水产品类	Aquatic Products	2211	1256184
蔬菜类	Vegetables	8426	3329246
干鲜果品类	Dried and Fresh Melons and Fruits	4174	2717417
饮料类	Beverages	890	157678
烟酒类	Tobacco and Liquor	1087	279950
服装、鞋帽、针纺织品类	Clothing,shoes,Hats and Textiles	12723	3619291
#服装类	Clothing	8843	2794204
鞋帽类	Footwear and Hats	2284	458312
针纺织品类	Knitwear and Textiles	1596	366775
化妆品类	Cosmetics	358	81422
金银珠宝类	Gold silver and Jeweller	134	79319
日用品类	Articles for Daily Use	3171	589898
五金、电料类	Hardware & Electrical Materials	1582	459472
体育、娱乐用品类	Sports & Recreational Articles	276	18088
书报杂志类	Newspapers and Magazines	116	9747
电子出版物及音像制品类	E-journal and Video Products	142	274623
家用电器和音像器材类	Household Appliances and Video Equipment	1884	184895
中西药品类	Traditional Chinese and Western Medicine	520	1058601
#西药类	Western Medicine	22	15851
中草药及中成药类	Traditional Chinese	398	1020466
文化办公用品类	Cultural and official Goods	1459	211845
家具类	Furniture	13357	2088208
通信器材类	Communication Appliances	78	68172
煤炭及制品类	Coal and Coal Products		
木材及制品类	Wood and Wooden Products	848	123482
化工材料及制品类	Raw Chemical Materials and Related Products	261	39510
#化肥类	Fertilizer	22	948
金属材料类	Metal Materials	916	65465
建筑及装潢材料类	Building and Decoration Materials	16012	1198729
机电产品及设备类	Mechanical & Electrical Products	805	552439
#农机类	Agricultural Machinery	82	181059
汽车类	Automobile	1675	1121885
种子饲料类	Seed and Feedstuff	102	9977
棉麻类	Cotton and Hemp		
其他类	Others	5872	731816

16-11 各地区亿元以上商品交易市场基本情况(2021年)

Basic Statistics on Commodity Exchange Markets of Transaction Value over 100 Million Yuan by Region (2021)

地区	Region	市场数量(个) Number of Markets (unit)	总摊位数(个) Number of Booths (unit)	年末出租摊位数(个) Number of Rented Booths at Year-end (unit)	营业面积(平方米) Operating Area (sq.m)	成交额(万元) Turnover (10 000 yuan)
全省	**Provincial Total**	**111**	**105114**	**88227**	**8437968**	**24110799**
南昌市	Nanchang	25	24631	23419	1976123	9250032
景德镇市	Jingdezhen	5	8460	8044	596108	968081
萍乡市	Pingxiang	4	3171	3112	131900	336335
九江市	Jiujiang	16	13940	8970	1194813	1406219
新余市	Xinyu	1	1500	371	100010	29780
鹰潭市	Yingtan	6	2530	2371	407399	625947
赣州市	Ganzhou	15	19985	15050	2214796	5454821
吉安市	Ji'an	5	6046	5963	311968	680034
宜春市	Yichun	5	4214	3759	173084	2202385
抚州市	Fuzhou	4	2800	2261	58402	172937
上饶市	Shangrao	25	17837	14907	1273365	2984228

16-12 旅游业发展情况

Basic Statistics on Tourism

年份 Year	旅游总收入(亿元) Total Tourism Earnings (100 million yuan)	为全省地区生产总值(%) As Percentage of the Province's GDP (%)	为全省地区生产总值中第三产业(%) As Percentage of Tertiary Industry in the Province's GDP (%)
1991	4.30	0.90	3.04
1992	4.81	0.84	2.79
1993	5.31	0.73	2.47
1994	6.33	0.67	2.14
1995	8.39	0.72	2.14
1996	50.15	3.56	10.27
1997	79.35	4.94	13.64
1998	81.64	4.75	12.35
1999	111.29	6.00	15.03
2000	134.60	6.72	16.47
2001	161.40	7.42	18.27
2002	191.10	7.80	19.65
2003	197.47	7.02	18.84
2004	240.81	7.09	19.75
2005	320.02	8.12	23.20
2006	390.89	8.32	24.85
2007	463.67	8.03	24.09
2008	559.38	8.07	23.67
2009	675.61	8.85	25.53
2010	818.32	8.72	26.30
2011	1105.93	9.55	28.48
2012	1402.59	10.95	31.66
2013	1896.06	13.26	37.19
2014	2649.70	16.91	45.67
2015	3637.65	21.68	54.30
2016	4993.29	27.15	63.51
2017	6435.09	31.84	72.05
2018	8145.12	35.86	75.71
2019	9656.38	39.00	82.11
2020	5422.70	21.03	43.63
2021	6769.02	22.85	48.00

16-13 国际旅游收入情况
Income from International Tourism

单位：万美元 (USD 10 000)

指　标	Item	2005	2010	2015	2017	2018	2019
合　计	**Total**	**10395**	**34630**	**56700**	**62992**	**74538**	**86538**
长途交通	Long Distance Transportation	3618	11324	20374	20661	10137	9865
民　航	Civil Aviation	1653	7792	11657	11401	6336	4154
铁　路	Railway	676	1420	3121	3213	745	433
汽　车	Highway	468	1281	1938	2142	3056	5279
轮　船	Waterway	821	831	3659	3905		
游　览	Sightseeing	322	1281	2204	2646	5814	7442
住　宿	Accommodation	1279	3498	5617	7244	13566	14365
餐　饮	Food and Beverage	1092	3047	3938	5102	14535	16875
娱　乐	Entertainment	665	2009	2025	2079	3205	4673
购　物	Shopping	1715	9281	16272	18268	19827	25875
邮电通讯	Post and Communication Services	374	623	1191	1134	596	173
市内交通	Local Transportation	187	693	1235	1323	522	260
其　他	Others	1143	2874	3844	4535	6336	7010

注：自2020年后，国家暂不反馈相关数据。

a)Since 2020, the State will not feed back relevant data temporarily.

16-14 入境旅游情况
Oversea Visitor Arrivals

指　　标	Item	2005	2010	2015	2018	2019	2020
旅游人数(人次)	**Number of Oversea Visitor Arrivals (person-time)**	**372513**	**1140792**	**1552833**	**1917812**	**1971659**	**129658**
外 国 人	Foreigners	136270	399449	448810	572490	611402	44408
#印度尼西亚	Indonesia	1982	12251	11954	20098	18003	1360
日　本	Japan	23945	34956	25124	47576	44414	3231
马来西亚	Malaysia	3639	12113	15124	25746	24271	1965
菲 律 宾	Philippines	1794	8320	7156	15857	15213	1083
新 加 坡	Singapore	8271	20249	22060	31375	30698	2206
韩　国	Korea Rep	10809	36240	49150	53260	64087	5798
泰　国	Thailand	1716	4271	22337	19992	24303	1327
英　国	United Kingdom	11543	21613	23449	35048	33103	2281
德　国	Germany	5943	21689	18913	22011	22442	2016
法　国	France	6488	15299	21765	29117	28871	2059
意 大 利	Italy	3320	9132	11883	14772	15703	1528
西 班 牙	Spain	3757	5551	5219	7181	9228	481
瑞　典	Sweden	1131	6705	6704	5720	7072	538
瑞　士	Switzerland	364	6748	7505	7840	8783	783
俄 罗 斯	Russia	2329	16502	17110	12132	16271	979
加 拿 大	Canada	4380	10886	20105	23579	23558	1887
美　国	United States	27235	52339	43509	47011	47445	3522
澳大利亚	Australia	4622	11888	15616	16351	19515	1048
新 西 兰	New Zealand	1486	2911	8428	10869	12458	661
港澳同胞	Chinese Compatriots from Hong Kong and Macao	154885	534537	825395	988287	965430	62066
台湾同胞	Chinese Compatriots fromTaiwan Province	81358	206806	278628	357035	394827	23184
旅游外汇收入(万美元)	**Foreign Exchange Earnings from International Tourism (USD 10 000)**	**10395**	**34630**	**56700**	**74538**	**86538**	**3738.91**

注：外国人包括了华侨人数。2015年后入境旅游者人数为入境过夜游客人数，不包括一日游人数。2021年数据暂未反馈。

a) Overseas Chinese are included in oversea vistors.Since 2015, the number of oversea visitors refers to overnight visitors, excluding one-day-tour visitors. No data feedback in2021.

16-15 各地区旅游情况(2021年)
Basic Statistics on Tourism by Region (2021)

地 区	Region	国内游客(万人次) Number of Domestic Visitors (10 000 person-times)	国内旅游收入(亿元) Earnings from Domestic Tourism (100 million yuan)	星级饭店数(个) Number of Star-rated Hotel (unit)
全 省	**Provincial Total**	**74297.31**	**6769.02**	**345**
南 昌 市	Nanchang	10010.61	1246.90	47
景德镇市	Jingdezhen	5331.65	479.44	9
萍 乡 市	Pingxiang	5765.26	447.51	6
九 江 市	Jiujiang	9382.51	773.39	47
新 余 市	Xinyu	5027.01	303.41	6
鹰 潭 市	Yingtan	5103.97	453.61	10
赣 州 市	Ganzhou	8801.02	962.60	84
吉 安 市	Ji'an	6451.92	456.27	36
宜 春 市	Yichun	7775.62	590.78	30
抚 州 市	Fuzhou	5947.43	454.83	25
上 饶 市	Shangrao	8296.63	600.28	45

16-16 全省“春节、五一、十一”旅游情况
Tourism by Region in Spring Festival, May Day or National Day Holidays

年份	旅游人数（万人次） Number of Visitors (10 000 person-times)			旅游收入（万元） Tourism Earnings (10 000 yuan)		
	春 节 Spring Festival	五 一 Labor Day	十 一 National Day	春 节 Spring Festival	五 一 Labor Day	十 一 National Day
2005	196.10	519.40	580.30	67754	205469	175259
2006	249.52	632.60	699.70	81259	247132	219200
2007	300.40	762.80	826.60	95121	310087	271900
2008	210.75	377.40	996.27	58049	138669	334200
2009	274.90	447.00	1226.60	72517	171901	419537
2010	321.90	539.20	1398.40	104459	211204	512439
2011	443.40	700.30	1777.40	143631	293357	701800
2012	550.94	912.30	2405.70	196974	429481	1018597
2013	685.00	1092.70	2469.90	262467	515316	1150264
2014	877.78	1411.29	3232.21	354596	684200	1603200
2015	1182.99	1858.95	3937.01	526292	970100	2036600
2016	1639.87	2473.83	5360.34	761814	1340700	2925800
2017	2210.65	3005.90	6087.21	1093209	1722600	3685600
2018	2623.82	3383.17	5639.55	1455249	1999500	3415900
2019	2690.25	3982.26	6261.61	1587200	2392900	3880300
2020		2895.41	6809.75		1538300	3988100
2021	2539.06	4145.80	6586.74	1447600	2412700	4051000

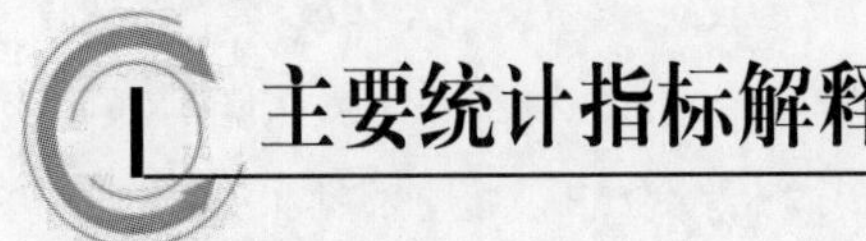

主要统计指标解释

批发业 指批发商向批发、零售单位及其他企事业、机关单位批量销售生活用品和生产资料的活动，以及从事进出口贸易和贸易经纪与代理的活动。批发商可以对所批发的货物拥有所有权，并以本单位、公司的名义进行交易活动；也可以不拥有货物的所有权，而以中介身份做代理销售商。还包括各类商品批发市场中固定摊位的批发活动。

零售业 指百货商店、超级市场、专门零售商店、品牌专卖店、售货摊等主要面向最终消费者（如居民等）的销售活动。包括以互联网、邮政、电话、售货机等方式的销售活动，还包括在同一地点，后面加工生产，前面销售的店铺（如前店后厂的面包房）。不包括：谷物、种子、饲料、牲畜、矿产品、生产用原料、化工原料、农用化工产品、机械设备（乘用车、计算机及通信设备等除外）等生产资料的销售（列入批发业）；非零售单位附带的零售活动，如汽车修理单位销售汽车零件（列入单位主业所对应的行业类别中）；商业零售单位所在商厦的物业管理（列入物业管理）；商业零售单位所在的商品市场、商业大厦的市场管理活动（列入市场管理）。

批发和零售业商品购进、销售、库存额 指各种登记注册类型的批发和零售业企业(单位)以本企业(单位)为总体的，从国内、国外市场购进的商品总量，销售和出口的商品总量，库存的商品总量等情况。该指标可以反映商品流转过程中商品的购进、销售、库存之间的比例关系和存在的问题。

商品购进额 指从本企业以外的单位和个人购进（包括从国外直接进口）作为转卖或加工后转卖的商品金额（含增值税）。商品购进包括：（1）从工农业生产者、批发和零售业企业、住宿和餐饮业企业、出版社或报社的出版发行部门和其他服务业企业购进的商品；（2）从机关团体、事业单位购进的商品；（3）从海关、市场管理部门购进的缉私和没收的商品；（4）从居民收购的废旧商品等。不包括：（1）企业为本单位自身经营用，不是作为转卖而购进的商品，如材料物资、包装物、低值易耗品、办公用品等；（2）未通过买卖行为而收入的商品，如接受其他部门移交的商品、借入的商品、收入代其他单位保管的商品、其他单位赠送的样品、加工回收的成品等；（3）经本单位介绍，由买卖双方直接结算，本单位只收取手续费的业务；（4）销售退回和买方拒付货款的商品；（5）商品溢余。

商品销售额 指对本单位以外的单位和个人出售的商品金额（包括售给本单位消费用的商品，含增值税）。商品销售包括（1）售给城乡居民和社会集团消费用的商品；（2）售给农业、工业、建筑业、运输邮电业、服务业、公用事业等国民经济各行业用于生产、经营用的商品，包括售予批发和零售业作为转卖或加工后转卖的商品；（3）对国（境）外直接出口的商品。不包括：（1）未通过买卖行为付出的商品，如随机构变动移交给其他企业单位的商品、借出的商品、归还受其他单位委托代保管的商品、付出的加工原料和赠送给其他单位的样品等；（2）经本单位介绍，由买卖双方直接结算，本单位只收取手续费的业务；（3）购货退回的商品；（4）商品损耗和损失；（5）出售本单位自用的废旧物资。

商品库存额 指报告期末各种登记注册类型的批发和零售业企业(单位)已取得所有权的商品。它反映批发和零售业企业(单位)的商品库存情况和对市场商品供应的保证程度。商品库存包括：(1)存放在批发和零售业经营单位(如门市部、批发站、采购站、经营处)的仓库、货场、货柜和货架中的商品；(2)挑选、整理、包装中的商品；(3)已记入购进而尚未运到本单位的商品，即发货单或银行承兑凭证已到而货未到的商品；(4)寄放他处的商品，如因购货方拒绝付款而暂时存在购货方的商品；(5)委托其他单位代销(未作销售或调出)尚未售出的商品；(6)代其他单位购进尚未交付的商品。不包括：所有权不属于本单位的商品；委托外单位加工的商品；外贸企业代理其他单位从国外进口尚未付给订货单位的商品；代国家物资储备部门保管的商品等。

连锁总店（总部） 指负责连锁企业资源（商号、商誉、经营模式、服务标准、管理模式等等）的开发、配置、控制或使用等功能的企业核心管理机构。连锁经营是指经营同类商品或服务，使用统一商号的若干店铺，在同一总店（总部）的管理下，采取统一采购或特许经营等方式，实现规模效益的组织形式，包括直营连锁、特许连锁和自愿连锁三种形式。其中，直营连锁是指连锁店铺由连锁公司全资或控股开设，在总部的直接控制下，开展统一经营的连锁经营形式；特许连锁是指拥有注册商标、企业标志、专利、专有技术等经营资源的企业（特许人），以合同形式将其拥有的经营资源许可其他经营者（被特许人）使用，被特许人按合同约定在统一的经营模式下开展经营，并向特许人支付特许经营费用的连锁经营形式；自愿连锁是指若干个店铺或企业自愿组合起来，在不改变各自资产所有权关系的情况下，以同一个品牌形象面对消费者，以共同进货为纽带开展的连锁经营形式。

亿元以上商品交易市场 指年成交额在亿元及以上的商品交易市场。商品交易市场是指经有关部门和组织批准设立，有固定场所、设施，有经营管理部门和监管人员，若干市场经营者入内，常年或实际开业三个月以上，集中、公开、独立地进行生活消费品、生产资料等现货商品交易以及提供相关服务的交易场所，包括各类消费品市场、生产资料市场等。

住宿业 指有偿为顾客提供临时住宿的服务活动。不包括提供长期住宿场所的活动，如出租房屋、公寓等（列入房地产开发经营）。

餐饮业 指在一定场所，对食物进行现场烹饪、调制，并出售给顾客主要供现场消费的服务活动。

营业额 指住宿和餐饮业单位在经营活动中因提供服务或销售商品等取得的收入。包括：客房收入、餐费收入、商品销售额和其他收入。其中，客房收入指住宿和餐饮业单位在经营活动中因提供住宿服务取得的收入。餐费收入指住宿和餐饮业单位因为顾客提供就餐服务取得的收入，包括经烹饪、调制加工后出售的各种食品，如主食、炒菜、凉拌菜等的收入。

社会消费品零售总额 指企业（单位、个体户）通过交易直接售给个人、社会集团非生产、非经营用的实物商品金额，以及提供餐饮服务所取得的收入金额。个人包括城乡居民和入境人员，社会集团包括机关、社会团体、部队、学校、企事业单位、居委会或村委会等。

旅游人数

(1)**入境游客** 指报告期内来中国（大陆）观光、度假、探亲访友、就医疗养、购物、参加会议或从事经济、文化、体育、宗教活动的外国人、港澳台同胞等游客(即入境旅游人数)。统计时，入境游客按每入境一次统计 1 人次。入境旅游人数包括入境过夜游客和入境一日游游客。

(2)**国内游客** 指在报告期内在中国（大陆）观光游览、度假、探亲访友、就医疗养、购物、参加会议或从事经济、文化、体育、宗教活动的中国（大陆）居民人数，其出游的目的不是通过所从事的活动谋取报酬。统计时，国内游客按每出游一次统计 1 人次。

国际旅游(外汇)收入 指入境游客在中国（大陆）境内旅行、游览过程中用于交通、参观游览、住宿、餐饮、购物、娱乐等全部花费。

国内旅游收入 指国内游客在国内旅行、游览过程中用于交通、参观游览、住宿、餐饮、购物、娱乐等全部花费。

星级饭店 指设备、设施、服务符合《旅游饭店星级的划分与评定》（GB/T14308-2003），通过相关旅游管理部门评定，并取得星级饭店称号的饭店（含预备星级饭店）。

Explanatory Notes on Main Statistical Indicators

Wholesale Trade refers to the activities of wholesaler selling at wholesale commodities for daily use and capital goods to enterprises of wholesale and retail trades and other enterprises, institutions and government offices, including the activities of wholesaler engaged in import and export and acting as a trade agent. The wholesaler may have the right of ownership over the commodities of wholesale and trade in the name of its owns or a company, the wholesaler may not have the right of ownership, only acts an agent. The wholesale trade also include the activities of wholesaler at the fixed stalls of the wholesale market of different commodities.

Retail Trade refers to the activities of department store, supermarket, franchised store, brand store, retail stall and on-the-spot-making-selling store selling commodities to the final consumers (citizens) by any means including internet, post, telephone, sales machine. Retail trade excludes the activities of sales of capital goods such a grain, seed, feed, livestock, mineral products, raw material for production, industrial chemicals, chemical products for farm, machine and equipment (vehicle, computer and communication equipment), and the activities of supplementary sales of non-retailer such as the sales of spare parts of car repair business (listed as branch in correspondence with principle business), property management of buildings of retail units (listed as property management); market management of commercial markets and buildings of retail units (listed as market management) .

Purchase, Sales and Stock of Commodities by Wholesale and Retail Trades refer to the total volume of commodities purchased, total volume of sales and exports, and the stock of commodities by wholesale and retail enterprises (establishments) of different status of registration from domestic and overseas markets. This indicator reflects the relationship among purchase, sales and stock of commodities in the circulation of goods and reveals the existing problems.

Total Purchases of Commodities refer to the total value of purchases of commodities by enterprises (establishments) from other establishments or individuals (including direct import from abroad) for the purpose of re-selling, either with or without further processing of the commodities purchased. The commodities include: (1) commodities purchased from agricultural and industrial producer, wholesaler, retailer, publishing house and other service business; (2) commodities purchased from institutions and government departments; (3) confiscated goods purchased from the customs authorities or market management agencies; (4) second-hand goods and wastes purchased from residents; The commodities exclude 1. commodities purchased by enterprises (establishments) for use in their own business operation, commodities obtained without buying or selling procedures such as materials, consumable goods of low value, office appliance, etc. 2. received goods without trading, such as goods handed over from others, borrowed goods, preserved goods for others, donated goods from others, processed and retrieved goods, etc. 3. goods of direct settlement between buyer and seller with handling fees introduced by others, 4. goods returned or refused to pay by the buyer, 5. excessive goods.

Total Sales of Commodities refer to value of commodities sold by the establishments to other establishments and individuals (including goods sold for self consumption, including the value-added tax). The commodities include: (1) commodities sold to urban and rural residents and social groups for their consumption; (2) commodities sold to establishments in all industries for their production and operation, including agriculture, industry, construction, transportation, post and telecommunications, catering services, and public utility including commodities sold to wholesale and retail establishments for re-selling, with or without further processing; and (3) commodities for direct export to abroad. Excluded are (1) extended commodities without trading, such as goods handed over to other enterprises and institutions because of the change of organizations, lent goods, returned goods preserved for others, extended processing materials and samples donated to others, (2) goods of direct settlement between buyer and seller with handling fees introduced by others, 3. goods returned after purchase, (4) damaged and spoiled goods, (5) waste and used goods of self use,

Total Stock of Commodities refers to total commodities possessed by wholesaler and retailer of various types of registration status at the end of the reference period, reflecting the commodity stock level of various wholesaler and retailer and the potential for market supply. It includes: (1) commodities located in storage, garages, counters, and shelves of operating places of wholesale and retail trades (such as sale stores, wholesale centers, procurement stations and operating offices); (2) commodities in the process of being selected, sorted, and packed; (3) commodities not arrived but recorded as purchase in the account, i.e. commodities not arrived but payment receipts for the commodities from the sellers or the banks arrived; (4) commodities deposited in other places rather than places mentioned above, for instance: commodities in the hold of purchasers temporarily due to the refusal of payment; (5) commodities entrusted to other units to sell but not sold yet; (6) commodities purchased for other units but not delivered yet. Commodities not included as stock are those not owned by the enterprises (units), commodities on commission for processing, imported commodities of agency of foreign trade enterprise but not yet delivered to ordering units and finally those put in stock on behalf of the state material reserves units.

Chain Head Stores (headquarter) refer to the core leading stores responsible for development, allocation, administration and utilization of resources (name of stores, brand of stores, operation model, service standard, management way, etc.) of chain stores. Chain stores refers to the stores engaged in providing homogeneous commodities or services, with the central leadership of head store (headquarters) and guided by common policies, conduct centralized purchase and distributed selling of commodities, in order to gain better efficiency through standardized operation. The chain stores include regular chain stores, franchise chain stores and voluntary chain stores.

Regular Chain store refers to chain stores that are invested or controlled by the headquarters. They operate under direct and unified management from the headquarters.

Franchise chain store refers to the chain stores (franchisees) which are franchised with operation resources such as trade marks, names, patent and operation know-how by the franchisor in form of contract and pay the operation fees to the franchisor.

Voluntary chain store refers to the stores operate jointly on the voluntary bases while maintaining their status of independent legal entities with full ownership of their assets. They sell goods of same brand from same channel of resource to the consumers.

Large Commodity Markets with Transaction Value over 100 Million Yuan refers to the commodity markets with an annual transaction at and above 100 million. The commodity market refers to the markets approved and managed by related departments, where there are fixed sites, facilities, managers and administration offices, where there are a certain number of traders to operate for three month and above or all the year, where the commodities including the articles for daily consumption and capital goods and services are traded in a centralized, independent and open way. Such market includes markets of daily goods and market of capital goods, etc.

Hotel Services refer to the charged accommodation services provided to customers, excluding the long term accommodation service activities such as rental housing and apartments(it is under real estate development and management).

Catering Services refer to the activities of enterprises providing on-the-spot services of selling food cooked and prepared to the customer in certain sites

Business Revenue refers to revenue of hotels and catering services received from providing services or selling commodities through business activities, including income from hotels, from catering services, from selling of commodities and from other services. Income from hotels refers to income of hotels and catering services by providing lodging services through business activities. Income from catering services refers to income of hotels and catering services by providing catering services, including selling of cooked or prepared foods, such as staple food, cooked dishes, or cold dishes.

Total Retail Sales of Consumer Goods refer to the amount obtained by enterprises (units, self-employed individuals) through direct sales of non-production and non-business physical commodity to individuals, social institutions, and revenue from providing catering services. Individuals include rural and urban households, population from abroad, social institutions include government agencies, social organizations, military units, schools, institutions, neighborhood (village) committees.

Number of Tourists

(1) **Visitor arrivals** refer to the number of tourists of foreigners, Chinese compatriots from Hong Kong, Macao and Taiwan who come to China (mainland) within the reference period for sight-seeing, vacation, visiting relatives, medical treatment, shopping, attending conference, or to engage in economic, cultural, sports and religious activities. Each entry of one visitor counts as one person-time. Visitor arrivals include both overnight-trippers and day-trippers.

(2) Number of domestic tourists refers to the number of Chinese (mainland) residents who travel within China (mainland) for sight-seeing, vacation, visiting relatives, medical treatment, shopping, attending conference, or to engage in economic, cultural, sports and religious activities. In compiling statistics, each time of travelling is counted as one person-time.

Foreign Exchange Earnings from International Tourism refer to the total expenditure of foreigners, overseas Chinese, Chinese compatriots from Hong Kong, Macao and Taiwan during their stay in the mainland of China on transportation, sighting, accommodation, food, shopping and entertainment.

Income from Domestic Tourism refer to expenditure of domestic tourists on transportation, sighting, accommodation, food, shopping and entertainment while they travel.

Star-rated Hotels refer to hotels rated with stars as assessed by the relevant tourism authorities according to GB/T14308-2003 standard with reference to their infrastructure, facilities and service levels.

17

金融业

FINANCIAL INDUSTRY

◆ 415/424

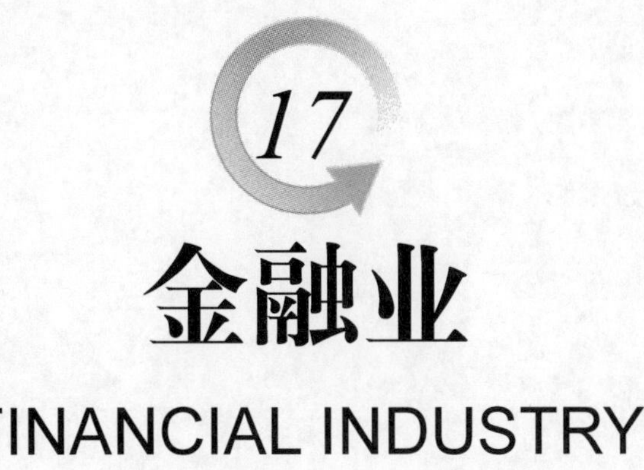

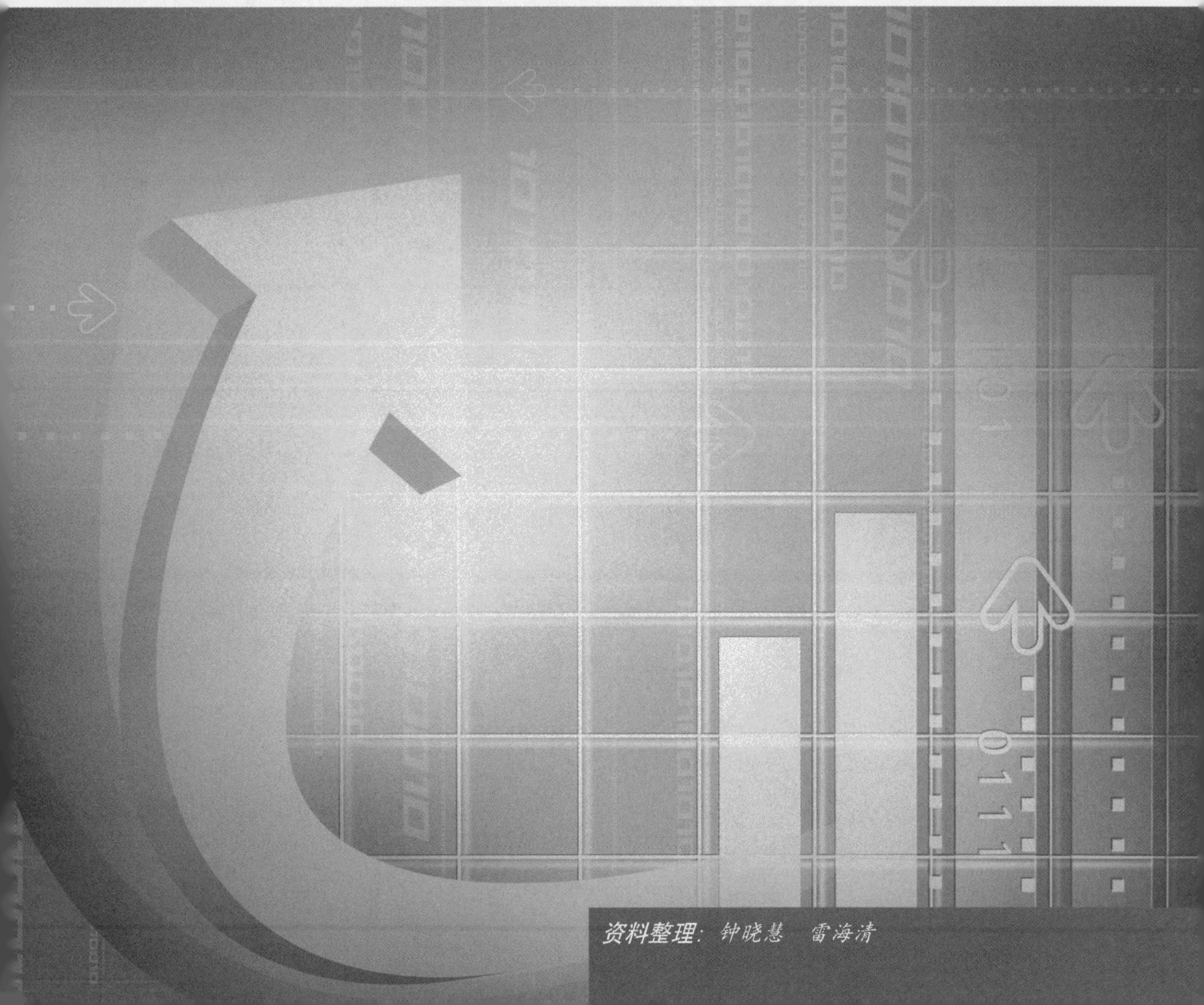

资料整理：钟晓慧　雷海清

简要说明

本篇资料主要反映全省金融、保险、证券等方面的基本情况。

金融资料由中国人民银行南昌中心支行提供。

保险业务资料由江西银保监局提供。

证券资料由江西证监局提供。

Brief Introduction

The data in this chapter show the basic conditions of local government banking, insurance and stocks of the whole province.

The data on banking are provided by Nanchang Branch of the People's Bank of China.

The data on insurance are provided by Jiangxi Banking and Insurance Regulatory Bureau.

The data on stocks are provided by Securities Regulatory Bureau of Jiangxi Province.

17-1 金融机构本外币信贷资金平衡表年末余额(2021年)
Balance Sheet of Credit Funds of RMB and Foreign Currency of Financial Institutions at Year-end (2021)

单位：万元 (10 000 yuan)

指　　标	Item	年末余额 Balance	比年初增减 Over Beginning of Year	增长(%) Growth Rate (%)
各项存款	**Total Deposits**	**477560408**	**38430945**	**8.8**
境内存款	Domestic Deposits	477098520	38377538	8.7
住户存款	Resident Deposits	255228106	27108995	11.9
活期存款	Current Deposits	90453061	4152305	4.8
定期及其他存款	Fixed and Other Deposits	164775045	22956690	16.2
非金融企业存款	Deposits of Non-financial Enterprises	139001167	7484222	5.7
活期存款	Current Deposits	71425652	2161891	3.0
定期及其他存款	Fixed and Other Deposits	67575514	5322331	8.6
机关团体存款	Deposits of Non-profit Institutions	57840111	1705040	3.0
财政性存款	Fiscal Deposits	15434184	-158977	-1.0
非银行业金融机构存款	Deposits of Non-banking Financial Institutions	9594953	2238257	30.4
境外存款	Overseas Deposits	461888	53407	13.1
各项贷款	**Total Loans**	**471734270**	**55057478**	**13.2**
境内贷款	Domestic Loans	471281624	55178948	13.3
住户贷款	Resident Loans	182408927	19391110	11.9
短期贷款	Short-term Loans	48710670	5917432	13.8
中长期贷款	Medium and Long-term Loans	133698257	13473679	11.2
企(事)业单位贷款	Loans from enterprises (Institutions)	288564342	36189866	14.3
短期贷款	Short-term Loans	73564154	6538090	9.8
中长期贷款	Medium and Long-term Loans	181367960	23033050	14.5
票据融资	Bill Financing	31768177	6330022	24.9
融资租赁	Financial Lease	1536003	180613	13.3
各项垫款	Various Advances	328047	108092	49.1
非银行业金融机构贷款	Loans of Non-banking Financial Institutions	308355	-402028	-56.6
境外贷款	Overseas Loans	452646	-121471	-21.2

注：本表统计口径包括中国人民银行、政策性银行、国有独资商业银行、邮政信汇局、其他商业银行、农村合作银行、城市信用社、农村信用社、信托投资公司、财务公司等金融机构。后同。

a) The statistical scope in the table includes the People's Bank of China, policy banks, state-owned commercial banks, postal savings bureau, other commercial banks, rural cooperative banks, urban credit cooperatives, rural credit cooperatives, financial trust and investment companies, finance companies and other financial institutions. The same applies to the following tables.

17-2 金融机构人民币信贷资金平衡表年末余额(2021年)
Balance Sheet of Credit Funds of Financial Institutions at Year-end (2021)

单位：万元 (10 000 yuan)

指　　标	Item	年末余额 Balance	比年初增减 Over Beginning of Year	增长(%) Growth Rate (%)
各项存款	**Total Deposits**	**474557414**	**38475748**	**8.8**
境内存款	Domestic Deposits	474265648	38374004	8.8
住户存款	Resident Deposits	254547414	27136327	11.9
活期存款	Current Deposits	90069580	4140065	4.8
定期及其他存款	Fixed and Other Deposits	164477834	22996262	16.3
非金融企业存款	Deposits of Non-financial Enterprises	136881313	7453350	5.8
活期存款	Current Deposits	70117939	2059844	3.0
定期及其他存款	Fixed and Other Deposits	66763375	5393506	8.9
机关团体存款	Deposits of Non-profit Institutions	57811497	1703992	3.0
财政性存款	Fiscal Deposits	15434184	-158977	-1.0
非银行业金融机构存款	Deposits of Non-banking Financial Institutions	9591239	2239312	30.5
境外存款	Overseas Deposits	291766	101744	53.5
各项贷款	**Total Loans**	**469206906**	**55115405**	**13.3**
境内贷款	Domestic Loans	469201367	55120390	13.3
住户贷款	Resident Loans	182406825	19390676	11.9
短期贷款	Short-term Loans	48708591	5916980	13.8
中长期贷款	Medium and Long-term Loans	133698235	13473697	11.2
企(事)业单位贷款	Loans from enterprises (Institutions)	286486187	36131742	14.4
短期贷款	Short-term Loans	72092604	6219458	9.4
中长期贷款	Medium and Long-term Loans	180761356	23251632	14.8
票据融资	Bill Financing	31768177	6330022	24.9
融资租赁	Financial Lease	1536003	180613	13.3
各项垫款	Various Advances	328047	150018	84.3
非银行业金融机构贷款	Loans of Non-banking Financial Institutions	308355	-402028	-56.6
境外贷款	Overseas Loans	5539	-4985	-47.4

17-3 各地区金融机构(含外资)本外币信贷主要指标(2021年)

Main Indicators on RMB and Foreign Currency Trust of Financial Institutions (Foreign-Capital Included) by Region (2021)

单位：亿元 (100 million yuan)

地区	Region	各项存款 Savings Deposits in Various Forms			各项贷款 Loans in Various Forms		
		年末余额 Balance	比年初增减 Over Beginning of Year	增长(%) Growth Rate (%)	年末余额 Balance	比年初增减 Over Beginning of Year	增长(%) Growth Rate (%)
全　省	**Provincial Total**	**47756.04**	**3843.09**	**8.8**	**47173.43**	**5505.75**	**13.2**
南昌市	Nanchang	14757.42	1080.59	7.9	17620.96	1615.33	10.1
景德镇市	Jingdezhen	1661.44	174.92	11.8	1344.03	220.21	19.6
萍乡市	Pingxiang	1590.90	145.48	10.1	1368.23	173.84	14.6
九江市	Jiujiang	4517.36	343.31	8.2	4024.57	516.73	14.7
新余市	Xinyu	1599.38	210.06	15.1	1279.11	155.24	13.8
鹰潭市	Yingtan	1166.61	147.11	14.4	1159.48	192.81	19.9
赣州市	Ganzhou	6435.56	405.18	6.7	6622.47	850.09	14.7
吉安市	Ji'an	3877.48	362.01	10.3	3063.42	405.73	15.3
宜春市	Yichun	4423.64	344.22	8.4	3634.06	469.14	14.8
抚州市	Fuzhou	2795.93	233.62	9.1	2587.59	321.59	14.2
上饶市	Shangrao	4876.05	391.35	8.7	4207.24	558.66	15.3

17-4 财产保险公司主要指标

Main Indicators of Property Insurance Companies

单位：万元 (10 000 yuan)

指标	Item	保费收入 Premium Income		赔款支出 Indemnity Expenditure	
		2020	2021	2020	2021
合　计	**Total**	**3329275**	**3269198**	**1910331**	**2188021**
企业财产保险	Enterprise Property Insurance	51485	55113	47559	50673
机动车辆保险	Motor Vehicle Insurance	2166153	1978191	1169476	1380708
货物运输保险	Freight Transport Insurance	14493	17219	4699	3174
责任保险	Liability Insurance	154956	163082	74971	80526
信用保证保险	Credit Insurance	133743	104428	88870	99622
农业保险	Agriculture Insurance	205865	272947	120304	133678
其他财产保险	Other Insurance	602579	678219	404452	439642

注：1.本表数据为各公司上报中国保险统计信息系统数据，未经审计。
2.因部分机构目前处于风险处置阶段，数据口径暂时调整为不包含风险处置机构，直至相关机构风险处置结束。

a) Data in this table are collected through China Insurance Statistical Information System reported by insurance companies, and have not been audited.

b) As some institutions are currently in the risk disposal stage, the data calibre is temporarily adjusted to exclude risk disposal institutions until the end of risk disposal by relevant institutions.

17-5 人寿保险公司主要指标
Main Indicators of Life Insurance Companies

单位：万元 (10 000 yuan)

指标	Item	2014	2015	2016	2017	2018	2019	2020	2021
原保险保费收入	**Premium of Primary Insurance**	**2544629**	**3372161**	**4135346**	**4922223**	**4836839**	**5282872**	**5949364**	**5826830**
寿险小计	Life Insurance in Total	1533897	1489765	1712066	2315342	1866118	1986421	2542832	2820675
普通寿险	Ordinary Life Insurance	708121	711855	822691	1432132	576424	749868	1084411	
分红寿险	Participating Life Insurance	816392	767550	877721	870399	1277569	1224444	1446621	
投资联结保险	Investment-linked Life Insurance	155	153	114	112	113	116	119	
万能寿险	Universal Life Insurance	9229	10207	11540	12698	12013	11993	11681	
年金保险	Annuities Insurance	692137	1460478	1767520	1840503	1946199	1967147	1919164	1619588
意外伤害险	Accident Insurance	63162	63815	73158	82401	103256	111634	123651	112212
健康险	Health Insurance	255434	358102	582602	683979	921266	1217670	1363717	1274355
赔付支出	**Payment**	**658874**	**922922**	**1055501**	**966602**	**1145437**	**1090017**	**1201902**	**1153383**
赔款支出	Claim	68799	124142	183381	187894	293111	390250	410186	
死伤医疗给付	Medical benefits for death & injury	48762	56595	66687	85197	105810	133555	160286	
满期给付	Expire Payment	483762	643882	689364	548255	539669	382280	455273	
年金给付	Annuities Payment	57551	98303	116068	145255	206846	183933	176157	

注：1.本表数据为各公司上报中国保险统计信息系统数据，未经审计。
2.因部分机构目前处于风险处置阶段，数据口径暂时调整为不包含风险处置机构，直至相关机构风险处置结束。

a) Data in this table are collected through China Insurance Statistical Information System reported by insurance companies, and have not been audited.
b) As some institutions are currently in the risk disposal stage, the data calibre is temporarily adjusted to exclude risk disposal institutions until the end of risk disposal by relevant institutions.

17-6 各地区保险业务情况(2021年)
Statistics on Insurance Business Conditions by Region (2021)

单位: 万元

地区	Region	全部业务保费收入 Total Insurance Business Premium Income	财产保险公司业务保费收入 Property Insurance Business Premium Income	人身保险公司业务保费收入 Life Insurance Business Premium Income
全省	**Provincial Total**	**9096028**	**3269198**	**5826830**
南昌市	Nanchang	2521893	785567	1736326
景德镇市	Jingdezhen	268062	96819	171244
萍乡市	Pingxiang	335863	126088	209775
九江市	Jiujiang	825357	290867	534490
新余市	Xinyu	300444	86256	214187
鹰潭市	Yingtan	212230	79716	132514
赣州市	Ganzhou	1366496	516853	849643
吉安市	Ji'an	824872	300954	523917
宜春市	Yichun	1034779	428110	606670
抚州市	Fuzhou	533570	215328	318243
上饶市	Shangrao	862197	332376	529821

注：1.本表数据为各公司上报中国保险统计信息系统数据，未经审计。
2.因部分机构目前处于风险处置阶段，数据口径暂时调整为不包含风险处置机构，直至相关机构风险处置结束。

a) Data in this table are collected through China Insurance Statistical Information System reported by insurance companies, and have not been audited.
b) As some institutions are currently in the risk disposal stage, the data calibre is temporarily adjusted to exclude risk disposal institutions until the end of risk disposal by relevant institutions.

17-6 续表 continued

单位: 万元 (10 000 yuan)

地区	Region	保险密度(元) Density of Insurance (yuan)			保险深度(%) Depth of Insurance (%)		
		全部业务 Total Insurance Business	财产险 Property Insurance	人身险 Life Insurance	全部业务 Total Insurance Business	财产险 Property Insurance	人身险 Life Insurance
全省	**Provincial Total**	**2013.10**	**723.53**	**1289.57**	**3.07**	**1.10**	**1.97**
南昌市	Nanchang	3973.58	1237.76	2735.81	3.79	1.18	2.61
景德镇市	Jingdezhen	1654.83	597.69	1057.14	2.43	0.88	1.55
萍乡市	Pingxiang	1860.25	698.37	1161.88	3.03	1.14	1.89
九江市	Jiujiang	1801.79	634.97	1166.81	2.21	0.78	1.43
新余市	Xinyu	2498.70	717.37	1781.33	2.60	0.75	1.86
鹰潭市	Yingtan	1838.03	690.38	1147.64	1.86	0.70	1.16
赣州市	Ganzhou	1522.46	575.84	946.62	3.28	1.24	2.04
吉安市	Ji'an	1854.71	676.69	1178.02	3.27	1.19	2.07
宜春市	Yichun	2073.82	857.98	1215.84	3.24	1.34	1.90
抚州市	Fuzhou	1483.23	598.57	884.66	2.97	1.20	1.77
上饶市	Shangrao	1333.78	514.17	819.61	2.83	1.09	1.74

注：保险密度=年保费收入/年平均人口；保险深度=年保费收入/年地区生产总值。

a) Density of insurance= annual premium income/annual average population；Depth of insurance= annual premium income/annual gross domestic product.

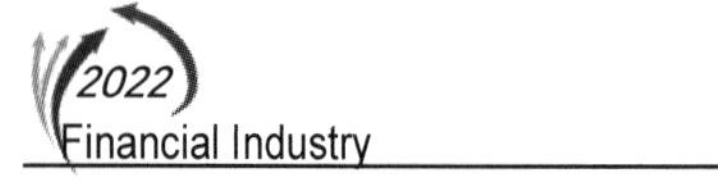

17-7 江西省上市公司数量
Number of Listed Companies of Jiangxi

单位：个 (unit)

地　区	Region	2012	2013	2014	2015	2016	2017	2018	2019	2020	2021
全　省	**Provincial Total**	**33**	**33**	**32**	**35**	**37**	**39**	**42**	**43**	**55**	**67**
南昌市	Nanchang	17	16	16	17	19	19	20	20	22	26
景德镇市	Jingdezhen	3	3	2	4	4	4	4	4	5	5
萍乡市	Pingxiang	1	1	1	1	1	1	1	1	2	3
九江市	Jiujiang									1	2
新余市	Xinyu	2	2	2	2	2	3	4	4	4	6
鹰潭市	Yingtan	2	2	2	2	2	2	2	2	2	2
赣州市	Ganzhou	2	3	3	3	3	3	4	4	5	8
吉安市	Ji'an								1	2	2
宜春市	Yichun	2	2	2	2	2	3	3	3	4	4
抚州市	Fuzhou	1	1	1	1	1	1	1	1	2	3
上饶市	Shangrao	3	3	3	3	3	3	3	3	6	6

17-8 股票发行量和筹资额
Issued Share and Raised Capital

年份 Year	股票发行量(亿股) Issued Share (100 million shares)	A股 A Shares	H股 H Shares	B股 B Shares	股票筹资额(亿元) Raised Capital (100 million yuan)	A股 A Shares	配股 Rights Issued	B股 B Shares
2012	7.98	4.90	3.08		65.35	60.48		4.87
2013	4.03	4.03			33.63	33.63		
2014	5.60	5.60			37.27	37.27	5.66	
2015	7.31	7.31			81.46	81.46	5.90	
2016	17.03	17.03			191.56	191.56		
2017	10.68	10.68			68.72	68.72	6.4	
2018	6.16	4.16	2		70.26	42.07		
2019	2.78	2.78			28.67	28.67		
2020	20.59	20.59			215.43	215.43		
2021	10.29	10.29			127.02	127.02		

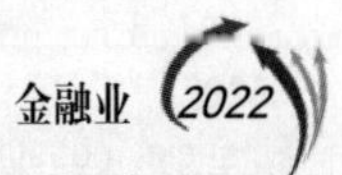

17-9 江西省证券市场基本情况
Jiangxi General Statistics on Securities Markets

指　标	Item	2017	2018	2019	2020	2021
证券法人公司(个)	Securities corporation(unit)	2	2	2	2	2
证券营业部(个)	Security Exchange(unit)	319	321	318	353	303
证券投资者开户数(万户)	Securities Investors Accounts Established (10 000 units)	573.22	635.00	736.66	822.39	911.33
A股成交金额(亿元)	Total Turnover of A shares (100 million yuan)	32415.27	24805.54	37629.91	55503.05	62738.93
B股成交金额(亿元)	Total Turnover of B shares (100 million yuan)	9.96	6.63	6.28	7.34	7.39
上市公司总股本(亿股)	Total Share Capital of Listed Companies (100 million shares)	337.22	364.57	376.73	436.91	504.94
A股	A shares	319.90	345.25	373.29	433.47	501.50
B股	B shares	3.44	3.44	3.44	3.44	3.44
流通股本(亿股)	Negotiable shares (100 million shares)	294.94	321.41	347.56	406.36	442.87
股票市价总值(亿元)	Total Market Capitalization (100 million yuan)	4131.87	3084.96	3913.25	6637.17	8909.90
A股	A shares	3951.30	2927.06	3894.73	6615.86	8888.42
B股	B shares	36.75	23.67	18.52	21.31	21.48
股票流通市值(亿元)	Negotiable Market Capitalization (100 million yuan)	3476.22	2591.87	3440.10	6286.40	8457.65
A股	A shares	3295.65	2433.96	3421.58	6265.09	8436.17
B股	B shares	36.75	23.67	18.52	21.31	21.48
期货投资者开户数(万户)	Future Investors Accounts Established (10 000 units)	4.66	4.93	5.17	5.82	6.41
期货总成交量(万手)	Trading Volume of Future (10 000 pieces)	2840.34	2403.11	3133.48	4160.74	5286.60
期货总成交额(亿元)	Trading Turnover of Future (100 million yuan)	18271.84	19109.74	28120.71	35260.36	46032.39

主要统计指标解释

各项存款 指单位、个人、财政部门在保留资金或货币所有权的条件下，以不可流通的存单或类似凭证为依据，确保名义本金不变暂时让渡资金使用权所存入金融机构的款项，包括单位存款、个人存款、国库定期存款、临时存款、邮政储蓄银行老协议存款、外汇储备委托贷款资金、非存款类金融机构存放款项等。

各项贷款 指金融机构在保留资金或货币所有权的条件下，以不可流通的借款凭证或类似凭证为依据，暂时让渡资金使用权所形成的债权，包括信用卡及账户透支、个人经营和消费贷款、单位经营贷款、固定资产贷款、并购贷款、贸易融资、融资租赁、各项垫款、票据融资以及拆放非存款类金融机构款项等。

保险金额 指保险人承担赔偿或者给付保险金责任的最高限额。

保费 指投保人为取得保险人在约定范围内所承担赔偿责任而支付给保险人的费用。

赔偿 指保险人根据保险合同的规定，向被保险人支付的赔偿保险责任损失的金额。

Explanatory Notes on Main Statistical Indicators

Various Deposits refers to the money deposited in financial institutions by units, individuals and financial departments on the basis of non-negotiable certificates of deposit or similar certificates to ensure the invariable nominal principal and temporarily transfer the right to use funds under the condition of retaining the ownership of funds or currency. It includes corporate deposits, individual deposits, Treasury time deposits, temporary deposits, deposits under the old agreement of postal savings banks, funds for entrusted loans of foreign exchange reserves, funds deposited by non-deposit financial institutions, etc.

Various Loans refers to the creditor's rights formed by the temporary transfer of the right to use funds by financial institutions on the basis of non-negotiable loan certificates or similar certificates under the condition of retaining capital or currency ownership. Including credit card and account overdraft, personal business and consumer loans, unit business loans, fixed assets loans, merger and acquisition loans, trade financing, financial leasing, advances, bill financing and the release of non-deposit financial institutions, etc.

Amount Insured refers to the maximum that the insurant will get for the claim of the case insured.

Premium is the fee paid by the insurant to the insurer to obtain the obligation of compensation from the insurance within the agreed terms.

Settled Claim is the compensation paid by the insurer to the insurant in accordance with the insurance contract.

18

房地产开发

REAL ESTATE DEVELOPMENT

◆ 425/438

资料整理：熊　谦

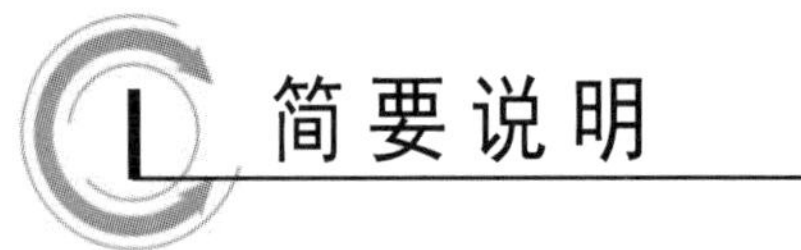

I 简要说明

房地产开发统计资料的主要内容包括：全省房地产开发经营方面的基本情况，包括11个设区市的主要房地产开发统计数据。如：房地产开发投资额、房屋施工面积、房屋竣工面积、商品房销售面积、商品房销售额、房地产开发投资资金来源等。

房地产开发统计范围包括有房地产开发经营活动的全部房地产开发经营业法人单位。

资料来源：根据国家统计局制定的《房地产开发统计报表制度》搜集资料，由省统计局固定资产投资处整理汇总。

统计调查方法：由各级统计部门采取全面调查方法，执行企业一套表，由企业网上直报。

I Brief Introduction

Main Contents of Real Estate Statistic: Data in this chapter show the general situation and the development of real estate. They cover the situation of real estate of the 11 municipalities in the whole Jiangxi Province. The data include the value of real estate development, floor space under construction, floor space completed, floor space sold, value of house sold, the source of funds for the development.

The scope of the development of real estate statistics covers all corporate units with development and operating activities engaged in real estate development.

Sources of Data: Data on Real Estate Statistic are collected in accordance with the Reporting Form System of the Development of Real Estate Statistics stipulated by the National Bureau of Statistics and provided by Fixed Assets Investment Division of Jiangxi Provincial Bureau of Statistics.

Methods of Survey: Comprehensive survey methodology is adopted by statistical department at all levels. Data are reported by enterprises through the online data-report system.

18-1 房地产开发经营业主要指标
Main Indicators of Enterprises for Real Estate Development

指　　标	Item	2000	2010	2015	2019	2020	2021
房地产开发投资增速(%)	**Growth Rates of Total Investment in Real Estate Development (%)**	**26.1**	**11.4**	**14.9**	**3.0**	**6.2**	**6.3**
按登记注册类型分	Grouped by Registration Status						
内　资	Domestic Funded		10.8	16.4	3.6	4.1	6.2
#国　有	State-owned Units		2.4	64.8	57.2	-25.5	4.6
集　体	Collective-owned Units		-16.7				-42.9
股份合作	Cooperative Units		-53.2	288.6			
联　营	Joint Ownership Units		5.9				
有限责任公司	Limited liability Enterprises		10.9	23.8	23.3	0.2	-6.9
股份有限公司	Share-holding Corporations Ltd.		16.3	-15.9	-14.7	-53.8	-57.7
私　营	Private Enterprises		13.7	7.7	-12.0	15.4	22.7
其　他	Others		0.0	49.5			106.6
港澳台商投资	Enterprises with Funds from Hong Kong, Macao and Taiwan		10.9	-0.2	22.9	81.2	10.0
外商投资	Foreign Funded		42.5	-49.5	-84.7	329.5	4.4
按构成分	Grouped by Use of Funds						
建筑工程	Construction	21.3	3.1	11.0	-1.6	14.0	11.7
安装工程	Installation	17.5	14.6	46.8	-21.7	-4.2	0.7
设备工器具购置	Purchase of Equipment and Instruments	49.1	83.7	31.1	28.2	15.4	-20.6
其他费用	Others	40.7	40.9	12.7	24.4	-7.4	-2.8
#土地购置费	Total value of Land Purchased	33.6	65.4	17.2	24.4	-1.2	-7.4
按工程用途分	Grouped by Use of Projects						
住　宅	Residential Buildings	32.0	7.0	14.5	6.1	7.2	10.3
办公楼	Office Buildings	25.2	-5.1	-3.5	-10.2	43.7	-11.7
商业营业用房	Houses for Bussiness Use	25.8	23.7	20.5	-5.9	-2.0	-10.6
其　他	Others	9.8	44.1	17.9	-2.5	-3.8	6.2

18-1 续表 continued

指 标	Item	2000	2010	2015	2019	2020	2021
企业个数(个)	**Number of Enterprises (unit)**	**539**	**2141**	**2187**	**2666**	**2855**	**3068**
本年新增固定资产(万元)	**Newly Increased Fixed Assets this Year (10 000 yuan)**	**294124**	**3898732**	**6676396**	**7987123**	**8511116**	**8636130**
土地开发(万平方米)	**Land Space Developed (10 000 sq.m)**						
本年购置土地面积	Land Space Purchased this Year	287.81	777.15	542.89	562.62	551.99	391.93
资金来源(万元)	**Sources of Funds (10 000 yuan)**						
本年资金来源小计	Sources of Funds This Year	444086	10081606	21013298	34205737	37778809	39006601
国内贷款	Domestic Loans	71414	1464036	2308154	4187368	3759022	3335408
#银行贷款	Bank Loans		1412902	2063823	3402360	3189884	2947625
非银行金融机构贷款	Non-banking Financial Institutions Loans		51134	244331	785008	569138	387783
利用外资	Foreign Investment	33925	28979	61412	903	14437	44984
自筹资金	Self-raising Funds	134697	3912925	7307833	8873755	9055657	10101670
其他资金来源	Others	202730	4675666	11335899	894998	585941	701877
定金及预收款	Deposit and Prepayment	164019	2542706	5852983	11753839	13177959	13630340
个人按揭贷款	Individual Mortgage Loans		1460827	4479961	8494874	11185793	11192322
房屋施工、竣工和销售、出租情况(万平方米)	**Floor Space of Buildings Under Construction and Completed, On Sale and for Rent (10 000 sq.m)**						
房屋施工面积	Floor Space under Construction	896.62	7229.94	15293.60	23556.98	23580.80	25219.87
#新开工面积	Started this Year	490.92	2344.98	3704.87	5862.57	5301.79	5282.04
房屋竣工面积	Floor Space of Buildings Completed	402.80	1817.74	1907.89	2230.76	2238.50	2517.44
商品房销售面积	Floor Space of Commercialized Buildings Sold	286.69	2469.73	3478.23	6458.86	6732.71	7676.21
商品房销售额(万元)	Total Sales of Commercialized Buildings(10 000 yuan)	272008	7764058	18636712	47104220	52227807	58941262
商品房出租面积	Floor Space of Commercialized Buildings for Rent	4.67	23.66	5.96	1.21	4.11	1.87
商品房待售面积	Floor Space of Commercialized Buildings Lying Idle	102.90	357.99	1496.06	818.32	803.45	737.49

18-2 房地产开发房屋施工、竣工、销售与出租情况(2021年)

Buildings under Construction, Completed, Sold and for Rent of Real Estate Development (2021)

指标	Item	合计 Total	住宅 Residential Buildings	#90平方米及以下住房 Housing of 90 Square Metres and Below
房屋施工面积(平方米)	Floor Space under Construction (sq.m)	252198715	192843404	18632073
#新开工面积	Started This Year	52820396	41967274	2915683
房屋竣工面积(平方米)	Floor Space lf Buildings Completed (sq.m)	25174431	19263501	1972874
房屋竣工价值(万元)	Value of Buildings Completed (10 000 yuan)	7125452	5407549	590257
商品房销售面积(平方米)	Floor Space of Commercialized Buildings Sold (sq.m)	76762079	66812642	5633297
现房销售面积	Floor Space of Marketable Housing Sold	9126153	6867674	767644
期房销售面积	Floor Space of Future Marketable Housing Sold	67635926	59944968	4865653
出租房屋面积(平方米)	Floor Space for Rent (sq.m)	18718	5991	182
不可销售面积(平方米)	Floor Space Unsalable (sq.m)	569696	164531	17692
待售面积(平方米)	Floor Space Lying Idle (sq.m)	7374917	3246250	311833
商品房销售额(万元)	Total Sales of Commercialized Buildings (10 000 yuan)	58941262	51099739	5265528
现房销售额	Sale of Marketable Housing	6304165	4676131	764252
期房销售额	Sale of Future Marketable Housing	52637097	46423608	4501276

18-2 续表 continued

指标	Item	#144平方米及以上住房 Housing of 144 Square Metres and Above	办公楼 Office Buildings	商业营业用房 Houses for Bussiness Use	其他 Others
房屋施工面积(平方米)	Floor Space under Construction (sq.m)	20986117	6542555	27578557	25234199
#新开工面积	Started This Year	4428913	1319853	4144032	5389237
房屋竣工面积(平方米)	Floor Space lf Buildings Completed (sq.m)	2276415	690238	2420445	2800247
房屋竣工价值(万元)	Value of Buildings Completed (10 000 yuan)	643189	265481	726724	725698
商品房销售面积(平方米)	Floor Space of Commercialized Buildings Sold (sq.m)	6286430	1924937	5452041	2572459
现房销售面积	Floor Space of Marketable Housing Sold	881718	277985	1099976	880518
期房销售面积	Floor Space of Future Marketable Housing Sold	5404712	1646952	4352065	1691941
出租房屋面积(平方米)	Floor Space for Rent (sq.m)	5809		12089	638
不可销售面积(平方米)	Floor Space Unsalable (sq.m)	16814	1420	83543	320202
待售面积(平方米)	Floor Space Lying Idle (sq.m)	547902	363687	2850103	914877
商品房销售额(万元)	Total Sales of Commercialized Buildings (10 000 yuan)	5720862	1668673	4652076	1520774
现房销售额	Sale of Marketable Housing	793592	195537	830338	602159
期房销售额	Sale of Future Marketable Housing	4927270	1473136	3821738	918615

18-3 按登记注册类型分的房地产开发投资增速和资金来源(2021年)

单位: %, 万元

指标	Item	合计 Total	内资 Domestic Funds	国有 State-owned
投资增速(%)	**Growth Rates of Total Investment (%)**	**6.2**	**4.1**	**-25.5**
按构成分	Grouped by Use of Funds			
建筑工程	Construction	11.7	11.5	40.9
安装工程	Installation	0.7	-0.6	-93.3
设备工器具购置	Purchase of Equipment and Instruments	-20.6	-24.6	-93.1
其他费用	Others	-2.8	-2.0	-21.5
按工程用途分	Grouped by Use of Projects			
住宅	Residential Buildings	10.3	11.5	28.0
#90平方米及以下住房	Housing of 90 Square Metres and below	11.3	17.3	13.6
144平方米及以上住房	Housing of 144 Square Metres and Above	2.3	3.0	-24.3
办公楼	Office Buildings	-11.7	-24.0	
商业营业用房	Houses for Bussiness Use	-10.6	-12.8	-50.0
其他	Others	6.2	5.2	-40.8
本年资金来源(万元)	**Total Sources of Funds (10 000 yuan)**			
上年末结余资金	Surplus Funds Last Year	13127050	12351255	73108
本年资金来源小计	Sources of Funds This Year	39006601	37184618	137252
国内贷款	Domestic Loans	3335408	3143893	5000
银行贷款	Bank Loans	2947625	2756110	5000
非银行金融机构贷款	Non-banking Financial Institutions Loans	387783	387783	
利用外资	Foreign Investment	44984		
自筹资金	Self-raising Funds	10101670	9739497	50083
其他资金来源	Others	701877	687338	9540
定金及预收款	Deposit and Advance Payment	13630340	12908027	37480
个人按揭贷款	Individual Mortgage Loans	11192322	10705863	35149

Growth Rates of Investment in Real Estate Development and Sources of Funds by Registration Status (2021)

(%，10 000 yuan)

股份有限公司 Share-holding Corporations Ltd.	私营 Private	其他内资 Others	港澳台商投资 Funds from Hong Kong, Macao and Taiwan	外商投资 Foreign Funded
-53.8	**15.4**	**23846.7**	**81.2**	**329.5**
-67.1	24.4	134.4	1.5	180.7
-49.7	6.0		57.1	1.6
-86.6	-16.0		130.2	19.3
222.9	27.8	58.3	11.2	-89.5
-68.7	29.5	99.6	-8.1	-36.6
-95.3	40.9		-11.7	-99.8
-81.3	16.4		-31.9	29967.0
99.8	-21.2	-12.8	878.5	
-40.4	1.8		181.1	1779.9
-77.6	3.3		-5.3	1701.8
41158	6158700	6883	363851	411944
274956	19613158	136346	1558619	263364
37674	1408237	11863	191515	
31674	1271324	11863	191515	
6000	136913			
			44984	
78747	5430108	38789	352903	9270
2405	295226		14539	
83379	6659392	41953	544107	178206
72751	5820195	43741	410571	75888

18-4 各地区房地产开发经营业主要指标(2021年)

指标	Item	全省 Total	南昌市 Nanchang	景德镇市 Jingdezhen
企业个数(个)	**Number of Enterprises (unit)**	**3068**	**586**	**96**
投资额和新增固定资产	**Gorwth Rate of Investment And Newly Increased Fixed**			
投资额增速(%)	**Assets Investment (%)**	**6.3**	**0.4**	**-3.5**
按登记注册类型分	Grouped by Registration Status			
内资	Domestic Funded	6.2	-0.1	-2.7
#国有	State-owned	4.6	-15.9	-34.7
集体	Collective-owned	-42.9	-42.9	
有限责任公司	Limited liability Enterprises	-6.9	-4.6	-2.2
股份有限公司	Share-holding Corporations Ltd.	-57.7	-74.9	-2.5
私营	Private Enterprises	22.7	14.1	2.8
其他内资	Others	106.6	-30.3	
港澳台商投资	Enterprises with Funds from Hong Kong, Macao and Taiwan	10.0	7.2	-35.1
外商投资	Foreign Funded	4.4	3.0	
按构成分	Grouped by Use of Funds			
建筑工程	Construction	11.7	10.7	-2.8
安装工程	Installation	0.7	3.0	118.9
设备工器具购置	Purchase of Equipment and Instruments	-20.6	-19.4	190.0
其他费用	Others	-2.8	-11.8	-21.3
#土地购置费	Total Value of Land Purchased	-7.4	-18.7	-22.2
按工程用途分	Grouped by Use of Projects			
住宅	Residential Buildings	10.3	5.6	4.2
#90平方米及以下住房	Housing of 90 Square Metres and Below	11.3	7.8	27.0
144平方米及以上住房	Housing of 144 Square Metres and Above	2.3	-5.6	12.8
办公楼	Office Buildings	-11.7	-16.6	25.9
商业营业用房	Houses for Bussiness Use	-10.6	-12.6	-33.6
其他	Others	6.2	-4.6	-29.6
本年新增固定资产(万元)	**Newly Increased Fixed Assets this Year (10 000 yuan)**	**8636130**	**2723320**	**159519**
土地开发情况(平方米)	**Land Space Developed (sq.m)**			
本年购置土地面积	Land Space Purchased this Year	3919348	586391	360968
资金来源(万元)	**Source of Funds (10 000 yuan)**			
本年资金来源小计	**Source of Funds this Year (10 000 yuan)**	**39006601**	**12862523**	**1101487**
国内贷款	Domestic Loans	3335408	1798038	54549
#银行贷款	Bank Loans	2947625	1560021	36150
非银行金融机构贷款	Non-banking Financial Institutions Loans	387783	238017	18399
利用外资	Foreign Investment	44984	44780	
自筹资金	Self-raising Funds	10101670	4123901	269914
其他资金来源	Others	701877	168770	10802
定金及预付款	Deposit and Prepayment	13630340	3887496	436307
个人按揭贷款	Individual Mortgage Loans	11192322	2839538	329915
房屋施工、竣工和销售、出租情况(平方米)	**Floor Space of Buildings Under Construction and Completed, on Sale and for Rent (sq.m)**			
房屋施工面积	**Floor Space of Buildings under Construction**	**252198715**	**59270959**	**6702350**
住宅	Residential Buildings	192843404	40978828	5539664
#90平方米及以下住房	Housing of 90 Square Metres and Below	18632073	9662401	497617
144平方米及以上住房	Housing of 144 Square Metres and Above	20986117	4986775	552603
办公楼	Office Buildings	6542555	4294896	39557
商业营业用房	Houses for Bussiness Use	27578557	6190899	550645
其他	Others	25234199	7806336	572484

Main Indicators of Enterprises for Real Estate Development by Region (2021)

萍乡市 Pingxiang	九江市 Jiujiang	新余市 Xinyu	鹰潭市 Yingtan	赣州市 Ganzhou	吉安市 Ji'an	宜春市 Yichun	抚州市 Fuzhou	上饶市 Shangrao
112	**401**	**82**	**79**	**530**	**227**	**307**	**270**	**378**
3.0	**23.4**	**0.6**	**1.1**	**2.3**	**25.0**	**19.9**	**13.8**	**2.6**
3.1	21.8	0.6	0.0	2.5	25.3	20.3	13.8	2.0
344.0		-100.0		32.6	53.3			226.4
-15.2	-15.5	-36.1	-28.1	-14.2	53.2	4.8	-7.8	-11.8
-100.0	-57.6		-100.0	-8.0	-54.7	-65.0	-63.1	2928.1
12.0	97.9	33.5	40.6	12.7	21.4	34.3	43.4	7.0
-100.0	218.5			-34.9	-83.7	-3.4		30.3
				-1.2				
11.0	25.2	-14.4	25.2	7.9	14.6	16.5	18.4	3.0
-27.9	-8.4	37.7	51.8	-25.1	19.1	-0.1	1.2	20.3
-20.9	-44.8	-0.1	-54.3	-30.4	71.3	-19.1	-33.5	-22.3
-24.3	48.5	275.7	-43.4	-0.1	148.6	60.7	1.0	-1.8
60.5	79.8		-54.0	-5.5	291.3	70.4	-10.7	11.0
-0.4	25.4	-7.8	-0.4	2.4	22.7	26.6	18.5	8.1
-48.8	97.5	-29.3	27.6	-2.4	47.0	45.0	-27.8	19.3
-14.3	49.0	-12.0	5.5	-1.6	-15.5	13.6	60.1	14.5
7.0	36.4	19500.0	8313.8	44.4	57.8	106.0	-0.2	-64.0
-23.0	-1.0	46.0	11.5	-10.4	37.3	-23.8	-18.0	-9.4
51.3	47.0	89.2	-3.6	17.2	24.1	56.5	79.2	-27.7
272215	**560027**	**364382**	**196169**	**951313**	**962431**	**1132049**	**445378**	**869327**
41145	116961	81951	63936	337145	223772	682727	309159	1115193
769890	**3385823**	**606689**	**805120**	**6059183**	**2250392**	**4036075**	**2631438**	**4497981**
26998	310856	21100	90380	365867	110036	167316	137746	252522
25998	251856	21100	44380	360140	102726	166316	133646	245292
1000	59000		46000	5727	7310	1000	4100	7230
								204
99786	987192	43804	66958	1224504	485971	988479	879458	931703
14016	96056	13952	21601	87896	53900	98567	38173	98144
303789	972433	274487	323502	2267263	802946	1550423	923709	1887985
325301	1019286	253346	302679	2113653	797539	1231290	652352	1327423
11441742	**28811484**	**6530521**	**6711044**	**46241842**	**16643253**	**24546992**	**20367315**	**24931213**
8253009	24084717	5021442	5377436	34735661	12819901	19708320	16424877	19899549
323803	1012442	482050	364455	1612491	678593	1787170	1260133	950918
1250824	1776269	907881	695098	3984667	1092560	2468247	1015581	2255612
101437	403204	34623	49584	720004	74132	324572	296906	203640
1294235	2602310	778546	679713	5567168	1774562	2929792	2206402	3004285
1793061	1721253	695910	604311	5219009	1974658	1584308	1439130	1823739

18-4 续表

指 标	Item	全 省 Total	南昌市 Nanchang	景德镇市 Jingdezhen
房屋新开工面积(平方米)	**Floor Space Started this Year (sq.m)**	**52820396**	**12415271**	**1834072**
住 宅	Residential Buildings	41967274	9017557	1491290
#90平方米及以下住房	Housing of 90 Square Metres and Below	2915683	1401095	93734
144平方米及以上住房	Housing of 144 Square Metres and Above	4428913	1233389	172373
办公楼	Office Buildings	1319853	837861	720
商业营业用房	Houses for Bussiness Use	4144032	890753	260259
其 他	Others	5389237	1669100	81803
房屋竣工面积(平方米)	**Floor Space of Buildings Completed (sq.m)**	**25174431**	**6283681**	**518039**
住 宅	Residential Buildings	19263501	4078922	465612
#90平方米及以下住房	Housing of 90 Square Metres and Below	1972874	1033734	25447
144平方米及以上住房	Housing of 144 Square Metres and Above	2276415	730624	59075
办公楼	Office Buildings	690238	585520	
商业营业用房	Houses for Bussiness Use	2420445	541579	22486
其 他	Others	2800247	1077660	29941
竣工房屋价值(万元)	**Value of Buildings Completed (10 000 yuan)**	**7125452**	**2059035**	**114635**
住 宅	Residential Buildings	5407549	1304614	105428
#90平方米及以下住房	Housing of 90 Square Metres and Below	590257	314489	6800
144平方米及以上住房	Housing of 144 Square Metres and Above	643189	219397	17500
办公楼	Office Buildings	265481	234239	
商业营业用房	Houses for Bussiness Use	726724	188645	3138
其 他	Others	725698	331537	6069
商品房销售面积(平方米)	**Floor Space of Commercialized Buildings Sold (sq.m)**	**76762079**	**20194934**	**2402725**
住 宅	Residential Buildings	66812642	15622908	2237819
#90平方米及以下住房	Housing of 90 Square Metres and Below	5633297	3340084	158009
144平方米及以上住房	Housing of 144 Square Metres and Above	6286430	1515871	167433
办公楼	Office Buildings	1924937	1585493	18886
商业营业用房	Houses for Bussiness Use	5452041	1882926	63579
其 他	Others	2572459	1103607	82441
商品房销售额(万元)	**Total Sales of Commercialized Buildings Sold (10 000 yuan)**	**58941262**	**20762689**	**1559374**
住 宅	Residential Buildings	51099739	16522776	1487813
#90平方米及以下住房	Housing of 90 Square Metres and Below	5265528	3640342	119884
144平方米及以上住房	Housing of 144 Square Metres and Above	5720862	2096443	139237
办公楼	Office Buildings	1668673	1442015	8985
商业营业用房	Houses for Bussiness Use	4652076	1909553	52883
其 他	Others	1520774	888345	9693
商品房出租面积(平方米)	**Floor Space for Rent (sq.m)**	**18718**		
住 宅	Residential Buildings	5991		
#90平方米及以下住房	Housing of 90 Square Metres and Below	182		
144平方米及以上住房	Housing of 144 Square Metres and Above	5 809		
办公楼	Office Buildings			
商业营业用房	Houses for Bussiness Use	12089		
其 他	Others	638		
商品房待售面积(平方米)	**Floor Space Lying Idle (sq.m)**	**7374917**	**1199246**	**446919**
住 宅	Residential Buildings	3246250	351085	215218
#90平方米及以下住房	Housing of 90 Square Metres and Below	311833	75017	4476
144平方米及以上住房	Housing of 144 Square Metres and Above	547902	125102	30617
办公楼	Office Buildings	363687	210198	
商业营业用房	Houses for Bussiness Use	2850103	497142	199187
其 他	Others	914877	140821	32514

continued

萍乡市 Pingxiang	九江市 Jiujiang	新余市 Xinyu	鹰潭市 Yingtan	赣州市 Ganzhou	吉安市 Ji'an	宜春市 Yichun	抚州市 Fuzhou	上饶市 Shangrao
2257761	**4986463**	**974334**	**1677116**	**8403980**	**3417376**	**7780585**	**3663734**	**5409704**
1595873	4284671	761569	1423523	6672376	2793822	6347299	3132800	4446494
4437	84229	29153	15222	223166	181438	646145	48124	188940
212908	395579	65571	82961	746329	211918	776414	223994	307477
29097	81442	1377	18018	178277	27871	66734	47242	31214
153001	324875	94438	46458	559601	309464	835229	204715	465239
479790	295475	116950	189117	993726	286219	531323	278977	466757
1057619	**1730306**	**1570250**	**619052**	**3346166**	**2889211**	**3358943**	**1164248**	**2636916**
924573	1503471	1121815	456924	2562271	2355300	2866763	871122	2056728
105875	30254	189117	719	74096	151713	155447	7181	199291
149562	133462	188790	32 700	238994	261580	157872	68 231	255525
		33515		14713	11756	21435	20694	2605
94967	176792	187512	74601	357867	237292	224296	138851	364202
38079	50043	227408	87527	411315	284863	246449	133581	213381
283735	**495696**	**319060**	**185261**	**921791**	**766119**	**922370**	**275861**	**781889**
247959	438338	230231	144195	717006	631837	789369	195086	603486
23713	7856	56827	215	16000	58431	43371	3222	59333
40158	34030	30028	9 222	64730	70084	46802	20 372	90866
		9291		4367	2155	6194	8829	406
26261	45241	47219	20302	109874	53908	76908	40753	114475
9515	12117	32319	20764	90544	78219	49899	31193	63522
2213904	**9500092**	**1384634**	**1643120**	**14122482**	**4042775**	**6989065**	**5269796**	**8998552**
2029875	8713096	1254875	1525382	12166300	3760032	6590090	4924768	7987497
56627	388606	104479	28966	498534	142328	406219	153661	355784
300034	709121	227185	194054	1116915	234398	702825	227631	890963
376	71241			135357	2090	4583	25161	81750
138259	575734	82195	105598	1113304	200295	350010	299717	640424
45394	140021	47564	12140	707521	80358	44382	20150	288881
1196031	**6203572**	**932567**	**1002782**	**9949002**	**2741474**	**4750518**	**3756353**	**6086900**
1038394	5656341	856771	938055	8725956	2561676	4449136	3484007	5378814
36285	286739	69414	17887	371944	107325	258042	100238	257428
157862	520911	177341	129930	879537	149000	591319	206340	672942
285	36076			124022	1235	2413	14200	39442
134621	433092	50235	57233	776243	143030	277718	244131	573337
22731	78063	25561	7494	322781	35533	21251	14015	95307
				6629	**12089**			
				5991				
				182				
				5 809				
					12089			
				638				
374732	**796488**	**370978**	**206616**	**893342**	**913767**	**508766**	**588598**	**1075465**
200669	435848	134966	28765	294996	406255	248362	324396	605690
57560	12167	1493	9109	9171	11635	62627	6256	62322
61082	27259	24849	4782	53273	49760	54319	29172	87687
1000	35641			102830		434	6264	7320
142759	288060	159723	171083	302583	350760	259321	176142	303343
30304	36939	76289	6768	192933	156752	649	81796	159112

主要统计指标解释

房地产业 是指从事房地产开发、建设、经营、租赁及维修等活动的经济部门。按照国民经济行业划分的规定，房地产业包括房地产开发与经营、房地产管理和房地产经纪与代理业三部分内容。

房地产开发业 是房地产业的一个重要组成部分，是指进行商品房屋建设和土地开发及经营活动的企业和单位。

房地产开发投资额 是以货币形式表现的房地产开发企业（单位）在一定时期内进行房屋建设及土地开发所完成的工作量及有关费用的总称。

建筑工程 指各种房屋、建筑物的建造工程，又称建筑工作量。这部分投资额必须兴工动料，通过施工活动才能实现。

安装工程 指各种设备、装置的安装工程，又称安装工作量。

设备、工器具购置 指工业企业生产的产品转化为固定资产的购置活动，包括建设单位或企、事业单位购置或自制的，达到固定资产标准的设备、工具、器具的价值。

商品住宅 指房地产开发企业(单位)建设并出售、出租给使用者，仅供居住用的房屋。

办公楼 指企业、事业、机关、团体、学校、医院等单位使用的各类办公用房(又称写字楼)。

本年新增固定资产 指在报告期已经完成建造和开发过程并交付使用的房屋和土地开发面积的价值。指房地产开发公司进行开发经营活动的最终成果，即为社会提供的固定资产，而且是在报告期内新增加的。不是反映房地产开发企业本身固定资产的增加。

上年末结余资金 指上年资金来源中没有形成投资额而结余的资金。包括尚未用到工程上去的材料价值、未开始安装的需要安装设备价值及结存的现金和银行存款等。可根据有关财务数字填报。上年末结余资金不能出现负数，即不能把上年应付工程、材料款作为上年末结余资金的负数来处理。

本年资金来源小计 指房地产开发企业(单位)实际拨入的，用于房地产开发的各种货币资金。包括国内贷款、利用外资、自筹资金和其他资金。

国内贷款 指报告期房地产开发企业(单位)向银行及非银行金融机构借入的用于房地产开发与经营的各种国内借款，包括银行利用自有资金及吸收的存款发放的贷款、上级主管部门拨入的国内贷款、国家专项贷款(包括煤代油贷款、劳改煤矿专项贷款等)，地方财政专项资金安排的贷款、国内储备贷款、周转贷款等。

银行贷款 指向各商业银行、政策性银行借入的用于房地产开发与经营的各项贷款。

利用外资 指报告期收到的用于房地产开发与经营的境外资金(包括外国及港澳台地区)，包括外商直接投资、对外借款(外国政府贷款、国际金融组织贷款、出口信贷、外国银行商业贷款、对外发行债券和股票)及外商其他投资(包括补偿贸易和加工装配由外商提供的设备价款、国际租赁)。不包括我国自有外汇资金(包括国家外汇、地方外汇、留成外汇、调剂外汇和中国银行自有资金发行的外汇贷款等)。各类外资按报告期的外汇牌价(中间价)折成人民币“万元”计算。

自筹资金 指各地区、各部门及企事业单位筹集用于房地产开发与经营的预算外资金。

其他资金来源 指在报告期收到的除以上各种资金之外其他用于房地产开发与经营的资金。包括国家预算内资金、债券、社会集资、个人资金、无偿捐赠的资金及用征地迁移补偿费、移民费等进行房地产开发的资金。

房屋施工面积 指报告期内施工的全部房屋建筑面积。包括本期新开工的面积和上年开工跨入本期继续施工的房屋面积，以及上期已停建在本期恢复施工的房屋面积。本期竣工和本期施工后又停建缓建的房屋面积仍包括在施工面积中，多层建筑应填各层建筑面积之和。

房屋竣工面积 指报告期内房屋建筑按照设计要求已全部完工，达到住人和使用条件，经验收鉴定合格或达到竣工验收标准，可正式移交使用的各栋房屋建筑面积的总和。

竣工房屋价值 指在报告期内竣工房屋本身的建造价值。竣工房屋的价值一般按房屋设计和预算规定的内容计算。包括竣工房屋本身的基础、结构、屋面、装修以及水、电、卫等附属工程的建筑价值，也包括作为房屋建筑组成部分而列入房屋建筑工程预算内的设备(如电梯、通风设备等)的购置和安装费用；不包括厂房内的工艺设备、工艺管线的购置和安装，工艺设备基础的建造；办公和生活用家具的购置等费用；购置土地的费用；迁移补偿费和场地平整的费用及城市建设配套投资。竣工房屋价值一般按结算价格计算。

出租房屋面积 指在报告期期末房屋开发单位出租的商品房屋的全部面积。

商品房销售面积 指报告期内出售商品房屋的合同总面积(即双方签署的正式买卖合同中所确定的建筑面积)。由现房销售建筑面积和期房销售建筑面积两部分组成。

商品房销售额 指报告期内出售商品房屋的合同总价款(即双方签署的正式买卖合同中所确定的合同总价)。该指标与商品房销售面积同口径，由现房销售额和期房销售额两部分组成。

待售面积 指报告期末已竣工的可供销售或出租的商品房屋建筑面积中，尚未销售或出租的商品房屋建筑面积，包括以前年度竣工和本期竣工的房屋面积，但不包括报告期已竣工的拆迁还建、统建代建、公共配套建筑、房地产公司自用及周转房等不可销售或出租的房屋面积。

本年购置土地面积 指在本年内通过各种方式获得土地使用权的土地面积。

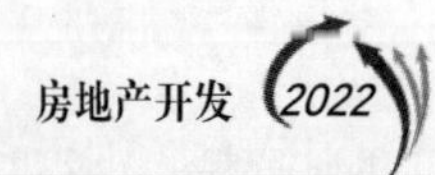

Explanatory Notes on Main Statistical Indicators

Real Estate Industry refers to those engaged in real estate development, construction, management, leadin and maintenance activities in the sectors of the economy. In accordance with the provisions of the national economy sectors, the real estate industry including real estate development and management, property management and real estate brokers and agents part of the contents of the three.

Real Estate Development Industry is an important component of real estate industry ,refers to enterprises and units engaged in housing construction and land development and management.

Value of Real Estate Development Investment is in the form of money in real estate development enterprises (units) in a certain period for housing construction and land development by the workload and related costs.

Construction refers to the construction of houses and buildings, also called work volume of construction. This part of investment can only be realized under construction.

Installation refers to the installation of various kinds of equipment and instruments, also called work volume of installation.

Purchase of Equipment and Instruments Purchase of equipment and instruments refers to the total value of equipment, tools, and instruments purchased or self-produced which come up to the cut-off point for fixed assets by the construction units or investing enterprises or institutions.

Residential Buildings refers to buildings built and sold, least to users, only used for living .

Office Buildings refer to office space for enterprise, business, institutions, organizations, schools, hospitals and other units .

Newly Increased Fixed Assets This year refer to the newly increased value of fixed assets, constructed or purchased, that have been transferred to the investors. This is an indicator that demonstrates the results of investment in fixed assets in monetary terms, and an important indicator to reflect the speed of construction and to calculate the efficiency of investment.

Surplus Funds Last Year refers to the surplus funds which didn't form the investment in fixed assets in the sources of funds in previous year. It includes material values that will be used in the projects, facilities values that must be and will be installed, and surplus cashes and deposits in bank.

Sources of Funds This Year refers to the monetary funds received by investing enterprises during the reference period for the purpose of investment in fixed assets. It includes funds from domestic loans, foreign investment, self-raised funds, and others.

Domestic Loans refer to loans of various forms borrowed by investing units from banks and non-bank financial institutions during the reference period, including loans issued by banks from their self-owned funds and deposit, loans appropriated by higher responsible authorities, special loans by government (including loan for substituting petroleum with coal, special loan for reform-through-labour coal mines), loans arranged by local government from special funds, domestic reserve loan, and working loan, etc.

Bank Loans refer to loans for real estate development and management brought from commercial banks and policy banks.

Foreign Funded refers to foreign funds received during the reference period for investment in fixed assets (covering equipment, materials and technology), including foreign direct investment, foreign borrowings (loans from foreign governments and international financial institutions, export credit, commercial loans from foreign banks, issuance of bonds and stocks overseas), and other foreign investment (covering facilities' funds provided by foreign investment by compensation trade and processing & assembly, as well as international lease).

Self-raising Funds refer to extra-budgetary funds for investment in fixed assets received by investing units from central government ministries, local governments, enterprises and institutions during the reference period.

Others Sources of Funds refer to funds for investment in fixed assets received from the sources other than those listed above, including funds raised from social and individuals, through donations, and funds transferred from other units.

Floor Space under Construction refer to total floor space of all buildings under construction during the reference period, including floor space of newly started buildings during the reference period, floor space of construction extended from the previous period to the current period, and floor space of construction suspended during the previous period and resumed in the current period. Floor space of construction completed in the current period, and floor space of construction started and then suspended in the current period are also included in the floor space under construction of the current year.

Floor Space Completed refers to the floor space of all buildings completed in the reference period, which have been appraised and accepted (or come up to the designed standards) and have been transferred to owner units.

Value of Buildings Completed refer to the intrinsic construction value of buildings completed in the reference period. It is figured by the rules of buildings design and budget, which not only includes the construction value of foundations, structure, furnishings, subsidiary projects such as water, electricity, toilet, etc. but also includes purchase and installation expenditures of facilities (such as lift, ventilation, etc.) listed into buildings budget as component of building construction. It excludes the purchase and installation of technical facilities, leads and lines in factories, construction of technical facilities' basis, expenditures of environment projects such as water, eructate, electricity, toilet, road projects, wall fended to earth outside, purchase of furniture in office or house, purchase of lands, as well as expenditures of move compensation and land leveling etc.

Floor Space of Buildings for rent refer to the total area for rent in the end of the reference period.

Floor Space of Commercialized Buildings Sold refer to total contracted area of commercialized housing (i.e. area of floor space as designated in the formal contracts signed by both sides) during the reference time. It constitutes floor space of completed housing and floor space of future housing.

Total Sales of Commercialized Buildings Sold refer to the total contracted value (i.e. value of sales/purchase for selling/purchase of commercialized housing as designated in the contract signed by both sides) during the reference time. This indicator has the same coverage as the area of commercialized housing sold, which constitutes floor space of completed housing and floor space of housing yet to be completed.

Floor Space Lying Idle refer to the area has not yet sold or rent, including the housing area completed in the current period the previous year, but does not include demolition re-construction, united construction and the building of agents, public supporting the construction, real estate companies, such as swing space for personal use and not for sale or rental of housing area. has been completed in the reporting period.

Land Space Purchased This Year refer to the land area accessible by various means in current year.

19

科技、教育、文化

SCIENCE, EDUCATION AND CULTURE

◆ 439/474

资料整理：王惠媗　许　谓　冯晓晖　吴望辉

简要说明

本篇资料主要分为科技、教育、文化、新闻出版、广播电视四部分。

科技统计资料主要内容包括：地方企事业单位专业技术人员情况；独立核算的科研机构、高校及各类企事业单位的科技活动人员、科技成果及奖励等情况；专利申请和授权情况；技术市场技术合同成交情况；科协系统科技活动情况等。

科技统计范围：包括全社会有科技活动的企事业单位，具体为：规模限额以上企业、独立核算的科研机构、普通高等学校以及国民经济其他行业中有研发活动的企业（单位）等。资料来源:全省科技综合资料、各类企业科技资料由省统计局调查提供；独立核算的科研机构资料、技术市场资料由省科技厅调查提供；高校科技活动资料由省教育厅调查提供；国防科研机构资料由省工信委调查提供；专业技术人员资料由省人力资源保障厅调查提供；科协系统科技活动资料由省科协调查提供；专利由省知识产权局调查提供。统计调查方法：规模（限额）限额以上企业、独立核算的科研机构、高校的科技活动资料采用全数调查取得。

教育统计资料包括研究生教育、高等教育(普通教育本专科、成人教育本专科)、中等教育(高中阶段教育和初中阶段教育)、初等教育(小学)、学前教育、特殊教育(盲聋哑和弱智儿童学校)等资料。主要指标包括学校数、在校学生数、招生数、毕业生数、教职工数和专任教师数等。资料来源于省教育厅，其中技工学校资料来源于省人力资源和社会保障厅。

文化统计资料主要包括艺术表演团体、艺术表演场所、公共图书馆、博物馆、文化馆、文化站、文物、文化产业、新闻出版、广播电视等资料，资料来源于省文化和旅游厅、省广播电视局。

新闻出版、广播电视资料主要包括各类报纸杂志、图书出版数量、全省广播电台、电视台数量、广播电视人口覆盖率、有线电视人口覆盖等资料。资料来源于省新闻出版局、省广播电视局。

Brief Introduction

This chapter covers four parts: technology, education, culture, and radio film and television.

Data on technology mainly include: condition of professional scientific and technological personnel of local state-owned enterprises and institutions; scientific and technological institutions with independent accounting system, scientific and technological personnel in universities and colleges and various enterprises or institutions, activities of R&D and scientific and technological achievements and prizes; condition on applied and certified patent applications domestically and overseas; the situation of signed technological contracts on technological market; scientific and technological activities within scientific and technological system.

Statistical scope of science and technology: enterprises and institutions with scientific and technological activities, including industrial enterprises above designed size, scientific and technological institutions with independent accounting system, universities and colleges enterprises with scientific and technological activities in other national economic industries. Sources of data are listed as follows. Scientific and technological data on provincial level and various enterprises are prepared and provided by Jiangxi Bureau of Statistics. Data on scientific and technological institutions with independent accounting system and technological markets are prepared and provided by Jiangxi Bureau of Science and Technology. Data on scientific and technological activities in universities and colleges are prepared and provided by Jiangxi Provincial Department of Education. Data on scientific research institutions for defense are prepared and provided by Jiangxi Department of Industry and Information Technology. Data on the number of scientific and technological personnel are prepared and provided by Jiangxi Department of Human Resources and Social Security. Data on the scientific and technological activities are prepared and provided by Jiangxi Science Association. Data on supervision and checking of the products quality and patents are prepared and provided by Jiangxi Intellectual Property Office. Statistical methodology: data on industrial enterprises above designated size, scientific and technological institutions with independent accounting system and scientific and technological activities of universities and colleges are collected through comprehensive reporting system.

Data on education cover the situations on postgraduates, higher education (universities and colleges), secondary education (senior and junior high schools), elementary education (primary schools), preschool education, special education (schools for the blind, deaf-mutes, and the retarded) on education.

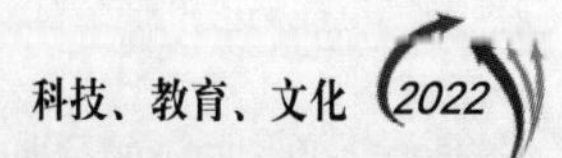

The main indicators cover the number of schools, the number of student enrollment, the number of new enrollment, the number of graduates, the number of staff and workers, and the number of full-time teachers. The data are mainly prepared and provided by Bureau of Education. Data on the technical training schools are prepared and provided by the Bureau of Labor and Social Security.

Data on culture industry cover art performance troupes, art performance places, public libraries, museums, culture centers, culture satiations, relics, publishing and broadcasting. Data source from Jiangxi Bureau of Culture and Tourism, The Administration of Press, Publication, Radio, Film and Television of Jiangxi Province, The Bureau of Statistics of Jiangxi Province.

Data on press, publication and broadcasting mainly include publication of newspapers, magazines and books, number of radio and television stations, TV and radio coverage rate of population. Data are prepared and provided by Jiangxi Bureau of Press and Publication, Jiangxi Bureau of Broadcasting and Television.

19-1 R&D 经费内部支出
R&D Internal Expenditure

年份 Year	R&D经费内部支出(万元) R&D Internal Expenditure (10 000 yuan)	企业 Enterprises	#规模以上工业企业 Industrial Enterprises above Designated Size	科研机构 Science Institutions	高等院校 High Educations	其他 Others	R&D经费内部支出与GDP比值 Proportion of R&D Internal Expenditure in GDP (%)
2005	288244	219157	210844	34437	32253	2397	
2010	860691	671849	659161	93819	74108	20915	0.91
2011	967529	783482	769834	82488	79950	21609	0.82
2012	1136552	939633	925985	90599	85676	20644	0.88
2013	1354972	1115772	1106443	122711	95126	21363	0.94
2014	1531114	1295464	1284642	114192	100738	20720	0.97
2015	1731820	1484984	1474968	122029	103843	20964	1.04
2016	2073091	1813485	1797561	130051	103038	26517	1.13
2017	2558030	2244897	2216865	152315	135412	25406	1.28
2018	3106906	2730419	2677714	185337	159222	31928	1.37
2019	3843094	3296754	3202151	251305	245564	49472	1.55
2020	4307188	3634753	3460219	352406	248617	71412	1.68
2021	5021718	4224688	3978466	376306	307133	113591	1.70

19-2 R&D情况(2021年)
Basic Statistics on R&D (2021)

项目	Item	总计 Total	企业 Enterprises	#规模以上工业企业 Industrial Enterprises above Designated Size	科研机构 Science Institutions	高等院校 High Educations	其他 Others
有R&D活动单位(个)	R&D Institutions (unit)	6738	6360	5986	90	169	119
R&D人员(人)	R&D Personnel (person)	188413	149838	140382	7636	26112	4827
#研究人员	Research Personnel	69368	38484	34751	5985	22083	2816
全时人员	Full-time	128169	109349	102546	6093	9780	2947
非全时人员	Non Full-time	60244	40489	37836	1543	16332	1880
R&D人员折合全时当量(人年)	Full-time Equivalent of R&D Personnel (person-year)	124785	104224	97497	6599	10714	3247
R&D经费内部支出(万元)	R&D Interal Expenditure (10 000 yuan)	5021718	4224688	3978466	376306	307133	113591
日常性支出	Routine	4515376	3953576	3715946	246322	234533	80945
#人员劳务费	Labour	1168438	933506	815326	106725	80334	47873
资产性支出	Asset	506342	271112	262519	129984	72600	32646
#仪器和设备	Instruments and Facilities	368580	253845	245676	33072	54738	26925
政府资金	Government Funded	738776	139410	135429	348209	176190	74967
企业资金	Enterprises Funded	4218771	4084988	3843015	3681	99458	30644
境外资金	Overseas Fund	403	136	22		265	2
其他资金	Other Funds	63768	154		24416	31221	7978
R&D经费外部支出(万元)	R&D External Expenditure (10 000 yuan)	346215	157521	148667	180576	5897	2222

19-3 R&D项目(课题)情况(2021年)
R&D Projects (2021)

指　标	Item	项目(课题)数（项）Number of Projects (item)	项目(课题)参加人员折合全时当量(人年) Full-time Equivalent of Project Personnel (person-year)	研究人员 Research Personnel	项目(课题)经费内部支出(万元) Expenditure (10 000 yuan)
总　计	**Total**	**62435**	**123482**	**37537**	**45572180**
企　业	Enterprises	26095	104969	22266	4283747
#规模以上工业企业	Enterprises Industrial above Designated Size	24316	97248	19703	4088358
科研机构	Science Institutions	1498	5815	4735	200741
高等院校	High Educations	34188	10715	9168	41049786
其　他	Others	654	1983	1368	37907

19-4 研究机构情况(2021年)
Scientific Research Institutions (2021)

指　标	Item	机构数(个) Number of Institutions (unit)	R&D人员(人) R&D Personnel (person)	#博士毕业 Doctor Graduates	#硕士毕业 Master Graduates	R&D经费支出(万元) Expenditure on R&D Activities (10 000 yuan)	科研用仪器设备原价(万元) Prime Cost of Research Instruments (10 000 yuan)
总　计	**Total**	**6076**	**111813**	**4670**	**9545**	**4827778**	**5387994**
企　业	Enterprises	5344	97716	722	4881	4346777	3207508
#规模以上工业企业	Enterprises Industrial above Designated Size	5270	128937	952	6563	5199616	3120403
科研机构	Science Institutions	103	7636	780	2847	376306	143930
高等院校	High Educations	598	5292	2911	1518	76290	2006176
其　他	Others	31	1169	257	299	28405	30380

19-5 规模以上工业企业R&D情况
R&D Activities of Industrial Enterprises above Designated Size

指 标	Item	2020	2021
企业基本情况	**Basic Statistics**		
企业数(个)	Number of Industrial Enterprises above Designated Size (unit)	14363	15823
#有R&D活动企业数	Enterprises with R&D Activities	5081	5986
#有研发机构企业数	Enterprises with Research Institutions	4090	5056
R&D活动人员情况	**R&D Personnel**		
R&D人员合计(人)	R&D Personnel (person)	140173	140382
#参加项目人员	Project Participated	130816	131126
管理和服务人员	Management and Service Personnel	9357	9256
#女性	Female	32497	31569
#研究人员	Researchers	37954	34751
#全时人员	Full-time	105960	102546
非全时人员	Non Full-time	34213	37836
R&D人员折合全时当量合计(人年)	Full-time Equivalent of R&D Personnel (person-year)	100473	97497
#研究人员	Researchers	26947	24260
#基础研究人员	Basic Research	59	67
应用研究人员	Applied Research	7933	1957
试验发展人员	Experimental Research	98366	95473
R&D活动经费支出情况	**R&D Expenditure**		
R&D经费内部支出合计(万元)	R&D Internal Expenditure (10 000 yuan)	3460219	3978466
#经常费支出	Routine	3108509	3715946
#人员劳务费	Labour	757675	815326
资产性支出	Asset	351711	262519
土建工程	Building Projects	6444	16843
仪器和设备	Instruments and Facilities	345267	245676
#基础研究支出	Basic Research	839	5591
应用研究支出	Applied Research	73936	69390
试验发展支出	Experimental Research	3385444	3903485
#政府资金	Government Funded	52648	135429
企业资金	Enterprises Funded	3407511	3843015
境外资金	Overseas Fund	5	22
其他资金	Other funds	55	
R&D经费外部支出合计(万元)	R&D External Expenditure (10 000 yuan)	111649	148667
#对境内研究机构支出	to Domestic Research Institutions	16865	16801
对境内高等学校支出	to Domestic Higher Education	10649	10670
对境内企业支出	to Domestic Enterprises	81407	111911
对境外支出	to Foreign Institutions	2727	9286
全部R&D项目情况	**R&D Projects**		
项目数(个)	R&D Projects (unit)	23056	24316
项目人员折合全时当量(人年)	Participants (person-year)	93955	97248
项目经费内部支出	Expenditure (10 000 yuan)	3530352	4088358
企业办研发机构情况	Scientific Research Institutions		
期末机构数	Institutions (unit)	4380	5270

19-5 续表 continued

指 标	Item	2020	2021
机构人员合计(人)	Personnel (person)	108641	128937
#博士毕业	Doctors	837	952
硕士毕业	Masters	5749	6563
机构经费支出(万元)	Expenditure on S&T Institutions (10 000 yuan)	3730822	5199616
期末仪器和设备原价(万元)	Equipment (10 000 yuan)	2531586	3120403
科技活动产出及相关情况	**S&T Output**		
自主知识产权情况	**Proprietary Intellectual Property Rights**		
专利申请数(件)	Numbers of Patent Applications (unit)	30838	32350
#发明专利	Inventions	6949	8312
期末有效发明专利数(件)	Numbers of Patent Applications Granted (unit)	18715	21690
#已被实施	Implemented	11531	12702
专利所有权转让及许可数(件)	Ownership Transfer of Patent and License (unit)	47429	60541
专利所有权转让与许可收入(万元)	Revenue from Ownership Transfer of Patent and License (10 000 yuan)	88272	790855
新产品开发、生产及销售情况	**New Products Development, Production and Sale**		
新产品开发项目数(个)	New Products (unit)	23138	29613
新产品开发经费支出(万元)	Expenditure on New Products Development (10 000 yuan)	4669998	5884402
新产品销售收入(万元)	Sale Revenue of New Products (10 000 yuan)	72213414	95750449
#出口	Exports	9353771	10197966
其他情况	**Others**		
发表科技论文(篇)	Number of S&T Paper Published (piece)	1882	1904
期末拥有注册商标(件)	Registered Trademarks Owned at Year-end (unit)	14311	16986
形成国家或行业标准(个)	National and Industrial Standards (item)	433	488
其他情况	**Others**		
政府相关政策落实情况	Government Policy Implementation		
使用来自政府部门的科技活动资金(万元)	S&T Funds from Government (10 000 yuan)	2350388	3896331
研究开发费用加计扣除减免税(万元)	Tax Reliefs of R&D Expenditure Additional Deduction (10 000 yuan)	471759	625160
高新技术企业减免税(万元)	Tax Reliefs of High-tech Enterprises (10 000 yuan)	455961	465597
技术获取和技术改造情况(万元)	Technology Acquisition and Renovation (10 000 yuan)	960644	1047002
引进境外技术经费支出(万元)	Expenditure for Acquisition of Foreign Technology (10 000 yuan)	18146	13261
引进技术的消化吸收经费支出(万元)	Expenditure for Assimilation of Technology (10 000 yuan)	2050	2171
购买境内技术经费支出(万元)	Expenditure for Purchase of Domestic Technology (10 000 yuan)	63056	57429
技术改造经费支出(万元)	Expenditure for Technical Renovation (10 000 yuan)	877391	974141

注：使用来自政府部门的科技活动资金指标口径有变化。

a) The statistic caliber of S&T funds from government is adjusted.

19-6 各地区规模以上工业企业R&D情况(2021年)
Main Statistics on R&D of Industrial Enterprises above Designated Size by Region (2021)

地 区	Region	有R&D活动单位数(个) Enterprises with R&D Activities (unit)	R&D人员(人) R&D Personnel (person)	R&D内部经费支出(万元) R&D Internal Expenditure (10 000 yuan)
全 省	**Provincial Total**	**5986**	**140382**	**3978466**
南昌市	Nanchang	552	24165	759643
景德镇市	Jingdezhen	176	4771	137700
萍乡市	Pingxiang	276	7117	117728
九江市	Jiujiang	748	16036	485399
新余市	Xinyu	124	3546	126140
鹰潭市	Yingtan	196	6086	221420
赣州市	Ganzhou	1011	17892	526261
吉安市	Ji'an	798	20778	387512
宜春市	Yichun	886	19228	503322
抚州市	Fuzhou	490	8950	228442
上饶市	Shangrao	729	11813	484939

19-7 地方企业单位专业技术人员(一)(2021年)
Professional Technical Personnel in Local Enterprises (I) (2021)

单位：人 (person)

类别	Type	合计 Total	高级职务 Senior	#正高级职务 High Senior	中级职务 Middle	初级职务 Junior	未聘任专业技术职务 Un-titled
总　计	**Total**	**82585**	**7963**	**636**	**22095**	**30709**	**21818**
按学历分	**by Schooling**						
研究生	Postgraduate	7123	1409	170	2766	1072	1876
大学本科	Undergraduate	46059	5867	445	13007	15839	11346
大学专科	Junior College	20119	568	14	4932	9345	5274
中　专	Junior Secondary School	4573	68	7	797	2296	1412
高中及以下	Senior Secondary School and below	4711	51		593	2157	1910
按年龄分	**by Age**						
35岁及以下	35 and below	35221	484	1	7416	13990	13331
36岁至40岁	36-40	12605	1456	29	4116	4594	2439
41岁至45岁	41-45	10621	1362	61	3144	3970	2145
46岁至50岁	46-50	10826	1611	129	3245	3965	2005
51岁至54岁	51-54	7002	1503	165	2213	2317	969
55岁及以上	55 and over	6310	1547	251	1961	1873	929

19-8 地方企业单位专业技术人员(二)(2021年)
Professional Technical Personnel in Local Enterprises (II) (2021)

单位：人 (person)

类别	Type	合计 Total	工程技术人员 Engineering	农业技术人员 Agriculture	卫生技术人员 Health Care	科学研究人员 Scientific Research	教学人员 Teaching	其他 Others
总　计	**Total**	**82585**	**47949**	**497**	**977**	**412**	**1135**	**31615**
按学历分	**by Schooling**							
研究生	Postgraduate	7123	3897	14	41	31	70	3070
大学本科	Undergraduate	46059	25923	101	597	174	521	18743
大学专科	Junior College	20119	12169	213	267	119	309	7042
中　专	Junior Secondary School	4573	2719	104	57	42	115	1536
高中及以下	Senior Secondary School and below	4711	3241	65	15	46	120	1224
按年龄分	**by Age**							
35岁及以下	35 and below	35221	21680	87	293	79	244	12838
36岁至40岁	36-40	12605	7631	70	82	135	236	4451
41岁至45岁	41-45	10621	5860	66	157	50	218	4270
46岁至50岁	46-50	10826	5253	84	200	65	212	5012
51岁至54岁	51-54	7002	3836	78	138	47	129	2774
55岁及以上	55 and over	6310	3689	112	107	36	96	2270

19-9 科学研究和技术服务业单位情况(2021年)

Main Statistics on Institutions of Scientific Research and Technical Services (2021)

类别	Type	机构数(个) Number of Institutions (unit)	从业人员总数(人) Total Number of Employees (person)	#科技活动人员 Personnel Engaged in S&T Activities	经费收入总额(万元) Total Income (10 000 yuan)	经费内部支出总额(万元) Internal Expenditure (10 000 yuan)	#科技经费内部支出 S&T Expenditure
总计	**Total**	**212**	**14039**	**10354**	**639889**	**578041**	**484640**
按隶属关系分	**Grouped by Jurisdiction of Management**						
中央部门属	Central-department Administrated	3	399	283	16914	20416	17832
地方部门属	Local-department Administrated	186	12998	9578	605856	536301	448060
省级部门属	Provincial-department Administrated	79	8682	6545	473410	406798	346099
地市级部门属	Municipal-departments Administrated	70	3286	2346	97890	97104	75199
按单位性质分	Grouped by Nature of Unit						
事业单位	Institution	189	13397	9861	622770	556717	465892
民办非企业	People-Run Non-Enterprise Unit	23	642	493	17119	21324	18748
按国民经济行业分	**Grouped by Sector**						
农、林、牧、渔业	Agriculture, Forestry, Animal Husbandry and Fishery	55	3888	2710	106809	110129	93114
采矿业	Mining	8	851	403	23138	24891	16489
制造业	Manufacturing	22	1596	1424	58256	43743	35036
建筑业	Construction	2	175	54	7429	7442	379
交通运输、仓储和邮政业	Transport, Storage and Post	1	409	44	1843	1278	1193
信息传输、软件和信息技术服务业	Information Transmission, Software and Information Technical Service	3	120	118	2786	3397	3040
科学研究和技术服务业	Scientific Research and Technical Service	108	5920	4847	387193	339613	297009
水利、环境和公共设施管理业	Management of Water Conservancy, Environment and Public Facilities	5	591	470	33522	30019	27920
教育	Education	1	42	42	547	430	430
卫生、社会工作	Health and Social Affairs	7	447	242	18365	17100	10030
文化、体育和娱乐业	Culture, Sports and Entertainment						
按学科领域分	**Grouped by Field of Study**						
自然科学领域	Natural Science	23	1469	985	68466	74360	55113
农业科学领域	Agriculture Science	82	4881	3576	152274	154549	135179
医学科学领域	Medical Science	19	1396	1079	72675	60545	50850
工程科学与技术领域	Engineering Science and Technology	75	5748	4198	323374	268183	225644
社会、人文科学领域	Social and Human Science	13	545	516	23101	20406	17854
按地区分	**Grouped by Region**						
南 昌 市	Nanchang	84	8629	6505	341458	322647	272647
景德镇市	Jingdezhen	7	368	283	6286	6655	5592
萍 乡 市	Pingxiang	12	243	215	6640	7591	7104
九 江 市	Jiujiang	19	709	616	20850	18703	15821
新 余 市	Xinyu	7	879	440	55995	57603	36770
鹰 潭 市	Yingtan	4	42	34	2006	1238	1162
赣 州 市	Ganzhou	17	1164	716	155982	111449	102174
吉 安 市	Ji'an	19	696	520	18511	17433	15500
宜 春 市	Yichun	4	361	339	11163	10058	6437
抚 州 市	Fuzhou	20	473	258	12202	14704	12073
上 饶 市	Shangrao	19	475	428	8795	9961	9361

注：科技活动人员不含外聘流动学者和在读研究生。

a) Transient scholars and master candidates are not included in personnel engaged in S&T activities.

19-10　高等学校科技人力资源情况(2021年)
Basic Statistics on Higher Education for Human Resource (2021)

单位：人　　(person)

类　别	Type	合　计 Total	高　级 Senior	中　级 Medium	初　级 Junior	技术员 Technician	辅助人员 Assistant
总　计	**Total**	**29941**	**9049**	**11292**	**6906**	**1768**	**781**
按学科分	**Grouped by Field of Study**						
自然科学	Natural Science	6308	2470	2785	929	100	18
工程与技术	Engineering and Technology	14509	4922	6126	2904	402	100
医药科学	Medical Science	7502	1205	1690	2677	1219	641
农业科学	Agricultural Science	1128	363	528	191	20	17
其　他	Others	494	89	163	205	27	5
按学历分	**Grouped by Schooling**						
博士研究生	Doctor-graduate	7265	3331	3333	476	27	98
硕士研究生	Post-graduate	11640	2298	4627	3731	703	281
大学本科	Undergraduate	10082	3334	3187	2285	874	402
大学专科	Junior College	905	81	133	403	162	
中专及以下	Secondary Technical School and below	49	5	12	11	2	

注：本表数据为高校理工院校。后同。
a) The same applies to the tables following tables.

19-11　高等学校科技项目情况(2021年)
Statistics on Scientific Projects in Schools of Higher Education (2021)

类　别	Type	课题数(项) Number of Project (item)	当年投入(万元) Input This Year (10 000 yuan)	当年支出经费(万元) Expenditures This Year (10 000 yuan)	当年投入人员(人年) Staff Input This Year (person-year)	高级职务 Senior Title	中级职务 Middle Title	初级职务 Junior Title	其　他 Others
总　计	**Total**	**18513**	**200372**	**175813**	**8514.3**	**2529.0**	**3680.0**	**1237.7**	**51.0**
基础研究	Basic Research	9747	86141	80544	4435.2	1354.1	1973.5	604.3	12.9
应用研究	Applied Research	6467	62602	51988	2939.9	862.0	1259.3	456.0	29.0
试验发展	Experimental Development	637	8209	9193	379.5	108.5	153.4	80.7	4.2
R&D成果应用	R&D Production Application	861	26376	20668	376.8	101.7	147.9	44.1	3.7
其他科技服务	Other Scientific Services	801	17044	13420	382.9	102.7	145.9	52.6	1.2

19-12 科协系统科技活动情况(2021年)
Basic Statistics on S&T Activities of S&T Associations (2021)

指标	Item	科协合计 Total Number of Associations	省科协 Provincial Associations	市科协 Prefectural Associations	县科协 County Associations	省学会合计 Total Number of Learned Societies
机构与人员	**Number of Associations or Academic Societies and Personnel**					
机构数(个)	Number of Associations (unit)	240	1	11	98	130
人员数(人)	Number of Personnel (person)	4176	36	165	585	3390
举办学术交流活动	**Academic Exchange**					
次　　数(次)	Number of Academic Meetings (time)	176	3	4	8	161
参加人数(人次)	Number of Participants (person-time)	105279	4940	428	637	144274
科普活动	**S&T Popularization Activities**					
科普宣讲活动(次)	Number of S&T Popularization Lectures (time)	5265	204	332	1169	3560
受众人次(万人次)	Number of Participants (10 thousand person-time)	2361.1	1382.2	83.1	105.8	790.0
科普展览次数(次)	Number of S&T Popularization Exhibitions (time)	263	10	39	184	30
参观人次(万人次)	Number of Participants (10 thousand person-time)	100.9	67.8	9.8	16.6	6.7
出　　版	**S&T Media**					
科技期刊种数(种)	Number of S&T Journals (kind)	18		2		16
科技期刊年发行总数(万册)	Printed Copies (10 000 copies)	11.7		1.2		10.5

19-13 技术市场基本情况
Basic Statistics on Technology Market

类别	Type	项数（项） Item (item)			成交额（万元） Transation Value (10 000 yuan)		
		2019	2020	2021	2019	2020	2021
总计	**Total**	**2799**	**4086**	**6625**	**1486137**	**2334290**	**4139931**
按签订的技术合同类别分	**Grouped by Signed Technological Contracts**						
技术开发合同	Technological Development Contract	1138	1565	2159	497843	777278	1513282
技术转让合同	Technological Transfer Contract	229	461	791	191520	368415	751964
技术咨询合同	Technological Consultation Contract	326	521	1048	134531	141859	261145
技术服务合同	Technological Service Contract	1106	1539	2627	662244	1046738	1613539

19-14 各地区发明专利情况（2021年）
Basic Statistics on Patents by Region (2021)

地区	Region	本年度发明专利授权量（件） Number of Patents for Invention Granted (unit)	PCT申请量(累计)（件） Number of Accumulatively PCT Applied (unit)	有效发明专利拥有量（件） Number of Effective Patents for Invention Owned (unit)	每万人有效发明专利拥有量（件） Number of Effective Patents for Invention Owned per 10 Thousand Population (unit)
全省	**Provincial Total**	**6741**	**140**	**23086**	**5.11**
南昌市	Nanchang	2667	66	10018	16.00
景德镇市	Jingdezhen	269		1184	7.31
萍乡市	Pingxiang	195	2	765	4.25
九江市	Jiujiang	361	4	1234	2.68
新余市	Xinyu	91	7	524	4.37
鹰潭市	Yingtan	151	2	532	4.63
赣州市	Ganzhou	1399	31	3641	4.06
吉安市	Ji'an	414	8	1303	2.91
宜春市	Yichun	434	11	1582	3.16
抚州市	Fuzhou	487	7	1330	3.68
上饶市	Shangrao	273	2	973	1.50

19-15 专利申请受理量和授权量
Patent Applications Examined and Granted

单位：项 (unit)

类别	Type	受理量 Number of Patent Applications Examined 2000	2005	2010	2015	2020	2021	授权量 Number of Patent Applications Granted 2000	2005	2010	2015	2020	2021
总　计	**Total**	**1557**	**2815**	**6307**	**36936**	**114299**		**1072**	**1361**	**4351**	**24161**	**80239**	**97372**
按种类分	**Grouped by Types**												
发　明	Inventions	267	713	1968	5721	22269		67	142	411	1639	4407	6741
实用新型	Utility Models	806	1280	2947	18621	66528		690	717	2588	13408	51326	64221
外观设计	Designs	484	822	1392	12594	25502		315	502	1352	9114	24506	26410
按申请者分	**Grouped by Applicants**												
个　人	Individuals	1303	2180	2960	13938	40611		854	1089	2313	8615	24706	26578
大专院校	Universities and Colleges	6	62	855	4072	9971		6	12	428	2558	6581	8438
科研单位	Research Institutions	18	19	90	494	1495		11	11	58	250	709	1040
工矿企业	Industrial and Mining Enterprises	222	546	2375	18197	61527		193	247	1539	12671	47846	60591
机关团体	Government Agencies and Organizations	8	8	27	235	695		8	2	13	67	397	725

注：“受理专利申请”指标，2021年国家知识产权局未做统计，未予以发布。

a) The number of patent applications examined of 2021 was not statistically covered by the State Intellectual Property Office and therefore not released.

19-16 获国家级、省级科技奖项数
National-level and Provincial-level S&T Awards

单位：项 (unit)

类别	Type	2005	2010	2015	2017	2018	2019	2020	2021
国家级科学技术奖	National-level S&T Advancement Award	4	8	12	2	4	10	3	
省级奖项合计	Total Provincial-level Awards	79	102	108	106	150	148	146	146
特别贡献奖	Special Contribution Award			1					1
国际合作奖	International Cooperation Award				2				
自然科学奖	Natural Science Award	8	11	14	20	45	50	47	43
一等奖	First Prize	1	2		1	8	9	6	8
二等奖	Second Prize	3	3	6	9	13	16	17	15
三等奖	Third Prize	4	6	8	10	24	25	24	20
技术发明奖	Technology Invention Award	2	5	14	7	14	8	7	4
一等奖	First Prize	1	1	1	1	3		2	1
二等奖	Second Prize		1	6	2	2	6	1	1
三等奖	Third Prize	1	3	7	4	9	2	4	2
科技进步奖	S&T Advancement Award	69	86	79	77	91	90	92	98
一等奖	First Prize	4	5	7	14	11	14	15	13
二等奖	Second Prize	17	19	31	20	34	28	24	32
三等奖	Third Prize	48	62	41	43	46	48	51	53

19-17 各类学校基本情况(2021年)

Total Enrollment of Full-time Schools by Type of School (2021)

单位：人 (person)

类 别	Type	学校数（所）Number of Schools (unit)	在校学生数 Total Enrollment	招生数 New Enrollment	毕业生数 Graduates	教职工数 Teachers and Staff	#专任教师 Full-time Teachers
研究生	Post-graduates	16	59005	21980	14061		
普通高等学校	Regular Institutions of Higher Education	106	1348666	423173	310180	93293	67510
成人高等教育	Adult Higher Education	5	400509	168728	70362	851	546
中等职业教育	Secondary Vocational Education	287	519162	204856	117575	23413	19177
普通中学	Regular Secondary Schools	2762	3322764	1100733	1085419	274971	223098
高 中	Senior Secondary Schools	544	1158428	397179	341650	113635	72115
初 中	Junior Secondary Schools	2218	2164336	703554	743769	161336	150983
技工学校(人)	Technical Schools	117	211398	91505	45260	14152	11964
小 学	Primary Schools	6753	3957907	597845	705478	214520	245240
幼儿园	Kindergartens	15832	1618274	576192	604728	196164	117522
特殊教育学校	Special Education Schools	92	40514	6577	8537	2253	2065
专门学校	Specialist School	5	512	385	157	132	88

注：研究生指标的学校数和教职工数已包含在普通高等学校中。

a) Number of schools, teachers and staff of regular institutions of higher education includes those of post graduates.

19-18 各类学校在校学生数

Total Enrollment of Full-time Schools by Type of School

类 别	Type	1980	1990	2000	2010	2018	2019	2020	2021
研究生(人)	Post-graduates (person)	58	479	2118	21313	39272	44600	51251	59005
普通高等学校(人)	Regular Institutions of Higher Education (person)	35623	56608	144293	816484	1054400	1134950	1241984	1348666
成人高等教育	Adult Higher Education		37525	85953	120348	183738	218269	303325	400509
中等职业教育	Secondary Vocational Education						385493	445493	519162
普通中学(万人)	Regular Secondary Schools (10 000 persons)	154.86	181.06	259.22	273.96	307.83	325.60	330.87	332.28
高 中	Senior Secondary Schools	28.01	26.23	38.53	73.96	100.84	105.54	110.45	115.84
初 中	Junior Secondary Schools	126.85	154.83	220.69	199.99	206.99	220.07	220.41	216.43
技工学校(人)	Technical Schools (person)	13370	34237	34617	169564	139437	154222	175313	211398
小 学(万人)	Primary Schools (10 000 persons)	529.30	450.44	422.68	426.02	421.22	411.44	406.31	395.79
幼 儿 园(万人)	Kindergartens (10 000 persons)	30.61	36.26	62.06	123.51	161.31	165.79	170.03	161.83
特殊教育学校(人)	Special Education Schools (person)	485	1195	13142	23741	33788	37644	40167	40514

19-19 各类学校毕业生数
Graduates in Full-time Schools by Type of School

类别	Type	1980	1990	2000	2010	2018	2019	2020	2021
研究生(人)	Post-graduates (person)		215	409	4568	10091	10621	13261	14061
普通高等学校(人)	Regular Institutions of Higher Education (person)	3363	13616	24449	225943	310976	303308	309211	310180
成人高等教育	Adult Higher Education		11156	20461	37056	50657	49329	51092	70362
中等职业教育	Secondary Vocational Education						112129	107960	117575
普通中学(万人)	Regular Secondary Schools (10 000 persons)	34.82	49.02	73.79	79.92	88.09	96.27	101.98	108.54
高中	Senior Secondary Schools	15.83	8.39	9.19	26.25	30.448	32.69	33.28	34.17
初中	Junior Secondary Schools	18.99	40.63	64.6	53.68	57.642	63.58	68.69	74.38
技工学校(人)	Technical Schools (person)	297	9457	14740	51359	38979	39195	44477	45260
小学(万人)	Primary Schools (10 000 persons)	60.89	86.02	85.61	67.85	73.16	76.53	68.24	70.55
特殊教育(人)	Special Education Schools (person)	65	98	1073	2476	5188	7058	7825	8537

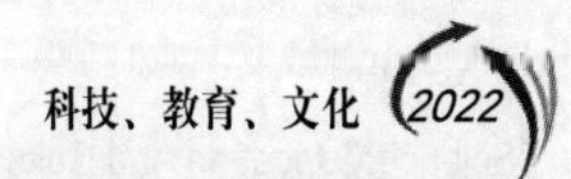

19-20 普通高等学校分学科学生情况(2021年)
Basic Statistics on Students in Regular Institutions of Higher Education by Field of Study (2021)

单位：人 (person)

类　　别	Type	在校学生数 Total Enrollment	招生数 New Enrollment	毕业生数 Graduates
总　　计	**Total**	**1348666**	**423173**	**310180**
#女	#Female	651327	204938	154268
普通本科	Undergraduate Course	656050	190552	135101
#女	#Female	334119	96360	69324
哲　　学	Philosophy	167	62	41
经济学	Economics	29609	7707	7250
法　　学	Law	23403	6604	4524
教育学	Education	36917	12717	6253
文　　学	Literature	70054	20472	13715
历史学	History	3410	956	636
理　　学	Science	35706	10108	7677
工　　学	Engineering	205249	61479	41576
农　　学	Agriculture	7418	2076	1636
医　　学	Medicine	53037	13966	9895
管理学	Management	108220	31407	25002
艺术学	Art	82860	22998	16896
职业本科	Vocational Undergraduate	11636	4141	
#女	#Female	5626	1776	
农林牧渔大类	Agriculture, Forestry, Animal Husbandry and Fishery			
资源环境与安全大类	Resource Environment and Safety	149	72	
能源动力与材料大类	Energy Power and Materials	19	19	
土木建筑大类	Civil Construction			
水利大类	Water Resources and Hydropower Engineering			
装备制造大类	Equipment Manufacturing	1416	573	
生物与化工大类	Biology and Chemical Engineering			
轻工纺织大类	Light and Textile Industry	0	0	
食品药品与粮食大类	Food, Medicine and Grain	0	0	
交通运输大类	Transportation	0	0	
电子与信息大类	Electronics and Information	3860	1441	

19-20 续表 continued

单位：人 (person)

类　别	Type	在校学生数 Total Enrollment	招生数 New Enrollment	毕业生数 Graduates
医药卫生大类	Medicine and Health			
财经商贸大类	Finance and Economics	3714	1062	
旅游大类	Tourism			
文化艺术大类	Culture and Art	898	406	
新闻传播大类	Journalism and Communication	336	160	
教育与体育大类	Education and Sport	1244	408	
公安与司法大类	Public Security and Judiciary			
公共管理与服务大类	Public Affairs and Services			
专　科	Specialized Undergraduate Courses	680980	228480	175079
#女	#Female	311582	106802	84944
农林牧渔大类	Farming,Forestry, Husbandry and Fishing	13444	2912	2528
资源环境与安全大类	Resource, Environment and Safety	6539	2193	1539
能源动力与材料大类	Energy, Power and Material	11330	3629	1950
土木建筑大类	Civil Construction	52063	18461	13247
水利大类	Water Conservation	3300	1028	514
装备制造大类	Equipment Manufacturing	59649	22043	15645
生物与化工大类	Bio-science and Chemical Engineering	1128	457	599
轻工纺织大类	Light and Textile Industry	2726	791	729
食品药品与粮食大类	Food, Medicine and Grain	3015	1160	876
交通运输大类	Transportation	24989	8431	8733
电子信息大类	Electronic Information	123073	41646	24845
医药卫生大类	Medicine and Health	76957	26485	18506
财经商贸大类	Finance and Commerce	110940	32059	30955
旅游大类	Tourism	10142	3279	3163
文化艺术大类	Culture and Art	44193	14806	10051
新闻传播大类	Journalism and Communication	6133	2077	1269
教育与体育大类	Education and Sport	113716	41452	35628
公安与司法大类	Public Security and Judiciary	11210	3832	3240
公共管理与服务大类	Public Affairs and Services	6433	1739	1062

19-21 各地区普通中学基本情况(2021年)
Basic Statistics on Regular Secondary Schools (2021)

单位：人 (person)

类别	Type	学校数(所) Number of Schools (unit)	在校学生数 Total Enrollment	初中 Junior Secondary Schools	高中 Senior Secondary School	招生数 New Enrollment	初中 Junior Secondary Schools
全省	**Provincial Total**	**2762**	**3322764**	**2164336**	**1158428**	**1100733**	**703554**
#女	Female		**1499628**	**972907**	**526721**	**499534**	**318382**
南昌市	Nanchang	312	329182	211499	117683	110204	70266
景德镇市	Jingdezhen	103	119151	79257	39894	39871	26641
萍乡市	Pingxiang	110	114860	75551	39309	39194	25927
九江市	Jiujiang	295	330353	209707	120646	108519	68529
新余市	Xinyu	40	80844	52418	28426	26105	16407
鹰潭市	Yingtan	100	90408	59936	30472	29161	18515
赣州市	Ganzhou	492	703340	462523	240817	231428	148724
吉安市	Ji'an	330	367019	247114	119905	124544	80854
宜春市	Yichun	276	381840	252541	129299	126600	83691
抚州市	Fuzhou	234	275957	177542	98415	90669	56959
上饶市	Shangrao	467	527723	335024	192699	173494	106592
赣江新区	Ganjiang New Area	3	2087	1224	863	944	449

19-21 续表 continued

单位：人 (person)

类别	Type	高中 Senior Secondary Schools	毕业学生数 Graduates	初中 Junior Secondary Schools	高中 Senior Secondary Schools	教职工数 Teachers and Staff	#专任教师 Full-time Teachers
全省	**Provincial Total**	**397179**	**1085419**	**743769**	**341650**	**274971**	**223098**
#女	Female	**181152**	**487358**	**334824**	**152534**	**151726**	**114867**
南昌市	Nanchang	39938	104209	69378	34831	34671	23160
景德镇市	Jingdezhen	13230	37509	25664	11845	9111	7722
萍乡市	Pingxiang	13267	37075	25659	11416	11203	8529
九江市	Jiujiang	39990	110526	72951	37575	25415	21337
新余市	Xinyu	9698	27217	18026	9191	6278	5440
鹰潭市	Yingtan	10646	28006	20129	7877	7992	5913
赣州市	Ganzhou	82704	235071	162724	72347	54232	47006
吉安市	Ji'an	43690	112463	79098	33365	31328	25062
宜春市	Yichun	42909	124616	83594	41022	31150	26088
抚州市	Fuzhou	33710	90439	62618	27821	21732	18535
上饶市	Shangrao	66902	177880	123636	54244	41664	34138
赣江新区	Ganjiang New Area	495	408	292	116	195	168

19-22 中等职业学校基本情况(2021年)
Basic Statistics on Vocational Secondary Education by Type of School (2021)

单位：人 (person)

类别	Type	毕业生数 Graduates	招生数 New Enrollment	在校学生数 Total Enrollment	教职工数 Teachers and Staff	#专任教师 Full-time Teachers
总计	**Total**	**117575**	**204856**	**519162**	**23413**	**19177**
#女	Female	**56539**	**92983**	**238803**	**12091**	**10300**
全日制	Full-time	117223	204816	517567		
非全日制	Part-time	352	40	1595		
按举办部门分:	Grouped by Administrative Department					
中央部门	Central Department	43		54	28	14
地方部门	Regional Department	90382	144228	371120	15658	13826
教育部门	Educational Department	60970	108717	269309	11367	10562
其他部门	Other Department	29412	35511	101811	4291	3264
地方企业	Local Enterprise					
民办	Private-run	27150	60628	147988	7727	5337

19-23 平均每万人口在校学生数
Number of Students per 10 000 Population by Level

指标	Item	1980	1990	2000	2010	2019	2020	2021
各类学校在校学生占全省人口比重(%)	Schools of All Types of Students in the Proportion of the Population of the Province (%)	21.21	17.28	17.57	22.34	24.35	25.06	25.41
平均每万人口在校学生数（人）	**Number of Students Per 10 000 population by Level (person)**							
普通高等学校	Regular Institutions of Higher Education	10.91	14.98	35.29	187.98	309.53	353.26	400.27
中等职业教育	Secondary vocational education					82.95	98.65	114.92
普通中学	Regular Secondary Schools	473.55	475.13	624.84	614.71	721.00	732.10	735.55
技工学校	Technical Schools	4.09	8.98	8.35	38.05	34.15	38.79	46.80
小学	Primary Schools	1618.56	1182.05	1018.85	955.90	911.08	899.03	876.15
幼儿园	Kindergartens					356.72	376.51	358.23

注：1. 普通高等学校包括研究生。后同。
2. 因七人普人口数据修订，2019年数据有变动。

a) The number of regular institutions of higher education includes the number of post-graduates. The same applies to the tables following.
b) Data in 2019 are adjusted based on Seventh National Census in 2020.

19-24 小学、特殊教育基本情况(2021年)
Basic Statistics on Primary Schools and Special Education (2021)

单位：人 (person)

类别	Type	学校数(所) Number of Schools (unit)	毕业生数 Graduates	招生数 New Enrollment	在校学生数 Total Enrollment	教职工数 Teachers and Staff	专任教师 Full-time Teachers
小学	Primary Schools	**6753**	**705478**	**597845**	**3957907**	**214520**	**245240**
#女	Female		319346	275326	1803774	152439	177293
民办	Non-public	49	36636	17605	149273	2103	9125
按城乡分	Grouped by Residence						
城区	Cities	909	220911	222820	1361351	59168	73200
镇区	Counties and Towns	1907	342023	265983	1824973	91749	104681
乡村	Rural Areas	3937	142544	109042	771583	63603	67359
按地区分	Grouped by Region						
南昌市	Nanchang	419	70503	74133	440345	17969	26794
景德镇市	Jingdezhen	294	26509	21837	145999	7344	8273
萍乡市	Pingxiang	343	26009	22915	147887	7929	9101
九江市	Jiujiang	554	68196	57589	376074	20302	23096
新余市	Xinyu	73	16325	16091	104588	5899	6295
鹰潭市	Yingtan	139	19867	14084	100975	4750	6150
赣州市	Ganzhou	1531	148617	127677	820748	47809	51557
吉安市	Ji'an	635	81238	67014	458420	23747	26813
宜春市	Yichun	719	84001	69057	465421	27144	29544
抚州市	Fuzhou	574	57120	46752	323114	18078	20117
上饶市	Shangrao	1471	106760	80327	572233	33435	37386
赣江新区	Ganjiang New Area	1	333	369	2103	114	114
特殊教育	Special Education	92	8537	6577	40514	2253	2065

19-25 初中毕业生、小学毕业生升学率
Proportion of Students Entering into Junior and Senior Secondary Schools

年份 Year	初中 Junior Secondary School			小学 Primary School		
	毕业生数(万人) Graduates (10 000 persons)	高级中等学校招生数(万人) New Enrollment of Senior Secondary Schools (10 000 persons)	升学率(%) Rate of Entering the Higher School (%)	毕业生数(万人) Graduates (10 000 persons)	初级中等学校招生数(万人) New Enrollment of Junior Secondary Schools (10 000 persons)	升学率(%) Rate of Entering the Higher School (%)
1978	41.77	20.69	49.53	72.03	56.36	78.25
1979	39.55	21.36	54.01	61.41	45.49	74.08
1980	19.03	10.78	56.65	60.89	41.23	67.71
1981	33.88	15.22	44.92	64.86	41.13	63.41
1982	31.71	12.40	39.10	67.30	39.89	59.27
1983	29.99	12.64	42.15	69.90	41.20	58.94
1984	28.75	14.26	49.60	67.85	42.58	62.76
1985	30.04	13.42	44.67	71.75	45.50	63.41
1986	34.07	14.68	43.09	76.41	50.10	65.57
1987	37.32	15.14	40.57	83.68	52.55	62.80
1988	40.35	15.46	38.31	88.94	54.07	60.79
1989	41.18	14.88	36.13	86.96	53.83	61.90
1990	41.27	15.88	38.48	86.02	56.65	65.86
1991	43.41	16.38	37.73	85.44	57.66	67.49
1992	45.83	17.10	37.31	79.45	57.18	71.97
1993	47.51	18.36	38.64	71.50	57.87	80.94
1994	48.44	19.26	39.76	67.99	58.23	85.64
1995	46.99	20.57	43.78	70.05	63.08	90.04
1996	51.27	20.96	40.88	73.70	68.44	92.86
1997	55.51	21.38	38.52	77.20	72.88	94.39
1998	59.55	21.99	36.92	80.35	75.70	94.21
1999	62.28	25.53	40.99	83.90	78.57	93.65
2000	65.34	26.57	40.67	85.61	81.23	94.89
2001	65.49	30.53	46.62	85.47	81.00	94.77
2002	67.15	38.81	57.80	82.15	81.25	98.91
2003	68.66	43.30	63.06	75.74	75.96	100.29
2004	72.42	48.69	67.23	67.68	67.72	100.06
2005	74.32	57.88	77.88	64.88	64.53	99.46
2006	69.48	57.63	82.94	53.84	53.54	99.44
2007	62.06	54.81	88.32	54.28	54.73	100.82
2008	60.09	55.90	93.03	65.48	66.83	102.06
2009	51.90	51.67	99.56	69.48	69.69	100.30
2010	53.68	49.05	91.37	67.85	68.39	100.80
2011	63.12	57.52	91.13	66.79	67.56	101.15
2012	65.18	56.26	87.08	67.01	65.59	97.88
2013	62.60	52.11	83.24	65.59	61.06	93.09
2014	55.11	45.41	82.40	59.65	59.47	99.70
2015	55.65	52.55	94.43	59.39	60.07	101.14
2016	57.45	51.65	89.90	63.27	64.58	102.07
2017	56.66	49.87	88.02	67.84	68.63	101.16
2018	57.64	52.20	90.56	73.16	74.06	101.23
2019	63.58	58.89	92.62	76.53	76.87	100.44
2020	68.69	63.47	92.40	68.24	68.57	100.49
2021	74.38	69.35	93.24	70.55	70.36	99.73

注：高级中等学校招生人数包括中等职业教育学校、技工学校和高中招生数。

a) The number of new enrollment of senior secondary schools includes the number of secondary vocational educations, technician training schools and senior secondary schools.

19-26 幼儿园基本情况
Basic Statistics on Kindergartens

单位：人 (person)

年 份 Year	幼儿园数（所） Number of Kindergartens (unit)	入园幼儿数 New Enrollment	在园幼儿数 Total Enrollment	教职工数 Teachers and Staff	#教 师 Teachers
1978	2104		105914	6278	4159
1979	3854		172476	8304	6509
1980	7204		306055	13565	11184
1981	6364		300231	14366	11853
1982	5488		300630	15638	12693
1983	1857		296400	16000	12923
1984	4987		310300	15257	13454
1985	5208		323021	14778	12998
1986	5866	190318	318347	17744	14147
1987	5406	194370	329718	18229	14259
1988	4547	182034	327540	18471	14579
1989	4520	187932	330680	18953	14574
1990	4827	208294	362621	19798	15492
1991	4141	283249	394487	20013	15780
1992	4490	294967	450005	21050	16983
1993	3856	337689	491055	21365	17271
1994	4123		505530	21058	17755
1995	4600	419190	525330	22284	18976
1996	5084	462715	584601	23757	19822
1997	5986	496134	609026	26124	21764
1998	6626	518683	619048	26879	22321
1999	7602	514200	626009	29179	24124
2000	6573	500453	620624	26472	21154
2001	2894	428073	488380	18519	12335
2002	3469	475561	574756	21526	14275
2003	4478	504672	633073	26515	17612
2004	4370	507222	658093	28406	18228
2005	4870	526960	716760	32367	20742
2006	5848	594627	806287	37453	24235
2007	6245	648555	881690	41853	27093
2008	6620	649104	924488	47920	30447
2009	8326	728337	1123138	60102	39541
2010	8518	812046	1235056	69186	43349
2011	9431	894446	1455048	86222	52895
2012	10560	902810	1521149	94067	57338
2013	11485	944893	1563241	102917	61588
2014	11448	946767	1593532	111715	67360
2015	11870	946900	1662501	123459	73221
2016	14071	568461	1590431	116440	75438
2017	14952	680354	1609422	125150	81868
2018	15368	666442	1613091	139260	89133
2019	15958	608004	1657888	165264	102539
2020	16330	685861	1700285	181262	111150
2021	15832	576192	1618274	196164	117522

19-27 按城乡、按地区分幼儿园基本情况(2021年)
Basic Statistics on Kindergartens by Residence and Region (2021)

单位：人 (person)

类　别	Type	园数(所) Number of Kindergarten (unit)	离园幼儿数 Dropout	入园幼儿数 New Enrollment	在园幼儿数 Total Enrollment	教职工数 Teachers and Staff	#专任教师 Teachers
全　省	**Provincial Total**	**15832**	**604728**	**576192**	**1618274**	**196164**	**117522**
#女	Female		278340	264550	745358	186276	115356
民　办	Non-public	8118	275876	277371	754178	98846	57382
按城乡分	**Grouped by Residence**						
城　区	City Area	3613	185765	198759	566016	74832	43220
镇　区	Town Area	5877	275784	266344	764776	88832	53758
乡　村	Village	6342	143179	111089	287482	32500	20544
按地区分	**Grouped by Region**						
南昌市	Nanchang	1150	66712	70378	202283	26597	15036
景德镇市	Jingdezhen	570	20918	22024	55036	6610	3919
萍乡市	Pingxiang	679	24426	24121	65129	9368	5076
九江市	Jiujiang	1499	57724	60596	161414	19392	10713
新余市	Xinyu	320	15807	16014	47449	5407	3033
鹰潭市	Yingtan	441	13989	14531	36656	5038	2759
赣州市	Ganzhou	3429	125183	124232	344846	38969	24876
吉安市	Ji'an	2191	70024	64528	178168	20140	12268
宜春市	Yichun	1605	73281	64137	187588	22679	13635
抚州市	Fuzhou	1008	49580	38698	119460	16643	10356
上饶市	Shangrao	2938	86888	76728	219809	25264	15817
赣江新区	Ganjiang New Area	2	196	205	436	57	34

19-28 文化事业机构与人员数

Number of Institutions and Staff Personnel for Cultural Undertakings

指　　标	Item	1980	1990	2000	2010	2020	2021
机构数(个)	**Number of Institutions (unit)**					**6861**	**6791**
艺术表演团体	Art Performance Troupes	118	86	79	103	380	395
#公有制艺术表演团体	Public Ownership					79	75
艺术表演场馆	Art Performance Venues					77	82
#公有制艺术表演场馆	Public Ownership					42	41
公共图书馆	Libraries	49	104	104	108	114	114
文 化 馆	Cultural Centers	102	101	101	103	120	117
文 化 站	Cultural Stations	637	1983	1887	1719	1739	1737
#乡镇综合文化站	Village and Town					1594	1589
艺术展览创作机构	Art Exhibition and Creation Institutions					46	47
#美术馆	Gallery					43	45
艺术教育业	Art Education Institutions					2	2
文化科研机构	Art Research Institutions					13	9
文化市场经营机构(不包括非公有制院团和场馆)	Cultural Market Management Institutions					3942	1858
文化行政主管部门	Cultural Administrative Departments					115	115
其他文化机构	Other Culture Institutions					47	42
#文化市场执法机构	Enforcing Authorities of Art Market					3	2
博 物 馆	Museums	52	82	81	102	172	189
文物保护管理机构	Agencies of Cultural Relics Preservation					66	63
文物科研机构	Scientific and Research Historical Relics Agencies				2	2	2
文物行政部门	Administrative Departments of Cultural Relics Preservation					24	18
其他文物机构	Other Historical Relics Agencies		1	2	2	2	1
人员数(人)	**Number of Staff (person)**						**48671**
艺术表演团体	Art Performance Troupes	7747	4384	3949	4082	10334	8217
#公有制艺术表演团体	Public Ownership					2153	1941
艺术表演场馆	Art Performance Venues					1514	1092
#公有制艺术表演场馆	Public Ownership					709	613
公共图书馆	Libraries					1387	1389
文 化 馆	Cultural Centers	1434	1484	1486	1664	1891	1795
文 化 站	Cultural Stations	862	3635	2594	2296	4324	4508
#乡镇综合文化站	Village and Town					3841	3901
艺术展览创作机构	Art Exhibition and Creation Institutions					397	424
#美术馆	Gallery					372	398
艺术教育业	Art Education Institutions					330	355
文化科研机构	Art Research Institutions					302	160
文化市场经营机构(不包括非公有制院团和场馆)	Cultural Market Management Institutions					23739	21763
文化行政主管部门	Cultural Administrative Departments					3150	3177
其他文化机构	Other Culture Institutions					905	874
#文化市场执法机构	Enforcing Authorities of Art Market					54	46
博 物 馆	Museums	764	1134	1324	1917	4033	4164
文物保护管理所(文物保护管理机构)	Agencies of Historical Relics Preservation	292	510	242	217	469	446
文物科研机构	Scientific and Research Historical Relics Agencies				44	110	95
文物行政部门	Administrative Departments of Cultural Relics Preservation					278	197
其他文物机构	Other Historical Relics Agencies		280	292	316	126	15

注：1. 从2013年起艺术馆表演团体包括市场艺术团体。

2. 从2014年起，文化馆包含群众艺术馆。

a) Mass art centers have been included in cultural centers since 2013.

b) Market art performance troupes have been included in art performance troupes since 2014.

19-29 各地区文化事业单位数(2021年)
Number of Institutions for Cultural Undertakings by Region (2021)

单位: 个 (unit)

地区	Region	艺术表演团体 Art Performance Troupes	艺术表演场馆 Art Performance Venues	公共图书馆 Public Libraries	#总藏量(万册) Total Collections (10 000 copies)	博物馆 Museums	文物保护管理机构 Agencies of Cultural Relics Reservations
全　省	**Provincial Total**	**395**	**82**	**114**	**3110.99**	**189**	**63**
省　级	Provincial	6	5	1	452.09	1	
南昌市	Nanchang	79	7	10	274.76	28	4
景德镇市	Jingdezhen	4	5	5	141.83	22	2
萍乡市	Pingxiang	5	3	6	229.05	7	4
九江市	Jiujiang	37	9	15	381.85	27	12
新余市	Xinyu	1	1	3	91.87	3	1
鹰潭市	Yingtan		2	4	53.93	9	4
赣州市	Ganzhou	43	11	19	529.30	19	11
吉安市	Ji'an	15	4	15	321.73	20	5
宜春市	Yichun	43	6	11	180.18	14	8
抚州市	Fuzhou	105	6	12	278.68	16	7
上饶市	Shangrao	57	23	13	177.72	23	5

注：文物保护管理机构包括其他文物机构。
a) Data on agency of cultural relics reservations include data on other historical relics institutions.

19-30 文化产业机构基本情况(2021年)
Basic Statistics on Cultural Industry Institutions (2021)

单位: 个 (unit)

指标	Item	合计 Total	文化部门 Culture Department	其他部门 Other Departments
总　计	**Total**	**48671**	**19107**	**29564**
文化合计	Cultural Industry	43754	14838	28916
艺术业	Art Industry	9309	2161	7148
图书馆业	Museum Industry	1389	1389	
群众文化业	Mass Art Industry	6303	6303	
艺术展览创作机构	Art Exhibition and Creation Institutions	424	424	
文化和旅游部门教育机构	Culture and Tourism Education Institutions	355	355	
文化和旅游科研机构	Culture and Tourism Research Institutions	160	160	
文化市场经营业	The Cultural Market	21763		21763
文化行政主管部门	Cultural Administrative Departments	3177	3177	
其他文化机构	Other Cultural Institutions	874	869	5
文物合计	Cultural Relic Industry	4917	4269	648

注：1. 艺术业包括艺术表演团体和艺术表演场馆。
2. 有关文化产业的指标仅含省文化和旅游厅本系统的数据。后同。
a)Art performance troupes and venues are included in art industry.
b) Data on cultural industry cover only provincial-level. The same applies to the tables following tables.

19-31　文化产业从业人员基本情况(2021年)
Basic Statistics on Personnel of Cultural Industry (2021)

单位: 人　　(person)

指　标	Item	合　计 Total	#正高级职称 Senior Title	#副高级职称 Sub-senior Title	中级职称 Middle Title	文化部门 合　计 Cultural Department	#正高级职称 Senior Title	#副高级职称 Sub-senior Title	中级职称 Middle Title
总　计	**Total**	**48671**	**171**	**783**	**2709**	**19107**	**146**	**747**	**2554**
文化合计	Cultural Industry	43754	91	580	2011	14838	85	559	1895
艺术业	Art Industry	9309	26	200	734	2161	20	179	618
图书馆业	Museum Industry	1389	12	96	358	1389	12	96	358
群众文化业	Mass Art Industry	6303	17	131	566	6303	17	131	566
艺术展览创作机构	Art Exhibition and Creation Institutions	424	6	31	55	424	6	31	55
文化和旅游部门教育机构	Culture and Tourism Education Institutions	355	10	64	113	355	10	64	113
文化和旅游科研机构	Culture and Tourism Research Institutions	160	8	28	61	160	8	28	61
文化市场经营业	The Cultural Market	21763							
文化行政主管部门	Cultural Administrative Departments	3177				3177			
其他文化机构	Other Cultural Institutions	874	12	30	124	869	12	30	124
文物合计	Cultural Relic Industry	4917	80	203	698	4269	61	188	659

19-31　续表　continued

单位: 人　　(person)

指　标	Item	#其他部门 合　计 Others	#正高级职称 Senior Title	#副高级职称 Sub-senior Title	中级职称 Middle Title
总　计	**Total**	**29564**	**25**	**36**	**155**
文化合计	Cultural Industry	28916	6	21	116
艺术业	Art Industry	7148	6	21	116
图书馆业	Museum Industry				
群众文化业	Mass Art Industry				
艺术展览创作机构	Art Exhibition and Creation Institutions				
文化和旅游部门教育机构	Culture and Tourism Education Institutions				
文化和旅游科研机构	Culture and Tourism Research Institutions				
文化市场经营业	The Cultural Market	21763			
文化行政主管部门	Cultural Administrative Departments				
其他文化机构	Other Cultural Institutions	5			
文物合计	Cultural Relic Industry	648	19	15	39

19-32 文化产业机构人员情况(2021年)

Statistics on Personnel of Cultural Industry Institutions (2021)

单位：人 (person)

指标	Item	合计 Total	文化部门 Culture Department	其他部门 Other Departments
总计	**Total**	**48671**	**19107**	**29564**
文化合计	Cultural Industry	43754	14838	28916
艺术业	Art Industry	9309	2161	7148
图书馆业	Museum Industry	1389	1389	
群众文化业	Mass Art Industry	6303	6303	
艺术展览创作机构	Art Exhibition and Creation Institutions	424	424	
文化和旅游部门教育机构	Culture and Tourism Education Institutions	355	355	
文化和旅游科研机构	Culture and Tourism Research Institutions	160	160	
文化市场经营业	The Cultural Market	21763		21763
文化行政主管部门	Cultural Administrative Departments	3177	3177	
其他文化机构	Other Cultural Institutions	874	869	5
文物合计	Cultural Relic Industry	4917	4269	648

19-33 报纸、期刊、图书出版种数

Copies of Publication of Newspapers, Periodicals and Books

单位：种 (kind)

指标	Item	1980	1990	2000	2010	2017	2018	2019	2020	2021
报纸	Newspapers Published	6	28	65	63	69	68	66	65	65
综合报	General Newspapers	2	18	28	29	28	28	27	26	26
专业报	Special Newspapers	4	10	37	34	41	40	39	39	39
期刊	Magazines Published	84	141	167	163	165	165	165	165	165
综合	General Magazines	6	1	1	5	5	5	6	6	6
哲学、社会科学	Philosophy and General Social Sciences	10	33	52	39	44	43	48	48	48
自然科学、技术	Natural Sciences and Technology	47	63	78	71	70	70	69	69	69
文化、教育	Culture and Education	9	27	21	29	29	28	32	32	32
少年儿童读物	Children's Books	2	3	7	7	6	7	8	8	8
文学、艺术	Literature and Art	10	13	8	10	9	10	10	10	10
画刊	Picture Books		1		2	2	2	2	2	2
图书	Books	362	1264	2158	3869	7982	8242	8337	9437	9845
#课本	Textbooks	134	329	583	689	327	407	413	376	320

注：根据中宣部统计报表口径，少儿期刊和画刊为其中项，在填报2019年数据时，进行相应调整。后同。

a) According to the statistical caliber of Publicity Department of Communist Party of China, children's periodicals and picture magazines are sub-items. The data on 2019 were adjusted accordingly.The same applies to the tables following.

19-34 报纸、期刊、图书出版数量
Pieces of Newspapers, Periodicals and Books Published

单位: 万份 (10 000 copies)

指标	Item	1980	1990	2000	2005	2010	2018	2019	2020	2021
报纸	Newspapers Published	17048	58930	39929	62263	70449	88317	79462	75566	72876
综合报	General Newspapers	16506	38936	33273	56059	60771	39689	33908	31476	30947
专业报	Special Newspapers	542	19994	6657	6204	9678	48628	45554	44090	39702
期刊	Magazines Published	584	2714	9060	5623	7060	7435	7589	7959	7875
综合	General Magazines	23	54	2	48	46	63	57	23	20
哲学社会科学	Philosophy and General Social Sciences	18	933	3239	755	577	650	1874	1903	1654
自然科学技术	Natural Sciences and Technology	119	241	830	506	576	240	184	195	159
文化、教育	Culture and Education	210	679	2401	1143	1696	1480	5282	5625	5838
少年儿童读物	Children's Books	30	417	1850	2416	3715	4760	1354	1476	1564
文学艺术	Literature and Art	184	384	738	667	420	203	192	213	204
画刊	Picture Books		6		89	30	39	40	22	7
图书	Books	8474	19216	20300	16907	16039	24587	24955	27050	26539
#课本	Textbooks	4861	10935	10490	9953	6945	7740	9050	9234	8737

19-35 广播、电视事业基本情况
Basic Statistics on Radio and Television Stations

指　　标	Item	1980	2000	2010	2019	2020	2021
融媒体中心(广播电视台)(座)	Convergence Media Center (Broadcasting and TV Stations (set)				96	97	96
公共广播节目套数(套)	Public Broadcasting Programs (set)	3	72	103	104	99	96
全年广播剧播出时间(小时)	Time of Radio Play Programs Broadcasted (Hours)					32931	31457
中短波转播发射台(座)	FM&AM Radio Broadcasting Stations (set)	17	15	16	25	21	17
广播综合人口覆盖率(%)	General Radio Coverage of Population (%)	38.5	89.49	96.78	98.62	99.07	99.23
#乡村广播综合人口覆盖率(%)	General Radio Coverage of Village Population (%)			96.23	98.42	98.92	98.99
公共电视节目套数(套)	Public TV Programs (set)		42	113	123	128	129
全年电视剧播出部数(部)	Pieces of TV Series Broadcast (piece)			9318	8517	9146	7105
全年电视剧播出集数(集)	Episodes of TV Series Broadcast (episode)			247239	268511	228719	226318
全年电视动画片播出部数(部)	Pieces of Cartoons Broadcast (piece)			782		1535	1634
全年电视动画片播出集数(集)	Episodes of Cartoons Broadcast (episode)			28192		44715	48612
电视发射机部数(座)	TV Transmission Facilities (set)	58	493	301	298	271	267
电视综合人口覆盖率(%)	General TV Coverage of Household (%)	50.5	92.67	97.96	99.14	99.51	99.63
#乡村综合电视人口覆盖率	General TV Coverage of Village Population			97.55	98.94	99.37	99.44

注：1. 1995年以前中短波广播发射台数是指广播发射台及转播台数。
　　2. 2000年以前电视台是指无线电视台，2001年无线电视台与有线电视台合并。
a) Before 1995, the number of FM&AM Radio Broadcasting Stations referred to the number of radio broadcasting stations and transmission stations.
b) Before 2000, the number of TV Stations referred to the number of Wireless TV. Wirless TV and CATV merged in 2001.

19-36 各地区广播电视主要统计指标(2021年)
Basic Statistics on Radio and Television by Region (2021)

地　区	Region	广播电视播出机构(座) Convergence Media Center (Broadcasting and TV Stations (set)	中、短波转播发射台(座) Medium and short wave broadcast transmitters (set)	调频、电视转播发射台(座) FM & TV Broadcast Transmitters (set)	广播综合人口覆盖率(%) Radio &TV Coverage of Population (%)	电视综合人口覆盖率(%) General TV Coverage of Household (%)
全　省	**Provincial Total**	**96**	**17**	**152**	**99.23**	**99.63**
省本级	Provincial Level	2		5		
南昌市	Nanchang	5	1	36	100.00	100
景德镇市	Jingdezhen	3	2	10	100	100
萍乡市	Pingxiang	4	1	4	100	100.00
九江市	Jiujiang	12	1	20	98.56	99.37
新余市	Xinyu	2	1	3	99.99	99.99
鹰潭市	Yingtan	3	1	1	99.67	99.67
赣州市	Ganzhou	19	4	27	97.35	98.76
吉安市	Ji'an	12	2	11	100.00	100
宜春市	Yichun	10	2	13	99	99.51
抚州市	Fuzhou	12	1	13	99.92	100.00
上饶市	Shangrao	12	1	9	100.00	100

19-37 各地区广播电视主要经济指标(2021年)
Basic Statistics on Radio and Television by Region (2021)

地　区	Region	从业人员(人) Number of Employees (person)	总收入(万元) Total Income (10 000 yuan)	实际创收收入(万元) Actual Income (10 000 yuan)				
					广告收入(万元) Advertisement (10 000 yuan)	有线电视网络收入(万元) Cable TV Network (10 000 yuan)	新媒体业务收入(万元) New Media Business (10 000 yuan)	广播电视节目销售收入(万元) Sales Revenue of Broadcasting and TV Programs (10 000 yuan)
全　省	**Provincial Total**	**20771**	**739121**	**378024**	**106398**	**161680**	**23415**	**9839**
省本级	Provincial Level	9312	334325	293837	71659	152773	20644	
南昌市	Nanchang	1866	61856	30215	10831	8330	650	
景德镇市	Jingdezhen	558	8041	1817	1811			
萍乡市	Pingxiang	680	19649	3167	1716		1	19
九江市	Jiujiang	1537	52955	9234	6076	536	2073	286
新余市	Xinyu	493	13284	10216	1773			8240
鹰潭市	Yingtan	387	17687	11459	455			
赣州市	Ganzhou	1954	127238	6166	5110		6	643
吉安市	Ji'an	927	33281	2726	2396		8	143
宜春市	Yichun	991	20936	3549	1719		7	-3
抚州市	Fuzhou	707	24382	1548	601		24	
上饶市	Shangrao	1359	25489	4089	2251	42	3	511

注：宜春市广播电视节目销售收入为负数源于退货损失.

a)Due to losses from returns, sales revenue of broadcasting and TV programs of Yichun shows as negative number.

19-38 测绘地理信息生产完成情况

Statistics on Projects Completed by Surveying and Mapping Departments

年 份 Year	大地测量 Geodesy		测图合计 (幅) Mapping (unit)	地图数字化 (幅) Digital Map (unit)	地图编制 Cartography		
	GPS测量 (点) Global Positioning System Survey (point)	水准测量 (公里) Leveling (kilometer)			地形图 (幅) Topographic Map (unit)	专题地图 (幅/册) Special Map (unit/volume)	地图集 (册) Atlas (volume)
2001	528	336	1941	1416	440	61	2
2002	500	481	2219	1091		372	
2003	189	100	2068	1887		23	1
2004	796	5031	3051	2754		44	
2005	576	800	2509			36	
2006	1840	200	6418	999		35	
2007	1940	286	6127	288	10	30	1
2008	2150	400	13360	286	41	33	1
2009	632	1978	5114		25	607	2
2010	1009	2022	6971	4579	58	66	1
2011	62	943	3104	2078	194		
2012	462	1281	19767		16	210	1
2013	658	327	6469		5	42	
2014	60	3500	31722		3	35	
2015	100	7000	1046		1	21	2
2016	280	4600	1762		3	40	2
2017	180	1500	1810		3	44	1
2018	66		2186		14	48	1
2019	66		2602			131	5
2020	66	314	4437		2	48	2
2021	155	238	9266			151	9

19-39 地理信息成果提供情况

Statistics on Output of Surveying and Mapping Materials

年 份 Year	地形图合计 (张) Topographic Map (unit)			大地成果(点) Geodetic Results (point)	遥感影像成果(片) Aerial Photograph (piece)	挂 图(张) Wall Map (unit)	地 图 集 (册) Atlas (volume)
		#1:10 000 (scale)	#1:50 000 (scale)				
2000	8904	7266	1638	377	281		
2001	10704	8785	1919	1611		66	217
2002	8294	7287	1007	173	120	40	48
2003	10048	8656	1392	47372	8411		
2004	5868	3959	1909	563	29000		
2005	5815	4231	1584	1327	48126	5	
2006	7926	5058	2868	17010	15865	112	20
2007	15035	12754	2281	24221	22631		
2008	17352	15336	2016	7929	12355		
2009	5523	4909	614	5554	22803		
2010	5469	4441	1028	31121	5329	628	731
2011	8153	7498	655	3687	7994	12	15
2012	10444	9162	1282	8992	52354	1035	79
2013	2886	2440	446	4880	133567	951	1500
2014	2940	2648	244	2598	120734	1700	2648
2015	6408	5328	1080	2641	364834	10	540
2016	3531	3078	410	2395	107643	600	1240
2017	2222	1910	275	1995	132718	700	500
2018	2372	2029	343	3083	141379	951	300
2019	2443	2291	126	4533	29638	1888	290
2020	10888	10610	278	2504		1250	4485
2021	26440	24468	1951	730	5684827	13693	39292

注：航摄成果指标从2014年起调整为以遥感影像成果为统计指标，以平方千米作计量单位。

a) After 2014, aerial photograph refers to remote sensing image photograph, measuring in the unit of sq.km.

19-40 各地区产品质量监督检查情况(2021年)

Results of Supervision and Sampling Check on the Quality of Products by Region (2021)

地　区	Region	抽查产品 (种) Production Supervised (kind)	抽查企业 (家) Number of Enterprises Supervised (unit)	抽查产品 (批) Production Supervised (time)	不合格产品 (批) Production Unqualified (time)
全　省	**Provincial Total**	**237**	**9690**	**11840**	**1226**
省本级	Provincial level	120	3451	3816	365
南昌市	Nanchang	53	477	590	60
景德镇市	Jingdezhen	21	59	71	1
萍乡市	Pingxiang	58	418	552	69
九江市	Jiujiang	123	1361	1911	170
新余市	Xinyu	41	286	350	46
鹰潭市	Yingtan	47	292	335	33
赣州市	Ganzhou	54	1272	1584	193
吉安市	Ji'an	78	502	682	77
宜春市	Yichun	45	839	854	113
抚州市	Fuzhou	23	311	558	56
上饶市	Shangrao	32	418	527	43
赣江新区	Ganjiangxinqu	6	4	10	

注：抽查产品合计相加不等于总数。

a) The subtotal of production supervised is not equal to the gross total.

主要统计指标解释

R&D 指为增加知识存量（也包括有关人类、文化和社会的知识）以及设计已有知识的新应用而进行的创造性、系统性工作。根据企业相关会计准则规定，研究是指为获取并理解新的科学或技术知识而进行的独创性的有计划调查。开发是指在进行商业性生产或使用前，将研究成果或其他知识应用于某项计划或设计，以生产出新的或具有实质性改进的材料、装置、产品等。

基础研究 指一种不预设任何特定应用或使用目的的实验性或理论性工作，其主要目的是为获得（已发生）现象和可观察事实的基本原理、规律和新知识。其成果通常表现为提出一般原理、理论或规律，并以论文、著作、研究报告等形式为主。包括纯基础研究和定向基础研究。纯基础研究是不追求经济或社会效益，也不谋求成果应用，只是为增加新知识而开展的基础研究。定向基础研究是为当前已知的或未来可预料问题的识别和解决而提供某方面基础知识的基础研究。

应用研究 指为获取新知识，达到某一特定的实际目的或目标而开展的初始性研究。应用研究是为了确定基础研究成果的可能用途，或确定实现特定和预定目标的新方法。其研究成果以论文、著作、研究报告、原理性模型或发明专利等形式为主。

试验发展 指利用从科学研究、实际经验中获取的知识和研究过程中产生的其他知识，开发新的产品、工艺或改进现有产品、工艺而进行的系统性研究。其研究成果以专利、专有技术，以及具有新颖性的产品原型、原始样机及装置等形式为主。

专业技术人员 指报告期内在专业技术岗位工作的或在管理岗位上工作具有专业技术职务（资格）的人员总数。

专业技术类别 指在中央职称改革工作领导小组批转的二十九个专业技术职务试行条例和中共中央办公厅、国务院办公厅关于转发《企业思想政治工作人员专业职务试行条例》的基础上，将事业、企业单位的专业技术人员归并为：工程技术人员（含民航飞行技术人员、船舶技术人员），农业技术人员，科学研究人员（含自然科学研究、社会科学研究及实验技术人员），卫生技术人员，教学人员（含高等院校、中等专业学校、技工学校、中学、小学），经济人员，会计人员，统计人员，翻译人员，图书、档案、文博人员，新闻、出版人员，律师、公证人员，播音人员，工艺美术人员，体育人员，艺术人员及政工人员，共十七个专业技术职务类别。

专利申请数 指调查单位在报告年度向国内外知识产权行政部门提出专利申请并被受理后，按规定缴足申请费，符合进入初步审查阶段条件的件数。专利是专利权的简称，是对发明人的发明创造经审查合格后，由专利主管部门依法授予发明人和设计人对该项发明创造享有的专有权，包括发明、实用新型和外观设计三种。

专利授权数 指报告年度由国内外知识产权行政部门向调查单位授予专利权的件数。

普通高等学校 指按照国家规定的设置标准和审批程序批准举办的，通过全国普通高等学校统一招生考试，招收高中毕业生为主要培养对象，实施高等教育的全日制大学、独立设置的学院和高等专科学校、高等职业学校和其他机构。

成人高等学校 指按照国家规定的设置标准和审批程序批准举办的，通过全国成人高等学校统一招生考试，招收具有高中毕业或同等学历的在职从业人员为主要培养对象，利用函授、业余、脱产等多种形式对其实施高等学历教育的学校。包括职工高等学校、农民高等学校、管理干部学院、教育学院、独立函授学院、广播电视大学、其他机构等。其他机构是承担国家成人招生计划任务不计校数的机构。

文化事业机构 指从事专业文化工作和为专业文化工作服务的独立建制的单位。不包括这些单位另外举办独立核算的其他机构和各部门的业余文化组织。该指标主要反映文化事业机构发展规模水平。

艺术表演团体 指从事戏曲、音乐、舞蹈、杂技等专业艺术表演，有独立账户的单位，不包括半工半艺、半农半艺和民间职业剧团。该指标主要反映专业艺术表演团体发展规模水平。

艺术表演观众人数 指售票、包场演出或民族地区免费演出的艺术表演观众人次数，不包括彩排审查和内部观摩演出的观看人次数。该指标主要反映观看专业艺术表演团体演出的效益规模。

Explanatory Notes on Main Statistical Indicators

Research and Development (R&D) refers to systematic and creative activities in the field of science and technology aiming at increasing the knowledge and using the knowledge for new application.According to the relevant provisions of the relevant accounting standards for enterprises, research refers to the planned survey development for the purpose of the acquiring and understanding of new scientific or technical knowledge. Development refers to the application of research results or other knowledge to a plan or design to produce new or substantially improved material device products before commercial production or use.

Basic Research refers to experimental or theoretical work undertaken primarily to acquire new knowledge of the underlying foundations of phenomena and observable facts, without any particular application or use in view. Basic research usually formulates hypotheses, theories or laws, and its results are mainly released or disseminated in the form of scientific papers or monographs or research reports. Basic research includes pure basic research and directed basic research. Pure basic research does not pursue economic or social benefits, nor does it seek the application of results. It is only basic research carried out to increase new knowledge. Directional basic research is the basic research that provides some basic knowledge for the identification and solution of the current known or future predictable problems

Applied Research refers to original investigation undertaken in order to acquire new knowledge. It is directed primarily towards a specific, practical aim or objective. Purpose of the applied research is to identify the possible uses of results from basic research, or to explore new (fundamental) methods or new approaches. Results of applied research are expressed in the form of scientific papers, monographs, fundamental models or invention patents.

Experimental Development refers to systematic work, drawing on knowledge gained from research and practical experience and producing additional knowledge, which is directed to producing new products or processes or to improving existing products or processes. Results of experimental development activities are embodied in patents, exclusive technology, and mono-type of new products or equipment.

Professional and Technical Personnel refer to persons engaged in professional and technical work or in the management of professional and technical activities.

Category of Professional Technical Positions refers to the merging of the professional and technical personnel of public institutions on the basis of the provisional Regulations on the transfer of 29 professional and technical posts approved by the Central Leading Group for Professional Title Reform and the Provisional Regulations of the General Office of the CPC Central Committee and the General Office of the State Council on the transfer of professional and political personnel of enterprises for trial implementation. Professional technology personnel is categorized into Divided into: engineering and technical personnel (including the civil aviation flight personnel ship technical personnel), agricultural technical personnel, scientific research personnel (including natural science and social science research and experimental technical personnel), health technicians, teaching staff (including secondary specialized schools in colleges and universities vestibule school middle school or primary school), economic personnel, accountants, statisticians, translators, book file wenbo personnel, press and publication, attorney notarial personnel, service personnel, arts and crafts, sports, art and political work personnel, a total of 17 categories of professional technical position.

Patent Applied refers to the number of cases in which an investigating entity, after submitting an application for patent to the intellectual property administrative department at home and abroad in the reporting year and having been accepted, pays the application fee in full according to the provisions and meets the requirements for entering the preliminary examination stage. Patent is an abbreviation for the patent right and refers to the exclusive right of ownership by the inventors or designers for the creation or inventions, given from the patent offices after due process of assessment and approval in accordance with the Patent Law. Patents are granted for inventions, utility models and designs.

Patent Granted refers to the number of patents granted to investigating units by intellectual property administrative departments at home and abroad in the reporting year.

Regular Institutions of Higher Education refers to a full-time university, an independently established college or college, a junior college or college, a higher vocational school or any other institution that carries out higher education by passing the uniform entrance examination for ordinary institutions of higher learning nationwide in accordance with the establishment standards and examination and approval procedures set by the State and enrolling senior high school graduates as its main training objects.

Institutions of Higher Learning for Adults refer to educational establishments, set up in line with relevant rules approved by the government, enrolling staff and workers with senior secondary school or equivalent education, and providing higher education courses in many forms of correspondence, spare time, or full time for adults. Professionals thus trained receive a qualification equivalent to graduates studying regular courses at regular universities, colleges and professional colleges. Institutions of higher learning for adults include schools of higher education for staff and workers, schools of higher education for peasants, colleges for management cadres, pedagogical colleges, independent correspondence colleges, Radio and TV universities and other educational establishments. Other educational establishments have undertakings to enrol adult students but not enumerated in the schools under the State Plan.

Cultural Institutions refer to units which have their own organizational system and independent accounting system and specialize in cultural work or service cultural work. They do not include other establishments run by these units with separate accounting system and amateur cultural groups established by various departments. The statistics reflect the scale and level of development of institutions engaged in cultural undertakings.

Art Troupes refer to the troupes which are engaged in drama, opera, music, dance, acrobatics or other art performance, have independent accounts with banks and have self-supporting accounting system. Troupes which are engaged partly in industrial or agricultural activities, partly in art performance and the professional troupes organized by the mass are not included. The statistics reflect the scale and level of development of professional art troupes nationally.

Number of Audience at Art Performance refers to the number of spectators at commercial shows, privately organized shows or free shows given in ethnic minority areas, and does not include the number of spectators at rehearsals and internal viewing. This indicator mainly reflects the scale and effects of viewing of performances given by professional art troupes across the country.

20

卫生、体育、社会福利和其他

PUBLIC HEALTH, SPORTS, SOCIAL WELFARE AND OTHERS

资料整理：王惠媗　许　谞　冯晓晖　吴望辉

Ⅰ 简要说明

本篇资料主要分为卫生、体育、社会福利及其他四部分。

卫生统计资料主要包括卫生机构、人员、床位数、医院门诊诊疗人次及入院人数、医院住院治疗情况、医院病床使用等，资料由省卫生健康委员会整理提供。

体育统计资料包括举办运动会次数、全民健身活动人数、健身设施和俱乐部、国际国内比赛中获奖情况、少年儿童业余体校情况等，资料由省体育局整理提供。

社会福利及其他统计资料主要包括社会福利企事业机构、人员情况、优抚、福利类收养情况、社会救济、城镇社区服务、社会捐赠、福利彩票发行、婚姻登记情况等，由省民政厅整理提供。社会活动参与包括全省人大代表和政协委员情况、工会组织情况、共青团组织情况、妇联系统组织情况，资料分别由省人大、省政协、省总工会、团省委、省妇联整理提供。

公检法司包括律师、公证、调解工作情况和各类事故伤亡情况，资料分别由省司法厅、省安全生产监督管理局整理提供。

Ⅰ Brief Introduction

Data in this chapter present statistics on four sectors: public health, sports, social welfare, and other statistic data.

Data on public health cover the number of institutions, personnel, hospital beds, number of patients admitted and treated, hospital in patient treatment, use of hospital beds. The data are prepared and provided by the Heath Commission of Jiangxi Province.

Data on sports cover the number of games held, mass sports, the number of fitness facilities and clubs, domestic and international competition prizes, and amateur sports schools. The data are prepared and provided by Jiangxi Sport Bureau.

Data on social welfare and other statistic data cover condition of institutions and personnel, budget, social welfare relief, urban welfare facilities, social donations, lottery, and marriage registration. Data are prepared and provided by the Civil Administration Office in Jiangxi Province. Data on participation (covering mainly information on representatives to Provincial People's Congress, CPPCC Provincial Committee, and Trade Unions Communist Youth League, Women's Federations) are prepared and provided by the Provincial People's Congress, CPPCC Provincial Committee, the Provincial Federation of Trade Unions, Provincial Party Committee and Provincial Women's Federation.

Data on public security cover statistics on lawyers, notarization and mediation, and various accidents casualties. The data are prepared and provided by the Department of Justice of Jiangxi Province and The Bureau of Safe Production Supervision and Administration of Jiangxi Province.

20-1 卫生机构、床位及人员数
Number of Health Institutions, Beds and Personnel

年份 Year	机构数(个) Number of Institutions (unit)	#医院卫生院 Hospitals and Health Centers	床位数(张) Number of Beds (unit)	#医院卫生院 Hospitals and Health Centers	人员数(人) Number of Personnel (person)	#卫生技术人员 Medical Technical Personnel	#医生 Doctor
1978	5178	2107	72289	65237	87018	70247	30430
1979	5268	2157	74314	67398	92090	73868	31054
1980	5373	2189	76924	69716	97831	79014	32675
1981	5474	2195	78630	70876	111364	90812	37021
1982	5615	2199	81011	72471	115000	93392	38578
1983	5624	2205	82098	72963	119748	97661	40628
1984	5587	2217	82623	73510	126059	100673	40865
1985	5538	2206	84134	75203	127679	102209	43322
1986	5597	2221	86431	76779	131342	105401	45012
1987	5614	2234	89227	79304	134846	108065	46109
1988	5583	2253	90151	80342	138238	111765	48801
1989	5613	2283	92194	82059	141587	114402	50525
1990	5632	2305	92274	82601	144583	116786	51994
1991	5632	2308	92745	83190	146418	117903	51893
1992	5620	2321	93291	83619	147375	118708	52304
1993	5389	2276	93315	82625	147217	118318	52619
1994	5432	2304	94372	83911	149247	120503	54212
1995	5423	2313	93669	83625	151246	122649	55095
1996	7966	2302	88509	81323	147057	118700	50876
1997	8056	2310	90251	82489	148605	120072	51864
1998	7972	2305	91641	83349	149356	121119	52498
1999	7953	2298	91230	82326	152264	122321	53147
2000	8048	2282	90930	83300	151985	123192	54437
2001	7594	2266	91091	83484	151518	122858	53717
2002	11286	2146	90019	83817	139076	114513	46756
2003	11401	2083	85537	79790	141287	117755	49289
2004	12080	2047	84036	78211	141244	118196	46468
2005	10664	2007	85086	79292	138697	115986	46093
2006	10210	2032	88260	81585	142682	119761	51436
2007	9456	2028	94862	85502	153238	126598	51828
2008	8229	2036	105156	93890	168472	139764	55187
2009	7102	2077	123086	104700	176720	146990	56325
2010	7172	2092	127915	103075	184139	154733	59264
2011	7121	2131	136512	132319	196317	166069	62888
2012	7137	2134	157660	142436	210887	179797	67168
2013	7250	2140	174299	158096	269848	190234	70276
2014	38873	2158	186857	170042	280681	201327	74605
2015	38557	2201	197873	184120	291571	210946	76814
2016	38266	2349	209085	195277	301698	220979	79183
2017	37791	2259	233513	214206	317816	235773	83652
2018	36546	2311	249510	229276	325803	247204	87277
2019	37029	2403	267187	246733	348413	267917	96437
2020	36716	2452	285797	265356	367527	286089	104897
2021	36764	2532	307292	284963	381735	305670	111394

注：1. 从1996年起卫生年报统计口径变动，机构数中包括个体机构。
2. 2002年卫生年报统计口径调整，数据变化较大。后同。
3. 2007年卫生年报统计口径变动。后同。
4. 从2013起卫生技术人员数据不包括乡村医生和卫生员。后同。
5. 从2014年起机构合计中包括村卫生室。

a) Statistical standards in health report have been adjusted since 1996. Individual institutions have been included in total number of institutions.
b) Statistical standards in health report have been adjusted since 2002, causing data fluctuation among years. The same applies to the following tables.
c) Statistical standards in health report have been adjusted since 2007. The same applies to the following tables.
d) Village doctors and assistant nurses have not been included in technical personnel in health institutions since 2013 The same applies to the following tables.
e) Village clinics have been included in health institutions since 2014.

20-2 各类卫生机构、床位、人员数(2021年)

Number of Health Institutions, Beds and Personnel by Type (2021)

类别	Type	机构数(个) Total (unit)	#国有 State-owned	床位数(张) Beds (unit)	#国有 State-owned	人员数(人) Personnel (person)	#卫生技术人员 Medical Technical Personnel
总计	**Total**	**36764**	**3130**	**307292**	**235772**	**381735**	**305670**
医院	**Hospital**	**939**	**322**	**223990**	**160650**	**220025**	**189774**
综合医院	General Hospital	562	189	148069	108675	153498	133719
中医医院	Hospital Specialized in Traditional Chinese Medicine	126	89	36878	33142	37197	32752
中西医结合医院	Hospital of Integrated Traditional Chinese with Western Medicine	23	4	2548	1222	2790	2436
专科医院	Specialized Hospital	223	40	36139	17611	26312	20730
护理院	Nursing Hospital	5		356		228	137
基层医疗卫生机构	**Health Care Institutions at Grassroots Level**	**35216**	**2279**	**65514**	**59245**	**122164**	**83790**
社区卫生服务中心(站)	Community Health Service Center	587	238	3862	2821	9208	8137
卫生院	Heath Centers	1593	1472	60973	56392	53414	46957
村卫生室	Village Clinic	27189	383			41994	12516
门诊部	Outpatient Department	536	17	614	32	4919	4217
诊所、卫生所、医务室	Clinic, Medical Center, Nursing Station	5311	169	65		12629	11963
专业公共卫生机构	**Professional Public Health Institutions**	**513**	**485**	**16422**	**14812**	**35371**	**29468**
疾病预防控制中心	Disease Prevention & Control Center	144	142			5739	4654
专科疾病防治院(所、站)	Specialized Disease Prevention&Treatment Institute	92	79	3772	2455	3160	2477
健康教育所(站、中心)	Health Education Center	13	11			223	94
妇幼保健院(所、站)	Maternity and Child Care Center	111	108	12674	12351	22425	19362
急救中心(站)	Emergency Center	16	16	6	6	559	344
采供血机构	Institution for Blood Collection and Supplyment	20	14			1266	965
卫生监督所	Health Supervision Institution	110	108			1898	1502
计划生育技术服务机构	Birth Control Service Institution	6	6			89	61
其他卫生机构	**Other Health Care Institutions**	**96**	**44**	**1366**	**1065**	**4175**	**2638**
疗养院	**Sanatoriums**						
医学科学研究机构	Research Institution of Medical Science	5	5			381	229
医学在职培训机构	Medical-service Training Institution						
临床检验中心	Clinical Laboratory Institution	8				325	239
其他	Other Health Institutions	77	37			3195	2035

注：1. 本表人员合计中包括乡村医生和卫生员。

2. 不含乡镇卫生院在村卫生室工作的执业(助理)医师、注册护士数。

a) Village doctors and assistant nurses are included in personnels.

b) Licensed (assistant) physicians and nurses of country health stations working in village health stations are not included in personnels.

20-3 卫生机构人员数
Number of Personnel in Health Institutions

单位：人 (person)

类　　别	Type	1990	1995	2000	2010	2019	2020	2021
总　　计	**Total**	**144583**	**151246**	**151985**	**184139**	**348413**	**367527**	**381735**
卫生技术人员	Medical Technical Personnel	116786	122649	123192	154733	267917	286089	305670
执业医师	Certified Doctors	51994	55095	54437	50737	80429	86733	93000
执业助理医师	Certified Assistant Doctors				8527	16008	18164	18394
注册护士	Registered Nurses	1774	1227	1764	57703	120412	129283	139922
药剂师(士)	Pharmacists	1237	1057	611	12223	15265	15724	17530
技师(士)	Technical Personnel				10584	17576	18589	21258
#检验师	Chemist	891	677	444	7229	12027	12797	13444
其　他	Others	5921	5914	4351	14959	18229	17596	14148
其他技术人员	Other Technical Personnel	1229	2329	4340	6523	10341	11342	13390
管理人员	Managerial Personnel		4464	5004	7644	11134	11436	19254
工勤技能人员	Ground Skilled Staff	10498	10812	12903	15239	21727	22876	24178
乡村医生和卫生员	Village Doctors and Health Workers					37287	35715	29478
平均每千人中有卫生技术人员	Number of Medical Technical Personnel Per 1000 Population	3.06	3.02	2.97	3.47	5.93	6.33	6.77
#医生	Doctors	1.36	1.36	1.31	1.33	2.14	2.32	2.47

注：1. 本表总数中不包含村卫生室人员、乡村医生和卫生人员，2007年卫生统计口径改变，故指标有所变化。
2. 2015年起本表总数中包括了村卫生室人员、乡村医生和卫生人员。
3. 因七人普人口数据修订，2017-2019年平均每千人卫生技术人员及医生数有变动。

a) Village clinic staff, rural doctors and health workers are not included in total. The statistical standard has changed since 2007 and the indicators has changed accordingly.
b) Staff of village clinics, village doctors and health workers have been included in provincial total since 2015.
c) Number of medical technical personnel per 1000 population from 2017 to 2019 is adjusted based on Seventh National Census.

20-4 各地区卫生事业基本情况(2021年)
Basic Statistics on Health Institutions by Region (2021)

地 区	Region	机构数(个) Total (unit)	#医院、卫生院 Hospitals and Health Centers	床位数(张) Number of Beds (unit)	#医院、卫生院 Hospitals and Health Centers	人员数(人) Number of Personnel (person)
全 省	**Provincial Total**	**36764**	**2532**	**307292**	**284963**	**381735**
南昌市	Nanchang	2716	233	46077	43545	65842
景德镇市	Jingdezhen	1161	79	10920	10265	13910
萍乡市	Pingxiang	1384	79	13845	12389	17985
九江市	Jiujiang	2702	261	29597	25855	38966
新余市	Xinyu	1246	57	8479	7799	10383
鹰潭市	Yingtan	854	75	7879	7640	8754
赣州市	Ganzhou	8688	496	60170	55694	70364
吉安市	Ji'an	4320	306	31658	29876	33773
宜春市	Yichun	4392	266	36815	33246	40666
抚州市	Fuzhou	2678	277	21677	20625	29706
上饶市	Shangrao	6623	403	40175	38029	51386

注：1. 人员数包括乡村医生和卫生员。
2. 医院卫生院机构数不包括村卫生室和门诊部机构数。
a) Village doctors and assistant nurses are included in personnel.
b) Hospital institutes number does not include the number of village clinics and outpatient departments.

20-5 各地区卫生技术人员数(2021年)
Technical Personnel in Health Institutions by Region (2021)

单位：人 (person)

地 区	Region	合计 Total	医生 Doctors	执业医师 Certified Doctors	执业助理医师 Certified Assistant Doctors	注册护士 Registered Nurses	其他 Others
全 省	**Provincial Total**	**381735**	**111394**	**93000**	**18394**	**139922**	**130419**
南昌市	Nanchang	65842	19163	17694	1469	26331	20348
景德镇市	Jingdezhen	13910	3972	3354	618	5272	4666
萍乡市	Pingxiang	17985	5158	4349	809	7014	5813
九江市	Jiujiang	38966	11838	10205	1633	13982	13146
新余市	Xinyu	10383	2987	2618	369	4044	3352
鹰潭市	Yingtan	8754	2634	2121	513	3078	3042
赣州市	Ganzhou	70364	20476	16579	3897	25892	23996
吉安市	Ji'an	33773	10661	8616	2045	11174	11938
宜春市	Yichun	40666	11534	9654	1880	14487	14645
抚州市	Fuzhou	29706	9015	6951	2064	10837	9854
上饶市	Shangrao	51386	13956	10859	3097	17811	19619

注：其他卫生技术人员中包括药师(士)、技师(士)和见习医师等。
a) Pharmacists, technical personnel, and interns are included in other technical personnel.

20-6 各类医院机构、床位及人员数(2021年)
Beds and Personnel in Health Institutions by Specialization (2021)

类　别	Type	机构数(个) Number of Institutions (unit)	床位数(张) Number of Beds (unit)	人员数(人) Number of Personnel (person)	#卫生技术人员 Medical Technical Personnel	执业医师 Certified Doctors	执业助理医师 Certified Assistant Doctors
总　计	**Total**	**939**	**223990**	**220025**	**189774**	**57604**	**4215**
综合医院	General Hospital	562	148069	153498	133719	40418	2820
中医医院	Hospital Specialized in Traditional Chinese Medicine	126	36878	37197	32752	10924	760
中西医结合医院	Hospital of Integrated Traditional Chinese with Western Medicine	23	2548	2790	2436	779	69
专科医院	Specialized Hospital	223	36139	26312	20730	5451	561
口腔医院	Stomatological Hospital	23	299	1157	865	323	70
眼科医院	Ophtalmology Hospital	19	1510	2326	1725	528	62
耳鼻喉科医院	Otolaryngology Hospital	3	206	122	101	21	5
肿瘤医院	Tumor Hospital	3	2879	2639	2385	728	5
血液病医院	Hematopathy Hospital	1	77	42	33	3	2
妇产(科)医院	Obstetrics and Gynecology Hospital	14	795	1385	917	251	26
儿童医院	Children's Hospital	1	1319	1814	1580	457	1
精神病医院	Psychiatry Hospital	78	21540	8452	6529	1373	176
传染病医院	Hospital for Infectious Diseases	4	1551	1598	1293	346	7
皮肤病院	Dermatology Hospital	6	361	792	604	196	4
结核病医院	Tuberculosis Hospital	1	271	258	218	40	7
骨科医院	Orthopedics Hospital	16	1474	1273	1014	233	89
康复医院	Rehabilitation Hospital	11	958	737	590	139	26
美容医院	Plastic Surgery Hospital	11	254	623	412	146	11
其他专科医院	Other Specialized Hospitals	30	1849	2193	1704	440	66
护理院	Nursing Hospital	5	356	228	137	32	5

20-7 各类医疗机构病床使用情况(2021年)
Bed Utilization of Medical Institutions (2021)

类 别	Type	实际占用总床日数(床日) Actual Number of Bed-opening Days (Bed-Occupying day)	出院者占总床日数(日) Total Number of Bed-occupying Days (day)	病床周转次数(次) Hospital Bed Turnover (time)	病床工作日(日) Hospital Bed Using Days (day)	病床使用率(%) Utilize-tion Rate (%)	平均住院日(日) Average Staying Days in Hospital (day)
总 计	**Total**	**73750469**	**70111761**	**29.67**	**255.10**	**69.88**	**8.20**
医 院	**Hospital**	**59516046**	**57145135**	**29.81**	**278.20**	**76.22**	**9.00**
综合医院	General Hospital	38954734	38133276	33.59	272.89	74.76	7.95
中医医院	Hospital Specialized in Traditional Chinese Medicine	9801423	9407375	29.62	278.61	76.33	9.03
中西医结合医院	Hospital of Integrated Traditional Chinese with Western Medicine	612769	587018	25.96	274.89	75.31	10.15
专科医院	Specialized Hospital	10084304	8963610	14.35	301.20	82.52	18.66
口腔医院	Stomatological Hospital	10976	10640	9.45	56.85	15.57	5.83
眼科医院	Ophtalmology Hospital	218216	207230	32.80	160.19	43.89	4.64
耳鼻喉科医院	Otolaryngology Hospital	53516	45697	70.58	334.89	91.75	4.05
肿瘤医院	Tumor Hospital	890223	879185	33.19	306.75	84.04	9.13
血液病医院	Hematopathy Hospital						∞
妇产(科)医院	Obstetrics and Gynecology Hospital	79897	76568	20.06	117.22	32.11	5.60
儿童医院	Children's Hospital	390738	381568	48.40	296.24	81.16	5.98
精神病医院	Psychiatry Hospital	6888413	5893193	5.14	341.31	93.51	56.77
传染病医院	Hospital for Infectious Diseases	414597	373902	18.79	271.16	74.29	13.02
皮肤病医院	Dermatology Hospital	73200	73029	27.44	209.07	57.28	7.60
结核病医院	Tuberculosis Hospital	57425	57112	16.80	243.66	66.76	14.43
骨科医院	Orthopedics Hospital	238780	235823	23.04	193.28	52.95	8.28
康复医院	Rehabilitation Hospital	165381	138859	12.97	209.05	57.28	13.53
美容医院	Plastic Surgery Hospital	3286	3326	17.49	32.55	8.92	1.88
其他专科医院	Other Specialized Hospitals	336742	319514	25.17	212.99	58.35	8.03
护理院	Nursing Hospital	62816	53856	9.95	217.36	59.55	18.73
基层医疗卫生机构	**Health Care Institutions at Grassroots Level**	**10539445**	**9535609**	**28.08**	**178.95**	**49.03**	**5.77**
社区卫生服务中心(站)	Health Service Center for Community	336559	266772	15.06	118.18	32.38	6.22
卫生院	Heath Centers	10202886	9268837	28.39	182.03	49.87	5.83
专业公共卫生机构	**Professional Public Health Institutions**	**3556281**	**3300171**	**34.09**	**231.44**	**63.41**	**6.30**
专科疾病防治院(所、站)	Specialized Disease Prevention & Treatment Institute	856489	701120	10.92	232.92	63.81	17.47
妇幼保健院(所、站)	Maternity and Child Care Center (Station)	2699792	2599051	41.38	230.98	63.28	5.37
#妇幼保健院	Maternity and Child Care Center	2525158	2457665	43.55	236.72	64.85	5.29
其他医疗卫生机构	**Other Health Care Institutions**	**138697**	**130846**	**24.16**	**144.17**	**39.50**	**5.63**
疗养院	Sanitarium	138697	130846	24.16	144.17	39.50	5.63

20-8 各类医疗机构门诊诊疗情况(2021年)

Out-patient Clinics in Hospitals in Medical Institutions (2021)

类别	Type	诊疗人次(人次) Visits (person-time)	#门、急诊 Clinics	互联网诊疗人次数(人) Online Visits (person)	观察室留观病例数(人) Cases in Observation Room (person)	健康检查人数(人) Health Examine (person)
总　　计	**Total**	**228645970**	**217397794**	**643935**	**1035362**	**14427049**
医　　院	**Hospital**	**88557756**	**85611499**	**314408**	**540221**	**5027512**
综合医院	General Hospital	64573223	62377259	287905	400063	3682959
中医医院	Hospital Specialized in Traditional Chinese Medicine	16120063	15571337	14974	95043	953775
中西医结合医院	Hospital of Integrated Traditional Chinese with Western Medicine	978586	911124	3	6935	95880
专科医院	Specialized Hospital	6872223	6738534	11526	38180	294898
口腔医院	Stomatological Hospital	720757	713035	7310		32527
眼科医院	Ophtalmology Hospital	747074	746181		138	31873
耳鼻喉科医院	Otolaryngology Hospital	57291	55902	1723		16439
肿瘤医院	Tumor Hospital	390735	371782	65	7820	27875
血液病医院	Hematopathy Hospital	66062	66062			
妇产(科)医院	Obstetrics and Gynecology Hospital	317523	312111		673	27589
儿童医院	Children's Hospital	1421946	1421946	2375	15555	10252
精神病医院	Psychiatry Hospital	915035	885521		197	13132
传染病医院	Hospital for Infectious Diseases	490606	470357		1928	62064
皮肤病医院	Dermatology Hospital	685625	685625		11744	6708
结核病医院	Tuberculosis Hospital	27542	27542	32		13535
骨科医院	Orthopedics Hospital	189671	177863	21	75	16295
康复医院	Rehabilitation Hospital	89961	81983		40	1372
美容医院	Plastic Sergury Hospital	94929	94419			265
其他专科医院	Other Specialized Hospitals	446067	435829		10	15972
护理院	Nursing Hospital	13661	13245			
基层医疗卫生机构	**Health Care Institutions at Grassroots Level**	**126776866**	**118719622**	**286855**	**465851**	**8109853**
社区卫生服务中心(站)	Health Service Center for Community	8149413	7759601	7062	159092	1349288
卫生院	Heath Centers	39282129	37414503	201509	306759	6484217
村卫生室	Village Clinic	57698067	53642505			
门诊部	Outpatient Department	2059694	1609198	59245		254297
诊所、医务室、护理站	Clinic, Medical center,Nursing Station	19587563	18293815	19039		22051
专业公共卫生机构	**Professional Public Health Institutions**	**13279451**	**13036809**	**42672**	**29280**	**1289478**
专科疾病防治院(所、站)	Specialized Disease Prevention & Treatment Institute	948367	891441		2932	39481
妇幼保健院(所、站)	Maternity and Child Care Center (Station)	12108978	11923262	42672	26348	1249997
#妇幼保健院	Maternity and Child Care Center	11346499	11198667	42672	26348	1109418
急救中心(站)	Emergency Center	222106	222106			
其他医疗卫生机构	**Other Health Care Institutions**	**31897**	**29864**		**10**	**206**
疗养院	Sanitarium	31897	29864		10	206

20-9 各类医疗机构住院治疗情况(2021年)
Basic Statistics on Inpatients Treatments in Medical Institutions (2021)

类别	Type	入院人数(人) Inpatients (person)	出院人数(人) Out-patients (person)	住院病人手术人次(人次) Inpatients Operation (person-time)	病死率(%) Fatality Rate (%)	每床出院人数(人) Patients Discharged per Bed (person)	每百门急诊的入院人数(人) Number of Admissions Per 100 Outpatient Emergency Treatment (person)
总计	**Total**	**8616450**	**8578879**	**2220788**	**0.21**	**27.9**	**6.0**
医院	**Hospital**	**6412256**	**6377937**	**2016675**	**0.27**	**28.5**	**7.5**
综合医院	General Hospital	4824794	4794878	1592093	0.28	32.4	7.7
中医医院	Hospital Specialized in Traditional Chinese Medicine	1040974	1041988	226660	0.25	28.3	6.7
中西医结合医院	Hospital of Integrated Traditional Chinese with Western Medicine	57942	57861	10557	0.34	22.7	6.4
专科医院	Specialized Hospital	485677	480334	187365	0.21	13.3	7.2
口腔医院	Stomatological Hospital	1827	1824	1611		6.1	0.3
眼科医院	Ophtalmology Hospital	44886	44688	31936	0.15	29.6	6.0
耳鼻喉医院	Otolaryngology Hospital	11230	11279	7906		54.8	20.1
肿瘤医院	Tumor Hospital	96533	96335	16046	0.50	33.5	26.0
妇产(科)医院	Obstetrics and Gynecology Hospital	13675	13671	4166		17.2	4.4
儿童医院	Children's Hospital	63645	63843	53225	0.04	48.4	4.5
精神病医院	Psychiatry Hospital	107756	103803	3592	0.10	4.8	12.2
传染病医院	Hospital for Infectious Diseases	28687	28723	16581	0.66	18.5	6.1
皮肤病医院	Dermatology Hospital	9713	9607	1384		26.6	1.4
结核病医院	Tuberculosis Hospital	3978	3959	72	0.23	14.6	14.4
骨科医院	Orthopedics Hospital	29304	28467	13262		19.3	16.5
康复医院	Rehabilitation Hospital	10631	10262	607	0.43	10.7	13.0
美容医院	Plastic Sergury Hospital	1766	1766	1166		7.0	1.9
其他专科医院	Other Specialized Hospitals	39741	39789	22253	0.02	21.5	9.1
护理院	Nursing Hospital	2869	2876		3.86	8.1	21.7
基层医疗卫生机构	**Health Care Institutions at Grassroots Level**	**1655504**	**1653872**	**27215**	**0.03**	**25.2**	**3.6**
社区卫生服务中心	Health Service Center for Community	37163	37428	1257	0.01	11.5	0.8
卫生院	Heath Centers	1593593	1591107	24640	0.03	26.1	4.3
门诊部	Outpatient Department	19259	19259			31.4	
专业公共卫生机构	**Professional Public Health Institutions**	**525432**	**523829**	**176893**	**0.02**	**31.9**	**4.1**
专科疾病防治院(所、站)	Specialized Disease Prevention & Treatment Institute	40712	40141	234		10.7	4.6
妇幼保健院(所、站)	Maternity and Child Care Center (Station)	484720	483688	176659	0.02	38.2	4.1
#妇幼保健院	Maternity and Child Care Center	466057	464547	172889	0.02	40.3	4.2
其他医疗卫生机构	**Other Health Care Institutions**	**23258**	**23241**	**5**		**17.0**	**77.9**
疗养院	Sanitarium	23258	23241	5		17.0	77.9

20-10 各地区医疗卫生机构门诊诊疗情况(2021年)
Out-patient Clinics in Medical Institutions by Region (2021)

地 区	Region	诊疗人次(人次) Visits (person-time)	#门、急诊 Outpatient and Emergency Treatment	观察室留观病人(人) Patients in Observation Room (person)	健康检查人数(人) Health Examine (person)	急诊病死率(%) Fatality Rate among Emergency Admissions (%)	观察室病死率(%) Observation Room Mortality (%)
全 省	**Provincial Total**	**228645970**	**217397794**	**1035362**	**14427049**	**0.03**	**0.04**
南昌市	Nanchang	30736822	29431809	209790	1964031	0.04	0.02
景德镇市	Jingdezhen	8079075	7516777	74272	640934	0.04	
萍乡市	Pingxiang	9574204	9168760	71449	609166	0.02	
九江市	Jiujiang	23703691	22545233	125352	1516702	0.05	0.04
新余市	Xinyu	6660719	6056815	38260	499253	0.03	0.01
鹰潭市	Yingtan	6772691	6496400	7704	218344	0.01	
赣州市	Ganzhou	48720240	46463660	170281	3017395	0.04	0.02
吉安市	Ji'an	23194188	22299121	91045	1579432	0.03	0.08
宜春市	Yichun	23025854	21955314	207811	1789216	0.02	0.03
抚州市	Fuzhou	19638360	18910502	18448	786518	0.01	0.15
上饶市	Shangrao	28540126	26553403	20950	1806058	0.03	0.47

20-11 各地区医院病床使用情况(2021年)
Utilization of Hospital Beds by Region (2021)

地 区	Region	病床工作日(日) Hospital Bed Utilization(day)			病床使用率(%) Utilization Rate (%)			出院者平均住院日(日) Average Staying Days in Hospital (day		
		合计 Total	公立 Public	民营 Private	合计 Total	公立 Public	民营 Private	合计 Total	公立 Public	民营 Private
全 省	**Provincial Total**	**278.2**	**293.7**	**235.9**	**76.2**	**80.5**	**64.6**	**9.0**	**8.7**	**9.9**
南昌市	Nanchang	297.2	304.7	249.3	81.4	83.5	68.3	9.2	8.9	13.1
景德镇市	Jingdezhen	281.0	285.9	273.0	77.0	78.3	74.8	9.7	8.9	11.8
萍乡市	Pingxiang	297.6	322.6	238.7	81.5	88.4	65.4	9.0	8.9	9.1
九江市	Jiujiang	290.6	296.1	235.3	79.6	81.1	64.5	9.4	9.4	10.2
新余市	Xinyu	276.2	287.2	249.6	75.7	78.7	68.4	10.3	9.6	13.6
鹰潭市	Yingtan	246.4	261.3	229.8	67.5	71.6	63.0	9.8	8.4	13.5
赣州市	Ganzhou	268.3	291.8	213.0	73.5	80.0	58.3	8.5	8.2	9.6
吉安市	Ji'an	272.0	280.7	235.1	74.5	76.9	64.4	8.5	8.2	10.7
宜春市	Yichun	278.6	296.2	225.7	76.3	81.1	61.8	9.9	10.0	9.2
抚州市	Fuzhou	241.1	258.7	205.8	66.1	70.9	56.4	7.9	7.6	8.7
上饶市	Shangrao	281.8	303.6	256.4	77.2	83.2	70.2	8.6	8.5	8.8

20-12 各地区医疗卫生机构住院治疗情况(2021年)
Basic Statistics on Inpatient Treatments by Region (2021)

地　区	Region	入院人数(人) Inpatients (person)	出院人数(人) Out-patients (person)	住院病人手术人次(人次) Inpatients Operation (person-time)	病死率(%) Fatality Rate (%)	每床出院人数(人) Out-patients per bed (person)	每百门急诊的入院人数(人) Number of Admissions Per 100 Outpatient Emergency Treatment (person)
全　省	**Provincial Total**	**8616450**	**8578879**	**2220788**	**0.21**	**27.9**	**6.0**
南昌市	Nanchang	1340613	1335255	604413	0.27	29	5.6
景德镇市	Jingdezhen	290239	287641	86654	0.15	26.3	7.7
萍乡市	Pingxiang	473451	471745	102628	0.11	34.1	7.4
九江市	Jiujiang	859410	860832	199164	0.2	29.1	6.4
新余市	Xinyu	182791	181569	45753	0.25	21.4	3.9
鹰潭市	Yingtan	166980	166669	32528	0.09	21.2	6.1
赣州市	Ganzhou	1736063	1728432	408808	0.36	28.7	5.5
吉安市	Ji'an	964637	963988	141583	0.17	30.5	7.4
宜春市	Yichun	941982	944870	269220	0.1	25.7	6.3
抚州市	Fuzhou	542951	523085	90126	0.16	24.1	4.8
上饶市	Shangrao	1117333	1114793	239911	0.12	27.7	6.3

20-13 各地区城镇社区服务情况(2021年)
Basic Statistics on Urban Community Service by Region (2021)

单位：个　　(unit)

地　区	Region	城镇社区服务设施 Urban Community Service Facilities	社区服务志愿者组织数 Voluntary Organizations for Community Services
全　省	**Provincial Total**	**22159**	**906**
南昌市	Nanchang	2142	72
景德镇市	Jingdezhen	795	61
萍乡市	Pingxiang	1078	46
九江市	Jiujiang	2207	109
新余市	Xinyu	515	29
鹰潭市	Yingtan	439	24
赣州市	Ganzhou	4004	200
吉安市	Ji'an	2943	66
宜春市	Yichun	2716	95
抚州市	Fuzhou	2243	80
上饶市	Shangrao	3077	115

20-14 体育事业基本情况
Basic Statistics on Sports

指标	Item	1990	2000	2010	2018	2019	2020	2021
村级农民体育健身工程(个)	Village-Level Mass Sports Project (unit)				240	348	243	89
乡镇体育健身工程(个)	Township Mass Sports Project (unit)				28	23	22	76
青少年俱乐部(个)	Youth Club (unit)			108	176	183	190	237
等级裁判员发展人数(人)	Ranked Referees Developed (person)	2008	2223	567	691	1079	624	861
等级运动员发展人数(人)	Ranked Athletes Developed (person)						1862	2095
在国际国内比赛中获奖牌数(枚)	Medals Won in International and National Competitions						60	139
金牌	Gold	28	25	36	93	171	18	41
银牌	Silver	33	27	26	100	170	14	47
铜牌	Bronze	29	19	33	104	203	28	51

注：村级农民体育健身工程、乡镇体育健身工程为当年新增数量。

a) Village-level mass sports projects, township mass sports projects refer to those of new-added projects.

20-15 少年儿童业余体育学校基本情况
Basic Statistics on Amateur Sports School for Children and Adolescents

指标	Item	1990	2000	2010	2018	2019	2020	2021
学校数(所)	Number of Schools (unit)	133	105	89	90	107	92	75
在校学生数(人)	Total School Enrollments (person)	7122	7417	10113	15947	15456	18238	16841
专职教练员人数(人)	Full-time Coaches (person)	400	439	462	626	688	624	582
#专科以上	Above Specialized Courses		238	410	584	648	598	550

20-16 历届全省人民代表大会的代表人数
Number of Deputies to All the Previous Provincial People's Congresses

届别	Congress	年份 Year	代表总数(人) Total Number of Deputies (person)	#女代表 Female Deputies	占代表总数(%) As Percentage to Total Deputies (%)	#少数民族代表 Ethnic Minority Deputies	占代表总数(%) As Percentage to Total Deputies (%)
一 届	First Congress	1954	404				
二 届	Second Congress	1958	500	76	15.2		
三 届	Third Congress	1963	613	129	21.0	7	1.1
五 届	Fifth Congress	1978	1200	261	21.8	9	0.8
六 届	Sixth Congress	1983	958	184	19.2	17	1.8
七 届	Seventh Congress	1988	583	99	17.0	15	2.6
八 届	Eighth Congress	1993	615	108	17.6	12	2.0
九 届	Ninth Congress	1998	603	136	22.6	11	1.8
十 届	Tenth Congress	2003	604	146	24.2	14	2.3
十一届	Eleventh Congress	2008	608	148	24.3	16	2.6
十二届	Twelfth Congress	2013	609	148	24.3	21	3.4
十三届	Thirteenth Congress	2018	607	161	26.5	23	3.8

注：1968年1月成立的江西省革命委员会作为江西省第四届人民代表大会的届次计算。

a) Revolutionary Committee of Jiangxi Province which was founded in Jun.1968 is complied as 4th Provincial People's Congresses.

20-17 历届全省政治协商会议的委员人数
Number of Deputies to All the Previous Provincial People's Political Consultative Conferences

届别	Congress	年份 Year	委员总数(人) Total Number of Deputies (person)	#中国共产党委员 Deputies from the Communist Party of China	占委员总数(%) As Percentage to Total Deputies (%)	#少数民族委员 Ethnic Minority Deputies	占委员总数(%) As Percentage to Total Deputies (%)
一 届	First Congress	1955	159	50	31.5	6	3.8
二 届	Second Congress	1959	571	227	39.8	11	1.9
三 届	Third Congress	1964	601	266	44.3	10	1.7
四 届	Fourth Congress	1978	752	340	45.3	12	1.6
五 届	Fifth Congress	1983	760	259	34.1	17	2.2
六 届	Sixth Congress	1988	755	258	36.0	22	2.9
七 届	Seventh Congress	1993	704	281	39.9	17	2.4
八 届	Eighth Congress	1998	649	274	42.2	19	2.9
九 届	Ninth Congress	2003	683	273	40.0	16	2.4
十 届	Tenth Congress	2008	690	276	40.0	13	1.9
十一届	Eleventh Congress	2013	691	275	39.8	11	1.6
十二届	Twelfth Congress	2018	591	235	39.8	9	1.5

20-18 工会组织情况
Basic Statistics on Trade Unions

年 份 Year	工会基层组织数（万个） Number of Grassroots Trade Unions (10 000 units)	全省已建工会组织的基层单位的职工和会员人数（万人） Membership and Staff and Workers in Grassroots Trade Unions (10 000 persons)				工会专职工作人员人数（万人） Full-time Staff (10 000 persons)
		职工人数 Staff and Workers	#女职工 Female	会员人数 Membership	#女会员 Female	
1980	1.28	193.33	57.67	162.17		0.70
1985	1.78	260.16	90.84	229.87	77.46	1.55
1986	1.87	265.37	90.04	234.39	79.74	1.28
1987	1.95	274.43	96.85	243.38	84.88	1.29
1988	2.01	283.54	101.39	250.24	89.69	1.29
1989	2.10	293.33	102.66	260.64	93.71	1.45
1990	2.14	299.93	107.36	271.76	97.41	1.56
1991	2.16	305.12	111.02	278.47	100.88	1.60
1992	2.19	311.86	115.47	282.70	102.99	1.66
1993	2.14	300.12	111.29	272.28	99.72	1.58
1994	2.14	312.54	116.58	289.86	102.84	1.61
1995	2.01	306.17	112.10	281.77	100.15	0.91
1996	2.14	318.51	120.94	286.57	107.94	1.37
1997	1.76	243.00	91.08	222.57	81.72	1.40
1998	1.70	251.32	94.22	232.77	86.34	1.18
1999	1.56	242.01	88.92	230.59	80.78	1.16
2000	1.82	267.12	82.61	237.31	74.71	1.79
2001	3.84	288.89		273.76		1.79
2002	2.21	513.82	152.96	363.01	116.65	1.44
2003	2.24	288.55	100.68	260.36	92.68	1.04
2004	3.08	373.30	116.26	347.41	109.06	0.97
2005	3.77	391.00	139.14	375.89	131.48	1.11
2006	4.11	459.93	157.68	438.81	149.97	1.32
2007	4.60	517.76	158.07	495.92	151.9	1.55
2008	5.17	572.04	203.97	551.60	199.17	1.80
2009	5.54	600.01	218.20	581.00	212.82	2.60
2010	5.92	647.36	242.81	611.04	231.69	3.80
2011	6.48	673.36	250.61	646.86	240.67	5.42
2012	7.37	736.82	274.40	714.60	266.37	5.93
2013	7.73	750.77	276.69	730.94	270.54	4.49
2014	7.92	777.48	288.63	755.33	283.07	5.13
2015	8.23	821.84	306.30	788.59	298.61	4.69
2016	8.37	853.88	316.80	820.01	309.50	4.85
2017	8.65	891.92	324.72	861.73	320.38	5.18
2018	8.84	903.99	329.05	871.13	325.03	5.39
2019	8.84	904.12	332.68	874.02	328.73	5.42
2020	8.70	884.35	326.49	854.12	322.35	5.30
2021	7.92	867.39	316.44	822.52	308.9	4.86

注：2001年为工会四季度报表数据，空白指标数据未做统计。

a) Partial statistics were missing in the year 2001.

20-19 共青团组织情况
Basic Statistics on the Communist Youth League

年 份 Year	基层团支部 (万个) Grassroots CYL Branches (10 000 units)	共青团员 (万人) CYL Members (10 000 persons)	#女团员 Female	团干部 (人) League Cadres (person)
1978	11.10	133.22	49.87	4342
1981	8.75	123.62	46.22	5323
1982	6.47	124.05	45.27	5713
1983	6.26	126.96	46.66	5839
1984	6.12	131.67	46.23	5903
1985	6.48	152.69	53.00	6473
1986	6.64	169.37	56.83	6729
1987	6.75	183.48	60.62	6542
1988	6.78	181.34	58.23	6337
1989	6.88	161.66	50.39	6074
1990	6.75	162.03	53.60	6725
1991	6.77	160.19	55.06	7156
1992	6.39	157.53	52.54	6821
1993	6.55	156.32	53.66	6801
1994	10.31	238.38	83.32	10339
1995	10.40	248.42	85.93	8752
1996	12.00	219.78	81.46	7855
1997	11.13	222.37	78.98	9759
1998	8.52	212.80	72.73	7909
1999	6.98	187.68	68.39	7362
2000	6.80	187.98	68.53	7015
2001	6.83	182.30	68.27	6627
2002	7.49	191.29	79.50	7444
2003	3.83	194.10	42.81	7444
2004	6.15	213.63	68.73	15680
2005	6.41	246.62	71.42	10370
2006	6.42	248.61	72.41	10370
2007	6.42	248.71	72.41	10370
2008	6.42	248.79	72.42	10470
2009	6.53	250.75	83.57	11812
2010	6.51	240.12	81.76	11756
2011	5.81	440.17	181.54	12888
2012	9.38	247.90	82.10	10146
2013	9.71	245.86	81.42	9714
2014	9.75	245.93	81.54	188736
2015	10.22	244.36	81.44	195307
2016	9.71	238.00	80.26	90736
2017	8.90	227.88	79.86	85712
2018	9.14	221.41	77.52	91552
2019	7.21	245.53	126.00	271206
2020	9.51	244.31	127.41	254548
2021	10.01	251.72	131.85	250432

注：1. 2011年共青团员数含驻赣部队团员及省外流动团员。
2. 从2014年起不统计专职团干部,只统计团干部数。2014年以前的数是专职团干部。

a) CYL in the PLA Garrison Force and migrating CYL has been in cluded in the number of CYL since 2011.
b) Statistical system of league cadre has been adjusted to full-time cadres since 2014.

20-20 妇联系统组织情况
Basic Statistics on Women's Federations

单位：个 (unit)

年份 Year	省、市、县妇联组织 Provincial,City and County Women's Federation	乡镇妇联 Township Women's Federation	街道妇联 Subdistrict Women's Federation	村级妇联 Village Women's Federation	社区妇联 Community Women's Federation
2015	112	1455	190	17975	2984
2016	100	1422	188	17913	1993
2017	121	1422	153	16261	3074
2018	112	1404	155	16685	3293
2019	109	1438	163	16770	3293
2020	111	1444	161	16966	3405
2021	111	1438	167	17104	3486

20-21 各地区福利彩票发行情况(2021年)
Statistics on Welfare Lottery by Region (2021)

地区	Reigon	机构数(个) Number of Institutions (unit)	年末职工人数(人) Number of Staff and Workers at Year-end (person)	收入(万元) Revenues (10 000 yuan)	支出(万元) Expenditures (10 000 yuan)
全省	**Provincial Total**	**12**	**282**	**18176.9**	**17098.26**
省本级	Provincial	1	50	7202.37	6435.12
南昌市	Nanchang	1	31	2357.08	2194.37
景德镇市	Jingdezhen	1	13	483.00	481.87
萍乡市	Pingxiang	1	15	483.56	478.09
九江市	Jiujiang	1	24	1218.34	1177.56
新余市	Xinyu	1	10	374.86	401.65
鹰潭市	Yingtan	1	10	448.66	445.25
赣州市	Ganzhou	1	37	1696.58	1658.34
吉安市	Ji'an	1	20	926.14	873.68
宜春市	Yichun	1	24	1122.36	1135.69
抚州市	Fuzhou	1	22	852.89	827.02
上饶市	Shangrao	1	26	1011.06	989.62

20-22 社会福利事业基本情况
Basic Statistics on Social Welfare

指标	Item	2019	2020	2021
提供住宿的社会服务机构(个)	**Residential Institutions of Social Service (unit)**	**1748**	**1883**	**1930**
#老年人与残疾人服务机构(个)	Service Institutions for The Elderly and The Disabled (unit)	1670	1808	1854
#社会福利院	Social Welfare Homes	89	89	88
养老服务机构	Residential Institutions for Aging Population	1581	1719	1766
#农村养老服务机构	Rural Residential Institutions for Aging Population	1178	1358	1361
精神卫生社会福利机构(个)	Mental Health Social Welfare Institutions(unit)	4	3	3
儿童福利机构(个)	Child Welfare Institutions (unit)	14	12	13
其他提供住宿的社会服务机构(个)	Other Residential Institutions of Social Service (unit)	60	60	60
年末在院人数(人)	**Number of Persons Housed at Year-end (person)**		**84173**	**98795**
老年人与残疾人服务机构人数	Service Institutions for The Elderly and The Disabled	123665	82514	97130
#社会福利院人数	Social Welfare Homes	12084	8428	9458
养老服务机构人数	Residential Institutions for Aging Population	120945	82514	87672
#农村养老服务机构人数	Rural Residential Institutions for Aging Population	96793	47053	52778
精神卫生社会福利机构人数(人)	Number of Persons in Mental Health Social Welfare Institutions (person)	860	893	893
儿童福利机构人数(人)	Number of Persons in Child Welfare Institutions (person)	1590	490	496

20-23 社会保障情况
Statistics on Social Security

单位：万人 (10 000 persons)

年份 Year	养老保险 Pension Insurance 职工人数 Number of Staff and Workers	养老保险 Pension Insurance 离退休、退职人数 Number of Retired Persons	失业保险 Unemployment Insurance 参加失业保险人数 Number of Staff and Workers Joining Unemployment Insurance	失业保险 Unemployment Insurance 领取失业保险金人数 Number of Beneficiaries of Unemployment Insurance	职工基本医疗保险参保人数 Number of Staff and Workers Joining Medical Care Insurance
1990	178.70	36.42	153.96		
1991	188.77	37.07	158.29	0.01	
1992	193.28	40.71	167.15	0.08	
1993	198.29	43.61	166.60	0.16	
1994	197.73	45.17	170.92	0.43	
1995	193.26	45.57	183.44	0.14	
1996	197.29	47.00	183.03	0.56	
1997	197.16	48.94	152.24	0.39	
1998	235.67	64.06	182.76	0.80	
1999	246.50	66.72	209.60	0.96	
2000	254.85	71.58	231.59	0.81	61.44
2001	256.60	77.26	234.53	2.52	71.62
2002	257.13	82.65	226.67	5.16	125.77
2003	262.51	88.44	215.54	5.91	188.21
2004	271.83	99.92	226.56	10.18	250.42
2005	281.96	105.47	230.74	10.61	276.74
2006	303.34	111.63	241.05	9.98	313.34
2007	356.53	118.50	251.46	8.73	403.42
2008	421.87	128.46	266.29	6.79	503.16
2009	446.02	135.91	275.47	6.41	515.12
2010	462.08	145.52	265.33	10.69	532.13
2011	484.31	168.72	263.48	8.83	535.85
2012	518.26	189.12	267.44	7.86	546.76
2013	547.14	207.05	271.06	3.74	569.94
2014	562.81	221.08	271.75	2.43	579.21
2015	587.86	235.24	281.49	2.84	584.97
2016	672.74	284.56	282.64	3.14	591.62
2017	697.57	307.67	286.25	3.33	558.70
2018	719.72	333.10	287.98	3.32	573.73
2019	748.50	348.41	289.68	3.37	579.04
2020	806.72	360.69	292.1	3.53	599.03
2021	875.54	371.35	307.96	4.81	608.19
南昌市 Nanchang	168.20	65.57	69.19	1.96	142.34
景德镇市 Jingdezhen	33.14	17.45	13.69	0.20	33.63
萍乡市 Pingxiang	38.50	20.22	16.83	0.35	30.30
九江市 Jiujiang	85.49	35.86	37.10	0.33	65.07
新余市 Xinyu	26.91	11.75	12.15	0.15	21.53
鹰潭市 Yingtan	19.66	8.58	10.06	0.18	15.84
赣州市 Ganzhou	122.57	42.83	40.15	0.70	77.35
吉安市 Ji'an	74.16	26.40	25.24	0.18	46.83
宜春市 Yichun	89.86	38.98	28.42	0.33	52.46
抚州市 Fuzhou	65.33	25.41	22.64	0.26	36.49
上饶市 Shangrao	102.86	43.62	32.49	0.17	54.63

20-24 劳动人事争议仲裁基本情况(2021年)
Basic Statistics on Arbitration of Labor Disputes (2021)

指标	Item	合计 Total	#国有企业 State-owned Enterprises	集体企业 Collective-owned Enterprises	港澳台及外资企业 Enterprises with Funds from Hong Kong, Macao&Taiwan and Foreign Funded Enterprises	私营企业 Private Enterprises
案件受理情况	**Cases Accepted**					
案件数(件)	Number of Cases (case)	18769	454	261	341	17431
#劳动者申请案件数	Number of Cases Appealed by Laborers	14377	407	242	300	13182
劳动者当事人人数(人)	Number of Laborers Involved (person)	19889	454	261	341	18543
争议原因(件)	**Causes of Disputes (case)**					
劳动报酬	Labor Remunerations	5496	177	101	116	5081
社会保险	Social Insurance	3926	70	46	72	3707
解除、终止劳动合同	Termination of Labor Contracts	5041	103	37	57	4781
案件处理情况(件)	**Case Settled (case)**					
结案案件数	Number of Cases Settled	19132	467	261	344	17771
用人单位胜诉	Lawsuits Won by Units	2228	190	36	107	1852
劳动者胜诉	Lawsuits Won by Laborers	7248	143	128	154	6715
双方部分胜诉	Lawsuits Won by Both Parties	5986	73	69	55	5719
其他	Others	3670	61	28	28	3485
期末累计未结案数	Accumulated Cases Unsettled at the End of Period	229	2	7	6	205

20-25 律师、公证及调解工作基本情况
Basic Statistics on Lawyers, Notarization and Mediation

指　　标	Item	2017	2018	2019	2020	2021
律师工作	**Lawyers**					
律师事务所(个)	Number of Law Offices (unit)	469	478	519	583	645
律　　师(人)	Number of Lawyers (person)	5585	6267	7269	8962	10433
基层法律服务所(个)	Grassroots Legal Service Agencies (unit)	568	563	526	500	476
基层法律工作者(人)	Personnel of Grassroot Legal Affairs (person)	2124	2076	1969	1702	1425
担任法律顾问(家)	Legal Advisors (unit)	19002	17751	18587	31957	19348
民事案件代理(件)	Agent of Civil Cases (case)	62921	61082	72202	84237	99006
行政案件代理(件)	Agent of Administrative Action (case)	2596	3141	3724	3095	4021
刑事诉讼辩护及代理(件)	Defender and Agent of Criminal Cases (case)	14189	21304	24756	19344	23818
非诉讼法律事务(件)	Agent of Non-Litigious Legal Affairs (case)	16255	19837	13537	12769	13571
公证工作	**Notarization**					
公证处(个)	Number of Notary Offices (unit)	119	111	112	112	110
#涉外公证处	Number of Foreign-related Notary Offices	67	72	76	76	77
公证人员(人)	Notarial Personnel (person)	740	799	798	866	848
#公证员	Notaries	325	329	324	339	340
公证员助理(人)	Assistant Notaries (person)	290	331	329	369	341
办理公证文书(件)	Number of Notarized Documents (case)	255240	243057	239076	206518	212352
国内公证文书	Number of Domestic Notarization	213956	201125	191028	182513	183987
涉外公证文书	Number of Foreign-related Notarization	36439	38673	44540	22464	26901
港台澳公证文书	Number of Hong Kong,Macao, Taiwan Notarization	4845	3259	3508	1541	1464
人民参与和促进法治工作	**Persons Participating in and Promoting Law and Justice**					
司法所(个)	Number of Judicial Offices (unit)	1709	1619	1607	1592	1592
司法人员(人)	Judicial Personnel (person)	3533	3357	3413	5016	4909
#有政法专项编制公务员	Public Servant in Politics and Law System within Budgeted Posts	2470	2353	2208	1407	1371
代表协助基层政府处理纠纷(件)	Representatives Assisting Grassroots Governments to handle Civil Disputes	37127	30424	31655	7011	3280
人民调解委员会(万个)	Number of People's Mediation Committees (10 000 units)	2.47	2.41	2.41	2.35	2.36
调解人员(万人)	Number of Mediators (10 000 persons)	11.12	10.57	10.49	9.97	10.16
调解案件总数(万件)	Number of Cases Mediated(10 000 case)	11.15	18.81	17.57	16.97	18.57
#调解成功率(%)	Success Rate (%)	98.16	97.43	97.04	97.89	97.81

20-26 婚姻登记情况
Statistics on Marriages and Divorces

年份 Year	准予登记结婚 (对) Total Number of Registered Marriage (couple)	初婚 (人) First Marriage (person)	再婚 (人) Re-marriage (person)	离婚 (对) Divorces (couple)
1978	159661	150186		7387
1979	127242	239747	14737	6844
1980	148365	284253	12477	10200
1981	210132	402171	18093	5717
1982	213296			6487
1983	174610			4791
1984	223765			5666
1985	232469	453632	11306	11113
1986	231917	453021	10813	11241
1987	258275	504338	12212	12473
1988	250353	488228	12478	14063
1989	283406	551914	13075	16391
1990	334773	652052	17494	17637
1991	261054	508724	13384	17376
1992	255777	496201	15353	17682
1993	236384	458275	14493	19291
1994	249091	483833	14349	18979
1995	260573	502791	18355	19751
1996	271049	526016	16082	20037
1997	272364	525087	19641	21087
1998	278088	539122	17054	21502
1999	289370	558788	17454	26935
2000	295766	570202	18296	24229
2001	293852	548757	35569	26090
2002	283391	540779	21617	31762
2003	269708	507607	27805	29700
2004	296058	560260	28418	39897
2005	295282	553628	36936	39441
2006	315513	594219	36807	45291
2007	356154	665248	47060	51240
2008	391221	719684	62758	56030
2009	408061	738330	77792	45495
2010	361099	695884	26134	48891
2011	373001	703739	42263	54360
2012	421144	781537	60751	60006
2013	393733	713805	73661	70247
2014	371233	658658	83808	72909
2015	306158	527676	84640	79099
2016	302014	508278	95750	86405
2017	358601	593777	123425	102568
2018	330641	543471	117811	107456
2019	295407	468118	122696	115492
2020	273026	431297	114755	109680
2021	244378	384948	103808	64072

注：1. 1978、1979年和1981年至1984年离婚对数中未包括法院离婚数。

2. 1999年以后华侨、港澳台居民登记结婚中未分初婚、再婚人数。后同。

a) Number of divorced couples in 1978, 1979, and from 1981 to 1984 did not include number of court divorces.

b) Since 1999, the number of registered marriage of overseas Chinese, Hong Kong, Macao residents has not distincted first-marriage and re-marriage. The same applies to the tables following.

20-27 各地区婚姻登记情况(2021年)
Number of Marriages and Divorces by Region (2021)

地区	Region	登记结婚件数(对) Total Number of Registered Marriage (couple)	#内地居民 Registered Marriages of Mainland	登记结婚人数(人) Total Number of Registered Marriage (person)	初婚 First Marriage	再婚 Re-marriage	#恢复结婚件数(对) Resumption of Marriage (couple)	离婚登记(对) Divorces (couple)
全省	**Provincial Total**	**244378**	**244163**	**488756**	**384948**	**103808**	**13645**	**64072**
南昌市	Nanchang	31304	31304	62608	48271	14337	2405	9515
景德镇市	Jingdezhen	8637	8637	17274	12709	4565	698	2914
萍乡市	Pingxiang	8570	8570	17140	12876	4264	375	2472
九江市	Jiujiang	24916	24916	49832	36696	13136	1914	7797
新余市	Xinyu	4559	4559	9118	6557	2561	337	1508
鹰潭市	Yingtan	6176	6176	12352	9448	2904	392	1853
赣州市	Ganzhou	46542	46542	93084	75355	17729	2110	11750
吉安市	Ji'an	21360	21360	42720	33329	9391	1012	4866
宜春市	Yichun	26649	26649	53298	41926	11372	1350	7050
抚州市	Fuzhou	21430	21430	42860	34797	8063	1042	5117
上饶市	Shangrao	44019	44019	88038	72735	15303	1790	9206

注：各地区加总不等于合计数，因为总数中没有包括省本级。
a) Since the number of marriages and divorces in the provincial level is not included in the number of provincial total, the number by region does not add up to the total.

20-28 各类事故伤亡情况
Basic Statistics on Accidents

指标	Item	1990	2000	2010	2018	2019	2020	2021
事故死亡总人数(人)	**Total (person)**		**4543**	**1924**	**1333**	**1316**	**1062**	**932**
#工矿商贸企业事故死亡人数	Mortality of Industry, Mining, Commerce and Trade Enterprises	396	531	233	265	301	255	288
农林牧渔业事故死亡人数	Mortality of Agriculture, Forestry,Animal husbandry and Fishery Accident					5	1	4
铁路运输业事故死亡人数	Mortality of Railway Traffic Accident		695	58	37	30	28	18
水上运输业事故死亡人数	Mortality of Water Traffic Accident		20	9	1	4	2	2
民航运输业事故死亡人数	Mortality of Civil Aviation Accident						1	5
道路运输业事故情况	**Traffic Accidents**							
起数(起)	Traffic Accidents (case)	5326	17591	4126	1823	1778	1485	1000
死亡人数(人)	Mortality (person)	1387	3222	1603	989	976	775	615
受伤人数(人)	Injures (person)	3343	13988	4938	1679	1465	1246	815
经济损失(万元)	Losses Converted into Cash (10 000 yuan)	573	7225	4184	3165	6634	3984	6953
火灾情况	**Fire Accidents**							
起数(起)	Fire Accidents (case)	896	5354	4721	8630	9323	8721	23618
死亡人数(人)	Mortality (person)	63	93	21	45	32	23	43
受伤人数(人)	Injures (person)	87	137	11	17	30	27	51
经济损失(万元)	Losses Converted into Cash (10 000 yuan)	1139	4039	8074	20353	19636	20694	42048.8

20-29 各地区工矿商贸企业事故、火灾、道路交通事故情况(2021年)
Industry, Mining, Commerce and Trade Enterprises Accidents, Fire Accidents and Traffic Accidents by Region (2021)

地 区	Region	工矿商贸企业事故死亡人数 (人) Mortality of Industry, Mining,Commerce (person per 100 million) Accidents (person)	火 灾 Fire Accidents		
			起 数 (起) Fire Accidents (case)	死 亡 人 数 (人) Mortality (person)	受 伤 人 数 (人) Injures (person)
全 省	**Provincial Total**	**288**	**23618**	**43**	**51**
南 昌 市	Nanchang	51	4002	10	17
景德镇市	Jingdezhen	14	695	6	3
萍 乡 市	Pingxiang	5	862		
九 江 市	Jiujiang	51	2067	10	3
新 余 市	Xinyu	10	887	2	1
鹰 潭 市	Yingtan	10	1098	2	
赣 州 市	Ganzhou	19	4126	3	4
吉 安 市	Ji'an	36	2192	4	1
宜 春 市	Yichun	37	2591	2	1
抚 州 市	Fuzhou	11	1912		2
上 饶 市	Shangrao	43	3186	4	19
赣江新区	Ganjiangxinqu	1			

注：各地区工矿商贸企业事故死亡人数不包括省煤炭集团，故小于总计。

a) Number of mortality of mining and trading enterprise by region does not include the number of mortality of Provincial Coal Cooperation. therefore, the number by region does not add up to the total.

20-30 各地区安全生产四项相对控制指标情况(2021年)
Four Safe Production Relatively Control Targets by Region (2021)

地 区	Region	亿元GDP生产安全事故死亡率 (人/亿元) 100Million GDP Production Safety Accidents Mortality Rate (person per 100 million)	工矿商贸企业从业人员10万人生产安全事故死亡率(人/10万) Production Safety Accidents Mortality Rate in Per Hundred Thousand Industry, Mining, Commerce and Trade Enterprises Employees (person per 100 thousand)	道路交通万车死亡率(人/万车) Traffic Accident Mortality Rate Per 10 Thousand Vehicles (person per 10 000 units)	煤矿百万吨死亡率 (人/百万吨) Coal Mining Mortality Rate Per Million Tons (person per million tons)
全 省	**Provincial Total**	**0.03**	**1.58**		**1.53**
南 昌 市	Nanchang	0.02	1.81	1.45	
景德镇市	Jingdezhen	0.02	2.17	0.05	
萍 乡 市	Pingxiang	0.05	0.69	1.33	1.80
九 江 市	Jiujiang	0.04	2.88	2.49	
新 余 市	Xinyu	0.02	2.05	0.38	
鹰 潭 市	Yingtan	0.02	2.12	1.75	
赣 州 市	Ganzhou	0.03	0.51	0.81	
吉 安 市	Ji'an	0.03	2.20	2.52	
宜 春 市	Yichun	0.02	1.84	1.09	1.74
抚 州 市	Fuzhou	0.03	0.83	1.62	
上 饶 市	Shangrao	0.03	1.66	2.08	

主要统计指标解释

卫生机构 包括医疗机构、疾病预防控制中心(防疫站)、采供血机构、卫生监督及监测(检验)机构、医学科研和在职培训机构、健康教育所等。

医疗机构 包括医院、社区卫生服务中心(站)、疗养院、卫生院、门诊部、诊所(卫生所、医务室)、妇幼保健院(所、站)、专科疾病防治院(所、站)、急救中心(站)和临床检验中心。医疗机构分为非营利性医疗机构和营利性医疗机构。

医院 包括综合医院、中医医院、中西医结合医院、民族医院、各类专科医院和护理院。

卫生技术人员 指卫生机构中医生、护理人员 、药剂人员、检验人员等卫生技术人员。

医生 指在医疗、预防保健机构工作且取得《执业医师证书》的执业医师和执业助理医师。

社会福利事业单位 指集中收养社会孤老、残、幼的机构，包括由民政部门管理的社会福利院、儿童福利院、精神病人福利院和城镇集体举办的福利院及农村集体举办的敬老院以及优抚医院和具有收养能力的社区服务中心等。

社会福利事业单位收养人数 包括民政部门管理和城镇、农村集体举办的社会福利事业单位中收养的老人、少年儿童、缺乏生活自理能力的残疾人员和精神病人。

社会福利企业单位 指以安置城镇有一定劳动能力的盲、聋、哑和肢体残疾人员就业为目的，享受国家减免税待遇的国有或集体企业。包括福利工厂、福利商业和服务业、假肢厂和安置农场等单位。

律师 指依法取得律师执业证书，担任法律顾问，民事(刑事、行政)案件代理人、刑事案件辩护人、办理非诉讼业务，解答法律询问，代写法律事务文书等，为社会提供法律服务的人员。

公证人员 指在公证处工作的人员总称，包括公证处主任、副主任、公证员、公证员助理(助理公证员)和其他从事辅助性工作的人员。

公证文书 指公证处根据当事人申请，依照事实和法律，按照法定程序制作的，具有法律效力的司法证明文书。根据公证书用途和使用地，公证书分为国内公证书、国内经济公证书、涉外民事公证书、涉外经济公证书四类。

调解员 指在人民调解委员会担负调解民间纠纷工作的人员，包括调解委员会的委员和调解小组的调解员。

调解民间纠纷 指调解委员会按照法律规定，根据自愿原则，用说服教育的方法调解民间发生的有关民事权利和义务争执的件数，包括调解成功数和调解未成功数。

Explanatory Notes on Main Statistical Indicators

Health Care Institutions include: medical institutions, disease prevention and control centres (epidemic prevention stations), blood gathering and supplying institutions, health supervision and inspection (check up) institutions, medicinal scientific research and on-job training institutions, health education centres and so on.

Medical Organizations include: hospitals, health service centres (stations) in communities, sanatoria, health centres, out-patient clinics, clinics (health stations and infirmaries), maternity and child care agencies (centres and stations), special disease prevention and curing agencies (centres and stations), first aid centres (stations) and clinical inspection centres. Medical organizations are grouped by two types: profit-making and non-profit-making medical organizations.

Hospitals include: polyclinics, traditional Chinese medical hospitals, hospitals integrating traditional Chinese therapeutics and western therapeutics, ethnic hospitals, various specialist hospitals and nursing homes.

Medical Technical Personnel refers to doctors, nurses, pharmacists and laboratory technicians working in medical institutions.

Doctors refer to certified physicians and certified assistant physicians with certifications working in medical and health care and prevention agencies.

Social Welfare Institutions refer to institutions taking care of old people without children, handicapped people and orphans. They include social welfare institutions run by civil affairs departments, children welfare institutions, social welfare institutions for mental patients, collective-owned old people's homes in rural areas, convalescent homes and community service centers with the capacity of receiving those people. **Number of People Accommodated by Social Welfare Institutions** refers to the number of old people, children, totally dependent handicapped people and mental patients Accommodated by social welfare institutions run by civil affairs departments and those run by collective units in urban and rural areas.

Social Welfare Enterprises are collective-owned enterprises which employ the blind, deaf-mute, and physically disabled people who are able to work in cities and towns and enjoy exemption from State taxes. They include welfare plants, welfare commercial services, artificial limb plants and farms, etc.

Lawyers are certified legal workers according to law, and who are employed by legal counselling firms to act as legal advisers; agents in criminal or civil lawsuits; and defenders in criminal lawsuits; or to handle non-litigious legal affairs, to advise on matters of law or to write legal papers for others and provide service to the public.

Notary Personnel refers to people working for notary offices including: directors, deputy directors, notaries, assistant notaries and other people providing assistance.

Notary Documents refer to the judicial notary documents drawn up at the request of the interested party and are in accordance with facts and the law and following certain legal proceedings. According to usage and locality, notary documents are divided into the following 4 types: domestic notary documents, domestic economic notary documents, foreign-related civil notary documents and foreign-related economic notary documents.

Mediators refer to workers on people's mediation committees responsible for mediating in civil disputes and cases of slight infraction of the law. They include members of the mediation committees and mediators of mediation groups.

Mediation of Civil Disputes refers to number of cases made by mediation committees in mediating in civil disputes concerning civil rights and duties through persuasion and education in accordance with the provisions of law on a voluntary basis, so as to solve disputes by helping the parties involved come to an agreement and understanding, including those unsuccessful ones.

21

各省、自治区、直辖市主要经济指标

MAIN ECONOMIC INDICATORS OF PROVINCES, AUTONOMOUS REGIONS AND MUNICIPALITIES DIRECTLY UNDER THE CENTRAL GOVERNMENT

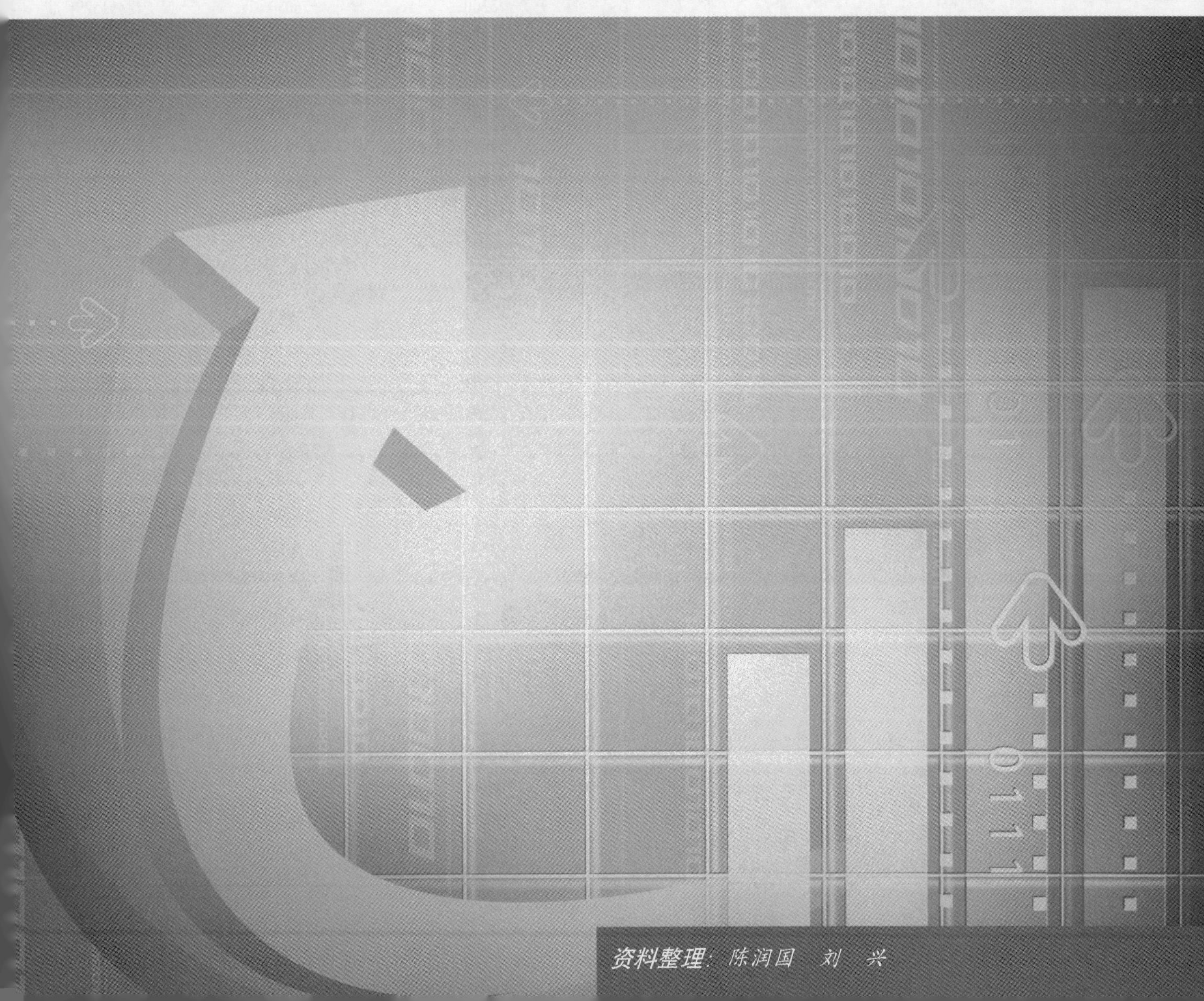

资料整理：陈润国　刘　兴

21-1 各省(市、区)按三次产业分法人单位数(2020年)

Number of Legal Entities by Three Strata of Industry of Provinces, Autonomous Regions and Municipalities (2020)

单位：个 (unit)

地区	Region	法人单位 Number of Legal Entities	第一产业 Primary Industry	第二产业 Secondary Industry	第三产业 Tertiary Industry
全国	**National Total**	**29389255**	**1827421**	**5904042**	**21657792**
北京	Beijing	1174904	6858	67254	1100792
天津	Tianjin	371124	10684	69170	291270
河北	Hebei	1456954	106861	379431	970662
山西	Shanxi	772765	97184	112411	563170
内蒙古	Inner Mongolia	439523	60334	69478	309711
辽宁	Liaoning	748782	50296	152619	545867
吉林	Jilin	237731	26302	38739	172690
黑龙江	Heilongjiang	344360	53748	50982	239630
上海	Shanghai	532762	5200	76033	451529
江苏	Jiangsu	2540015	41935	743879	1754201
浙江	Zhejiang	2277240	48515	593845	1634880
安徽	Anhui	1160828	96705	254409	809714
福建	Fujian	1156978	54003	221019	881956
江西	**Jiangxi**	**765836**	**77906**	**155567**	**532363**
山东	Shandong	2842426	127605	666397	2048424
河南	Henan	1652264	136573	281552	1234139
湖北	Hubei	1183265	67468	225063	890734
湖南	Hunan	831104	66175	138136	626793
广东	Guangdong	3526206	40563	795214	2690429
广西	Guangxi	754741	81140	99060	574541
海南	Hainan	140362	11535	17239	111588
重庆	Chongqing	642720	78978	86191	477551
四川	Sichuan	934554	93708	145612	695234
贵州	Guizhou	543603	108209	92893	342501
云南	Yunnan	741669	97737	105141	538791
西藏	Tibet	49889	2533	12397	34959
陕西	Shaanxi	689053	55017	134092	499944
甘肃	Gansu	302596	61979	35020	205597
青海	Qinghai	112136	18304	15464	78368
宁夏	Ningxia	133774	18974	19866	94934
新疆	Xinjiang	329091	24392	49869	254830

21-2 各省(市、区)生产总值(2021年)
Gross Regional Product of Provinces, Autonomous Regions and Municipalities (2021)

地区	Region	地区生产总值(亿元) Gross Regional Product (100 million yuan)	第一产业 Primary Industry	第二产业 Secondary Industry	第三产业 Tertiary Industry	地区生产总值指数(上年=100) Indices of Gross Regional Product (preceding year=100)	人均地区生产总值(元) Per Capita Gross Regional Product (yuan)	人均地区生产总值指数(上年=100) Indices of Per Capita Gross Regional Product (preceding year=100)
全　国	**National Total**	**1143670**	**83086**	**450904**	**609680**	**108.1**	**80976**	**108.0**
北　京	Beijing	40270	111	7269	32890	108.5	183980	108.5
天　津	Tianjin	15695	225	5854	9615	106.6	113732	107.0
河　北	Hebei	40391	4030	16364	19997	106.5	54172	106.5
山　西	Shanxi	22590	1287	11213	10090	109.1	64821	109.4
内蒙古	Inner Mongolia	20514	2225	9374	8915	106.3	85422	106.6
辽　宁	Liaoning	27584	2462	10875	14247	105.8	65026	106.4
吉　林	Jilin	13236	1554	4768	6913	106.6	55450	108.3
黑龙江	Heilongjiang	14879	3463	3975	7441	106.1	47266	108.2
上　海	Shanghai	43215	100	11449	31666	108.1	173630	107.9
江　苏	Jiangsu	116364	4722	51775	59866	108.6	137039	108.3
浙　江	Zhejiang	73516	2209	31189	40118	108.5	113032	107.1
安　徽	Anhui	42959	3361	17613	21985	108.3	70321	108.1
福　建	Fujian	48810	2898	22866	23046	108.0	116939	107.3
江　西	**Jiangxi**	**29620**	**2334**	**13183**	**14102**	**108.8**	**65560**	**108.8**
山　东	Shandong	83096	6029	33187	43880	108.3	81727	107.9
河　南	Henan	58887	5621	24332	28935	106.3	59410	106.4
湖　北	Hubei	50013	4662	18953	26398	112.9	86416	113.8
湖　南	Hunan	46063	4323	18126	23614	107.7	69440	107.8
广　东	Guangdong	124370	5004	50219	69147	108.0	98285	107.1
广　西	Guangxi	24741	4016	8188	12537	107.5	49206	106.9
海　南	Hainan	6475	1254	1239	3982	111.2	63707	109.8
重　庆	Chongqing	27894	1922	11185	14787	108.3	86879	107.8
四　川	Sichuan	53851	5662	19901	28288	108.2	64326	108.0
贵　州	Guizhou	19586	2731	6985	9871	108.1	50808	108.0
云　南	Yunnan	27147	3870	9589	13687	107.3	57686	107.5
西　藏	Tibet	2080	164	757	1159	106.7	56831	106.1
陕　西	Shaanxi	29801	2409	13803	13589	106.5	75360	106.3
甘　肃	Gansu	10243	1365	3467	5412	106.9	41046	107.3
青　海	Qinghai	3347	353	1333	1661	105.7	56398	105.4
宁　夏	Ningxia	4522	364	2022	2136	106.7	62549	106.1
新　疆	Xinjiang	15984	2356	5967	7660	107.0	61725	106.3

注：本表绝对量按当年价格计算，指数按不变价格计算。

a) Date in value terms in this table are calculated at current prices while the indices are calculated at constant prices.

21-3 各省(市、区)年末总人口
Total Population at Year-end of Provinces, Autonomous Regions and Municipalities

单位：万人 (10 000 persons)

地 区	Region	2014	2015	2016	2017	2018	2019	2020	2021
全 国	**National Total**	**137646**	**138326**	**139232**	**140011**	**140541**	**141008**	**141212**	**141260**
北 京	Beijing	2171	2188	2195	2194	2192	2190	2189	2189
天 津	Tianjin	1429	1439	1443	1410	1383	1385	1387	1373
河 北	Hebei	7323	7345	7375	7409	7426	7447	7464	7448
山 西	Shanxi	3528	3519	3514	3510	3502	3497	3490	3480
内蒙古	Inner Mongolia	2449	2440	2436	2433	2422	2415	2403	2400
辽 宁	Liaoning	4358	4338	4327	4312	4291	4277	4255	4229
吉 林	Jilin	2642	2613	2567	2526	2484	2448	2399	2375
黑龙江	Heilongjiang	3608	3529	3463	3399	3327	3255	3171	3125
上 海	Shanghai	2467	2458	2467	2466	2475	2481	2488	2489
江 苏	Jiangsu	8281	8315	8381	8423	8446	8469	8477	8505
浙 江	Zhejiang	5890	5985	6072	6170	6273	6375	6468	6540
安 徽	Anhui	5997	6011	6033	6057	6076	6092	6105	6113
福 建	Fujian	3945	3984	4016	4065	4104	4137	4161	4187
江 西	**Jiangxi**	**4480**	**4485**	**4496**	**4511**	**4513**	**4516**	**4519**	**4517**
山 东	Shandong	9808	9866	9973	10033	10077	10106	10165	10170
河 南	Henan	9645	9701	9778	9829	9864	9901	9941	9883
湖 北	Hubei	5816	5850	5885	5904	5917	5927	5745	5830
湖 南	Hunan	6611	6615	6625	6633	6635	6640	6645	6622
广 东	Guangdong	11489	11678	11908	12141	12348	12489	12624	12684
广 西	Guangxi	4770	4811	4857	4907	4947	4982	5019	5037
海 南	Hainan	936	945	957	972	982	995	1012	1020
重 庆	Chongqing	3043	3070	3110	3144	3163	3188	3209	3212
四 川	Sichuan	8139	8196	8251	8289	8321	8351	8371	8372
贵 州	Guizhou	3677	3708	3758	3803	3822	3848	3858	3852
云 南	Yunnan	4653	4663	4677	4693	4703	4714	4722	4690
西 藏	Tibet	325	330	340	349	354	361	366	366
陕 西	Shaanxi	3827	3846	3874	3904	3931	3944	3955	3954
甘 肃	Gansu	2531	2523	2520	2522	2515	2509	2501	2490
青 海	Qinghai	576	577	582	586	587	590	593	594
宁 夏	Ningxia	678	684	695	705	710	717	721	725
新 疆	Xinjiang	2325	2385	2428	2480	2520	2559	2590	2589

注：本表数据根据年度人口抽样调查推算。全国数据包括中国人民解放军现役军人数，但不包括香港、澳门特别行政区和台湾地区数据；分省数据中未包括中国人民解放军现役军人数。

a) Data in the table are estimated on the basis of the annual national sample surveys of population. National total includes military personnel of the Chinese People's Liberation Army, and excludes population of Hong Kong SAR, Macao SAR and Taiwan. Population by region does not include military personnel of the Chinese People's Liberation Army.

21-4 各省(市、区)年末城镇人口比重
Proportion of Urban Population at Year-end of Provinces, Autonomous Regions and Municipalities

单位：% (%)

地 区	Region	2014	2015	2016	2017	2018	2019	2020	2021
全 国	**National Total**	**55.75**	**57.33**	**58.84**	**60.24**	**61.50**	**62.71**	**63.89**	**64.72**
北 京	Beijing	86.50	86.71	86.76	86.93	87.09	87.35	87.55	87.50
天 津	Tianjin	82.55	82.88	83.27	83.57	83.95	84.31	84.70	84.88
河 北	Hebei	49.36	51.67	53.87	55.74	57.33	58.77	60.07	61.14
山 西	Shanxi	54.30	55.87	57.27	58.59	59.85	61.29	62.53	63.42
内蒙古	Inner Mongolia	60.97	62.09	63.40	64.60	65.51	66.46	67.48	68.21
辽 宁	Liaoning	67.05	68.05	68.87	69.49	70.26	71.21	72.14	72.81
吉 林	Jilin	56.81	57.64	58.75	59.71	60.85	61.63	62.64	63.36
黑龙江	Heilongjiang	59.22	60.47	61.09	61.90	63.46	64.62	65.61	65.69
上 海	Shanghai	89.30	88.53	89.00	89.10	89.13	89.22	89.30	89.30
江 苏	Jiangsu	65.70	67.49	68.93	70.18	71.19	72.47	73.44	73.94
浙 江	Zhejiang	64.96	66.32	67.72	68.91	70.02	71.58	72.17	72.66
安 徽	Anhui	49.31	50.97	52.62	54.29	55.65	57.02	58.33	59.39
福 建	Fujian	61.99	63.22	64.39	65.78	66.98	67.87	68.75	69.70
江 西	**Jiangxi**	**50.55**	**52.30**	**53.99**	**55.70**	**57.34**	**59.07**	**60.44**	**61.46**
山 东	Shandong	54.77	56.97	59.13	60.79	61.46	61.86	63.05	63.94
河 南	Henan	45.05	47.02	48.78	50.56	52.24	54.01	55.43	56.45
湖 北	Hubei	55.73	57.18	58.57	59.88	61.00	61.83	62.89	64.09
湖 南	Hunan	48.98	50.79	52.70	54.62	56.09	57.45	58.76	59.71
广 东	Guangdong	68.62	69.51	70.15	70.74	71.81	72.65	74.15	74.63
广 西	Guangxi	46.54	47.99	49.24	50.59	51.82	52.98	54.20	55.08
海 南	Hainan	53.30	54.91	56.70	58.04	59.13	59.37	60.27	60.97
重 庆	Chongqing	59.74	61.47	63.33	65.00	66.61	68.24	69.46	70.32
四 川	Sichuan	46.51	48.27	50.00	51.78	53.50	55.36	56.73	57.82
贵 州	Guizhou	40.24	42.96	45.56	47.76	49.54	51.48	53.15	54.33
云 南	Yunnan	41.21	42.93	44.64	46.29	47.44	48.67	50.05	51.05
西 藏	Tibet	26.23	28.87	31.57	33.38	33.80	34.51	35.73	36.61
陕 西	Shaanxi	53.01	54.74	56.39	58.07	59.65	61.28	62.66	63.63
甘 肃	Gansu	42.28	44.24	46.07	48.12	49.69	50.70	52.23	53.33
青 海	Qinghai	50.84	51.67	53.55	55.45	57.27	58.78	60.08	61.02
宁 夏	Ningxia	54.82	56.98	58.74	60.95	62.15	63.63	64.96	66.04
新 疆	Xinjiang	46.79	48.78	50.42	51.90	54.01	55.51	56.53	57.26

注：本表数据根据年度人口抽样调查推算。

a) Data in the table are estimated on the basis of the annual national sample surveys of population.

21-5 各省(市、区)固定资产投资(不含农户)增长速度

Growth Rate of Investment in Fixed Assets (Excluding Rural Households) of Provinces, Autonomous Regions and Municipalities

单位：% (%)

地　区	Region	2018	2019	2020	2021
全　国	**National Total**	**5.9**	**5.4**	**2.9**	**4.9**
北　京	Beijing	-5.4	-2.5	2.2	4.9
天　津	Tianjin	-4.9	13.1	3.0	4.8
河　北	Hebei	5.7	6.5	3.2	3.0
山　西	Shanxi	5.7	9.3	10.6	8.7
内蒙古	Inner Mongolia	-28.3	6.7	-1.5	9.8
辽　宁	Liaoning	3.9	0.3	2.6	2.6
吉　林	Jilin	1.4	-16.2	8.3	11.0
黑龙江	Heilongjiang	-4.7	6.3	3.6	6.4
上　海	Shanghai	5.2	5.1	10.3	8.0
江　苏	Jiangsu	5.5	5.1	0.3	5.8
浙　江	Zhejiang	7.2	10.0	5.4	10.8
安　徽	Anhui	11.8	9.2	5.1	9.4
福　建	Fujian	11.5	5.9	-0.4	6.0
江　西	**Jiangxi**	**11.1**	**9.2**	**8.2**	**10.8**
山　东	Shandong	3.8	-8.2	3.6	6.0
河　南	Henan	8.1	8.0	4.3	4.5
湖　北	Hubei	10.9	10.7	-18.8	20.4
湖　南	Hunan	10.0	10.1	7.6	8.0
广　东	Guangdong	10.7	11.1	7.2	6.3
广　西	Guangxi	10.7	9.6	4.2	7.6
海　南	Hainan	-12.5	-9.2	8.0	10.2
重　庆	Chongqing	7.0	5.6	3.9	6.1
四　川	Sichuan	10.2	8.6	2.8	5.9
贵　州	Guizhou	15.8	0.9	3.2	-3.1
云　南	Yunnan	11.6	8.5	7.7	4.0
西　藏	Tibet	9.9	-2.2	5.4	-14.2
陕　西	Shaanxi	10.4	2.5	4.1	-3.0
甘　肃	Gansu	-3.9	6.6	7.8	11.1
青　海	Qinghai	7.3	5.0	-12.2	-2.9
宁　夏	Ningxia	-18.2	-10.3	4.0	2.2
新　疆	Xinjiang	-25.2	2.5	16.2	15.0

21-6 各省(市、区)建筑业总产值和房屋建筑面积(2021年)
Total Output Value of Construction and Floor Space of Buildings Constructed of Provinces, Autonomous Regions and Municipalities (2021)

地区	Region	总产值(亿元) Total Output Value (100 million yuan)	施工面积(万平方米) Floor Space under Construction (10 000 sq.m)	#新开工面积 Floor Space Started This Year	竣工面积(万平方米) Floor Space Completed (10 000 sq.m)	#住宅 Residential Buildings
全国	**National Total**	**293079.3**	**1575495.3**	**492097.3**	**408257.1**	**270590.1**
北京	Beijing	13987.7	91154.8	20361.0	13254.5	9346.6
天津	Tianjin	4653.0	18022.6	4580.4	2189.8	1328.1
河北	Hebei	6484.6	35548.9	10414.8	8212.2	5781.3
山西	Shanxi	5677.7	23316.4	7843.4	5048.0	3339.1
内蒙古	Inner Mongolia	1279.4	7497.5	2296.2	1320.7	1072.7
辽宁	Liaoning	4044.9	18129.7	5456.4	3459.0	2588.3
吉林	Jilin	2246.3	8737.4	3950.8	3006.1	2172.4
黑龙江	Heilongjiang	1328.5	3753.5	1837.4	786.8	536.4
上海	Shanghai	9236.4	54802.9	13722.1	9232.4	4967.1
江苏	Jiangsu	38244.5	273463.3	83533.6	74993.3	54570.5
浙江	Zhejiang	23011.0	181956.4	52004.9	43302.4	23292.8
安徽	Anhui	10584.0	53887.4	17579.7	14006.5	8647.2
福建	Fujian	15810.4	87172.3	26133.2	19182.5	13504.3
江西	**Jiangxi**	**9762.9**	**35525.6**	**15796.3**	**14475.2**	**8800.7**
山东	Shandong	16412.0	95011.9	32571.7	24018.2	15815.5
河南	Henan	14192.0	67394.3	22669.4	18988.6	13844.1
湖北	Hubei	19031.5	94015.9	33711.0	33112.6	20376.7
湖南	Hunan	13280.1	76367.9	26085.1	24029.1	16144.4
广东	Guangdong	21345.6	105978.4	30525.0	24525.6	16056.2
广西	Guangxi	6699.6	29484.2	7490.6	8596.7	5051.5
海南	Hainan	447.1	1700.3	337.8	475.8	361.5
重庆	Chongqing	9943.0	37895.2	13250.7	14162.0	10432.1
四川	Sichuan	17351.2	72351.8	25053.5	23250.8	16532.9
贵州	Guizhou	4578.0	17892.1	5344.6	4035.6	2662.5
云南	Yunnan	7336.6	18747.2	7063.5	6648.6	4353.4
西藏	Tibet	270.7	425.5	132.4	196.4	119.9
陕西	Shaanxi	9176.4	36561.9	10750.5	7164.9	4802.5
甘肃	Gansu	2270.3	12419.0	3750.1	2341.4	1637.5
青海	Qinghai	587.3	935.5	276.7	277.1	199.3
宁夏	Ningxia	681.5	1989.7	1129.0	839.9	438.1
新疆	Xinjiang	3124.8	13355.6	6445.4	3124.5	1814.5

21-7 各省(市、区)房地产开发企业投资、土地购置面积和成交价款(2021年)

Investment of Enterprises for Real Estate Development, Land Space Purchased and Transaction Value of Land of Provinces, Autonomous Regions and Municipalities (2021)

地区	Region	房地产开发投资(亿元) Investment of Enterprises for Real Estate Development (100 million yuan)	#住宅 Residential Buildings	#办公楼 Office Buildings	#商业营业用房 House for Business Use	#其他 Others	土地购置面积(万平方米) Land Space Purchased (10 000 sq.m)	土地成交价款(亿元) Transaction Value of Land (100 million yuan)
全国	**National Total**	**147602.1**	**111173.0**	**5973.9**	**12444.8**	**18010.4**	**21589.9**	**17756.3**
北京	Beijing	4139.0	2522.2	289.6	205.1	1122.2	230.6	1257.8
天津	Tianjin	2770.0	2168.3	54.7	190.2	356.7	389.3	587.1
河北	Hebei	5023.9	4092.7	107.4	349.7	474.1	505.3	208.9
山西	Shanxi	1945.2	1556.1	30.6	147.8	210.8	316.2	94.8
内蒙古	Inner Mongolia	1234.1	971.4	7.9	108.3	146.7	268.2	67.9
辽宁	Liaoning	2900.7	2321.0	61.9	279.4	238.4	699.0	332.5
吉林	Jilin	1540.9	1094.8	60.1	173.9	212.1	849.6	270.6
黑龙江	Heilongjiang	936.0	724.0	12.9	112.6	86.4	201.8	89.9
上海	Shanghai	5035.2	2673.9	767.6	511.5	1082.1	376.5	614.9
江苏	Jiangsu	13477.4	10786.2	410.8	975.6	1304.8	1984.3	2831.2
浙江	Zhejiang	12389.1	8801.5	457.4	890.4	2239.8	1913.1	2927.5
安徽	Anhui	7263.2	5976.8	158.1	623.7	504.7	2401.9	1249.1
福建	Fujian	6195.6	4560.7	189.8	449.0	996.1	346.7	625.9
江西	**Jiangxi**	**2528.8**	**1994.9**	**87.1**	**283.4**	**163.4**	**391.9**	**181.5**
山东	Shandong	9819.7	7694.5	410.1	716.1	999.0	1906.3	1030.6
河南	Henan	7874.3	6696.1	183.8	553.7	440.7	631.2	417.4
湖北	Hubei	6121.9	4859.3	278.1	490.7	493.8	818.6	493.2
湖南	Hunan	5427.8	4164.6	143.6	639.8	479.9	817.2	335.3
广东	Guangdong	17465.8	12438.3	1268.3	1354.9	2404.3	1638.0	2201.2
广西	Guangxi	3733.9	2902.9	75.4	256.2	499.5	811.2	323.4
海南	Hainan	1379.6	897.1	89.1	166.3	227.1	101.1	48.3
重庆	Chongqing	4355.0	3288.1	80.9	413.1	572.9	694.5	454.8
四川	Sichuan	7831.9	5767.3	281.0	824.3	959.3	543.6	322.5
贵州	Guizhou	3383.1	2624.9	36.6	369.8	351.7	363.0	219.7
云南	Yunnan	4309.9	3175.1	175.0	427.7	532.1	525.7	167.3
西藏	Tibet	142.0	87.5	6.7	28.0	19.8	81.1	5.9
陕西	Shaanxi	4441.0	3411.0	186.2	370.1	473.7	260.1	91.3
甘肃	Gansu	1525.9	1159.1	27.5	151.2	188.1	145.1	66.0
青海	Qinghai	442.5	350.6	9.4	50.1	32.4	140.3	67.5
宁夏	Ningxia	466.9	344.2	2.0	55.1	65.6	276.0	63.1
新疆	Xinjiang	1501.4	1067.7	24.4	277.1	132.3	962.3	109.2

21-8 各省(市、区)房地产开发企业房屋施工、竣工面积(2021年)

Floor Space of Buildings under Construction and Floor Space of Buildings Completed of Provinces, Autonomous Regions and Municipalities (2021)

单位：万平方米 (10 000 sq.m)

地区	Region	房屋施工面积 Floor Space of Buildings under Construction	#住宅 Residential Buildings	#新开工面积 Floor Space Started This Year	#住宅 Residential Buildings	房屋竣工面积 Floor Space of Buildings Completed	#住宅 Residential Buildings
全国	**National Total**	**975386.5**	**690319.4**	**198895.0**	**146378.6**	**101411.9**	**73016.2**
北京	Beijing	14055.3	6895.6	1895.9	1025.9	1983.9	981.1
天津	Tianjin	12627.8	8781.8	1885.4	1324.2	1892.8	1445.6
河北	Hebei	35681.4	27646.1	9069.2	7146.2	2522.5	1950.4
山西	Shanxi	24930.4	18600.5	4347.7	3392.1	2639.3	2020.8
内蒙古	Inner Mongolia	16394.6	11693.8	2911.8	2261.8	1052.3	789.8
辽宁	Liaoning	25423.5	18823.3	4598.2	3457.7	2339.1	1909.4
吉林	Jilin	13061.6	9157.7	3120.9	2409.2	845.4	635.4
黑龙江	Heilongjiang	10740.9	7831.1	1738.3	1360.3	968.1	731.6
上海	Shanghai	16627.9	7603.1	3846.0	1682.5	2739.5	1421.4
江苏	Jiangsu	68479.6	51068.7	16873.3	12794.5	9140.7	6693.7
浙江	Zhejiang	58818.9	36911.5	12305.3	7663.6	6387.1	4015.5
安徽	Anhui	46812.6	35151.1	10434.9	8140.4	7012.9	5349.8
福建	Fujian	34667.2	23458.1	6439.2	4587.4	4041.7	2699.1
江西	**Jiangxi**	**25219.9**	**19284.3**	**5282.0**	**4196.7**	**2517.4**	**1926.4**
山东	Shandong	82771.7	60712.6	16572.1	12500.8	11373.7	8596.7
河南	Henan	62688.2	48580.0	13652.9	11297.7	6841.9	5374.8
湖北	Hubei	37741.4	28451.2	7843.7	6115.2	3398.4	2712.4
湖南	Hunan	42660.9	31803.3	10168.2	7992.2	4604.2	3537.0
广东	Guangdong	94247.5	63829.0	16097.3	11392.5	8043.5	5587.6
广西	Guangxi	34175.7	25219.5	5329.3	4016.5	2433.2	1887.7
海南	Hainan	8938.5	5904.1	1341.1	812.0	474.7	309.0
重庆	Chongqing	26893.2	17709.8	4873.4	3231.2	4196.2	2724.4
四川	Sichuan	54248.7	36153.6	11493.6	7959.9	4379.3	2965.1
贵州	Guizhou	28749.9	20033.1	4528.1	3311.5	916.4	626.4
云南	Yunnan	29148.1	19720.9	6462.2	4578.3	2541.0	1681.3
西藏	Tibet	945.4	658.4	222.3	147.2	88.0	45.0
陕西	Shaanxi	29978.1	21923.2	5970.4	4484.9	1769.9	1344.0
甘肃	Gansu	13197.6	9337.4	3369.8	2553.4	1463.1	1074.6
青海	Qinghai	3398.8	2418.7	790.9	630.7	159.7	118.5
宁夏	Ningxia	5606.9	3760.3	1396.7	1015.1	1144.4	762.8
新疆	Xinjiang	16454.4	11197.4	4035.1	2896.8	1501.7	1098.9

21-9 各省(市、区)房地产开发企业 商品房销售面积、销售额和待售面积(2021年)

Floor Space and Total Sale of Commercialized Buildings Sold, and Floor Space of Commercialized Buildings for Sale of Provinces, Autonomous Regions and Municipalities (2021)

地区	Region	商品房销售面积(万平方米) Floor Space of Commercialized Buildings Sold (10 000 sq.m)	#住宅 Residential Buildings	商品房销售额(亿元) Total Sale of Commercialized Buildings Sold (100 million yuan)	#住宅 Residential Buildings	商品房待售面积(万平方米) Floor Space of Commercialized Buildings for Sale (10 000 sq.m)	#住宅 Residential Buildings
全国	**National Total**	**179433.4**	**156532.2**	**181929.9**	**162729.9**	**51023.0**	**22760.6**
北京	Beijing	1107.1	877.1	4486.5	4117.2	2396.3	830.8
天津	Tianjin	1435.4	1334.0	2322.8	2183.7	922.1	517.1
河北	Hebei	6133.1	5779.6	5052.9	4814.3	768.8	499.1
山西	Shanxi	3204.4	3034.9	2170.9	2030.1	861.5	517.4
内蒙古	Inner Mongolia	1858.9	1713.4	1214.8	1116.4	944.1	586.7
辽宁	Liaoning	3433.9	3148.6	3066.4	2849.3	2764.2	1718.5
吉林	Jilin	1836.3	1672.8	1291.0	1179.3	1036.8	624.5
黑龙江	Heilongjiang	1348.1	1204.5	858.1	751.9	1595.7	925.5
上海	Shanghai	1880.5	1489.9	6788.7	6104.9	2683.8	720.2
江苏	Jiangsu	16551.8	14361.5	21361.3	19626.1	3893.7	1723.3
浙江	Zhejiang	9990.6	8423.7	19052.2	17172.8	1899.8	541.0
安徽	Anhui	10460.9	9507.7	8143.2	7514.6	1713.4	704.9
福建	Fujian	6976.4	5597.6	8217.3	7082.6	1958.4	569.1
江西	**Jiangxi**	**7676.2**	**6681.3**	**5894.1**	**5110.0**	**737.5**	**324.6**
山东	Shandong	14272.8	12632.0	12155.6	11044.1	2765.3	1630.9
河南	Henan	13277.2	12258.8	8657.7	7892.0	2767.0	1837.3
湖北	Hubei	7940.8	7331.6	7250.3	6671.9	1258.3	677.3
湖南	Hunan	9188.8	8316.7	6040.5	5390.4	1146.3	578.3
广东	Guangdong	14011.3	11826.3	22320.3	19457.6	6697.0	2894.1
广西	Guangxi	6178.3	5281.5	3672.5	3164.4	1461.1	730.0
海南	Hainan	888.9	672.1	1559.2	1179.6	527.4	396.1
重庆	Chongqing	6197.7	4945.4	5391.3	4786.1	2343.1	433.8
四川	Sichuan	13692.9	10912.1	10796.7	9061.3	2038.5	504.4
贵州	Guizhou	5586.0	4825.5	3243.9	2713.4	564.7	175.0
云南	Yunnan	3880.8	3208.6	2962.5	2524.7	1393.2	529.9
西藏	Tibet	140.8	115.5	121.7	97.5	69.8	31.6
陕西	Shaanxi	4260.1	3886.6	4146.3	3762.1	579.6	263.7
甘肃	Gansu	2224.1	2118.4	1344.9	1267.8	619.9	327.8
青海	Qinghai	386.2	329.1	294.4	258.3	141.1	62.0
宁夏	Ningxia	1014.4	845.8	675.1	584.9	1027.4	310.0
新疆	Xinjiang	2398.6	2199.5	1376.9	1220.3	1447.4	575.5

21-10 各省(市、区)社会消费品零售总额
Total Retail Sales of Consumer Goods of Provinces, Autonomous Regions and Municipalities

单位：亿元 (100 million yuan)

地 区	Region	2016	2017	2018	2019	2020	2021
全 国	**National Total**	**315806**	**347327**	**377783**	**408017**	**391981**	**440823**
北 京	Beijing	13135	13934	14422	15064	13716	14868
天 津	Tianjin	4188	4210	4231	4218	3583	3770
河 北	Hebei	10191	11139	11974	12986	12705	13510
山 西	Shanxi	5699	6059	6523	7031	6746	7747
内蒙古	Inner Mongolia	4416	4643	4852	5051	4760	5060
辽 宁	Liaoning	8597	8696	9113	9671	8961	9784
吉 林	Jilin	3813	3992	4074	4213	3824	4217
黑龙江	Heilongjiang	4794	5077	5275	5604	5092	5543
上 海	Shanghai	12588	13700	14875	15848	15933	18079
江 苏	Jiangsu	29613	32818	35473	37673	37086	42703
浙 江	Zhejiang	20917	23121	25162	27344	26630	29211
安 徽	Anhui	12663	14329	16156	17862	18334	21471
福 建	Fujian	13703	15394	17178	18897	18626	20373
江 西	**Jiangxi**	**7199**	**8118**	**9046**	**10068**	**10372**	**12207**
山 东	Shandong	23482	25528	27480	29251	29248	33715
河 南	Henan	17275	19289	21268	23476	22503	24382
湖 北	Hubei	16602	18520	20598	22722	17985	21561
湖 南	Hunan	12500	13794	15134	16684	16258	18597
广 东	Guangdong	33303	36599	39767	42952	40208	44188
广 西	Guangxi	6350	7038	7664	8201	7831	8539
海 南	Hainan	1547	1729	1853	1951	1975	2498
重 庆	Chongqing	8728	9769	10705	11632	11787	13968
四 川	Sichuan	15520	17404	19341	21343	20825	24133
贵 州	Guizhou	5652	6449	7105	7468	7833	8904
云 南	Yunnan	7223	8195	9197	10158	9793	10732
西 藏	Tibet	539	619	712	773	746	810
陕 西	Shaanxi	7681	8611	9510	10213	9606	10250
甘 肃	Gansu	2984	3206	3436	3700	3632	4037
青 海	Qinghai	770	843	900	949	877	948
宁 夏	Ningxia	1131	1254	1330	1399	1301	1335
新 疆	Xinjiang	3005	3250	3429	3617	3063	3585

21-11 各省(市、区)网上零售额(2021年)

Online Retail Sales of Provinces, Autonomous Regions and Municipalities (2021)

地 区	Region	网上零售额(亿元) Online Retail Sales (100 million yuan)	比上年增长(%) Growth Rate (%)	其中：实物网上零售额(亿元) Online Retail Sales in Goods (100 million yuan)	比上年增长(%) Growth Rate (%)
全 国	**National Total**	**130884**	**14**	**108042**	**12**
北 京	Beijing	11881	25	8712	15
天 津	Tianjin	1732	5	1379	-3
河 北	Hebei	3182	24	2877	22
山 西	Shanxi	871	25	566	24
内蒙古	Inner Mongolia	525	31	304	18
辽 宁	Liaoning	1654	12	1361	8
吉 林	Jilin	596	24	367	23
黑龙江	Heilongjiang	715	30	484	20
上 海	Shanghai	13784	13	11762	10
江 苏	Jiangsu	10871	6	9527	5
浙 江	Zhejiang	17635	2	14385	4
安 徽	Anhui	3050	16	2571	12
福 建	Fujian	6857	24	6280	26
江 西	**Jiangxi**	**2164**	**26**	**1878**	**27**
山 东	Shandong	5409	18	4763	17
河 南	Henan	2948	13	2426	10
湖 北	Hubei	3416	27	2897	24
湖 南	Hunan	2164	13	1755	12
广 东	Guangdong	28467	11	24563	10
广 西	Guangxi	1024	18	676	17
海 南	Hainan	627	44	375	54
重 庆	Chongqing	1353	23	963	18
四 川	Sichuan	3889	14	3095	12
贵 州	Guizhou	571	23	338	12
云 南	Yunnan	1006	16	722	21
西 藏	Tibet	190	61	80	79
陕 西	Shanxi	1562	34	1202	30
甘 肃	Gansu	405	33	192	26
青 海	Qinghai	184	59	61	63
宁 夏	Ningxia	303	46	84	30
新 疆	Xinjiang	427	41	283	35

21-12 各省(市、区)货物进出口总额

Total Value of Imports and Exports of Goods of Provinces, Autonomous Regions and Municipalities

地 区	Region	亿元人民币 RMB 100 million			亿美元 USD 100 million		
		2019	2020	2021	2019	2020	2021
全 国	**National Total**	**315627**	**322215**	**391009**	**45779**	**46559**	**60515**
北 京	Beijing	28690	23313	30438	4165	3365	4710
天 津	Tianjin	7346	7368	8567	1066	1063	1326
河 北	Hebei	4002	4457	5416	580	645	838
山 西	Shanxi	1448	1504	2230	210	218	345
内蒙古	Inner Mongolia	1097	1054	1236	159	152	191
辽 宁	Liaoning	7259	6569	7724	1053	948	1195
吉 林	Jilin	1303	1282	1504	189	185	232
黑龙江	Heilongjiang	1867	1539	1995	271	222	309
上 海	Shanghai	34054	34873	40610	4939	5038	6286
江 苏	Jiangsu	43383	44504	52131	6295	6428	8069
浙 江	Zhejiang	30838	33848	41429	4472	4885	6411
安 徽	Anhui	4737	5452	6920	687	787	1071
福 建	Fujian	13309	14098	18450	1931	2036	2855
江 西	**Jiangxi**	**3510**	**4025**	**4980**	**509**	**580**	**771**
山 东	Shandong	20471	22130	29304	2970	3202	4536
河 南	Henan	5715	6679	8208	825	973	1271
湖 北	Hubei	3946	4305	5374	572	622	831
湖 南	Hunan	4340	4885	5989	628	707	927
广 东	Guangdong	71488	70871	82680	10366	10240	12795
广 西	Guangxi	4696	4870	5931	682	704	917
海 南	Hainan	906	936	1477	132	136	229
重 庆	Chongqing	5792	6514	8001	839	942	1238
四 川	Sichuan	6790	8089	9514	984	1169	1473
贵 州	Guizhou	453	547	654	66	79	101
云 南	Yunnan	2324	2693	3144	337	391	487
西 藏	Tibet	49	21	40	7	3	6
陕 西	Shaanxi	3515	3778	4758	510	546	736
甘 肃	Gansu	380	382	491	55	55	76
青 海	Qinghai	38	23	31	5	3	5
宁 夏	Ningxia	241	123	214	35	18	33
新 疆	Xinjiang	1641	1483	1569	237	214	243

21-13 各省(市、区)货物进口额
Total Value of Imports of Goods of Provinces, Autonomous Regions and Municipalities

地　区	Region	亿元人民币 RMB 100 million			亿美元 USD 100 million		
		2019	2020	2021	2019	2020	2021
全　国	**National Total**	**143254**	**142936**	**173661**	**20784**	**20660**	**26875**
北　京	Beijing	23517	18649	24320	3414	2693	3764
天　津	Tianjin	4328	4294	4692	629	620	726
河　北	Hebei	1632	1936	2386	237	280	369
山　西	Shanxi	641	630	864	93	92	134
内蒙古	Inner Mongolia	721	705	757	105	102	117
辽　宁	Liaoning	4129	3917	4411	599	565	682
吉　林	Jilin	979	991	1150	142	143	178
黑龙江	Heilongjiang	1517	1179	1547	220	170	240
上　海	Shanghai	20329	21152	24892	2949	3058	3853
江　苏	Jiangsu	16171	17070	19598	2347	2467	3033
浙　江	Zhejiang	7762	8679	11308	1126	1254	1750
安　徽	Anhui	1952	2291	2825	283	331	437
福　建	Fujian	5026	5625	7633	729	812	1181
江　西	**Jiangxi**	**1014**	**1106**	**1309**	**147**	**160**	**203**
山　东	Shandong	9341	9083	11721	1356	1313	1814
河　南	Henan	1959	2604	3184	283	380	493
湖　北	Hubei	1460	1603	1865	212	232	288
湖　南	Hunan	1263	1581	1776	183	229	275
广　东	Guangdong	28072	27381	32152	4072	3958	4976
广　西	Guangxi	2098	2162	2992	305	312	463
海　南	Hainan	562	659	1144	82	96	177
重　庆	Chongqing	2079	2326	2832	301	337	438
四　川	Sichuan	2886	3435	3805	419	497	589
贵　州	Guizhou	126	115	167	18	17	26
云　南	Yunnan	1286	1174	1377	187	170	213
西　藏	Tibet	11	8	18	2	1	3
陕　西	Shaanxi	1642	1848	2192	238	267	339
甘　肃	Gansu	249	297	394	36	43	61
青　海	Qinghai	17	11	14	3	2	2
宁　夏	Ningxia	92	37	39	13	5	6
新　疆	Xinjiang	390	385	296	57	55	46

21-14 各省(市、区)货物出口额
Total Value of Exports of Goods of Provinces, Autonomous Regions and Municipalities

地区	Region	亿元人民币 RMB 100 million			亿美元 USD 100 million		
		2019	2020	2021	2019	2020	2021
全国	**National Total**	**172374**	**179279**	**217348**	**24995**	**25900**	**33640**
北京	Beijing	5172	4664	6118	751	671	946
天津	Tianjin	3018	3074	3876	438	443	600
河北	Hebei	2371	2521	3030	344	364	469
山西	Shanxi	807	874	1366	117	127	211
内蒙古	Inner Mongolia	377	349	478	55	50	74
辽宁	Liaoning	3130	2652	3313	454	383	513
吉林	Jilin	324	291	354	47	42	55
黑龙江	Heilongjiang	350	360	448	51	52	69
上海	Shanghai	13725	13721	15719	1990	1980	2433
江苏	Jiangsu	27212	27433	32532	3948	3961	5035
浙江	Zhejiang	23076	25169	30121	3346	3631	4661
安徽	Anhui	2785	3161	4095	404	456	634
福建	Fujian	8283	8473	10816	1202	1224	1674
江西	**Jiangxi**	**2496**	**2918**	**3672**	**362**	**421**	**568**
山东	Shandong	11130	13047	17583	1614	1889	2722
河南	Henan	3756	4075	5024	542	593	778
湖北	Hubei	2486	2702	3509	360	391	543
湖南	Hunan	3077	3304	4213	445	478	652
广东	Guangdong	43415	43490	50529	6295	6283	7819
广西	Guangxi	2598	2707	2939	377	392	454
海南	Hainan	344	277	333	50	40	51
重庆	Chongqing	3713	4187	5168	538	605	800
四川	Sichuan	3904	4654	5709	565	672	884
贵州	Guizhou	327	431	487	47	62	75
云南	Yunnan	1037	1519	1767	150	221	273
西藏	Tibet	37	13	23	5	2	3
陕西	Shaanxi	1873	1930	2566	272	279	397
甘肃	Gansu	131	86	97	19	12	15
青海	Qinghai	20	12	17	3	2	3
宁夏	Ningxia	149	87	175	22	13	27
新疆	Xinjiang	1250	1098	1273	180	158	197

21-15 各省(市、区)电力消费量

Electricity Consumption of Provinces, Autonomous Regions and Municipalities

单位：亿千瓦·小时 (100 million kW·h)

地区	Region	2015	2016	2017	2018	2019	2020	2021
北京	Beijing	953	1020	1067	1142	1166	1140	1233
天津	Tianjin	801	808	806	855	878	875	982
河北	Hebei	3176	3265	3442	3666	3856	3934	4294
山西	Shanxi	1737	1797	1991	2161	2262	2342	2608
内蒙古	Inner Mongolia	2543	2605	2892	3353	3653	3900	3957
辽宁	Liaoning	1985	2037	2135	2302	2401	2423	2576
吉林	Jilin	652	668	703	751	780	805	843
黑龙江	Heilongjiang	869	897	929	974	996	1014	1089
上海	Shanghai	1406	1486	1527	1567	1569	1576	1750
江苏	Jiangsu	5115	5459	5808	6128	6264	6374	7101
浙江	Zhejiang	3554	3873	4193	4533	4706	4830	5514
安徽	Anhui	1640	1795	1921	2135	2301	2428	2715
福建	Fujian	1852	1969	2113	2314	2402	2483	2837
江西	**Jiangxi**	**1087**	**1183**	**1294**	**1429**	**1536**	**1627**	**1863**
山东	Shandong	5117	5391	5430	6084	6219	6940	7383
河南	Henan	2880	2989	3166	3418	3364	3392	3647
湖北	Hubei	1665	1763	1869	2071	2214	2144	2472
湖南	Hunan	1448	1496	1582	1745	1864	1929	2155
广东	Guangdong	5311	5610	5959	6323	6696	6926	7867
广西	Guangxi	1334	1360	1445	1703	1907	2029	2236
海南	Hainan	272	287	305	327	355	363	405
重庆	Chongqing	875	925	997	1119	1160	1186	1341
四川	Sichuan	1992	2101	2205	2459	2636	2865	3275
贵州	Guizhou	1174	1242	1385	1482	1541	1586	1743
云南	Yunnan	1439	1411	1538	1679	1812	2025	2138
西藏	Tibet	41	49	58	69	78	82	101
陕西	Shaanxi	1222	1357	1495	1594	1912	1741	1966
甘肃	Gansu	1099	1065	1164	1290	1288	1376	1495
青海	Qinghai	658	638	687	738	716	742	858
宁夏	Ningxia	878	887	978	1065	1084	1038	1158
新疆	Xinjiang	2160	2316	2543	2686	2868	3099	3527

注：本表数据来源于中国电力企业联合会，2021年数据为快报数

a) The data in this table are from China Electricity Council. The data in 2021 are express numbers.

21-16 各省(市、区)一般公共预算收入
General Public Budget Revenue of Provinces, Autonomous Regions and Municipalities

单位：亿元 (100 million yuan)

地 区	Region	2016	2017	2018	2019	2020	2021
地方合计	**National Total**	**87239**	**91469**	**97903**	**101081**	**100143**	**111077**
北 京	Beijing	5081	5431	5786	5817	5484	5932
天 津	Tianjin	2724	2310	2106	2410	1923	2141
河 北	Hebei	2850	3234	3514	3739	3826	4168
山 西	Shanxi	1557	1867	2293	2348	2297	2835
内蒙古	Inner Mongolia	2016	1703	1858	2060	2051	2350
辽 宁	Liaoning	2200	2393	2616	2652	2656	2765
吉 林	Jilin	1264	1211	1241	1117	1085	1144
黑龙江	Heilongjiang	1148	1243	1283	1263	1153	1301
上 海	Shanghai	6406	6642	7108	7165	7046	7772
江 苏	Jiangsu	8121	8172	8630	8802	9059	10015
浙 江	Zhejiang	5302	5804	6598	7049	7248	8263
安 徽	Anhui	2673	2812	3049	3183	3216	3498
福 建	Fujian	2655	2809	3007	3053	3079	3383
江 西	**Jiangxi**	**2151**	**2247**	**2373**	**2487**	**2508**	**2812**
山 东	Shandong	5860	6099	6485	6527	6560	7284
河 南	Henan	3153	3407	3766	4042	4169	4347
湖 北	Hubei	3102	3248	3307	3389	2512	3283
湖 南	Hunan	2698	2758	2861	3007	3009	3251
广 东	Guangdong	10390	11320	12105	12655	12924	14103
广 西	Guangxi	1556	1615	1681	1812	1717	1800
海 南	Hainan	638	674	753	814	816	921
重 庆	Chongqing	2228	2252	2266	2135	2095	2285
四 川	Sichuan	3389	3578	3911	4071	4261	4773
贵 州	Guizhou	1561	1614	1727	1767	1787	1970
云 南	Yunnan	1812	1886	1994	2074	2117	2278
西 藏	Tibet	156	186	230	222	221	216
陕 西	Shaanxi	1834	2007	2243	2288	2257	2775
甘 肃	Gansu	787	816	871	850	875	1002
青 海	Qinghai	239	246	273	282	298	331
宁 夏	Ningxia	388	418	437	424	419	460
新 疆	Xinjiang	1299	1467	1531	1578	1477	1619

21-17 各省(市、区)一般公共预算支出
General Public Budget Expenditure of Provinces, Autonomous Regions and Municipalities

单位：亿元 (100 million yuan)

地区	Region	2016	2017	2018	2019	2020	2021
地方合计	**National Total**	**160351**	**173228**	**188196**	**203743**	**210583**	**211272**
北京	Beijing	6407	6825	7471	7408	7116	7205
天津	Tianjin	3699	3283	3103	3556	3151	3150
河北	Hebei	6050	6639	7726	8309	9023	8855
山西	Shanxi	3429	3756	4284	4711	5111	5048
内蒙古	Inner Mongolia	4513	4530	4831	5101	5270	5240
辽宁	Liaoning	4577	4879	5338	5745	6014	5901
吉林	Jilin	3586	3726	3790	3933	4127	3697
黑龙江	Heilongjiang	4227	4641	4677	5012	5449	5104
上海	Shanghai	6919	7548	8352	8179	8102	8431
江苏	Jiangsu	9982	10621	11657	12574	13682	14586
浙江	Zhejiang	6974	7530	8630	10053	10082	11017
安徽	Anhui	5523	6204	6572	7392	7474	7592
福建	Fujian	4275	4684	4833	5078	5216	5211
江西	**Jiangxi**	**4617**	**5111**	**5668**	**6387**	**6674**	**6778**
山东	Shandong	8755	9258	10101	10740	11234	11709
河南	Henan	7454	8216	9218	10164	10373	10420
湖北	Hubei	6423	6801	7258	7970	8443	7937
湖南	Hunan	6339	6869	7480	8034	8403	8365
广东	Guangdong	13446	15037	15729	17298	17431	18223
广西	Guangxi	4442	4909	5311	5851	6179	5810
海南	Hainan	1376	1444	1691	1859	1972	1983
重庆	Chongqing	4002	4336	4541	4848	4894	4835
四川	Sichuan	8009	8695	9708	10348	11199	11216
贵州	Guizhou	4262	4613	5030	5949	5739	5590
云南	Yunnan	5019	5713	6075	6770	6974	6634
西藏	Tibet	1588	1682	1971	2188	2211	2029
陕西	Shaanxi	4389	4833	5302	5719	5930	6069
甘肃	Gansu	3150	3304	3772	3952	4163	4026
青海	Qinghai	1525	1530	1647	1864	1933	1872
宁夏	Ningxia	1255	1373	1419	1438	1480	1428
新疆	Xinjiang	4138	4637	5012	5315	5533	5309

21-18 各省(市、区)各类价格指数(2021年)
Price Indices of Provinces, Autonomous Regions and Municipalities (2021)

(上年同期=100) (preceding year=100)

地 区	Region	居民消费价格指数 Consumer Price Indices	工业生产者出厂价格指数 Producer Price Index for Industrial Products	工业生产者购进价格指数 Purchasing Price Index for Industrial Products	农产品生产者价格指数 Producer Price Indices for Farm Products
全 国	**National Total**	**100.9**	**108.1**	**111.0**	**97.8**
北 京	Beijing	101.1	101.1	103.7	98.2
天 津	Tianjin	101.3	110.9	114.7	109.8
河 北	Hebei	101.0	116.4	119.8	108.1
山 西	Shanxi	101.0	130.2	116.3	104.8
内蒙古	Inner Mongolia	100.9	128.5	128.0	107.6
辽 宁	Liaoning	101.1	113.6	115.0	105.1
吉 林	Jilin	100.6	105.1	106.2	109.3
黑龙江	Heilongjiang	100.6	112.3	110.5	111.1
上 海	Shanghai	101.2	102.1	107.3	104.4
江 苏	Jiangsu	101.6	106.3	113.8	100.3
浙 江	Zhejiang	101.5	106.3	114.5	99.3
安 徽	Anhui	100.9	107.7	111.5	101.3
福 建	Fujian	100.7	104.9	109.2	104.5
江 西	**Jiangxi**	**100.9**	**110.5**	**112.3**	**96.1**
山 东	Shandong	101.2	110.3	109.5	104.2
河 南	Henan	100.9	107.8	109.5	98.0
湖 北	Hubei	100.3	104.1	108.5	101.0
湖 南	Hunan	100.5	105.9	108.1	90.1
广 东	Guangdong	100.8	103.4	108.0	98.8
广 西	Guangxi	100.9	108.9	110.7	94.9
海 南	Hainan	100.3	113.5	116.5	106.3
重 庆	Chongqing	100.3	103.2	107.2	98.4
四 川	Sichuan	100.3	105.9	107.5	94.3
贵 州	Guizhou	100.1	106.5	112.0	86.4
云 南	Yunnan	100.2	110.0	108.9	96.8
西 藏	Tibet	100.9	101.5		
陕 西	Shaanxi	101.5	116.9	116.3	99.3
甘 肃	Gansu	100.9	116.4	118.1	101.9
青 海	Qinghai	101.3	114.5	111.5	104.1
宁 夏	Ningxia	101.4	119.9	120.8	106.5
新 疆	Xinjiang	101.2	119.4	115.0	114.2

21-19 各省(市、区)全体居民人均可支配收入

Per Capita Disposable Income of Households of Provinces, Autonomous Regions and Municipalities

单位：元 (yuan)

地 区	Region	2016	2017	2018	2019	2020	2021
全国总计	**National Total**	**23821**	**25974**	**28228**	**30733**	**32189**	**35128**
北 京	Beijing	52530	57230	62361	67756	69434	75002
天 津	Tianjin	34074	37022	39506	42404	43854	47449
河 北	Hebei	19725	21484	23446	25665	27136	29383
山 西	Shanxi	19049	20420	21990	23828	25214	27426
内蒙古	Inner Mongolia	24127	26212	28376	30555	31497	34108
辽 宁	Liaoning	26040	27835	29701	31820	32738	35112
吉 林	Jilin	19967	21368	22798	24563	25751	27770
黑龙江	Heilongjiang	19838	21206	22726	24254	24902	27159
上 海	Shanghai	54305	58988	64183	69442	72232	78027
江 苏	Jiangsu	32070	35024	38096	41400	43390	47498
浙 江	Zhejiang	38529	42046	45840	49899	52397	57541
安 徽	Anhui	19998	21863	23984	26415	28103	30904
福 建	Fujian	27608	30048	32644	35616	37202	40659
江 西	**Jiangxi**	**20110**	**22031**	**24080**	**26262**	**28017**	**30610**
山 东	Shandong	24685	26930	29205	31597	32886	35705
河 南	Henan	18443	20170	21964	23903	24810	26811
湖 北	Hubei	21787	23757	25815	28319	27881	30829
湖 南	Hunan	21115	23103	25241	27680	29380	31993
广 东	Guangdong	30296	33003	35810	39014	41029	44993
广 西	Guangxi	18305	19905	21485	23328	24562	26727
海 南	Hainan	20653	22553	24579	26679	27904	30457
重 庆	Chongqing	22034	24153	26386	28920	30824	33803
四 川	Sichuan	18808	20580	22461	24703	26522	29080
贵 州	Guizhou	15121	16704	18430	20397	21795	23996
云 南	Yunnan	16720	18348	20084	22082	23295	25666
西 藏	Tibet	13639	15457	17286	19501	21744	24950
陕 西	Shaanxi	18874	20635	22528	24666	26226	28568
甘 肃	Gansu	14670	16011	17488	19139	20335	22066
青 海	Qinghai	17302	19001	20757	22618	24037	25920
宁 夏	Ningxia	18832	20562	22400	24412	25735	27905
新 疆	Xinjiang	18355	19975	21500	23103	23845	26075

21-20 各省(市、区)全体居民人均消费支出
Per Capita Consumption Expenditure of Households of Provinces, Autonomous Regions and Municipalities

单位：元 (yuan)

地 区	Region	2016	2017	2018	2019	2020	2021
全国总计	**National Total**	**17111**	**18322**	**19853**	**21559**	**21210**	**24100**
北 京	Beijing	35416	37425	39843	43038	38903	43640
天 津	Tianjin	26129	27841	29903	31854	28461	33188
河 北	Hebei	14248	15437	16722	17987	18037	19954
山 西	Shanxi	12683	13664	14810	15863	15733	17191
内蒙古	Inner Mongolia	18072	18946	19665	20743	19795	22658
辽 宁	Liaoning	19853	20463	21398	22203	20672	23831
吉 林	Jilin	14773	15632	17200	18075	17318	19605
黑龙江	Heilongjiang	14446	15578	16994	18112	17056	20636
上 海	Shanghai	37458	39792	43351	45605	42536	48879
江 苏	Jiangsu	22130	23469	25007	26697	26225	31451
浙 江	Zhejiang	25527	27079	29471	32026	31295	36668
安 徽	Anhui	14712	15752	17045	19137	18877	21911
福 建	Fujian	20168	21249	22996	25314	25126	28440
江 西	**Jiangxi**	**13259**	**14459**	**15792**	**17651**	**17955**	**20290**
山 东	Shandong	15926	17281	18780	20428	20940	22821
河 南	Henan	12712	13730	15169	16332	16143	18391
湖 北	Hubei	15889	16938	19538	21567	19246	23846
湖 南	Hunan	15751	17160	18808	20479	20998	22798
广 东	Guangdong	23448	24820	26054	28995	28492	31589
广 西	Guangxi	12295	13424	14935	16418	16357	18088
海 南	Hainan	14275	15403	17528	19555	18972	22242
重 庆	Chongqing	16385	17898	19249	20774	21678	24598
四 川	Sichuan	14839	16180	17664	19338	19783	21518
贵 州	Guizhou	11932	12970	13798	14780	14874	17957
云 南	Yunnan	11769	12658	14250	15780	16792	18851
西 藏	Tibet	9319	10320	11520	13029	13225	15343
陕 西	Shaanxi	13943	14900	16160	17465	17418	19347
甘 肃	Gansu	12254	13120	14624	15879	16175	17456
青 海	Qinghai	14775	15503	16557	17545	18284	19020
宁 夏	Ningxia	14965	15350	16715	18297	17506	20024
新 疆	Xinjiang	14067	15087	16189	17397	16512	18961

21-21 各省(市、区)城镇居民人均可支配收入
Per Capita Disposable Income of Urban Households of Provinces, Autonomous Regions and Municipalities

单位：元 (yuan)

地　区	Region	2016	2017	2018	2019	2020	2021
全国总计	**National Total**	**33616**	**36396**	**39251**	**42359**	**43834**	**47412**
北　京	Beijing	57275	62406	67990	73849	75602	81518
天　津	Tianjin	37110	40278	42976	46119	47659	51486
河　北	Hebei	28249	30548	32977	35738	37286	39791
山　西	Shanxi	27352	29132	31035	33262	34793	37433
内蒙古	Inner Mongolia	32975	35670	38305	40782	41353	44377
辽　宁	Liaoning	32876	34993	37342	39777	40376	43051
吉　林	Jilin	26530	28319	30172	32299	33396	35646
黑龙江	Heilongjiang	25736	27446	29191	30945	31115	33646
上　海	Shanghai	57692	62596	68034	73615	76437	82429
江　苏	Jiangsu	40152	43622	47200	51056	53102	57744
浙　江	Zhejiang	47237	51261	55574	60182	62699	68487
安　徽	Anhui	29156	31640	34393	37540	39442	43009
福　建	Fujian	36014	39001	42121	45620	47160	51141
江　西	**Jiangxi**	**28673**	**31198**	**33819**	**36546**	**38556**	**41684**
山　东	Shandong	34012	36789	39549	42329	43726	47066
河　南	Henan	27233	29558	31874	34201	34750	37095
湖　北	Hubei	29386	31889	34455	37601	36706	40278
湖　南	Hunan	31284	33948	36698	39842	41698	44866
广　东	Guangdong	37684	40975	44341	48118	50257	54854
广　西	Guangxi	28324	30502	32436	34745	35859	38530
海　南	Hainan	28453	30817	33349	36017	37097	40213
重　庆	Chongqing	29610	32193	34889	37939	40006	43503
四　川	Sichuan	28335	30727	33216	36154	38253	41444
贵　州	Guizhou	26743	29080	31592	34404	36096	39211
云　南	Yunnan	28611	30996	33488	36238	37500	40905
西　藏	Tibet	27802	30671	33797	37410	41156	46503
陕　西	Shaanxi	28440	30810	33319	36098	37868	40713
甘　肃	Gansu	25693	27763	29957	32323	33822	36187
青　海	Qinghai	26757	29169	31515	33830	35506	37745
宁　夏	Ningxia	27153	29472	31895	34328	35720	38291
新　疆	Xinjiang	28463	30775	32764	34664	34838	37642

21-22 各省(市、区)城镇居民人均消费支出

Per Capita Consumption Expenditure of Urban Households of Provinces, Autonomous Regions and Municipalities

单位：元 (yuan)

地 区	Region	2016	2017	2018	2019	2020	2021
全国总计	**National Total**	**23079**	**24445**	**26112**	**28063**	**27007**	**30307**
北 京	Beijing	38256	40346	42926	46358	41726	46776
天 津	Tianjin	28345	30284	32655	34811	30895	36067
河 北	Hebei	19106	20600	22127	23483	23167	24193
山 西	Shanxi	16993	18404	19790	21159	20332	21966
内蒙古	Inner Mongolia	22744	23638	24437	25383	23888	27194
辽 宁	Liaoning	24996	25379	26448	27355	24849	28438
吉 林	Jilin	19166	20051	22394	23394	21623	24421
黑龙江	Heilongjiang	18145	19270	21035	22165	20397	24422
上 海	Shanghai	39857	42304	46015	48272	44839	51295
江 苏	Jiangsu	26433	27726	29462	31329	30882	36558
浙 江	Zhejiang	30068	31924	34598	37508	36197	42194
安 徽	Anhui	19606	20740	21523	23782	22683	26495
福 建	Fujian	25006	25980	28145	30946	30487	33942
江 西	**Jiangxi**	**17696**	**19244**	**20760**	**22714**	**22134**	**24587**
山 东	Shandong	21495	23072	24798	26731	27291	29314
河 南	Henan	18088	19422	20989	21972	20645	23178
湖 北	Hubei	20040	21276	23996	26422	22885	28506
湖 南	Hunan	21420	23163	25064	26924	26796	28294
广 东	Guangdong	28613	30198	30924	34424	33511	36621
广 西	Guangxi	17268	18349	20159	21591	20907	22555
海 南	Hainan	19015	20372	22971	25317	23560	27565
重 庆	Chongqing	21031	22759	24154	25785	26464	29850
四 川	Sichuan	20660	21991	23484	25367	25133	26971
贵 州	Guizhou	19202	20348	20788	21402	20587	25333
云 南	Yunnan	18622	19560	21626	23455	24569	27441
西 藏	Tibet	19440	21088	23029	25637	24927	28159
陕 西	Shaanxi	19369	20388	21966	23514	22866	24784
甘 肃	Gansu	19539	20659	22606	24454	24615	25757
青 海	Qinghai	20853	21473	22998	23799	24315	24513
宁 夏	Ningxia	20364	20219	21977	24161	22379	25386
新 疆	Xinjiang	21229	22797	24191	25594	22952	25724

21-23 各省(市、区)农村居民人均可支配收入
Per Capita Disposable Income of Rural Households of Provinces, Autonomous Regions and Municipalities

单位：元 (yuan)

地 区	Region	2016	2017	2018	2019	2020	2021
全国总计	**National Total**	**12363**	**13432**	**14617**	**16021**	**17131**	**18931**
北 京	Beijing	22310	24240	26490	28928	30126	33303
天 津	Tianjin	20076	21754	23065	24804	25691	27955
河 北	Hebei	11919	12881	14031	15373	16467	18179
山 西	Shanxi	10082	10788	11750	12902	13878	15308
内蒙古	Inner Mongolia	11609	12584	13803	15283	16567	18337
辽 宁	Liaoning	12881	13747	14656	16108	17450	19217
吉 林	Jilin	12123	12950	13748	14936	16067	17642
黑龙江	Heilongjiang	11832	12665	13804	14982	16168	17889
上 海	Shanghai	25520	27825	30375	33195	34911	38521
江 苏	Jiangsu	17606	19158	20845	22675	24198	26791
浙 江	Zhejiang	22866	24956	27302	29876	31930	35247
安 徽	Anhui	11720	12758	13996	15416	16620	18372
福 建	Fujian	14999	16335	17821	19568	20880	23229
江 西	**Jiangxi**	**12138**	**13242**	**14460**	**15796**	**16981**	**18684**
山 东	Shandong	13954	15118	16297	17775	18753	20794
河 南	Henan	11697	12719	13831	15164	16108	17533
湖 北	Hubei	12725	13812	14978	16391	16306	18259
湖 南	Hunan	11930	12936	14093	15395	16585	18295
广 东	Guangdong	14512	15780	17168	18818	20143	22306
广 西	Guangxi	10359	11325	12435	13676	14815	16363
海 南	Hainan	11843	12902	13989	15113	16279	18076
重 庆	Chongqing	11549	12638	13781	15133	16361	18100
四 川	Sichuan	11203	12227	13331	14670	15929	17575
贵 州	Guizhou	8090	8869	9716	10756	11642	12856
云 南	Yunnan	9020	9862	10768	11902	12842	14197
西 藏	Tibet	9094	10330	11450	12951	14598	16932
陕 西	Shaanxi	9396	10265	11213	12326	13316	14745
甘 肃	Gansu	7457	8076	8804	9629	10344	11433
青 海	Qinghai	8664	9462	10393	11499	12342	13604
宁 夏	Ningxia	9852	10738	11708	12858	13889	15337
新 疆	Xinjiang	10183	11045	11975	13122	14056	15575

21-24 各省(市、区)农村居民人均消费支出
Per Capita Consumption Expenditure of Rural Households of Provinces, Autonomous Regions and Municipalities

单位：元 (yuan)

地 区	Region	2016	2017	2018	2019	2020	2021
全国总计	**National Total**	**10130**	**10955**	**12124**	**13328**	**13713**	**15916**
北 京	Beijing	17329	18810	20195	21881	20913	23574
天 津	Tianjin	15912	16386	16863	17843	16844	19286
河 北	Hebei	9798	10536	11383	12372	12644	15391
山 西	Shanxi	8029	8424	9172	9728	10290	11410
内蒙古	Inner Mongolia	11463	12184	12661	13816	13594	15691
辽 宁	Liaoning	9953	10787	11455	12030	12311	14606
吉 林	Jilin	9521	10279	10826	11457	11864	13411
黑龙江	Heilongjiang	9424	10524	11417	12495	12360	15225
上 海	Shanghai	17071	18090	19965	22449	22095	27205
江 苏	Jiangsu	14428	15612	16567	17716	17022	21130
浙 江	Zhejiang	17359	18093	19707	21352	21555	25415
安 徽	Anhui	10287	11106	12748	14546	15024	17163
福 建	Fujian	12911	14003	14943	16281	16339	19290
江 西	**Jiangxi**	**9128**	**9870**	**10885**	**12497**	**13579**	**15663**
山 东	Shandong	9519	10342	11270	12309	12660	14299
河 南	Henan	8587	9212	10392	11546	12201	14073
湖 北	Hubei	10938	11633	13946	15328	14472	17647
湖 南	Hunan	10630	11534	12721	13969	14974	16951
广 东	Guangdong	12415	13200	15411	16949	17132	20012
广 西	Guangxi	8351	9437	10617	12045	12431	14165
海 南	Hainan	8921	9599	10956	12418	13169	15487
重 庆	Chongqing	9954	10936	11977	13112	14140	16096
四 川	Sichuan	10192	11397	12723	14056	14953	16444
贵 州	Guizhou	7533	8299	9170	10222	10818	12557
云 南	Yunnan	7331	8027	9123	10260	11069	12386
西 藏	Tibet	6070	6691	7452	8418	8917	10577
陕 西	Shaanxi	8568	9306	10071	10935	11376	13158
甘 肃	Gansu	7487	8030	9065	9694	9923	11206
青 海	Qinghai	9222	9903	10352	11343	12134	13300
宁 夏	Ningxia	9138	9982	10790	11465	11724	13536
新 疆	Xinjiang	8277	8713	9421	10318	10778	12821

21-25 各省(市、区)农林牧渔业总产值及增长速度(2021年)

Gross Output Value and Growth Rate of Agriculture, Forestry, Animal Husbandry and Fishery of Provinces, Autonomous Regions and Municipalities (2021)

地区	Region	农林牧渔业总产值(亿元) Total Gross Output Value (100 million yuan)	#农业 Farming	#林业 Forestry	#牧业 Animal Husbandary	#渔业 Fishery	农林牧渔业总产值比上年增长(%) Growth Rate (%)
全国	**National Total**	**147013**	**78340**	**6508**	**39911**	**14507**	**7.9**
北京	Beijing	270	123	89	46	4	2.8
天津	Tianjin	509	258	9	142	81	2.1
河北	Hebei	7019	3645	264	2240	298	7.1
山西	Shanxi	2134	1223	160	624	9	9.9
内蒙古	Inner Mongolia	3815	1880	94	1755	30	5.1
辽宁	Liaoning	4928	2223	121	1684	720	5.7
吉林	Jilin	2972	1303	73	1454	54	7.5
黑龙江	Heilongjiang	6460	4100	208	1833	136	7.1
上海	Shanghai	269	145	9	45	48	-6.7
江苏	Jiangsu	8280	4426	178	1216	1834	4.3
浙江	Zhejiang	3579	1698	168	403	1188	3.0
安徽	Anhui	6004	2803	413	1811	622	9.3
福建	Fujian	5201	1906	425	1060	1622	5.1
江西	**Jiangxi**	**3998**	**1796**	**399**	**1051**	**548**	**8.9**
山东	Shandong	11468	5815	220	2904	1653	8.6
河南	Henan	10501	6565	134	2942	143	7.1
湖北	Hubei	8296	3912	303	1990	1459	14.3
湖南	Hunan	7662	3533	456	2543	571	10.4
广东	Guangdong	8306	3951	495	1708	1747	7.1
广西	Guangxi	6524	3691	538	1438	555	9.2
海南	Hainan	2015	1050	118	328	435	5.1
重庆	Chongqing	2936	1760	168	804	138	9.2
四川	Sichuan	9383	5089	408	3305	328	7.5
贵州	Guizhou	4692	3124	320	959	70	9.2
云南	Yunnan	6352	3441	497	2113	112	10.4
西藏	Tibet	255	115	4	129	0	5.6
陕西	Shanxi	4313	3036	100	918	35	6.7
甘肃	Gansu	2440	1623	33	620	2	11.3
青海	Qinghai	529	205	13	299	4	4.5
宁夏	Ningxia	760	413	11	281	25	4.8
新疆	Xinjiang	5143	3489	79	1266	36	8.8

注：本表绝对数按当年价格计算，增长速度按可比价格计算。

a) Data in value terms in this table are calculated at current prices while the growth rate is calculated at constant prices.

21-26 各省(市、区)农村贫困人口(2010年标准)

Rural Poverty Population (2010 Standard) of Provinces, Autonomous Regions and Municipalities

单位：万人 (10 000 persons)

地区	Region	2014	2015	2016	2017	2018	2019
全国	**National Total**	**7017**	**5575**	**4335**	**3046**	**1660**	**551**
北京	Beijing	.	.	.	.	.	.
天津	Tianjin	.	.	.	.	.	.
河北	Hebei	320	241	188	124	63	.
山西	Shanxi	269	223	186	133	74	16
内蒙古	Inner Mongolia	98	76	53	37	14	.
辽宁	Liaoning	117	86	59	39	24	.
吉林	Jilin	81	69	57	41	26	9
黑龙江	Heilongjiang	96	86	69	50	27	.
上海	Shanghai	.	.	.	.	.	.
江苏	Jiangsu	61	.	.	.	.	.
浙江	Zhejiang	45	.	.	.	.	.
安徽	Anhui	371	309	237	158	67	.
福建	Fujian	50	36	23	.	.	.
江西	**Jiangxi**	**276**	**208**	**155**	**107**	**63**	**.**
山东	Shandong	231	172	140	60	.	.
河南	Henan	565	463	371	277	168	51
湖北	Hubei	271	216	176	114	67	.
湖南	Hunan	532	434	343	232	105	42
广东	Guangdong	82	47	.	.	.	.
广西	Guangxi	540	452	341	246	140	51
海南	Hainan	50	41	32	23	7	.
重庆	Chongqing	119	88	45	21	13	.
四川	Sichuan	509	400	306	212	98	52
贵州	Guizhou	623	507	402	295	173	53
云南	Yunnan	574	471	373	279	179	66
西藏	Tibet	61	48	34	20	13	4
陕西	Shaanxi	350	288	226	169	83	17
甘肃	Gansu	417	325	262	200	121	46
青海	Qinghai	52	42	31	23	10	5
宁夏	Ningxia	45	37	30	19	9	4
新疆	Xinjiang	212	180	147	113	64	20

注：1."."表示数值较小，统计上不显著。

2.2021年我国现行农村贫困标准下的农村贫困人口全部脱贫。

a) "." in the table refers to minimum number, and is statistically insignificant.

b) Till the Year 2020, all rural poverty population under China's current rural poverty standard has been lifted out of poverty.

21-27 各省(市、区)规模以上工业企业主要经济指标(一)(2021年)

Main Indicators of Industrial Enterprises above Designated Size of Provinces, Autonomous Regions and Municipalities (I) (2021)

单位：亿元 (100 million yuan)

地　区	Region	营业收入 Business Revenue	营业成本 Business Cost	销售费用 Selling Expenses	管理费用 Administrative Expenses	财务费用 Financial Expenses	利润总额 Total Profits
全　国	**National Total**	**1279226.5**	**1071247.1**	**32525.3**	**66115.0**	**11254.7**	**87092.1**
北　京	Beijing	28054.0	21710.0	1285.4	1461.9	244.1	3664.9
天　津	Tianjin	22571.2	19334.6	478.7	994.0	120.8	1456.9
河　北	Hebei	52125.4	45918.9	1018.3	1990.1	529.5	2294.3
山　西	Shanxi	32396.2	25561.5	648.4	1624.5	817.1	2949.9
内蒙古	Inner Mongolia	23947.1	18271.5	480.9	888.1	435.9	3380.8
辽　宁	Liaoning	35214.2	29672.0	738.2	1446.3	390.3	1699.6
吉　林	Jilin	14058.0	11608.6	461.9	808.1	101.3	1073.8
黑龙江	Heilongjiang	11253.1	9336.7	270.0	613.3	155.4	515.2
上　海	Shanghai	44173.0	36026.8	1488.3	3219.0	43.3	3032.0
江　苏	Jiangsu	149920.7	126829.6	3975.1	8502.0	866.6	9358.1
浙　江	Zhejiang	97967.6	81918.3	2642.9	6052.7	820.7	6788.7
安　徽	Anhui	44775.9	38191.0	1022.6	2264.5	344.7	2669.9
福　建	Fujian	64743.0	55815.5	1405.3	2529.6	381.7	4353.3
江　西	**Jiangxi**	**43976.7**	**37969.9**	**741.8**	**1658.4**	**256.9**	**3122.4**
山　东	Shandong	102271.5	88711.2	2163.2	4484.6	993.3	5268.8
河　南	Henan	54006.4	47301.5	1049.1	2019.4	630.1	2581.2
湖　北	Hubei	49215.7	41300.3	1287.9	2515.8	371.8	3189.5
湖　南	Hunan	42763.3	35350.4	1228.2	2879.1	324.6	2060.0
广　东	Guangdong	169785.1	141095.1	5560.6	11727.6	917.8	10927.6
广　西	Guangxi	21911.1	19081.5	397.1	724.1	205.9	1131.3
海　南	Hainan	2625.7	2052.8	118.6	123.4	34.5	212.1
重　庆	Chongqing	27118.9	22920.4	688.3	1302.1	147.2	1877.5
四　川	Sichuan	52583.4	43160.9	1561.5	2314.4	514.5	4359.2
贵　州	Guizhou	9712.5	7563.3	262.0	555.1	195.0	1063.5
云　南	Yunnan	17359.5	13735.8	375.5	732.8	286.0	1211.0
西　藏	Tibet	401.7	291.3	13.7	34.6	12.9	48.9
陕　西	Shaanxi	29585.6	22821.7	595.1	1243.9	349.8	3605.1
甘　肃	Gansu	9601.7	8075.2	131.3	310.8	162.5	516.5
青　海	Qinghai	3186.7	2512.6	45.1	143.4	94.0	301.6
宁　夏	Ningxia	6491.2	5389.8	87.7	246.2	188.9	462.6
新　疆	Xinjiang	15430.4	11718.5	302.7	705.0	317.7	1916.1

注：本表为快报数据。

a) The data in the table are from preliminary reporting form.

21-28 各省(市、区)规模以上工业企业主要经济指标(二)(2021年)

Main Indicators of Industrial Enterprises above Designated Size of Provinces, Autonomous Regions and Municipalities (II) (2021)

单位：亿元 (100 million yuan)

地区	Region	亏损企业亏损总额 Total Loss of Loss-making Enterprises	流动资产合计 Total Current Assets	应收账款 Accounts Receivable	存货 Inventories	产成品 Finished Goods	资产总计 Total Assets	负债合计 Total Liabilities
全国	**National Total**	**11814.4**	**723908.9**	**188730.0**	**145379.4**	**53986.1**	**1412880.0**	**792289.9**
北京	Beijing	373.8	24700.9	4717.7	3219.6	1150.3	60393.9	26096.8
天津	Tianjin	237.9	11576.8	3161.4	2567.7	964.3	22897.8	12386.3
河北	Hebei	520.0	27205.2	6248.6	5238.9	1904.3	55395.6	33720.3
山西	Shanxi	860.8	26513.2	5327.8	2668.1	1042.3	55386.7	39431.9
内蒙古	Inner Mongolia	366.0	13768.9	2741.2	2076.6	702.5	37260.6	21219.2
辽宁	Liaoning	712.3	21287.0	4472.1	5005.0	1705.4	42272.9	25878.4
吉林	Jilin	239.4	8445.4	1729.0	1814.0	523.6	18846.1	10258.0
黑龙江	Heilongjiang	246.2	8061.1	1618.2	1487.6	495.3	17732.9	10653.1
上海	Shanghai	467.0	30418.6	8255.5	6154.4	1968.6	51746.2	24912.9
江苏	Jiangsu	1251.0	90383.5	29636.1	19423.7	7840.3	149340.8	79833.6
浙江	Zhejiang	606.8	62607.5	18492.0	13173.1	5181.7	110368.5	60931.7
安徽	Anhui	378.0	26305.7	8265.0	4893.0	1946.9	48960.0	27430.0
福建	Fujian	210.3	23691.0	5753.0	5724.1	2326.9	46172.9	23859.7
江西	**Jiangxi**	**166.8**	**15472.9**	**4238.9**	**3352.9**	**1326.5**	**30357.9**	**16234.6**
山东	Shandong	1020.0	58778.9	12573.7	12463.5	4896.2	109712.9	66996.9
河南	Henan	581.6	26201.8	6149.5	4978.5	1744.8	54479.5	31194.6
湖北	Hubei	359.5	22506.8	5458.3	4849.7	1826.9	46565.5	24289.5
湖南	Hunan	217.2	15389.8	4724.7	3317.5	1194.1	32485.2	16219.6
广东	Guangdong	1171.6	102873.7	28748.0	21934.1	8004.6	169766.7	95018.8
广西	Guangxi	139.5	11322.4	2696.9	2445.0	941.3	22802.3	14509.5
海南	Hainan	22.3	1789.1	361.1	277.9	84.5	4281.6	2472.1
重庆	Chongqing	150.7	12872.2	4095.0	2341.1	891.6	24310.8	13685.9
四川	Sichuan	253.0	25846.1	6913.5	5193.2	1794.2	57922.3	31904.3
贵州	Guizhou	206.0	7081.7	1374.2	1641.1	394.6	16452.9	10291.4
云南	Yunnan	173.8	9518.8	1849.1	2573.5	701.6	24804.5	13793.4
西藏	Tibet	46.0	487.7	88.2	48.0	14.3	2139.1	1139.0
陕西	Shaanxi	256.4	17900.9	4073.5	2730.0	1148.2	40875.3	22258.2
甘肃	Gansu	141.7	4953.1	1211.0	1148.2	318.2	12876.3	7457.9
青海	Qinghai	122.3	2200.7	627.4	383.9	126.7	6481.8	4671.8
宁夏	Ningxia	129.6	4042.7	959.2	614.5	230.6	11930.2	7695.6
新疆	Xinjiang	186.8	9704.8	2170.1	1640.9	594.9	27860.3	15844.5

21-29 各省(市、区)货运量和货物周转量(2021年)

Freight Traffic and Freight Ton-kilometers of Provinces, Autonomous Regions and Municipalities (2021)

地 区	Region	货运量(万吨) Freight Traffic (10 000 tons)	#铁 路 Railways	#公 路 Highways	#水 运 Waterways	货物周转量(亿吨公里) Freight Ton-kilometers (100 million ton-km)	#铁 路 Railways	#公 路 Highways	#水 运 Waterways
全 国	**National Total**	**5298499**	**477372**	**3913889**	**823973**	**223600**	**33238.0**	**69087.7**	**115577.5**
北 京	Beijing	23425	350	23075		1077	802.9	274.4	
天 津	Tianjin	56435	11750	34527	10159	2678	553.6	672.7	1451.3
河 北	Hebei	261208	29205	227203	4800	14769	5395.4	8650.1	724.0
山 西	Shanxi	217623	102909	114698	16	6445	3218.9	3225.7	
内蒙古	Inner Mongolia	215975	83128	132847		4934	2715.3	2218.5	
辽 宁	Liaoning	179238	23151	152596	3491	4525	1246.1	2719.5	559.1
吉 林	Jilin	53587	5912	47675		2069	544.8	1523.8	
黑龙江	Heilongjiang	55116	12512	42086	519	1745	882.8	815.8	46.2
上 海	Shanghai	154793	513	52899	101380	34075	18.9	1037.3	33018.3
江 苏	Jiangsu	294678	9738	186708	98232	11789	357.5	3687.8	7743.3
浙 江	Zhejiang	328041	5177	213653	109210	12938	271.0	2637.0	10029.5
安 徽	Anhui	401415	7791	259044	134580	11068	826.9	3727.9	6513.3
福 建	Fujian	166113	5112	110777	50224	10159	201.4	1233.2	8724.6
江 西	**Jiangxi**	**198685**	**4818**	**181024**	**12843**	**4885**	**570.4**	**3960.1**	**354.2**
山 东	Shandong	342728	32203	291196	19329	12050	1729.7	7517.6	2802.4
河 南	Henan	255551	11563	226447	17541	10675	2384.5	7026.3	1263.7
湖 北	Hubei	214762	5828	161310	47625	6743	1100.3	2196.2	3446.4
湖 南	Hunan	224465	4771	198423	21272	2898	986.9	1461.2	449.6
广 东	Guangdong	386540	11844	267489	107206	28032	362.5	2980.5	24688.5
广 西	Guangxi	216168	9119	169019	38030	4882	772.7	1873.4	2235.9
海 南	Hainan	27991	1100	7608	19282	8772	16.2	44.7	8710.9
重 庆	Chongqing	144593	1946	121185	21462	3846	254.7	1155.8	2435.9
四 川	Sichuan	184312	7535	171377	5400	3079	1024.4	1789.8	264.7
贵 州	Guizhou	96989	7276	89154	560	1436	685.9	726.3	23.7
云 南	Yunnan	135007	5342	129090	576	1868	482.8	1377.6	7.9
西 藏	Tibet	4583	81	4502		150	31.2	118.9	
陕 西	Shaanxi	160695	37894	122716	85	3945	2126.1	1818.7	0.3
甘 肃	Gansu	76109	6444	69665		2887	1689.9	1197.4	
青 海	Qinghai	17817	3735	14083		592	431.1	160.5	
宁 夏	Ningxia	46929	9423	37506		812	234.5	577.7	
新 疆	Xinjiang	73508	19199	54309		2000	1318.7	681.3	

21-30 各省(市、区)入境旅游情况
Development of Overseas Visitor Arrivals of Provinces, Autonomous Regions and Municipalities

地区	Region	入境游客（万人次） Number of Overseas Visitor Arrivals (10 000 Person-times)			外汇收入（万美元） Foreign Exchange Earnings from International Tourism (USD 10 000)		
		2017	2018	2019	2017	2018	2019
北京	Beijing	392.56	400.41	376.90	512981	551639	519247
天津	Tianjin	79.21	58.96	56.10	375147	110985	118254
河北	Hebei	91.01	98.86	97.08	57869	64667	74023
山西	Shanxi	67.00	71.35	76.22	35014	37798	40995
内蒙古	Inner Mongolia	184.83	188.08	195.83	124556	127210	134009
辽宁	Liaoning	278.85	287.70	294.14	177806	173958	173903
吉林	Jilin	148.43	143.75	136.58	76579	68585	61496
黑龙江	Heilongjiang	103.88	109.16	110.69	47958	53706	64593
上海	Shanghai	719.33	742.04	734.69	669865	726139	824351
江苏	Jiangsu	370.10	400.85	399.46	419472	464836	474356
浙江	Zhejiang	589.06	456.76	467.11	358644	259579	266824
安徽	Anhui	351.09	370.75	379.74	288078	318757	338769
福建	Fujian	691.74	513.55	566.03	758803	282821	339845
江西	**Jiangxi**	**174.69**	**191.78**	**197.17**	**62992**	**74538**	**86538**
山东	Shandong	440.52	422.00	404.22	317404	329282	341314
河南	Henan	155.89	167.25	180.35	66155	72323	94696
湖北	Hubei	368.14	405.11	450.02	210474	237969	265416
湖南	Hunan	322.28	365.08	466.95	129537	152041	225087
广东	Guangdong	3654.52	3748.06	3731.39	1996040	2051174	2052131
广西	Guangxi	512.44	562.33	623.96	239563	277773	351128
海南	Hainan	111.95	126.36	143.59	68102	77052	97237
重庆	Chongqing	224.85	279.98	297.11	194759	218989	252483
四川	Sichuan	336.17	369.82	414.78	144654	151165	202379
贵州	Guizhou	32.40	39.69	47.18	28327	31763	34503
云南	Yunnan	667.69	706.08	739.02	355033	441800	514736
西藏	Tibet	34.35	47.62	54.19	19751	24709	27907
陕西	Shaanxi	383.74	437.14	465.72	270440	312666	336765
甘肃	Gansu	7.88	10.01	19.82	2086	2830	5905
青海	Qinghai	7.02	6.92	7.31	3829	3613	3336
宁夏	Ningxia	6.53	8.82	12.66	3763	5587	6932
新疆	Xinjiang	77.41	99.30	34.67	81081	94637	45400

注：注：自2020年后，国家暂不反馈相关数据。

a)Since 2020, the State will not feed back relevant data temporarily.

2021年江西统计调查大事记

1月

1月11日 省统计局《江西统计年鉴（2019）》在全国获通报表扬。

1月15日 省统计局报送的《2019年全省文化产业增加值占GDP的比重为4.0%》获省委书记刘奇批示。

1月20日 2020年全省经济运行情况及“十三五”发展成就新闻发布会召开。

2月

2月1日 省直部门社会统计工作会在南昌召开。

2月3日 省统计局党组书记、局长万庆胜主持召开干部集体政治谈话会。

2月8日 省统计局志愿者服务队走进南山村开展抗击疫情服务活动。

3月

3月3日 全省统计工作会议在南昌召开。

3月3日 2020年度各设区市统计局工作述职会议在南昌召开。

3月3日 2021年全省统计系统文艺汇演在南昌举行

3月4日 省统计局报送的《对一季度全省经济运行情况的预判分析》获省委书记刘奇和常务副省长殷美根批示。

3月10日 《江西省第四次全国经济普查文件汇编》编印完成。

3月11日 省统计局召开2021年全面从严治党工作会议。

3月16日 省统计局召开党史学习教育动员会。

3月16日 省统计局专题传达学习全国两会精神和全省领导干部会议精神。

3月18日 省统计局报送的《1-2月全省经济开局平稳向好》获常务副省长殷美根批示。

3月24日 省委书记刘奇、省长易炼红会见国家统计局毛有丰副局长。

3月24日 国家统计局2020年第4统计督察组向江西反馈统计督察意见。

3月26日 全省工业统计工作会议在南昌召开。

4月

4月9日 全省统计督察反馈意见整改工作动员会召开。

4月9日 省统计局召开党组（扩大）会议,专题研究全省统计系统统计督察反馈意见整改工作。

4月9日 省统计局报送的《“十三五”节能降耗再显成效“十四五”低碳发展仍需加力》获省委书记刘奇批示。

4月20日 2021年一季度全省经济运行情况新闻发布会召开。

4月20日 《江西省志·统计调查志》复审会在省统计局召开。

4月20日 省统计局举办党史学习教育专家讲座。

4月22日至23日 省统计局深入开展党史学习教育现场教学活动。

5月

5月7日 省统计局召开2021年全省普查中心系统工作视频会议。

5月8日至6月7日 江西省社情民意调查中心首次在全省范围内，开展政法队伍教育整顿民意调查。

5月12日 省统计局报送的《2020年我省军民融合发展呈现五大特征》获省委书记刘奇、常务副省长殷美根批示。

5月14日 全省服务业统计工作会议在南昌召开。

5月17日 省统计局召开2021年全省统计网络安全视频培训会议。

5月18日 省统计局报送的《1-4月全省经济运行态势良好》获常务副省长殷美根批示。

5月26日 江西省第七次全国人口普查主要数据情况新闻发布会召开。

5月25日至27日 全省统计系统领导干部依法统计暨统计知识培训班在南昌举办。

5月28日　全省统计设计管理工作会议在南昌召开。

6月

6月3日至4日　省统计局党组书记、局长万庆胜带队赴赣州开展统计业务知识培训。

6月9日　省统计局开展以"学党史、进社区，同携手、共奋进"为主题的共建社区志愿服务活动。

6月11日　全省统计法治工作会议在上饶召开。

6月16日　2021年全省统计系统网络安全和信息化建设培训会在南昌举办。

6月17日至18日　省统计局举办党组中心组理论学习（扩大）会暨专题读书班。

6月22日　省统计局献礼中国共产党成立100周年。

6月22日　2021年上半年全省经济形势分析会在九江召开。

5月17日至21日（第一期）、6月21日至25日（第二期）　全省统计干部专业知识培训班（第一、二期）在南昌举办。

6月28日　全省统计系统庆祝建党100周年演讲比赛在南昌举行。

6月29日　省统计局召开庆祝建党100周年暨"两优一先"表彰大会。

7月

7月1日　省统计局组织集中收看庆祝中国共产党成立100周年大会。

7月9日　省统计局举办学习贯彻习近平总书记"七一"重要讲话精神暨党课报告会。

7月19日　2021年上半年全省经济运行情况新闻发布会召开。

7月20日　省统计局乡村振兴驻村工作队进驻德兴市重溪村。

7月27日　省统计局报送的《上半年全省经济运行稳中有进发展态势持续向好》获省委常委、宣传部部长施小琳，省人大常委会副主任曾文明批示。

7月26日至27日　全省农业农村统计业务培训班在南昌举办。

7月28日至30日　省统计局赴甘祖昌干部学院举办学习贯彻习近平总书记"七一"重要讲话精神专题读书班。

8月

8月3日　省统计局党组书记、局长万庆胜率队赴省统计局乡村振兴对口帮扶点德兴市绕二镇重溪村调研。

8月5日　省统计局举办"碳达峰碳中和"视频专题讲座。

8月12日　省统计局报送的《我省农产品加工业下滑态势不容忽视》获省委书记刘奇批示。

8月17日　省统计局报送的两篇分析报告获省领导批示。一是《我省文化产业发展持续向好，但两方面问题需重视》获省委书记刘奇批示；二是《数字文化快速发展短板问题仍需重视--江西数字文化企业发展状况调研报告》获省委常委、省委宣传部部长施小琳批示。

8月18日　省统计局报送的《用能需求回升，节能存在压力——上半年节能降耗形势分析》获省长易炼红、常务副省长殷美根批示。

8月20日　省统计局报送的《2021年上半年全省GDP增长12.9%》获省委书记刘奇、常务副省长殷美根、副省长胡强、任珠峰批示。

8月24日　省统计局举行新任职领导干部宪法宣誓仪式。

8月25日　省统计局举办学习贯彻习近平总书记"七一"重要讲话精神专题宣讲报告会。

8月30日至31日　国家发改委副主任兼国家统计局局长、党组书记宁吉喆来赣出席全国统计干部教育培训党性教育基地揭牌仪式，并开展经济形势调研。

9月

9月1日　省统计局举办中国共产党百年调查史专题讲座。

9月2日　《江西统计年鉴（2020）》获评"一等年鉴"。

9月15日　省统计局领导班子出席南昌市委理论学习中心组（扩大）统计工作专题报告会，并开展统计业务知识专题培训。

9月17日　《江西省志·统计调查志》验收稿评稿会在南昌召开。

9月25日　省统计局积极参加省行政中心入驻单位气排球比赛，喜获第五名的良好成绩。

9月26日　省统计局开展爱心捐衣活动。

9月28日　省统计局报送的《2020年全省"三新"经济增加值相当于GDP的比重首超全国》获省委书记刘奇、常务副省长殷美根批示。

9月28日　省统计局报送的《2020年全省研发投入情况》获省委书记刘奇、省长易炼红、副省长罗小云批示。

10月

10月13至15日　省统计局组织离退休干部弘扬方志敏精神欢度重阳节。

10月18日　江西省第十二届“中国统计开放日”现场活动在鹰潭市举办。

10月17-19日　国家统计局设管司司长徐荣华一行来赣调研。

10月19日　全省统计基层基础建设现场会在婺源召开。

10月20日　2021年前三季度全省经济运行情况新闻发布会召开。

10月21日　《江西省志·统计调查志》通过验收。

10月21日至22日　驻省审计厅纪检监察组、省统计局机关党委党支部赴德兴市联合开展“我为群众办实事”主题党日活动。

10月27日　省统计局报送的《煤电供需矛盾突出煤电企业困难重重》获省委书记易炼红、代省长叶建春、常务副省长殷美根批示。

10月29日　省统计局报送的《前三季度全省工业经济持续恢复向好》获副省长任珠峰批示。

11月

11月9日　省统计局报送的《数据共享为“四上”单位入库助力添威》获常务副省长殷美根批示。

11月15日　省统计局报送的《我省21家工业企业集团完成统计数据解捆》获常务副省长殷美根批示。

11月15日　省统计局召开全局领导干部会议，传达学习贯彻党的十九届六中全会和全省领导干部会议精神。

11月23日　省统计局报送的《我省全年节能形势不容乐观》获得省委书记易炼红、代省长叶建春、常务副省长殷美根批示。

11月25日　省统计局报送的《乡村振兴全面推进突出问题值得重视——2020年乡村振兴统计监测评价报告》获省政府副省长胡强批示。

11月25日至26日　省统计局领导班子以视频方式参加国家统计局学习贯彻党的十九届六中全会精神专题培训班。

11月26日　省统计局党组书记、局长万庆胜主持召开局党组（扩大）会，传达省第十五次党代会精神。

12月

12月2日　省统计局召开全局领导干部会议，深入传达学习贯彻中国共产党江西省第十五次代表大会精神。

12月13日　省统计局召开全局领导干部大会。省委组织部副部长、省委非公经济组织和社会组织工委书记周训国出席会议并宣布省委决定：方向军同志任省统计局党组书记、局长，万庆胜同志不再担任省统计局党组书记、局长职务。

12月15日　省统计局开展党规党纪培训。

12月15日　全省工业统计报表制度布置会在南昌召开。

12月17日　省统计局召开党组（扩大）会议深入学习贯彻习近平总书记关于统计工作重要论述，提出着力打造“五个统计”。

12月17日　省统计局党组书记、局长方向军看望慰问老干部。

12月21日　省委常委、常务副省长梁桂到省统计局调研。

12月22日　《江西日报》发表江西省统计局党组书记、局长方向军署名文章：奋力推动新时代统计法治建设行稳致远。

12月27日　省统计局报送的《江西省人力资源服务业发展不断向好》获代省长叶建春、常务副省长梁桂批示。

12月30日　省统计局召开党组（扩大）会议，传达学习省委经济工作会议和全国统计工作会议精神，研究部署贯彻落实具体措施。

12月31日　省统计局举办“统计共奋进 建功新时代”迎新年健步走活动。